Chinese Urban Development:
Transformation and Innovation

中国城市发展
转型与创新

叶南客　李程骅　主编

人民出版社

目 录
CONTENTS

第三篇　都市圈、城市群合作战略 ▶▶

第四篇　城市竞争力实证研究 ▶▶

目录

Contents

Part Ⅲ Cooperative strategy of metropolis and urban agglomeration

Part IV Empirical research on urban competitiveness

Part V "Nanjing exploration" in urban transformation

前　言

QIANYAN

经济全球化时代,国家之间的竞争在很大程度上体现为城市、城市群之间的竞争。当代中国经过30余年的改革开放,工业化带动下的城市化,已经进入了优化发展的新阶段,城市现代化、城乡一体化成为新的目标追求。因此,基于科学发展观的城市发展战略的调整、城市经济社会发展模式的转型、城市创新体系的建设与完善,迫切需要理论的引导和实践探索。然而,由于城市研究本身属于需要多学科介入的"显学",原有的单一学科评价体系无法承担起学术创新和应用研究的重任,这就迫切需要多学科"跨界"协作,来综合探索城市发展和区域发展中的重大问题。为此,2008年,南京市社会科学院和南京大学、东南大学共同发起成立了"中国(南京)城市战略研究院",旨在通过对南京和长三角地区研究力量和学科资源的整合,搭建一个立足国内、面向国际的城市研究、城市发展战略与实践创新的"南京平台",以期为国内城市在新一轮创新发展、转型发展中提供前沿性、系统性的智力支持。

值得欣慰的是,在过去的三年里,这个学术平台在著名经济学家、南京大学党委书记洪银兴教授的直接指导之下,在中共南京市委、市政府主要领导的全力支持之下,重点围绕城市发展转型战略、城市群协调发展战略、城市竞争力提升策略、城市空间优化战略、城市新产业体系构建、城市文化创意产业以及创新型城市的发展路径等,以南京市社会科学院的研究力量为主体,借助南京大学、东南大学以及上海社会科学院、华东师范大学和中国社会科学院城市与竞争力研究中心等机构的专家资源,完成了40多项研究课题。同时,根据这期间宏观经济形势的变化和现实需求,尤其是国际金融危机下中国经济转型的新挑战、世界城市体系中的中国城市崛起的历史机遇等,及时组织了多场专业性和综合性的学术论坛。如2008年的"长三角中的南京"高层论坛、2009年的"转型升级、发展创新型经济——后危机时期的选择"高层论坛、"保增长、促转型与城市跨越发展"论坛、"中国城市创新力论坛"以及 2010 年的"文化创意产业与城市转型发展"论坛等,不仅一大批国内知名的城市研究专家如洪银兴、裴长洪、陈文玲、王国刚、刘志彪、张颢瀚、张鸿雁、徐康宁、宁越敏、蒋伏心、马晓河、屠启宇、何传启等在此发表前沿的学术演讲,而且多位外国学者,如新加坡南洋理工大学教授陈光炎、韩国东亚大学教授林锡俊、韩国釜山大学教授林正德及英、美等国家的知名学者前来进行专题交流,有力推进了这个学术平台的前沿性和国际化的探索。

城市研究学术成果的价值,莫过于直接为城市的重大战略和政府的决策所用。正是基于这一使命,中国(南京)城市发展战略研究院组织的高层论坛和课题研究,始终把前沿的理论探讨和快速的实践创新结合,尤其注重强化自身的决策咨询服务功能。2010 年 6 月 23—25 日,由全球城市竞争力项目组(GUCP)发起,中国社会科学院、南京市人民政府主办,南京市社会科学院、中国(南京)城市发展战略研究院等承办的"第九届城市竞争力国际论坛"在南京举行,来自国际、国内顶尖级的城市研究专家和城市市长 200 多人参加了这次盛会。中国社会科学院党组副书记、常务副院长王伟光在演讲中认为,当前全球超过 50% 的人口已经生活在城市,人类真正跨入城市时代。全球竞争使每个城市都同时面临着崛起的希望和衰退的危险,把握机遇、迎接挑战,各国城市纷纷计划构建国际大都市、知识型城市、创新型城市,以提升竞争力和可持续发展能力。此论坛将城市化与科技创新相结合,邀请全球知名专家学者进行研讨,对中国乃至全球都具有一定的现实意义。英国皇家社会科学院院士、英国拉夫堡大学教授彼得·泰勒,GUCP 主席、美国巴特内尔大学教授彼得·克拉索,美国哥伦比亚大学戴维·莫瑞斯教授,意大利地方发展协会总裁斯黛芬·莫尼卡,荷兰伊拉斯姆斯大学伯格·冯登·勒沃教授,意大利佛罗伦萨大学奎多·费拉里教授、澳大利亚国家工业和经济研究院院长彼得·布雷恩教授等国际知名学者在论坛上发表了学术演讲。国内学者发表学术演讲的有:中国经济体制改革研究会副会长、国民经济研究所所长樊纲教授,南京大学党委书记洪银兴教授,科技部科技促进战略研究院副院长王奋宇研究员,教育部经济学部召集人、北京师范大学学术委员会副主任李晓西教授,世界银行首席城市经济学家张明博士,上海社会科学院常务副院长左学金研究员,江苏社会科学院副院长张颢瀚研究员,南京大学城市科学研究院院长张鸿雁教授,东南大学经济管理学院院长徐康宁教授,南京市社会科学院院长叶南客研究员,南京市社会科学院副院长李程骅研究员等。在论坛的各专题研讨会上,还向到会的数十家中外媒体发布了《全球城市联系度报告》、《全球城市竞争力报告(英文版)》、《2009—2010 年度全球城市竞争力报告》、《南京:科技创新提升城市竞争力》报告等,在全球话语体系中展示了近年来世界和中国在城市发展、转型和创新方面的最新理论成果和实践探索。

作为一个立足南京、面向国内和全球的开放性的学术平台,"中国(南京)城市发展战略研究院"始终以课题研究为纽带,并把定期举办高层次的学术论坛作为研究成果发布的重要形式,从而在研究国内城市发展的战略转型、城市群和都市圈的协调发展、城市跨越发展的创新路径以及提升城市竞争力系统对策等方面有了一系列的成果积累。出于扩大学术传播影响力和为国内城市在践诺科学发展的主题中提供实践引导的考虑,我们决定把这三年间的研究课题和专家们发布的研究成果,分为"城市发展模式的多元审视"、"城市转型的路径创新"、"都市圈、城市群合作战略"、"城市竞争力实证研究"以及"城市转型发展的'南京探索'"等五个专题,编成了《中国城市发展:转型与创新》这部书。在这里特别需要说明的是,由于其中的不少课题应急性、时效性强,加上交叉性的内容较多,可能存在一些概念不统一、数据上有冲突等问题,请广大读者尤其是业内人士多多海涵。

进入"十二五"时期,我国经济社会发展进入了新的历史发展阶段。未来的 5—10 年,是我国实现现代化目标的重要战略机遇期,也是推进协调的城市化、城乡一体化和城市现代化的关键期,城市的转型发展、和谐发展以及区域的协同发展,将进入攻坚阶段,需要更富创新、更具智慧、更有责任的系统解决方案。我们期望在科学发展观的指导下,在这个中国城市研究的"南京平台"上,进一步拓展视野,聚焦热点难点问题的研究,为中国城市的转型升级、提升综合竞争力以及创建"幸福城市",提供更有价值的理论成果和实践借鉴。

编者

2011 年 3 月于南京

第一篇

城市发展模式的多元审视

城市智慧化和创新型城市建设

洪银兴*

一、城市价值和城市功能的演化

城市从产生起就是一定区域发展的中心，是人类文明程度的载体。发展极理论的奠基者佩鲁更是把城市看做是区域发展的发展极。他指出：由于城市的带动作用增加了地区差别效应。地理上集中的综合产业极（城市）"改变了它直接的地理环境，而且如果它足够强大，还会改变它所在的国民经济的全部结构。作为人力、资本资源的积累和集中中心，它促进了其他资源集中和积累中心的产生。当这样两组中心通过物质的和智力的高速公路相互联系在一起时，广泛的变化在生产者和消费者的经济视野和计划中就显示出来了。"①

对发展中国家来说，经济发展的重要方面是城市化。城市化是经济发展从而实现现代化的发动机。在经济发展的不同阶段，城市化有不同的内容。初期阶段的城市化与工业化相伴，主题是发展现代工业，现代工业大都建在城市，因此城市化就是农业人口从农业中转移出来进入城市。在此基础上推进的城市化是在城市现代化的基础上建立现代化的城乡关系，推进城市和乡村一体的现代化。

在现代经济中，城市在区域经济和社会发展中的主导地位越来越突出。城市化进入城市现代化阶段。这时候的城市成为现代化的中心，先进社会生产力和现代市场的载体。城市化更为突出城市作为区域经济和市场中心的功

---

* 洪银兴：著名经济学家，南京大学党委书记，教授、博导。
① ［法］弗朗索瓦·佩鲁：《略论"增长极"概念》，载《经济学译丛》1988 年第 9 期。

能，城市成为人流、物流、信息流和资金流的集散地。与此相应的城市化不再是简单的农民进城，而是各类生产要素和主导产业在城市聚集并扩散。

在现阶段不同地区的经济社会发展水平的差距主要由城市化所处的阶段和城市发展的水平来说明。例如我国东部地区经济社会发展水平高，主要原因是这里城市密集，城市规模大，城市功能强。而在广大的西部地区经济社会发展水平低，主要原因是这里城市稀少，城市规模小，城市功能弱。这说明，区域差距的主要因素是城市供给的差距。在现代经济中城市是市场中心。城市的辐射范围能够突破行政界限。辐射范围越广，越能穿透行政壁垒，城市的中心地位越是突出，长三角地区发展水平领先全国的主要原因是城市密集且城市化水平高。由于城市的中心地位突出，因此区域内市场和企业有强大的向城市特别是中心城市的向心力，其吸纳和集聚要素的能力强。而在广大的中西部地区，城市供给严重不足，其吸引生产要素和经济能量没有有效的载体，聚集不起经济能量，也就缺乏区域发展的中心。

增加城市要素供给，会出现城市建设问题。城市建设建什么？已有的城市建设中大致有几种类型：一种是建工厂，其依据是城市是工业中心，烟囱林立就是写照。另一种是建民居，其依据是城市化就是农民进城，需要在城市建民居安置居民。再一种是建街道，其依据是城市现代化的标志是宽宽的街道，车水马龙就是写照。现在从城市功能来分析，所有这些城市建设都没有抓住城市功能的本质。

城市建设最根本的就是建功能。从发展的进程看，最早是建制造业中心，这与城市推进工业化相关。后来明确建市场中心，这是从城市的本意提出来的。城市即市场中心，特别是生产要素市场中心。城市建设以对生产要素具有强烈的吸纳和集聚要素的能力为目标，就能放大城市功能。近年来进一步提出建服务业中心。尤其是发展金融业、大型商贸业和律师、会计师等中介机构。其基本思路有两条：第一，市场的主要载体是服务业，服务业越是发展，市场功能越是强大。第二，制造业中心成不了经济中心，只有服务业中心，尤其是现代服务业中心才会成为经济中心。因此城市的"退二（次产业）进三（次产业）"成为城市建设的重要方面。

我们特别注意到，随着城市现代化进程的加快，近年来，一些发达地区的城市建设思路出现两个重要趋势：

一是建企业总部，在城市发展总部经济。在工厂迁出城市的同时国内外公司总部进入城市，使城市由工厂林立转向公司林立。公司总部进入并在城市集聚的意义，不只是为城市贡献税收之类的收入，更为重要的是两大贡献：一是贡献先进生产要素。总部经济就是要把大量的优势资源，如人力资源、科技资源、金融资源、政策资源进行充分利用，充分整合，以满足公司总部知识密集型价值创造活动的特定需要。二是贡献生产性服务业。公司总部及其周围集中了服务业产业链。其中包括：由通信、网络、传媒、咨询等组成的信息服务业；由银行、证券、信托、保险、基金、租赁等组成的金融服务业；由会计、审计、评估、法律服务等组成的中介服务业；由教育培训、会议展览、国际商务、现代物流业等组成的新型服务业等。

二是城市智慧化，建设智慧城市。智慧城市是在城市化基础上提出来的。在创新型经济条件下，城市不只是成为市场中心，还应该成为创新中心。作为创新中心，城市本身应该智慧化。所谓智慧化，首先是集聚知识和技术创造人才；其次是在信息化网络化基础上开发和掌握最新的信息技术（如传感网）；再次是利用这些现代技术对城市进行智慧化管理；最后为城市中各个行业和居民提供智慧化的公共和商业服务。

以上两个趋势的出现，表明城市发展进入新的阶段，城市作为区域经济增长极，不只是作为市场中心发挥作用，而是作为科技创新的中心和策源地发挥作用。

二、创新型城市及其建设

区域创新体系是国家创新体系的重要组成部分，城市则是区域创新体系的中心，其必要条件是，城市成为创新型城市。创新型城市是指主要依靠科技、知识、人力、文化、体制等创新要素驱动发展的城市，同时它又是以其创新成果对周边及其他区域具有高端辐射与引领作用的城市。

创新能力是衡量创新型城市的重要标志。英国的查尔斯·兰德瑞提出：创新型城市必须具备以下条件：高技能劳动力；激励、引导的规制；动态的思想家、创业者和实干家；独立人格的人；充分的智力基础设施；完善的内外通讯联系；企业家文化；创造性的火花冲突；动态和紧张的平衡能力。英国牛津大学的詹姆斯·西门指出：知识经济下的城市竞争力的形成根本要靠创新。创新型城市的成功主要依靠两种核心"城市资产"：一是高质量的知识劳动者；二是便利的基础设施和通讯。

世界银行发表的《东亚创新型城市的研究报告2005》提出成为创新型城

市的先决条件包括：拥有优良的交通通信基础和功能完善的城市中心区；拥有充足的经营、文化、媒体、体育及学术活动的场所设施，拥有研究、开发与创新能力；拥有受教育程度较高的劳动力队伍；政府治理有效；服务高效；拥有多样化的文化事业基础设施和服务；拥有多样化的、高质量的居住选择；切实重视环保并有良好的口碑；社会多元，能接纳各种观点的碰撞，各种文化的融合和各种体验的交汇。

上述关于创新型城市的标准和条件同时也指出了建设创新型城市的要求。具体涉及以下几个方面：

第一是提高创新要素的集聚度，这是衡量一个城市的自主创新能力的重要指标。一个地区能够成为经济中心是由该地区的经济要素集聚度（密度）决定的。同样，一个城市要成为区域创新中心，就要求该城市集聚创新要素，提高创新要素集聚度。首先是集聚创新人才，包括高科技研发人才，科技企业家和高技能劳动力。这些人才的集聚，既需要引进，也需要培养。目标是提高城市人口素质。在现实中，中等收入者在城市人口中的比重能够大致反映一个城市集聚的高端人才的程度。其次是集聚创新机构，包括大学、研究院、创投公司、孵化器等。目标是依托这些创新机构构筑产学研合作平台，产生源源不断的知识创新和技术创新成果。再次是集聚创新产业，包括科技中介，科技服务业，信息服务业，金融业等。目标是构建具有较强自主创新能力的产业体系和科技服务体系。这样，高端科技和管理人才在城市人口中的比重，大学科技园和孵化器的数量，创新活动及其成果数量，高新技术产业特别是战略性新兴产业的数量及其比重就成为创新型城市的重要评价指标。

第二是建设创新的文化。科技和文化是交相辉映的。创新型城市不仅是科技中心，也是文化中心。文化建设实际上是建设创新型城市的软实力。有悠久历史文化积淀的城市固然便于建设文化中心，但是新兴的文化历史较短的城市同样能够建设创新文化。就如深圳是新兴城市，其迅速崛起并成为公认的创新型城市，就是因为这里形成了尊重人才，尊重创造的创新文化。创新文化对一个城市的价值是多元的。创新文化的形成能够集聚包括科技人才在内的文化人。文化人的聚集产生创新的激情，多元文化的碰撞产生思想的火花，宽容失败的人文环境可以激励创新的成功。显然，创新型城市凸显文化价值。城市文化中心建设是创新型城市建设的重要方面。这里涉及文化教育机构及其设施的建设，历史文化的挖掘和展示，各类文化活动的开展，文化产业的发展等等。当今世界几个世界级大都市都有文化创新的计划，例如：

巴黎突出文化创新，纽约打造世界新媒体中心，伦敦制定创新战略与行动计划，东京建设创新型学院城市计划，新加坡制定文艺复兴计划，首尔提出建设国际文化大都市计划。这些都可以成为我国建设创新型城市的学习榜样。

第三是建设智慧化基础设施。本来城市作为区域的经济中心就需要有现代化的城市设施支撑体系，其中包括良好的交通运输网络设施、信息网络和城市信息港中心，高质量的金融、交通、通讯、供水、能源供应等体系，高水准、多层次现代市场及市场网络。对创新型城市来说，需要更高层次的基础设施支持，这就是建设智慧化的基础设施。这是在已有发达的互联网基础上建设完善的传感网（物联网）系统，特别是建立畅通便捷的国际网络线路。除此以外，生态的、宜居的城市环境是吸引高端创新创业人才的重要支撑。

第四是建设创新型政府。一个城市能否成为创新型城市关键是当地政府能否成为创新型政府。转向市场经济要求政府亲商，现在发展创新型经济要求政府亲知，即亲知识和知识分子。与此相应，政府应该积极推动产学研合作创新，形成政产学研合作创新的机制：一是由重视物质要素转向重视人才要素，特别是要敢于向人才投资，尤其是注重高端创新人才的引进和培养。二是政府的政策取向和投入的重点转向创新。其中包括重视创新的引导性投入，支持产学研合作创新。三是政府推动发展的基地由吸引外资的开发区转向吸引大学和科学院创新成果进入的大学科技园和各类孵化器。四是政府提供的法制环境特别重视知识产权保护环境。

经过以上四个方面的建设就可能具备创新型城市的基本要求。这样的城市就具备了持续不断创新的动力和可靠高效的创新环境。现实中国内有两种类型的创新型城市建设模式。

一种是深圳模式。深圳总结了"四大高地"：（1）产业高地。以自主创新为特征的高新技术产业持续高速增长，产品产值占规模以上工业总产值的50%以上；高新技术产品出口占全市出口总额超过45%。（2）企业高地。基本形成了以企业为主体的自主创新体系。（3）自主知识产权高地。全市专利申请和授权的数量在全国大中城市中均列第3位。国际专利申请量已跃居全国大中城市首位。具有自主知识产权的高新技术产品产值占全市高新技术产品产值的比重达到50%以上。（4）人才高地。全市拥有61万专业技术人员，人才总量接近100万，形成了敢于冒险、勇于创新、宽容失败、追求成功的创新文化氛围。深圳模式的鲜明特征是"四个90%"，即全市90%的研发机构设立在企业，90％的研发人员集中在企业，90％的研发资金来源于企业，90％的职务发明专利出自企业。实行这种模式的基本原因是，深圳缺乏与创新型城市相适应的科教资源，因此深圳的自主创新面向外地，以虚拟大学园吸引全国各地和世界的科教资源，以其体制和企业竞争力优势吸引科教资源。

另一种是南京模式，南京具有禀赋科教资源优势。该市拥有 50 余所大学，70 万在校大学生，80 余名两院院士。这里的创新型城市建设的基本模式是充分发挥大学和科研机构在自主创新中的引领作用，建立产学研就地合作创新的体制和机制。一个城市就有四个国家级大学科技园，三个大学城，在大学城围绕大学建各类孵化器。这样，南京地区不像其他地区在某一特定空间区域建设高科技产业园区，而是整个城市都是大学科技园区。

三、创新型城市的范围经济

创新型城市建设不仅要求城市成为创新中心，还要求其辐射的范围足够大。这就提出按照范围经济的要求进行城市内要素重组和区域范围内的结构优化问题。

范围经济的本义是指，如果联合生产几种产品的支出比分别生产它们的支出要少，那么就称联合生产存在范围经济。这个概念用到区域经济，就是指在一定区域范围内进行要素和生产整合所产生的成本下降和效益提高的经济效果。

任何城市的容纳能力都是有限的，如果从城市作为一个区域的增长极（经济中心）考虑，在城市聚集的要素只能是先进生产要素，聚集的产业只能是主导产业，包括文化教育、科研机构，现代服务业，研发中心，公司总部及其营销中心。这样，创新型城市建设就涉及城市结构调整：第一是城市产业结构重组，将城市工业向周边小城市和城镇转移，金融、贸易、信息、服务、文化教育等服务业向大中城市集中。第二是城市企业结构调整，发展总部经济。第三是要提高城市的国际化水平。吸引外资银行、保险公司、贸易企业、电讯公司等外国服务业和各类高科技研发中心进入中心城市，可以提高吸引国际创新要素的能力。

创新型城市的辐射范围反映创新型城市的创新能力。根据世界银行 2009 年关于《重塑世界经济地理》的报告，面对客观存在的大中小城市，城市体系模式是：大城市倾向于以服务业为主导，走多元发展道路，即创新、发明、培育新公司，将成熟的产业驱逐出去。小城市倾向于发展专业化产业，制造产品和安置被大城市驱逐的产业。这里实际上提出了产业类型的空间分布的合理性。无论是哪种类型的城市，其发展空间都是有限的，每个城市都只能发展最有效并最有特色的产业。即使是创新型城市也可能有不同的类型。有的是技术创新基地，有的是知识创新的基地，有的则是高新技术产业化的基地。按此思想，对建设创新型城市的中心城市来说就有两个方面的空间安排：

首先是在服务业和制造业的布局中，制造业基地只能处于外围，服务业中心才能成为经济中心。因此，在中心城市建设创新型城市应该着力于建现代服务业中心。

其次是将高技术创新和高技术产业化适当分开。中心城市着重于科技创新，这里集中各类创新机构和孵化器，发展各类科技服务业。而将高技术产业化的基地放在其周边的小城市。由此在中心与外围的分工和合作中放大创新型城市的作用范围。

从扩大范围经济考虑，创新型城市建设还有传统产业转移的要求。城市空间有限，目前在许多城市，传统产业占据了城市空间，出现范围不经济。将传统产业转移到外地，一方面可以腾出空间发展创新型经济，提升城市品位，建设富裕和谐的首善地区。另一方面可以扩大创新型城市的势力范围。对创新型城市来说，在发展空间上只求所有不求所在。也就是追求知识产权和品牌的所有，不求产业基地建在哪个地区。这样，我们对创新型城市的创新能力就有了更为深入的评价。不只是看其在中心城市的作用，还要看其创新要素辐射的范围。辐射的范围越广，中心地位越突出，创新型城市的创新能力越强。

我国主要城市经济发展模式比较研究

李程骅　黄　南[*]

城市的特色发展模式是其特定的空间位置、资源禀赋、经济形态、文化积习等多种发展要素的有机组合方式，其核心是经济发展方式。直辖市、副省级城市等主要城市在带动区域经济社会发展方面，具有很强的能级力量，并且经过不断探索和持续创新，初步形成了各自的特色发展模式。从经济社会发展的综合水平比较入手，审视以这些城市为主体的多元性、多向性的发展模式，对于促进中国城市的特色化发展，构建更加合理的经济形态，具有重要的意义。

一、转型发展期中国城市经济发展模式的认知与评价

（一）国内主要城市的特色发展模式剖析

1. 深圳："效益优先型"发展模式

自深圳特区设立以来，"速度深圳"一直是主导发展模式。2005 年，深圳宣布向全国贡献科学发展观统领下的"效益深圳"的发展模式，通过"四个下降"（单位产出占用土地、单位产出的能耗、初级劳务工的比例、经济增长对生态环境的污染程度要有显著下降），"三个增加"（科技、教育和人力资本、绿色 GDP 和循环经济对经济增长的贡献率要有显著提高），把深圳建设成一座环保生态型城市、知识文化型城市、最适合人居城市、最适合创业城市。为此，制订了《深圳市落实科学发展观调控指标体系》，提出了一

---

　* 李程骅：南京市社会科学院副院长，研究员、博导；黄南：南京市社会科学院经济研究所副所长，副研究员。

整套涵盖41项考核指标的指标体系，使"效益深圳"更加具体化。41项考核指标以"效益深圳"为核心，分为"宏观效益"15项、"生态环境"16项、"创新动力"10项。它的核心意义在于，不单以速度论英雄，不单以GDP评优劣，而以经济效益、社会效益和生态环境效益的综合效益指标为追求目标。该模式实施后，深圳告别"国际化大都市"的目标，作为高科技产业城市主导的创新型城市功能更为完善。

2. 大连、厦门："环境经济"主导型发展模式

自20世纪90年代以来，大连、厦门以整合城市的环境优势、区位优势和资源优势为突破口，把城市作为资产加以经营，将城市作为最大的产品来规划、设计、建设与经营，营造城市的最佳投资环境和最宜人的居住环境，以城市的知名度和品牌吸引国内外商家来此投资，吸引国内外人群来观光、游玩、购物，从而为城市争取投资、增加收益，带动经济与社会全面发展。环境经济模式一般是按照"搞好城市规划、建设与管理，经营城市——改善、优化城市环境——推动产业发展"的思路运作。大连经过十多年的城市经营和环境革命，从一个重化工城市迅速转变为国内外知名的花园城市，城市"绿起来，美起来，洋起来"，并以会展业、旅游业为先导，全面带动城市经济社会发展。厦门坚持"发展与保护并重、经济与环境双赢"的原则，以建设科技创新型生态城市、全面提升和改善全市生态环境质量为目标，把环境保护与区划调整、产业布局调整、经济结构优化等工作结合起来，城市环境竞争力不断提升，环境优势变成城市发展的资本继而成为经济发展的优势。

3. 青岛："品牌经济"带动型发展模式

工业化时代的城市，多走产品经济模式，产品知名度往往大于城市知名度，但青岛近十多年来所走的产品品牌经济带动型发展模式，追求的是产业、产品品牌推动下的城市总体创新和城市环境的优化，给整个城市带来了更高的附加值，如海尔、海信等已成为青岛的城市名片。其运作特点是：政府十分重视对企业改革、发展的引导，但不包办企业事务，造就了众多的名牌企业；通过大力实施名牌战略，促进城市经济结构的调整、优化和升级；确立企业科技创新的主体地位，提高产品附加值和企业竞争力。青岛模式简言之即为"树立品牌，发展产业——推动城市规划、建设和管理——改善、优化城市环境"。

4. 杭州、温州："和谐创业"主导型发展模式

和谐创业模式是以政府为主导、市场为依托、企业为主体，利用独特的区位和环境资源优势，吐故纳新，兼容并蓄，和谐创新，实现城市化、工业化、信息化良性互动的区域经济社会发展模式。基本特征可概括为：和谐创业，即政府高起点经营城市，着力营造和谐的发展环境；企业依托良好的软硬环境，努力创造财富；市民凭借较高的经济收入和一流的人居环境，享受高品质的生活。和谐创业模式的城市典型为杭州。杭州模式的特点为，通过民营经济与外资经济、内源性经济与外源性经济"两轮驱动"，促进对外开放与内生创新的和谐，实现政府、企业和社会的多赢。浙江的"温州模式"也属于和谐创业模式，温州模式是一种典型的利用民营化和市场化来推进工业化和城市化的区域经济发展模式，即"两化推两化"。温州创业模式与杭州的政府主导与市场解决和谐统一模式的不同之处，在于前者是典型的"市场主导型"民营经济创业发展模式，内生性动力弱于外溢性动力，劳动密集型企业多，技术密集型企业少，易形成产业套牢，易陷入"代际锁定"的困局。

5. 苏州："赶超型外资发展模式"

自20世纪90年代以来，苏州借助乡镇企业发展积累的资本、经验技术、人力资源等优势，抓住国际产业资本转移的机遇，大力发展以高新技术产品为主的现代制造业，建设工业园区，通过制度创新，打造优良的"安商、亲商、富商"的投资软硬环境，形成产业聚集优势，吸引高质量资本的进入，走外向型经济发展道路。以园区为载体的产业集聚之路是这一模式的成功之举。这一模式遵循的路径选择为：准确定位——抓住机遇——制度创新——打造软硬环境——产业聚集吸引外资。这一模式主要特点有两个：一是外资利用的集中化和专业化，即集中引进外资发展制造业和制造业中的某几个行业；二是高端化，即全力引进高端产业和这些产业中的高端企业，从而形成一个完整的高端产业链。该模式的精髓是：通过外资的"空降"，迅速提升本地区的产业结构高度，实现了对先进地区的赶超。其明显缺点是难以达到用先进的外资来促进国内企业发展的根本目的，经济增长和高端产业对外资的依赖性严重，易受国内和国际经济环境变化的影响，以面对经济的持续增长和结构优化构成很大的潜在威胁，另外追求外商投资的高层次使外商投资企业越来越倾向于资金密集和技术密集，对劳动力的需求有质量的提高而难有数量的增长。

6. 无锡：城乡一体的"新苏南"发展模式

无锡和苏州虽不是副省级城市，但城市的能级水平在长三角地区很高，经济发展水平在江苏最高。无锡的"新苏南模式"是在原有的"苏南模式"基础上，经过创新演进所形成的新型区域经济与社会发展模式。其内涵是：以开放为基础的外资、民资和股份制经济充满活力的所有制结构；先进制造业和现代服务业并举的产业结构；规模企业为主体的企业结构；城乡一体协调发展的城乡结构；市场管经济发展，政府管社会发展的调节结构，由此形成经济又好又快的发展模式。这一模式的明显特色是经济增长又好又快，居民富裕和谐，城乡协调发展，人和自然和谐，社会发展水平较高，公共产品供给较为丰富。在新的发展模式下，无锡及所属的江阴有效地突破了我国行政区隔对地方经济发展的严重制约，并获得了巨大成功。这是新苏南模式最大的制度创新。

7. 宁波："临港经济驱动型"发展模式

在沿海城市中，宁波"港为城所依，城为港所托"，港口是宁波的优势所在。临港经济模式是指依托港口资源、海上贸易和工业及服务业的发展，在港区地域内建立和发展起来的经济模式。它不仅包括运输、装卸、仓储等在内的港口物流业，还包括造船、贸易、化工、钢铁等港口依存产业，以及金融、保险、房地产、商业等港口服务业，临港经济区成为最具活力、最有潜力的经济增长点。宁波港自然条件得天独厚，内外辐射便捷，向外直接面向东亚及整个环太平洋地区，向内不仅可以连接沿海各港口，而且通过江海联运直接覆盖整个华东地区及经济发达的长江流域，形成同时面向世界的对外扇面和面朝内陆的对内扇面的"两个扇面"，使宁波成为战略资源中转基地、重要石化产品生产交易基地，最终建设成为现代化国际港口城市。此外，宁波的以民营经济为主体，国有、集体、外资和个体私营经济相互促进、共同发展的"混合经济模式"，也为临港经济注入了活力，强化了城市的综合发展优势。

8. 武汉、成都等："空间要素集聚型"发展模式

武汉、成都、西安等副省级城市，不仅仅是省会，还是大区域中心，与沿海大城市相比，在国际化对接、外向型经济发展等方面曾不具备优势，但自身在大区域中的能级作用，决定了其在要素集聚发展方面具备的优势，是区域经济的增长中心、控制中心和文明辐射中心，形成了速度相对慢但整体化发展、规模化提升的特色路径。武汉是中国的经济地理中心和全国最大的

综合交通枢纽之一，拥有雄厚的工业基础，优越的区位交通，辐射广阔的市场和雄厚的科教实力，同时拥有突出的水资源优势，是中国内陆最大的商贸中心和外商进军中西部地区的桥头堡，目前已成为国家"中部崛起"的领头羊。成都在四川省域具有"极化效应"，成都平原乃至更大区域范围内的经济社会活动已被逐渐纳入到成都城市发展的轨道，实施了大城市带动大农村的城乡一体化发展战略，并成为国家综合改革实验区，整体发展后劲已经显现。西安是西北地区最大的中心城市和区域性科教、金融、商贸和国际旅游中心，又是我国中部和西部两大经济区域的结合部，在全国区域经济空间结构中是承东启西、东联西进的桥头堡和依托地区，也是新亚欧大陆桥经济带上最大的中心城市，目前已处于启动发展期，后发优势日益显现。

9. 沈阳、哈尔滨等："政策扶持赶超型"发展模式

沈阳、哈尔滨、长春过去积聚的产业、科技、人才等方面的优势，在国家振兴东北老工业基地战略实施后，发展的潜能迅速得到释放，各城市近年逐步解决了长期困扰这一区域的体制性、政策性束缚，增强了发展活力和市场竞争力，形成了新型的政策扶持下的赶超型发展模式，显现出了发展的比较优势。沈阳是东北地区区域人才、技术、科研、设备以及科研交流集约化程度最高的城市，已明确提出了加快东北地区中心城市建设的奋斗目标。哈尔滨在东北处于北部经济核心地位，近年实施了从大城市模式转向都市区模式的城市空间发展战略，经济发展方式转变快，经济增长率大幅提升。长春则牢牢把握国际产业转移和国内南资北上等重大战略机遇，利用经济建设形成的比较优势，吸引那些在东部沿海和南方一些城市发展中遇到土地紧张、电力紧张等发展瓶颈的大集团、大企业前来设立产业制造基地，促进产业升级，提升城市创新功能。

10. 广州："集约规模化"推动型发展模式

广州是南中国的大都会，被称为中国最具活力的城市。自1992年以来，广州的GDP总量一直仅次于北京、上海，在全国城市中位居第三。广州本身是资源、能源以及高技术人才匮乏的城市，但广州以开放的胸怀，制度性创新，走出了一条要素集约化、产业规模化、城市空间扩展组团化的城市经济社会协调发展之路。电子、石化、汽车、造船等规模企业的产值，占到了工业产值的一半，成为跨国公司在南中国的最重要的制造基地和总部经济基地，形成了外源型经济和内源型经济全面发展、多种经济成分共同发展的高端化经济形态。2005年，广州宣布基本实现现代化，并提出以国家服务业开放为

契机，大力发展金融、信息、会展、物流、旅游、保险、咨询等现代服务产业，实现经济社会发展的全面转型，把广州建设成为带动广东、辐射华南、影响东南亚的现代化大都市。

11. 南京："自主创新"主导型发展模式

在副省级城市中，南京城市的地位非常独特：作为省会城市，自20世纪90年代以来的经济总量、经济发展速度一直落后于苏州、无锡；作为长江下游的中心城市，辐射功能被行政区划严重制约，承东启西作用被弱化；作为长三角次中心城市，不仅经济总量被杭州赶超，而且也被宁波、苏州、无锡甚至合肥所挑战。因此，在很长一段时间，南京曾为如何寻找一条合适的经济发展模式所困惑，在"九五"、"十五"期间，在经历了探索苏南、浙江、广东等地的发展模式，甚至进行了局部尝试之后，最终还是回归到依托科教资源、产业体系、文化资本、高端人才群体的"自主创新型"的发展模式，尤其是通过制度的创新、资源的整合、优势的转化，培育出了创新型城市的功能系统，促进了南京的快速发展，初步展现出一个现代化、国际性人文绿都的风采。南京"自主创新"发展模式的形成，一方面得力于国家自主创新政策的引导，另一方面与南京城市的资源禀赋也直接相关。南京的科教实力在国内举足轻重，是重要的工业基地，人文环境优越，不仅具备了开展自主创新的良好条件，也蕴藏着十分强大的自主创新潜力。该模式的路径是：依托全国科教中心优势，在市场机制、政府强力推进机制的共同作用下，通过政府、高校和科研机构、企业等自主创新大军的协同努力，借助国家重点实验室、各类高新技术企业孵化器、各类科学园科学城，以及各类国家级开发区等重大载体，把高等院校和科研机构的知识创新资源，通过有效的技术转移机制，集中地配置到电子信息产业、汽车工业、石化工业、新型的高科技产业和现代服务业为主的城市支柱产业上，探索出通过自主创新驱动城市经济社会等各个方面又好又快发展的新格局。

12. 上海：国际资源整合型的发展模式

自20世纪90年代以来，上海以浦东开发开放为契机，不失时机地进行体制创新，营造良好的投资环境，吸引外资，整合优势的国际资源，吸引跨国公司设立总部经济基地和研发基地，强化全国"经济中心"和"产业龙头"功能，从而使上海很快成为我国与世界进行经济交流的重要基地，以国际航运中心、国际金融中心、先进制造业中心等为鲜明特征的国际化大都市形象已经得到世界公认。上海模式的主要特点是：高起点、超越型、跨越式的发展模式；强有力的政府指导和规划功能；建立高度规范、高度开放的市场体系，协调改革、开放、发展等各个层面。但这一模式也存在着强势政府主导、自主创新体系建立滞后、本土企业家不够活跃、城市社会各阶层整体认同感不强等问题。

13. 北京：城市功能拉动与原始创新驱动的发展模式

2008 年 8 月，北京举办了历史上规模最为宏大和成功的奥运会。为了给北京奥运会提供空气质量较高的环境，北京在申奥成功之时，一方面按国际大都市标准进行道路、场馆等设施建设，另一方面实施了大规模的工业外迁，初步形成了低能耗、低排放的经济增长方式。从 2002 年到 2006 年期间，北京市以 6% 左右的能源消耗增长支撑了 12.1% 的经济增长。万元 GDP 能耗从 2001 年的 1.14 吨标准煤下降到 2005 年的 0.8 吨标准煤，万元 GDP 水耗从 2001 年的 104.9 立方米下降到 2006 年的 44.4 立方米；化学需氧气量和二氧化硫排放量分别比 2001 年下降 35.4% 和 12.6%。在经济总量和发展水平显著提升的同时，经济增长方式发生了重要转变。奥运之所以能促成北京经济发展模式发展的转变，主要是得益于首都北京所具备的国家创新和区域创新的超凡功能，在很多层面上是原始创新的源头，知识与技术的"溢出效应"与辐射功能显著，是国内新兴产业技术的供给基地，全国科技与管理人才的培养基地以及高素质人才聚集地，跨国公司的区域总部基地和国内大企业的总部所在地，国际经济机构进入中国的"门户"。鉴于北京作为首都所具备的超强要素集聚能力和辐射力，又借助举办奥运会的难得机遇，实施了产业结构的优化调整，我们可以把北京的经济发展模式归结为"城市功能拉动与原始创新驱动"的"北京模式"。

（二）国内主要城市"十一五"发展定位与战略目标分析

从 1978 年到 1991 年，中国城市发展是"生存型"的，发展成为压倒一切的大事。1984 年，我国城市经济体制改革全面起步，企业改革风潮涌起，促进了国企、民企与"三资"（中外合资经营企业、中外合作经营企业、外资独资企业等三类外商投资企业的简称）形成三分天下的经济格局，这一时期国内城市的经济发展重在突破观念的误区，尚未有针对城市定位制定发展模式的意识。从 1992 年到 2000 年，市场竞争的体制确立后，大干快上、做大做强，经济发展追求外向型、国际化、规模化，成为诸多城市的共同选择，有数十个城市提出了建立国际化大都市的口号。从 2001 年起，伴随着中国入世，中国的市场体系进入全球化的市场体系，城市的经济发展开始进入注重量的扩张与质的深化并重阶段，一方面通过产业园、高新技术开发区大力发展制造业，参与国际产业分工，融入国际产业链；另一方面开始明确城市的发展定位，注重以房地产业、商贸业的发展来提升城市的功能，部分沿海城市已经具备了从外延增长向内涵增长、转变经济增长方式的可持续发展理念。2003 年 10 月，中国共产党十六届三中全会召开，会上首次提出了科学发展观，并把它的基本内涵概括为"坚持以人为本，树立全面、协调、可持续的发展观，促进经济社会和人的全面发展"，坚持"统筹城乡发展、统筹区域发展、统筹经济社会发展、统筹人与自然和谐发展、统筹国内发展和对外开放的要求"。2007 年 10 月 21 日，中国共产党第十七次全国代表大会通过了关于《中国共产党章程（修正案）》的决议，大会一致同意将科学发展观写入党章。科学发展观理论是立足于中国社会主义初级阶段的基本国情，总结我国发展实践特别是改革开放 29 年的孜孜探索，借鉴国外发展经验，适应新的发展要求提出来的。它的第一要义是发展，核心是以人为本，基本要求是全面协调可持续，根本方法是统筹兼顾。对于在新的发展起点上的国内城市，也必须从"发展"、"以人为本"、"全面协调可持续"、"统筹兼顾"这四个方面来强塑经济发展的新理念，落实各项措施。在党十七大报告中，"发展"的概念被赋予了多重的新的内涵，经济发展的提法代替了传统的经济增长的提法，这表明，在强调以经济建设为中心的社会主义初级阶段，我党已经充分认识到发展经济的目的不是为了单纯追求表面经济指标的增长，而是强调改善结构、提高经济领域的自主创新能力、产业引领作用，从而带动整个社会的发展。在发展经济学、发展社会学的研究领域中，经济增长与经济发展是有区别的，经济社会的发展固然离不开经济的增长，但高增长也可能造成低发展甚至不发展、发展倒退等现象。用科学发展观来指导经济发展，就可以从根本上改变一些城市、区域的经济有增长无发展的现象。对于城市的经济增长来说，市场经济体制下的主导产业，国际竞争的国内化，国内竞争的国际化，已经成为一种不可抗拒的趋势，任何一个国家、城市的经济可持续发展，都必须不断创新经济发展方式，持续推动产业结构优化升级，如果仅仅依靠低廉的劳动力成本、单纯的物质资源消耗，是不可能有持续的。因此，通过科技进步、劳动者素质的提高、管理创新转变，来大力发展循环经济、建设生态文明，才能达到经济与社会又好又快的"永续发展"。此外，在经济全球化时代，面对发达国家经济、科技上占优势，可以预见和难以预见的风险加大，因此，国内大城市的经济发展，要把"自我创新"和大胆引进统筹协调，发展有知识产权的现代产业体系，使先进制造业、现代服务业以及物质形态与非物质形态的文化产业得到统筹发展，以达到经济增长指标与经济发展水平的同步协调上升。

在这样的时代背景下，国内城市制订的"十一五"发展规划，都围绕科学发展观、经济发展方式的转变作了战略调整，确定的战略发展目标视野更宽、起点更高、思路更新，并突出强化了国际性、现代化、枢纽性、特色品牌、生态环境等内容。城市间的竞争格局出现了新趋势、新特点，展现了科学发展、特色发展的新气象。（具体内容可参见表1）

表1　我国主要城市"十一五"发展定位与战略目标概览表

城市	发展定位与战略目标
北京	实现"新北京、新奥运"战略构想，着力构建社会主义和谐社会首善之区；坚持国家首都、国际城市、文化名城、宜居城市的功能定位，努力建设成为经济发达、文化繁荣、社会和谐、生态良好的宜居城市和现代化国际城市。
上海	形成国际经济、金融、贸易、航运中心基本框架，办好一届成功、精彩、难忘的世博会，实现经济社会又好又快发展。
广州	强化经济中心、国际都会、创业之都、文化名城、生态城市、和谐社会六大功能，以现代化大都市的新姿态迎接第十六届亚运会，到2020年，成为带动全省、辐射华南、影响东南亚的现代化大都市。
深圳	围绕建设亚太地区有重要影响的国际高科技城市、国际物流枢纽城市、国际金融贸易和会展中心、国际文化信息交流中心和国际旅游城市，用15年左右时间，建成重要的区域性国际化城市。
杭州	打响经济强市、文化名城、旅游胜地、天堂硅谷"四张金名片"，全面建成小康社会，加快率先基本实现现代化步伐。
宁波	扎实推进现代化国际港口城市建设，加快全面建成小康社会、率先基本实现现代化步伐。
济南	深入实践"发挥省城优势，发展省会经济"总体思路，加快建设具有深厚历史文化底蕴、独特自然风貌、浓郁现代气息的省会城市和区域中心城市。
青岛	建设全国重点中心城市、世界知名特色城市，基本形成中国北方极具影响力的国际航运中心和区域性物流中心、服务中心、金融中心、高新技术产业中心的框架。

续表

城市	发展定位与战略目标
武汉	建设成为全国重要的科技教育基地、交通通信枢纽，中部地区的先进制造业、现代服务业中心，具有滨江滨湖特色的现代化城市，真正成为促进中部地区崛起的重要战略支点，进而为建设国际性城市奠定坚实基础。
成都	努力建设成为中西部创业环境最优、人居环境最佳、综合竞争力最强的现代特大中心城市。
西安	努力建设世界历史文化名城、世界一流的旅游目的地城市、中国创新型城市和教育名城，向着建设具有历史文化特色的国际性现代化大城市目标迈进。
沈阳	成为全国先进装备制造中心、区域性商贸物流和金融中心，加快建设东北地区中心城市，成为带动辽宁乃至东北振兴的重要增长极。
长春	逐步建设成为产业特色比较鲜明、经济结构比较合理、服务功能比较完善、现代化程度比较高的区域性中心城市。
哈尔滨	建设国家重要的机械制造业、高新技术产业、绿色食品、医药工业和对俄经贸科技合作基地，东北亚重要的经贸中心和世界冰雪旅游名城，成为适宜创业、适宜人居、适宜人的全面发展的现代文明城市。
苏州	建设长江三角洲地区最重要的副中心城市、国际先进制造业基地和国际新型科技城市、适宜人居和创业的城市、世界著名的历史文化名城和风景旅游胜地。
无锡	建设国际先进制造技术中心和区域性商贸物流中心、创意设计中心、职业教育中心、旅游度假中心，努力打造最适宜投资创业的工商名城、最适宜创新创造的设计名城、最适宜生活居住的山水名城、最适宜旅游度假的休闲名城和最富有人文特质的文化名城。
南京	加快自主创新步伐，完善创新型城市功能。抓好长三角先进制造业中心、全省现代服务业中心、长江国际航运物流中心、全国重要科教中心、东部城市绿色中心等五个中心建设，使南京成为经济发展更具活力、文化特色更加鲜明、人居环境更加优美、社会更加和谐安定的现代化国际性人文绿都。到2015年，建成国内领先、国际知名的创新型城市。

二、全球视野下国内城市经济发展水平的评价与分析

（一）国内城市与国际城市之间发展落差的总体认知

在经济全球化的浪潮中，中国的城市化进程和经济发展一样，始终在不断地融入世界的城市体系和经济体系之中，从 20 世纪 80 年代后期主动参与国际大循环，到 90 年代中后期的全面对外开放，直至 21 世纪加入 WTO，国内的大城市尤其是东部沿海城市，在承接国际产业转移、大力推进工业化的进程中，在城市的空间拓展、产业布局的优化以及产业结构的升级等方面，始终以国际先进城市为标杆，不断探索城市发展的"赶超"路径，由此培育出了与国际产业体系、城市发展体系对接的珠三角、长三角以及环渤海三大城市群（都市圈），使上海、北京、深圳、广州、天津、大连、南京、苏州、杭州、大连、青岛等一批城市，或者成为开放度高的国际性城市，或者成为跨国公司在中国战略布局中的重要城市，它们代表着国家参与国际产业分工、参与世界的经济竞争。与此同时，中西部的区域中心城市经过改革开放和城市化的洗礼，在区域协调发展战略的推动下，在承接国内外产业转移中逐渐显现出了自身的后发优势，其与东部沿海城市的产业、市场以及区域经济空间的一体化趋势正在加强。面对新一轮科学发展，几乎所有大城市都提出了产业调轻、调高、调优的目标，通过先进制造业和现代服务业的双轮驱动，来提升城市的核心竞争优势，构建向国际城市看齐的产业结构、产业空间布局，推动经济发展方式的转型。为此，必须要清楚地认识到我国的主要城市和国际化城市之间的差距，这样才能使国内的城市找准定位、树立切实可行的发展目标，从而将"国际化"、"国际性"的发展指标落到实处。

世界上任何一个国家的城市化进程，无不是以工业化为动力推进的。从农业社会到工业社会再到后工业社会，是世界所有国家和地区所经历的共同历程，并分别形成了发展速度比较慢的城市化初期阶段、城市化快速推进的中期阶段、增长趋缓甚至停滞的后期阶段。按照诺瑟姆的"S 型曲线"理论，城市化率小于 30% 为初期阶段，城市化率 30%—70% 为中期阶段，城市化率超过 70% 则进入后期阶段。但是，当城市化率超过 50%，城市人口的绝对数超过农村人口，则意味着一个国家或地区城市社会的到来。就我国来说，整个国家的城市化率在 2006 年已达到 43.9%，在未来的几年内将进入城市社

会。在这期间，整个国家处于高速工业化时期，重化工业和装备制造业是发展的重点。但是，中国东部沿海地区，尤其是三大都市圈中的各大城市，如上海、北京、深圳、杭州、上海、南京等，城市化率已经超过70%，有的甚至达到了85%以上。这些城市基本上实现了城乡空间一体化发展，深圳、上海等城市已经"消灭"了"农村"和"农民"。按照国际城市的发展规律，这些城市进入了追求质量的内涵深化阶段，重点发展现代服务业，产业结构变轻、变高、变优，城市的空间价值更高。不过，由于中国整个国家的人均GDP才刚超过2000美元，沿海发达城市的人均GDP也在5000—10000美元之间，与发达国家的人均GDP差别较大，国内城市的经济总量、三次产业结构的比重，与发达国家和地区的国际性城市相比，仍然是处于发展的中期阶段。有关专家曾进行过中外城市在经济规模方面的基本比较，使国内一线城市认识到自身与国际性的城市存在巨大的差距：纽约的GDP占美国GDP总量的24%，相当于上海GDP总量的44倍、北京GDP总量的79倍、广州GDP总量的87倍；东京的GDP占日本GDP总量的26%，相当于上海GDP总量的20倍、北京GDP总量的33倍、广州GDP总量的37倍；伦敦的GDP总量占英国GDP总量的22%，相当于上海GDP总量的5.5倍、北京GDP总量的9.5倍、广州GDP总量的10.5倍；巴黎的GDP总量占法国GDP总量的18%，相当于上海GDP总量的4倍、北京GDP总量的7.2倍、广州GDP总量的7.9倍。可见，国内城市要提升国际化程度、增强对全球经济的控制力，必须进一步扩大经济规模，优化产业结构。

为了清晰界定世界不同国家和地区的经济发展水平，世界银行在2006年制定了一个分类标准：人均国民收入少于875美元为低收入国家和地区，人均国民收入在876至3465美元区间为下中等收入国家和地区，人均国民收入在3466至10725美元区间为上中等收入国家和地区，人均国民收入高于10726美元为高收入国家和地区。在低收入国家和中等收入国家中，又分别划分为最不发达国家、重债穷国和下中等收入国家、上中等收入国家。不同收入水平的国家在三次产业结构上呈现明显的差别（详见表2）。2007年，中国的三次产业结构比例为11.7:49.2:39.1，[①] 尽管第一产业、第二产业的比重指标属于中等收入国家序列，但第三产业的比重指标尚属于低收入国家的序列。

---

　　① 国家统计局：《长三角产业结构逐步优化　第三产业比重提高》，中国统计信息网，2008年3月13日。

表2　世界不同收入水平国家的 GDP 三次产业构成情况　　（单位：%）

国家类型	第一产业		第二产业		第三产业	
	2000	2006	2000	2006	2000	2006
低收入国家	26.4	20.4	26.3	28.4	47.2	51.1
最不发达国家	33.0	27.4	23.6	26.2	43.4	46.2
重债穷国	32.0	28.4	23.1	26.1	44.8	45.5
中等收入国家	9.7	8.7	36.3	36.1	54.0	55.3
下中等收入国家	14.1	11.9	42.5	42.7	43.3	45.5
上中等收入国家	6.2	6.1	31.4	30.7	62.4	63.2
高收入国家	1.9	1.7※	28.0	25.9※	70.1	72.4※
世界平均	3.7	3.4※	29.2	27.6※	67.1	69.0※

数据来源：《国际统计年鉴》（2008）。

注：※为 2004 年数据。

　　根据克拉克法则，经济发展带来人均收入的增加，生产与劳动的构成的比重将发生变化，第一产业向第二、三产业转移将成为一种规律。在一个国家和地区，经济增长、经济发展与产业结构的变化也形成了互动的关系。作为第三产业的服务业，在一个地区的经济发展中扮演着重要的角色，服务业比重的增加不仅代表着一个城市产业结构的合理化程度，而且对第一和第二的产业发展、城市集聚和辐射力的增强以及综合竞争力的提高等都具有重要的影响。在全球经济普遍呈现服务经济特点的状况下，世界整体服务业增加值比重不断升高。2004 年，发展中国家服务业的平均发展水平已达到了52%。西方发达国家服务业就业比重普遍达到 70% 左右，少数发达国家达到80% 以上。表3 是不同收入国家从 1980—2000 年的服务业就业变化情况表，从表中可以看出，全世界服务业的平均就业比重从 1980 年的 56% 上升到2000 年的 63%，上升了 7 个百分点。其中，高收入国家从 60% 增加到 71%，上升了 11 个百分点；中等收入国家服务业就业比重增长最为迅速，由 46%上升到 61%，增加了 15 个百分点；低收入国家也增加了 13 个百分点。

表3　1980—2000 年不同收入国家服务业劳动力比重情况表　　（单位：%）

国家范围	服务业劳动力比重		
	1980 年	1998 年	2000 年
全世界	56	61	63
低收入国家	30	38	43
中等收入国家	46	56	61
高收入国家	60	68	71
南京	23.1	36.4	46.2

　　一个国家或地区的经济发展水平，直接取决于科学技术的系统支持。科学技术是社会生产力中最活跃和最具决定性力量。科学技术的进步可以提高产出水平和劳动生产率，降低物耗，节约成本，提高边际产出率。一些经济学家根据他们的分析方法，对世界经济增长以及一些地区全要素生产率（技术进步）变化情况进行了考察，研究结果表明，在工业化的不同阶段，各经济要素对经济增长的贡献率以及全要素生产率的增长率情况有较大的变化。主要表现在，在工业化的初期阶段，劳动和资本对经济增长的贡献率较大，全要素生产率的年增长率也相对较低，但是，随着经济的不断发展和工业化进程的深入，劳动和资本对经济增长的贡献率会逐渐降低，全要素生产率对经济增长的贡献率不断升高，同时，其年增长率也会提高。

表4　各收入水平上的经济增长因素①　　（单位：%）

人均收入 （1964 年价）	年增长率		对产出的贡献			
	产出	全要素生产率	TFP	资本	劳动力	土地
<100 美元	3.81	0.44	11	48	36	5
100—200 美元	4.80	0.72	15	49	34	2
200—400 美元	5.67	1.40	25	47	27	1
400—800 美元	6.30	2.28	36	43	21	

---

①　钱纳里等：《工业化和经济增长的比较研究》，上海三联书店，1989 年版。

续表

人均收入 （1964 年价）	年增长率		对产出的贡献			
	产出	全要素生产率	TFP	资本	劳动力	土地
800—1500 美元	6.58	2.95	44	39	15	
1500—2400 美元	6.21	3.11	50	35	15	
2400—3600 美元	5.60	2.80	50	32	18	

  钱纳里、赛尔奎因等人根据多国数据得出了在不同的人均收入水平下，经济增长因素的变化情况，见表 4。从表中可以看出，在工业化初期阶段（200 美元以下），资本的贡献份额接近 50%，劳动力的贡献份额也占 1/3 左右，而全要素生产率（TFP）的贡献份额只有 15%。进入工业化中期阶段后，TFP 的贡献份额出现较快增长，到 800—1500 美元阶段时，TFP 的贡献份额就超过了资本或劳动的贡献份额，在 1500 美元以上时，TFP 的贡献份额占到了 50%。在此之后就基本上处于稳定的状态。这说明，在工业化的中期阶段，技术进步是促进经济增长的最主要的因素，而技术进步的快慢也成为决定一个国家和地区经济增长快慢的主要原因。这是由于，在工业化的中期阶段，制造业的发展较快，而在制造业中又存在着由分工引致的人力资本专门化和物质资本专门化和大型化趋势。这样，规模效应、结构效应和学习效应的存在使得生产率的增长较之经济的增长来得更快，因而 TFP 贡献率得以提高。但是，在经济发展进入工业化的后期阶段，TFP 的贡献率会出现徘徊甚至一定程度的下降，这主要是因为在这一时期，消费需求的种类日益复杂，对差异产品的需求不断增加，同时服务业的比重也在不断上升，这些因素都在某种程度上抑制了生产率的较快增长，从而导致 TFP 贡献率出现徘徊甚至下降的局面。

  （二）国内城市与国际城市主要指标的比较分析

  在从人均国民收入、三次产业结构比重以及全要素生产率（TFP）等相关指标体系入手，充分认知了工业化进程与国家和地区经济发展水平的基本对应关系之后，我们不妨选择国际上一些重要城市，审视其经济发展水平以及所处的发展阶段，以比较明晰地认识中国城市与它们的差距。其中在经济发展水平和产业结构比较上，我们选择了美国纽约、硅谷、费城、圣路易斯，法国巴黎，英国伦敦，德国鲁尔，意大利都灵，新加坡，日本名古屋，韩国首尔、大田，印度班加罗尔等具有多元代表性的城市，以强化可比性。

首先在经济发展水平方面，发达国家的国际城市人均 GDP 大多超过了 2 万美元，高的达到 6 万美元左右，服务业的比重在 GDP 中占有绝对的优势（见表 5）。相比较而言，国内主要城市的 GDP 总量和服务业在 GDP 中的比重，与它们都有较大的距离（见表 6）。就人均 GDP 而言，大城市中只有上海、深圳目前在 10000 美元左右，北京是 8000 美元。以南京为例，南京目前的人均 GDP 仅相当于以上城市人均中的硅谷城市群的 4.98%。与韩国的大田相比，虽然南京的 GDP 总量是大田的 2 倍多，但南京的人均 GDP 仅为大田的 42.4%。印度的班加罗尔，作为一个发展中国家的科技中心城市，它与南京有着较强的可比性，目前班加罗尔的人均 GDP 是南京的 1.4 倍。在产业结构上，日本名古屋的服务业增加值比重已经达到了 84.7%，纽约的服务业增加值比重早在 2000 年就已经达到了 84% 以上，伦敦、巴黎和德国鲁尔的服务业比重也高达 70% 以上，新加坡和韩国首尔的服务业增加值比重也达到和接近了 60%。国内的城市，到 2007 年，只有北京、上海、广州等城市的服务业比重刚刚超过 50%。这种差距表明，我国仍处于现代化发展的起步期，即使是一线大城市，工业化和城市化的进程仍未完成，未来仍有巨大的上升空间，但经济的增长方式和城市化的路径，必须打破原来的粗放式、低效率的模式，否则产业结构的优化、向国际城市产业看齐的目标就难以实现。

表 5 世界部分城市经济指标

城市	GDP（10 亿美元）	人均 GDP（美元）	服务业比重（%）
New York（纽约）	1133.0	61000	84.0
London（伦敦）	452.0	59400	75.0
Paris（巴黎）	460.0	46000	76.5
St. Louis（圣路易斯）	160.0	40400	
Philadelphia（费城）	312.0	60000	
Silicon valley（硅谷）	276.0	120000	
Singapore（新加坡）	129.0	32000	64.0

续表

城市	GDP（10 亿美元）	人均 GDP（美元）	服务业比重（%）
Nagoya（名古屋）	106.0※		84.7
Turin（都灵）	58.0	20000	
Ruhr（鲁尔）	174.0	32890	70.7
Seoul（首尔）	218.0	23000	56.3
Daejeon（大田）	20.6	14100	
Bangalore（班加罗尔）	45.0	8520	49.0

注：※为 2004 年数据。

表6　国内部分城市经济指标

城市	GDP（亿元）	人均 GDP（元）	服务业比重（%）
北京	9006.2	57431	70.91
上海	12001.16	66367	51.90
广州	7050.78	71219	57.76
深圳	6765.41	79221	47.42
天津	5140.00	47972	40.33
杭州	4103.89	51878	45.10
南京	3275.00	44197	48.37
成都	3324.40	27255	47.67
武汉	3141.50	35925	50.05
沈阳	3073.93	43499	47.35
苏州	5700.85	91911	34.60

资料来源：根据各城市《2007 年统计年鉴》整理计算而得。

　　其次，全要素生产率对城市的经济增长的贡献率偏低。经济增长的可持续性不能过分依赖资源、劳动力成本的比较优势，更重要的是科技的进步。国际经验表明，对于后起工业化国家和地区来说，重视科技进步，加快本国技术创新，使科技成为推动经济进步的主要动力，是它们实现跨越式发展的一个最有效途径。同时，科技进步贡献率是衡量一个地区经济增长集约化程度的重要指标。但是，国内城市经济增长的过程中，全要素生产率明显偏低。笔者用 C—D 函数，采用 2006 年统计数据，对国内部分城市的全要素生产率情况进行简单的测算。其中,用全社会固定资产投资增长率代表资本投入增长率,用全社会从业人员增长率代表劳动投入增长率,劳动力和资金投入弹性系数分别赋以 0.5 和 0.5,测算结果表明,只有上海接近 50%,广州、深圳、南京、杭州都比较低。(见表 7)

表 7　2006 年国内部分城市各要素贡献率图

城市	GDP 增长率	要素投入增长率		要素对 GDP 贡献率		
		资本投入增长	劳动力投入增长	资本投入贡献率	劳动力投入贡献率	全要素生产率
南京	15.1	15.0	7.1	49.7	23.5	26.8
上海	13.3	10.8	2.6	40.6	9.8	49.6
广州	14.7	11.7	6.1	39.8	20.7	39.5
深圳	16.6	7.8	12.4	23.5	37.3	39.2
杭州	14.3	10.1	8.3	35.3	29.2	35.5

资料来源:根据 2006 年《中国城市统计年鉴》整理计算而得。

我们对比日本、韩国和中国台湾在 1955—1970 年的现代化发展的起步期,从全要素生产率的增长率和贡献份额看,这三个国家和地区当时处在重化工业快速发展的工业化中期阶段,它们的全要素生产率增长率和贡献份额均高于同期发展中国家的平均水平,并且全要素生产率增长率也全部高于同期发达国家平均水平,TFP 贡献份额除日本略低外,韩国和中国台湾均超过了发达国家的平均水平(见表 8)。由此可见,国内城市在产业发展的结构升级过程中,如何提升科学技术的贡献率,是一个重要的时代命题。

表 8　1955—1970 年日本、韩国、中国台湾地区全要素生产率的国际比较(单位:%)

	TFP 增长率(年均)	TFP 在产出增长中所占的份额
日本	4.5	41.3
韩国	5.0	56
中国台湾(地区)	4.3	54
19 个发展中国家(地区)平均	2.0	31
12 个发达国家(地区)平均	2.7	49

资料来源:根据世界银行发展报告(1981、1985);钱纳里等合著:《工业化与经济增长的比较研究》,上海三联书店 1989 年版等资料整理而得。

再次是在国际化程度上，尽管国内很多城市都提出了建设"国际大都市"、"国际化都市"、"国际性城市"的口号，但按照国际产业界以世界500强总部、外资银行数和国际航空航线数三个主要指标，对城市开放程度评价的惯例，国内城市能带上"国际化"、"国际性"色彩的只有北京、上海等极少数城市。我们从表9中可以看出，纽约、伦敦、东京和巴黎是国际化程度最高的城市，这四座城市中集聚了众多的世界500强总部、外资银行，开通了通往世界各地的国际航线，它们的国际化程度远远高出了其他城市。新加坡和首尔的国际化程度也相对较高，新加坡的外资银行和国际航线数量均很多，首尔的外资银行数量虽然较少，但是集中了不少的世界500强总部，同时也开通了众多的国际航线。班加罗尔也拥有39家外资银行，开通了18条国际航线。目前，中国城市的世界500强总部、外资银行集中的城市、可以直达国际城市航线的城市主要是北京、上海、广州。到2007年年底，北京的世界500强的总部有15家，在世界上排名第五；上海、广州的世界500强企业主要是地区总部。外资银行中国区域总部中，北京有5家，上海有10家，据了解，目前还有十几家正在为进入北京做准备。在国际航线方面，上海和广州都拥有85条国际航空线，北京有45条。总体来看，国内的一线城市尚属于国际性初期的城市。

表9 世界部分城市国际化指标

城市	世界500强总部	外资银行数（2007）	国际航空线数量
New York（纽约）	24	217	
London（伦敦）	23	189	180
Paris（巴黎）	27	161	172
Philadelphia（费城）	3		39
Singapore（新加坡）	1	106	177
Nagoya（名古屋）	1		24
Turin（意大利都灵）	3		27
Seoul（首尔）	9	19	189
Bangalore（班加罗尔）	0	39	18

（资料来源：作者整理）

从区域经济的国际化角度来看，大陆的发达城市与香港、台北的经济发展水平相比，也有较大的差距。2006 年，香港的 GDP 为 14595.86 亿元人民币，人均 GDP212857.9 元人民币，折合 30000 多美元，台北的 GDP 为 6300.00 亿元，人均 GDP 210945.0 元，和香港的水平接近①。在三次产业结构方面，由于对台北市资料掌握有限，在此以台湾省的产业发展情况进行分析，同时也对香港的各产业增加值比重和第三产业内部情况进行比较分析。从表 10 的数据显示，香港和中国台湾地区都已经进入了"服务经济"时代，香港的第三产业比重高达 90.73%，台湾省的第三产业比重也达到了 71.65%。现在，国际上一般将服务业增加值占经济总量的 60% 作为"服务经济时代"的标志，香港和台湾的情况表明，这两个地区的产业结构已达到一定的高度。服务业的蓬勃发展可以使城市不再成为第二产业的集聚地，不仅生产可以通过服务业的强大组织能力在周边地区开展，而且服务业自身就完全可以成为引领当地经济的强大动力。在第三产业内部结构上，香港的批发、零售、餐饮与酒店业所占比重最大，其次是金融、保险、房地产及商用服务业，社区、社会及个人服务业为第三，运输、仓储及通讯业的增加值比最低，且近些年来服务业内部结构变化不大。由此可见，在香港的服务业中，批发、零售等传统服务业仍占据着主要的地位，但运输、仓储、通讯、金融、保险等生产性服务业所占比重也较大，而且楼宇业权（租赁）等新兴产业也已经占到了服务业中的较大比重。国际经验表明，只有服务业能够有效克服产业集聚所引起的低效率问题，并且更容易形成向外的扩散和辐射。因此，以服务业为主的城市，其中心地位将逐渐提高，对外的辐射力和集聚力也将随之增强，而资本密集型和劳动密集型制造业只能被挤出城区或挤到都市的边缘地带。大陆的大多数城市的产业发展，目前还处于第二产业为主的阶段，第三产业发展明显滞后，这些城市要想成为国际性的城市，就必须把加快发展第三产业作为最重要的战略目标来实施。

表 10 中国香港和台湾省的三次产业构成情况及人均第三产业增加值情况表

	各产业增加值（亿元）			各产业占 GDP 比重（%）			人均第三产业增加值（万元/人）
	第一产业	第二产业	第三产业	第一产业	第二产业	第三产业	
香港	8.39	1228.68	11961.95	0.64	9.31	90.63	172464.28

① 香港统计处：香港统计年刊，2006 年，2007 年；台湾统计局：台湾统计年鉴，2007 年。

续表

	各产业增加值（亿元）			各产业占 GDP 比重（%）			人均第三产业增加值（万元/人）
	第一产业	第二产业	第三产业	第一产业	第二产业	第三产业	
台湾	403.26	7057.13	18857.83	1.53	26.81	71.65	82746.07

注：香港部分为 2005 年数据，新台币兑换人民币按 2007 年年底汇率（4.506：1）测算。

通过以上几个层面的比较和分析，不难发现，在全球的城市体系中，在国际化的经济空间中，即使是国内发达的大城市，经济发展仍处在初期阶段，三次产业结构中的服务业比重明显偏低，主要指标离国际性城市的要求太远。可见，尽管中国在 2007 年已经成为世界上仅次于美国、日本和德国的第四大经济体，但人均 GDP、产业结构等方面的差距，在短时间内是难以追赶上的。特别是在新的国际产业体系分工中，价值链各环节的非均衡分布，使现阶段国内城市的经济增长要达到国际城市的过去同期水平，所付出的资源、人力等综合成本大大增加，并在很大程度上消蚀了所谓的"后发优势"。在产业结构调整的过程中，多数城市的工业化进程尚未完成，经济实力和竞争力还不是太强的情况下，就必须把发展的重心放在现代服务业上，忍受"转型"发展的新挑战和阵痛。因此，国内城市在把发展目标瞄准国际性城市之时，一定要充分认清自身经济发展的阶段性特点，选择科学的发展模式，并以国际化的产业培育、嫁接为突破，通过产业的体系、市场的体系以及核心的城市创新体系的建立，逐步在全球城市体系中找到位置、强化影响力，从而形成经济发展和城市发展的良性循环。

三、对国内城市经济发展模式路径选择的思考

在介绍和分析了以 15 个副省级城市为主导的我国城市经济社会发展模式（或亚模式）、制订的战略发展目标，以及城市经济发展水平的综合分析后不难发现，尽管因区位、资源禀赋、经济实力、发展阶段上的不同，各城市发展模式具有多元性、多向性和各自的侧重性，但在追求特色发展、协调发展、可持续发展、科学发展方面是一致的，而制度性的变革是推动发展模式优化的主导力量。改革开放 30 年，中国城市引领下的经济社会变革，最深层的力

量还是思想解放、观念创新，没有特区建设，就不可能有深圳、上海、广州、厦门、宁波、青岛、大连等城市的发展奇迹，没有国家振兴东北的政策，沈阳、哈尔滨等城市的发展能量就无法释放，没有城乡改革配套试点政策，就不可能有成都、武汉等城市的新发展机遇。当然，一个城市核心竞争力的形成、发展模式的优化，关键在于内生机制与外部发展环境的融合程度，取决于创新型城市功能的完善程度。在这样的前提下来比较相关城市已经形成或正在形成的经济社会发展的特色模式，就可以得出一些新的认识与思考。

1. 城市选择经济社会发展模式，同一阶段具有相同的战略方向和共同追求

开放性、国际性、现代化是副省级城市和我国大部分大中型城市在探索城市经济社会发展模式时共同的追求。大部分副省级城市已经处于或正在进入工业化中后期阶段，此时经济社会进入优化发展阶段，及时转换经济社会发展模式是保持经济社会可持续发展的关键。因此，加快经济增长方式由粗放型向集约型转变，大幅提高各种发展资源（包括土地、能源、资金、人力，以及水资源、自然环境资源等）的利用效益，生产资源利用模式由线型经济向循环经济转变，城市发展动力由投资驱动型向投资与创新双驱动型转变，产业结构由低附加值产业链向高附加值产业链转变，城市建设由外延扩张为主向外延扩张与内涵提升相结合转变，社会经济结构由二元经济结构型向全面协调型转变，政府管理模式向公共服务型模式转变等，是各自特色发展模式的主导内容和战略追求。

2. 城市要认清资源禀赋和比较优势，培育并创新特色经济社会发展模式

城市之间是有差别的，都有自身的资源禀赋和基于资源禀赋形成的比较发展优势。城市的核心竞争力的形成，就是要充分发挥自身的资源优势、比较优势。城市的资源既包括有形资源，也包括制度、改革创新、地缘、人力、管理及文化等比有形资源更为重要的无形资源。无形资源对于城市经济增长的贡献率日益提高，呈现出乘数乃至幂数效应。从主要依靠有形资源，到无限开发无形资源，当是我国城市未来发展的必然选择。如大连、厦门等城市的环境经济主导型发展模式实现了经济发展和环境优化的双赢。深圳最大的优势就在于特区城市、先锋城市、创新型城市的无形资源发达，并作为改革开放的前沿阵地形成了相对完善的市场体系、相对成熟的市场机制、先进的管理经验、管理制度，以及崇尚竞争、宽容失败的创业氛围，由此也成就了城市发展的"深圳模式"。南京的科教资源禀赋优势非常突出，城市发展模式的选择上，以自主创新来提升和完善创新型城市功能，就是在探索走出一

条具有中国特色的自主创新驱动的城市可持续发展道路。

3. 国家层面的政策制度优势，决定城市经济社会发展模式的发展方向

改革开放、思想解放、观念突破等来自国家政策层面的影响力，对城市和区域发展模式的形成和创新起到了关键性的作用，而主动还是被动地运用政策的力量，往往直接影响经济社会发展模式的开放性、创新性和可持续性。比如珠三角地区是最早实施中央优惠政策的经济特区试验田，因此深圳、广州等城市在制度创新优势上首先突破，获得了经济增长新动力和发展优势。长三角地区是我国综合实力最强的经济中心、亚太地区重要的国际门户、全球重要的先进制造业基地、我国率先跻身世界级城市群的地区，在20世纪90年代的国家开放战略中，上海、苏州等城市率先形成了以外生动力为主的体制外拉动发展模式。东北主要的城市利用中央振兴东北老工业基地的政策优势，解决了长期困扰它们的体制性、政策性束缚，及时调整城市经济结构，引导和鼓励老工业基地产业分工和转移，树立城市间"共赢"和"协同"的发展观，走上了区域经济协调发展之路。国家中部崛起战略，使武汉利用其区位优势以及中心城市的集聚和辐射能力，成为"中部崛起"的领跑人。科学发展观指导下的经济增长方式的转变，使沿海城市率先"转型"，面向全球价值链确立新的定位和发展模式，进一步强化了原来的发展优势。

4. 创新型的城市经济社会发展模式，具有较强的普适性和引导功能

我国的城市因为开放的阶段性不同、区域发展水平的差别以及自身的动力机制的问题，经济社会发展水平呈现明显的阶梯型特点，使发达地区城市的发展模式具有较强的引领性、一定的普适性。那些发展条件和发展阶段相近的城市，率先探索的城市已形成的城市经济社会发展模式，就具有一定的借鉴意义。当然，模式虽然是相对定型的事物，特色城市发展模式是一定历史条件下对特定时空经济社会发展特点的总体概括，不可能有完全相同的历史条件和能级力量，也就不可能完全照搬模式。科学的、可持续的、具有竞争优势的城市经济社会发展模式，应真正体现在创新型城市功能的完善和优化上。比如深圳和南京，都是通过自主创新引领城市发展，但两者优势和条件不同，深圳缺少自主创新的资源，必须以其体制和企业竞争力优势吸引科教资源，而南京基于科教资源优势，则主要注重官产学研互动的平台和载体建设，以科教资源优势吸引外资研发中心和科技企业的进入。可以说，自主创新的企业在深圳模式里起关键作用，而政府在南京创建创新型城市过程中起到了关键作用。相比较而言，南京的模式更具有普适性，国内一些大中型

城市如西安、重庆、武汉、沈阳等都拥有较为丰富的科教资源，南京模式对它们更具有借鉴意义。

四、南京城市发展模式的选择与突破

"十一五"规划《纲要》编制的国家主体功能区规划，将包括南京在内的长江三角洲地区确定为国家层面的优化开发区域。这意味着南京市要从多年的重点发展期转入优化发展阶段。进入优化发展阶段后，南京的发展环境和发展内涵正发生前所未有的战略性改变，发展动力正由投资驱动阶段加速向创新驱动阶段转变，并通过创新型城市功能的提升和完善来赢得在长三角地区以及国内、国际综合竞争优势。

鉴于目前南京的经济社会实力在副省级城市中只属于第二梯队，在省内发展的"首位度"也受到苏州、无锡挑战的现状，为了保持在"十一五"以及未来更长阶段的争先进位的优势，就必须进一步解放思想，充分展现综合发展、协调发展、科学发展的潜能，调动所有的内部力量和可利用的外部力量，来实现制订的各项目标。特别是成都、武汉获批国家城乡改革综合配套试验区后，制度性的推进力量大于南京，使南京在副省级城市中的排名有可能下降。南京必须树立发展的危机意识、忧患意识，利用国家自主创新政策的支持，进一步优化现已确定的经济社会发展模式，提升城市能级，强化竞争优势。从资源禀赋和发展现状来看，南京最突出的优势是科教优势，最强劲的发展动力是自主创新，最重要的资源是人才资源。因此，我们认为进一步优化的南京经济社会发展模式应该是：基于创新型城市功能体系带动的高端化协调型发展模式。具体推进方式，可从六个方面入手：

1. 以制度创新推动服务型政府建设，完善城市的创新功能体系

以推进"服务型政府"建设为突破，展开关于束缚南京又好又快发展观念障碍的大讨论，在推动思想大解放中统一发展的思想，确定主攻方向，探索促进科学发展的新思路、新途径、新举措，以创新和完善南京初步建立的创新型城市功能体现，尽快建成"创新型城市"。为进一步转变政府职能，可借鉴先进城市的发展经验与体制机制架构，努力建设服务型政府，推进行政管理体制改革，切实履行好政府的经济调节、市场监管、社会管理和公共服务职能，制定完善领导干部政绩考核评价办法，对区县和政府职能部门建立新型评价指标体系，确保科学发展观真正落到实处。

2. 进一步加速优势科教资源的集约化、高端化整合，培育有影响力的创新主体

国家鼓励自主创新政策，为科教资源居全国城市第三的南京带来了新的战略机遇期，科教人才的优势一直是南京发展的重要基础力量，也是未来发展最重要的独特资源和核心动力。政府应该与大院、大所、高新技术企业的研发机构联手，以大项目、大课题为载体对科教资源进行集约化、高端化整合，引导集成创新，在整个城市引导多层面的创新活动，并面向海内外引进高端领军性人才，依托大学城、重点实验室、高新区的国际化合作平台，使整个城市形成以企业为主体、市场为导向、产学研相结合的技术创新体系，培育出一批国内叫得响、国际有影响的科技创新载体、技术品牌和创新型企业主体，从而真正把科教优势转化为城市的竞争优势、发展优势。

3. 以高端服务业提升"经济密度"，实现经济发展方式科学转型

面对 GDP "3000 亿元俱乐部"城市的增多，南京的经济总量、经济增速都有后移的趋势，在省内，南京的 GDP 与苏州、无锡相比，差距分别由 2004 年的 1383 亿元、183 亿元扩大到了 2007 年的 2425 亿元、583 亿元，分别只有后者的 57.46%、84.89%。南京要提升经济增速，必须加快经济结构转型，以信息化改造传统产业，降低重化工业比重，发展先进制造业，尽快形成以服务经济为主的产业结构，通过提升产业密度、投资密度、消费密度来提升城市的经济密度，集中打造一批国内领先的现代服务业集聚区。要以软件产业为核心大力发展科技服务经济，以服务外包产业为主体大力发展国际服务经济，以业态创新为手段大力发展商贸流通经济，以金融商务会展为龙头大力发展现代商务经济；以文化创意产业和旅游休闲为重点大力发展文化经济，推进南京经济发展方式的科学转型。

4. 进一步放大空间位势，提升南京的城市能级

城市的实力和发展潜力直接决定于自身的能级。城市能级直接表现在空间位势上，空间位势是建立在空间位置上的资源禀赋、集聚能力和辐射力，往往具有资源集中、要素集聚、发展集约的核心优势。南京的空间位势决定了其经济、社会发展影响力和城市能级的提升潜力。按照国家发改委的区域规划设想，南京都市圈是未来我国 20 个都市圈的重要组成部分，中心城市南京要发展为 1500 万人口的特大城市，这就要求南京必须首先突破制度性的障碍，通过创新型城市功能的完善，面向全市地域、南京都市圈来进行资源、要素的集中配置，打破城乡界限、行政区隔来构建产业链，优化产业空间布

局，促进都市圈的做实、做强。实际上，南京在"十五"期间，通过实施跨江发展战略和"一城三区"的集中发展，实现了空间结构由以主城257平方公里为核心的发展向全市域6582平方公里的转变，形成了多中心、开敞式的空间形态，加快了城乡一体化进程，强化了对南京都市圈的辐射力。此外，南京还应在区域影响力拓展上同步打好"两长"牌，既打国际产业转移的长三角牌，也打承东启西的长江牌。面对新的开放形势以及新的区域合作热潮，南京重打"长江牌"，沿江向上可达九江，对接皖江经济带、武汉都市圈，向下通过产业链延伸辐射扬州、镇江、泰州、常州等市，由此整合商贸、航运、物流等方面的资源，在低交易成本的条件下强化南京的总部经济效应、服务业高地效应，真正体现出沿江经济走廊的中心城市的强大位势，从而促进"五个中心"的建设。

5. 进一步提升生态环境优势，赋予"和谐南京"新内容

在全国的大城市中，南京的生态环境优势突出，"人文绿都"的定位深入人心。南京优化经济社会发展模式，必须在城市空间与产业布局上充分体现"生态首位"的要求，强化生态规划，严格生态控制指标，坚持生态效益至上理念，加强产业政策和环保政策的沟通和衔接，协同制定和实施更加严格的环境保护与能耗标准，完善节能减排地方性法规，共同推进资源节约和环境保护，逐步实现全国首批"生态园林城市"、全国"绿化模范城市"、国家"生态城市"创建目标，建成东部城市绿色中心。在提升市民"绿色幸福感"的同时，赋予"和谐南京"新的时代内容，以市域内全体居民享受"同等的生活"为目标，积极推进覆盖城乡、功能完善、布局合理的公共服务体系建设，逐步缩小城乡之间、不同社会群体之间获得公共服务的差距，使南京真正成为创业者向往、本地人自豪、外来者有归属感的"四宜"城市。

6. 加快建设一批功能性项目、标志性功能项目，塑造高品质的现代化城市形象

深厚的文化资源禀赋使南京的城市形象一直受到传播定势的影响，难以在东部沿海城市中树立现代化大都市的形象，这不利于南京在经济、产业的全球价值链上确立位置，面向"十一五"和今后更长一个时期，南京必须通过标志性空间、标志性工程、标志性载体的建设来塑造高品质的现代化城市形象。充分发挥重大功能性项目的带动作用，如举全市之力推进跨江发展"1号工程"，以禄口国际机场和空港物流园为基础打造城市南部地区新的经济增长空间，以建设亚洲地区最大的火车枢纽铁路南京南站综合配套服务区

为突破建设主城南部最重要的现代服务业集聚区，以河西新城 CBD 功能强化为突破建设建成区域著名、国内知名的总部经济中心，以网络化、开放性的地铁及轨道交通为依托搭起"大南京"的功能框架。同时，通过高新技术产业、信息产业的高端化推进，融入全球价值链，吸引更多的国内外一流企业集团进驻南京，让"中国软件名城"、"中国服务业外包基地城市"、"世界办公室"、区域性的"总部经济基地"等城市形象形成国际性的影响，成为城市的重要品牌和新"名片"。

南京是全国 15 个副省级城市之一，"十五"之后争先进位明显，经济社会发展的综合指标已进入副省级城市的先进队列。面对新一轮大发展，作为科教实力仅次于北京、上海位居全国第三的城市，长三角地域的第二大中心城市，南京具有从二线城市进入一线城市的潜力，其特色发展模式将具有"样本意义"和导向作用。

主要参考文献

[1] 西蒙·库兹涅茨：《各国的经济增长》，商务印书馆，1999 年版。

[2] 张军：《中国的工业改革与经济增长》，上海三联书店，2003 年版。

[3] 陈建军：《中国高速增长地域的经济发展——关于江浙模式的研究》，上海三联书店，2000 年版。

[4] 周冯琦：《中国产业结构调整的关键因素》，上海人民出版社，2003 年版。

[5] 周振华：《现代经济增长中的结构效应》，上海三联书店，1996 年版。

[6] 郭金龙：《经济增长方式转变的国际比较》，中国发展出版社，2000 年版。

[7] 郭克莎：《结构优化与经济发展》，广东经济出版社，2001 年版。

[8] 郭克莎：《中国：改革中的经济增长与结构变动》，上海三联书店，1996 年版。

[9] 李富阁等：《南京工业结构调整和产业升级》，南京出版社，2001 年版。

[10] 李贺军著：《中国经济增长方式选择》，社会科学文献出版社，1999 年版。

[11] 国家统计局城市社会经济调查总队：中国综合实力百强城市。

[12] 倪鹏飞：《中国城市竞争力报告（No. 1—No. 5）》，社科文献出版社，2003—2007 年版。

[13] 叶南客等：《持续提高竞争力率先迈向现代化——多元视角下的南京竞争力发展现状及态势研究》，南京市 2007 年重大社科咨询课题。

[14] 叶南客等：《南京市城市综合实力和综合竞争力现状、趋势及战略对策分析》，南京市 2006 年重点社科咨询课题。

[15] 叶南客等：《南京市城市综合竞争力和综合实力现状、趋势及战略对策分析》，南京

市 2005 年重点社科咨询课题。

［16］李娟文、王启仿等：《中国副省级城市经济可持续发展能力差异综合评价》，载《经济地理》2001 年第 6 期。

［17］孙松涛、刘光中：《中国副省级城市的城市化与经济发展比较》，载《城市问题》2002 年第 3 期。

［18］刘艳军、李诚固：《城市化综合水平测度初探——以我国 15 个副省级城市为例》，载《世界地理研究》2005 年第 2 期。

［19］刘定一：《沿海副省级城市经济可持续发展能力的比较分析与发展启示》，载《大连大学学报》2008 年第 1 期。

［20］魏作磊：《FDI 对我国三次产业结构演变的影响》，载《经济学家》2006 年第 3 期。

［21］范承泽等：《FDI 对国内企业技术创新影响的理论与实证研究》，载《经济研究》2008 年第 3 期。

［22］杨海生、贾佳、周永章等：《贸易、外商直接投资、经济增长与环境污染》，载《中国人口·资源与环境》2005 年第 3 期。

《长三角区域规划》中各城市定位
——兼论"门户城市"的内涵及功能

李程骅　黄　南　丰志勇*

"十二五"是城市发展的重要时期，城市功能将面临重要调整。在《长三角区域规划》中，国务院对长三角地区的城市进行了更加合理的定位，其中对上海、南京等作出了"门户城市"的界定。而深入分析和研究门户城市的基本特点、类型和建设条件是打造门户城市的基础，门户城市的建设也可以为长三角地区的发展注入新的能量。

一、《长江三角洲区域规划》中25个城市的定位

2010年6月国务院颁布了《长江三角洲地区区域规划》（以下简称《规划》），在《规划》中，对未来长三角区域如何发展作出了明确的部署，尤其是对长三角中25个城市未来如何发展给出了具体的指导，并从城市功能定位、人口发展规模和产业发展布局等方面进行了科学的规划。城市具体功能定位见表1所示。

表1　长三角25个城市功能定位

城市	功能定位
上海	进一步强化上海国际大都市的综合服务功能，充分发挥服务全国、联系亚太、面向世界的作用，进一步增强高端服务功能，建成具有国际影响力和竞争力的大都市。发挥自主创新示范引领作用，带动长三角地区率先建成创新型区域。依托虹桥综合交通枢纽，构建面向长三角、服务全国的商务中心。

* 李程骅：南京市社会科学院副院长，研究员、博导；黄南：南京市社会科学院经济研究所副所长，副研究员；丰志勇：南京市社会科学院经济研究所副所长，副研究员、博士。

续表

城市	功能定位
南京	建设先进制造业基地、现代服务业基地和长江航运物流中心、科技创新中心。加快南京都市圈建设，促进皖江城市带发展，成为长三角辐射带动中西部地区发展的重要门户。
苏州	发挥区位、产业和人文优势，进一步强化与上海的紧密对接，建设高技术产业基地、现代服务业基地和创新型城市、历史文化名城和旅游胜地。
无锡	充分发挥产业、山水旅游资源优势，建设国际先进制造业基地、服务外包与创意设计基地和区域性商贸物流中心、职业教育中心、旅游度假中心。
杭州	充分发挥科技优势和历史文化、山水旅游资源，建设高技术产业基地和国际重要的旅游休闲中心、全国文化创意中心、电子商务中心、区域性金融服务中心。建设杭州都市圈。
宁波	发挥产业和沿海港口资源优势，推动宁波—舟山港一体化发展，建设先进制造业基地、现代物流基地和国际港口城市。
常州	发挥产业和科教优势，建设以装备制造、新能源、新材料为主的先进制造业基地和重要的创新型城市。
镇江	依托长江港口和山水旅游、历史文化资源优势，建设以装备制造、精细化工、新材料、新能源、电子信息为主的先进制造业基地、区域物流中心和旅游文化名城。
扬州	发挥历史文化和产业优势，建设以电子、装备制造、新材料、新能源为主的先进制造业基地和生态人文宜居城市。
泰州	发挥滨江优势，建设以医药、机电、造船、化工、新材料、新能源为主的先进制造业基地，成为长江南北联动发展的枢纽、滨江生态宜居旅游城市。
南通	发挥滨江临海优势，建设以海洋装备、精细化工为主的先进制造业基地和综合性物流加工基地，建设江海交汇的现代化国际港口城市。
湖州	发挥临湖和生态优势，建设高技术产业引领的先进制造业基地和文化创意、旅游休闲城市，成为连接中部地区的重要节点城市。

续表

城市	功能定位
嘉兴	发挥临沪和沿湾优势，建设高技术产业、临港产业和商贸物流基地，成为运河沿岸重要的港口城市。
绍兴	发挥传统文化和产业优势，建设以新型纺织、生物医药为主的先进制造业基地和国际文化旅游城市。
舟山	发挥海洋和港口资源优势，建设以临港工业、港口物流、海洋渔业等为重点的海洋产业发展基地，与上海、宁波等城市相关功能配套的沿海港口城市。
台州	发挥民营经济发达的优势，建设以汽摩、船舶、医药、石化为主的先进制造业基地，成为民营经济创新示范区。
连云港	建设综合性交通枢纽、以重化工为主的临港产业基地和国际性海港城市。
徐州	建设以工程机械为主的装备制造业基地、能源工业基地、现代农业基地和商贸物流中心、旅游中心，成为淮海经济区的中心城市。
盐城	建设先进制造业基地、能源基地和现代农业示范区、重要生态湿地旅游目的地，成为沿海地区现代工商城市。
淮安	建设区域性交通枢纽、商贸物流中心、先进制造业基地和历史文化旅游目的地。
宿迁	建设新兴工业和商贸基地、绿色生态和创新创业城市。
温州	建设以装备制造为主的先进制造业基地、商贸物流为主的现代服务业基地、国家重要枢纽港和民营经济创新示范区，成为连接海峡西岸经济区的重要节点城市。
金华	建设国际商贸物流中心和高技术产业基地，加快以金华—义乌为核心的浙中城市群发展。
衢州	重点发展装备制造、新材料、职业教育、商贸物流、文化旅游，建设省际重要节点城市。
丽水	建设绿色农产品基地、特色制造业基地和生态文化休闲旅游目的地，建成浙西南重要的区域性中心城市。

二、对门户城市的理解

（一）门户城市的内涵

"门户城市"，通常是一个国家或地区与外界交往与沟通的中心城市。在地理区位上，应是所在区域内公路、铁路和航运的综合交通枢纽；在经济方面，门户城市自身经济发展水平较高，城市能量较大，能对腹地产生极大的吸引力和辐射力；在社会方面，门户城市能为腹地提供各种社会服务，城市服务等级较高。

与一般的"窗口城市"、中心城市相比，门户城市的地位和作用更重要。因为它是外部世界进入该国或该地区的必经要道。世界开放交往史和城市发展的历史表明，门户城市的形成和发展具有明显的规律性，一方面，它的形成与它所处的地理区位直接相关；另一方面，它的形成，与世界国际性经济增长或区域性经济增长转移有着内在的密切联系，或者说是这一转移的直接结果。[①]

在开放的外部环境条件下，门户城市的作用和地位更加凸显，它已成为沟通世界、联系区域内外的枢纽、要津，是本国、本区域与外部联系的窗口、跳板、桥头堡、咽喉。在信息技术支撑下的全球化时代，世界的全球化过程不断加快，传统的地理空间不断被压缩，世界正在由"地点空间"向"流的空间"转变，这些"流"包括人流、物流、信息流、资金流、技术流等。当前世界体系的空间结构，是建立在"流"、连接、网络和节点的逻辑基础之上[②]。经济全球化和区域一体化以来，世界城市体系开始了新一轮的重构，出现了世界性的节点城市，即国际性门户城市。这些国际门户城市根据其形成的强大磁场引力，把全球空间流动的各种要素资源联结于本地，从而形成了世界城市的重要节点。以这些节点为基本组成单位开始重新构建起具有流动空间的世界城市体系。

（二）"门户城市"的主要特点

1. "门户城市"的发展具有双向性

门户城市具有一定的发展路径，其形成于特定的空间区位，具有动态性

---

①　黄方方：《门户城市的建设与发展研究——兼议广西梧州市发展与发挥作用问题》，载《桂海论丛》2001 年第 12 期。

②　张晓斌、王武科：《构建门户城市提升战略平台》，载《宁波日报》2010 年 5 月 27 日。

的特点。它与区域性经济增长转移，甚至国际性经济增长转移，有着内在的密切联系。门户城市依托其特有的区位条件，在进行经济增长的转移传递过程中，发挥着对内吸引和对外传递的双重作用，即一方面，门户城市要对内集聚一定的资源和要素，成为本区域要素和资源汇聚的主要地区，另一方面，门户城市要起到对外传递和辐射这些资源和要素的作用。因而说，门户城市具有独特的吸引和辐射的双向功能和作用，在其发展过程中需要和能够逐步建立起推进经济增长的动力机制、导向机制和传递机制，并逐渐培育起经济中心、文化中心、信息中心等功能。门户城市比一般中心城市具有倍加优势，能够更为快捷地培育和增强城市的动力机制，从而促进经济更快增长和综合实力的提高。

2. "门户城市" 的发展具有倍加效应

经济发展的过程实际上是对资源配置效率改善的过程，门户城市在发展中具有的双向性，使其能在整个区域发展中担当着资源"引进"和"输出"的双重角色，客观上会使其集聚更多有利于发展的优质资源，因而在资源配置上的主动权较大，能够进行资源的有效选择，因而资源配置的效率也会较高，促使其发展速度和质量要比一般城市和一般中心城市都要快得多、优得多。深圳、上海、大连的发展实践就充分证明了这一点，而且这些城市的发展势头，也显示出门户城市作用发挥的巨大威力。

3. "门户城市" 的发展具有廊道效应

门户城市是人流、物流、信息流、资金流、技术流等各种资源要素汇集的地方，在各种要素流动过程中，门户城市通过重大交通基础设施的建设，与周边城市之间形成流动的通道，这种通道主要依托门户城市与周边城市之间所形成的各种要素势能差发生作用。而要素势能差使门户城市与周边城市之间形成具有一定势能差的磁力场。门户城市和周边城市就是两个磁化极，他们之间通过势能差产生快速流动的廊道，通过廊道各种高级要素资源不断向门户城市汇集，再通过循环累积因果效应，提升门户城市能级和地位，同时，通过廊道扩散效应，辐射带动周边城市发展。

（三）门户城市的种类

依据不同的分类标准，可以将门户城市分为多种类型。

根据门户城市所处的地理位置，可以将门户城市分为沿海型和内陆型两大类：第一类城市主要位于沿海，依托其面向海洋特殊区位，形成了与世界密切联系交往的国际性门户城市。这类门户具有城市经济开放度高、经济实力强、科技文化水平高、交通基础设施完善等特点，处于我国沿海交通要道的端点、主要港口，同国际交往十分便利，同内地沟通也十分便捷。另一类是内陆的门户城市，这类门户城市主要起到沟通内陆区域联系的承启性作用，它们处于两大板块结合的枢纽、咽喉要道上，具有一定的发展基础，同时又可进一步沟通内地欠发达地区同发达地区或世界的联系。

根据门户城市辐射和影响的空间范围的大小，可以划分为两个级别：国际性门户城市和区域性门户城市。国际性门户城市是一个国家与世界联系的窗口，我国的北京、上海是我国经济、文化、人才等资源的汇集地，是连接世界的窗口，是我国的国际门户城市，广州、深圳也正在向国际门户城市迈进，另外天津、青岛、大连、厦门、宁波等也都在积极争取成为国际门户城市。西安、昆明作为内陆型城市，是西北、东南亚区域的门户所在；南京作为长三角与内地连接的纽带，是我国承东启西的重要门户。

根据门户城市发挥职能的不同，还可以将门户城市分为经济门户、技术门户、交通门户、人才门户、信息门户等。例如北京是我国的文化和政治门户、上海是经济和金融门户、宁波是港口门户、南京和厦门是海峡两岸的沟通门户、郑州是中部地区的交通门户等等。

（四）"门户城市"建设需要具备的条件

门户城市具有很多一般城市所没有的发展优势，因此，不少城市提出了发展门户城市的目标和口号，但是要成为门户城市，必须具备一定的条件，而且根据门户城市种类的不同，需要具备的条件也不同。一般来讲，一个城市要发展成为门户城市需要的共性条件包括以下几个方面：

1. 较为雄厚的经济基础

门户城市是要素或资源"引进"和"输出"的窗口，但是，在要素或资源的"引进"和"输出"过程中，门户城市并不仅仅是一个进出的廊道，还应对资源和要素进行一定的吸收和再整合，在此基础上才形成更加有效的传递和辐射效应，以适应资源引进方的需求。同时，城市经济发展程度的强弱也会影响门户城市地位的发挥。经济实力雄厚的城市，自身的集聚和辐射作用相对较强，在充当一个地区门户城市的过程中，可以将资源进行有效的对外传递，有效带动下游城市的发展；反之，如果经济实力相对较弱，就难以很好地发挥经济的溢出效应，纵使具有良好的区位条件，也难以将发展资源向外传递，而无法担当起门户城市的地位。

2. 突出的区域位置

作为门户城市，一般都具有较为优越的地理区位条件，在区域中具有较为突出的区域位置。国际性门户城市，都要具有面向海上的交通枢纽地位，具有一定的海港优势。如欧洲门户——鹿特丹。而内陆性门户城市，一般要在内陆的交通体系中具有特殊的地位，如南京，长江从城中穿城而过，本身就具有贯穿长江两岸的发展格局，而且是重要的航空、铁路、公路交通枢纽，在长江三角洲是重要的交通枢纽，是我国承东启西、承南带北的重要城市，因此，具有建设长三角门户城市的有利地位。

3. 完备的"流量"设施

门户城市，流通是纽带，流通不畅就会影响门户对外沟通的作用，衰减其门户城市的功能，而完备的"流量"设施是门户城市加强对外沟通和交流的基础，通过"流量"设施的建设，可以提高门户城市要素流的通达能力。现今的"流量"经济，不仅包括人流、物流、资金流这些传统的"流量"要素，还包括技术流、数据流、信息流等生产资源要素。因此，合格的门户城市需要具备较为完善的"流量"设施。如立体综合交通枢纽体系的建设，其不仅有城际铁路连接城市，而且还应具备内部便捷交通体系及内外交通体系之间的无缝对接体系。大容量综合传输信息流系统建设也是门户城市必须具备的基础设施，其不仅需要完善的高性能宽带骨干网络体系及公共平台的建设，还需公共技术服务平台及科技中介服务体系的完备。通过"流量"设施的建设，提高门户城市要素流的通达能力。此外，金融、保险、证券公司等也都是门户城市重要的"流量"设施。

4. 较强的综合服务能力

门户城市是大量要素的汇集地，物质流、信息流、资金流和技术流不是一种简单的空间距离转移，其不仅需要大量基础设施来支撑，还需要较强的综合服务功能来配套。大量人的流动需要门户城市提供航空、铁路、公共交通等综合服务，物质流动需要门户城市提供便捷的交通运输、快速的海关通关、低廉的物流分流等综合服务，资金的流动需要门户城市提供银行、证券、保险、担保等综合服务，信息的流动需要门户城市提供信息采集、收集、分类、筛选和发布等综合服务。更重要的是，门户城市应提供集成综合服务能力，也就是把物质流、信息流、资金流和技术流整合成有机的大系统。

5. 特色鲜明的要素枢纽功能

信息化时代，三网融合技术的实现，进一步压缩了信息交流的时空距离。

高铁时代的到来，城市与城市之间空间距离也在压缩，各大区域中心城市与周边城市之间的要素流动已基本处于均质化。现代城市发展需要走差异化道路，政治中心、文化中心、信息中心和金融中心已成为门户城市打造的重点。传统的区域中心城市具有吸引一般要素资源的优势，而门户城市不同于一般区域中心城市，它不仅是吸引各种要素集聚中心，而且更应具有特色鲜明的要素汇集枢纽功能，只有这样，门户城市才能吸附比其他区域中心城市更多的要素资源，实现经济发展倍增和要素双向交流，成为区域要素资源流动的廊道。

四、南京构建"门户城市"的战略及路径

1. 谋求南京门户城市发展的突破口，尽快确立"国家门户城市"的战略定位

门户城市种类较多，在门户城市的建设过程中，必须明确南京应该建设什么样的门户城市，首先应在哪些方面形成突破。从南京的城市经济发挥的基础及现实情况看，面向"十二五"，南京应积极谋求尽快确立"国家门户城市"的战略定位，力争早日进入"国家中心城市"的行列。

具体可从以下几个方面形成突破：

第一，以"物流门户"作为突破点。南京具有优越的区位条件，综合立体交通体系建设完备，随着高铁等快速交通网络体系的建设，南京的交通枢纽地位将进一步凸显，建设"物流中心"已成为南京的重要发展战略，因此，"物流门户"的建设已经到了水到渠成的地步。

第二，以"技术门户"作为突破口。南京是全国的科教研发中心，科教资源丰富，技术研发实力雄厚，在"长三角辐射带动中西部地区发展的重要门户"的建设过程中，应发挥好南京科技资源雄厚的优势，加快城市的科技服务业发展步伐，完善技术研发、转移、成果转化等平台的建设，同时优化城市创新环境，建设城市综合创新体系，使南京成为技术集聚的"盆地"，同时在对技术吸收、利用、创新的过程中，成为长三角向中西部转移的"技术门户"。

第三，以"信息门户"作为突破口。信息流已成为当今世界发展的重要要素，成为地区、国家之间竞争的最主要要素之一。南京的信息化网络体系完备，基础设施齐全，在"三网融合"、"两化融合"、"智慧南京"建设的

过程中，广电、电信、有线、无线宽带网、3G 通信网等建设将不断完善，全市的信息化设施、信息化程度，以及信息化管理水平都将得到大幅提高，加上南京目前已经拥有一批具有较强实力的信息化企业，在不久的将来，南京将成为长三角、江苏、全国乃至世界的重要"信息集散城市"。因此，"信息门户"的建设不仅可以而且必须成为南京门户城市建设的重要战略突破口。

2. 明确南京城市发展的重点区域

对于城市来讲，其发展必须明确重点发展区域，也就是发展的核心区。作为门户城市，南京的发展主要是"承接"和"辐射"的功能，具体来讲就是要承接以上海为龙头的长三角的发展成就，同时向中西部辐射，从而起到承东启西的门户作用。在这样的认识背景下，南京的重点发展区域也应该能起到"承接"和"辐射"的作用。从"承接"的角度来看，南京的东南部应该是发展的重点区域，这是直接承接长三角先进地区的桥梁和纽带，在承接长三角的同时，东南部的发展可以带动南京城市能级的提升，从而产生对外辐射的强大能量。从"辐射"的角度来看，南京的江北地区是重点发展的区域。江北地区与安徽、苏北等地直接接壤，是南京对中西部辐射的门户，这一区域的发展至关重要，但是，由于南京整个城市能级还存在一定的局限性，制约了南京江北地区的发展以及对外辐射的作用发挥。

通过以上分析，南京的发展应从东南部和江北地区寻求突破，发展南京的东南部是为了提高南京对外辐射的能力，发展江北是为了形成对外辐射的载体，这两个区域的发展应同步进行，而且从某种意义上说，南京东南部的发展还要优于江北地区，因为只有形成强大的城市能级，才能实现门户城市对外辐射的足够能量。

3. 彰显"中国智慧"、"中国力量"的关键核心城市

在当代中国社会发展的历史进程中，南京是中国最重要的"思想力"产生地，正是实践检验真理的标准讨论从根本上打破了思想的桎梏，中国才进入改革开放的阶段。在自然科学领域，2006 年南京大学闵乃本教授团队捧回空缺多年的国家自然科学一等奖（同年度获得国家科技进步奖特等奖的是"歼十飞机工程"）。南京科学家在 *Science*、*Nature*、*Cell* 等国际顶尖权威科学杂志发表论文的数量与影响力也不断升高。在当代中国构筑的国家战略性力量中，南京也贡献非凡、至关重要，尤其在电子科技领域，中国预警机的关键技术就是在南京突破的（当今世界上能够自主设计制造预警机的国家比掌握核技术的国家还要少，预警机是国家战略力量的直接表现之一）。今后，

南京在重大基础科学研究领域，应继续加大投入的力度，促进重大自主创新研究成果的出现；在应用科学研究领域，大力支持对接基础创新成果的中下游技术应用、转化的研发；在军用尖端技术向民用转化领域，结合智慧城市建设，侧重在数字信息、新材料、智能化控制等方面的应用拓展，创造中国自主知识产权的智慧城市建设方案，并成为中西部地区智慧城市建设集成方案的供应者。

4. 建设面向中西部地区的"共性技术"① 供给中心

长三角前一轮的起飞很大程度上得益于国际劳动分工中产业转移，尤其是加入 WTO 之后迅速成为"世界工厂"，但是在经历了世界金融危机之后，承接产业转移的出口加工贸易模式已经面临发展的瓶颈，尤其是"市场换技术"的 FDI 技术溢出效应并不明显。对于中西部地区而言，重复长三角的发展路径是不可能的，自主创新基础上的区域联动竞合才是未来的出路。金融危机之后，城市发展的路径朝着越来越有利于南京的方向延伸，依托非常强大的科教资源优势，南京完全可以在长三角区域向中西部辐射的过程中，将自身打造成为面向中西部地区的"共性技术"供给中心②。改革开放以来，南京并没有依赖 FDI 成为加工基地，相反还一直保有强大的自主创新研发能力，是国内难得的具备"共性技术"供给能力的城市，尤其在未来城市发展中将广泛应用的电子信息、新材料、新医药、新软件等领域。

长期以来，南京在众多领域成功开发了许多共性技术，但由于项目性质的限制（如军用项目）和没有良好的技术扩散与转移机制和环境，这些共性技术不能及时有效地向企业扩散③。然而，随着南京被科技部作为全国唯一

---

① 共性技术（generic technology）在 1988 年的美国 ATP（先进技术计划）中第一次被明确定义为"一种有可能应用到大范围的产品或工艺中的概念、部件、或工艺、或对科学现象的深入调查"。

② 我国在计划经济时代曾建立过一些体系较为健全的从事共性技术和前沿技术研究的政府研究机构，由于体制的僵化，形成有限科研资源不能完全共享而互相分割，研究机构之间也不能打通地方和中央机构的分隔。科技体制改革以来，科技面向经济的程度明显提高，但是改革还在浅层次上，对科技资源总量进行优化配置的体制尚未形成，还没有建立"开放、流动、竞争、协作"的机制。一方面经营管理人才缺乏，战略设计能力、市场经营能力、生产管理能力等薄弱，导致研究机构原有技术资源贬值；另一方面，市场化改革和运作能力水平还较低，导致发展方式受市场短期行为影响，随机化、投机化，只生产和研发短期里能增加利润的"短、平、快"产品，造成了目前共性技术供给严重短缺的格局。

③ 尽管南京的技术转化不是很充分，甚至出现很多异地转化的情况，但是南京的科研人员不唯名唯利，并没有放弃对国家技术进步的追求，正是这一对科学孜孜以求的可贵精神，支撑着南京的技术研究机构始终保有持续自主创新的能力。

的科技体制综合改革试点城市，2010 年又被科技部列为首批创新型城市建设试点城市，被国家发改委列为国家创新型城市创建试点城市，南京在自主创新上的优势逐渐凸显。南京要紧紧抓住各项政策给予的空间和机遇，加快科技体制的改革进程，尽快形成优势科技资源的优化配置，形成共享、开放、竞争、协作的机制，引爆南京科教资源的强大优势与能量，这将对南京城市的转型发展、创新发展与跨越式发展产生巨大的推动力，同时对中西部地区形成"共性技术"作为"准公共产品"的强势外溢。

5. 确立面向中西部地区广泛腹地的"国家级枢纽城市"

从国家区域发展战略空间布局来看，南京地处沿海开放地带与长江流域交汇处，是中国沿海与沿江"T"型发展轴的重要联结点，有着"承东启西"、"承南启北"的特殊区位，是中国经济能量从东部向中部梯度转移的门户和枢纽城市，是国家经济从东向西推进的前沿阵地和中转释放点，也是东部与中西部、北部与南部商流与物流的要道。国务院在对长三角各大城市定位中，把南京定位于中国高速铁道的东部枢纽中心，南来北往、东进西出的高速列车都从南京交叉，加上长江的江海联运、机场的航运，南京势必成为中国东部、长江中下游地区的现代化综合交通枢纽中心，区别于其他的大城市。

但是从交通枢纽中心建设到形成国际化枢纽功能体系，一般要经历航运中转、加工增值、资源配置三个阶段的递进，基于南京的现状，南京还处于三个阶段同时叠加、同时推进的阶段，要打造国际化枢纽功能，必须从城市空间结构、跨界服务能力和全球运筹能力三个方面同时入手。（1）基本形成世界一流水平的现代化大都市空间结构、基础设施条件和对外交通体系，跻身国内一线航运中转功能城市。（2）逐步提升南京城市的跨界生产服务能力与跨界治理能力，打造区域生产网络，嵌入全球生产网络，形成以区域差异化生产网络为特征、国际贸易程度高的加工增值型航运中心。（3）谋划南京的全球运筹能力，加速建设资源配置型的枢纽功能，更加主动参与资本、技术、信息等要素资源在区域甚至全球范围内的配置。

6. 强化长三角向皖江城市带产业转移的"创新服务中心"功能

作为长三角向中西部辐射桥头堡、人口吸引集聚地，未来南京承担着传递上海作为长江流域龙头城市向长江中上游城市和区域辐射的区域性"增压"责任。2010 年年初，安徽沿江城市带承接产业转移示范区建设纳入国家发展战略，成为全国唯一以产业转移为主题的区域发展规划。作为国家促进区域协调发展的重大举措，皖江城市带规划的目的在于推进安徽参与泛长三角区域发展分工。就目前而言，皖江城市带参与泛长三角区域发展分工，还需要一个实现的载体和中介，而这个载体和中介就是南京。南京虽然没有直接成为国家级发展战略规划，但是完全可以通过灵活的运作，同步化使用皖江城市带国家战略的政策空间。

针对皖江城市带的产业转移发展，南京的战略定位应成为实质意义上皖江城市带的龙头和管理服务中心，成为皖江城市带融入长三角分工的交易、流通的"前台"和"节点"，绝对不能因为交通设施的改善而丧失"节点"价值，导致边缘化趋势，那样对南京的发展将会很致命。（1）南京必须成为长三角沿长江流域辐射的"龙颈"，成为传导长三角产业向皖江城市带转移的"龙头"。（2）利用科教技术创新优势，成为皖江城市带沿江先进制造业、新能源、新材料等自主创新产业的技术创新服务中心。（3）在产学研一体化过程中实现空间扁平化与生产的弹性化，形成"研发"、"策划"、"资本交易"、"下单"、"推广"在南京，"生产"、"组装"、"配套"、"接单"在皖江。

7. 构建"承东启西"的教育培训与人才供给中心

继续强化和发挥南京教育资源优势，打造国际化教育名城，形成具有国际化影响力、泛长三角区域核心辐射力、外部区域吸引力的系列化教育体系。在高等教育领域，进一步支持高水平大学的国际化发展，形成对中西部地区优质智力资源的强大吸引力。在中小学方面，进一步在更大区域范围内形成"名校效应"，形成泛长三角的"南外"的效果，大规模吸取中西部优质生源，尤其在国际预科招生方面，南京应成为长三角辐射中西部地区的最核心城市。

创新与在宁高校的合作机制，形成"城市—大学"联盟综合体，共同走出去、共同运作、共享资源、共享收益。支持、鼓励、帮助大学在泛长三角区域内广泛建设科技园，共同对外谈判，大学建设科技园研发孵化，南京政府派出管理服务团队帮助经营园区，让高校院所的科技资源源源不断地走出高墙、走向市场、走向更广泛的区域。通过在宁高校外部化生产，南京植入管理，达到为南京在外部区域利用廉价成本建设更多开发园区的实质效果，广泛建立如"南京—滁州科技园"、"南京—宣城科技园"等形式的外部化南京产业配套园区。针对下一轮长三角、泛长三角、皖江城市带的产业发展，针对性发展职业技术教育培训，形成"人力产业"在南京，牢牢掌握长三角向中西部地区辐射的产业高端。

基于历史机遇期的国内城市
转型战略研究

李程骅　黄南　吴海瑾[*]

　　城市是人类活动的主要场所，它在积聚一定地域范围内的物质、资金和技术等的基础上，逐步演变成为经济活动的中心，并得到了空前的繁荣和发展[①]。但是随着城市的不断发展，不同历史时期和阶段的城市环境、经济和社会问题会相互作用和累加，致使城市的发展逐渐面临多方面的发展困境，城市的发展就会因此走向衰退，从而表现出具有规律性的周期特征。

一、对城市转型的认识及其时代背景

（一）基于城市发展周期理论的转型认识

　　城市转型的研究最早是针对不可再生资源型城市（镇）的演进问题而开始的。一般而言，资源型城市是依托当地不可再生资源的开发而兴建或者发展起来的城市，其主导产业是围绕不可再生资源开发而建立的采掘业和初级加工业。但是，由于资源的不可再生性以及产品自身所固有的周期性特征，因此，资源型城市的周期性特征十分明显。为了延长城市的生命周期，突破不可再生资源的制约，资源型城市必须拓展城市的可利用资源，拓宽资源的开发领域，实现多种资源的综合开发，推动城市的转型发展。

---

　　* 李程骅：南京市社会科学院副院长，研究员、博导；黄南：南京市社会科学院经济研究所副所长，副研究员；吴海瑾：南京市社会科学院经济研究所副研究员。
　　① 顾朝林：《论中国城市持续发展研究方向》，载《城市规划汇刊》1994 年第 6 期。

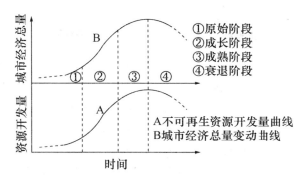

图1a 资源型城市单一资源开发下的生命周期

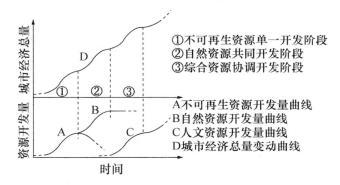

图1b 资源型城市多种资源综合开发下的生命周期

图1 资源型城市不同资源开发模式下的生命周期

　　如果说资源短缺还只是资源型城市在发展到一定阶段后不可回避的主要制约问题的话，那么环境问题就是所有城市在发展过程中都会遇到的共性问题，因此，城市生态环境恶化的问题，也导致了城市生命周期的产生，也是城市发生转型的一个重要原因。经济发展与环境污染之间的矛盾是实现工业化过程中必须面对的矛盾。对于发展中国家而言，城市在发展过程中面临的环境问题更加严峻。发达国家在发展过程中出现的"环境库兹涅茨曲线"现象，并不能成为发展中国家在环境改善上的一个"借口"。因为，一方面，相对于当年发达国家而言，现在发展中国家面临的是更加脆弱的生态环境；另一方面，发达国家通过全球产业链将国内一部分经济增长与环境的矛盾转移到了发展中国家，这使得发展中国家的环境背负了更大的压力，更容易达到环境临界点从而造成不可逆转的环境破坏。因此，发展中国家在发展的过程中，应当改变过去的传统经济增长模式，通过促进城市转型，解决发展中遇到的环境问题，延长城市的生命周期。

传统的线性经济增长模式会导致"增长与环境治理不足"的回路现象。具体来说，就是经济增长、技术进步与资源投入之间是一个正向增强的回路；然而，经济增长的外部性启动了另一条调节回路或称"反回路"，即环境污染。尽管环境具有一定的自我修复能力，然而严重的环境污染则需要相当长的修复时间。如果这时仍然依靠环境的自我修复能力，而不实施外部治理，当环境污染的速度快于环境自我修复的速度时，环境就会恶化，环境容量减小最终制约经济的进一步增长（见图2所示）。这时，城市必须通过空间的紧凑成长，城市环境资源保护，土地集约化利用以及高城市宜居性和生活质量的提高等实现城市的"精明增长"，改变传统的线性经济增长模式，避免产生"增长与环境治理不足"的回路现象①，实现城市的可持续发展，从而避免城市因为环境的恶化出现衰退，延长城市的生命周期。

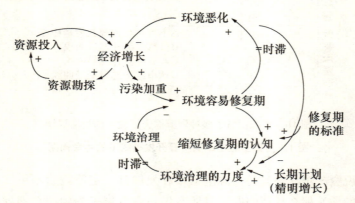

图2　传统线性经济增长模式下的"增长与环境治理不足"回路

从资源型城市以及精明增长的分析中可以看出，城市的周期性特征是由于城市发展的一些内在影响因素难以继续维持城市的发展而产生的。对于每一座城市而言，影响其发展的因素是多种的，因此，正如前面所指出的，任何一座城市，随着其发展矛盾的累积和叠加，都会在发展的过程中面临转型的重要任务。美国学者 Luis Suazervilla 认为城市犹如生物体一样，有其出生、发育、发展、衰落的过程。纵观全球城市发展史，就可以发现，每一座城市

---

① 李彦军：《精明增长与城市发展：基于城市生命周期的视角》，载《中国地质大学学报（社会科学版）》2009 年第 1 期。

都有其自身的生命周期，即经历兴起、发展、繁荣、衰退或再度繁荣的过程。从早期复杂社会时期美索不达米亚、印度、中国等地的宗教性城市，到古典时期希腊、罗马作为帝国中心的世界大都市，到文艺复兴时期欧洲的威尼斯等商业城市，再到近代的伦敦、纽约、密西根、休斯顿等工业城市，以至今天的洛杉矶等后工业城市及亚洲、东方城市的再度崛起，可以说，一部全球城市史也就是一部不同地区、不同样态的城市交替兴衰的历史，一部不同城市不断分别经历其生命周期的历史。

而城市的发展之所以会出现周期性的特征，就是因为城市的发展受到工业、贸易、人口、土地与资源等多种要素的作用，他们的相互影响、相互作用，左右着城市的演化和发展，它们的变化将直接影响城市生命周期。在城市发展中的不同阶段，都需要与其发展阶段相对应的要素的支撑，如果这些对应要素与阶段状态偏离较大，城市将会出现不协调的运行，导致城市发展缺乏后劲，同时出现大量的城市问题，使城市发展处于受困状态。这时，城市就需要根据发展的阶段对多种影响要素进行调整与优化，使其适应新的发展阶段，所以城市是需要进行"调适"的，而这种"调适"如果达到一定的规模和影响，就成为一种城市转型。因此，有学者将城市转型理解为：是基于推动城市发展的主导要素变化而导致的城市发展阶段与发展模式的"重大的结构性转变"，是在相对较短的一段时期内城市集中发生的具有内在一致性的变化与制度变迁。①

可见，一个区域能否成为城市繁荣区，能否成为一个时代的文明高地、所在区域的重要发展极，在根本上依赖于这个地区或城市能否抓住历史机遇，成为这个时代文明形态、城市形态转换的关节点；决定于这个地区与城市能否凝聚起这个时代的先进产业形态，先进生产力、生产方式；决定于这个地区或城市是否能够构筑起代表甚至引领其时代发展方向的先进城市制度、城市管理方式、城市发展环境、城市软实力；决定于这个区域或城市能否成为那个时代各类优秀人才的聚集地，能否在其城市人群中形成对这个城市的深层文化认同；决定于这个地区或城市能否走出一条既符合自身条件又符合经济社会发展趋势、文明形态转换方向的发展之路②。

不同城市分别经历其生命周期的不同阶段，在整体上就构成了城市繁荣

---

① 郑国、秦波：《论城市转型与城市规划转型》，载《城市发展研究》2009 年第 3 期。

② 陈忠：《城市生命周期与城市可持续繁荣》，光明日报，2009 年 9 月 7 日。

区在全球不同地域的历史转换，构成了人类社会从农耕文明、商业文明、工业文明到后工业文明的历史转换，以及城市文明形态从农业城市、商业城市、工业城市再到后工业城市的历史转换[①]。

（二）南京城市转型面临的重大历史机遇期

尽管城市转型是任何一座城市在不同的历史阶段都可能面临的问题，但是如果利用一些重大的历史机遇期进行城市转型发展，就可能降低城市转型的成本，缩短城市转型的周期，促使城市的转型更加顺利。此次世界经济危机出现的世界经济体系的大调整，中国经济发展方式转变的深入推进，以及改革开放以来南京城市经济及实力的增长和积累，为南京的城市转型提供了难得的历史机遇。利用好这一机遇，加快南京的城市转型，将促使南京实现历史性的跨越。

1. 世界经济体系大调整下的转型契机

国际货币基金组织 2009 年 7 月发表了新的《世界经济展望报告》，此次公布的 2009—2010 年经济增长预期比 2009 年 4 月公布的预测高出了约 0.5 个百分点。但是《报告》指出，尽管经济活动的下滑速度在放慢，各地区的经济出现了一些积极的迹象，全球经济正开始走出第二次世界大战后时期前所未有的衰退，但全球衰退尚未结束，经济的稳定是不平衡的，复苏仍将是缓慢的。

表1　世界经济预测增长率　　　　　　　　　　（单位:%）

	2008 年	2009 年	2010 年
全球	3.1	−1.4	2.5
发达经济体	0.8	−3.8	0.6
美国	1.1	−2.6	0.8
德国	1.3	−6.2	−0.6
英国	0.7	−4.2	0.2
法国	0.3	−3.0	0.4
日本	−0.7	−6.0	1.7
新兴市场和发展中国家	6.0	1.5	4.7

① 陈忠:《城市生命周期与城市可持续繁荣》,《光明日报》,2009 年 9 月 7 日。

续表

	2008 年	2009 年	2010 年
独联体	5.5	-5.8	2.0
俄罗斯	5.6	-6.5	1.5
印度	7.3	5.4	6.5

资料来源：国际货币基金组织：《世界经济展望报告》，2009 年 7 月 8 日。

世界经济的不景气虽然对我国的经济发展也造成了很大的冲击，但同时也为我国经济发展方式的转变提供了契机。首先，经济危机促进了南京产业结构的调整。在经济危机的冲击下，虽然不少的企业倒闭破产，但这些企业大多是一些附加值较低的企业，那些具有自主知识产权、具有较高产品附加价值的企业并没有受到太大影响，落后生产能力企业的退出为南京更好地整合空间资源，调整和优化产业结构提供了条件。其次，世界经济的不景气导致国外一些优质企业陷入困境，世界正在进行一次大范围的经济结构调整，世界经济格局正在发生变化，这为中国以及南京有实力的企业的崛起创造了条件，也为中国企业采取兼并等方式进入国际市场提供了良好机遇。

世界经济危机的发生也为新技术的发明和使用创造了条件。历史经验表明，大的危机往往孕育着大的科技创新，而重大科技创新也往往推动世界经济走向复苏与繁荣。1857 年发生的世界性经济危机引发了以电气革命为标志的第二次技术革命；20 世纪 30 年代大萧条前后问世的科学发现成为日后以电子、航空航天和核能为标志的第三次技术革命的基础；20 世纪 80 年代美国的经济危机则造就了 20 世纪 90 年代互联网信息技术革命的飞速发展，也造就了世界经济新一轮的繁荣。此次金融危机下，美国等西方发达国家将发展的重心转向"新能源"、"低碳经济"、"绿色经济"，这可能推动世界产业走向一条新的创新之路。

危机倒逼创新，世界经济危机的爆发虽然对南京的经济产生了较大的冲击，但是也为南京提供了发展的契机，围绕新能源、环保、新一代 IT 产业、绿色制造、文化传媒等"后危机时代的潜力产业"，加快发展新技术、新产品，培育和壮大新兴产业，利用世界危机的机遇积极整合世界资源，加快南京城市的转型发展，就可能推动南京的城市发展跃上新的台阶。

2. 中国转变发展方式深入推进下的转型动力

中国 60 年的辉煌成就世界瞩目，但是人口剧增、资源过度消耗、环境污染、生态破坏等问题，严重制约了中国经济的可持续发展，环境问题、资源问题、人口问题成为中国面临的棘手问题。目前，我国酸雨的覆盖率已达我国国土面积的40%；二氧化硫的排放已是世界第一；每天都有500公顷的土地被沙漠吞食；我国年均消失天然林40万公顷，且按近十年的平均采伐和毁坏森林的速度，到2055年将失去全部森林；全国600多座城市中，缺水的就有400多座；我国600多座城市中，大气质量符合国家标准的不到1%；等等。资源的短缺也在日益加剧。目前我国的人均资源占有量仅为世界人均占有量的58%，居世界第53位。我国的石油消费占全球总量的8%左右，但石油消费的45%以上依靠进口，2010年前我国石油消费的一半依靠进口；一次能源消费的10%左右依靠进口；2020年以后，所有新增的能源可能都将依靠替代能源或进口解决。而同时，经济增长方式十分粗放，造成了巨大的能源消耗和对环境的破坏。此外，中国还面临着区域发展不协调、自主创新能力低下等多方面的问题。正是基于对中国多方面发展问题，尤其是可持续发展问题的认识，转变经济发展方式成为中国当前的重大战略。转变发展方式的深入推进，对中国各地区、各城市都提出了转型发展的要求，通过改变传统的经济增长方式，转变高能耗、高污染的产业结构，增强企业的自主创新能力，这对于南京的城市转型将起到极大的促进作用，推动南京城市转型的进程。

3. 泛长三角时代下的转型机遇

自1982年上海经济区成立以来，长三角地区已经发展成为中国综合实力最强的经济中心区。但是随着区域经济的快速发展，长三角地区越来越面临着来自发展空间、生态环境、产业分工、内部市场壁垒等多方面的问题，积极进行内部的一体化发展，同时向外拓展发展的空间，一方面可以扩大长三角区域对外的经济辐射，发挥长三角地区的发展动力作用，另一方面，也使长三角从更大的发展空间和地域范围内提升区域的发展能级成为一种必要。

2008年1月，胡锦涛总书记在安徽视察工作时，对安徽提出了"要积极参与泛长三角区域发展分工，主动承接沿海地区产业转移，不断加强同兄弟省份的横向经济联合和协作"的要求。2008年9月16日，《国务院关于进一步推进长三角地区改革开发和经济社会发展的指导意见》出台，明确提出了"泛长三角"的概念，并指出要"坚持率先发展，加强与周边地区和长江中上游地区的联合和协作，强化服务和辐射功能，带动中西部地区发展。"

从长三角到泛长三角的拓展，为南京的发展提供了重大的转型契机。对于一个区域性中心城市来讲，必须依赖它所辐射的区域来汲取和释放发展的"能量"。但是，长期以来，由于地处江苏省的边缘，在行政边界的制约下，南京的辐射半径一直难以扩大，城市的发展也因此受到了极大的制约。泛长三角时代的到来，为南京在更大范围内进行资源整合提供了空间和平台，有利于南京市进行产业结构的调整和转移，同时也可以通过对周边区域优质资源的集聚，进一步提升自身的发展能级。

4. 南京城市实力整体提升下的转型保障

新中国成立以来，尤其是改革开放以来，南京整体经济实力飞速攀升，整个城市的经济发展实现了五个方面的"巨大跨越"，即：从工业经济为主导向工业、服务业共同主导的产业体系的跨越，从劳动力推动型向投资和创新共同驱动型发展模式的跨越，从传统内向型经济向现代开放型经济的跨越，从单一所有制结构向多种所有制经济共同发展格局的跨越，以及从传统经济发展模式向生态经济发展模式的跨越。整个城市的经济发展质量不断提升，综合实力显著增强，一个现代化的国际性大都市已拉开框架。2010 年全市地区生产总值已超过 5000 亿元，按常住人口测算的人均地区生产总值已达 9000 美元左右，进入中上等发达地区的行列。南京经济实力的飞速增长，为城市的转型提供了充足的资金、技术、人才等保障，使城市转型可以在更高的基点上进行，有利于高层次城市转型愿景的实现。

二、审视南京城市发展的矛盾与瓶颈

城市转型是在城市发展受困，城市运行出现不协调的背景下提出的，新中国成立以来，尤其是改革开放以来，南京的城市发展虽然在很多方面都取得了举世瞩目的成就，但是城市发展所积累的矛盾和瓶颈也越来越多，面临着来自产业、创新、区域发展、增长方式以及城市功能方面的五大矛盾与瓶颈。认真分析这些发展中的难题，可以为南京的城市转型找到有效的破解之道，促使城市转型的顺利实施。

（一）产业结构性矛盾依然突出

1. 现代服务业发展滞后

制造业的发展需要现代服务业的支撑，这是世界经济发展规律已经证明的。改革开放以来，南京三次产业的产值结构发生了很大程度的变化，从总体来看，南京的三次产业之间的产值结构和就业结构正在不断趋于协调。但是，如果将南京的三次产业结构与南京目前的发展阶段相比较后就可以发现，南京的服务业发展水平还较低，明显滞后于南京所处的经济发展阶段。

表2是南京与不同收入国家的三次产业构成比较，从比较结果可以看出，南京2009年的人均GDP已超过8000美元，属于中等偏上收入国家的水平，但南京的服务业比重却比中上等收入国家2008年的平均比重低了10.1个百分点，仅比低收入国家高出3.8个百分点。与服务业相反的是，工业的产值比重高出中等偏上收入国家2008年平均水平13.0个百分点，农业的比重低于中等偏上收入国家平均水平2.9个百分点。相对于南京的发展阶段而言，南京工业增加值在GDP中的比重显得过高，而服务业的发展却明显滞后。

表2 南京与世界不同收入水平国家的GDP三次产业构成比较 （单位:%）

国家类型	人均CNI（美元）	第一产业		第二产业		第三产业	
		2000	2008	2000	2008	2000	2008
低收入国家	524	32.0	24.8b	24.1	27.7b	44.0	47.5b
中低收入国家	2789	11.9	10.5	34.9	36.6	53.2	52.9
中等偏下收入国家	2078	16.8	13.7	39.4	40.8	43.8	45.5
中等偏上收入国家	7878	6.0	6.0	32.0	32.6	62.0	61.4
高收入国家	39345	1.8	1.4a	28.0	26.1a	70.2	72.5a
世界平均	7958	3.6	3.0a	29.2	28.0a	67.2	69.0a
南京c	8841	5.4	3.1	45.8	45.6	48.8	51.3

数据来源：世界银行WDI数据库，《南京统计年鉴》。

注：a为2006年数据；b为2007年数据；c为2009年数据。

即使与国内的城市相比，南京的服务业发展情况同样不容乐观，表3是国内部分城市2008年服务业发展情况表，从表中数据看，南京的服务业总量、人均服务产品、服务密度等指标还较低。与广州相比，2008年广州市服务业增加值占GDP的比重就已经达到59.0%，2009年进一步提高到60.85%，比1978年的29.74%提高31.11个百分点。服务业在广州已经成为经济发展的主导产业，有效地促进了广州区域性中心城市地位的提升，在2007年金融危机时期，服务业还对维护广州的经济稳定增长方面起到了决定性的作用，南京与广州的服务业发展相比差距还十分巨大。

表3　国内部分城市 2008 年服务业发展情况表

城市	GDP（亿元）	服务业增加值（亿元）	服务业产值比重（%）	服务业就业比重（%）	人均服务产品占有量（元/人）	服务密度（万元/公里²）
上海	13698.15	7350.43	59.8	55.59	38923	7287
北京	10488	7682	73.2	72.4	45322	4681
天津	6354.38	2410.73	38.0	46.2	20499	2022
重庆	5096.66	2087.99	41.0	34.0	6525	253
广州	8287.38	4890.33	59.0	48.6	48660	6578
深圳	7806.53	3984.41	51.0	—	45441	20403
成都	3900.98	1814.17	46.5	44.9	16127	1464
武汉	3960.08	1987.73	50.2	48.3	23855	2340
杭州	4781.16	2213.14	46.3	39.6	32660	1334
沈阳	3860.5	1472.7	38.1	55.7	18978	1138
大连	3858.2	1575.2	40.8	—	25697	1253
哈尔滨	2868.2	1400.4	45.2	—	14147	264
南京	3814.62	1923.94	50.4	45.6	30809	2923
青岛	4436.18	1957.33	45.2	37.1	23870	1837
济南	3017.42	1511.73	46.3	41.5	25029	1849
宁波	3964.05	1600.01	45.2	—	23205	1708
长春	2561.9	1032.3	46.3	37.3	13718	502
厦门	1560.02	720.48	45.2	49.7	28935	4580
西安	2190.04	1098.89	46.3	—	13121	1087
苏州	6701.29	2436.89	36.4	32.2	38696	2871
无锡	2421.88	1809.93	41.0	35.7	39605	3780

资料来源：根据各城市《统计年鉴》及《全社会国民经济与社会发展统计公报》整理计算而得。

　　不仅如此，南京与同省的苏州相比，在服务业的发展方面也有一定的差距。虽然南京服务业在 GDP 中的比重相比具有明显的优势，但是，南京无论从服务业的增加值，还是人均服务产品占有量上看，与苏州都有一定的差距；

与无锡相比，虽然无锡的第三产业增加值略低于南京，但是人均服务产品占有量和服务密度都明显高于南京。现在苏州的社会消费品零售总额已经超过了南京，无锡该指标与南京的差距也在逐渐缩小，这不仅反映出南京服务业发展上存在的问题，同时还会进一步影响到南京在区域中的中心地位，使南京在与周边其他城市的竞争中处于不利的地位。

2. 产业技术结构较低

对产业技术结构的研究可以从制造业的技术结构和服务业的技术结构两大方面入手。

（1）制造业的技术结构分析：技术密集型产业发展仍相对薄弱

我国学者郭克莎等人根据国际上，尤其是经济合作组织（OECD）有关高、中、低技术产业的划分口径，结合我国工业统计的具体情况，将制造业分为高技术密集度产业、中高技术密集度产业、中低技术密集度产业和低技术密集度产业等几种类型，并将高技术密集度和中高技术密集度产业称为技术密集型产业（见表4）。

表4　制造业中按技术密集度划分的产业

高技术密集度和中高技术密集度产业	中低技术密集度和低技术密集度产业
高技术密集度产业	**中低技术密集度产业**
航空航天制造业	橡胶和塑料制品业
电子计算机制造业	化学纤维制造业
通讯设备制造业	非金属矿物制品业
化学和生物制药	有色金属冶炼及压延加工业
中高技术密集度产业	**低技术密集度产业**
仪器仪表及文化办公用机械	石油加工及炼焦业
其他电子和通讯设备制造业	黑色金属冶炼及压延加工业
其他医药制造业	金属制品业
汽车制造业	造纸、印刷业
化学原料及制品制造业	文教教育用品
电气机械及器材制造业	木材加工和家具
通用设备和专用设备制造业	纺织、服装和皮革

其他交通运输设备制造业	食品、饮料和烟草
	工艺品及其他制造业
	废弃资源和废旧材料回收加工业

资料来源：郭克莎等著：《走向世界的中国制造业》，经济管理出版社 2007 年版，第 122 页。

在技术密集型产业划分的基础上，对南京技术密集型产业的发展情况进行综合评价。总体来看，南京的中高技术密集度产业虽然资本的投入较多，劳动生产率也较高，但资本的产出率和利润率均较低，而且其中不同产业的分化情况较严重，化学原料及化学制品制造业和通信设备、计算机及其他电子设备制造业的发展情况要好于其他几个中高技术密集度产业。但技术含量低的产业资本产业率和利润率均较高，在南京整体产业发展中仍具有较强优势。由此可见，南京的技术密集型产业发展总体情况并不十分乐观，整体实力还不是很强，一些低技术密集度的产业，如石油加工及炼焦业、黑色金属冶炼及压延加工业等在南京的制造业中仍具有较强实力。南京制造业中重要产业的技术结构仍主要以中低技术密集度的产业为主，距离以资本、技术密集型产业为主的发展还有一定差距（见图 3 所示）。

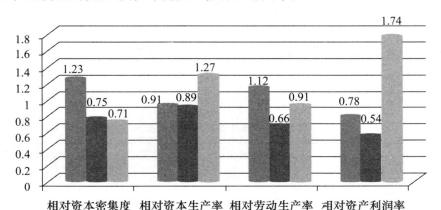

图 3　南京市 2007 年不同类型技术密集型产业的综合效益情况

数据来源：根据《南京统计年鉴》相关数据整理计算而得。

（2）服务业的技术结构分析：知识性服务业发展相对缓慢

同制造业一样，服务业依据其主要的投入要素，也可以划分为劳动力密集型服务业、资本密集型服务业和技术密集型服务业三大类。

在此我们以同为发展中国家的印度为参照对象，对南京服务业的内部发展情况进行比较分析。表5和表6是南京和印度的服务业内部构成情况表。从表中可以看出，在南京和印度服务业内部比重最高的都是批发零售行业，其比重占据了主要的地位，这表明南京和印度的服务业总体层次均相对较低，但从长期趋势看，均处于下降阶段。值得注意的是，印度服务业中增长最快的是商务服务业，1990—1999年间的增速达到了19.8%，其余年度的增速也都在13%以上，远高于同期GDP的增长速度。我国的统计中没有商务服务业分类统计数据，而是将其包含的各行业分散到了社会服务业、科学研究和综合技术服务业等行业中，比较的结果说明，印度20世纪90年代的增长速度远高于南京，南京1995年上述两行业的增速分别为5.2%和－6.6%。不过南京在进入21世纪以后，社会服务业和科学研究和综合技术服务业的增长速度明显加快，2000—2006年科学研究和综合技术服务业的增速在20%左右，社会服务业也达到了两位数的增长。另外一个值得注意的问题是，印度的通信业和银行业增长也十分迅速，相比之下，南京的金融保险业发展形式较为落后，通讯业没有单独列出来，但近两年增速也大大降低。因此，可以看出，印度的生产性服务业发展速度在服务业中是最快的，这带动了目前印度生产性服务业竞争力的不断增强。相比之下，南京的服务业总体发展程度虽好于印度，但生产性服务业的增长速度还不是很快，反映出了南京服务业发展上的薄弱环节。

表5　印度服务业内部构成情况表　　　　　　（单位:%）

年份	平均增速			服务业内部构成			
	1980—1989	1990—1999	2000—2005	1980	1990	2000	2005
批发零售业	5.9	7.3	12.5	31.5	29.3	28.4	27.5
旅店餐饮业	6.5	9.3	13.3	1.9	1.7	2.1	2.8
铁路运输	4.5	3.6	8.9	4.0	3.4	2.3	2.1
其他运输	6.3	6.9	14.0	9.7	9.4	8.9	10.5
仓储业	2.7	2.0	5.6	0.3	0.2	0.2	0.2

续表

年份	平均增速			服务业内部构成			
	1980—1989	1990—1999	2000—2005	1980	1990	2000	2005
通信业	6.1	13.6	12.1	2.7	2.5	4.1	3.4
银行业	11.9	12.7	9.1	5.1	8.4	13.1	10.9
保险业	10.9	6.7		1.3	2.0	1.5	
房地产业	7.7	5.0	13.8	11.8	11.8	9.3	15.9
商务服务业	13.5	19.8		0.5	0.7	2.3	
法律服务业	8.6	5.8		—	—	—	
公共行政与防务	7.0	6.0	7.8	14.2	14.8	12.7	11.4
个人服务业	2.4	5.0	10.0	4.3	2.7	2.3	15.4
社会服务业	6.5	8.4		10.8	10.6	11.4	
其他服务业	5.3	7.1		3.0	2.5	1.5	

数据来源：1980—2000 年数据根据 Jim Gordon and Poonam Gupta：Understanding India's Services Revolution, IMF Working Paper, http://www. imf. org。2005 年数据来自印度国家统计局网站（http://mospi. nic. in）。

表6 南京服务业内部结构及增速情况表 （单位:%）

年份	平均增速				服务业内部构成			
	1995	2001	2006	2009	1995	2001	2006	2009
农、林、牧、渔服务业	8.8	15.1	15.0	—	0.42	0.46	0.54	—
地质勘察业、水利管理业	10.3	14.1	14.1	—	1.08	0.84	0.70	—
交通运输、仓储、邮电通讯业	15.4	7.7	6.8	10.7	15.4	15.5	14.53	10.1
批发和零售贸易、餐饮业	6.6	10.8	16.8	7.4	30.3	22.3	22.07	24.4
金融保险业	24.5	17.0	8.7	8.1	19.5	20.3	19.33	15.8
房地产业	46.6	14.3	11.8	7.5	4.9	8.8	9.25	14.6
社会服务业	5.2	10.7	11.0	8.0	8.0	7.4	7.62	35.2
卫生、体育和社会福利事业	6.6	18.5	1.9		2.6	3.2	3.32	
教育、文艺和广播电影电视业	-4.3	11.7	16.1		6.5	8.5	9.32	

续表

年份	平均增速				服务业内部构成			
	1995	2001	2006	2009	1995	2001	2006	2009
科学研究和综合技术服务业	-6.6	24.1	19.1	2.3	2.2	2.71		
国家、党政机关和社会团体	-16.0	23.1	16.8	7.1	8.7	8.88		
其他	4.7	29.1	8.3	1.89	1.7	1.73		

数据来源：根据《南京统计年鉴》各年数据计算而得。

生产性服务业是与制造业生产紧密相关的行业，其知识含量较高，属于知识密集型的服务业。从南京与印度服务业的构成及增长比较的情况看，南京的服务业基本上还是以劳动密集型的为主，知识密集型服务业在服务业中所占的比重还较低，而且其增长速度还不是很快。知识密集型服务业发展的缓慢对于南京产业结构的转型以及先进制造业的发展都会造成很大的制约。印度通过发展知识密集型服务业，提高产业链地位，同时促进其制造业发展的经验是值得南京学习和借鉴的。

3. 缺乏支撑城市未来发展的战略性新兴产业

从 20 世纪 90 年代以后，南京制造业的支柱产业就没有进行大的转变，虽然这些行业自身的发展还没有达到成熟，但是在培育新兴产业，形成合理的产业梯队上，南京一直缺乏有效的措施，因而，导致整个制造业体系升级乏力，缺少新的经济增长点。

目前，南京最具有规模优势和竞争优势的制造业部门是电子、汽车、石化、钢铁四大产业，早在 20 世纪 90 年代初期，这四大支柱产业的优势地位就已经确立，时至今日，这一状况仍旧没有得到改变。1995 年四大产业的工业产值从 756 亿元，增长到了 2009 年的 3825 亿元，增长了 5 倍多。四大产业总产值占南京市工业总产值的比重基本上围绕着 60% 上下波动，2005 年曾高达 71%，近两年略有下降。由此可以看出，从 20 世纪 90 年代以来，四大产业就始终是南京工业发展的中坚力量。尽管从南京四大产业的发展现状上看，这些产业尚有很大的发展空间，但是从南京的城市发展阶段以及产业的发展趋势上看，这四大产业已经难以继续支撑南京未来城市的快速发展，加快培育和发展新兴产业已成为当前南京产业发展的重大问题。而缺乏能够为南京未来城市发展提供动力支持的战略性新兴产业已成为南京城市发展的最大瓶颈。

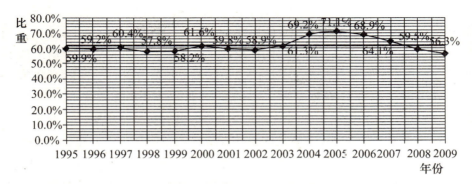

图4 南京四大产业产值占工业总产值比重

（二）区域内外发展面临困境

1. 南京在长三角地区城市地位的阶段性塌陷

近些年来，在上海的带动下，苏锡常以及杭州、宁波等地经济飞速发展，南京的经济规模、经济效益等指标与这些城市逐渐出现了差距，南京在长三角区域内的影响力不断削弱，出现了被边缘化的趋势。下图是长三角16城市2009年的地区生产总值，从图中显示看，南京与上海的差距非常大，排在苏州、杭州、宁波、无锡等城市之后，在长三角几个大中型城市中，南京的经

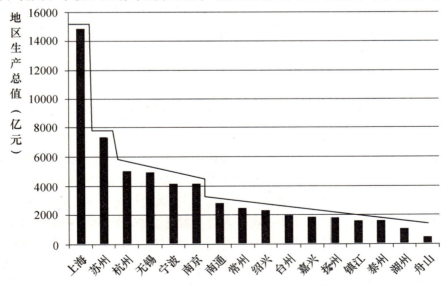

图5 2009年长江三角洲16市地区生产总值

济总量几乎是最少的。经济地位的下滑直接影响了南京城市的区域影响力，导致了南京近些年被边缘化现象的出现。

南京城市综合竞争力的下降同样反映了其在长三角地区中心城市地位的塌陷。中国社会科学院倪鹏飞主持的"中国城市竞争力研究"课题组自2003年出版《中国城市竞争力报告（No1）》以来，已经连续八次（分别对应2002—2009年度）公布了中国城市综合竞争力报告和排名情况。在这几年之中，随着对城市竞争力核心要义认识的不断变化，综合竞争力的衡量指标也从最初的综合增长率、综合生产率、综合就业机会、综合市场占有率、综合人均收入五项指标，逐步改变为增长、规模、效益、发展成本、产业层次和生活质量等项指标。

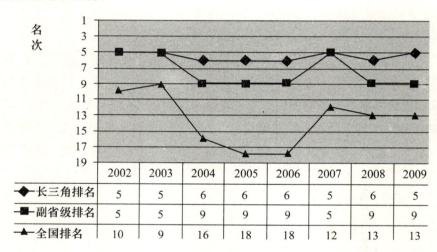

图6　2002—2009年度南京城市综合竞争力排名情况

从排名情况看，南京2002—2009年度的竞争力排名状况不容乐观，虽然排名出现过反弹，但下降的趋势还是比较明显的，尤其是在全国范围内。现在南京在全国的竞争力排名大约处于12、13名左右，在副省级城市中的排名基本上在第9名，在长三角城市中一般在5、6名的位置，排在杭州、苏州、宁波、无锡等城市之后。尽管一些学者对倪鹏飞竞争力研究的客观性和科学性提出过质疑，不过仍可从中得到一定的启示，南京竞争力的下滑趋势是较为明显的。南京市近些年综合竞争力排名的下降在一定程度上佐证了"南京在长三角影响力减弱、存在被边缘化危机"这一现象，是对南京城市区域地位出现阶段性塌陷的一个例证。

2. 南京内部区域二元结构较明显

（1）经济二元对比系数仍较高

表 7 是南京市 1978 年以来农业和非农产业的比较劳动生产率以及二元对比系数变化情况表。从表中可以看出，南京的二元对比系数在 1985 年时一度达到 32.7（二元对比系数越小，表明二元结构越明显），但之后逐渐下降，2000 年时二元对比系数下降到 1978 年以来的最低水平。说明此时南京二元经济程度最为严重，不过自 2005 年开始，南京的二元经济系数开始上升，虽然中间出现过反复（如 2007 年下降较大），但总体看来二元经济结构有所缓解。根据西蒙·库兹涅茨的研究，发展中国家的二元对比系数最小值不过为24.5，通常在 31—45 之间，发达国家一般在 52—86 之间。南京的城乡二元经济结构虽然在近几年出现好转，但总体来看还是十分明显的。

表 7　南京二元对比系数变化情况表

年份	农业比较劳动生产率	非农业比较劳动生产率	二元对比系数（%）
1978	0.294	1.522	19.3
1980	0.302	1.479	20.4
1985	0.415	1.270	32.7
1990	0.319	1.293	24.7
1995	0.287	1.257	22.8
2000	0.202	1.283	15.7
2005	0.265	1.094	24.2
2006	0.259	1.095	23.7
2007	0.211	1.111	19.0
2008	0.253	1.104	22.9
2009	0.276	1.091	25.3

数据来源：根据《南京统计年鉴》各年相关数据计算得出。

（2）城乡收入与消费差距仍较大

从城乡收入上看，南京城乡的收入差距也是十分明显的。由表 8 可以看出，自 2000 年以来，南京城镇居民和农村居民的收入差距始终在 2∶1 以上，而且近几年城乡收入差距呈逐渐扩大的态势，2009 年已达到 2.587∶1。如果考虑到城镇居民享有的各种补贴和劳保福利，以及农民尚需从纯收入中拿出相当大的部分用于生产性支出，那么，上述收入对比关系会进一步拉大。据国际劳工组织发表的 1995 年 36 个国家的资料，绝大多数国家的城乡人均收入比都小于 1.6，只有三个国家超过了 2。

南京城乡消费水平的差距也较大，2000 年时最高达到了 2.119：1，但在随后的几年中，南京城乡消费水平的差距逐渐缩小，2005 年时为 1.666：1，但 2006 年又扩大到 2.219：1，2007 年略有下降，但差距仍然较大。而从其他国家的发展经验来看，日本和亚洲"四小龙"在经济高速增长的初期，城乡居民消费差别一般在 40% 左右，差别最大的韩国也不过是 60% 左右[①]。看来南京已接近了"四小龙"在经济高速增长初期的消费差距比，但收入差距的持续扩大对于城乡消费差距的缩小是十分不利的，如果收入差距不能有效缩小，那么，南京城乡消费的差距还将会拉大。

表 8　1995 年以来南京市城镇居民与农民收入和消费情况表

年份	城镇居民平均每人每年可支配收入（元）	农村居民平均每人每年纯收入（元）	收入差距（以农民为1）	城镇居民人均消费性支出（元）	农村居民人均消费性支出（元）	消费水平差距（以农民为1）
1995	4996	2471	2.022	4524	2791	1.621
1996	5603	3128	1.791	4921	3580	1.375
1997	6497	3533	1.839	5451	4057	1.344
1998	6056	3724	1.626	6056	3686	1.643
1999	7694	3862	1.992	6449	3384	1.906
2000	8233	4062	2.027	7048	3326	2.119
2001	8848	4311	2.052	7326	3534	2.073
2002	9157	4579	2.000	7323	3700	1.979
2003	10196	4923	2.071	7725	4234	1.825
2004	11602	5533	2.097	8350	4956	1.685
2005	14997	6225	2.409	10704	6425	1.666
2006	17538	7045	2.489	12234	5512	2.219

---

① 郭剑雄：《二元经济与中国农业发展》，经济管理出版社 1999 年版。

续表

年份	城镇居民平均每人每年可支配收入（元）	农村居民平均每人每年纯收入（元）	收入差距（以农民为1）	城镇居民人均消费性支出（元）	农村居民人均消费性支出（元）	消费水平差距（以农民为1）
2007	20317	8020	2.532	13278	6180	2.149
2008	23123	8951	2.583	15133	7033	2.152
2009	25504	9858	2.587	16339	7588	2.153

资料来源：《南京统计年鉴》；《奔向辉煌——南京改革开放二十年》，南京统计局、南京统计学会编，1998 年版。

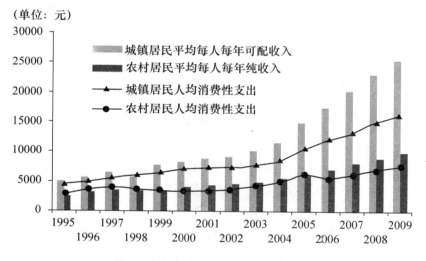

图7　南京市城乡居民收入差距情况

（三）完备的城市创新体系尚未建立

南京是中国的科教研发中心城市之一，但是丰富的科教研发资源并没有充分转化为推动城市发展的现实生产力，整个城市尚未构建起完备的城市创新体系，主要表现在以下几个方面：

1. 科技创新的主体长期不明确

南京科技创新主体不明确主要表现在两个方面：第一，企业没有成为技术创新的主体。科技创新实际上包括了两部分的内容，即科学知识的创新与技术的创新，这两部分的创新主体是不同的。高校、科研院所是科学知识的创新主体，而技术创新的主体则是企业。但是在南京，企业这一技术创新主体的地位尚未确立，其技术创新的作用并没有得到充分的发挥。从南京2007年科技成果情况看，大中型工业企业无论是专利申请数，还是拥有发明专利数都明显低于高校，专利申请数比高校少803件，其中发明专利申请数少1129件，仅为高校的25.8%；拥有发明专利数较高校少2061件，仅为高校的30.2%（具体情况见表9所示）。

表9　2007年南京市科技成果情况表

	专利申请数（件）	发明专利数（件）	拥有发明专利数（件）	发表科技论文（篇）	出版科技著作（部）
合计	3574	2207	4440	31201	227
独立研究与开发机构※	410	292	599	5507	124
高等院校	1984	1522	2951	25694	103
大中型工业企业	1180	393	890	—	—

资料来源：南京市科技局。

　　※：研究与开发机构的统计数据不包括南京电子器件研究所、南京电子工程研究所和南京电子技术研究所。

　　第二，科技型中小企业缺乏。实践已经证明，科技型中小企业是科技创新的主力军，在科技创新中具有十分重要的地位。在深圳，60%以上的科技成果来自于科技型中小企业；在广州，2006年科技型中小企业的企业专利申请量占全部企业专利申请量的65%左右；上海2004年企业申请专利量的42.7%来自科技型中小企业，科技型中小企业获得的专利授权量占专利授权总量的三分之一（32.7%）。可以说，科技型中小企业既是加快科技成果转化、实现技术创新的有效载体，也是国民经济增长的重要源泉。

　　南京科技型中小企业虽然在近些年发展较快，但同其他先进城市相比，数量较少，规模较小。以民营科技企业为例（民营科技企业大多属于科技型中小企业），2006年南京市民营科技企业的个数为2300家，仅相当于苏州的70%左右。2006年苏州市1307家省级民营科技企业中，967家规模以上民营科技企业实现的产值和利税分别达到1462.51亿元和151.47亿元，而2006年南京1848家参加统计的民营科技企业实现的产值和利税仅为823.8亿元和40.6亿元，相当于苏州的56.3%和26.8%。而且南京的很多民营科技企业还面临着资金、人才等方面的困难，科技创新能力也相对较弱，难以发挥科技创新生力军的作用。

2. 科技产出水平有待提高

科技活动是一个投入产出的活动，它的产出对区域经济的发展产生重要的影响，也是衡量一个地区自主创新能力高低的标志。作为科技活动产出的直接产物——新产品和高新技术产品，是衡量自主创新能力的直观反映。一个国家或地区的新产品和高新技术产品产出越多，这个国家或地区生产的产品附加值越高，在全球产业链分工体系中就处于高端环节。2007 年南京高新技术工业总产值为 2393.54 亿元，仅为苏州 5264 亿元的 45.5%，比无锡 3438 亿元低了 1044.7 亿元。从南京市高新技术产品出口销售收入看，虽然南京市高新技术产品出口销售收入增长速度较快，但与先进城市相比，还是有一定差距。以宁波市为例，2000 年，南京高新技术产品出口销售收入（64.3 亿元）是宁波（31.2 亿元）的 2 倍，到 2002 年，宁波高新技术产品出口销售收入就超过了南京。从全国层面上看，南京在全国的地位也在下降，自 2000 年开始，南京高新技术产品出口销售收入占全国的比重持续下降，从 2000 年占全国比重的 2.2% 下降到 2004 年的 1.2%，2007 年约略有上升，但也仅为 2.8%。而 2007 年苏州市高新技术产品出口销售收入占全国的比重达到 18.7%[1]。可见，无论是在全国层面，还是同长三角的城市相比，今后，南京在科技创新能力产出方面将面临更大的挑战。

3. 科技服务业发展滞后

南京的科技服务业发展规模同国内的先进城市相比存在较大的差距。2008 年南京市科技服务业总收入 55.89 亿元，2009 年进一步提高到 81 亿元，增长的速度还是十分迅速的，但是与国内的先进城市相比，差距仍较为明显。北京市 2007 年科技服务业总收入已达到 539.3 亿元，上海为 269.7 亿元，南京 2009 年的科技服务业总收入也仅为这两座城市的 15% 和 30%。在副省级城市中，南京的科技服务业发展也相对滞后，2007 年，广州市科技服务业产值为 95.3 亿元，杭州为 70.2 亿元，南京与这两座城市相比，均存在较大的差距。同样，南京的科技服务业在地区生产总值中的比重相对于北京、上海以及广州、杭州等城市也有一些差距。2008 年，南京科技服务业占 GDP 的比

---

[1]　以上数据均采用各年度《南京年鉴》，其他城市数据来自相关年份国民经济与社会统计公报数据，国家数据采用《国家统计年鉴》数据。

重仅为 1.47%，较上一年度略有提高，最高的北京市已经达到了 5.90%，同为副省级城市的广州和杭州，科技服务业占 GDP 的比重也高于南京，分别为 1.57% 和 1.70%。科技服务业在服务业中的比重最高的同样是北京市，达到 8.00%，其次是上海，广州和杭州也略高于南京。

表10 南京与其他城市科技服务业规模情况表

	南京	广州	杭州	武汉	上海	北京
科技服务业总收入（亿元）	55.89	95.3	70.2	105.0	269.7	539.3
科技服务业占 GDP 比重（%）	1.47	1.57	1.70	3.20	2.21	5.90
科技服务业占服务业比重（%）	2.91	2.72	3.78	6.70	4.21	8.00
科技服务业占本省比重（%）	27.7	—	40.6	—	—	—

资料来源：根据各城市《统计年鉴》整理计算而得。

注：北京为在岗职工人数，南京为 2008 年数据，其余城市为 2007 年数据。

在科技服务载体的建设上，截至 2009 年年底，南京全市孵化器总数已达 32 家，其中国家级孵化器 11 家、省级孵化器 13 家。全市新增孵化面积 21 万平方米，全市总孵化面积已达 130 万平方米，在孵企业 2800 家，从业人员近 5 万人。尽管南京科技服务的载体增长迅速，在孵企业也不断增加，但是与同类城市相比，差距仍然十分明显。以武汉为例，2007 年武汉市仅创业中心在孵企业数就达到 2406 个，比 2006 年增加 95 个，增长 4.11%。武汉与南京同属于区域性中心城市，并且两市在科教资源的拥有程度上较为接近。近些年，武汉市大力开展科技服务业的发展，科技服务业的规模迅速扩大，科技中介服务机构增长较快，科技服务业已经进入了快速增长的时期。相比较而言，南京的科技服务业发展还较为缓慢，与武汉的差距也在逐渐扩大。

（四）增长方式粗放型特征依然明显

1. 经济增长主要依靠投资拉动

图 8 是南京 2000 年以来生产要素投入弹性系数①的变化情况表，从表中可以看出，2000 年以来，南京的劳动力投入弹性系数一直较低，2000 年为负值，从分阶段的情况看，除 1990—1995 年的劳动力投入弹性系数较高外，1995—2000 年和 2000—2006 年均较低，2007 年有所增长，达到 0.541。劳动

---

① 即国民经济每增长 1 个百分点，所投入的生产要素的比重。

力投入弹性系数低说明劳动力的投入增长低于 GDP 的增长，南京经济增长中劳动力增长的贡献率较低。

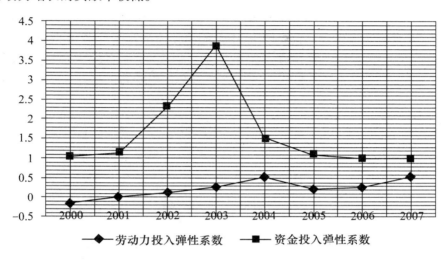

图8 南京2000—2007年劳动力和资金投入弹性系数趋势图
资料来源：历年《南京统计年鉴》。

在资金投入弹性系数方面，从图形上分析，南京的资金投入弹性系数呈现出"倒 U 型"的发展趋势，近些年的资金投入弹性系数出现了较大幅度的下降，这也说明南京经济增长中资金的投入增长的贡献率开始下降，经济增长的集约化程度有所上升。但是从数值上看，南京的资金投入弹性系数与劳动力投入弹性系数恰恰相反，资金投入弹性系数一直维持着较高的水平，2000—2003 年资金的投入弹性系数快速增长，2003 年甚至达到了 3.889，2004—2006 年开始持续下降，但从 2007 年开始又处于上升趋势，而且出现了明显的上翘趋势。从这些数据可以看出，在南京经济增长中，GDP 每增长 1 个百分点，所投入的资金要素是较多的，投资对南京经济增长的贡献率较高，经济的增长仍主要依靠资金的投入。

2. 资源、环境的瓶颈性束缚依然较大

在科学发展观思想的指引下，南京经济增长过程中，对能源消耗以及对环境的破坏程度逐渐趋于减弱，但是由于粗放型的经济增长方式并没有从根本上得以改变，因此随着经济的进一步增长，南京的环境和资源压力也逐渐加大。

图 9 是南京市 2000—2009 年 GDP 总量和综合能耗的情况图，从图中可以看出，南京的综合能耗总量仍然处于较快的上升通道。综合能耗的增长速度虽然在不断降低，但总量的上涨仍较快。能源消耗总量的不断上升使能源的利用弹性系数仍然较高，在图 10 中，能源弹性系数在 2005 年达到了最高点 0.94，从 2006 年开始出现下降的态势，但 2008 年有较大幅度的反弹，2009 年仍高于 2001 年的水平。万元 GDP 综合能耗的降低还较为缓慢，2009年相比 2001 年，仅下降了 0.38 吨标准煤/万元 GDP。

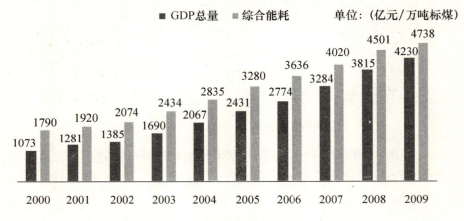

图 9 GDP 总量与综合能耗变化图

数据来源：根据《南京统计年鉴》数据测算而得。

与世界不同类型国家万美元 GDP 综合能耗的水平相比较，南京目前的万美元 GDP 综合能耗相当于世界平均水平的 2.52 倍、高收入国家的 4.01 倍、中等收入国家的 1.12 倍（见表 11）。可见其能耗产出是十分低的。同时，能源供不应求的长期格局必将带来能源价格上涨，企业的生产成本也将不断上升，势必对企业特别是高耗能企业的经济效益和竞争能力带来非常不利的影响，从而最终制约企业发展。

表 11 南京与世界及不同类型国家万美元 GDP 综合能耗比较情况

	南京	世界	高收入国家	中等收入国家	低收入国家
万美元 GDP 综合能耗（吨标准油/万美元）	7.65	3.03	1.91	6.85	11.61

续表

	南京	世界	高收入国家	中等收入国家	低收入国家
南京与世界平均水平的比值	—	2.52	4.01	1.12	0.66

资料来源：国家统计局，《南京统计年鉴》。

注：南京的能源产出率为 2009 年情况，世界及不同类型国家为 2006 年情况。

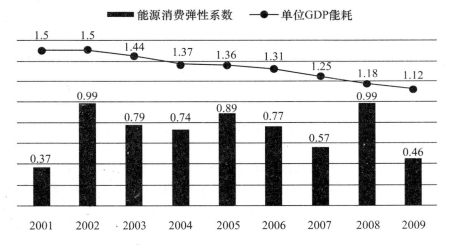

图 10　2001—2009 年南京单位 GDP 能耗及能源弹性系数变化图

数据来源：根据《南京统计年鉴》数据测算而得。

在能耗不断增加的同时，南京的生态环境也在逐渐恶化。城市境内水质的不断恶化，土壤中重金属含量水平的严重升高以及大气中二氧化硫浓度年均值和二氧化氮浓度年均值的不断升高，使南京的环境玉力随着经济的增长逐渐加大，制约了南京经济的可持续发展。

（五）城市功能不够完善

作为一个区域性中心城市，不仅要具备基本的生产功能、生活功能，以及较低层次的资源集聚功能，还应具备高效的集散功能、创新功能、管理功能、服务功能、社会功能等多方面的功能，尤其是高效的集散功能、创新功能和服务功能，这是一个城市成为区域性中心城市，提高自身的区域影响力和辐射力的关键。但是，由于南京长期以来过分注重生产领域的发展，在一定程度上忽视了对其他城市功能的培育和发展，由此造成了中心城市功能的不完善，制约了南京在区域内的影响力和辐射力的发挥。具体表现在：第一，高效的城市集散功能不健全，南京的区域交通枢纽地位没有得到充分发挥，空港物流、航运物流，以及江南与江北地区的内部物流体系不够健全。第二，自主创新能力还较弱，城市创新体系不健全，南京的科教研发优势难以转化为现实生产力，在带动区域创新上作用有限。第三，现代服务业，尤其是生产性服务业发展滞后，传统服务业还有待进一步提档升级，致使城市的区域服务效能不高，城市的区域性中心地位受到影响。此外，南京的城市管理水平、社会化功能等都还有很大的提升空间。即使是对于南京的生产功能而言，也需要进一步加强，目前南京在产业价值链中的地位还较低，城市的生产功能总体上讲仍是一种较低层次上的功能体系，迫切需要加快生产领域的高端化发展，奠定南京在产业链中的高端地位。

三、南京城市转型的路径设计

由于城市转型是城市内部诸多发展因素与发展阶段不相适应的结果，是整个城市的"重大结构性转变"，是在相对较短的一段时期内城市集中发生的具有内在一致性的变化与制度变迁。因此，要顺利实现城市的转型发展，就需要从多方面的不适应中寻找城市转型的路径，通过多个路径的共同推进，最终实现城市的整体性转型。

（一）南京城市转型路径的总体研判

城市的发展是一个宏大的系统工程，无数的节点在城市的发展过程中影响和左右着城市的进程。从大的方面讲，经济、社会、文化、政治和生态是影响城市进程的五大方面，形成城市发展的五大"回路"，这五大"回路"的一致性运行将促进城市的整体前进，其中如果有一个"反回路"出现，就会导致城市发展进程的缓慢甚至停滞。而这五大"回路"又是受到众多的细小环节的影响，也就是说，这五个方面的发展又是由众多的小"回路"组成的，它们的发展同样受制于小"回路"体系的一致性。因此，寻找城市发展体系中的"反回路"，使城市的发展形成方向一致的"回路"体系，是城市转型成功的关键。

在城市发展的系统中，有几个因素对城市的影响是根本性的，即这几个因素在很大程度上决定了整个系统的一致性问题，是每一个发展"回路"都必须依靠的基本性因素。它们发展的程度决定了整个城市系统运行的效率和质量，影响着城市发展的"回路"系统的畅通和方向，这几个因素就是制度因素、资源因素和自然环境因素（见图11所示）。对于一座城市来讲，制度和资源（包括人力、资本和技术）要素是可以控制的，城市可以通过制度的创新和资源的整合保障城市"回路"体系的畅通和高效。

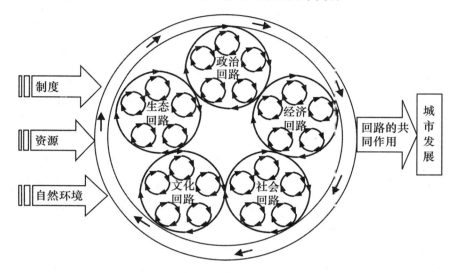

图11　城市发展的"回路"系统

在对国内外城市转型实践经验总结的基础上，可以将城市转型分为"主动转型"和"被动转型"两大类。资源型城市大多属于"被动转型"的类型，是在城市发展所依赖的资源处于枯竭状况，城市发展难以为继的时候进行的转型。"主动转型"的城市则是在城市发展还没有达到难以为继的时候，借鉴其他城市的发展经验以及城市发展的基本规律，及时对城市进行发展战略、产业结构、增长方式等方面的转型，解决城市发展中出现的一系列矛盾和瓶颈，保持城市的持续、快速发展的一种转型。基于对城市转型类型的认识，城市转型的路径也可以分为两大类：

第一类是"整体转换型发展路径"，即城市在转型对基本脱离原有的发展资源和发展模式，积极寻找新的发展资源，实行资源转换，培育和发展新的产业（如高科技产业、生态农业、服务业等），这是最彻底的转型模式。选择这种路径的城市大多是那些发展资源趋于枯竭的资源性城市。但是这种转型的代价以及转型的难度是很大的，城市转型所建立的新的产业体系由于与原有产业之间的关联性不强，新产业发展的基础较弱，能否成功地替代原有产业成为城市发展的支柱产业，在很大程度上取决于产业选择的正确性以及产业发展战略的有效推动，即使如此，这样的城市仍旧会出现不同程度的增长缓慢、经济指标下滑等现象。

第二类是"优化发展型转型路径"。选择这种转型路径的城市综合化发展趋势比较明显，拥有一些具有一定优势的产业，但是随着城市的发展，城市内部各系统间积聚的矛盾逐渐显现，这时需要采取一些非常规的发展手段，一方面加强对原有优势的巩固和延伸，另一方面对严重阻碍城市发展进程的环节进行彻底的转换，因此，将其称之为"优化发展型的转型路径"。选择这种转型路径的城市，通常在转型初期会以产业链的延伸发展为主，随着产业竞争力的不断发展，城市功能的逐步完善以及新兴产业的不断发展，城市会逐渐实现产业的整体转型与升级，进而带动整个城市的转型。发达国家的很多城市都采取了这样的转型模式，美国的纽约、芝加哥等城市都是这种转型的成功案例。这些城市在依靠原有产业的基础上进行产业链的延伸发展，并推动产业的整体转型与升级，从而使这些城市成功地由制造业城市转变为世界服务业的中心城市，城市的集聚力、扩散力以及整体的竞争实力也在转型的同时得到了极大的提升。

从南京的城市发展现状看，南京的城市转型应当属于第二种类型，是在城市原有发展优势的基础上，进一步巩固和延伸原有优势，通过制度上的瓶颈突破，重新激发城市的内在活力，通过优质资源的整合、再利用，发挥资源的内在潜能，为南京的城市发展增添活力，实现城市持续发展的过程。从这个意义上讲，南京城市转型的总体路径就是：以现有优势为基础，以制度创新为突破，以资源整合优化为手段，谋求城市内部结构的进一步协调和优化，完善城市综合功能，焕发城市内在活力的"优化发展型转型路径"。

（二）谋划南京城市转型的具体路径

对南京城市转型总体路径的研判，决定了城市转型的基本方向，但是城市的总体发展是各个分项发展的总和，或者说，是各个"回路"系统共同作用的结果。基于这样的认识，南京的城市转型必须从各个具体的矛盾和问题入手，寻找转型发展的路径，通过各个具体路径的转型发展，最终实现城市的整体转型。针对南京目前城市发展中存在的不适应性问题，南京可从以下五个方面入手，谋划南京城市转型的具体路径：

1. 路径一：产业发展从中低端向高端化方向转变

从世界其他城市转型升级的经验上看，产业转型是城市转型最主要的推动力，大多数城市的转型都是从产业转型入手，通过产业的转型升级，带动城市其他方面的转型，最终实现整体转型的目标。南京的城市转型也需要发挥产业的带动作用，通过实现产业由中低端向高端的转型，推动整个城市转型升级的成功。

第一，要形成以高端现代服务业为主体的产业发展格局。南京要大力发展与先进制造业有机对接的生产性服务业，加快软件、文化创意、金融、总部经济、会展、物流等产业的发展。要发挥好科教资源丰富的优势，发展具有较高知识含量的生产性服务业。同时，加快传统服务业向高端化的转型，推动现代商贸、旅游会展、医疗卫生、教育等产业向高水平、高品质、高层次的方向发展，为社会大众提供更加优质的消费服务产品。南京要进一步开放服务业，消除体制障碍，积极吸引民间资本。建立和完善现代服务业的评价标准体系，应将现代服务业的发展程度纳入政绩的考核之中，在科学测算的基础上设立合理的目标。

第二，发展高端制造业。从南京制造业的发展现状看，高端化是今后唯一的选择。一方面，要发展符合未来发展趋势，需求潜力大，附加价值高的新兴产业，推进南京制造业结构的转型与升级；另一方面，要加快推动原有支柱产业核心竞争力的提升，促进产业链的延伸，发展能源消耗小、环境污染少、具有高附加值的产业环节。加大研发力度，积极发展具有自主知识产权的产品，加快培育具有较大规模优势的产业集群，形成较完整的区域性产业制造和配套体系。奠定和树立南京在区域乃至全国的制造业核心地位。

2. 路径二：增长方式从投资拉动向创新驱动转变

经济增长方式从粗放型向集约型的转变，关键是要提高技术创新在经济增长中的贡献作用，使经济增长的推动力从投资驱动转向创新驱动。

南京要最大化地动员创新资源的集聚，构建城市创新体系。城市创新系统的建设需要官、产、学、研、金等的协同作用，南京要充分调动起各个方面的积极性和主动性，构建起"五位一体"的城市创新体系，促进城市创新资源的有机互动和高效运行，解决目前科技优势难以充分发挥、科技成果转化率低等问题。强化创新过程的系统性整合与协同，促使体制创新、组织创新、技术创新、政策创新等相互作用，形成创新合力。作为泛长三角的区域中心，南京还要加速推动区域性创新体系的构建，发挥好科技研发资源禀赋丰厚的优势，将南京发展成为区域性创新体系的主体。要从三个层面，即基础层面的技术创新、主要层面的要素创新，以及最高层面的产业创新进行改革和创新，建立起基于产业集群的区域性产业价值链和知识链。要加强与周边城市的互动和交流，针对各自的特点和优势，探索区域创新合作的机制和体系。

要明确企业、政府、高校及科研院所之间的定位和责任，充分发挥各自在创新中的作用。其中，政府、企业、高校及科研院所是科技创新的主体，而企业在其中处于核心地位。政府的角色应该是规划师和制度设计者，而不是市场的参与者，高校及科研院所角色定位主要是有商业价值的科研成果的供应者，企业则将高校及科研院所提供的科研成果转化为产品和利润。要重视本地科技企业，尤其是民营科技企业的发展，从财税政策上、信息服务上给予民营科技企业更多的扶持，让民营科技企业真正成为科技创新的主力军。政府要发挥好在科技创新与成果转化过程中的指导协调服务功能，对南京市在未来五到十年内的科技发展提出合理的规划，引导企业、高校及科研院所在政府所规划的科研方向上投入更多的资源；通过转化平台的打造、技术交易制度的制定以及相关的政策扶持等，降低技术市场的交易成本；制定合理的考核标准，把促进科技进步及提高科技成果转化率纳入政府相关部门的考核指标体系之中，使促进科技成果转化成为政府工作的一个重要组成部分。高校和科研院所要形成强大的平台支撑和后盾保证作用，为企业提供充足的技术动力。

3. 路径三：城市地位从边缘化城市向泛长三角区域中心城市转变

南京虽然是江苏省的省会城市，但是长期以来在整个长三角地区处于被边缘化的地位。南京要通过积极的区域一体化战略，构建良性的城市—区域发展格局，形成新的"城市组织尺度"，延伸和扩大南京的城市影响力，让南京成为区域发展的战略支点，传递和转移长三角乃至世界先进资源的"高地"。

（1）通过跨江一体化发展奠定泛长三角区域中心的基础

区域中心城市要建立在强大的自身实力的基础上。南京江南江北发展的差距，造成了南京内部区域发展上的二元结构，不仅制约了城市综合实力的提升，也削弱了南京的对外影响力。南京要成为区域的战略支点，就必须通过长江两岸的一体化发展提高城市能级，强化自身的城市影响力，而江北的发展还可成为南京对外辐射的平台。南京首先要建立起江南江北一体化发展的功能互补机制。江南地区应进一步巩固其主城区的地位，提升自身的管理功能、服务功能和创新功能等，江北地区则应在不断完善城市功能的基础上，强化自身的生产功能、为主城服务的配套功能，以及面向内部制造业发展、居民生活和周边区域的服务功能。其次要构建江南江北一体化发展的产业联动机制。主城区应构建起以服务业为主，制造业为辅的产业体系，加快发展为生产和生活需要的现代服务业，同时推动传统服务业向高端化方向发展。江北地区则应形成以先进制造业为主，现代服务业、高新技术产业以及休闲产业共同发展的产业体系，加快产业链的延伸与升级，发展具有较高附加价值的产业环节，将江北地区发展成为南京最重要的先进制造业集聚区。此外，要通过创新互动机制和政策整合机制的建立，提升江北地区的发展动力，为江南江北的一体化发展创造良好的支撑。

（2）通过南京都市圈一体化发展打造泛长三角区域中心的平台

南京都市圈是南京汲取和释放"能量"的平台和载体。南京要加快构筑都市圈内部的交通网，以规划衔接、项目建设时序和进度协同为重点，加强南京都市圈内的交通重点项目建设，推进都市圈交通设施的合作建设。构筑以南京为核心的区域性市场优势区，使之成为接轨上海、参与国际分工与竞争的重要节点。形成以南京产权交易中心为枢纽、覆盖南京都市圈的一体化产权交易网络；依托南京作为央行区域分行所在地的优势，全方位推进都市圈金融服务体系发展；大力发展南京都市圈技术市场；共同培育、建设并开放面向本区域和全国的大型商品和物资市场等。加强南京与都市圈内城市的优势互补，建设都市圈内的大区域产业集群，南京作为中心城市要利用好自身在科技研发方面的明显优势，积极推动自身产业向高端化发展，加快对产业核心环节、关键技术的掌握，同时大力发展总装集成等终端环节，努力树立其在产业链中的龙头地位。建立社会资源共享机制，使都市圈内部的城市都能享有较高层次的社会服务。

（3）通过泛长三角新经济区一体化发展形成泛长三角区域中心的推动力

长三角时代向泛长三角时代的拓展，扩大了南京汲取和释放"能量"的经济腹地和区域合作的空间，成为南京区域战略支点目标实现的重要推动力。南京可以通过与合肥、南昌的城市合作，进一步优化南京的产业结构，集聚优质发展资源，形成优势互补、良性互动的发展格局，推动南京的发展跃上新的台阶。应重点加强"宁合昌经济区"地区产业发展的协调工作，促进产业整合，明确自身的比较优势，形成合理分工与互补的产业体系。大力培育和发展完善的区域市场体系，保证区域内人流、物流、资金流和信息流的畅通。加强交通基础设施的对接，建设布局合理的现代化集疏运体系。以循环经济、低碳经济为原则，加强区域内的生态环境保护。

4. 路径四：城市功能从单一功能向综合服务功能转变

泛长三角时代的到来，将南京从一个被长三角边缘化的城市变成了一个区域性的中心城市，这需要南京整个城市实现由制造型城市向综合服务型城市的转型，要通过提升自身的综合服务功能，树立起南京在泛长三角区域内的中心地位。

南京要继续加强自身的发展，进一步提高南京的经济社会综合实力。积极培育新兴产业，形成新的经济增长点，扩大经济规模，奠定和树立起南京在泛长三角区域内的生产中心、流通中心、金融中心、对外贸易中心、科技信息中心、文化及消费中心的地位，进一步提高在泛长三角区域内的辐射和带动作用。要加强与周边区域的协作发展，建立与泛长三角城市群的有效对接，尽快实现南京与周边城市在交通、信息、产业、社会资源以及规划方面的对接，构建完善的城市网络体系，推动区域的经济一体化进程。要加快发展现代服务业和高新技术产业，着重提升南京面向区域的金融、信息、贸易、科技、教育、文化等方面的服务功能。同时，通过与区域内城市之间和产业分工体系的建立，逐渐转移高能耗、高污染的生产企业及生产环节，加快发展制造业中的高附加值、高技术含量的生产环节，抢占产业链的高端环节，树立南京在泛长三角区域内制造业领域的领军地位。

5. 路径五：发展模式从粗放增长向精明增长转变

促进南京的城市转型，其根本目的是为了实现城市长期可持续的发展目标。改革开放以来的快速发展，虽然积累了大量的物质财富，却也对南京资源和环境造成了很大浪费和破坏，降低了城市的可持续发展能力。因此，南京的城市转型必须实现由高能耗、高污染向资源节约型、环境友好型的城市转变。对于城市而言，建设资源节约型、环境友好型社会，就是要求城市空间能够紧凑成长；城市环境能够得到有效保护；城市经济能够运动良好；城市宜居，并有高品质的生活质量[1]。因此，"两型社会"对城市而言，其实质就是要推动城市由粗放增长向精明增长的转型。

精明增长是人类在面临资源环境约束时对城市传统线性发展模式的否定

---

[1] 李彦军：《精明增长与城市发展：基于城市生命周期的视角》，载《中国地质大学学报（社会科学版）》2009 年第 1 期。

与调整。从内涵上看，精明增长与可持续发展是一致的①。作为一种管理城市协调成长的新型理论工具，精明增长通过土地使用功能组合、限制城市成长边界（Zoning）、提高土地使用效率、保护空地、农田、自然景观和环境保护区、改变交通模式（TOD）、加强现有社区改造（Revitalization）等方式来解决城市发展中出现的经济、社会和环境等问题。它强调以提高居民生活质量为中心，促进各要素和谐发展，为城市经济与资源环境的协调发展提供了新的发展路径。尤其是在低碳经济已经成为世界可持续发展的焦点的今天，通过经济社会多领域的精明增长，减少城市的碳排放，将南京建设成为"低碳社会的先导城市"，应当成为南京城市转型的重要路径。

对此，南京要积极培育基于空间价值集约的增长动能，调整和优化城市空间结构，使城市在同样的增长情况下，减少基础设施和服务方面的成本。规划与确定合理的功能分区，促进功能性集群效应的发挥，进一步整合南京的园区资源，提高园区的集约化程度。提高资源的利用效率，积极培育和发展低碳产业，进一步整合和优化南京的制造业结构，重点发展技术创新、系统集成等附加价值较高的产业链环节。在电力、交通、建筑方面积极进行低碳经济的实践探索，通过使用混合能源、节能材料和替代性能源产品，减少对石油、煤炭等的使用量。倡导积极的低碳生活方式，引导人民在衣食住行等日常生活中节约能源，减少间接的碳排放等。

四、谋划南京城市转型的战略举措

1. 在世界范围内寻找南京转型的标杆城市

在推进城市转型的过程中，结合新一轮城市总体规划修编，南京要明确确立向世界先进城市学习的理念。世界先进城市是引领世界城市发展潮流、现代化水平较高、可持续发展能力较强、人居环境优良的城市，是世界城市发展的标杆与楷模。以世界先进城市为榜样、为标杆，可以激发我们争先进位的热情和动力。

南京应树立全球眼光，在全球范围内选择若干个先进城市，如新加坡、波士顿、芝加哥、匹兹堡等，充分借鉴它们在产业结构调整、城市建设、社

---

① 诸大建、刘东华：《管理城市成长：精明增长理论及对中国的启示》，载《同济大学学报（社会科学版）》2006 年第 8 期。

会管理等方面的先进品质和巨大优势，作为南京谋划城市转型升级的有益借鉴，帮助南京推进产业结构调整升级，实现从参与国际低端竞争转向参与国际高端竞争，从传统发展模式转向科学发展模式。

2. 通过有效的政策创新建立城市转型的制度保障

政府的政策推动是城市转型的关键。国内外成功转型的城市都在转型期间采取了一系列的措施，促进资源的有效流动、新兴产业的快速发展以及各项社会事业的顺利发展，及时而科学的政策措施是这些城市转型成功的关键因素。芝加哥在城市的转型过程中，制定了相应的政策扶助传统制造业中有优势的、已经建立了产业链的产业，如食品加工、印刷业和金属加工业，同时，大力吸引投资，注意引进新兴高科技工业中的研究、开发、管理部门，以提升城市的素质和知名度。

南京的城市转型同样需要科学、有效的政策推动，要进一步培育和完善市场经济体制，建立与市场经济相适应的一系列新的制度，进一步规范和发展产权、资本、土地、技术和劳动力等要素市场，完善各类生产要素和资源价格形成机制和监督机制，破除要素市场的行政性垄断，建立健全多层次、多品种的要素市场体系。要进一步打破行政性垄断与保护，拆除各种制度性的和非制度性的进出障碍，调整管制框架及其政策，培育充分竞争的环境条件，保持良好的资源要素流动的通达性。进一步清理市场准入等有关政策规定，改革市场准入的行政审批制度，加快制定和完善现代服务业和服务贸易法规规章及配套政策，明确界定市场准入的领域、条件、程序及监管办法。要推进行业协会等非政府组织的建设和市场化运作，发挥其在市场保护、行业自律、沟通企业与政府等方面的作用。通过制度的创新，为南京更好地整合区域发展资源创造良好的条件。

3. 通过及时的产业调整引导城市转型的方向

国内外城市转型的经验表明，在城市转型的过程中，及时调整产业结构，是城市转型成功的重要经验。产业结构的调整要遵循产业的发展规律，但同时也要符合城市产业生产要素的相对比较优势。例如，美国纽约、芝加哥、匹兹堡等城市，在城市发展的早期依靠其优越的地理优势，利用大力移民提供的廉价劳动力以及工业革命提供的先进技术，一度成为美国的制造业中心。第二次世界大战后，尤其是20世纪五六十年代，随着制造业的衰退，这些城市陷入了发展的困境，被人们形象地称为"锈带"。此后，他们相继提出"锈带复兴"计划，运用当时先进的技术成果，将高新技术与工业化相结合，从而促进了新兴产业的发展，实现了城市的成功转型。

南京要加快构建起与自身城市发展阶段相适应的都市型产业体系，积极发展现代服务业，形成以第三产业为主导的产业结构，加快生产型服务业与制造业之间的产业融合，通过发展设计研发、集成、总装、营销等产业价值链的高端环节，推动南京制造业的优化和升级，提高制造业的综合竞争能力，形成"两业并举"的发展格局，奠定和树立南京在产业价值链的高端地位。加快培育和发展新能源、新材料、航空航天、电力自动化等新兴产业，形成结构合理的制造业梯度产业体系。

4. 通过人才高地的建设提供城市转型的智力支持

高素质的人才是产业结构升级以及其他社会事业发展的保证，转型成功的城市都拥有较为丰富的人才储备。以纽约为例，该城市有 91 所能够授予学士学位的研究院所，147 所社区院校，每四位市民中就有一位拥有大学学士学位，如此丰富的人才储备为纽约的产业发展提供了高素质的人力资源，高素质的劳动力又创造了高效率的生产力。同样，我国的上海、深圳、广州等城市的发展与这种高素质的劳动力结构是分不开的。不过应当指出的是，高素质人才的分布也是影响城市转型的一个重要原因。在美国以及我国的上海、深圳、广州等城市，高素质的人才主要集中在公司和研究机构，这对于推动产业结构的升级是非常重要的。

南京要不断优化人才队伍结构，抢占人才战略的制高点。要有针对性地在创新实践中识别和培育企业管理、科研专家、高级技工、策划专家、营销专家等人才，积极推动一线工人队伍向技能型、智能型转变，不断提升人才素质，优化人力资源结构。完善人才激励机制，不断建立和完善企业家市场形成机制，壮大企业经营人才队伍，加快职业经理人的认定、评估、信用体系建设。优化智力环境和区内环境，以重点产业、重点科研基地和重点项目为依托，吸引更多的国内外一流人才来南京发展。利用世界经济危机的契机，加大对海外优秀人才的吸引力度，用过政策创新，让南京市成为海外人才创业的"乐土"。

5. 通过基础设施的完善打造城市转型的内外联环境

城市基础设施是现代城市生存和发展的必要条件与物质保障，也在一定程度上决定了城市的经济和社会发展的承载力与发展能力。国外的城市在转型时期非常重视对基础设施建设的投入，纽约、芝加哥、伦敦以及鲁尔等城市都曾经投入大量的资金用于城市基础设施的建设和改造，加强立体交通网络的建设，使城市更加符合人性化的要求，提高和完善城市的综合性功能。

南京应进一步加强城市内部和城市外部的交通基础设施建设，发挥好南京的交通枢纽作用。在城市内部，加快江南与江北之间的交通体系建设，促进长江两岸的资源流动。对外南京要进一步加强与其他城市的交通对接，加快都市圈内部、长三角地区以及宁合昌地区的交通规划工作，着力建设一批带有区域性、枢纽性功能和网络化配套的重大基础设施，推进南京与周边重点城市城际轨道、公路、水路、航空的全面对接。通过交通基础设施的建设，强化南京的资源集散功能，为南京在城市转型过程中更好地整合城市内部及周边区域的资源创造有利的条件。

6. 通过社会保障的健全保障城市转型的顺利

社会转型是城市转型成功与否的一个关键环节，城市在进行以产业转型为主的城市转型过程中，必须同时进行社会的转型发展。南京应进一步建立完善的社会保障体系，提高社会保障程度；要做好就业再就业工作，通过第三产业带动和吸纳劳动力就业，利用民营、私营、个体经济的发展，积极探索扩大劳动力就业的新路径；做好体制转轨期间遗留的下岗失业人员、集体企业下岗职工的再就业工作；加快就业体系的信息化管理，建立人力资源交流平台、劳动力市场信息系统和远程招聘系统等的建设。进一步健全城镇职工社会养老、失业、医疗、工伤、生育保险制度，提高养老保险、失业保险、医疗保险等的覆盖面和保障水平，加快制定实施外来务工人员和被征地农民社会保险制度。建立比较完备的社会救助体系，发展社会福利事业，完善优抚保障机制和社会救助体系，支持社会慈善、社会捐赠等社会扶助活动，鼓励有条件的企业建立补充保险。通过建立健全社会保障体系，减小和避免城市转型对社会和劳动者造成的不利影响，保障城市转型的顺利实施。

主要参考文献

[1] 侯百镇：《城市转型：周期、战略与模式》，载《城市规划学科》2005 年第 5 期。

[2] 吴兵、王铮：《城市生命周期及其理论模型》，载《地理与地理信息科学》2003 年第 1 期。

[3] 张贤、张志伟：《基于产业结构升级的城市转型——国际经验与启示》，载《现代城市研究》2008 年第 8 期。

[4] 杨卫泽：《探索长三角一体化背景下的城市转型之路》，载《江苏对外经贸论坛》2008 年第 4 期。

［5］李柏洲、薛凌：《资源型城市转型的路径》，载《经营与管理》2008 年第 5 期。

［6］李健：《资源型城市转型的理论分析》，载《城市问题》2008 年第 3 期。

［7］李百浩，熊浩：《近代南京城市转型与城市规划的历史研究》，载《城市规划》2003 年第 10 期。

［8］黄南：《改革开放以来南京产业结构的演进与现状分析》，载《南京社会科学》2009 年第 1 期。

［9］李程骅：《优化之道——城市新产业空间战略》，人民出版社 2008 年版。

［10］黄南：《南京经济：运行与发展》，南京大学出版社 2004 年版。

"副省级城市"经济发展水平的
评价体系及实证分析

黄　南　李程骅[*]

世界正在进入城市的时代，城市不仅成为全球社会经济活动的动力中枢，也成为全球经济社会全面发展和国家参与全球竞争的重要力量。中国改革开放 30 年来，城市化进程和经济的快速发展成为两大重要特征，而中国在告别计划经济的模式之后，城市的能级水平逐渐显现分层性，一批城市具有了区域性、国际性城市以及国际化城市的基本特征，并以特有的功能参与国际产业链的构建。在这些城市中，"副省级城市"作为重要的群体，由于在发展中承受了直辖市和外向型程度较高的沿海地级市的双重挤压，在现行的政绩考核体系之下，争先进位的压力更大，在新一轮发展中的竞争意识更强。从区域发展的带动性来看，"副省级"城市多为省会城市、区域中心城市，在享有的政策和资源方面仍具有较多的优势，要素集聚的经济性和规模化效益更强，它们的经济发展模式的选择，对省域内和同一个都市圈内的城市具有示范性。因此，面对科学发展观统领下的中国城市的新一轮大发展，对"副省级城市"群体目前经济发展水平有一个基本的认知，建立起一个适用性较强的评价指标体系，对中国城市经济发展路径的选择、核心竞争力的总体提升，具有重要的意义。

近年来，关于副省级城市的综合竞争力、综合实力等多方面的研究吸引了众多学者的注目（倪鹏飞等，2002—2008；李娟文等，2001；孙松涛等，2002；刘艳军等，2005；马力等，2006；刘定一，2007），研究的成果从某些特定方面分析了全国副省级城市的经济发展状况，如城市的竞争力、经济增

---

　*　黄南：南京市社会科学院经济研究所副所长，副研究员；李程骅：南京市社会科学院副院长，研究员、博导。

长、产业发展以及城市化等，但是城市的经济发展水平是城市多方面经济发展状况的综合反映，更注重对内部结构以及经济社会协调性的分析和考察，对此的相关研究还较少，本文选择了因子分析法来考察和分析各城市的经济发展水平，以求得出比较中肯的结论。

一、评价指标体系构建及分析方法

经济发展不同于经济增长，经济增长侧重于经济总量的数量性增长，但经济发展，则不仅包括了经济增长的内容，同时更加强调经济增长过程中的协调性、可持续性和增长成果的共享性（卢中原，2007）。具体来讲，也就是说，在经济的发展过程中要注重内部各要素和各系统之间的柜互平衡和和谐，注重经济增长与环境承载能力之间的协调，并使全体人民都能够充分分享经济发展所产生的物质和文化成果等。因此，对城市经济发展水平的考察要涉及城市经济发展中的诸多内容，应该是对以上各方面的综合考察和衡量。

由于城市经济发展水平涉及面比较广泛，在指标体系的构建和指标的选择上务必要注意以下几个方面的问题：第一，"量"与"质"相统一的问题。经济的发展不仅包含了经济增长所带来的"量"的增加，同时还包括了经济结构的变化、经济效益的提高、人们物质生活质量的改善以及城市经济的可持续发展等"质"的改变。第二，以人为本的问题。经济的发展最终目的是为了提高人们的生活水平和生活质量，不断满足广大人民群众日益增长的物质需求和文化需求，促进人的全面发展，是科学发展观的实质与核心。衡量城市的经济发展水平也必须遵循以人为本的原则，将"灵生指标"作为衡量的重要内容。第三，协调发展的问题。经济在发展的过程中要注重内部各要素及各系统之间的协调性，经济的协调发展可以减低发展的成本，提高经济发展投入要素的产出，进而促进城市经济可持续发展能力的增强。

鉴于以上的认识，我们对经济规模、经济结构、经济效益、城市经济发展水平的评价应包括以下几方面的内容：（1）规模指标，包括GDP、社会消费品零售总额、工业增加值、出口总额等；（2）结构与效益指标，其中结构指标主要考察对经济发展影响最大的产业结构和所有制结构，选取的指标分别为第三产业增加值占GDP比重和非国有经济在工业总产值中的比重。效益指标包括人均GDP、全员劳动生产率、投资产出率等；（3）民生指标，包括城镇居民人均可支配收入、恩格尔系数、城乡消费差距比等；（4）可持续性指标，包括能源投入弹性系数、人均公共绿地面积等。城市经济发展水平衡量指标体系见图1所示。

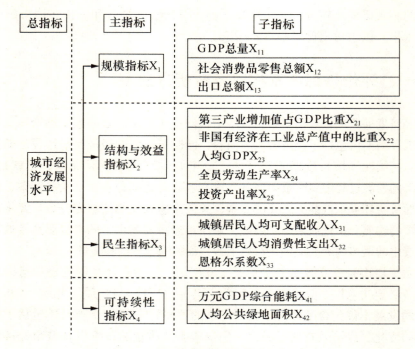

图1　城市经济发展水平衡量指标体系

二、15个副省级城市经济发展水平的实证分析

基于以上的指标体系，本文根据各城市2007年统计年鉴公布的数据，运用因子分析方法对15个副省级城市的经济发展水平进行综合评价和排名。因子分析法是从研究相关矩阵内部的依赖性关系出发，把一些具有错综复杂关系的变量归结为少数几个综合因子，从而使研究便于开展的一种多变量统计分析方法。

首先对15个样本和所有因子进行巴特利特球度检验和KMO检验，从表1的检验结果可以看出，巴特利特球度检验统计量的观测值为204.631，显著性水平为0.000＜0.05，则其拒绝原假设，即测试样本各指标之间的相关系数矩阵不为单位矩阵，存在较强的相关关系。KMO值为0.617，大于0.5，同样说明了适合进行因子分析。

表1　KMO and Bartlett 球度检验

Kaiser – Meyer – Olkin Measure of Sampling Adequacy.		.617
Bartlett's Test of Sphericity	Approx. Chi – Square	212.042
	Df	91
	Sig.	.000

随后对以上变量进行主要因子的提取（见表2所示），从表2中方差解释反映出的情况看，前3个主成分特征根大于1，从第4个主成分开始，其特征根小于1。前3个主因子累积贡献率达到82.606%。说明前3个公共因子反映了原始数据提供的足够信息。与此同时，由这3个公共因子的协方差矩阵可知，3个因子之间不存在相关性，模型达到设计要求。同时从各个变量的共同度上可以看出，除第12变量外，其余变量都能够很好地被3个因子所解释，其因子共同度均在0.7以上。由此可以确定前3个公共因子就可以概括所有变量的绝大部分信息。

表2　因子变量解释方差总和表

变量	初始特征值			提取平方载荷的总和			旋转平方载荷的总和		
	Total	% of Variance	Cumulative %	Total	% of Variance	Cumulative %	Total	% of Variance	Cumulative %
1	7.437	57.210	57.210	7.437	57.210	57.210	6.585	50.653	50.653
2	2.131	16.391	73.601	2.131	16.391	73.601	2.928	22.522	73.175
3	1.171	9.004	82.606	1.171	9.004	82.606	1.226	9.431	82.606

Extraction Method：Principal Component Analysis.

在确定了公共因子之后，对所有变量进行初始因子载荷矩阵分析，以便了解各因子的含义。从分析结果看，3个因子在原变量上的载荷值相差不大，不容易解释它们的含义，因此需要进行因子旋转来更好地了解其含义。旋转后的因子载荷矩阵已经明显向两极分化，使各个因子有了更加明确的含义。

其中，与F1因子相关系数绝对值较大的变量主要有人均GDP、城镇居民人均可支配收入、城镇居民人均消费性支出、非国有经济在工业总产值中的比重、全员劳动生产率、人均公共绿地面积、出口总额、万元GDP综合能耗这八项指标，这几项指标集中反映了城市经济的发展程度，更代表了城市发展能力的高低。其中生产效率、市场化程度以及国际化程度是城市经济发展的动力，是城市竞争力提升的关键，而城市居民的生活水平状况一方面反映了城市竞争力的强弱，另一方面也影响了城市对外的吸引力，万元 GDP 综合能耗反映了城市经济的可持续发展能力。因此，综合来看，F1 可以解释为城市经济发展动能因子。与 F2 因子相关系数较大的变量包括社会消费品零售总额、第三产业增加值占 GDP 比重、GDP 总量、投资产出率四项指标，这四项指标反映了城市经济发展的总规模与内部协调程度，其中社会消费品零售总额和第三产业增加值占 GDP 比重系数较高，它们是反映一座城市首位度的重要指标，因此，可将 F2 解释为城市经济发展首位度与协调度因子。F3 因子主要依赖于恩格尔系数，由于恩格尔系数反映的是城市居民的生活质量，因此该因子可以解释为城市经济发展的生活质量因子。

表3　旋转后的因子载荷矩阵及因子得分系数矩阵

	旋转后的因子载荷矩阵			旋转后的因子得分系数矩阵		
	1	2	3	1	2	3
GDP 总量	.582	.759	.044	.018	.251	−.032
社会消费品零售总额	.290	.893	−.035	−.050	.347	−.096
出口总额	.748	.335	.261	.091	.038	.171
第三产业增加值占 GDP 比重	−.285	.844	−.078	−.151	.397	−.107
非国有经济在工业总产值中的比重	.836	−.063	−.088	.169	−.120	−.103
人均 GDP	.952	.255	−.022	.150	−.003	−.072
全员劳动生产率	.884	.124	−.132	.157	−.044	−.154
投资产出率	.503	.692	.363	−.001	.212	.245
城镇居民人均可支配收入	.926	.170	.169	.148	−.048	.096
城镇居民人均消费性支出	.899	.270	.190	.130	−.003	.109
恩格尔系数	−.046	−.014	.958	−.044	−.060	.812
万元 GDP 综合能耗	.668	.254	−.091	.100	.034	−.118
人均公共绿地面积	.877	−.034	.018	.169	−.119	−.017

Extraction Method：Principal Component Analysis. Rotation Method：Varimax with Kaiser Normalization.

A Rotation converged in 5 iterations.

根据各因子得分以及相应的因子得分函数，计算各城市经济发展水平的主因子得分情况，并进行排序，具体情况见表4所示。分析结果说明：（1）在城市经济发展动能方面，深圳、厦门、宁波、广州、杭州、南京等城市经济效益较高，市场化程度、国际化水平以及居民的生活水平等均较高，反映出整个城市良好的发展潜力。而西安、哈尔滨、长春等城市的经济效益、国际化程度和市场化程度不高，经济发展中能源消耗较大，经济发展潜力较低。（2）在城市经济发展首位度和协调度方面，广州、深圳、武汉、西安、成都、哈尔滨等城市排在前列，这些城市中除广州和深圳外，其他几座城市均为经济较不发达城市，但是这几座城市在区域内的经济首位度较高，这也是由于区域内其他城市经济发展程度总体偏低，城市群发展程度相对滞后所导致的。相反南京、宁波、大连、青岛等东部沿海城市经济发展水平较高，但在区域内的城市首位度相对较低，而且经济发展中的不协调性表现得也较为明显。（3）在城市居民生活质量因子排名中，深圳、济南、杭州、哈尔滨、长春等城市居民生活质量较高，恩格尔系数较低。但是，由于广州的恩格尔系数较高，导致广州的居民生活质量因子排名较后，不过这与广州市民的生活习惯等有着密切的关系。（4）从各城市的综合得分及排名情况看，深圳和广州两市的综合得分远远高于其他的同类城市，在城市发展中处于领先行列。排在3-7位的城市分别为杭州、厦门、南京、宁波和青岛，这几座城市综合得分相对较高，表明城市经济发展综合水平也相对较高。排在倒数后4位的城市分别为西安、长春、哈尔滨和武汉，尤其是西安、长春和哈尔滨三座城市，得分与其他城市相比有着很大的差距，说明这三座城市的经济发展综合水平还较低。

表4　15个副省级城市经济发展水平综合得分排名情况表

城市	F1		F2		F3		综合	
	得分	排名	得分	排名	得分	排名	得分	排名
深圳	1.90004	1	1.25166	2	1.49864	1	1.677	1
广州	0.72162	4	2.59325	1	-0.95864	12	1.040	2
杭州	0.58000	5	-0.11033	7	0.86229	3	0.424	3
厦门	1.20952	2	-1.52202	15	-0.29101	10	0.293	4
南京	0.52253	6	-0.70294	12	0.40771	7	0.175	5

城市	F1		F2		F3		综合	
	得分	排名	得分	排名	得分	排名	得分	排名
宁波	0.81609	3	−1.02094	14	−0.51982	11	0.163	6
青岛	0.27065	8	−0.40085	10	−0.25709	9	0.027	7
济南	−0.43108	10	−0.23445	9	1.40157	2	−0.168	8
大连	0.27551	7	−0.49462	11	−1.78418	15	−0.170	9
成都	−0.82865	11	0.33048	5	0.44074	6	−0.368	10
沈阳	−0.32572	9	−0.12904	8	−1.16323	13	−0.368	11
武汉	−0.84802	12	0.61233	3	−1.31605	14	−0.503	12
哈尔滨	−1.24530	14	0.20092	6	0.83391	4	−0.614	13
长春	−0.91600	13	−0.80803	13	0.53383	5	−0.721	14
西安	−1.70118	15	0.43459	4	0.31132	8	−0.889	15

在以上结果的基础上通过聚类分析，可将 15 个城市依据其经济发展水平划分为四个等级（见表 5 所示），其中第一等级为深圳和广州，这两座城市是 15 个城市中经济发展水平最高的城市，并远远超过了其他城市；第二等级是杭州、南京、宁波、厦门、青岛，这些城市综合实力和竞争力较强，城市发展潜力较大，不过在促进城市内部协调发展，提高城市首位度方面还需要继续努力；第三等级为沈阳、成都、武汉、大连、济南，这些城市首位度较高，经济发展内部的协调性较好，但总体发展水平还较低；第四类为哈尔滨、长春和西安，这三座城市与其他城市相比，经济发展水平差距明显，经济发展动力不足。

表5　15 个副省级城市经济发展水平等级表

类别	城市
Ⅰ（高经济发展水平）	深圳、广州
Ⅱ（中上经济发展水平）	杭州、南京、宁波、厦门、青岛
Ⅲ（中下经济发展水平）	沈阳、成都、武汉、大连、济南
Ⅳ（低经济发展水平）	哈尔滨、长春、西安

三、基于实证分析的副省级城市发展水平评价及政策建议

（一）研究结论

综合以上15个副省级城市经济发展水平情况可以得出以下结论：

1. 城市经济发展水平总体偏低

绝大部分城市（13个）指数值低于0.5，一半左右的城市（8个）指数值为负值，虽然这是一个相对值，但亦能表明除少数城市外，我国大部分副省级城市的经济发展综合水平还非常落后，存在经济效益低下、内部结构不合理、城市首位度及持续发展能力不强等问题。

2. 城市经济发展水平呈现明显的地域差距

从15个城市的经济发展综合得分以及聚类分析结果看，我国的南方及东部沿海城市经济发展综合水平最高，北方及中西部城市经济发展综合水平相对较低，从而说明了我国城市发展中存在着明显的地域差距。这种地域发展差距主要是由于经济发展动能上的差距所导致，从评价指标上看，以下几个方面是形成经济发展动能差距的主要因素：第一，城市国际化程度上的差距。从指标上看，南方及东部沿海城市对外开放程度明显高于中西部地区，而郑兵云（2007）等人的研究也已证明，外商直接投资对我国东中西部经济增长贡献率有较大差别，是引起东中西部经济增长差异的最重要因素，东西部经济增长率差异的72%左右是由东西部外商直接投资的差异引起的。第二，经济效益的差距。先进的科学技术和管理经验使南方及东部沿海城市的经济效益普遍提高，相比较而言，北方及中西部地区的城市经济效益较低，致使经济发展动力相对不足。第三，城市对外吸引力的差距。较快的经济发展速度，使南方及东部沿海城市的居民生活水平相对较高，这有利于吸引和留住优秀人才，而根据内生增长理论，人力资本对经济增长有着显著的贡献，从而使这些城市的发展动力更加强劲。

3. 城市首位度与城市经济发展水平之间存在明显的逆向关系

从研究结果看，东部沿海经济发展水平较高的城市，其城市首位度反倒较低，二者之间存在着明显的逆向关系，这实际上从一个方面说明了我国不同区域城市群发展程度的不同。东部沿海地区副省级城市首位度较低是由于城市发展到一定阶段以后，产生了推动人口和产业空间扩散和转移的离心力，离心力逐渐加大并大于集聚力时，资源从一点集聚向多点集聚演进（庞晶

等，2008），并使城市发展从单一发展转变为群体发展。而我国中西部地区副省级城市首位度较高与城市群发展程度较低是密切关系的。不过，同为副省级城市的广州和深圳，它们的城市首位度却很高，这说明在城市群发展程度较高的地区，中心城市仍可以通过内部结构的优化和调整等增强对外集聚力，达到提高城市首位度的目的。

（二）政策建议

1. 提高城市国际化程度

全球化进程的不断深入使城市竞争日趋激烈，扩大对外开放的力度，加快城市的国际化进程是副省级城市争取更大发展空间的战略选择。对于不同发展阶段的城市，国际化的侧重点也应有所区别。在中西部地区，由于经济发展水平相对较低，城市的国际化发展应主要以加快引进国外先进企业（包括先进的技术和管理经验等）为重点。李昕（2007）、萧政和沈艳（2002）等的研究表明，FDI是我国经济增长的主要动力，国内生产总值与FDI之间存在着相互影响，相互促进的互动关系。中西部地区城市要加快发展就必须进一步增强对国外先进企业的引进力度，通过营造良好的投资环境吸引更多的国外资本，促进和带动本地经济的快速发展。经济较发达地区的城市，在继续加大对外资引进的同时，更要扶持和鼓励本地有条件企业的"走出去"，在全球范围内进行资源的有效配置，同时要注重通过建立海外研发中心，或收购海外拥有核心技术的企业以及合作研发等多种途径，提高企业获取产业核心能力的效率，提高本国企业的核心竞争能力。

在引进外资的过程中，我国的城市要注意以下几个问题：（1）注意对引进产业的选择。尽管FDI促进了我国产业结构的优化和升级，带动了我国高加工度产业和技术密集型产业的发展，但是FDI也加大了我国三次产业之间的结构失衡状况，导致第二产业，尤其是消费品工业的过度增长，自主创新能力较低以及品牌建设较为滞后（刘建民，2006；魏作磊，2006）。因此，在引进的过程中要提高引进外资的质量，注重产业结构的合理性，加强政策引导，鼓励FDI更多地流向本地的薄弱环节，要加大对现代服务业、高新技术产业尤其是信息技术产业、新材料和生物技术产业等产业的投资，促进本地经济的优化和升级。（2）提高外商投资企业在技术创新方面的"溢出效应"。改革开放至今，FDI在给中国相关企业带来效率提高的同时，对我国企业科技研发的替代效应也十分明显，FDI对我国国内研发投入的净作用是负的（范承泽等，2008）。对此，要鼓励外商投资附加值更高的生产环节上，同时通过引进更高技术含量的外资，对重要行业科技研发的政府投入的增加，以及鼓励外资公司在中国设立研发机构等，放大行业层面 FDI 的技术溢出效应，促进中国产业自主创新能力的提高。（3）注重资源环境的保护。从目前情况来看，FDI 对我国的资源环境造成了一定的负面影响（杨海生，2005等），外商投资在很大程度上集中于污染密集产业尤其是高度污染密集产业（张梅，2006）。因此，需要在加强产业引导的基础上，制定一定的外商投资企业环境标准，加大对环境制度的改革和创新，经济较发达城市应走在其他城市的前列。

2. 促进城市经济结构的协调发展

城市的经济发展不仅仅是经济总量的增加，更重要的是实现经济内部结构的不断优化，使经济运行系统更加协调、高效。从前面的研究结果看，我国 15 个副省级城市，尤其是东部沿海城市的经济结构存在一定的不协调性，主要表现在第三产业在 GDP 中的比重还较低，产业结构的调整滞后于相应的经济增长阶段。因此，副省级城市应将加快第三产业发展作为今后的重要战略目标，重点发展以生产性服务业为主的现代服务业。生产性服务业是产品价值的重要构成部分和产品差异化的主要来源（迈克尔·波特，1993），它们与制造业之间具有相互作用、相互依赖、共同发展的互补性关系，可以提高制造业企业的生产率，进而提高其竞争力，发展以生产性服务业为主的现代服务业是促进城市经济快速进步的重要途径。同时，现代服务业的发展可以提升城市的首位度。国内外先进城市发展的经验证明，区域性中心城市也都是服务业集聚的城市，在 40 个国际化大城市的就业结构中，大多数服务业劳动力所占比重都在 70% 以上，其中纽约、费城以及我国的台北在 80% 以上，纽约、东京、汉城等城市服务业的增加值比重也已达到 80% 以上。服务业的繁荣发展一方面促进了本地经济的发展，另一方面通过提高本地企业的综合竞争力，间接地为其他地区服务，使城市的中心功能不断增强。基于这样的认识，我国的副省级城市要充分利用国际服务业产业转移的机遇，引进高质量的服务业企业，带动当地服务业的升级，同时加大对服务业发展的政策引导，鼓励更多的资本进入服务业领域。

3. 继续注重对民生的改善

以人为本，促进人的全面发展，是社会主义本质的集中体现，是我国一切发展战略的核心内容，城市的经济发展同样要把以人为本作为最终的发展目标。改善民生是当前阶段以人为本的重要内容，副省级城市作为区域性的中心城市，更应在改善民生上做出表率，并通过民生的改善优化城市的生活和商务环境，吸引和留住更多的人才和资本，提高城市的集聚力，为城市的发展提供更多的动力，进而达到提升城市综合竞争力的目的。改善民生一方面要不断提高居民的生活水平和生活质量，"让利于民藏富于民"，调节收入分配、扩大社会就业，提高居民收入水平，缩小城乡差距；另一方面还要加快发展教育、医疗卫生、社会保障等社会事业，着力解决人民最关心、最直接、最现实的利益问题，维护和促进社会的公平正义，让人们共享城市经济发展的成果。

主要参考文献

[1] 倪鹏飞等：《中国城市竞争力报告（No1－No6）》，社会科学文献出版社 2003—2008年版。

[2] 李娟文、王启仿等：《中国副省级城市经济可持续发展能力差异综合评价》，载《经济地理》2001 年第 6 期。

[3] 孙松涛、刘光中：《中国副省级城市的城市化与经济发展比较》，载《城市问题》2002 年第 3 期。

[4] 马力、史锦凤：《15 个副省级城市区域经济发展水平的实证分析》，载《科技进步与对策》2006 年第 12 期。

[5] 刘艳军、李诚固：《城市化综合水平测度初探——以我国 15 个副省级城市为例》，载《世界地理研究》2005 年第 2 期。

[6] 刘定一：《沿海副省级城市经济可持续发展能力的比较分析与发展启示》，载《大连大学学报》2008 年第 1 期。

[7] 魏作磊：《FDI 对我国三次产业结构演变的影响》，载《经济学家》2006 年第 3 期。

[8] 范承泽等：《FDI 对国内企业技术创新影响的理论与实证研究》，载《经济研究》2008 年第 1 期。

[9] 张梅：《外商投资与我国环境保护问题初探》，载《生态经济》2006 年第 3 期。

[10] 迈克尔·A·沃克：《服务业的增长原因与影响》，上海三联书店 1993 年版。

后危机时期全球化态势与世界城市发展模式的转变

屠启宇[*]

世界城市作为一个理论框架，可能是当代最广泛、最迅速应用于人类实践的社会科学研究成果之一。担当着全球化经济的空间节点功能，世界城市成为各个城市追求的终极目标。然而，金融危机的爆发，使得经济全球化的大格局受到冲击，作为其空间映射的世界城市纷纷遭受重创。全球城市发展进入新的洗牌阶段，而对于世界城市发展模式的反思就应当是这场转变的开端。

在此次金融危机之下，各个世界经济活动主体都受到不同程度的冲击，进而在危机之后开始了全面的反思。然而，其中有一类主体在此次危机中可谓遭受重创，但相应的检讨反思还很不充分，这就是世界城市。世界城市是经济全球化在空间层面的伴生物，对于世界城市的认识也好，反思也好，必然是同对于全球化态势的研判纠结在一起的。

一、世界城市：生逢全球化的造城模式

世界城市作为一种城市功能定位与实践模式，是全球化在城市层面上的映射。20 世纪 90 年代以前，就有世界城市的概念，甚至最早可以追溯到 20 世纪初叶[①]，霍尔[②]在 60 年代撰写的《世界城市》一书具备了今天世界城市讨论中的基本要素。但是当时的世界城市还主要是从其经济规模与影响力来

---

[*] 屠启宇：上海社会科学院城市与区域研究中心秘书长，教授、博士。

[①] Geddes, Patrick. 1915. Cities in Evoulation, Williams & Norgate Ltd.

[②] Hall, Peter. 1966. The World Cities. London: Weidenfeld and Nicholson.

衡量，并没有有意识地侧重城市在经济全球化中所承担的重要角色，更没有从世界城市发挥重大的世界经济活动联系节点作用来展开判断。

以 1991 年萨森的《全球城市》出版为标志，有关世界城市的研究讨论①，才真正同当时正方兴未艾的全球化契合起来了。自此，有关世界城市发展、乃至全球化下城市普遍的功能、定位、模式探讨，方才有了全球化的转向，不仅在理论还在实践中都迅速展开。全球有一大批城市在发展实践中将自身的定位设定为某一层次的"世界城市"。因此，世界城市作为一个理论框架，可能是当代最广泛、最迅速应用于人类实践的社科研究成果之一。世界城市的理论框架相当庞大，涉及经济、地理、社会、文化以及国际关系多个学科。

1. 有关全球化时代核心大都市经济功能与产业结构的判断

充当各等级"全球化经济节点"成为世界城市的功能定位；相应金融、保险、房地产（FIRE）成为经济节点控制力、全球竞争力的代表，成为世界城市几乎一致的核心产业选择。也正是基于以上功能定位与核心产业的判断，以拉夫堡大学的世界城市与全球化研究组为代表，形成了多项关于世界城市网络的研究。至此，世界的城市，在汉莎同盟时代之后，首次有了在国家间关系之外，更为直接的全球联系：世界城市网络。而且，这是一个有着鲜明等级的城市网络。

2. 有关世界城市功能面向的判断

国际化面向成为世界城市的推崇特征；城市间联系、尤其是世界城市网络成为核心的关联。由此在实践中出现"去国家化"、"超国家化"倾向。拥有洛杉矶和旧金山两大城市的美国加利福尼亚州早在 20 世纪 90 年代初，就形成了这样的思潮，自称第八大国家，直接开始讨论地方政策的外交②。在伦敦，围绕伦敦的持续发展是依赖于英国还是纯粹依赖于国际面向的争论，此起彼伏。作为伦敦金融集聚区，来自伦敦金融城（City of London）的声音认为，其发展已同第二次世界大战后持续式微的英国经济脱钩了，而融入了

---

① Friedmann, J. and Goetz Wolff. 1982. World City Formation: An Agenda for Research and Action. International Journal of Urban and Regional Research, 6: 209—344. 和 Sassen, S. 1991. The Global City. Princeton: Princeton University Press. 以及 Castells, M. 1996. The Rise of Network Society. Oxford: Blackwell.

② 参见 JO Goldsborough 1993. California's Foreign Policy, *Foreign Affairs*, Vol. 72, No. 2 (Spring, 1993), pp. 88 – 96

全球经济金融的高速发展中，以至于提出了"英国在沉没，但伦敦还浮着"①的讲法。值得玩味的是，在此次金融危机爆发之际，加州成为美国首个面临破产的联邦州②，而伦敦也已延续了 15 个月的经济负增长，以致被舆论认为此次伦敦也行将"沉没"③

3. 有关世界城市发展的社会效应的分析

由于世界城市行业间的收入差距所导致的社会分化加剧、城市绅士化（Gentrification）的问题，从萨森最初的开创性研究中就有警告，并且在此后的全球化与城市互动的大量研究都有持续的深化。但是，在全球范围塑造世界城市的"时髦"实践中，这往往只是作为世界城市建设中的一个"不良反应"、"副作用"而被实践者忽视。

4. 有关世界城市发展的文化导向问题

文化全球化与地方化的争论在世界城市找到了最佳交锋点。这涉及世界城市文化导向的争论，是服务于飞行一族（Flying Class）、创意阶层（Creative Class），还是关注社会底层大众及邻里社会的需求？作为世界城市文化承载的城市规划与建筑，是追求千篇一律的大都市风格还是经典地方特色？有关富有人情味的街角邻里商店在标准化超级市场挤压之下的生死存亡。在这里，两个代表性的理论交锋是佛罗里达的创意阶层理论与雅各布斯的"大城市生与死"之辩。佛罗里达所抛出的创意阶层理论强调了大城市要追求创新与繁荣，关键在于延揽对于全球化有良好感觉的特定人群，而"服侍"好创意阶层的关键在于都市文化的多元化和市民的容忍度。而雅各布斯在行走于纽约这个都市丛林之中时，呼吁的是对邻里社区和草根文化的关注。

5. 世界城市理论与实践的不对称互动

一个特别值得注意的倾向是，如果说在学术理论层面，对于世界城市研究还是多少秉承了辨证、全面的态度，在实践领域，这一姿态则几乎完全没有得到延续。围绕世界城市的实践，可能是 20 世纪末全球范围大都市建设实践中最为热闹的一出连续剧。城市实践者们几乎是一边倒地热衷于世界城市的全球化成效，而作为概念原创者的明星学者们在频频成为全球各个城市座

---

① 原文为：UK sinking, London floating，来自于本文作者同伦敦金融城规划官员的访谈。

② 无独有偶，1994 年在一场相对小型的美国金融危机中，位于加州的橙县（在美国行政体制中属于市）就由于金融投资失败而出现城市破产。州政府和美国联邦政府皆拒绝对其救援，而任其宣告破产。

③ 评论来自美国《时代》周刊 2008 年 10 月 20 日期，封面文章，原标题为 "London Sinking"。

上客之时，也似乎忘却了呼吁公众认识到世界城市还存在着灰暗的另一面。

二、危机对于经济全球化的冲击

对于世界城市而言，全球化、尤其是经济全球化是其发展的基本土壤和生态环境，世界城市及其网络是随经济全球化荣而荣、毁俱毁。为此，危机之后的全球化走势是决定世界城市方向的决定性因素。就经济全球化而言，目前的基本共识是总体进程不会遭遇停顿，但内涵则必然面临调整和修补。这就是世界城市发展所面临的新的基本外部环境。

1. 国际资本流动与直接投资持续下行，金融全球化将因管制加强而显颓势

金融全球化的时代将因管制加强而终结，国际资本流动呈现显著萎缩，相应部分主要靠国际金融业务功能而崛起的国际大都市（伦敦、香港）将因城市经济结构单一而面临空前的挑战，乃至一蹶不振。金融危机的一个重要附带影响是追求安全性以及再度出现本国偏向，这对世界主要货币造成了影响。

国际直接投资由于西方发达国家普遍的资本困难而无法确信能在5—7年内恢复。联合国贸易和发展组织预计到2011年全球FDI总额都没有可能超过2008年年中的1.5万亿美元。同时认为，中国政策和经济表现有助于吸引或保持FDI流向中国。

2. 全球贸易将触底反弹，但贸易地缘格局与贸易结构将发生新的变化

危机效应的延续必然导致出现关税增加、非关税壁垒抬高以及反倾销活动增多的态势。但考虑到国际生产分工的格局已然确立，各国的刚性需求不可能迅速通过本地生产能力的重建来得到满足，全球贸易仍将会发展。

从全球贸易力量对比上看，金融危机爆发后，新兴国家的消费不足加重，一部分传统贸易强国受到较大冲击，一些国家也逆势扩大顺差。这归根结底是由这些国家不同的内外部需求和产品比较价格优势决定的。期待这种局面转变需要一个较长的调整过程。

而涉及气候变化的绿色节能商品与服务贸易会有大的发展，比如碳交易，将成为全球贸易主要新增份额。

3. 全球人力、知识等要素流动萎缩，区域化、地方化趋势增强

全球人力资源流动（劳工、技术移民）将因保护本国就业而萎缩，国际

劳工组织报告英国、美国、澳大利亚、西班牙等欧美国家都减少了国际劳动力的准入名额，从行业来看，建筑、制造业与服务业的国际劳动力受影响最大①；全球性经济移民回流的出现，可能诱发全球生产格局的进一步变化，即生产与服务转向主要为发展中国家的移民回流国。

全球知识流动（技术转移、专利贸易）的进程是否会受到重大影响，仍不确定；作为知识主要供应方的发达国家及其企业限于资金财务压力将有更大的意愿输出非核心技术进行套现，或者是将研发部门/总部也转移向知识劳动力相对廉价的发展中国家。但主要取决于知识主要的引进方在知识产权保护上的力度。

4. 全球制造业产业梯度转移趋势仍将继续

全球制造业能力转移的格局如何变化，是一个重大的问题。尽管存在保护本国就业和产业的情况。在此次金融经济危机导致的巨大财务压力之下，制造业能力，包括先进制造业能力及其集群由西方国家向外转移的趋势仍将保持，甚至加剧。理由在于：（1）发达国家制造业企业制造成本过高的局面，不会因为国家政府出面挽救而改变；（2）政府资助企业挽救就业岗位措施不可能持续，而市场上对这些企业不抱希望是持续的，因此企业债务和资金困难是长期的；（3）制造企业即使当前希望在当地勉力维持，但长期上为了保证企业的生存，会有意愿外迁或被购并，而去向只能是少数几个既有资金又综合成本低的国家。中国显然是候选地之一；（4）发达国家政府挽救战略性产业的主要对象是核心大企业，而对于整个产业链及其衍生生产集群往往是无法顾及，导致战略性产业的二、三级供应生产商有更大的冲动进行生产外迁、技术转让或接受购并。

5. 区域一体化将加速

这主要是由于：（1）存在美国等主要进口国可能出现进口需求的长期结构性萎缩风险；（2）贸易保护主义不可避免的抬头；（3）对于美元计价储备资产的不安全感。东亚外向型国家经济将更多转向内源发展，即发掘区域市场和国内市场，并谋求区域性金融安全网。从大的区域格局上看，亚洲地区在经济增长方面开始更多地依靠自身力量，日益与美国脱钩。

---

① International Labour Organization. 2009 . *The global economic crisis and the impact on migrant workers*, May.

6. 国际经济秩序必然经历大调整

无论是基于综合国力的上升还是基于承担更多责任的要求，中国必然在国际经济秩序的调整与管理中扮演主要参与者角色。中国参与更多国际事务与国际协商，也必然为中国主要城市（北京、上海、香港）作为国际事务活动的平台提供了更多可能性。中国主要城市在担当国际文化、公共事务交流中心的功能将得到更多释放。

三、危机对于世界城市实践的冲击及理论反思

生于全球化大潮的世界城市模型，在全球化经受重大冲击之时，当然也面临到对它的彻底考验。此次全球金融、经济危机，发源于美国，直接影响欧洲，进而波及全球。一般认为，西方国家的金融机构是受冲击最大的。但事实上还有一类主体同样是受创最大的，这就是城市，特别是那些开放度高的世界城市。

1. 老牌世界城市在冲击下丧失标杆作用

一批经济结构单一、侧重于离岸金融服务业的世界城市遭受重大打击，考验我们对于世界城市的理想经济结构的认识。自 2008 年 8 月以来，伦敦已15 个月持续经济负增长；在美国整体经济已出现复苏迹象的同时，纽约仍未走出金融冲击的阴影。这提示我们重新看待世界城市的经济结构。世界银行专家尤素福在对于危机反思的研究[①]中就强调了：城市规模和产业异质性可以促进劳动力市场的深化及多样性，产生规模经济和城市化经济，刺激创新，提高生产率，从而有利于增强现有产业的竞争力和新活动的出现。此项研究中，特别提出了是复杂资本产品制造业而非服务业创造了最大的生产率提升。1960—2005 年间，美国生产设备、部件和材料的行业的全要素生产率提高幅度最大，这其中办公设备和电子部件分别排在第一位和第四位。而某些服务行业的生产率大幅提高，其中一个重要原因也是因为引进了新设备—电脑、其他办公设备及通讯设备等等，即硬件的改善起了推动作用。从下图的产业研发强度来看，也可见服务业几乎是研发强度最低的行业。

然而现实中，经过此轮经济全球化的席卷，许多主要城市（比如伦敦、

---

① Shahid Yusuf and Kaoru Nabeshima, An Industrial Strategy for Shanghai, *World Bank Research Report* 2009.

Figure 4：R&D intensity by industry, average across ten countries

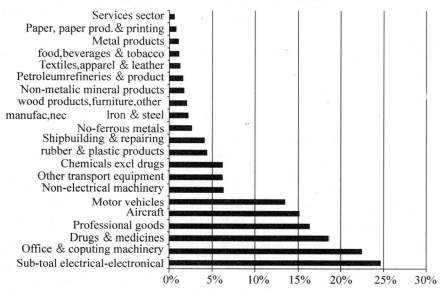

Source：Mathieu and van Pottelsberghe based on OECD,
ANBERD and STAN databases〔2005〕

图1　各行业研发密集度（十个国家的平均值）

纽约、芝加哥）已日益成为单一产业经济，仅由几种商业服务业主导。世界城市理论的传播进一步使得城市的领导者相信商业服务业是具有长期发展潜力，于是制造业被一概"驱逐"出城市，城市的产业异质性显著下降，这正使得他们失去曾经拥有的优势与特色。

2. 后发明星城市在冲击中拉开差距

金融危机之前，有一批明星城市受到世界的瞩目。上海、北京、迪拜、圣保罗、孟买都在名单之中。这些城市循着老牌世界城市的足迹，以金融等专业服务业为重心改造自身经济结构；以城市大规模的建设（如超高层建筑的竞争）塑造世界城市功能；以争取和举办大型展会树立国际声誉；以引进大都会式的文化艺术载体（如 MOMA、古根海姆等）改造城市文化生态。以至于一些城市的形态已同所在区域和国家整体面貌形成极度的反差。

危机的出现，使得这场赛跑拉开了差距。某些"未来世界城市"的盛宴已然结束，迪拜作为其中的典型，面对外界对其超前建设的担忧，曾经放出

"只要我建成了，自然有人来"的豪言。在短短一年间，便被国际权威评级公司穆迪警告为处于财政破产的边缘。

四、世界城市的转型出路

历经此次全球性金融危机，世界城市的发展也必然响应着全球化的变迁而转型。在此，不妨对于世界城市转型的可能趋势作一番情景模拟。

1. 情景一：全能型世界城市步向舞台的中心

所谓全能型城市是指城市功能的多重性与产业结构的完整性，尤其表现在城市比较均衡地发展有高级服务业与先进研发制造业，既承担经济活动节点功能又是卓越中心所在。对应于伦敦这样一些老牌世界城市加速退出全球舞台，东京这样始终没有放弃研发制造业的全能城市将展现其更强的生命力。但同时，全能型发展对于世界城市的要求是更高更为全面了，一些原来企图依靠一业特长达成整体崛起的城市，可能就此失去了机会。相应，大量有关全球城市竞争力的研究，也需要就各项权重安排予以大幅调整了。

2. 情景二：世界城市塑造模式多样化

在原有的世界城市认识中，几乎只有一种成功模式，那就是英美模式。即通过加大城市与城市之间、城市与腹地之间的功能与产业分工，在一些核心城市达成以金融为核心的高级服务业的集聚，由此形成国际性的经济控制力，世界城市崛起。在此模式框架之下，欧洲大陆不少城市的实际竞争力被低估了，东亚城市崛起背后的国家意志也被忽略了。金融危机冲击之后，世界城市塑造的欧洲模式、东亚模式有机会得到更为客观公正的对待。世界城市塑造模式也可能进入多样化时代。

欧洲模式的特点在于更多不是以单个城市，而是以一个城市组群的模式崛起。霍尔①归纳为多中心都市（Polycentric Metropolis）。典型的有鹿特丹—阿姆斯特丹（也合称 Randstad），莱茵—鲁尔（涵盖埃森、杜伊斯堡、杜塞多夫、科隆、波恩），莱茵—美因兹（涵盖法兰克福、美因兹），布鲁塞尔—安特卫普。根据人员交流、工作通勤的密度等指标，城市组群中的各城市已融合一体成为一个多中心的世界城市形态。而且，其共同承担的经济交流节点功能，显然要比单个城市的能量水平要高出许多。这恰恰是以往基于单个

---

① Peter Hall and Kathy Pain. 2006. The Policentric Metropolis. *Earthscan*.

城市数据的世界城市网络研究，所无法揭示的重大信息！

东亚模式的特点更多是符合斯科特的"全球城市区域"概念描述，即不单靠一个城市达成国际影响力，而依靠同其紧密联系的广大腹地，将整个一个区域的经济影响力通过核心城市集中展示投放出去。有关研究[①]梳理出了东亚的 8 个核心经济区，即中国的三个三角洲区域和港深都会、日本的关东区域、近畿区域、中部区域、韩国的首尔大都市区、釜山大都市区。这 8 个区域多数是由单核城市紧密联系广大腹地共同形成国际竞争力。因此，在东亚模式的世界城市塑造中，更多的是表现为集中区域的乃至全国的资源，来打造和提升个别的核心城市。因此，毋宁说世界城市等级是衡量东京、首尔或者是上海的实力，还不如说是反映其整个腹地区域的实力。

3. 情景三：以本土意识打造世界城市

有关世界城市塑造的欧洲模式和东亚模式的辨识，不仅丰富了通向世界城市的路径，也同时提醒了城市人应更平等对待其直接的经济腹地。英美模式的世界城市建设，往往是突出强调了城市的全球抱负与国际面向。几乎是"狂妄"地认为，城市可以单纯通过担负国际功能乃至离岸业务、中转职能来达成经济结构与规模的跃升。无论是此次 2008 年全球金融危机，还是上溯到 1997 年亚洲金融危机，1994 年墨西哥金融危机，国际投资以及飞行阶层从来都是出逃的主力，而受打击最重的恰恰是他们之前蜂拥而至的所谓国际大都市、世界城市。因此，城市的"离岸"热情真应该退烧了。

用本土意识打造世界城市，强调的是首先关注和经营好城市自身和直接腹地，以此作为实现或巩固世界城市地位的力量所依。所谓城市的直接腹地，欧盟主导开展的功能性区域（Functional Urban Region）研究是相当成熟的。它强调了基于实际的工作人口通勤流量来识别城市实际经济能量的边界，而非依据行政区划。这一方式也在美国识别其大都市区范围时长期得到运用[②]。但是在实践中，尤其在中国的城市化实现中，需要防止把本土意识和腹地概念泛化。

4. 情景四：世界城市文化的"平庸化"选择

在社会文化意义上，生于全球化潮流的世界城市似乎天然具有追求大都

① Euijune Kim and Hyewon Shin，Schematic Economic Interaction among the Eight Core Regions，research paper 2007 not published.

② 美国称为大都市标准统计区，其得出的边界同行政区划的边界也是不一致的，同样体现了强调实际的功能性边界的思维。

会风格、绅士化的倾向。但硬币的另一面是，世界城市必须应对好发展中的本土社会萎缩和部分人群边缘化问题。在金融危机之下，受损最大的人群，并非是拥有"金色降落伞"的银行或公司高管，而恰恰是缺乏周全保障的底层人群。这就使得社会的独立进一步的激化。于是，金融危机影响并非仅限于经济领域，也可能导致社会动荡。如此，世界城市愿景的基本社会基础便无从谈起了。

可以预期，危机之后，世界城市的社会文化天平将更多向本土因素倾斜。关注弱势人群、培植草根文化、缓解城市马赛克化、防止社会严重对立，将成为世界城市公共治理的主要方向。这也不免使得世界城市在飞行阶层的眼里变得"平庸化"了，于是又牵扯出一个更为幽邃问题：谁是世界城市的主人？

5. 情景五：世界城市网络变异

世界城市因沟通而生，因网络而崛起于经济全球化的潮头。没有世界城市网络就没有单个世界城市。金融危机的发生，在改变经济全球化面貌，影响世界城市塑造模式的同时，还带来世界城市网络的局部变异。网络区域化、等级扁平化是未来世界城市网络的新特征。

世界城市网络区域化。金融危机发生之后，全球化经济活动将在整体上向区域层面收缩。原来以全球视野部署生产网络、配置产品生产环节的，今后将更多地在区域范围内配置生产流程。这必然对世界城市网络形成影响。实际上，理论界对于世界城市网络变化呈现"区域化"趋势是有预见的。世界城市网络研究的权威学者泰勒在 2005 年[①]撰文提出："以往把城市间关系概念化的时候比较强调'城市等级'，所以'区域性'在世界城市研究中被相对忽略了"。他在划分世界城市等级外，进一步引进了区域性，将世界城市网络划分为七个地区，分别是美国、西欧、亚太、英联邦、拉丁美洲、东欧和亚非地区。在每个区域内部的城市间网络联系的紧密性远较全球网络联系来得密切。

世界城市等级扁平化。权威的拉夫堡大学全球化与世界城市研究组（GaWC），根据开发的"全球网络联系度指数（GNC）"将世界城市等级划分为六层。如果我们追踪其中 132 个城市样本，在 2000 年到 2008 年间的等

---

① 彼得·泰勒：《世界城市网络的区域性》，载《国际社会科学杂志（中文版）》第 22 卷第 3 期（2005 年 8 月）。

级变化，可见：第一等级世界城市数量不变（纽约、伦敦 2 个）；第二等级世界城市增加 4 个；第三等级世界城市增加 10 个；第匹等级世界城市减少 4 个；第五等级世界城市增加 7 个，而最低的第六等级世界城市减少了 17 个。中间层的世界城市明显增加。以上的数据还只是反映了金融危机之前的变化情况。这次危机中受到重创的恰恰是伦敦、纽约这些高等级世界城市，可以预期世界城市等级的扁平化趋势仍将持续。这显然是有利于后发城市提升信心和改善世界城市网络的平等性。

表 1　世界城市等级结构变化（132 个城市样本）

城市等级	第一等级	第二等级	第三等级	第四等级	第五等级	第六等级
GNC 指数	100—84	84—68	68—52	52—36	36—20	小于 20
2000 年	2	3	11	34	59	23
2008 年	2	7	21	30	66	6

资料来源：作者根据 GaWC 数据整理而成

五、小结：世界城市的重新洗牌时代到来了

以此次全球金融、经济危机为界线，经济全球化进入一个调整期，世界城市则进入一个洗牌时期。这洗牌背后的主要力量在于各个国家综合实力对比的显著变化，尤其表现在亚洲经济的整体崛起和以"金砖四国"为代表的发展中大国（或转型大国）的集体成长。正因为实力对比的变化，有关世界城市发展的认识也逐步显示出多样化。更多非"西方"的经验和智慧得到了肯定与重视。后发城市进一步获得了探索适合自身特点的世界城市塑造模式的自信，也增强赶上或超越西方传统世界城市而进入网络的更高等级、直至最高等级的自信。

第二篇

城市转型的路径创新

论我国城市经济转型与服务业结构升级的方向

裴长洪　李程骅*

全球金融危机的出现，使得整个世界经济结构面临新的大调整。在相对较长的"后危机"阶段，我国的城市完全可以利用发达国家经济的迟滞发展，来大力发展创新型经济、强化自主创新能力和对全球市场的控制能力，将自身镶嵌到全球生产网络中去，来实现转型发展。服务业结构升级主导下的城市经济转型，应着力提高城市"经济容积率"，推动先进制造业与服务业协同并进、生产性服务业发展与服务业结构升级并重和加快建立内外贸一体化的城市商贸流通产业体系。

一、后危机阶段：我国城市转型升级的战略机遇期

全球金融危机的出现，使得整个世界产业结构和经济结构面临新的大调整。金融危机无论对虚拟经济还是实体经济都产生了重要影响。世界经济在危机后也面临重大调整，"后危机阶段"的世界经济形势，不仅是国际金融秩序重建问题，还有低碳经济、新能源经济等主导下的国家、城市之间的新一轮利益大博弈。特别是美国政府在认识到推行清洁能源等存在着国内和国际上的阻力，尤其是发展中国家将因受到侵害而强烈反对后，就会从减碳排放、"碳交易"入手来改变世界贸易规则。刚刚结束的"哥本哈根谈判"，美国和欧盟的主导世界发展话语权的思维已经化成了具体的行动，就已经证明了这样一个新的严峻的现实。因此，包括中国在内的发展中国家，必须充分

---

* 裴长洪：中国社会科学院经济研究所所长，研究员、博导；李程骅：南京市社会科学院副院长，研究员、博导。

认识到经济增长和可持续发展所遇到的新挑战，即在受到碳排放约束的条件下，着力调整产业结构、发展创新型经济，以从根本上转变经济增长方式，并推进城市从"制造型"向"服务型"、从"高碳城市"向"低碳城市"的整体转型发展。

其实，即使没有世界金融危机，即使没有全球性减碳排放的约束，改革开放30年的城市化进程也逼迫中国的城市必须调整产业结构、转变增长方式了。按照我国国民经济发展的战略目标，到2020年我国人均GDP要在2000年的基础上翻两番，如果仍延续高投入低产出、高能耗低收益、高污染低环保的粗放型发展方式，不仅我国的能源条件、世界的能源供给无法支持，由此带来的排放和污染将引发诸多生态灾难。当然，转变经济增长方式是一个系统的工程，不可能一蹴而就，对于处于工业化中期阶段的国内城市来说，既要保持高位的经济增长，又要调整产业结构，而创新型经济的培育又有一个漫长的过程，确实是一个痛苦的抉择。在这样一个特殊的时段上，国际金融危机的爆发，化危为机，转型发展、加快产业升级就成了一种必然选择。而中国特殊的国情和中央政府保增长、保发展的得力措施，使金融危机造成的恐慌很快过去，经济形势迅速企稳向好，2009年不仅顺利实现了"保八"的目标，而且为"十二五"定下的"调结构、促转型"的调子，为漫长"后危机阶段"中国经济的发展指明了方向，国内城市迎来了转型发展的新机遇。再者，这次世界金融危机使得全球经济环境发生了重大变化，全球有很多国家和城市的经济发展出现停滞甚至是倒退的趋势，而中国的经济、政治地位都得到大大提升，国际影响力大大增强，这给中国的城市在全球生产的网络或价值链上站在高端位置发展提供了新机遇。从20世纪90年代开始，全球经济生产空间就已经通过跨国公司向多国延伸。现在，全球生产网络已经形成，全球生产环节和劳动分工的层次和水平日益深化。在这个全球生产网络、价值链上，由于受到自身发展的局限和发达国家的控制等多方面原因，国内的城市一直在低端的生产环节徘徊，无法向全球产业价值链的高端的环节延伸。在后危机阶段，国内的城市完全可以必须利用发达国家经济危机的迟滞发展，通过大力发展创新型经济、强化自主创新能力和对全球市场的控制能力，迅速将自身镶嵌到全球生产网络中去。因此，国内城市，尤其是人均GDP已经达到一万美元的沿海发达城市，无论从自身的发展阶段还是从外部的发展条件来看，在未来的一个时期，特别是"十二五"时期，将是转型升级、跨越发展的战略机遇期。

二、充分把握城市经济转型、服务业升级的大趋势

城市化的进程、城市经济的转型升级，是有一定规律可循的。与发达国家的城市化进程和城市经济发展相比，行政主导下的中国城市化进程基本上是以"摊大饼"的方式来不断扩展空间规模的，这样必然造成城乡结合部长，生产空间与生活空间混杂，服务业与制造业混杂，尤其是大城市的服务业集聚度不够高，制造业的专业化程度也很低。[①] 国内的城市，在经历了粗放型的发展后，伴随着科学发展观理论的提出和实践落实科学发展观，转变经济增长方式已经在"十一五"期间成为共识。在迎来漫长的"后危机"阶段，尤其是"十二五"期间，充分把握城市经济转型与产业升级的关键节点，大力推进集约发展、"精明增长"，提高"经济容积率"，提升 GDP 的绿色、低碳含量，就必然成为国内城市的战略性行动。

改革开放 30 年来，我国国民经济活动的主要区域和空间载体在城市，城市经济在很大程度上决定国民经济数量与质量的变化，因此"后危机"时代转变经济发展方式的关键是城市，尤其是城市中心区在转变经济发展方式中处于最前沿的位置。当前城市经济转型的核心问题，实际上是产业空间布局的优化问题，即在都市区实现服务业的集聚，特别是现代服务业的空间集聚问题。

第一，土地资本化提供了城市产业结构转型的原动力。实现服务业的集聚，就是看一座城市在扣除了环境和生态的需要后，在多大程度上能够动员土地资源的能力。20 世纪 90 年代中后期之后，通过城市土地进入一级市场、土地资本化、住房制度改革、企业股份制改革等多项改革措施，促使工业向工业园区转移，使城市动员市区土地资源的空间成为可能。这使得与商业地产紧密联系的各种服务业态产生了比原有制造业利润高得多的土地级差收益；住房也成为居民财产保值增值的最可靠资产，从而创造了更高的土地级差收益。土地资本化和土地级差收益逼迫制造业不断从城市中心区向外转移，并不断吸引服务业填充制造业转移遗留下的空间，成为城市经济结构转型的最主要经济动力，促进了服务业在城区的集聚。

第二，经济活动要求最集约地使用土地空间。都市中心区的土地价格依

---

① 吴敬琏：《中国增长模式抉择》（修订版），上海远东出版社 2008 年版。

据土地级差地租形成，非常高昂，因此只有劳动生产率和投资回报率高的服务业才能立足，而且只有最集约地使用土地空间才能降低成本，由此形成了城市中央商务区（CBD）。现代中央商务区，它们基本上已成为人类空间最集约的经济增长地域。在我国城市经济的发展中，有所谓"楼宇经济"、"总部经济"的提法，就是反映了都市经济要求集约利用土地空间的特征。

第三，"经济容积率"规律在发挥作用。都市中心区最集约使用土地空间的经济含义并不是建筑学中的"容积率"的概念，建筑学"容积率"的概念是指盖房子的密度，这里讲的"经济容积率"，是指最集约地使用土地空间，它要求在所能承载建房密度的空间中得到最高的经济产出。都市中心区随着经济的发展，非生产人口居住的下降趋势。在现代化大都市中心区，特别是中央商务区，单纯的住宅面积是受到限制的，这就导致了该区域非生产人口的下降。我国城市经济在实践发展中已经出现了税收"亿元楼"，就是反映了提高土地单位产出率的要求。

第四，经济虚拟化的趋势，生产投入要求资本与知识要素密集，产出只以价值量来衡量。在都市中心区的生产投入中，货币资本投入固然是最重要的，但体现为科技手段和知识要素的设备、人力资本也同样重要。中央商务区和"楼宇经济"，实际是要求以货币资本和科技知识来替代土地资源的经济，没有足够的货币资本和科技知识是难以实现最集约使用土地空间的目的。由于城市经济以服务经济为主，服务产品是主要的产出内容，服务产品往往没有物理形态，没有实体外观，它的使用价值难以用数量单位来衡量，因此，服务产出的衡量单位只有价值量，这就使都市经济成为货币经济和虚拟经济的生产中心，货币经济和虚拟经济也成为都市经济的基本形态。

第五，消费的转型与升级，向生产型消费和区外消费转化。2009年上半年我国社会消费品零售总额中只有34%是居民消费，其他消费都是企业消费、集团消费。随着都市中心区非生产人口居住率的下降，这里的消费形态也随之转型，与居民生活消费相关的区内消费类型逐渐退居次要，或者转型为商务消费、会议消费等生产消费形态。与"楼宇经济"功能相关的生产消费以及企业、集团消费的类型和内容不断增加，包括对中间投入品的消费，对各种相关服务产品的消费以及对知识、信息的消费将成为都市中心区的主要消费形态。

第六，服务产业化必然扩及传统的"非经济领域"。现代城市的就业人群必然是以服务业从业人员为主体，服务业的白领和蓝领职业群体基本替代了传统意义的产业工人阶级，成为城市经济活动的主要劳动者，而服务业人力资本构成的提高，使服务业的普通劳动与管理劳动的界限日益模糊。当现代服务业成为先进生产力发展的重要领域，服务劳动者成为社会的主要劳动者的时候，服务产业化必然扩大到教育、医疗、健康救助、文化传播等传统意义上的"上层建筑"领域，使这些行业中的某一部分产业化，并可以计算入国民经济核算体系。

总体来看，城市的发展是有周期律的，城市经济的理想的转型升级路径，基本上是与人类的工业化－后工业化的进程一致的，并从制造型经济向服务型经济转变，把握这种大趋势，尤其是把握服务业结构升级的关键节点，则需要战略眼光和行动落实的魄力。发达国家城市发展的经验已经表明，利用一些重大的历史机遇期进行城市转型发展，不仅可以降低城市转型的成本，缩短城市转型的周期，而且可以促使城市经济的转型更加顺利。在过去的几十年里，欧美国家城市经济的转型，既有芝加哥、鲁尔等成功的典型，也有底特律失败的教训。国内的城市如今在科学发展观的指导下，针对全球现代服务业向中国大城市转移的新机遇，理应超前进行产业空间优化，尤其是树立制造业的服务业化、大力促进服务业结构升级，以探索出转型发展、跨越发展的新路子。

三、城市经济转型方向：发展先进制造业与服务业结构升级

城市是创新的中心和策源地，建设创新型城市是现代城市的共同目标。在现代城市，城市化水平或竞争力的差别，已不完全是城市人口的比重，而是主要表现在吸引和集聚生产要素的能力的差别，城市的基本功能主要体现在两个方面，一是集聚和集成创新要素，二是提供创新的软实力。[①] 城市经济的转型实际上是重新配置创新资源和确定新型运行规则的过程，因此大力发展创新型经济主导下的先进制造业和现代服务业的过程，也就是现代城市经济转型升级的过程，其中强化以知识、智力资源为依托的现代服务业，成为重要的发展方向。

---

① 洪银兴：《向创新型经济转型——后危机阶段的思考》，载《南京社会科学》2009 年第 11 期。

没有创新性经济体系，就不可能有创新型城市。创新型经济是注重培育本国企业和 R&D 机构的创新能力，发展拥有自主知识产权的新技术和新产品，以自主创新为目标和主要推动力的经济。可见，创新型经济大多是经济发展已经达到一定阶段，具有较强科技综合实力的国家和地区才能发展的一种经济形态，其重要特征是形成一个国家、城市和企业的核心技术、知识产权和创新品牌，否则就无法站上微笑曲线的高端位置。因此，从培育创新型经济体系，以及加快产业升级的角度来看，国内的城市应该从以下几个方面来把产业升级和结构调整的大方向：

第一，先进制造业与服务业共同发展。发展服务业不能离开先进制造业，不能用加快服务业的发展来取代实现新型工业化的目的。现代服务业是指在工业化比较发达的阶段产生的那些依靠高新技术和现代管理方法、经营方式及组织形式发展起来的，主要为生产者提供中间投入的知识、技术、信息相对密集的服务业，以及一部分由传统服务业通过技术改造升级和经营模式更新而形成的现代服务部门。实际上，我们现在肩负的是双重任务：既要发展先进制造业，又要加快现代服务业的发展。其原因主要有以下几个方面：首先，我国现代服务业发展离不开工业化、特别是工业现代化的发展。我国是大经济体，不可能象某些小经济体那样依托某些资源优势发展少数服务行业来支撑国民经济；大国发展道路的一般规律是需要以实物经济为基础并建立比较健全的产业体系，因此工业发展是所有产业现代化的前提。其次，我国工业经济体制改革和开放、从所有制改革到产品生产与流通的市场化改革以及资本的市场准入等各方面条件都优于和领先于服务产品的改革和开放，这也决定了我国工业经济必然领先以及必须在工业现代化继续完成的条件下加快发展服务业的即定格局，形成了两者相互依存、相互促进的必然趋势。再次是，我国社会主义市场经济制度的建立和保障，既需要以价值量衡量的增加值和收入的持续增长，也需要以实物为基础的经济实力、科技实力和军事实力的不断壮大，而这些都离不开工业现代化的继续完成。发展先进制造业是促进生产性服务业发展和实现服务业结构优化升级的主要途径。

第二，发展生产性服务业与服务业结构升级并重。要把生产性服务业作为发展现代服务业、实现服务业结构优化和升级的突破口。生产性服务业是直接或间接为生产过程提供中间服务的服务性产业，其范围主要包括仓储、物流、中介、广告和市场研究、信息咨询、法律、会展、税务、审计、房地产业、科学研究与综合技术服务、劳动力培训、工程和产品维修及售后服务等方面，但最重要的是信息服务业、现代物流业、研发服务业、金融与租赁服务业等。我国服务业发展不仅存在总体滞后问题，结构也不合理，过于依赖生活性服务业的结构，生产性服务业发展落后已经成为产业结构调整与优化的主要制约因素。对此，我们可以借鉴跨国公司的做法。在国际分工发达的制造业中，产品在生产过程中的时间只占全部循环过程5%不到，流通领域占95%以上，产品在制造过程中的增值部分不到产品价格的40%，60%以上发生在服务领域。流通领域缺乏效率，竞争力就会受到影响。外包模式作为一种企业经营战略，在20世纪80年代就已经流行于发达国家。20世纪90年代以来跨国公司的经营战略出现了调整，其要旨就是把原先由内部提供的生产和服务环节转移到外部，重组企业的生产体系，通过合约来购买外部优质的资源，包括原先由内部生产的产品和服务，以达到降低生产成本和提高竞争力的目的。这种外部化的经营战略调整，不仅促进了新的第三方服务供应商的发育成长，而且还使一部分制造企业向服务企业转型，出现了服务型的制造企业，众多的跨国企业开始了从制造商到服务供应商的彻底转型。这是一种供应链管理的办法，即通过生产性服务业来连接市场体系。实际上，20世纪90年代以后，国际跨国公司的已经进行了发展战略的大调整，一方面不断剥离自己的非核心、次要和辅助业务，不断外包各种产品和服务的生产环节；另一方面不断强化和巩固以自己为核心或为龙头的供应链体系，形成供应链体系内部市场，对该体系市场实施供应链管理。供应链核心竞争力来自生产性服务的质量与效率。供应链管理的企业实践极大地影响了市场竞争的格局。现在的市场竞争已经不是企业之间的单打独斗，市场竞争已从企业之间的竞争演变为供应链体系之间的竞争；竞争优势往往不取决于个别企业的特定优势和效率，而取决于整个供应链体系的质量和效率。跨国企业的影响力也往往不取决于核心企业的资产规模和股权控制状况，而取决于核心企业所管理的整个供应链体系的交易规模和辐射范围。凡是从事电子化、信息化、智能化、个性化等硬件产品的制造商，其销售必然伴随服务化，这类企业一般都是先进制造业，其成长的方向也必然是服务型制造的趋势。

第三，建立内外贸一体化的城市商贸流通产业体系。这是后危机时代城市经济转型发展的一个重要选择。首先是加工贸易的产品内销，要突破许多的政策障碍和体制障碍。海关监管方式和征税制度都要进行改革，即便进行了这样的改革，这些产品要顺利进入内销市场，也有许多的渠道建设、流通制度、流通组织方式的改革跟进。其次国内商贸流通还缺乏条件，目前做内外贸一体化，是家乐福、沃尔玛这些跨国商贸集团，我们的国内商贸集团做内贸就不做外贸，做外贸的只做外贸，怎么样把它连起来这是一个问题。更重要的是我们国内大量的供应商很分散，随着生产的不断扩散，国内通过生产性的服务把他们连接起来，在国内形成供应链才能与国际市场接轨，因此在国内流通领域通过各种服务供应商把各种的生产环节与销售环节，整个供应链体系整合起来是我们未来要实现内外贸一体化的重要条件。还有重要的一条，由于我们对海外市场非常不了解，也就不可能把国内生产、流通和海外市场需求联系起来，只有把对外贸易从过去"引进来"为主，变成"引进来"和"走出去"并重，特别是在"引进来"的项目中，要从以制造业为主调整为制造业和服务业并重，才能实现这样的目标。① 只有国内大量的商贸企业走出去了，比如我们的商品市场、商贸企业走出去，类似于日本这样的综合商社走出去，建立海外广泛的营销渠道，才能培育出内外流通领域的城市供应链体系。

总的来看，城市经济的转型发展的过程，是产业结构持续升级的过程，只有奋力站在面向全球的价值链节点上、构建先进制造业和现代服务业主导的产业链，并整合与之配套的供应链，才能实现城市经济的真正转型升级。

四、城市经济转型与服务业结构升级的路径选择

历史经验表明，大的危机往往孕育着大的科技创新，而重大科技创新也往往推动世界经济走向复苏与繁荣。1857 年发生的世界性经济危机引发了以电气革命为标志的第二次技术革命；20 世纪 30 年代大萧条前后问世的科学发现成为日后以电子、航空航天和核能为标志的第三次技术革命的基础；20世纪 80 年代美国的经济危机则造就了 20 世纪 90 年代互联网信息技术革命的飞速发展，也造就了世界经济新一轮的繁荣。此次金融危机发生后，美国等西方发达国家将发展的重心转向"新能源"、"低碳经济"、"绿色经济"，这将有力推动世界产业走向一条新的创新之路。

国内的城市，站在科学发展观的高起点上，经济转型与结构调整最重要的突破，是要变原来的投资拉动型向创新驱动的转变，经济增长的推动力从

---

① 裴长洪：《后危机时代：中国外向型经济发展模式转型》，载《经济观察报》2009 年 11 月 29日。

投资驱动转向创新驱动，构建起政、产、学、研、金等"五位一体"的城市创新体系，促进创新资源的有机互动和高效运行，强化创新过程的系统性整合与协同，促使体制创新、组织创新、技术创新、政策创新等相互作用，形成创新合力。从目前来看，通过服务业结构升级来引领城市经济转型的路径，可以在以下几个方面寻求突破：

第一，以创新型经济的发展来提高城市的"经济容积率"。

国内的城市与新加坡、香港等国家和城市相比，城市化水平很不够，如市政基础设施等还需要大投资，城市交通需要大力加强，航空、地铁等基础设施还需要进一步强化，要成为世界一流的城市，就需要不断提升城市化水平和城市管理水平。因此，国内城市的改造和功能提升，在追求更高的"经济容积率"的同时，更应逐渐扩大城市规模，发展相关服务产业。城市规划是人们按照城市经济、社会和人文发展的要求对城市自然环境和生态空间进行布局设计和功能配套划分的综合思维结果。但是，一定时期制定的规划往往反映当时人们的认识水平，因此，具有历史局限性，修编规划是正常的。修编规划要处理的主要是两个关键问题：第一处理好商业地产与居民住宅的关系。应正确认识和反映都市中心区人口居住率下降的规律性与经济产出空间增长的规律性，这是大都市发展的必然趋势。因此，从地产形态上看，是住宅形态的用地空间减少，商业地产形态的用地空间增加。一方面要有经济产出，要发展服务业，另一方面还要宜居，这往往是修编规划要考虑的第一个问题。其次是，空间经济产出的集约化趋势对行业的选择和对生产、消费方式的选择。规划要尽可能反映出单位空间产出的最大化要求对行业的选择，因此必然是劳动生产率和资本回报率最高的那些行业或企业成为新规划落地的对象，其生产和消费方式的特点也应在规划中得到反映。接着还要考虑的问题是要素密集化的要求，承载技术与知识要素的物品和劳动力对生产、消费的需求要在规划中反映。

在做好城市产业空间的优化布局的同时，还要注意衔接好中心区规划与产业空间的衔接与联系。如果我们把都市中心区形容为服务经济的"工厂区"，那么它与整个城市地域的规划关系就是生产区与生活区以及其他功能区域的关系，二者之间需要紧密地衔接。特别是城市的交通与基础设施发展的现状与未来，对中心区规划有重大影响，也对各种功能区域的规划有重大影响，区域规划的修编要充分考虑到这一点。在处理土地集约与资本投入的关系上，都市中心区应该是资本要素密集的区域，其土地利用要求愈集约，资本替代要求就愈高。因为资本替代要求实际成为中心区土地集约利用水平的决定因素，城市的中心区土地集约利用水平高，就必然意味着资本投入强度的提高。因此，必须积极培育基于空间价值集约的增长动能，调整和优化城市空间结构，使城市在同样的增长情况下，减少基础设施和服务方面的成本。同时要规划与确定合理的功能分区，促进功能性集群效应的发挥，进一步整合城市的开发园区资源，提高园区的集约化程度．极培育和发展低碳产业，过使用混合能源、节能材料和替代性能源产品，减少对石油、煤炭等的使用量，间接的碳排放。

第二，通过培育和发展服务型制造企业来优化城市服务业的结构。

在城市经济转型升级的过程中，必须认识到，发展现代服务业不仅仅是商务部门的事情，实际上也是制造部门的事情。即一部分制造业通过专业分工和外包、再通过供应链整合生产组织体系，构建新的商业模式，这是我国发展现代服务业的又一个重要途径。组织供应链通常是核心企业，它依靠优势资源成为核心企业，这种优势资源不一定是资本或技术，它可以是品牌、甚至可以是最终用户的认可和信任。我国的城市必须将调整结构与发展先进制造业相结合，发展服务型制造业，把第二和第三产业融合起来，发展其中相结合的产业。一方面可以先发展先进制造业，通过产品的电子化、信息化、智能化、个性化特征促进服务业务发展，然后使一部分先进制造企业成长为服务型制造企业；另一方面，通过改革企业组织结构，发展外包业务、扩大分工和服务交换的机遇，促进第三方服务供应商组织的成长。这里存在着做大做强和做专做强的选择，做专做强不比做大做强差，做专做强可以实行供应链管理，可以将内部市场做得很大，但自己不一定拥有很多的实物资产。

第三，以集约的理念大力发展社区服务业，推动城市的商业空间网络与社区服务的有机融合。

城市商业空间是一个有机的动态的网状空间，由不同等级的商业设施构成的点，连接起来才形成了功能多元的商业服务体系，这种服务体系实际上是城市功能的直接显现。当前国内的城市，正在迎来一个结构升级的消费社会，消费理念和消费结构以及生活方式都将实现大的飞跃，城市提供的商业空间、经营的商业业态，必须超前考虑自身的"定位"。尤其是伴随着城市空间布局的社区化，社区商业的功能，在城市商业空间、整体空间的变革、优化中，将发挥重要的作用。而社区管理是城市管理的新课题，从居民委员会向社区组织的转变，是城市经济社会转型的最基层和草根性变化，对它的研究和关注都不够，为了社区服务的便利性和效率提高，社区服务空间完全可以和不同等级的城市商业空间进行有机的对接和融合。从现代商业业态的"适应性"来看，按当前中国城市家庭的消费半径来测算，基本可以分为"邻里消费圈"、"社区消费圈"以及"城市区域型"三种，与其对应的商业设施分别是便利店、社区超市以及大卖场或MALL。属于社区商业范畴的"邻里消费圈"和"社区消费圈"，将是中国城市商业发展的重点，因为只有社区商业繁荣了，城市的功能才真正体现出来。"社区消费圈"的范围完全可以设定为社区服务业的范围，社区的商圈中心周围则可同步规划建设社区的政务中心、综合服务中心，发挥对城市社区肌理的优化、修补功能。

后危机时期世界经济形势的变化，给国内城市的转型发展、创新发展提供了良好的机遇，但是，机遇到来并不等于城市自身可以自动实现突破和跨越的。在全球城市体系重新洗牌的后危机时期，我国的城市，需要抓住机遇奋力争先，寻求新的发展动力，节约城市转型的成本和代价，发展创新型经济、追求更高质量的城市化。目前国内城市面临的最大任务就是转型发展，而转型发展的动力则来自创新型经济。我们期待以创新型经济的发展来促进创新型城市的建设，促使一批国内城市在"十二五"时期实现真正的转型，并成为国际上从制造性向服务性、从高碳向低碳城市的转型的示范城市，在世界范围内树立可持续发展的新标杆。

主要参考文献

[1] 裴长洪：《如何认识城市经济转变发展方式》，载《中国党政干部论坛》2008年第8期。

[2] 屠启宇：《金融危机后全球化态势与世界城市发展模式的转变》，载《南京社会科学》2009年第11期。

[3] 李程骅：《新业态与都市圈消费的"中心地化"》，载《南京社会科学》2005年第7期。

[4] 李程骅：《优化之道——城市新产业空间战略》，人民出版社，2008年版。

世界城市研究的转型与发展新模式

李　健[*]

　　20世纪50年代以来，随着新国际劳动分工的发展，全球经济体系整合发展的态势日益明显。在这个过程中，涌现出若干在空间权力上超越国家范围、在全球经济中发挥指挥和控制作用的世界性城市，一般称之为世界城市（World City）或者全球城市（Global City）。随着世界城市在更多国家涌现，彼此间频繁的经济文化往来凝聚成新的空间有机体，即世界城市网络。世界城市与世界城市网络的形成发展，与新国际劳动分工的发展密不可分，这是世界城市与世界城市网络形成发展的社会经济基础。

　　2008年全球性金融危机爆发之后，纽约、伦敦等城市所遭遇的发展困境使人们对世界城市未来发展的方向产生疑惑，在未来新的社会经济发展阶段，世界城市应该具备什么样的内涵和实质？本文在回顾既有世界城市、世界城市体系研究基础上，认为世界城市研究已经进入多元化的阶段；依据全球生产网络理论框架对20世纪90年代以后世界城市新的内涵与实质进行了探讨，提出新的世界城市体系框架；最后，基于上海的城市发展阶段、区域发展背景、国家战略目标及世界经济发展的态势等，提出上海世界城市建设应该是以现代服务业与先进制造业并举的多元化产业体系为支撑，试图突破传统世界城市的研究范畴。

---

　　* 李健：上海社会科学院城市与区域研究中心助理研究员、上海社会科学院世界经济研究所博士后流动站研究人员。

一、世界城市研究综述

(一) 世界城市研究的转型

现代世界城市研究始于英国著名地理与规划专家霍尔 (Peter Hall, 1966)，将世界城市解释为对世界大多数国家发生经济、政治、文化控制的大都市。科恩 (Cohen, 1981) 率先以新国际劳动分工理论为基础，分析跨国公司如何凭借强势力量影响地方的政治经济结构、城市体系组织发展，进而转向世界城市研究。20 世纪 80 年代中期，弗里德曼 (J. Friedmann) 和沃尔夫 (G. Wolff) 提出 "世界城市" 假设，认为世界城市是新国际劳动分工和全球经济一体化背景下的产物，世界城市的本质特征是拥有全球经济控制的能力，这种控制能力充分表现为少数关键部门的快速增长，包括企业总部、国际金融、全球交通和通信、高级商务服务等。1991 年，萨森 (Saskia Sassen) 正式提出全球城市 (Global cities) 的概念，形成目前关于世界城市以及世界城市体系研究的标准范式。萨森认为全球城市是全球化发展的结果，是全球经济协调与控制的节点，更加关注全球城市发达的生产性服务功能。

在世界城市体系研究方面，弗里德曼 (Friedmann, 1986; 1995) 主要延续了世界体系理论的研究思路，从国际劳动分工的视角考察世界城市的功能特征。皮特．泰勒 (Peter J. Taylor) 和沃尔克 (D. R. F. Walker) 延续萨森全球城市的研究思路，通过生产服务公司办公网络的多变量分析，得出世界城市体系的划分方案，通过各种指标描述世界城市体系中城市之间的联系。史密斯 (David A smith) 和丁伯雷可 (Michaelf. Timberlake) 通过对世界主要城市之间在 1977—1997 年航空客流的网络分析，来描述各世界城市之间经济联系的强度。1998 年英国电信咨询及国际通信对 25 个全球城市电信竞争力排位，从全球电信的角度反映世界城市体系的组织；在近期，以日本森纪念基金 (The Mori Memorial Foundation) 的城市全球实力指数研究①为代表，从城市竞争力的角度涉及更广泛领域，包括经济、社会、生态环境、文化、旅游等研究内容 (见表 1)。

---

① 2008 年和 2009 年，已经连续两次发布全球城市实力指数年度研究报告。

表1　世界城市体系划分主要方案与评价

代表人	划分方案或内容	理论缺陷
弗里德曼	依据城市处于世界体系的核心区还是边缘区，以及这些城市的功能特征进行划分。	给出了全球城市体系的概貌，但缺乏对各个城市及城市之间社会经济联系的实证分析。
泰勒	强调高级生产服务业对世界城市体系的作用，通过55个城市、46个生产服务公司的办公网络的多变量分析进行划分。	通过各种指标描述世界城市体系类别，但在经济联系的网络中缺乏城市等级及功能类型的识别。
史密斯	通过世界主要城市1977—1997年全球主要城市的航空客流的网络分析，以此描述各世界城市之间经济联系的强度。	以现实的客流为基础，可以概要反映世界城市体系等级，但距离精确的描绘依然相距很远。
英国电讯咨询及国际通讯公司	强调信息技术对全球化的作用。全球城市必须发展促进信息流动的基础设施，提高在城市体系中的等级。	体现了电讯等基础服务设施在全球经济的地位，但难以全面反映全球城市体系的全貌。
亚伯拉罕森	全球城市体系的变化不仅在于经济活动的全球扩展；另一个重要现象是后现代主义文化的兴起与发展，文化与经济密切地联系在一起。	确定了经济和文化结合是进行世界城市体系划分的趋势，但如何将经济与文化两个方面的要素纳入一个统一的框架下仍然没有解决。
森纪念基金会	从城市竞争力角度而涉及了更广泛的领域，包括经济、社会、文化、旅游等研究内容。	综合性指标体系，更多从城市竞争力角度探讨城市实力比较，与以往探讨世界城市固有内涵有所偏离。

资料来源：作者整理。

　　综合而言，世界城市的研究主要建立在西方发达国家城市发展的经验基础上，关于世界城市实质的研究多将其概括为经济中心、贸易中心、金融中心、信息中心以及交通枢纽等，强调其国际经济枢纽的控制功能和服务功能，更多关注金融、房地产、证券、保险等生产性服务业的发展，从而将世界城市研究置于一个绝对的境地。但不同研究方案仍反映出研究者对世界城市研究视角和内涵的把握，综合比较世界城市体系研究表现出更为多元化的特征。在 20 世纪 80 年代初期，主要关注金融资本对世界经济的控制作用；之后，随着新经济的兴起和网络社会的显现，更开始关注信息、通信技术全球联系的作用；随着发达国家逐渐进入后工业社会，许多主要全球城市的生活及价值观念发生巨大变化，全球文化与经济密切地联系在一起；近些年世界城市研究进入更复杂的研究范畴，包含了经济、社会、文化、旅游等各领域的内容。而低碳经济与社会的崛起，使得世界城市研究更应该包括生态与自然环境、城市交通组织、城市宜居性等多方面考察。世界城市研究在继续关注全球化动力的同时，更开始从地方化特性，关注城市本身政治、产业、社会等功能的发展，强调地方化努力对推动世界城市建设的意义。所有这些变化都彰显出未来世界城市的研究将更加多元化。

（二）世界城市研究的反思

实际上自 20 世纪 90 年代以后，美国经济的整体复兴主要是依靠硅谷、128 公路等地高科技产业经济的崛起。以电子信息产业为代表的"新经济"逐步成为国际劳动分工的产业主体，技术进步和国际经济环境的变迁使全球劳动分工的层次日益深化，在跨国公司组织下形成新的全球产品内分工体系。随着全球市场竞争加强及本地化发展的内在要求，跨国公司更开始逐步把一些管理和研发部门进行全球再布局，强化了全球生产网络与各层级地方的相互镶嵌，为地方经济发展和产业升级创造重要机遇，并引导多个尺度区域经济与空间结构大规模重组，塑造了新的城市及区域空间组织。基于这样的视角，本次研究认为传统世界城市研究普遍具有"表征替代内涵"的嫌疑，主要体现在以下几个方面：

（1）仅关注全球生产网络中的高端服务业和世界城市系统中的高端城市。认为高端服务业对整个经济具有支配力，但却忽略了作为整体而存在的全球生产网络中其他价值环节的空间镶嵌，及由此带动的发展中国家制造业城市的快速兴起；

（2）忽视 20 世纪 90 年代信息产业的兴起对全球经济的重大作用，知识经济时代知识、技术控制力在城市体系中的作用，网络社会及伴随浮现的信息化城市架构在世界城市系统重构中的作用等。尽管卡斯特尔的后续研究有所弥补，但总体来看世界城市的研究和新经济地理学、互联网地理学关联不大，没有吸收其他学科研究的成果；

（3）仅讨论了自上而下的全球化过程对于世界经济格局及全球城市体系发展的推动，却无视自下而上的本地化过程的一种内生发展力量，尤其是地方政府及地方企业所做出的"网络镶嵌"努力，在发展中国家这种能力更多体现在制造业的发展和升级。

因此，在以价值链组织区域生产的当今，制造业、服务业产业融合发展的态势越来越明显，城市—区域的功能联系已经呈现高度化发展的特征，只强调服务业对城市经济发展的作用，忽略制造业特别是高科技技术、高科技产业对区域经济乃至世界经济的统领性，使得理论研究与社会经济实践必然相背离。就中国而言，社会经济整体上仍处于工业化发展阶段，其城市产业发展与西方国家必然存在较大差异，而城市—区域发展的背景，亦决定了必须赋予工业化发展的特性来考察中国的世界城市建设。

二、全球生产网络视角下的世界城市与体系

（一）从全球生产网络到世界城市与体系

周振华（2006）指出全球化推动世界城市形成的发展逻辑并不严密，因为经济全球化不仅造就了世界城市，同时对其他城市也有深刻影响。在此基础上提出应该首先以世界城市体系变化为中间解释变量，从阶层关系视角探讨世界城市的发展才是正确的逻辑关系。本次研究在此基础上，进一步探讨全球化与世界城市及其体系的内在关系，以全球生产网络为中间解释变量来实现理论嫁接。

随着全球化和信息化进程的日益深入，透过拥有绝对经济权力的跨国企业投资与安排，全球经济活动逐渐按照全球生产网络的价值环节被功能性分配在不同的地方与空间中，加上信息通信和交通等技术创新与发展，全球各地的经济联系更为频繁与便捷。但基于国际劳动分工的发展而形成的全球生产网络具有明显阶层等级特征，根据节点或核心在网络中某功能的相对重要性（或主宰性），并且辅以密集的信息技术支持其组织运筹来加以建构不同空间层级。所有城市在生产、管理、贸易、政治等活动的功能重构中收益存在差异性，从而引导全球层面城市等级体系的形成，包括生产活动与信息集结的重要核心、次级核心、一般节点之分。因此，在全球生产网络的组织框架下，依据不同空间特定优势而分配价值链区段，促成各空间经济主体之间

密集的经济联系（见图1）。

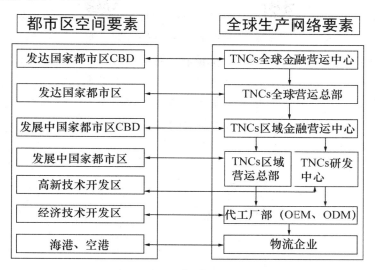

图1　全球生产网络与都市区空间要素对应关系

其中，全球生产网络中核心城市和次级核心城市作为具有支配力的重要节点，会日益扩大其支配的范围并加强其广域的经济支配力，其阶层关系甚至逐渐超越国界而成为世界城市，由于汇集大多数的跨国公司总部和专业化的服务机构，成为全球性的指挥和控制中心；研发（R&D）活动倾向于向科研机构和人才资源集中、信息基础设施完善的城市集聚；具体的生产和装配活动则向一些新兴工业化地区的地区性和第三世界国家的区域性城市转移，并呈现全球空间扩散及地方空间集聚的特性。全球产业的空间调整特别是技术含量较高的制造业的空间扩散化，为新兴工业城市带来了发展机遇。在亚洲，一些国家或区域性中心城市如北京、上海、曼谷等正在崛起成为新的世界级城市。

（二）全球生产网络重构的世界城市体系

实际上，从科恩将国际劳动分工理论同世界城市研究联系起来开始，其分析脉络已经包含了国际劳动分工中行动者、权力分配不同空间镶嵌的内涵。随后弗里德曼的"世界城市假说"提出世界城市是跨国公司控制和管理中心，是国际资本在全球经济网络中的据点，强调跨国公司总部和金融服务是世界城市中的产业主要功能。比较科恩和弗里德曼的研究，仍侧重于先进工业国的跨国资本将劳动密集型工业生产疏散到发展中国家的趋势，与现代国际劳动分工的发展态势已经不符。

1990 年以后，分工的深化使得全球范围内不同区域的经济联系大大加强，基于产品内分工的全球生产网络逐渐形成，对于城市体系的研究开始更关注于生产网络本身的完整性，即涵盖了管理、控制、研发、生产等多个维度劳动过程的空间内涵，而非仅强调生产服务业的控制功能。本文依据不同城市参与生产的价值链环节，重新建构新的世界城市体系，包括两个价值链高端，依据功能环节分配形成微笑曲线的体系结构（见图 2）：

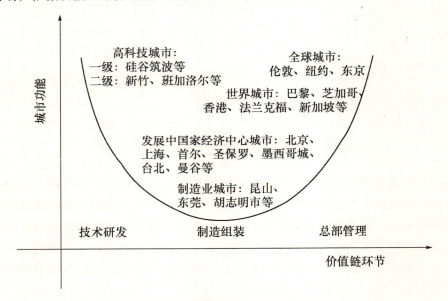

图 2　基于全球生产网络重构的世界城市体系

（1）第一个高端为全球城市的纽约、伦敦和东京三个城市，他们是跨国公司总部最为集中的城市，同时在金融资本服务、信息收集处理方面都处于全球领先水平，同时又是企业跨国营销的最高级服务节点，因此是价值链管理、生产服务及营销最高端和集中的城市等级；

（2）第二个高端为高科技城市如硅谷、筑波、新竹、班加洛尔等，这些城市承接"新经济"发展，从而成为全球高科技产业技术标准制定和研发的"技术极"，对全球经济发展和产业转型与升级具有重大影响力；

（3）在功能以总部管理为主而次于全球城市的为区域级世界城市，包括巴黎、法兰克福、芝加哥、香港等城市，这些城市一般在区域范围内拥有较强的影响力，包括企业管理、金融控制、信息服务以及市场开拓和营销等方面；

（4）中层级世界体系中的城市还包括发展中国家经济中心城市，这些城市一般处于一个世界级的制造业腹地区域而成为区域核心城市，城市具有金融服务、技术研发、品牌营销和市场开拓等功能，同时在高科技产品制造业方面具备较强能力，成为涵盖多重价值链环节和功能的综合性城市。包括上海、北京、首尔、圣保罗、墨西哥城等城市；

（5）世界城市体系中低端城市以新兴工业化国家和发展中国家的制造业城市为主，这些城市制造业已经完全融入全球生产网络中，但主要承担低端价值链环节的制造和组装的功能，生产面向全球市场，以我国苏州、昆山、东莞，及越南的胡志明市等为代表。

以全球生产网络研究框架分析，将高科技制造业城市纳入世界城市体系中，实际上是关注了生产网络中全部价值环节的完整性，即涵盖管理、营销、研发、生产等不同价值环节的空间内涵，从发达国家到发展中国家的城市都可以通过嵌入生产网络不同价值区段获益并纳入世界城市体系中。由于全球化突出了空间接近和凝聚对促进生产能力和形成竞争优势的重要性，不同价值区段在地方镶嵌后由于自身组织特性而形塑不同空间形态和结构，并彼此间发生密切联系，由此形成新的紧密空间系统，这是全球化和本地化相互作用的结果。正是在高度经济联系的新型世界城市体系中，才会有足够人力资源、资本动力、基础设施及相关服务行业支撑具备全球化标准的生产，才能覆盖全部生产系统。因此，新型世界城市体系不仅是经济全球化的结果，同时也是全球化经济发展的驱动力之一。

三、建设世界城市的新路径探讨：以上海为例

从全球生产网络的理论视角重新解构世界城市体系，从而将更多城市纳入世界城市的研究领域，同时亦开拓了世界城市研究新的视角和内涵。就上海建设世界城市而言，特定的社会经济发展阶段、城市空间结构、区域功能定位与发展背景、世界经济发展的趋势等，都决定了上海与纽约、伦敦等其他世界城市不同的发展路径，"创新驱动、转型发展"高度概括了上海世界城市建设的新内涵。据此本文认为上海的世界城市建设应该以现代服务业与先进制造业并举的多元化产业体系为支撑，从而突破了传统的世界城市研究范畴与内容。

（一）上海大都市区层面的分析

20世纪80年代社会经济发展的困顿使得上海重新思考城市定位，到21世纪初期，上海城市发展定位和发展方向已历经多次修订。特别是浦东开发开放之后，上海城市发展的国际视野逐步放宽，"现代化国际城市"、"国际经济中心城市"到"国际大都市"反映了上海在基于国际视野的复兴酝酿中不断修正城市自身定位，逐步形成追随国际著名大都市发展的思维模式。这种发展思维使上海一直将自己目标瞄准纽约、伦敦等一流世界城市，在空间结构、社会组织、产业发展等方面竭力追求相似性。但这种发展思维也使得上海城市发展战略逐渐脱离了自身发展阶段、发展区域背景、空间结构等特定制约因素。

第一，上海是中国大陆的经济中心城市，国务院对"两个中心"建设的批示，使其在金融、保险、贸易、航运服务等生产性服务业发展方面具有巨大潜力。但必须重视上海目前所处的社会经济发展阶段的特性，重视中国正在进行的工业化、城市化发展势头及国际制造业向中国转移的态势。因此，吸引新兴战略性高科技产业跨国公司进驻上海，提升上海第二产业特别是高新技术制造业的能级和内涵，是上海经济持续发展的客观需要，也是上海提升自身经济能级和建设世界城市的必要路径。

第二，特殊的城市行政区划，使上海在600km^{2}的中心城市之外还存在一个6000km^{2}的"大郊区"，所以上海实际空间载体是一个城市—区域概念，而非伦敦、纽约那样的城市概念。广沃的郊区使得上海经济发展有很大回旋余地。中心城区大力发展第三产业的同时，郊区有必要通过发展制造业来提升整个城市的能级。当发展的思路转变和自身的空间特征实现统一时，"市区体现繁荣与繁华，郊区展现实力与水平"的产业布局构想也就顺理成章。

（二）长江三角洲区域层面分析

在20世纪90年代初期浦东开发开放后，上海在长江三角洲地区社会经济发展进程中发挥了重要的引领作用。长江三角洲地区特别是沿沪宁、沪杭、杭甬高速公路地区的外向型经济迅速发展，各城市制造业生产能力的提升，推动长江三角洲地区成长为世界工厂。随着区域一体化的发展、产业的整合、区域交通与通信条件的改善，长三角各城市间的经济联系更加紧密。作为地区发展的龙头城市，上海正是在不断引领区域发展的进程中使得自身经济能级不断得到提升，发展成为崛起中的世界城市。因此，上海城市国际地位的提升是整个区域共同推动的结果，也即长三角"世界区域"塑造上海成为

"世界城市"。

　　进入 21 世纪之后，经济全球化和中国加入 WTO 为长江三角洲区域经济发展提供新的时代背景，长江三角洲处于一个为构筑更高发展平台而激烈重组时期。在外商投资、对外贸易等方面，长江三角洲地区趋向于"均质化"发展的趋势。而从价值链分析的视角考察，跨国公司以及国内企业总部管理、金融运营、研发设计、市场营销等高端价值链环节进驻上海，上海高端服务业的功能已非常明确。但必须看到，随着城市产业转型的不断发展，上海生产制造、研发功能、智力源泉（大学城）、物流服务（航运、航空中心）、信息服务等郊区化发展的态势亦十分显明，依托新城和开发区整合以上资源已是上海郊区发展的重要方向。全球性金融危机之后，产业转型发展已经成为世界性的课题，作为中国制造业最为发达的长江三角洲地区的龙头城市，依托既有人才优势、技术能力以及高端制造业基础，上海毫无疑问必须成为区域新一轮科技创新与产业创新的空间主体，代表中国占领新兴产业价值链全球制高点和全球生产网络技术控制和标准制定中心，这是上海制造业发展的最高战略，是长三角其他城市绝对不能替代的。

　　（三）国家发展战略层面的分析

　　从 20 世纪 80 年代开始，中国开始实施以"市场换技术"的改革开放战略，逐步形成依靠低廉劳动力成本和土地、资源等比较优势融入全球生产网络的发展模式，成为世界制造业基地。随着中国自主创新战略的推行，以科技和管理创新为核心的产业转型的思路开始受到广泛关注。但自主创新战略绝不意味着仅仅依靠自己的力量进行创新发展，新的战略和创新体系的培育必须拟合新一轮全球化发展的趋势，重视国际国内两种力量的作用，特别重视将跨国公司的研发力量、总部管理以及市场营销等高端价值链环节纳入区域自身产业体系的培育中。

　　但是，新的产业转型与发展进程不仅需要良好政策环境和法制保障，还需要众多科研机构、雄厚的人才资源和产业基础、发达的中介机构，及良好的交通物流、信息通信等条件。综合考察，那些在近三十年中取得较快发展的特大区域最具发展潜力，包括长江三角洲、珠江三角洲及京津地区。这其中，区域特大城市往往是综合经济实力、科研能力最雄厚、生产性服务业最发达、交通通信最便捷的城市，在未来自主创新战略实施和区域创新体系的培育进程中必定发挥龙头城市的作用，金融业务、商务服务与研究开发、高端制造等都应该成为这些城市发展的功能标签，上海亦不例外。

（四）国际城市层面的分析

从世界经济与国际劳动分工发展的趋势看，资本尤其制造业资本向亚洲地区转移的趋势日益显明。特别是在 2008 年金融危机之后，资本加速从欧美向亚洲的转移，中国与东亚其他国家和地区成为国际资本投资的热点区域，作为中国的经济中心城市，在国际资本推动下上海必然呈现多元化发展的特征。

在欧美发达国家中，世界城市与作为技术极存在的城市具有分离存在的特点。反观亚洲城市，包括日本东京、韩国首尔及中国的北京、上海、台北等城市，往往既是现代服务业最发达的城市，又是国家级乃至世界级的高科技中心（见图 3）。在未来一段时期内，随着信息技术与信息产业对全球社会经济拉动性的持续减弱，新的技术与产业正在酝酿并实现产业化发展，新能源、生物医药、新材料等产业都有可能实现突破，作为高科技创新中心的技术极必将对世界经济发展以及世界城市体系再塑发挥重要作用。在这样的发展背景下，上海、北京等城市在未来世界经济体系及世界城市体系中的地位将得到提升，发展成为集现代服务业与先进制造业于一身的综合型世界城市。在这个发展进程中，东京及其新城对高技术研发及高科技产业的重视与发展值得上海学习。

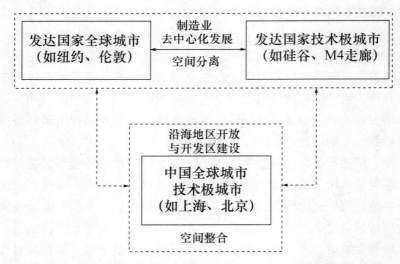

图 3　中国与发达国家的全球城市、技术极城市差异发展模式

（五）建设世界城市的总结与展望

从全球生产网络视角看，正是跨国公司把管理、销售、研发等核心部门及高层次服务业留在本国，才造就了作为世界经济控制中心和支配中心的世界城市的出现。但在最近十年来，上述情况正在发生变化，伴随跨国公司的全球扩张，为加强区域管理能力、针对地方市场需求进行产品的开发，跨国公司区域管理部门即地区总部数量不断增加，研发中心也出现全球布局的发展趋势。而且，以金融机构为代表的相关服务业也出现全球扩散。一些发展中国家抓住这一新的发展机遇，采取一系列鼓励政策，吸引跨国公司地区总部和研发中心落户。

上海是中国的经济中心城市，从 20 世纪 90 年代中期开始，为促进上海功能的转型，上海市政府制定相关政策吸引跨国公司地区总部、研发中心及跨国银行进驻上海。进入 2000 年以后，上海跨国公司的机构数量得到迅猛增长，至 2009 年年末，经上海市政府认定的跨国公司地区总部数量达 260 家，跨国公司研发中心数量达 304 家，外资金融机构的数量也达到 170 家（见表 2）。

表 2　上海跨国公司机构数量的增长　　　　　　　　　　（单位：家）

年份	跨国公司地区总部	跨国公司投资性公司	跨国公司 R&D 中心	外资金融机构
2002 年末	16	—	50	54
2003 年末	56	90	106	89
2004 年末	86	105	140	113
2005 年末	124	130	170	123
2006 年末	154	150	196	105
2007 年末	184	165	244	131
2008 年末	224	178	274	165
2009 年末	260	191	304	170

资料来源：上海市统计局 2002—2009 年统计公报。

Knox 和 Agnew（1994）曾经指出，全球生产制造的国际空间布局与阶层网络具有下列几项特征：（1）生产制造过程中有关高层管理的经济活动，集中在主要的世界城市中；（2）在核心国家大型城市区域，以及新兴工业化经济体与某些边缘国家的首都城市，主要聚集中层管理与行政的经济活动；

（3）涉及高科技的 R&D 与改革创新活动，则集中在核心国家；（4）先进的高科技产业的专业化生产区域，大部分仍集中在核心国家；（5）大批量制造生产，则分散在核心国家的边缘区域和新兴工业化国家和其他边缘国家的大都市区域。就上海而言，不仅跨国公司地区总部、研发中心数量不断增加，而且本国大型企业总部、研发中心的数量也在增加，因此上海已具有 Knox 和 Agnew 总结的（2）、（3）、（4）、（5）四个方面的部分功能，即作为跨国公司区域总部的中层管理控制功能、先进制造业的研发和生产制造功能，多元化产业体系的特征较明显。但由于上海缺少一定数量位居世界 500 强的跨国公司总部、跨国金融机构总部及核心研发功能；此外上海的制造业，特别是 IT 产品的制造业还处于全球生产系统分工的较低层次，因此距一流世界城市仍有一定差距。但上海的发展也有自身有利条件，一是可以依托中国特别是长江三角洲不断扩张的经济实力，二是上海本身拥有较为广阔的发展空间和较高素质的人力资源。可以预见，伴随中国整体经济实力的不断上升，中国本土大型跨国公司的逐步崛起及在全球的扩张，上海在世界城市网络中的地位会不断上升而成为一流世界城市。

主要参考文献

［1］Breitung, W. and M. Gunter. 2005. Local and social change in a globalized city: The case of Hong Kong. In F. L. Wu(ed.) *Globalization and the Chinese City*. London: Routledge Press.

［2］Castells, M. 1996. The Rise of Network Society. Oxford: Blackwell.

［3］Cohen, R. B. 1981. "The New International Division of Labor, Multinational Corporations and Urban Hierarchy," in *Urbanization and Urban Planning in Capitalist Society*, edited Michael Dear and Allen J. Scott. London: Methuen.

［4］Friedmann, J. 1986. The World City Hypothesis. *Development and Change*, 17.

［5］Hall, P. 2001. *Global City - Regions* in the Twenty - First Century. In Scott, A. (ed.) 2001. *Global City - Regions*. New York: Oxford University Press.

［6］Huang, T. Y. 2006. The cosmopolitan imaginary and flexible identities of global city - regions: Articulating new cultural identities in Taipei and Shanghai. *Inter - Asia Cultural Studies*, 7(3).

［7］Markusen, A. et al. (eds.) 1999. Second Tier Cities. Minneapolis: University of Minnesota Press.

［8］Olds, H. and Yeung, H. W. 2004. Pathways to global city formation: A view from the developmental city - state of Singapore. Review of International Political Economy, 11(3).

［9］Sassen, S. 1994. Cities in the World Economy. Pine Forge: Thousand Oaks, CA.

[10] Scott, A. (ed.) 2001. Global City – Regions. New York: Oxford University Press.

[11] Shi, Y. L. and Chris Hammett. 2002. The potential and prospect for global cities in China: In the context of the world system. Geoforum 33(1).

[12] Taylor, P. J. 2004. World City Network. London: Routledge.

[13] Wei, Y. H. D. and C. K. Leung. 2005. Development zones, foreign investment, and global city formation in Shanghai. Growth and Change, 36(1).

[14] Yusuf, S., and W. P. Wu. 2002. Pathways to a world city: Shanghai rising in an era of globalization. Urban Studies, 39(7).

[15] The Mori Memorial Foundation, 2008/2009, Global Power City Index. The released edition in Shanghai Academy of Social Sciences.

[16] 蔡建明、薛凤旋:《界定世界城市的形成——以上海为例》,载《国外城市规划》2002 年第 5 期。

[17] 李健、宁越敏:《1990 年代以来上海人口空间变动与城市空间结构重构》,载《城市规划学刊》2007 年第 2 期。

[18] 李健、宁越敏、石崧:《长江三角洲城市化发展与大都市圈空间圈层重构》,载《城市规划学刊》2006 年第 3 期。

[19] 宁越敏、李健:《泛长江三角洲地区城市化发展进程、机制与策略》,载《南京社会科学》2009 年第 5 期。

[20] 宁越敏:《世界城市的崛起和上海的发展》,载《城市问题》1994 年第 6 期。

[21] 张京祥:《全球化背景中的区域发展规划转变》,载《国外城市规划》2004 年 19 期。

[22] 周振华、陈向明、黄建富主编:《世界城市——国际经验与上海发展》,上海社会科学院出版社 2004 年版。

[23] 吕拉昌:《全球城市理论与中国的国际城市建设》,载《地理科学》2007 年第 27 期。

基于网络体系优势的国际城市功能升级

武前波　宁越敏[*]

当前，全球城市研究的主要对象是发达国家已经形成的全球城市，如纽约、伦敦、东京等，学界对崛起中的全球城市，特别是后起发展中国家的全球城市其形成与发展的研究较弱。这种局面的形成与其理论缺陷有一定关系，即过于强调发达国家跨国公司和金融资本对全球经济的控制作用，以及发达国家的全球城市在全球城市网络变化中的主导作用，而忽视了发展中国家参与全球化进程对世界经济产生的影响，并由此产生的发展中国家城市在全球城市网络中的地位变化。因此，我们有必要从网络体系优势的视角，来分析崛起中的全球城市功能升级的路径，从而为中国的国际城市建设目标寻求发展思路。

一、国际城市功能转型的研究动态

随着跨国生产活动向发展中国家和地区的扩散，许多城市研究学者开始思考城市区域的功能转型与升级问题，特别是这些地区的国际城市建设，上海即为其中最具有代表性的案例。早在 20 世纪 90 年代初期，宁越敏通过评介新国际劳动分工和世界城市理论，思考了上海建设国际城市的策略。随后，他又通过劳动空间分工理论和全球生产系统理论，考察上海在国际劳动分工和全球生产系统中的地位，认为上海可以通过产业经济活动在全球生产系统中升级，来实现其在世界城市网络中地位的上升。张庭伟分析了制造业、服务业与上海发展战略的关系，提出上海应该形成以现代服务业为主导的多元

---

　　* 武前波：浙江工业大学城市规划系讲师、博士；宁越敏：华东师范大学中国现代城市研究中心教授、博导。

化经济形态，和长江三角洲地区开展区域合作，提高生产服务发展水平，并要积极推动国际金融中心建设。周振华探讨了全球化、全球城市网络和全球城市的逻辑关系，认为国际城市的全球性协调功能建立在全球城市网络基础之上，而国际城市界定应该具有内部特性和外部联系的统一。同时，他从全球商品链的角度思考了全球城市的发展路径，认为城市功能转换可以借助于全球商品链，并得出崛起中的全球城市寓于全球城市区域发展之中的结论。顾朝林、陈璐从规划学的角度探讨了上海全球城市建设问题，认为上海面临着经济结构、社会结构、城市空间、城市功能等方面的转型，提出建设全球制造业管理中心、全球交通中心、全球贸易中心等发展目标。屠启宇提出了后发城市嵌入全球城市网络体系的假设，指出了上海城市功能转型的思路。

　　基于以上学者的理论探讨与分析，我们认为，当前全球城市功能研究不仅仅在于利用现有的统计结果数据，来分析城市发展的现状特征，更要加强全球城市成长过程与路径选择的研究，即一个城市应该通过何种路径才能够达到世界/全球城市的发展目标。就此而言，卡斯特的"流的空间"理论和泰勒的全球城市网络理论，为分析崛起中的全球城市提供了研究视角，而笔者等人所运用的新国际劳动分工、全球生产系统、全球商品链等理论的分析，无疑为上海建设全球城市的研究提供了一条路径。而进一步的研究应该把重点放在如何实现经济活动与城市功能升级相互结合，使"抽象"的全球生产系统/全球商品链的概念与"实体"的城市经济相对接。因此，本文认为二者之间缺少一个相互衔接的中介单元，正如泰勒在分析世界城市网络中将生产服务公司作为考察对象。

　　针对这些理论问题，我们可以运用推动城市化进程的主要动力主体——企业或公司，来进行揭示城市与城市之间的相互联系。这是由于无论是城市之间的网络联系，还是城市网络中的"流量"，基本上均是产生于社会经济活动的重要单元——企业或公司，而作为具有企业管理控制功能的总部机构，可以成为与国际城市相互关联的重要研究对象。由此，可以构建出一个新的国际城市功能升级的路径选择理论逻辑，即"全球生产系统/全球商品链——跨国/跨区域公司——全球城市网络——全球城市/国际城市"，这是由于全球生产系统/全球商品链是跨国公司空间组织作用的结果，从而将其所在的城市或区域通过"流量"紧密地联系起来，并形成全球城市网络体系。所以，由于长江三角洲地区具有明显较高的对外开放程度，并日益发挥出作为国内外经济联系枢纽的重要作用，这不但推动着上海正在成为全球城市网络中的节点城市，而且促使长江三角洲进一步演化为新国际劳动分工背景下世界经济的重要引擎。

二、全球城市网络中的中国国际城市

在中国城市等级体系中，上海无疑处于顶端的位置，以及城市网络体系中的核心。以下将考察其在全球城市网络中的地位，这样可以认清作为国内外城市网络枢纽节点的上海的网络控制能力，明白未来上海如何来提升在全球城市网络中的地位，从而实现向全球城市能级的跨越。1986 年，弗里德曼（J. Friedmann）的"世界城市假说"归纳出 18 个核心和 12 个半外围的世界城市的等级结构和布局，其中的东亚城市包括东京、新加坡、香港、台北、马尼拉、曼谷、汉城，中国大陆未有城市入列。进入 21 世纪以来，全球城市网络研究开始出现，即以网络联系的视角代替传统的等级静态分析，英国拉夫堡大学地理系在这些方面做出了突出的成绩。2000 年泰勒和沃克根据生产服务业公司相关资料，充分考虑了世界城市的全球性和地方性影响，将世界城市划分为 Alpha、Beta 和 Gamma 三个等级，其中，北京和上海分别位居 Gamma 级世界城市网络阶层。

随后，泰勒对处于世界城市网络中的以香港、台北、上海和北京为代表的中国国际城市和其他东亚城市进行了相关分析（表1）。他认为，20 世纪后期亚太地区经济高速发展推动了城市新全球化的进程，而且各城市之间具有良好的联系网络，如香港、东京和新加坡，均是亚太地区首要城市，并与伦敦、纽约和巴黎同属于相关性最强的世界城市网络阶层。相比东京，尽管香港没有较多的全球经济指挥和控制能力的跨国公司总部，但却拥有众多面对快速增长的中国市场的客户服务公司，因此，在世界城市体系中具有强大的网络力量，即高水平的网络连接度。2000—2004 年，多数亚太城市排名的跃升是由于 21 世纪以来更为紧密的连接世界城市网络，从而带动地区更好地融入世界经济发展中，其中台北排名下降表明其更近似一个东南亚地方连通性较强的城市。

表1　2000—2004 年世界城市网络中的亚太城市

2004 年			2000 年		
排名	城市	网络连接度	排名	城市	网络连接度
3	香港	0.731	3	香港	0.724
5	东京	0.690	5	东京	0.694

续表

2004 年			2000 年		
排名	城市	网络连接度	排名	城市	网络连接度
6	新加坡	0.671	6	新加坡	0.645
19	吉隆坡	0.478	18	台北	0.488
22	北京	0.456	23	雅加达	0.465
23	上海	0.452	28	吉隆坡	0.434
24	首尔	0.449	30	上海	0.429
25	台北	0.446	31	曼谷	0.428
27	曼谷	0.441	33	北京	0.421
28	雅加达	0.438	38	首尔	0.413

资料来源：P. J. Taylor（2006）。

同时，泰勒依据世界城市网络的全球连通性和地区连通性对亚太城市进行了分组研究。其中，全球连通性是通过与伦敦、纽约的关系进行测度，地方连通性是和亚太地区其他城市之间的联系。由此得出，香港、新加坡和东京属于全球连通性较强的世界城市，这是由于新加坡和香港分别是面向东南亚和新兴中国市场的世界性城市。北京和上海则属于全球连接度较低但具有较强全球连通性的城市，这是因为二者分别拥有国家首都和中国市场的巨大优势。与之相比，台北和其他东亚城市的地方连通性较强，而全球连接度相对较低。

根据以上结果，可以将基于网络分析的世界城市划分为三种类型（表2）：①全球连接度较高的城市，属于已经形成或成熟的世界城市，如纽约、伦敦、东京等全球性城市；②地区连通性较强的城市，即在地区具有较高网络连接度，如吉隆坡、台北、首尔等亚太城市；③全球连接度较低，但全球连通性较强的世界城市，如北京和上海。

表2　基于全球与地区联系网络分析的亚太城市

连接度分层	地区性和单体性	全球性和联系性
高连接度（大于 0.6）	无	香港；新加坡；东京
低连接度（0.4 至 0.5）	曼谷；雅加达；吉隆坡；首尔；台北	北京；上海

资料来源：P. J. Taylor（2006）。

由此可知，上海的全球连接度仍然相对较低，与香港、新加坡具有较大的差距，与北京的网络层次水平相当，这也决定了上海难以位居世界城市网络阶层的顶端。同时，从泰勒的相关研究可以发现，上海的确正在作为一个全球城市而崛起，尽管其全球网络连接度较低，但具有较强的全球连通性，位居亚太国际城市首位，甚至高于香港、东京和新加坡，从中可以体现出上海的全球性本质特点。所以，随着中国作为世界经济大国的日益振兴，以及高度参与全球经济循环，这必将极大地促进上海国际城市的快速建设，并可以使之成为未来具有全球经济辐射扩散能力的世界城市。

三、基于网络体系优势的国际城市功能升级

弗里德曼曾探讨了两种全球城市的发展模式，即城市营销模式和内生式发展模式，前者是建立在城市对外来资金的竞争力上，后者则是基于自身的资源和能力，他比较强调城市内生式发展，城市间可以通过合作形成城市网络，以达到城市与区域的共同繁荣。笔者认为，国际城市功能升级要加强两种网络体系的建设，即本土内向型网络和国际外向型网络。前者主要由本土企业之间或企业内部的网络联系所构成，后者则是基于跨国公司空间组织网络形成。这两种网络均具有难以确切定量描述的复杂性，如不同类型的企业之间或内部联系，跨国公司生产网络的各种外包关系等，而且两种网络之间也发生着千丝万缕的交流。然而，正是这种网络将全球城市崛起与城市区域经济发展紧密地联系在一起，这也是斯科特（Scott）所思考的"全球城市区域"的意义。因此，未来上海国际城市建设要努力借助这两种网络体系优势，实现向全球城市网络阶层的跨越。

（一）构建上海内向型网络体系

1. 逐步壮大本地企业集团，增强对本土企业的控制能力

自20世纪80年代以来，上海迈向国际大都市的发展进程首先是基于面向全球市场的制造业重镇，通过外贸高速的增长带动经济其他行业的发展。统计数据显示，上海市的进出口额从1990年的74.31亿美元上升到2000年547.1亿美元，增长了6.4倍。2008年上海市的进出口额达到3221.38亿美元，又较2000年增长了4.9倍。但随着全球化和信息化时代的来临，新的国际劳动分工是建立在跨国公司的生产制造与管理控制功能的空间分离基础之上，即产品内部区段环节的分工。许多国际城市的制造业逐步向全球范围内

进行迁移，而企业总部与研发中心仍然留在本地，并通过全球生产网络控制着更大区域内的制造活动。这表明国际城市的管理功能并没有随着生产基地的外迁而弱化，反而得到了更加集中化的增强。

当前，以上海为核心的长江三角洲是中国最具有经济实力的全球城市区域。2007 年长江三角洲（两省一市）GDP 和工业增加值分别是全国的22.8%、25.5%，进口总额、出口总额及实际吸引外资分别占全国的37.2%、39.1%、53.7%。但是，上海对中国大型企业的控制能力还相对不强，如以 2007 年中国 500 强企业总部分布为例，上海拥有 29 家总部，江苏、浙江分别是 55 家、43 家，共计 127 家，其营业额占全国的 15.54%（表3）。因此，进一步培育上海的 500 强企业已成为当前上海发展总部经济迫切需要解决的重要问题。同时，和北京相比，上海不具有吸引央企总部的区位优势，但集聚了证券、期货等中国最重要的要素市场，市场经济比较发达，制造业基础好，还有背靠长三角、面向世界的优势。所以，上海构筑内向型网络可把重点放在吸引国内上市公司总部、大型民营企业总部以及央企的区域总部入驻等方面。同时，要对本地企业实行优化兼并和重组，使更多的企业进入500 强。在这方面，江苏和浙江的经验值得重视。如在 2007 年中国制造业500 强中，江苏和浙江拥有的数量分别为 82 个和 66 个，分居第一和第二位，其中相当一部分来自民营企业。因此，发展壮大上海的民营企业应成为上海培育制造业 500 强的重要途径。

表3　2007 年中国 500 强企业总部在长江三角洲地区的分布

地区	企业/个	营业额/%	利润/%	纳税额/%	资产/%	就业数/%
上海	29	6.82	7.57	6.98	6.50	4.74
江苏	55	4.79	3.59	1.80	1.06	3.28
浙江	43	3.93	2.51	2.60	1.12	2.60
长江三角洲	127	15.54	13.67	11.39	8.67	10.62
中国	500	100	100	100	100	100

资料来源：由中国企业联合会、中国企业家协会"2008 中国 500 强企业发展报告"整理

2. 大力发展现代服务业，提高对外生产服务水平

建立以服务经济为主导的多元化经济形态是上海产业结构转型的必然趋势，上海内向型网络的构建也离不开大量生产性服务企业的培育。进入 21 世纪以来，上海正在加快推动"四个中心"建设，即国际经济中心、国际金融中心、国际贸易中心和国际航运中心。从各个中心的本质内涵来看，基本上均是要积极提升对外生产服务水平和对外辐射扩散能力，其根本性任务则是要培育具有全球生产服务能力的跨国企业。当前发达国家和地区的全球城市已经证明了这些，如纽约、伦敦和东京都是基于强大的金融辐射能力，新加坡和香港则拥有面对全球和东亚地区的高端生产服务，而上海的国际城市建设就要积极提高生产服务能力，这既是出于长江三角洲地区发展的需要，也是实现全球城市功能升级和响应国家发展战略的必然。

当前，长江三角洲地区拥有中国服务业企业 500 强 149 家，其中，上海 36 家，江苏和浙江分别是 43 家和 70 家（表4）。但从其营业额、资产额及纳税额比重来看，上海远高于后两者。这些表现出长江三角洲地区较高的生活及生产服务水平，同时也说明上海具有发展生产服务业的雄厚基础，而且可以通过企业集团的跨区域发展，以及吸引服务业企业机构的集聚，从而提高上海的对外生产服务水平，并形成辐射长江三角洲地区的完整的内向型生产服务网络。

表4　2007 年中国服务业企业 500 强总部在长江三角洲地区的分布

地区	企业/个	营业额/%	利润/%	资产额/%	纳税额/%	就业数/%
上海	36	7.71	7.07	6.55	8.15	6.20
江苏	43	3.39	2.28	0.51	1.33	2.52
浙江	70	4.80	2.01	0.90	2.59	2.26
长江三角洲	149	15.90	11.36	7.96	12.07	10.98
中国	500	100	100	100	100	100

资料来源：中国企业联合会、中国企业家协会"2008 中国 500 强企业发展报告"

3. 积极推进区域合作战略，构建以上海为核心的长三角生产及服务网络

"新区域主义"是全球化背景下世界各国和地区所出现的一种新发展趋势，指以生产的技术和组织变化为基础、以提高区域在全球经济中的竞争力为目标而形成的区域经济发展的理论、方法和政策导向，它较为强调区域本

地网络和合作经济。在"新区域主义"理论背景下，斯科特（Scott）等学者提出了"全球城市区域"的概念，即指在全球化高度发展的前提下，以经济联系为基础，由全球城市及其腹地内经济实力较为雄厚的二级大中城市扩展联合而形成的一种独特的空间现象。目前，以上海为核心的长江三角洲地区已经突破了传统城市群或都市连绵区的内涵，正在向全球城市区域形态演化，该城市区域正是由这 16 个核心城市组合而成，并通过各种生产网络关系将其紧密地联系在一起。

上海曾经利用制造业优势与周围其他城市产生竞争关系，如产业同构或产品同构。然而，当前长江三角洲内部已经出现了劳动空间分工现象，其中，上海以技术研发设计优势处于商品链的顶端位置，苏锡常、杭嘉湖地区以生产制造功能位于外围低端区域。可见，上海正在凭借总部、研发及生产服务功能与周围区域的生产制造功能形成合作分工模式，这既促进了上海作为生产网络核心城市的功能升级，也极大加深了其他二级城市对上海的依赖程度。正是这种相互之间的生产合作关系可以增强本地内向型网络的联系密度，并最终推动长江三角洲形成具有全球竞争力的地域空间单元。

（二）形成上海外向型网络体系

1. 创造城市优良区位环境，吸引跨国公司地区总部集聚

在对中国大城市总部区位环境的评价中，已证实了上海具有较强的区位环境优势，其综合经济实力、生产服务水平、基础设施状况以及生活环境质量等方面的得分均较高，它与首都北京的区位环境优势均远远超出了其他城市的发展层次。2002 年，上海跨国公司、跨国银行的各类机构均只有数十家。此后，上海市政府制定了吸引跨国公司地区总部的发展战略，把吸引跨国公司地区总部作为提升城市能级的重点工作，从而使各类外来投资机构、技术机构、金融机构等数量呈现出持续增长的发展态势。2005 年，跨国公司在上海的各类机构数量已达到了百家左右，其中，跨国公司研发中心的数量增加最快。至 2009 年末，在上海落户的跨国公司各类机构较 2002 年都有数倍的增长，其中，地区总部达到 260 家，投资性公司 191 家，外资研发中心 304 家（表5）。可见上海正在成为跨国公司在华投资的重要管理、控制中心和研发中心，由此对内增强了与国内城市和区域的相互联系，对外则增加了和发达国家和地区的交流机会，从而带动上海在全球城市网络中的地位提升。

表5　上海的跨国公司总部机构数量增长态势

年份	跨国公司地区总部	跨国公司投资性公司	跨国公司研发中心	经营性外资金融机构
2002	30	–	50	54
2003	56	90	106	89
2004	86	105	140	113
2005	124	130	170	123
2006	154	150	196	105
2007	184	165	244	131
2008	224	178	274	165
2009	260	191	304	170

资料来源：历年上海市统计公报和相关网络信息资料

与香港、新加坡等亚洲一流国际城市相比，上海的跨国公司机构数量仍然有相当的差距。但是上海也拥有自身的优势：一是经过近20年的发展，已积累了比较雄厚的经济基础。2009年在金融危机影响下，上海的地区生产总值仍增长了8.2%，达到了1.49万亿人民币。二是上海具有连接国内外两大市场的"枢纽"功能，在城市服务体系方面正趋于国际化标准，而这也是长期以来香港所凭借的国际城市功能升级的法宝。三是面向中国市场的巨大优势，其"四个中心"的建设得到中央政府的大力支持。同时，上海不但在城市硬件环境方面，而且在交通、金融、人才、特色产业集群等方面具有其他城市所不能够比拟的优势。因此，跨国公司仍然看好上海的未来发展。仅2009年，跨国公司地区总部就增加了36家，与前几年每年的增加数量基本持平。目前，在上海设立地区总部的跨国公司中，属于世界500强的企业有60多家。可以相信，跨国公司在上海设立地区总部的趋势将继续下去，从而使上海在全球生产网络中的地位不断强化。

2. 借助本地服务业集群优势，汇聚全球性生产服务企业

随着信息通信技术的兴起，制造业跨国公司总部的区位选择出现了更为灵活的模式，特别是美国的跨国公司向次一级大中城市迁移的趋势比较明显，使跨国公司管理和控制功能出现空间的分散化。萨森（Sassen）注意到这种变动趋势，在其研究中更多地重视世界城市的全球性金融及生产服务功能，由此，全球性生产服务企业成为世界城市网络形成的主要中介单元。所以，当前国际城市建设要增强在全球城市网络中的连接度，这不但需要集聚跨国

公司总部或地区总部，更要汇聚较多的全球性生产服务企业，包括金融、研发、会计、信息、法律、广告、设计、物流等方面的企业。只有这样才能够使本地内向型网络更加紧密对接全球网络体系，实现从服务于本地区域向世界范围的城市功能转变。

　　当前跨国公司投资的区位选择更加注重知识型产业集群的存在，这种集群不但指通常意义上的中小企业生产制造集群，也包括生产服务行业的企业集群，并可将跨国公司所参与的集群，按照所处的价值链环节差异划分为生产型、技术型和市场型。由此可知，技术型和市场型服务业集群是吸引全球性生产服务企业的主要优势来源。目前，在上海中心城市及郊区已经形成了近30个现代服务业集聚区或功能区（表6），既包括众所周知的外滩、陆家嘴、南京西路、淮海中路、人民广场、徐家汇等以金融保险、证券、法律、会计、设计、咨询服务等高端生产服务业为主的服务业集聚区，还拥有虹桥、北外滩、漕河泾、张江、松江新城等规划建设中的生产服务功能区，主要功能为贸易物流、制造研发、管理销售等。这些不同类型的集聚区在城市经济增长和吸引跨国服务业公司方面将发挥重要作用。

表6　上海市主要现代服务业集群及功能区

序号	名称	序号	名称
1	西藏路环人民广场现代商务区	14	张江高科技创意文化、信息服务业集聚区
2	南京西路专业服务商务区	15	中山公园商业商务区
3	淮海中路国际时尚商务区	16	江湾—五角场科教商务区
4	虹桥涉外商务区	17	宝山钢铁物流商务区
5	赵巷商业商务区	18	国际汽车城现代服务业集聚区
6	大连路创意产业服务区	19	七宝生态商务区
7	漕河泾高新科技产业服务区	20	南桥中小企业总部商务区
8	长风生态商务区	21	金桥生产性服务业功能区
9	外滩—陆家嘴金融贸易区	22	市北生产性服务业集聚区
10	北外滩航运服务区	23	松江新城生产性服务业功能区
11	徐家汇知识文化综合商务区	24	九亭生产性服务业功能区
12	不夜城现代交通商务区	25	西郊生产性服务业集聚区
13	世博花木国际会展集聚区	26	徐行生产性服务业功能区

　　资料来源：由上海市经济和信息化委员会网站提供的现代服务业报告资料整理

3. 崛起于长三角地区外向型经济，努力对接全球城市网络

上海国际城市建设更依赖于长江三角洲地区发达的外向型经济。2008年，长三角地区生产总值占全国比重为 21.68%，进出口总额比重为36.13%，其中出口额达到39.32%（图1）。这些表现出长三角地区存在着巨大的对外贸易联系流量，上海恰恰位于该流量的主要进出口所在地。因此，长江三角洲地区外向型经济为上海的国际贸易中心及航运中心建设提供了巨大的发展机会，上海则可以作为长三角地区对外联系的中枢，也是联系全球经济体系的重要核心城市。

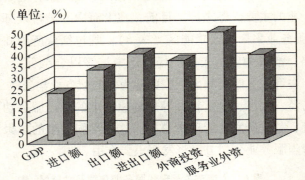

（单位：%）

图1 2008 年长江三角洲外向型经济各项指标占全国的比重
资料来源：2008 年上海、江苏、浙江及全国统计公报

长期以来，上海的吸引外商投资数量位居中国大中城市首位，表明上海是跨国公司生产及服务机构在华进驻较多的地区，这有利于提高上海与全球城市网络的联系程度。同时，上海并不具有较强的对外资本输出能力，较高的外贸依存度依靠的是外商直接投资所带来的大规模商品贸易进出口。这些表明当前上海还缺少本土化的跨国公司，无法增加对国外其他全球化区域的投资联系，这也是上海国际金融中心建设的滞后性体现。

然而，从以上海为核心的整个长三角全球城市区域来看，该地区也正在增强与全球经济体系的交流程度。自进入 21 世纪以来，长三角地区的吸引外资数量在全国的地位不断增强，至 2008 年达到 49%，其中服务业比重为38.66%（图1），表明该区域接入全球经济系统的程度在日益加深。跨国公司是外商直接投资的驱动主体，目前，世界 500 强企业已有 400 多家在该地区落户。其中，在上海设立地区总部和分支机构的就有近 300 家，江苏近200 家，浙江近百家，仅在苏州投资的逾百家，投资项目达 200 多个。

四、结语

在新的国际劳动分工背景下，东亚地区的国际城市群雄并起，对以上海为代表的中国国际城市建设形成了较大挑战。新的国际劳动分工是推动上海建设全球城市的动力之源，基于产品内分工的全球生产网络理论为城市发展提供了新的思路。上海需要创造发展机遇和条件，借助国家发展战略要求和优越的区位环境条件，努力构筑内向型和外向型两种城市网络体系，这是上海建设全球城市的路径选择。其中，内向型网络建设有利于上海增强对国内的经济控制能力，可以通过壮大本地企业集团，发展生产性服务业，与长江三角洲共同形成具有全球竞争力的地方生产系统，这也是全球城市区域的内涵所在。同时，通过营造良好的城市区位环境，吸引跨国公司在华管理控制中心、研发中心以及全球性生产服务企业的迁入，使上海进一步融入全球性外向型网络体系，最终发展成为全球城市网络中的核心城市。

主要参考文献

［1］宁越敏：《新的国际劳动分工、世界城市和我国中心城市的发展》，载《城市问题》1991 年第 3 期。

［2］宁越敏：《外商直接投资对上海经济发展影响的分析》，载〈经济地理〉2004 年第 3 期。

［3］张庭伟：《制造业、服务业和上海的发展战略》，载《城市规划学刊》2005 年第 3 期。

［4］周振华：《全球化、全球城市网络与全球城市的逻辑关系》，载《社会科学》2006 年第 10 期。

［5］周振华：《全球城市区域：全球城市发展的地域空间基础》，载《天津社会科学》2007 年第 1 期。

［6］顾朝林、陈璐：《从长三角城市群看上海全球城市建设》，载《地域研究与开发》2007 年第 1 期。

［7］屠启宇：《后发城市：嵌入全球城市网络体系》，载《第三届世界中国学论坛"中国大都市的和谐发展：经验与借鉴"论文摘要集》2008 年。

［8］曼纽尔·卡斯特（Castells. M）著，夏铸久等译：《网络社会的崛起》，社会科学文献出版社 2003 年版。

［9］Taylor，P. J：《Shanghai，Hong Kong，Taipei and Beijing within the world city network：positions，trends and prospects》，《华东师范大学大夏论坛》2006 年。

[10] 宁越敏：《新城市化进程——90 年代中国城市化动力机制和特点探讨》，载《地理学报》1998 年第 5 期。

[11] 武前波、宁越敏：《国际城市理论分析与中国的国际城市建设》，载《南京社会科学》2008 年第 7 期。

[12] 周振华、陈向明、黄建富主编：《世界城市——国际经验与上海发展》，上海社会科学院出版社 2004 年版。

[13] John Friedmann 著，李泳译：《规划全球城市：内生式发展模式》，载《城市规划学刊》2004 年第 4 期。

[14] Scott, A. J. ed. 2001. Global City - Region: Trends, Theory, and Policy. Oxford University press.

[15] 中国企业联合会、中国企业家协会主编：《2008 中国 500 强企业发展报告》，企业管理出版社 2008 年版。

[16] 苗长虹、樊杰、张文忠：《西方经济地理学区域研究的新视角——论"新区域主义"的兴起》，载《经济地理》2002 年第 6 期。

[17] 武前波、宁越敏、徐鑫：《中国大城市总部区位环境评价与分析》，载《中国名城》2010 年第 7 期。

创意产业园区与城市发展空间功能优化

李程骅　周蜀秦[*]

一、创意产业内涵及集聚（园）区与城市发展互动机理分析

（一）基于产业价值链理论，创意产业是对文化产业的延伸和超越

从创意产业形成历史看，理解创意产业的确切内涵，应当从认识文化产业的演变入手。"创意产业"（Creative Industries）是对文化产业的延伸和超越。从创意产业与文化产业的关系看，创意产业脱胎于文化产业，某种意义上可以说是艺术生产的一种业态。早期的创意产业被称为文化创意产业，这暗示了创意产业与文化产业的渊源关系。在价值链的连接中，创意产业始终处于文化产业的上游。由于创意产业的这种价值链高端地位，创意产业对于文化产业具有通过分配利润而不是通过生产来获取更多利润的特权。创意产业生产的产品如广告、建筑、服装、手工艺生产中的设计创意，电影、电视生产中的题材构思、出版和软件制作中的选题策划，艺术表演的导演形式，各种产成品的生产工艺、标准以及销售模式，等等，已经不是大众消费的最终文化产品，而是文化生产甚至包括所有其他产业生产过程中的中间产品。

（二）创意产业集聚园区的形成与城市发展空间互动

基于人的创造、创新资本的创意产业，与传统产业最大的区别是其高度的集群性，这种集群不是以产品设计、制造、配套等产业链维系下的产业集

---

　　* 李程骅：南京市社会科学院副院长，研究员、博导；周蜀秦：南京市社会科学院社会研究所副研究员、博士。

聚，而是以创新的氛围、共同的追求以及思想的交流、创意的碰撞等为代表的新的价值体系主导下的群体有机融合，形成了一个相对稳定的"创意社会结构"，并汇聚在一个相对区隔的城市空间里，从而造就出城市中的创意产业园①。创意产业集聚区是集不同行业高端价值部分（研发、设计和营销等）于一体的新型经济发展模式。创意产业的发展及产业园（集聚）区的形成和发展对城市发展方式转换、空间功能转换、空间布局调整、产业区价值链升级和经济发展创新都有积极的贡献（图1），它不但促进了城市综合竞争力的提升，而且带动了区域创新网络和区域创新体系的形成。区域创新体系的形成又对全社会创新力的培育和提升大有裨益，从而形成经济、社会和生态协同发展和交互推动的良性循环。

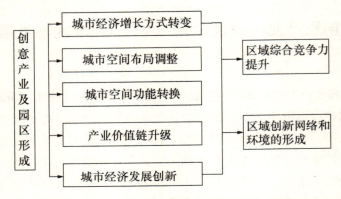

图1　创意产业园（集聚）区对城市发展的作用

（1）创意产业优化城市经济发展方式。创意产业是知识密集型产业，具有无污染的特点，与对土地、资源有巨大需求的传统制造业相比，能够不受土地、资源相对稀缺的限制，以较低的投入获得较高的回报。按照美国经济学家麦克·波特的理论，早期经济增长是要素驱动，之后转向投资驱动，当投资边际效益逐步下降的时候又会转向创新驱动。创新驱动包括科技创新和文化创意两方面，而创意产业作为文化创意与高科技的有机结合体无疑是城市经济发展的首选。文化创意园区与城市旧区的有机结合，可以避免城市文脉的中断，不仅保留了具有历史文化价值的建筑，而且通过历史与未来、传统与现代、东方与西洋、经典与流行在这里的交叉融会，为城市增添了历史

---

①　李程骅：《优化之道：城市新产业空间战略》，人民出版社2008年版。

与现代交融的文化景观，对城市经济的发展产生了巨大的推动作用。创意产业无需占用更多的土地和资源，仅仅依靠人才的创造力和集聚效应，就使面临废弃的老城区焕发了青春，不仅提升了城市的文化品位，而且体现了城市经济协调发展的要求。

（2）创意产业优化城市产业结构和空间。创意产业具有高增值，强辐射，广融合的特性，因此可以促进城市整个产业的升级。当创意产业向传统的制造业渗透时，便有利于推动传统制造业向高增值产业升级。创意产业正是可以提供丰富的文化产品，来满足人们日益增多、日益迫切的文化需求和精神需求。因此，城市为创意产业的发展提供了巨大的市场空间。

（3）创意产业优化城市发展空间。从经济上看，利用老厂房、旧仓库发展创意产业，改造成本低，产生的附加值高，不仅为城市增添了历史与现代交融的文化景观，而且对城市经济发展产生了巨大的推动作用。将文化创意融入城市规划中，可创造新的城市文化氛围，塑造城市标志，提升城市的形象；把保护历史文化遗产与发展创意产业结合起来将使城市更具魅力，给人以城市的繁华感、文化底蕴的厚重感和时代的生机感。同时，好的城市形象对于人才和资金都有很大的吸引力，这反过来又会促进创意产业的发展，促进创意产业在空间上的集聚。

（4）科学技术发展为创意产业拓展了发展空间。科学技术，特别是信息技术的迅速发展在一定程度上冲击了传统的文化产业，但却使得创意产业获得了强大的、多方位的技术支持；科学技术创造了大量崭新的艺术形式，开拓了新型创意产业领域；信息化形成了虚拟空间，它改变了城市居民的交往方式、活动方式和消费方式，为创意产业的发展创造了前提条件；互联网和数字化的发展拓展了创意产业的外延，促进了产业融合，不同行业的界限开始模糊起来，它们在信息化的平台上互相交融，从而延长了创意产业的产业链。

二、国际文化创意产业园区与城市互动发展经验

20世纪90年代西方国家创意产业作为新兴的部门，创业者大多年纪较轻，经济实力较弱，因此他们往往把城市中逐渐被废弃的旧区作为创业的基地，将其改造成充满个性的创意园区，进而形成文化创意产业的集聚地，为城市的旧区带来了新的生命力。国际上很多重要的创意产业园都和旧区重建

有关，如奥地利 19 世纪制铁厂建筑 "Rinderhalle" 作为文化遗址被保留了下来，吸引了很多创意公司，成为奥地利重要的技术、多媒体和文化中心。维也纳附近的工业城市加索密特城，德国鲁尔工业区的 12 号矿区改造，也是极好的例证。创意产业园与城市更新的互动作用非常明显，如何利用创意产业园推动城市更新成为研究与实践中的重点。

（一）文化创意产业发展的内涵与城市空间的互动

创意产业的发展基础是城市中的创意阶层，创意产业的实现是创意思想商业化的表现。创意的商业化及创意产业园的产生都需要一系列的内部和外部条件，也形成一定的空间分布规律，与所处的城市空间环境存在着密切的互动关系。当 20 世纪 80 年代世界不少顶级大都市从工业城市向世界城市转型时，一些前工业化时期的城市旧城区衰落了，但这些地区仍占据世界重要的区位。因此，如何刺激这些老工业城市内城区的转型和复兴成为时代发展的要求。在此时代背景下，创意产业的发展被提上了城市发展的议程。

创意产业是在世界经济进入知识经济时代这一背景下发展起来的一种推崇创新、推崇个人创造力、强调文化艺术对经济的支持与推动的新兴的文化理念、思潮与经济实践。本研究认为创意产业应从以下两方面重点发展：（1）集结文化与创意的特点。例如，将书报杂志、艺术展演、电影传媒等加入新颖的创意融合在一起；（2）将传统产业加入文化与创意的内涵。例如，工业、制造业、纺织业注入当地文化，以丰富的创意思维行销，创造城市经济效益，促使传统产业得以转型再造，丰富城市区域的空间土地有效性进而提升地方的国际竞争力与当地文化的特殊性，这也是产业全球化与城市空间转型的对话。

（二）创意产业集聚与城市园区空间的发展

创意产业具有趋向于在特定地区集聚并形成专业化生产的特点。面对全球竞争压力，产业群聚已被视为维持区域产业持续发展的重要策略，尤其以中小企业为主的城市区域企业集聚，由于地理邻近性与资讯便利性，因而可相互观摩与学习；从而使中小企业也能享有规模经济或范畴经济的利益并持续进行研发创新。Scott（1997）的"创意场域"是由三种层次力量与效益所构成，一为文化产业的空间群聚降低企业间经济互动所产生的交易成本；二为文化社群及网络协力合作所产生的非交易性互赖关系；三为城市内部集体制度环境在产业集聚区内，企业之间形成一个小型的工作团队，在此环境中能解决中小企业为主的文化产业所面临集体行动的难题：包括公共基础设施供给、知识产权执行、企业协调问题等。

在经济全球化的大潮中，实现"全球地方化"，每个地方发挥它的特色，并与全球化接通。生产本地化的同时，最终产出则越来越流入空间上更广泛的消费网络（Scott，2005）。以创意产业集聚作为地域品牌的城市营销，可以提升该地域的知名度，特别是当地点和产品紧紧联系在一起的时候，产地也给了产品一种保证，例如伦敦的歌剧、巴黎的时装、意大利的家具都带有声誉效应，类似于时装设计师的标记所具有的慢慢集聚起来的符号价值，将加速城市地方产业的创新化及全球化；也可以刺激地方政府不断完善创意产业发展的空间规划，创造发展该项产业的软硬环境。

纵观国外创意产业发展的历程，建设创意产业园在促进当地创意产业发展中是一种有效的方式。本研究认为，相比较于国外的创意产业集群空间，到目前为止国内挂牌的创意产业园区，就其本质而言，大部分还没有达到形成产业集群的特点和条件，大部分园区的企业准入门槛没有设限，且同一园区内企业之间关联度弱。它目前只是城市新产业区和新城市空间的一种表现形式，即以中小企业为主、以创造力为主要投入要素的产业创新发展和中心衰败城区或城市旧有工业遗产的空间再生。

（三）创意产业园区与城市空间更新过程的结合

以文化创意产业来推动城市更新的发展策略开始于 20 世纪 70 年代的美国。在这一时期城市市区出现了衰败的景象，然而经济的发展提高了人们的认知水平，对文化产品和文化氛围的追求越来越强烈，面对如此巨大的市场需求，投资者需要营造文化气息来吸引顾客，艺术家们也需要创作的空间。因此，一种谋求社区居民与地方政府、开发商、社会经济学者和专业技术人员等多方合作模式逐步形成，文化创意被恰当地运用于一种城市空间再生的发展策略。

根据 Frith 的分类，用来推动城市更新的西方国家城市文化政策主要分为三种：一种是"产业性文化政策"，适用于当地文化产品的生产，属于文化创意的生产空间；一种是"旅游性文化政策"，用以推动城市文化旅游的发展；一种是"装饰性文化政策"，用来美化城市形象，增加城市吸引力的。后两种文化政策属于文化创意的消费空间。因此，根据 Frith 的分类我们可以总结出文化创意产业与城市更新的互动发展主要集中在三个方向：

其一，与文化创意产业发展结合的城市更新。英国是最早对文化创意产业进行扶持和引导的西方国家，出台了一系列的政策并制定了发展策略。对

13144

此，前面本文已经做了相关论述。最好的例子是谢菲尔德，城市委员会在1986年把城市中心区的边缘一个占地30公顷的衰败地区作为城市文化产业区的发展用地。经过20多年的长远发展事实证明，文化产业区成为了一个富有活力且不断发展的城市中心。虽然它的发展面临诸多挑战，但是它仍然是英国政府报告中较好的实践案例。同时，谢菲尔德的发展历程也表明文化创意产业与城市更新的互动发展能够利用本地的文化资源，以推动当地劳动力的就业和地区文化扩散。

其二，与文化活动举办结合的城市更新。近年来，举办大型的文化交流活动成为城市获得再发展的途径之一。这些大型的国际交流活动的举办对举办城市而言意味着城市面貌的大幅度改善，意味着城市国际声望的提高，意味着旅游收入的增加。从上海为举办世博会所做的努力就可以看出这种发展趋势。在西方国家，欧洲文化城市计划就是这样一个旨在结合城市更新与城市文化发展的重要文化项目，成功举办文化城市活动使欧洲的许多城市得到了复兴，如1990年这个活动给英国城市格拉斯哥带来城市发展的机遇，它"使得这个曾经以犯罪率高、吸毒率高而闻名欧洲的工业城市经过一系列的文化建设和文化活动"。

其三，与文化设施建设相结合的城市更新。这也是最常见的一种以文化来推动城市更新的方式，以此来改善城市形象，推动地区文化发展。尤其在20世纪末各大城市掀起了兴建博物馆、文化艺术中心、剧场、会所、广场公园等等城市文化设施的浪潮。最典型的例子是西班牙北部的港口城市毕尔巴鄂。通过建设一些重要项目和博物馆，它从一个默默无闻的衰败港口城市发展成为现在文化旅游的重要目的地。可见，文化设施的兴建在城市更新中起到了重要的作用。

三、创意产业与城市空间互动发展的现状与思考

（一）文化创意产业的发展对南京城市空间优化

南京的创意产业园区业态上多表现为工业遗产改造项目，且与城市更新、商业地产开发相结合。这些创意产业园区中，除了一部分主题公园形式的，大部分是以工业遗产、废旧厂房改造为主的空间再造项目，通过一些新颖的设计与包装，将原先废弃、衰败的空间整合改造，使其重新焕发出生机。德国的鲁尔工业区的创意实践是全世界最著名的工业旅游与工业改造项目，大

工业时代的巨型煤气罐、煤渣山、生产厂房、火车站、船闸水坝等，在沉寂、落寞了许多年之后，历史重新赋予其生命、价值与意义。杭州的 LOFT49 是一个典型的空间再现的实践，空间以一种新型的文化内涵回归社会，也给内城的更新带来更多的思考与选择，LOFT 写字楼、LOFT 公寓不仅仅是空间层面的再利用，更是体现城市历史与城市文化品格的符号。上海、南京的创意产业园区建设也借鉴了德国鲁尔工业区改造的经验，推进空间改造的实践，这都是城市更新中值得称道的做法。

第一，创意产业发展促进产业结构优化。创意产业的大发展，促进了南京城市产业升级，使生产性服务业与生活性服务业进入了新的发展阶段，促进了城市高端服务业的繁荣，有助于推进"创意城市"的核心竞争优势的培育。同时创意产业园区建设也在重塑城市空间形象。创意产业园区替代原来的老工业基地，强化了南京城市外在形象和影响，提升了城市的吸引力，从而重塑城市形象。人们通常说打造一个品牌往往是针对一个企业或者是一种商品，但城市也有一个品牌，而且城市品牌非常重要，创意产业在塑造城市整体形象、增加城市文化含量以及提升城市文化品位方面具有显著的强化作用，从而使整个城市增值，促进城市流量经济扩展。

第二，创意产业及其园区的发展优化城市空间格局。创意产业的发展催生城市内在布局优化的牵引力，从而重绘南京城市产业以及整个经济地图，使城市形成各种特色城区。在工业化社会，以制造业为主导的城市，产业空间与城市生活、商业空间是一种对立和冲突的关系，产业对城市的贡献度不大，而当进入后工业社会、信息社会之后，制造业的外迁，服务业的高度集聚，包括创意产业在内的新产业的崛起，使城市充满生机。城市人"消费即生产"，使城市的产业空间与整体的城市空间形成了融合、和谐的关系，产业对城市空间的贡献度明显加大。创意产业具有产业融合性，即它能与各行各业相互融合、渗透。这种融合性就把技术、文化、制造和服务融为一体，有利于产业的延伸，大大地拓展了城市产业的发展空间。

第三，创意产业及其园区发展提升城市空间价值。城市的空间是有价值的，这种价值是由城市能级决定的，而城市的能级在很大程度上是经济实力以及可持续的创新能力。创意产业新产业价值链不仅造就了南京城市产业空间新的布局方式，也使传统的城市空间价值被重新发现和提高。创意产业的发展及其园区的扩展在很大程度上实现了城市的功能置换作用。创意产业催生出大量城市就业机会，大大促进了城市旅游与休闲业的发展。大城市在进入后工业化社会之后，制造业基地的外迁，造成了城市空心化现象，减少了大规模化的就业岗位，而创意产业园支撑的"创意产业群体"，需要大量服务人员，正好承接了原来工厂的劳动力的转移问题，并且使他们迅速成为适应现代服务业的人才。

（二）南京创意产业园区发展中存在的主要问题简析

第一，产业及园区发展缺乏总体空间布局规划，政策和规划的综合效益还没有整体显现。第二，创意产业园区空间集聚模式比较单一，依托高校、科研机构进行产学研协调发展水平较低。第三，向传统产业的渗透不足，自身的产业链还未能有效的整合和延伸。第四，产业特色不明、园区结构趋同。这些改造项目中创意产业本身的发展还处在方兴未艾的阶段，空间的实践快于产业的生成和集聚，进驻企业较少，产业集聚效应不明显。第五，竞合机制与管理缺失。创意产业及园区管理体制比较混乱，各部门涉及面广，交叉面大，"过度管理"和"管理真空"并存，产业管理部门职责不清、责任不明，主要表现为政府对创意产业的扶植还没有上升到统一的产业政策层面。第六，创意产业发展人才比较缺乏。南京创意人才的储备基数很大，但是真正能从创意产业实践中脱颖而出的人才很少，能够达到高端要求的有效人才就更少，这证明南京创意产业的人才发掘机制尚未形成。

（三）建议与对策

1. 加强对南京市创意产业政策和园区空间布局规划的研究

一是以高起点规划为引领，进一步明晰南京创意产业园区发展方向和空间布局。当然还要注意的是，在工业项目改造上要注重文化的差异，避免雷同的建设风格。二是以体制机制创新为突破，多方位加大创意产业园区扶持力度。政府以优惠政策推进创意产业园建设，但创意产业发展目前仍缺乏制度保证。由于创意产业的热浪刚刚刮起，创意产业园区似乎一夜之间成为城市是否拥有或重视创意产业发展的标志，因而成为各个城市政府追捧的对象。政策的倾斜自然是政府重视创意产业的重要标志，但是创意产业自身的本质属性不同于制造业和一般服务业，并不是政策的倾斜可以立刻造成市场反应的领域，创意产业发展是需要时间培育的。首先，要关注的是创意产业之所以能够成为产业耐以生存的制度环境与文化氛围。创意产业的首要元素是知识、智慧、思维的快人一步，而且这种领先的地位必须立刻获得确认，也就是所谓的知识产权保护，我们很难想象在一个盗版猖獗、恶意模仿肆虐的区域，还有任何人会坚持独立地思考。其次，要有一个充分发育的市场经济环境，资本和资源才能得以免于无理干涉地涌向思维高地，这里政府不能仅仅是提供政策上的倾斜，更重要的是营造公正的市场规则，让市场与创意相互激活，让社会生活的各个领域充满创意。

2. 立足都市圈区域合作的更大南京"城市"空间，寻求创意产业的更大发展

（1）探索南京都市圈"创意产业带"形成的可能性。从目前南京城市圈的产业空间布局和城市之间的互动性来看，南京都市圈内可以在近期着力构建以数字信息技术为纽带的"创意产业带"。一是因为南京城市圈内创意产业集聚的空间优势极为明显；二是南京城市圈内部产业的同构和互补性比较明显；三是宁镇扬以及整个南京城市圈内部文化具有很强的同根性和同质性，这也为创意产业带的发展奠定基础。因此，早早规划南京城市圈"创意产业带"，将有助于促进南京都市圈内创意产业资源的优化组合，扩大南京——作为城市圈核心城市——创意产业发展的空间，并能根据圈内各个城市经济发展阶段和特点，布局不同生产阶段的企业，形成创意产业链的优化组合，可以更加优化南京的城市功能。

（2）在南京都市圈创意产业集聚区的规划与产业布局上，打造无界域、国际化的虚拟创意产业园区，扩展创意产业园区的空间规模。立足南京城市圈的产业优势，发展创意产业的高端工业设计，用信息化、智能化来提升先进制造业，将先进制造业的研发设计环节凸显出来，形成产业化形态。

3. 依托不同优势建设不同类型的产业园，优化创意产业及产业园区的内部结构，努力打造有利于创意产业园区发展的公共服务环境和公共服务平台

创意产业园区可以分为四大类：第一类是大学依托型。第二类是旧城区改造型。第三类是新城区创建型。新城区创建型包括两类：第一类是在原有技术开发区内创建创意产业集聚区；第二类是在市中心区创建时尚展览和消费型的创意产业集聚区。前者如上海张江文化创意产业基地。后者如上海的天山路时尚产业园、海上海，杭州的唐尚433等。这一模式为新建创意产业发展提供了一系列所需的管理支持和网络资源，以支持和孵化创意。第四类是传统产业区升级型。

要通过依托不同优势建设不同类型的产业园，优化园区的内部结构，实现制度结构与生产力结构有机战略性整合，提高创意产业在产业结构中的比重，营造良好产业环境，预防新一轮圈地运动。引导创意产业园区致力于提供专业化和多元化的服务，以产业链的搭建，规划集聚区内的企业结构，形成规模经济。建立和完善政策体系，借鉴国内外其他城市的经验，按照有关

政策，在资金、投融资、税收、工商管理、社会保障、市场准入、人才引进、进出口等方面对创意产业的发展给予适当的优惠和政策支持，打造创意产业公共服务平台。

加大知识产权保护力度，为南京创意产业的发展营造一个规范、有序的法制环境和市场环境。积极培育发展创意产业中介服务机构，健全产权交易市场，创造良好的市场服务环境，为创意产业发展提供科研咨询、成果登记、产品展示、发布、策划、推介、交易等服务，促进创意产业成果的经营和转化。创意产品的发现和被市场认同，往往是由很多经纪公司协助推动的，好的策划能创造很多价值。大力培养、引进高素质的创意人才，高中等院校要创造条件设立各具特色、互为补充的创意产业专业，培养高层次的创业产业的设计、策划、制作和管理人才。

主要参考文献

[1] 李程骅：《优化之道：城市新产业空间战略》，人民出版社 2008 年版。

[2] 刘云、王德：《基于产业园区的创意城市空间构建——西方国家城市的相关经验与启示》，载《国际城市规划》2009 年第 1 期。

[3] 马仁锋、沈玉芳：《中国创意产业区理论研究的进展与问题》，载《世界地理研究》2010 年第 2 期。

[4] 周蜀秦、徐琴：《全球化的创意产业与中国城市空间再造》，载《世界经济与政治论坛》2007 年第 2 期。

[5] 蒋慧、王慧：《城市创意产业园的规划建设及运作机制探讨》，载《城市发展研究》2008 年第 2 期。

[6] 汪毅、徐昀、朱喜钢：《城市更新背景下的南京创意产业集聚区研究》，载《中国名城》2009 年第 8 期。

现代服务业：城市转型的新动力系统

吴海瑾 李程骅[*]

城市转型发展是城市的经济和市场力量作用下的城市产业空间重构的过程，是追求产业空间价值最大化的过程，这种价值是由城市能级决定的，而现代城市能级的提升其实就是城市不断转型发展的过程。目前中国的城市发展已进入必须转型和加快转型的关键时期，在当前国际竞争日益加剧、全球产业分工格局重组，呈现出产业集群化、研发全球化、制造信息化、经济体系服务化的态势，服务经济已取代生产经济成为经济发展的主要动力，现代服务业向城市聚集构成了后工业时代城市化的新内容。在这种背景下，研究服务业发展与城市转型发展这一议题，具有很重要的现实意义。

一、中国城市转型发展的现实内涵及认知

城市转型应该是一种多元化的综合转型，而转型的总体方向应该是城市能级水平的提升和城市功能的优化。进入后工业社会后，服务经济的主导和产业分工的细化要求更具创造力的现代服务业能成为产业结构和城市经济发展的主要动力，它必将带来城市产业升级和布局调整，有利于实现城市布局的重构、城市形态的优化、城市能级的提升，最终实现城市的转型。

（一）产业结构转向高端化

城市的转型必须首先加快推动产业结构转型升级，城市的产业结构及其组织的变化将重点转向内涵高度化，即大量新兴产业部门将替代传统产业部

---

* 吴海瑾：南京市社会科学院经济研究所副研究员；李程骅：南京市社会科学院副院长，研究员、博导。

门；高端或高附加值产业部门替代低端或低附加值产业部门；高技术、高智力含量的产业部门替代低技术、低智力含量的产业部门，不断提升城市产业的国际竞争力，逐步建立新型、多元、高级、稳固的现代城市产业体系。

与这种产业结构内涵高度化相适应，要求产业组织结构也发生相应的变动。市场企业个体降低空间性交易成本的离散性选择是产业组织形式向高效化方向演变，空间形态向地理集聚方向转变的动力，这有利于破除交易成本的先验性，现代企业空间集聚的区位战略正逐步替代原来的纵向一体化产业组织形式。企业之间不再单纯是一种竞争关系，更是一种协同关系。这不仅要求在产业自动化、智能化的基础上实现组织结构柔性化，而且要求逐渐演变为原子式的组织结构，以及适应灵活多变的市场组织方式。

（二）城市经济体系转向服务化

现代城市是与"先进服务、生产中心、全球网络市场"相联系的，也就是说，在当今全球经济体系中，现代的城市面对的已不仅仅是一个城市的市场，而是一个遍及全球的市场网络，而单个的城市就成为这个网络中的一个重要节点和管理中心，集中统一管理和控制全球各地的生产活动和环节，越来越具有流动空间的属性。因而，城市能级水平的高低也越来越依赖于是否具有更大的流动性、集聚力以及辐射能力。现代城市的发展是要通过其流量（信息、知识、资本和人才等流动），而不是它们的存量凝结（如城市形态和功能）来实现的。现代城市转型和能级水平的提升，势必要转向经济体系的服务化，必须能够提供大量的现代服务活动，特别是生产者服务，努力创造生产性服务业新优势。而现代信息技术更加推动了城市经济体系必须趋于服务化，借助现代信息技术，提高服务业生产部门的效率，提供新的信息服务产品和更好的服务质量，这是当前及未来一段时期内城市发展的必然趋势。

（三）城市发展动力机制转向创新驱动

相对于工业化时代的产业空间和城市空间，现代科技必然使城市空间发生重组，不断创新的生产方式和管理方式，要求有效地收集和处理信息，从而创造新的经济价值。因而，在城市发展动力上，中国的城市要加快推动从资源依赖型向创新驱动型的发展转变，通过科技创新和技术进步，消除传统经济时代空间"距离"的障碍，从而会从根本上改变经济活动的地理布局，为产业升级和城市发展提供持久动力。同时，还要加快推动从投资拉动型向消费驱动型的发展转变，为城市发展，特别是经济发展注入新的活力，逐步改变注重外延性、框架性、基础性、速度性的战略模式，加快向更加注重内涵性、整体性、功能性、质量性为主要特征的，以增强城市综合竞争力为核心的综合创新战略模式转变。

（四）城市发展模式转向集约化

由于受城市用地的限制以及土地级差的支配，地均产出的要求已越来越强烈，这已经成为城市空间发展和城市产业的市场选择的一个重要指标。因此，城市转型发展，以及城市能级的提升，要求以集约化发展为其重要基础和方向，形成合理的空间布局和功能分化，提高城市内部空间结构的绩效。在城市集约化过程中，将发生两方面重大的变化：一方面，由于城市在空间上将超越其本身市域范围内实行的大规模的资源配置，要求将分散的功能相对集中，以促进产业集群，以产业集聚区为载体，大力促进资源集聚化、企业集中化、产业集群化和技术集成化，形成良好的产业经济生态圈。另一方面，要求进一步增强经济运行的集约化，提高资源要素的利用程度，降低资源要素的耗损，降低运作成本，提高资源配置效率，并促进资源要素的高效流动。

（五）城市空间要素和城市功能不断优化

城市，既是人类活动的空间组织形式之一，进入近代工业社会之后，城市更是一种为了节约市场运行的交易成本而产生的制度安排。城市化既是人类活动在空间上的聚集引起社会分工和专业化不断深化的过程，又是人类的组织形式和制度体系逐步完善的过程，也是人类自身的整体素质和文明程度持续提升的过程。正是基于这一点，现代城市发展转型还要求不断深化与强化城市的主要功能，突出其特色，提升城市化质量。城市凭借其独特的区位优势吸引各种资源要素向其集聚，但如果不能对这些资源要素进行有效的配置，至多只是形成城市规模的扩大或城市存量资本的大量堆积，而难以形成对外强有力的辐射能力，只有不断优化的城市空间要素、城市功能及城市的制度环境等软件要素才能成为高端产业在城市集聚的重要推力，才能创造城市经济发展在环境上的外部效益。

二、现代服务业发展对城市转型的作用机理分析

（一）现代服务业的产业融合性大大拓展了城市产业的发展空间

现代服务业具有很明显的产业融合性，它能与各行各业相互融合、渗透。

这种融合性就把技术、科技、文化资源、制造和服务融为一体，有利于城市产业链的延伸，从而大大拓展了城市产业的发展空间，优化了城市的产业结构和经济结构。具体而言，一方面，现代服务业与传统服务业在互动中渗透。高新技术特别是信息化催生的新型产业表现出了极大的生命力，这一生命力不仅表现在它的高度成长，而且表现为对传统产业的高度渗透。现代服务业是个巨大的产业群，新型的产业形态与传统的产业形态总是互相渗透、互相交织、互为补充，向消费者提供大量的各具形态的服务产品。另一方面，各个部门之间也在互相渗透。由于信息技术的广泛应用及其生产方式的根本转变，传统的各个生产部门之间的界线被逐渐打破，导致了各部门之间更多的渗透和融合，并使与买卖双方密切相关的市场区域概念已转变为市场空间概念。传统厂商观念中的"有明确范围的竞争"也将被一个纵横相交的更加广泛的概念所替代。这些相关活动的协调，既有竞争，又有合作，既在传统市场之内，又在传统市场之外，现代服务业的发展将可能迅速地带动相关产业的发展，改变相关产业的生命周期。总之，现代服务业的融合性，能将技术、文化、制造、服务融为一体，有利于产业链的延伸，大大拓展了城市产业的发展空间。

（二）现代服务业的规模经济效应提高城市的经济效益

规模经济强调产出增加的比例大于投入增加的比例，规模经济包括内在与外部两个层面，内在的规模经济一般指企业内部规模报酬递增，服务业企业通过大批量生产和增加产品种类的方式使平均成本随着产量的提高而下降，从而达到规模经济。但是在现代城市经济发展中，现代服务业企业会在更高层次上寻找降低生产成本的方式，更多地会在"地域集中化经济"形式中寻找规模经济效益，更侧重于服务业产业"地域集中化"而产生的整体规模效应和整体产业链的形成，这就是外部的规模经济效应。这种规模经济的形成是单个企业从同行业其他企业的扩张中获得的生产效率的提高和平均成本的下降。由于这种"规模经济"的效益主要得益于企业之间在规模扩张过程中的互相联系，因而行业内部的企业在地理位置上越是集中，收益就越大，因此"外在经济"有时也被称为"地域集中化经济"。而如果多个行业向一个地区或者是城市集中所形成的规模经济，就是"城市化经济"。这种规模经济的形成是由于产业间关联的存在，从形成机制上看是"外在规模经济"的更高层次，企业在城市中集聚，从而获取城市所提供的各种公共服务资源，生产成本得以下降。

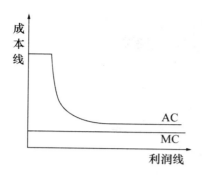

图1　现代服务业发展的规模效应

为了提高利润，服务业企业可以通过各种途径来降低生产成本，不论是扩大生产规模、创新增加产品种类、地域集聚获得更多更低成本的生产要素，生产的固定成本都会被越来越多的产品、企业甚至是产业环节所均摊。整个生产过程可以被看做是具有固定成本和常数边际成本（MC）的生产，平均成本（AC）随着企业的集聚而在逐渐降低。（见图1）

由于现代服务业在产业结构体系中前向联系和后向联系的能力较高，能够带动城市中多种产业的发展，从而能促进一个地区产业结构的优化和整体经济的繁荣。

（三）现代服务业的外部性在城市发展中产生巨大的社会效益

当生产或消费对其他人产生附带的成本或效益时，外部经济效果便产生了，也就是说，成本或收益附加于他人身上，而产生这种影响的经济主体并没有因此而付出更多的代价或报酬。外部经济效果是一个经济主体的行为对另一类经济主体的福利所产生的效果，而这种效果并不一定要从货币或市场交易中反映出来。

现代服务业的外部性表现在两个方面：

首先是服务业产品的外部性。从长期看，现代服务业的产品是非竞争的、非排他的。一般来讲，排他性商品的生产者能够获得商品的全部收益，而非排他性商品的生产者则会有大量的收益"外溢"，尤其是可能对社会产生广泛的福利，非排他性的服务业商品最终会成为社会的公共服务产品。如软件编程语言、各类文化产品、资产定价模型等都是这样的非排他性的服务产品，起初这些产品的生产者得到的收益是非常有限的，而他们的产品却能使整个社会受益。

其次是服务业的发展所承载的社会功能越来越大。服务业的发展，尤其是现代服务业的发展在扩大城市就业，改善城市资源、美化城市环境、完善城市基础设施、建设生态城市，提高城市综合承载力方面发挥着巨大的作用。

所以，服务业具有明显的外部性特征，现代服务业的外部性能够在城市发展中产生巨大的社会效益。这里用个体收益（r）与社会效益（R）进行比较来分析现代服务业带来的外部性（见图2），服务业及其集聚区的发展带来的社会效益（R）要远远大于经济个体所获得的收益（r）。

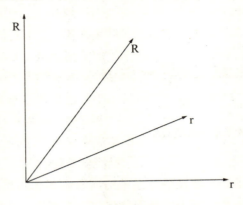

图2　现代服务业的外部性

（四）现代服务业的创新溢出效应推进城市创新能力提升

聚集经济利于知识溢出，促进企业技术进步，进而提高企业和整个城市的整体竞争力。新增长理论认为一国或一个城市经济增长情况取决于其知识积累、技术进步和人力资本水平。知识经验具有递增的生产力，在边干边学中可以得到积累。知识是公共产品，具有"外溢效应"，现代服务业企业往往是知识中心、技术中心；同时，各企业的竞争压力大，迫使他们加快产品的开发、提高经营管理水平，服务业的发展所产生的创新溢出效应有利于技术创新，从而推动科技创新与技术进步。另外，企业的创新容易外溢到其他企业和产业中，有利于提高整个城市产业体系的科技水平和质量。

（五）现代服务业集聚区的发展对城市空间要素优化效应提升城市功能

现代服务业集聚区的发展催生城市内在布局优化的牵引力，重绘现代城市产业以及整个城市的经济地图，优化城市空间格局，使城市形成有各种特色城区，城市的产业空间与整体的城市空间形成了融合、和谐的关系，产业对城市空间优化的贡献度明显加大。现代服务业新产业体系的发展不仅造就了现代城市产业空间新的布局方式，也使传统的城市空间价值被重新发现和提升。现代服务业集聚区替代城市中原来的老工业基地，在空间上介入其中，使得原本衰落的城市空间重新焕发出新的生命力，强化了现代城市外在形象和影响，提升了城市的文化品位与可识别性，从而重塑城市空间形象，提升了城市空间价值。无疑，现代服务业在塑造城市整体形象、增加城市文化含量以及提升城市文化品位方面具有显著的强化作用，使整个城市增值，促进城市流量经济扩展。现代服务业的发展及其集聚区在城市中的扩展，在很大程度上实现了城市的功能置换作用。在提升城市的文化品格和城市软实力，提升城市的就业承载力等方面也起着巨大的作用。

三、西方国家发展现代服务业实现城市转型的成功案例分析

（一）伦敦：发展创意产业以实现城市转型

英国是从 1997 年开始发展文化创意产业的。这一年，新上任的工党政府将文化创意产业列为国家重要政策，并特别成立了文化媒体体育部，对于广告、建筑、设计、电影、游戏互动软件等 13 种产业，以集聚的方式加以引导，并提供创业基金以及创意工作者之间的交流平台。根据 2001 年发表的《创意产业专题报告》显示，英国创意产业的产值，当年约为 1125 亿英镑，占 GDP 的 5%，已超过当年任何一个制造业对 GDP 的贡献度。

单就伦敦而言，创意产业的贡献度，其实已经超越金融服务业。英国的创意产业，外销产品量也很惊人。2001 年的出口值高达 103 亿英镑，在 1997—2001 年间，每年约有 15% 的高增长率。而同时期，英国所有产业的出口增长平均只有 4%。文化创意产业，已经彻底颠覆过去的商业模式，不再是以生产制造为中心，而是更强调创意、营销等概念。2000 年，由伦敦发展局牵头，15 个政府部门、10 个民间协会共同合作，制定了《伦敦科学、知识与创新战略规划》，在伦敦刮起了一场科教创新风暴。2003 年，伦敦发展局公布了《伦敦创新战略与行动纲要（2003—2006）》，对伦敦企业的创新优势与劣势进行了深入剖析。

从产业的划分来看，很难将创意产业划归到传统的第二产业或是第三产业中，创意产业是新技术日新月异的结果，也是新技术与知识产权有关的创意与传统产业的融合。它是一个知识密集型的产业，体现了现代产业发展的一种新趋势，同时它是一种典型的节能产业，因而可以为产业的发展提供一条可持续发展的道路。从英国当时提出创意产业的情形来看，其出发点是伦敦作为一个老工业化城市，其制造业已经失去竞争力，高福利国家的地价等指标又很高，客观条件决定不能再发展低端制造业。在这种形势下，伦敦积极发展创意产业，并成功借助于创意产业实现了产业结构优化和城市转型。

（二）纽约：发展生产服务业以实现城市转型

纽约曾一度是美国制造业中心，从20世纪40年代末开始，衰退之势逐渐显现，至20世纪70年代衰退最为剧烈。20世纪70年代末80年代初，由于服务业未能及时吸纳来自制造业的失业人口，纽约整体的就业水平出现下降。同时，由于大量制造业总部以及有关的写字楼相继搬离这座国际大都会，税收因而减少。当时很多专家和政策分析者都认为纽约这座城市完了，因为所有的城市综合指标都很糟糕，城市刚刚经历了一场财政危机，基础设施严重老化。然而，以金融服务业为代表的生产服务业（涵盖银行、证券、保险、外贸、咨询、工程、港口、新闻、广告、会计等领域）快速发展，并越来越壮大，为美国甚至全球提供的优质服务，最终支撑起一个新的纽约城市，从而实现了城市转型。

（三）匹兹堡：发展以服务业为主的城市经济体系以实现城市转型

美国的匹兹堡城市经济体系是以服务业为主，发展多样化经济：第一，进一步培育已存在的服务业，充分发挥非盈利部门在经济振兴中的作用。发展服务业，特别是服务于各种商贸往来、金融保险、法律、房地产、工程设计、科研开发等活动的生产性服务业和服务于教育、医疗卫生及政府政策部门的社会服务业。第二，打造以高新技术为基础、规模小而更富竞争力的制造业。匹兹堡这个老工业城市在大力发展服务业的同时，没有全然抛弃制造业，发展制造业规划重点是发展高新技术，重视轻工业，使企业规模变小，技术更先进，因而竞争力更强。第三，传承工业遗产，大力发展文化旅游产业。匹兹堡在处理历史文脉中的一个特色和亮点是来自于工业遗产概念，即工业化时期的工厂、仓库、码头、员工住宅等作为一份珍贵的历史遗产得以保护和修复，成为展示城市独特历史博物馆一样的文化场所。同时积极开发工业旅游业，比如钢铁大王的酒店是钢铁大楼，玻璃巨头的餐厅就是玻璃大厦，优美的工业园区、先进的生产工艺，每一处都散发着悠久的魅力，让置身其中的游客感觉新奇有趣。匹兹堡通过发展以服务业为主的城市经济体系，很好地实现了城市的转型。

（四）夕张：发展工业遗产旅游业以实现城市转型

工业遗产旅游作为资源型城市经济转型的重要战略举措，目前在欧洲、北美、日本等地获得了长足的发展，比较具有代表性的是日本"煤炭之都"夕张市和德国的鲁尔工业区。夕张市位于日本北海道，是19世纪末发展起来的煤炭城市。夕张市并不具有天然旅游资源，但却围绕一个"煤"字策划旅游开发，现在已经成为日本著名的观光旅游区。该市建造了煤炭旅游中心，人们在这里可以了解煤炭历史和生产过程；建设开发以煤炭博物馆为中心的多处教育娱乐设施，通过多种形式展出包括煤炭的形成、分布、利用、开采、技术改良等多个主题的内容；还有反映当年夕张生活情景的"煤炭生活馆"，可以现场操作采煤机械的"煤矿机械馆"、"煤炭动作馆"和"煤炭历史馆"。通过再现采煤现场，展示劳动情景，配合采煤机械和通风设备的轰鸣声，使游客如身临其境。

四、促进中国城市服务业发展的措施

（一）立足多样化发展，优先促进生产者服务业在城市的集聚发展

任何城市的容量都是有限的，如果从城市作为一个区域发展极考虑，在城市聚集的要素只能是先进的生产要素，聚集的产业只能是主导产业。随着城市地价的提高，留在城市的只能是具有更高价值、有能力偿付较高租金的要素和产业。在经济全球化视野下，构建现代服务业产业体系应从国际和国内两个市场出发，体现多样化的构建对策。具体而言，现代城市可以构建以生产性服务业、服务外包、总部经济和创意产业为主的现代服务业产业体系。

我国很多城市在加工制造业和重化工业方面有很强的国际比较优势，而较强的制造业优势是我国发展生产性服务业的基础，制造业特别是先进制造业的繁荣本身就会扩大现代服务业的需求空间。事实上，现代服务业的重要特征，主要是打破了传统的消费性服务业的局限，开辟了生产性服务业的新领域，原先制造业在生产过程中的自我服务环节逐步开始独立化、外置化和专业化，交予专业的服务行业来实施。随着我国先进制造业的发展，生产性服务业已经开始吸引越来越多的投资，我国很多城市都开始建立生产性服务业集聚区，集研发、设计、采购、物流和营销等多种生产性服务功能于一体，极大地提高了生产效率和利润，发展生产性服务业的潜力是巨大的。

（二）从规模导向转变为创新导向，提升服务业的创新产出能力

现代服务业具有科技创新、研究开发、信息交流与社会管理等多种功能，推进服务业的发展，不能只从表象上追求企业的规模和数量，更要从增强创新能力方向上来引导高端的企业合作和空间集聚。政府政策激励的重点应该是"创新的产出能力"，激励的重点不仅仅停留在企业经济意义上的规模产出能力，更应该是在"品牌、专利、技术标准、技术先进性"等自主创新方

面的产出能力。无论新增项目投资、企业技术改造投资，还是科技项目投入、公共服务平台建设，或是对企业的各项奖励等方面的政策，都要突出提升"创新能力"这一核心价值导向。换言之，政策选择的对象不是以"大"为标准，而应该是以"创新能力强"为标准。政策不是简单地向"大项目"、"大企业"倾斜，而是应该向"创新能力强的企业和项目"倾斜。

（三）培育服务业领军型企业，把现代服务业发展引向高水平竞争与合作

通常情况下，对于新技术都是领军企业最先识别，最先消化、吸收、应用，最先在产业中进行扩散，因而，领军企业是链接产业内外部创新资源的桥梁，是产业内其他企业最直接的示范者。从这个意义上来看，领军企业是现代服务业高水平竞争的驱动者。如果能形成一个服务业产业内的"领军企业梯队"，就可以强化和提升产业内的企业竞争水平，引导企业之间的竞争不只是低水平、同质化的竞争。目前，中国很多城市的服务业发展缺乏领军企业，或者是没有形成领军企业梯队，这是当前我国城市服务业发展的一个很突出的问题，并直接导致了企业竞争水平低，对市场和技术机会识别能力差，对外利用合作创新资源意识弱等问题的出现。领军企业的培育不是一个静态的概念，而是一个动态选择的过程，需要强调的是，服务业领军企业培育对象的选择并不仅仅表现在企业规模层面上，更应该表现在创新能力和成长能力层面上，更应该关注企业的创新产出。

（四）加强城市制度与环境建设，为现代服务业发展创造支撑条件

现代企业在决定选址时，往往并不一定寻找生产成本最低的地方，而是趋向于到制度相对完善、政策透明度高、政府办事效率高、法律和市场环境规范有序的低交易成本地区寻求发展空间。良好的城市形象和投资经营环境等低交易成本优势可以弥补生产成本相对偏高的劣势，使得现代服务业在城市不断集聚发展。因此，应加强制度环境等软件要素的建设，构建一种宽松自由、尊重知识、尊重人才、讲究信誉、等价公平、鼓励创新等制度环境；提高政府的公共管理水平和效率，建设包括公共技术服务平台、公共人才服务平台、公共融资服务平台、公共管理服务平台等形式的服务业产业集聚公共服务平台，通过这些重要载体促进各种要素得到更加有效的配置。

主要参考文献

[1] 李程骅：《优化之道：城市新产业空间战略》，人民出版社 2008 年版。

[2] 李江帆：《中国第三产业发展研究》，人民出版社 2005 年版。

［3］厉无畏：《关于我国文化创意产业发展的思考》，载《新华文摘》2010 年第 3 期。

［4］裴长洪：《研究后危机时代的新问题》，载《国际贸易论坛》2010 年第 1 期。

［5］裴长洪、李程骅：《论我国城市经济转型与服务业结构升级的方向》，载《南京社会科学》2010 年第 1 期。

［6］裴长洪等：《准确把握我国城市化发展的新趋势》，载《理论视野》2009 年第 1 期。

［7］张晓平、刘卫东：《开发区与我国城市空间结构演进及其动力机制》，载《地理科学》2003 第 23 期。

［8］刘玲、沈体雁：《中关村科技园区在北京城市空间扩展中的地位与作用》，载《人文地理》2003 第 18 期。

［9］王兴平：《中国城市新产业空间：发展机制与空间组织研究》，南京大学出版社 2003 年版。

［11］Castells M. 1991. The Informational City. London：Wiley—Blackwell Press.

［12］Bourne L S. 1982. *Urban Spatial Structure：An Introductory Es—say on Concepts and Criteria*. New York：Oxford University Press.

在竞争与合作中创建世界城市
——以苏格兰中部地区城市为例 *

William F. Lever **

一、引言

现在普遍认为，城市间因各种资源和一些经济活动而存在着竞争。在全球化的今天，跨国企业投资和基础设施建设加剧了竞争。人口，特别是技术型和创新型工人，正进行着规模越来越大的迁移，而城市正是通过改善人居环境，提升生活质量来提高吸引力。同时，企业的迁移也越来越频繁，一方面企业越来越依赖于信息和知识的传播来进行它们的交易活动，另一方面企业更多地将整个世界，而不仅是当地地区作为市场和资源。竞争已经渗透到跨国自由贸易领域，如欧洲单一市场和北美自由贸易协定，并且渗透到相关国家主体，如英国垄断与兼并调查委员会。

波特（1998）认为，尽管采用的策略不同和测度竞争成功的目标不一，城市之间竞争，可以通过企业和国家层面上的竞争来表现。克鲁格曼（1991）认为城市不存在竞争，因为他们没有单一的决策机构（如公司董事会管理、国家政府对利率或汇率的宏观调控力量），但是他的这一观点基本上被否认，贝格（2001）通过大量的工作证明城市间存在的竞争和竞争的作用机理。从这个方面看，城市之间的相互竞争被视为资本主义的天然产品，而不是非市场配置机制的中央计划经济的产品。然而，即使是在原中央计划

---

  * 此文为 William F. Lever 教授 2010 年 6 月 24—25 日在南京召开的"第九届城市竞争力国际论坛"上作的主题演讲。经作者许可，选译主体内容发表。翻译：南京市社会科学院郑琼洁。
  ** William F. Lever：英国格拉斯哥大学城市研究名誉教授。

经济体系下也存在着连锁属性和优势的组合。以中国为列，如香港和广州在"橱窗和工厂"的创新政策。研究人员急于找到一种方式来替代充分成熟的市场资本主义模式和国家控制非市场模型；他们提出了"第三条路"，即企业合作共同发展产品或服务。以位于意大利中北部的被称为"第三意大利"的艾米利亚—罗马涅为例，这个区域，被认为是时尚服装、食品、家具市场的专业领域，其质量选择是基于设计风格，而不是价格竞争。在此背景下，公司合作，经常通过生产金属环，生产一种产品来实现。在政策方面，这些模型常常被等同于"集群"，用来交换信息、零部件和产品，尽管这样的集群并不总是可以轻易地通过政策制定者的干预来实现。本文提出了城市间合作的"第三条路"的新概念，这一概念与市场经济内部的城市竞争截然相反。

二、竞争及世界城市的排名

在全球范围内，世界城市的竞争仍在少数，他们竞争的主要集中在私营部门的投资、人口、旅游收入、主要的基础设施项目，尤其是交通、标志性事件和纯粹的信誉。在世界城市这个层次上，最近已有一些研究确定了关键指标因素并测量了城市的世界排名。本文在此基础上，提供一个世界 75 个主要城市的排名。

本文选取的 111 个影响因素分成六个维度——法律和政治框架、经济稳定性、经商便利度、金融流动量、作为商业中心的有效性（主要是机场的连通性和房地产的业务流程）和知识创造及信息流。根据在世界商业中心的地位，表 1 列出了全球排名前 20 位的城市。这 111 个因素中，每个因素均有相应的得分与排名，最高得分是 100，最低得分为 0。结果表明，最领先的城市为伦敦，它的得分为 79.17，最靠后的城市是加拉加斯得分 26.11。表 1 列出了前 20 名的城市，香港以 63.94 得分位居芝加哥和巴黎之间。排名前 20 位的有 9 个是在西欧，5 个在北美，其他的城市分布在中国、远东和澳大利亚。这些分别代表了 19 世纪、20 世纪和 21 世纪世界经济主导的三大阶段。当前，城市竞争力在一定程度上归因于城市规模大小（但不包括墨西哥城，加尔各答和孟买）、政府和经济机构在很长时间段的发展。

表1　2008年全球贸易城市排名前20强

排名	城市	得分
1	伦敦	79.17
2	纽约	72.77
3	东京	66.60
4	新加坡	66.56
5	芝加哥	65.24
6	香港	63.94
7	巴黎	63.87
8	法兰克福	62.34
9	首尔	61.83
10	阿姆斯特丹	60.06
11	马德里	58.34
12	悉尼	58.33
13	多伦多	58.16
14	哥本哈根	57.99
15	苏黎世	56.86
16	斯德哥尔摩	56.67
17	洛杉矶	55.73
18	费城	55.55
19	大阪	54.94
20	米兰	54.73

注：数据来源于万事达国际组织（2008）。

　　上表的排名主要由历史悠久的城市主导，表2列出了上升最快的城市受其他因素在短期竞争中的影响的排名。城市名单上包括欧洲新的市场化城市莫斯科、圣彼得堡（这些城市的竞争力受石油和天然气价格大幅上涨的影响）、布达佩斯、华沙、两个西班牙城市马德里和巴塞罗那。在前15行列，除了悉尼，其他城市主要在发展中国家，包括印度、墨西哥、马来西亚和埃及，他们主要从奥运会的溢出效应获益。在这种情况下，竞争力似乎与绝对的规模大小有关，尤其是位于金砖四国（巴西、俄罗斯、印度和中国）的城市，其竞争力主要与人口和快速增长的经济有关。在这方面最为明显的城市如中国的上海（第七）和深圳（第五）。

表2　全球城市排名上升较快的城市

排名	城市	2007年的得分增长
1	莫斯科	60.77
2	孟买	59.50
3	圣彼得斯堡	53.80
4	华沙	53.45
5	墨西哥城	53.06
6	吉隆坡	49.53
7	上海	49.39
8	开罗	49.16
9	新德里	48.98
10	布达佩斯	48.95
11	约翰尼斯堡	48.52
12	马德里	47.84
13	悉尼	46.94
14	巴塞罗那	46.14
15	深圳	45.11

注：数据来源于万事达国际组织（2007）。

万事达商业中心的研究兴趣在于其深层次的视角，表3列出了16个城市的名单。首先，2008年排名相对较高的均是世界二流城市，落后于发达国家的首都城市。这些城市包括了费城、大阪、汉堡、达拉斯、杜塞尔多夫和爱丁堡。显然，这个群体包括爱丁堡，并不是因为是世界性城市，而是因为它具有一定数量的全球金融机构，如苏格兰皇家银行，苏格兰的哈利法克斯银行（他们都是由于收购和兼并活动在起作用，其在世界银行的排名均在前十），保险业巨头苏格兰保诚和苏格兰孤寡基金。

表3　2007—2008 年商业中心城市

2008 年排名	城市	得分
18	费城	55.55
19	大阪	54.94
22	台北	53.52
33	汉堡	51.53
35	达拉斯	51.25
39	杜塞尔多夫	50.42
43	爱丁堡	47.79
46	里斯本	46.46
51	莫斯科	44.99
55	雅典	43.25
60	深圳	40.04
61	新德里	39.22
62	波哥大	38.27
63	布宜诺斯艾利斯	37.76
64	伊斯坦布尔	36.14
65	里约热内卢	35.91

注：数据来源于万事达国际组织（2008）。

　　2007 年的榜单增加了一些西方国家的首都城市，例如里斯本、雅典、莫斯科和伊斯坦布尔（虽然后者在土耳其不是行政管理的现代城市）。第三组增加的城市原先是发展中国家的城市，后来却成为发达的经济体，如台北、新德里、哥伦比亚首都波哥大、布宜诺斯艾利斯和里约热内卢（虽然巴西利亚才是巴西行政中心）。

　　所有这三类的世界城市并非在六个方面或者 111 个指标均处于领先位置，但这些城市至少在某些指标方面是世界性城市。从某种程度上说，这些城市就是弗里德曼所说的世界二流城市（1990），它们并不是必须符合在某一方面非常成功的城市的标准，然而，该缺陷可使他们特别适合依靠邻近的城市，从而完成或延长他们的资产组合。

三、合作

虽然大多数关于全球化的争论主要集中在世界城市之间的竞争上，而大量的研究开始质疑，将标志性的事件、人才、公司办事处和公共部门基础设施的发展作为投资、人口、旅游收入、竞争作为衡量的唯一的方法，值得商榷（科威尔，2010）。而全球重要的城市均在追求城市规模和经济增长，现在越来越多的人认识到相对较小城市如果通过与邻近的城市合作，可能更容易获得成功。最简单的模式就是两个城市在经济结构方面的比较，其中一个集中在服务业，另外一个则在制造业。举例来说，费城以服务、制度和旅游为主，而匹兹堡以钢铁和重工业为主导，由于他们之间的合作，现在两座城市正经历"城市复兴"。欧洲以曼彻斯特和利物浦为例，他们相距40英里，曼彻斯特在服务和区域制度方面较为突出，利物浦主要依靠和港口相关的重工业，发展更多的现代产业如汽车制造业。稍微复杂的模型将涉及超过两个城市的合作。其中，米兰、都灵和热那亚的合作就是一个例子。米兰在设计、文化、旅游上突出，都灵制造业发达（特别是在汽车制造上方面），热那亚在港口方面具备优势，他们一起合作发展了一条连接法国TGV的高速铁路。

更多关于城市间相互合作的复杂模型是基于不同国家间的。在欧洲最著名和最成功的合作是哥本哈根与瑞典的马尔摩，厄勒海峡地区的桥梁隧道已经成为连接丹麦和瑞典的固定纽带。其他跨国合作还有，巴尔奈特链接波罗的海首都塔林里加和维尔纽斯队，怀特奈特通过信息技术链接梅茨（法国）、卢森堡、拉尔和萨尔布吕肯（德国）。在欧洲之外，墨西哥蒂华纳和圣地亚哥呈现了一个有趣的合作关系，两个城市位于两个不同的国家并且经济发展水平完全不同。因此，前者提供廉价的劳动力和服务给高收入的圣地亚哥。另外关于世界城市合作的例子是西雅图和温哥华，尽管二者在相当的经济发展水平下合作。

最后，当涉及大量的城市时，模型将呈现出更复杂的合作关系。在荷兰，兰斯塔德由四个经济结构不同的城市组成，鹿特丹从事港口和相关的活动，阿姆斯特丹是首都城市和旅游中心，海牙是以政府和行政为主，乌得勒支是一个配送中心。一个更加鲜明的例子是多中心城市区域——莱茵布鲁区域，其城市区域合作包含了许多大城市，如科隆、埃森、杜伊斯堡、多特蒙德和杜塞尔多夫，此外，还有一些较小的城市，尽管它们的专业化功能并不是很清晰。

这些例子中城市间的合作是建立在比较优势过程中，从而达到共同的目标。特别是以下几个方面：

（1）使中小型城市在开放的国际经济下规模化，多样化和层次化；

（2）为城市和区域的发展在多中心的基础上遵循可持续发展的原则；

（3）提供一个城市发展的区域维度，也就是将小城市和城镇、城市与郊区相互联系起来；

（4）可以帮助提供更多元化的资产组合和境外投资者、商业客户；

（5）提供独特的品牌推广与营销机会，可以在一个复杂独特而吸引人的区域，构建多元的市场；

（6）在更高的层次上，使在城市发展中的政府投资多元化，并加强国家间的联系和影响，如欧盟跨境协作 Interreg 项目；

（7）为主要的基础设施投资提供了一个崭新的逻辑，尤其是交通系统。

在经济全球化的过程中，世界范围和区域范围内的开放有众多的好处。功能区域的主角是可以在一定范围内定义自己的角色并涉及与每一个主体的关系。他们能协调各方，最大限度地利用地理位置、物理特性、当地的经济和人力资本来发展经济。

基于这些考虑，城市间的合作作为功能区域有效提高本区域的投资和就业机会。城市间的经济合作可以提供：

· 对于那些规模优势太小以致于无法实现马歇尔战略的城市，可以依据它们自身的特点采取一些策略

· 使企业多元化，更加有效地吸引投资者和工作者

· 一种机制，包括较小的城镇和农村地区的策略

· 一个明显的逻辑来支撑重点投资基础设施

· 新品牌和品牌形象推广，投资的迁移

城市经济效益：合作行为作为增长的催化剂，是一种吸引投资或者建立新贸易关系的方式，为城市之间的合作提供了所有参与者集聚优势，同时希望避免一些最大城市的集聚不经济。这些集聚经济，包括可以使雇主和工人都受益的具体技能工人的劳动力聚集市场，更丰富及更低成本的非贸易行业的投入以及技术外溢，因为比起远距离，信息和知识的流动在本地更加自由。

本体效益：令人满意的电信、交通或物流基础设施，公用事业及其他社会基础设施是建立有效城市合作的必要前提。通过合作，城市可通过共同努

力改善工业基础设施，如道路，港口，机场和专门铁路，以及社会基础设施，如学校，医院等机构的高等教育和继续教育。

环境效益：城市之间的合作可以带来一些环境效益。包括建筑行业新标准，使用可再生的能源来源，在环保领域的技术创新，污水处理能力的提高，新的废物管理系统，这些将带来更大的规模经济有效性以及环境教育项目。

品牌或形象的好处：合作可开拓城市的国际形象，并提高它们的相对国际地位。在一个微观政治层面看，合作还可以产生新形式的公私合作伙伴关系或加快公共投资决策。此外，合作给城市提供创造新形象的机会，使它不光对于游客和商业有吸引力，并且使它的居民获得到热情，自豪感和凝聚力。

广泛效益：更广泛地说，合作允许城市集中他们的个人能力，并从增长的规模效益获益，即所谓"借来的规模"的现象。它使城市获得一种资源的"关键聚集"，而这种聚集不通过合作是不能达到的。以意大利为例，如果没有马尔彭萨，米兰新区域机场的发展，都灵不会轻易获得2006年冬季奥运会的举办权。

最后，地域相邻城市之间的合作鼓励更广泛的分散地区的合作。一旦城市设立一个"好的合作者"的声誉，这可能会吸引带来潜在有益成果的其他形式的合作投资。

虽然城市间合作的优势是显而易见的，但应该承认，合作也有缺点和陷阱。首先，一个基础设施投资的联合竞投，如机场，最后只能有一个位置，它可能会偏向于一个城市，从而阻止了来自其他合作伙伴的竞投。其次，仅仅行为的合作可能被一些个人和机构当做地方权力甚至是主权的缩减。合作不是简单的协作网络，因为它不仅涉及信息交流，更深刻地是"为了相互的利益以及达到一个共同的目标，改变活动、分享资源和加强其他能力的信息交流活动"（Himmelman，1996）。这意味着，城市之间合作关系的强度级别可以在一个协作中描绘，这其中的四个层次的关系被定义为（表4）。

表4　连续合作

越来越激烈的合作			
联系	统筹	共同运作	合作
对话和共同理解	探索共同需要和潜在合作	共享资源，以解决共同的问题	建立相互依存的制度，以解决问题和机会

续表

越来越激烈的合作			
联系	统筹	共同运作	合作
松散/ 灵活的链接	通信枢纽的中间主体	决策制定者的中央 主体	共识决策使用的共享：资 源开发和联合预算
无等级	促进型领导	正式书面协议的相关 联系	想法和决定的平等共享
最小决策	复杂决策	自治区领导小组决 定，但在中心群决策	领导高，信任程度高，生 产效率高
非正式沟通	和中心组的正式沟通	沟通是共同和优先	高度发达的通信系统

第一，联系：特点是象征性开始的安排，例如相互参观艺术公司或商业机构。如商会、企业协会等。

第二，统筹：通过更具体的合作时间和机构体制安排来建立新的关系链。比如共同节日的庆祝活动，在重大活动联合投标以及在贸易事务上共享广告。

第三，共同运作：城市活动和政策监督来确保他们足够一致，以避免破坏性竞争或重复的努力。

第四，合作：从开始就有协作的目的的新政策和战略的设计和实施。

需要强调的是，四个层次的每一级需要适应具体的情况，这取决于合作面临的三个最普通的障碍被克服的程度。这三个障碍是时间、信任以及官僚主义。如果有一个共同的理想和目标，每个级别都可以变得有效，因为这个共同的理想将影响权力共享，相互学习和对于结果的相互问责制。

四、格拉斯哥—爱丁堡合作

格拉斯哥和爱丁堡是苏格兰最大的两个城市，其辖区拥有 100 万人口，而在其功能区域约有 300 万人口。他们相距 75 公里，有便捷的铁路和公共汽车服务，以及 M8 高速公路连接，而且不久将增加 M90—M9 公路。这两个城市各自有一个国际机场。格拉斯哥的机场在城市西部，主要业务涉及休闲旅游（80% 休闲；20% 商务），而爱丁堡的机场主要是商务旅行（80% 商务；

20%休闲）。

格拉斯哥和爱丁堡的重要性不只是本地或区域。他们为苏格兰提供了三分之一工作机会，包括到这两个城市通勤的25万非本地居民。自1995年以来，这两个城市的就业增长率（21%）是苏格兰其他地区的2倍。1995—2005年，格拉斯哥和爱丁堡的人均国内生产总值增长速度是苏格兰其他地区的两倍，并且以50%的比率高于整个英国的平均水平。他们创造苏格兰三分之一左右的GDP，占据了整个苏格兰超过半数的来自海外游客的收入；三分之二金融服务岗位，并且面向新毕业生就业的新的私营部门，尤其是在教育的专业，例如法律，卫生和政府。爱丁堡（或到最近的金融危机之前）是世界金融中心之一，并且历史上的格拉斯哥是世界领先的重工业中心，生产钢铁，船舶，铁路机车和重型工业厂房。

多赫蒂（Docherty，2005）发现，格拉斯哥和爱丁堡之间关于投资、就业和人才的竞争随着国际化而不断增强，影响到关于企业、个人潜在地点的更大范围的选择。联系度和高等教育研发的质量（大格拉斯哥和爱丁堡之间包含8所大学和众多的高等教育院校）是支撑这种竞争力最重要的因素。隐藏在两个城市竞争背后的是有着悠久历史的相互反感，也许最能概括为劳动阶层的格拉斯哥和中产阶级的爱丁堡。格拉斯哥的工人阶级基础反映了城市长期依赖重工业，就业人群男性比例过高，恶劣的住房条件，和严重依赖国家福利和公共部门。爱丁堡的中产阶级反映了就业人群中较多体面的白领、较高的收入、更大的私人部门比重以及更好的住房和更好的健康服务。在整个20世纪后半期，格拉斯哥的失业率是爱丁堡的两倍（Bailey，Turok and Docherty，1999）。在英国十多个最贫困的地区中，有七个分布在格拉斯哥，没有一个在爱丁堡。从态度方面，这会导致城市居民间的反感情绪甚至族群对立——格拉斯哥认为爱丁堡冷漠不友好，爱丁堡认为格拉斯哥暴力、野蛮及过度依赖福利。即使在政府层面上也存在公民相互猜疑和不信任。据说，20世纪80年代英国格拉斯哥市长曾表示唯一从爱丁堡出来的好东西是到格拉斯哥的火车。

尽管存在潜在的冲突，但是格拉斯哥和爱丁堡在相当范围内的合作被确定了下来。

苏格兰行政机构在"城市回顾"（2003）中指出，通过城市之间的合作使苏格兰成为一个整体可以获得更可观的好处。从那时开始，格拉斯哥和爱丁堡以两个城市议会（苏格兰区域发展的权威职能部门）之间的合作伙伴的身份，已经发起了一个名为哥爱合作倡议（GECI）。这个倡议得到了苏格兰执行机构城市发展基金的支持，而且倡议运作小组也可以代表执行机构。从经济学的角度看。两个城市的合作能得到：

· 规模优势，单个城市可能无法实施马歇尔战略（"借来的规模"的概念）

· 属性多样化，可以吸引公司，投资者，工人和游客

· 全新的关键设施投资支持，特别是运输业

· 新的形象和品牌来介绍给流动的投资者

基于顾问提供的意见，GECI 确定了四个主要途径，其中的合作能够促进创造苏格兰中部的世界城市建设。合作之后的城市被命名为全球前 30 位的"新精英"。这个区域被定义为"真正的世界组织单位，生产大部分财富，吸引了大量的人才共享和产生的绝大部分份额的人才和创造的绝大部分份额创新"（Newsweek，2006）。合作的四个领域包括联系、城市发展、城市的国际形象和经济的关键部门。

尽管电子通信快速增长，但是面对面的接触仍然是商业的基本要素。事实上，正如人与人之间的关系，个人的知识和创造力变得越来越重要，对于商业（和其他）旅行的需求正在不断增加。因此，高效率的运输和人才或其他信息技术一样是经济成功必不可少的组成部分。苏格兰中心地带的交通供给落后于许多其他竞争对手。他们认为，交通基础设施的额外投资对推动格拉斯哥和爱丁堡成为欧洲"超级联赛"是至关重要的（BAK Basel，2006）。格拉斯哥—爱丁堡是苏格兰的主要经济走廊，并在大型企业对大型企业的服务市场表现独特。最近的一项研究发现，苏格兰企业的高联系度能产生更高的经济效益：

· 提高效率，减少商务旅行的成本和时间

· 促进经济专业化和集聚效应，通过更好地获得熟练劳动力，客户和供应商实现降低成本和更高的利润

· 建立更广泛和更深入的劳动力市场，使专业技能和工作能够更好地在更大的地理区域相匹配。

两者之间的城市交通发展无疑是迄今最成功和争议最少的合作方案。城市之间主要的铁路服务是计划在频率上加倍并且在旅程长度上缩短 20%（总体上改善 35%）。直接联系两个城市的 M8 高速公路目前严重挤塞，它会在 2011 年扩充第二条高速公路，第二高速公路 M90—M9 将像福尔柯克和斯特

林的城镇纳入苏格兰中部网络。对高速公路最重要的补充工程是 M74 的建设，M74 是从格拉斯哥的边界到市中心以南的克莱德河，为 M8 高速公路在最拥挤的地方提供一个替代。

这个格拉斯哥—爱丁堡运输改善的案例并非仅是点至点的发展：它也是关于用区域劳动力市场更好地连接这两个城市以及允许经商更加便利可及。例如，恢复巴斯盖特和艾尔德里的铁路联系将给许多工人和雇主提供新的机会，并且巴斯盖特到爱丁堡的路线已重新开放，将提供一个格拉斯哥到爱丁堡直接的备选通路以及作为从中间洛锡安和拉纳克希尔集水区到两个城市的辅助航线。

也许运输合作的最大益处在于通过到伦敦和一些主要英国城市的高铁连接两个城市。格拉斯哥和爱丁堡均与六百公里外的伦敦通过铁路服务相连，这个路程耗时 4 小时 25 分钟，要和现在的国内航空服务竞争还需要再减少到 3 小时左右（允许飞机延误和铁路提供市中心到市中心的运输）。到 2009 年，改善的服务已经计划将铁路时间减少至 3 小时 25 分钟。

在交通基础设施的合作方面并非没有问题，格拉斯哥和爱丁堡都有国际机场并且自 2006 年开始容量明显不足。苏格兰当局面临一个选择：即在两个城市中的一个机场增加一条新跑道，但是尚未有足够额外需求来证明新增两条跑道的意义。这显然存在一个两座城市关于第三条跑道区位选择的潜在冲突。苏格兰行政院就建造中央苏格兰机场在经济上的可行性，以及如何加强枢纽或者中枢的能力，关闭格拉斯哥和爱丁堡的两个机场的影响进行了研究。这两个城市担心机场关闭造成地位损失，因此强烈抗议。在任何情况下，这样一个投资的成本远远超过了可以察觉或估计到的经济损失（Main 和 Lever，2006）。

两个城市之间的合作可以大大提高他们的国际视野、形象和开放性。格拉斯哥和爱丁堡共拥有八所大学，包括两所欧洲最古老、最负盛名的学校，而这两所学校也是苏格兰海外形象的重要代表。这些教育机构是海外形象的组成部分并且决定机会的深度和规模，这种机会是对于流动的人才最强有力的吸引，而流动的人才被越来越多地看做是经济成功的关键（Florida，2002）。这两个城市的最古老的大学在新启蒙运动（Hume，Adam Smith）、蒸汽能量（Watt）、电磁（Kelvin，Clark Maxwell）、疫苗接种（Jenner）、电话（Bell）和电视（Logie Baird）等小发明方面担任重要的历史角色。目前，CEGI 正在研究如何与每个城市的高等教育机构合作来帮助联合运用格拉斯哥和爱丁堡的能力来打造一个更引人注目的苏格兰国外形象。

在合作创新中涉及的第三个要素为关键部门的支持。最为典型的例子是旅游业。在苏格兰的旅游模式中，格拉斯哥和爱丁堡是两大强有力的资产：他们经常占据报纸和最喜爱的城市旅游杂志读者的投票顶部位置，占苏格兰海外游客收入的一半。格拉斯哥和爱丁堡往往位居第二和第三，在国外旅游地中，基于休闲、音乐文化、零售、历史和友好的人际关系上，仅次于伦敦。旅游业可以为那些有互补优势的城市提供合作的空间。格拉斯哥和爱丁堡扮演着独特出众的角色，恰到好处成为双胞胎城市。这些角色包括成为国际通道、主要城市、文化和商业性会议地点。在苏格兰环境中，虽然城市间存在一些相似之处，但他们的"提供品"相互互补。

金融服务业成为苏格兰中心地带的第二大主要收入来源。拥有约20万名员工，在这两个城市金融业发展迅速。起初，大部分的增长位于爱丁堡，且在城市中心，但是随着在南方吉尔商业公园城市靠近机场的西部边缘的空间压力加大，租金、劳动力成本和道路拥挤迫使金融服务的额外增长数量不断转移增加到格拉斯哥。这本身不是一个合作的结果，而是两城市的共识，即爱丁堡的经济渐渐"过热"，只有格拉斯哥，有其新指定的金融服务区，代表一个可行的选择。由于金融危机在2008—2009年度展开，爱丁堡的苏格兰RBS以及HBOS主要银行总部遭受着大规模的裁员、失业，而格拉斯哥继续吸引更多的金融服务的新雇主。尽管资讯科技和金融服务电信发挥的作用，改善运输服务，特别是通过铁路，被视为在保障金融服务复苏发展的一个重要因素。

这两城市间第四个方面的合作计划是"城市发展"，这是一个游说政府投资作为苏格兰经济的主要驱动力的综合术语。CEGI工作重点聚焦如下三个方面（1）鼓励在城市发展方面的政府政策制定，包括加强城市中心复兴（遗产的保护、国防安全、环境美化），正确平衡城市中心之间以及外围城镇零售和商业的发展；（2）在政府对低碳经济的推动下，努力实现最佳的可持续发展模式；（3）支持创新投资的融资模式作为资金基础设施的一种手段。

五、合作

城市间的竞争无疑在不断加剧，尤其在全球规模下，两个或两个以上的大城市具有明显的优势，通过合作提升他们共同的竞争力。在这个过程中，合作使他们能够获得绝对规模和更大的多样性。基于 13 个案例研究的基础上，表 5 列出了一些主要部门的合作领域。运输和电信是合作中最常见项目，同样，研究和开发，高等教育和旅游也是普遍的合作领域。

表 5　合作领域

	电信	科学/技术	信息技术	健康与环境	能源	旅游	制造业	交通/基础设施	事件	其他
格拉斯哥—爱丁堡	X	X	X	X		X		X	共同活动	金融文化
马尔默—哥本哈根		X	X	X				X		
西雅图—温哥华	X					X		X	奥运会	
贝尔蒙特	X	X	X					X		文化
都林—米兰—热那亚				X		X		X	奥运会	
Centrope			X			X		X		文化
任仕达	X	X		X			X	X		环境空间规划
莱茵鲁尔	X	X	X				X	X		文化
茨瓦内—觉伯格	X	X	X			X	X	X	国际足协世界杯	环境
圣迭戈—蒂华纳	X	X								
珠江三角洲		X		X		X	X	X		
黄海沿岸						X	X			环境和物流

　　在格拉斯哥和爱丁堡的合作例子中有四个重点合作领域，最成功的当属交通改善和对外传播（大学，会议）。而在关键领域（大部分局限在旅游和金融服务）和城市发展（城市结构、金融创新和绿色问题）上也取得了一定

成绩。但并非所有的企业取得了成功。

在中国方面，两个城市合作的例子目前已确定。其中第一个合作是香港与深圳或者说是与更广泛的广州城市群的合作。这个区域，通常被称为泛珠江三角洲。它是在 2004 年基于泛珠江三角洲合作框架协议签署的，确定了10 个主要领域的合作，分别是基础设施、工业和投资、商业和贸易、旅游、农业劳务、科学、教育与文化、信息建设、环境保护和卫生防疫。第二个合作领域是非常广泛的，包括中国、日本和韩国的六个城市，这个合作是在1991 年的东亚泛黄海城市会议上确定的。后来扩大到十个城市，增加了中国的大连、天津、青岛和烟台。这些城市经济政策的创新表明，西欧和北美的经验与中国有相似之处。

主要参考文献

[1] Bailey, N. , Turok, I. and Docherty, I. (1999) Edinburgh and Glasgow: contrasts in competitiveness and cohesion, Glasgow: ESRC.

[2] BAK Basel (2006) International benchmarking club. Report on Metro Edinburgh Begg, I. (2002) *Urban competitiveness*, Bristol: Policy Press.

[3] Clark, G. (2007) Economic collaboration between neighbouring cities: international case studies and review, *Report to CEGI*, Glasgow/Edinburgh.

[4] Cowell, M. (2010) Polycentric regions: comparing complementarity and institutional governance in the San Francisco Bay Area, the Randstad and Emilia – Romagna , *Urban Studies*, 47.

[5] Docherty, I. (2005) Towards a collaborative metropolitan agenda for Scotland Glasgow and Edinburgh on the global stage.

[6] Florida, R. (2002) The rise of the creative class, New York: Basic Books.

[7] Friedman, J. (1990) World Cities, Cambridge: MIT Press.

[8] Himmelman, I. (1996) quoted in Clark, G. (2007).

[9] Krugman, P. (1991) Geography and trade, Cambridge: MIT Press.

[10] Lever, W. F. (2005) The space in between, Glasgow: University of Glasgow.

[11] Main, A. and Lever, W. F. (2006) The case for a Central Scotland Airport, *Report to the Scottish Executive*, Edinburgh.

[12] Newsweek (2006) The new megalopolis, 2—10 July.

[13] Porter, M. (1998) On competition, Boston: Harvard Business School.

[14] Scottish Executive (2005) Building better cities, Edinburgh: Scottish Executive.

基于特色竞争优势的大都市
国际化水平提升路径

周蜀秦[*]

　　城市愈来愈成为全球化发展的"网络节点"，成为全球化进程在一个国家或地区的先期"着陆点"，成为国家或地区参与国际竞争的地域空间主体。地处中国东部开放前沿，作为经济社会发展水平最高的长三角区域的中心城市之一，南京的国际化发展正处在重要当口，需要从"多重维度"综合审视，准确评估国际化方位，基于自身的特色优势提升国际化水平。

一、大都市国际化水平评估：以南京为例

　　根据国内学者研究，一般认为城市国际化水平可分为初级、中级、高级三个档次，不同档次对应不同的指标体系。将南京 2009 年有关数据与该指标体系进行比较（见下表），南京在部分指标上已经迈进国际化城市的初级阶段，初步具备发展成为国际化城市的条件和水平。但若按照代表国家或区域参与国际分工和竞争、在全球范围内集聚和配置重要资源、充当国际性中心城市和枢纽城市等世界一流城市的国际化标准分析，南京差距明显。

表1　2009 年南京市与国际化城市指标比较

序号	指标名称	单位	城市国际化水平			南京
			初级	中级	高级	
1	人均 GDP	美元	5000	10000	20000	8000

* 周蜀秦：南京市社会科学院社会研究所副研究员、博士。

续表

序号	指标名称	单位	城市国际化水平			南京
			初级	中级	高级	
2	人均可支配收入	美元	4000	7000	15000	3734
3	第三产业增加值占 GDP 比重	%	60	68	73	51.3
4	非农业劳动力比例	%	75	80	85	76.8
5	人均电力消费量	千瓦时	2000	3000	4000	1800
6	人均公共绿地面积	平方米	15	20	20	13.6
7	每万人拥用机动车数量	辆	1000	1500	2000	955
8	每万人拥有电话数	部	3000	4000	5000	3750
9	地铁运营里程	千米	200	300	400	85
10	外籍侨民占本地人口比重	%	0.6	1	2	—
11	入境旅游人数占本地人口比重	%	40	70	100	19
12	市民运用英语交流的普及率	%	40	60	80	—
13	国际主要货币通兑率	%	100	100	100	—
14	出口总额占 GDP 比重	%	40	60	100	30
15	进口总额占 GDP 比重	%	30	50	80	25
16	外汇市场交易量	亿美元	150	300	600	—
17	外商直接投资占本地投资比重	%	10	20	30	8.7

（一）产业结构层次与国际组织、跨国公司数量

2009 年南京第三产业增加值占 GDP 比重为 51.3%，而纽约、伦敦、东京、巴黎、柏林、香港等世界城市早在 20 世纪末就达 70%以上。南京非农劳动力比例目前为 76.8%，虽接近初级国际化城市标准，但大多数国际化城市的比重均超过 80%。伦敦、纽约、曼彻斯特、大阪、香港等城市创意、设计、传媒、金融、信息等现代服务业占 GDP 比重近 2/3 甚至更高。国际城市一般拥有较多国际政府组织和国际非政府组织，南京虽拥有 12 个友好城市，但目前还没有国际政府组织和非政府组织的常设机构。目前全球 500 强企业中已有 89 家在南京投资，但没有一家全球 500 强企业在南京设立全球总部或亚太地区总部。仅以芝加哥为例，目前拥有 300 多家美国银行、40 家外国银

行分行和 16 家保险公司。

（二）科技创新能力

南京虽具有高等教育发达、科研机构密集的国际化城市共性特征，但也存在科技成果转化率不高、核心原创成果少等突出问题。香港的 8 所大学中排名亚洲前 10 名的就有 3 所。洛杉矶、法兰克福、大阪等城市广泛集中了世界最有代表性的家电、化学、药品、纤维等行业，不仅有世界级的大企业，更集中了大批拥有独特高新技术的中小企业，产业的科技结构合理。大阪关西地区每年专利数占到全日本的 1/3，而南京专利数仅占全国的 1%。此外，南京原创性核心技术研发仍处劣势，拥有核心技术的高新技术产品不多。

（三）国际化交流程度与国际集散能力

2009 年南京全年接待海内外旅游者 5633.36 万人次，其中，入境旅游者 113.45 万人次，创汇 8.37 亿美元，仅为 2003 年纽约的 1/30，2000 年伦敦的 1/20，2002 年香港的 1/12。从外籍人士占本地人口比重看，波斯顿、芝加哥、曼彻斯特、伯明翰等城市大都超过 1%，而南京外籍人士比重较低，国际知名度和吸引力较弱。市民运用英语交流的普及率虽尚无权威统计，但南京差距明显，大阪、慕尼黑、巴黎等非英语城市均超过 60% 以上，一些城市甚至超过 80%。南京禄口机场 2009 年旅客吞吐量为 1084 万人次，仅为 2003 年纽约的 1/7，东京的 1/6。航空货邮年吞吐量为 20 万吨，仅为 2003 年纽约、东京、新加坡的 1/10。虽然禄口机场目前已开通前往国内外 48 个城市的 85 条航线，但国际航线数仅为香港的 1/25。总体上看，禄口机场无论在跑道数量、国际航线条数，还是年旅客运输量和货邮吞吐量等方面，均与国际化城市差距甚远。此外，在港口吞吐量方面，2009 年，南京港集装箱吞吐量仅为 121 万标箱，是洛杉矶等国际城市的 1/5，南京的国际化集散功能亟需加强。

（四）城市现代化建设水准

2009 年南京城市化水平近 80%，而纽约、伦敦、东京等城市已接近 100%。南京人均公共绿地面积 13.6 平方米，虽然在国内居于领先位置，但纽约、伦敦、东京等国际性城市均已超过 20 平方米。从城市文化基础设施来看，在公共图书馆建设方面，南京相当于国际发达城市在 20 世纪 80 年代的发展水平，每十万人拥有图书馆数量仅为纽约、洛杉矶等城市的 1/10，香港的 1/4；每十万人拥有影剧院数量仅为纽约、柏林的 1/40，洛杉矶的 1/30，东京、新加坡的 1/25；博物馆数量（38 个）仅为 2000 年纽约的 1/14，东京、巴黎、洛杉矶 1/9。从城市轨道交通建设水平来看，南京轨道交通营运里程目前已达 85 公里，在国内城市中仅次于京沪穗居第四位，但是与国际化大都市相比，南京地铁营运里程仍然偏低，仅为伦敦的 1/5 和巴黎的 1/3 左右。

根据 2009 年度中国城市竞争力排名，南京的综合竞争力排名未进入前十。从分项指标来看：在人才竞争力、结构竞争力和资金竞争力方面，南京进入前十，但是在经济规模竞争力、综合区位竞争力、基础设施竞争力、环境竞争力、文化竞争力等分项指标评价方面，未进入前十，部分指标甚至排在 30 名以外，这反映出南京经济总量还有待进一步提高，区位优势和科教文化资源优势尚未充分转化为现实竞争优势。而在 2010 年的《全球城市竞争力报告》中，突出表现全球视角下的测度方向的"全球联系竞争力"指标方面，南京在全球 500 城市中位列第 240 名，与上海差距较大，与苏州、杭州基本处于同一等级。

综上所述，南京与国际先进城市相比所存在的明显差距，表明南京国际化程度还处于低端水平和初级阶段，南京必须不断增强国际化城市功能，着眼国家城市体系和全球城市体系两个座标系，加快提升城市国际化水平，推动南京从全球城市体系中的低端向中高端跃升。

二、国际化城市功能体系健全和完善的路径

从国家区域发展战略空间布局来看，南京地处沿海开放地带与长江流域交汇处，是中国沿海与沿江"T"型发展轴的重要联结点，是国家经济从东向西推进的前沿阵地和中转释放点，也是东部与中西部、北部与南部商流与物流的要道。根据《长三角区域规划》，南京被定位为长三角区域向中西部地区辐射的门户城市，国家高铁规划南京为枢纽城市，沿海发展规划中对南京海港地位的确认，这都为南京的国际化水平提升提供了一定的区域性和政策性优势。基于国家对南京的区域定位以及重大基础设施的建设，我们认为南京在健全完善国际化城市功能体系上应从两方面先入手：

（一）健全国际化城市枢纽功能体系

从交通枢纽中心建设到形成国际化枢纽功能体系的过程中，一般经历航运中转、加工增值、资源配置三个阶段的递进，基于南京的现状，南京还处于三个阶段同时叠加、同时推进的阶段，要打造国际化枢纽功能，必须从城

市空间结构、跨界服务能力和全球运筹能力三个方面同时入手。

（1）基本形成世界一流水平的现代化大都市空间结构、基础设施条件和对外交通体系，跻身国内一线航运中转功能城市。航运中转属于传统物流枢纽的范畴，主要功能是大宗商品和货物的航运和中转，是南京打造国际化枢纽功能的基础。因而在城市空间结构、基础设施条件和对外交通体系的建设上，必须以港口城市、海港城市尤其是口岸城市作为参照，加快相关基础设施建设，形成适宜大宗商品和货物"快进快出"的城市空间结构与交通体系。围绕南京港、六和机场建设，构建宁镇扬常泰的航运一小时快速交通网络，形成港口枢纽功能的竞合与放大效应。这涉及扩大货源、合理配置货源结构、吸引航线挂靠等问题。

（2）逐步提升南京城市的跨界生产服务能力与跨界治理能力，打造区域生产网络，嵌入全球生产网络，形成以区域差异化生产网络为特征、国际贸易程度高的加工增值型航运中心。重大交通设施的建设，对于南京在国内枢纽城市地位的提升有着重大意义，但是对于南京在全球生产网络中的嵌入程度提升并没有直接的促进，一旦出现政策性失误，甚至更加容易造成城市的边缘化。关键在于围绕重大交通设施建设，必须迅速提升南京在生产网络中的跨界治理与生产服务能力。进一步完善航运物流环节的无缝对接，对涉及整个业务流程的陆上运输、商检、通关、转运、装卸作业、库场仓储等各个环节进一步优化对接，大幅度减低物流服务成本。据有关研究，国内物流总服务成本占销售额的比例约为15%—20%，而美国仅为5%。在禄口机场扩容、六合机场建设的同时，超前规划建设相关的空港加工产业区，打造相关加工增值类型的产业集群，同步化形成相应的航运枢纽功能，嵌入全球生产网络，成为全球城市网络、全球商品链、全球价值链的枢纽节点。

（3）谋划南京的全球运筹能力，加速建设资源配置型的枢纽功能，更加主动参与资本、技术、信息等要素资源在区域甚至全球范围内的配置。打造国际化枢纽城市，对城市的基础交通设施有着很高的要求。国际化的枢纽，要求的是生产无国界、贸易无国界、投资无国界、技术无国界、信息无国界、人才无国界的内外部服务环境、服务能力、服务效率。尤其是在全球化运筹与第四方、第五方物流时代的今天，物流与枢纽功能在逐步"E"化，国际化枢纽功能体系不仅是商品的集散和加工基地，更是所有要素资源的配置和集散地。而这恰恰是南京在交通设施硬件提升之外，软件方面需要寻求重大突破的重点。围绕国际化枢纽功能体系建设，需要建立统一的协调和管理机构，专门负责研究、制定和协调物流产业发展的各项法规和相关政策；积极推进和完善大通关建设，提高南京口岸的通关效率；有选择地介入航运业高端服务领域，在增强、完善加工增值服务的同时，基本建成高度开放的、符合国际规范的、完备的各类市场体系，初步形成国际化枢纽功能体系，国际资本控制和经营管理决策中心功能得到大幅度强化。

（二）完善国际化社会生活空间功能体系

（1）国际化自由贸易生活空间的打造。作为一个国际化程度高的城市，必须有相应的国际化商务、商业、生活、休闲空间。国际化的生活和居住对于所在城市的价值在于，对"全球族"时间的"粘滞效应"。所谓的生活居住空间要素国际化改造，就是要求南京要在吃、住、行、游、购、娱的各个环节都要达到国际化的水平，或者说都要有达到国际化水平的特定空间与区块。让国际化的游客、旅客、居客，在支付了国际化标准的费用后，享受到国际化的、世界同步的生活产品和服务。为此，南京还需要从生态、文化、餐饮、住宅、交通、旅游、购物和文娱多个方面进行国际化改造，或者进行专项性的国际化自由贸易、生活居住空间打造。

（2）航空港—轻轨—地铁—高铁—火车的联动捷运体系建设。捷运系统是每个国际化大都市必备的建设之一，是居民时间管理与城市通勤效率的表征。是否具有通达、便捷的区域内轨道交通系统，很大程度上反映着城市的国际化水平。南京目前的轨道交通系统还处于主城区核心—扩散的发展阶段，以点—轴—线发展为主要特征，距离网络化的捷运系统还有很大的差距。在推进国际化大都市建设的过程中，南京必须放大捷运系统建设的作用，统筹市域范围内的捷运系统布局。尤其要尽快在禄口国际机场—高铁南站—火车站之间形成快运通道，使得外部的大流动与内部的内循环完全无缝对接，确保联动性、通达性，从而发挥出城市空间的立体性功能。

（3）国际性宜居空间与国际化生活风尚区的建设。真正的国际生活区的构建相当庞杂，除了提供公寓、别墅、酒店、会所等物业产品之外，更像是在营造一个看不见的庞大生活系统。需要考虑多种物业形态的配比和布局、商业配套与居住环境的关系、不同种族不同国别的生活习惯问题、全球通达的信息设施构建、区域交通与机场等大型枢纽的配合、绿化和环境的标准、安保和社区管理、教育配套和医疗配套的独立与完善等等。国际生活区不像CBD区域的居住及配套的分散布局或高密度集中，而是在地理位置本来就相对宽松的区域以低密度融合的集约姿态出现。南京应该结合郊县空间开发，进行一些国际生活区的战略性布局，前瞻性的论证"美国 TOWN"、"韩国 TOWN"、"台湾 TOWN"、"德国 TOWN"建设项目。凭借国际生活区项目所带来的全球化的生活配套、居住条件、消费氛围、生态环境、交通设施吸引南京的全球人士转移生活重心。在禄口等地区形成聚合效应，成为空港区的国际化生活核心，同时辐射全南京乃至南京都市圈。

三、基于特色优势融入全球城市网络，参与国际化竞争

全球化把城市编织成一个相互紧密联系的无边界网络，在世界城市体系内部，以及城市之间为参与到这个体系之中而展开的激烈竞争将成为未来10—20 年全球城市发展的主基调。知识的产生、传播与学习能力，信息技术在经济社会发展中的运用，以及新型产业部门在城市及其周边地区的集聚将成为城市获得全球竞争力的关键。世界文化的发展体现出全球化和民族化两种趋势，反映在国际大都市的现实实践，就是一方面要寻求与国际潮流、国际惯例对接，以体现其城市文化架构的国际化，另一方面要寻求其城市文化架构的个性化、身份化，这在客观上要求确立城市文化发展的均衡定位。南京作为中国四大古都之一，有着厚重的历史文化资源，同时南京作为中国科教资源最为丰富的三大城市之一，在发展知识经济与创新型经济方面有着巨大的潜力。在集中实施城市特色国际化提升计划中，应着力打造"科教"与"文化"两大特色优势。

（一）实施"科教兴市"主战略，打造国际性科教名城品牌

作为中国最早创办大学的城市之一，南京科教资源位居全国同类城市前列。开发、释放这些优秀科教资源，对于南京逐步进入后工业社会，尤其是城市融入国际化竞争并逐步取得竞争优势，具有着非常重要的推动作用。

一是激活、转化科教资源优势，提升城市创新能力与创新动力，完善自主创新环境。制约南京发展的一个长期因素就是创新能力不足，这使得发展先进制造业和高新技术产业受到阻碍，使得南京在国际产业分工体系中提升自身地位缺乏实力，也使得打破资源能源和环境约束、转变增长方式缺乏通道。同时依靠引进来推动本地科技创新和发展的溢出效应远没有开放初期明显，必须加大本地自主性技术创新活动的力度，通过各方面政策及其相互协调，给技术创新以整体性的推动。要依托南京的科教资源优势，激活科技创新这一新的增长源泉，探索技术创新的后发道路。形成有利于自主创新的政

策制度环境，倡导热衷于创新、勇于创新的企业家精神，并进一步强化自主创新的基础服务平台建设。

二是依托大学校园，实施大学校区、科技园区、公共社区"三区联动"发展，催生新的创新源与创新模式的多样化，实现"科教空间"向"创新空间"的转变，构建类型化、系列化的城市区域创新体系。在知识经济时代，以大学为载体而建设的大学园区，已经成为城市科技创新的引领者，目前以大学为主体的世界高科技园区已达500多个。这些园区和城市的成功很大程度上是"将大学与城市发展结合起来"，形成了强有力的产业集群、技术专利集群、人才集群、风险资本集群。南京必须充分发挥大学的优势，实现大学优势资源市场效应最大化，依托南京大学、东南大学等知名高校，引导建设一批"知识创新区"。推动建立"校企联盟"，完善政产学研金合作机制，加快构建以企业为主体、市场为导向、产学研相结合的技术创新体系，让高校院所的创新资源与企业的研发需求相对接，让高校院所的科技资源源源不断地走出高墙、走向市场。运用财税政策，引导和鼓励企业与高等院校、科研院所全面合作，共同建立实验室、研发中心、工程中心，联合培养高层次人才和创新团队。深化"高校＋开发园区＋企业＋人才"四位一体的人才引进与培养模式，鼓励创办中小企业和各类民间研发机构的创新。全力营造"大学的城市、城市的大学"品牌环境，推动南京与中外大学的国际化合作，推动本地大学的国际化进程，推动制度与环境的国际化对接，全面加速教育名城建设的国际化进程。

三是营造面向全球城市网络的"K链接"（K‑linkages），逐步形成国际性科技创新活动集聚地特征。空间的集聚力正在更多地受到"K链接"即知识链接的影响，"K链接"不仅能够带来知识和信息的外溢，而且能够通过不同人群之间的知识联系而产生创新。新世纪以来不断出现的大都市区、巨型城市、城市群、城市走廊等新的城市集聚，在很大程度上受到知识经济时代"K链接"的影响。虽然目前对知识外部性或者说知识外溢等现象的空间维度下知识链接视角的研究还处于起步阶段，但是南京必须提前营造面向全球城市网络的知识链接，一旦失去机遇将造成数字、信息鸿沟，与当代国际化进程形成"代差"。以全球生产网络下南京城市跃升为基点，建立区域人才、知识可持续发展战略框架。通过专项的国际化人才链接、吸附、营销政策，整合政府、企业和社会资源，制定和完善有利于引进国际化高层次创新创业人才的配套政策。围绕南京未来十年的城市国际化与产业转型发展，制定南京未来重大产业人才引导政策。强化在智慧城市建设、数字内容产业、物联网经济等方面的人才引导，鼓励南京在新一轮发展中涌现国际知名、国内一流的科技精英与商业英雄。重点关注和扶持国际化高层次创新创业人才中涌现的典型代表，积极打造适宜超领先人才成长发育环境和氛围。

（二）谋划文化象征意义上的"世界城市"，将文化资源向文化资本转化

南京具有众多的世界性、国家性、区域性历史文化资源，在打造特色国际化竞争优势的过程中，必须梳理、挖掘、创造具有国际传播价值的文化资源，并将文化资源向文化资本转化，形成具有广泛影响和文化外部效应输出的文化产品，谋划在文化象征意义上率先具备"世界城市"的地位。

一是进一步塑造和强化世界历史文化名城的外部形象。建立面向世界的"中华元素"集萃的历史文化名城印象，逐步达到京都、奈良、佛罗伦萨等世界著名历史文化名城的同等地位与价值。在每两年一届的名城会基础上，进一步加大对南京作为世界历史文化名城的外部宣传力度，策划形式多样化的国际性文化交流活动。区别于上海每年5月举办的"上海论坛"、9月份举办的"世界中国学"论坛，南京应在每年的不同时段，举办针对面向全球层级、华人世界层级、国家层级、区域层级的城市文化传播活动，制造外部传播价值的国际性事件，搭建系列化、梯度化、连续化的世界历史文化名城展示平台。

二是营造全球化的城市文化空间、交往空间。南京还缺乏类似于巴黎埃菲尔铁塔、悉尼歌剧院这样具有全球唯一性、识别性的城市文化空间或文化景观，需要在实体空间层面对南京具有世界唯一性的历史文化元素如中山陵等进行合理整合，打造世界价值的南京城市文化景观，表现出南京作为一个城市，担负起中华文化守望者、"中国读本"的使命与责任。在城市内部空间，策划和营造具有国际化气息的各类型小型开放空间，规划全球化的城市文化空间发展轴，发展各种具有国际化程度的特色文化创意特区，如国际艺术村、创意市集等。

三是构建面向国际的文化产业集聚区，开发国际化文化产品，创造和推广国际化文化事件。长期以来南京一直是一个文化资源大市，而不是一个文化产业大市。在文化资源层面上，南京完全有条件成为文化象征意义上的全球城市，但是南京缺的是文化的资本化运作，总是停留在既有文化资源的梳理，缺乏对文化资源进行整合与再造的智慧和胆识。《人间正道是沧桑》、《建国大业》、《庐山恋2010》等影视作品南京都参与其中，但是单论文化产

品与文化事件的传播度，南京还不如横店的影响大。在文化产业业态开发方面，应该加强与台湾的对接，引进同宗同源的文化类型与产业业态，逐步形成凸显"世界之中国印象"的作品集聚区，使得南京有机会建设成为具有全球感知性的中华元素文化产品、商业模式的创造者。同时逐步建设面向全国、亚太区域的出版产业中心和电视、广播、新闻中心，助推国际化的文化产业与国际性文化事件的集聚和传播。

主要参考文献

［1］Amidon D. M. 2003. The innovation superhighway：harnessing intellectual caital for sustainable collaborative advantage［C］, Butterworth – Heinemann.

［2］中共南京市委办公厅课题组：《全面提升南京城市国际化水平思路研究》，南京市"十二五"规划课题，2010 年 7 月。

［3］李建强、屠启宇、苏宁、黄海洋：《大学校区科技园区公共社区联动发展区域创新体系建设的理论与实践》，上海社会科学院出版社 2007 年版。

［4］阿莫德－波尔弗，利夫－埃德文森主编，于鸿君，石杰译校：《国家、地区和城市的知识资本》，北京大学出版社 2007 年版。

［5］左学金等：《创新型国家与创新型城市战略——上海的选择》，上海三联书店 2008 年版。

创新型城区——社区驱动型区域创新体系建设模式探析

屠启宇 林兰*

一、创新体系的社区驱动认识

2010 年，中国的区域创新体系建设进入快车道。国家科技部确定了首批 20 个"国家创新型试点城市（区）"，国家发展与改革委在 2008 年启动深圳创建国家创新型城市试点工作基础上，2010 年再次部署 16 个城市开展"创建国家创新型城市试点"。在两部委试点中，只有北京市海淀区、天津市滨海新区、上海市杨浦区、重庆市沙坪坝区是按区的建置安排为创新城区试点。城区运行远不同于城市，往往只主要承担一、二项城市功能。对于城区创新的研究和实践是缺乏的。

区域创新体系是国家创新体系的重要组成部分。中国《国家中长期科学和技术发展规划纲要（2006—2020 年）》中对于建设国家创新体系的目标设定是："以政府为主导、充分发挥市场配置资源的基础性作用、各类科技创新主体紧密联系和有效互动的社会系统"。其中，"社会系统"是作为国家创新体系的最基本属性。然而，无论是理论研究还是实践操作中，社会，尤其是作为社会局部代表的社区，并未得到应有的重视，而成为创新体系建设中缺失的一环。更为严峻的是，在社会（社区）角色缺失的情况下，集中围绕产学研展开的创新体系建设努力，无论中外，都还鲜见成功案例。为此，需要重新强调创新体系建设的社会属性，将社会（社区）视为创新活动的主体

---

* 屠启宇：上海社会科学院城市与区域研究中心秘书长，教授、博士；林兰：上海社科院城市与区域研究中心助理研究员、博士。

之一，而非单纯的创新环境背景或被动的创新效应释放对象。本研究基于城区尺度的区域创新体系建设的实践，尝试以社区为主体，归纳形成一个社区驱动型创新体系构建模型。

（一）从官产研"三重螺旋"到社区崛起

随着信息化和全球化发展，全球生产网络的形成在城市层面也烙下了深深的印记。在城市中渐渐出现了这样一些功能区域：不专注于生产环节，不精于销售与配套，而集中于研发和创新环节。大学、研究机构、研发企业在地理上集中于这类区域，以水平型的联系构筑研发网络。这种研发型水平网络与垂直型的生产网络有着很大的区别，生产企业已逐渐从网络中淡出，取而代之的是一个具有浓厚社区特色的城市创新极。

学者们多运用三重螺旋模型（Triple Helix Model）来解释这种现象。三重螺旋模型是区域创新系统理论的重要组成部分，由亨瑞·埃茨科瓦茨（Henry Etzkowitz）[①]首次提出使用，用以解释政府、企业和大学三者间在知识经济时代的新关系，描述了在知识商品化的不同阶段，不同创新机构（公共、私人和学术）之间的多重互反关系。

Leydesdoff 对此概念进行了发展并提供了该模型的理论系统[②③]他指出，在区域创新系统中，知识主要在三大范畴内流动：第一种是参与者各自的内部交流和变化。第二种是一方对其他某方施加的影响，即两两产生的互动。第三种是三方的功能重叠形成的混合型组织，以满足技术创新和知识传输的要求。

三重螺旋模型在现实中有着不同的组织和架构模式（图1）[④]。第一类，政府包含了学界和业界，并在其中致使直接关系，这一模式又被称为官产学极权钳制模式；第二类，三者各自分离，带有严格边界的组织层面，并高度地限制了这些层面的联系，又称为官产学自由放任模式；第三类，预期产生一个知识基础构造层，并在其进一步发展着的交织重叠的制度体系下，每一

① Leydesdorff L. And Henry E. 1995. The Triple Helix of University—Industry—Government Relations：A Laboratory for Knowledge – Based Economic Development ［J］. EASST Review, 14（1）.

② Jones – Evans D. 1997. Entrepreneurial Universities – Cases of Good Practices from the Republic of Ireland, International Conference：Technology Policy and Less Developed Research and Development Systems in Europe ［C］. UNU – INTECH, International Conference, Seville.

③ Leydesdorff L. 1997. The non – linear dynamics of sociological reflections ［J］. *International Sociology*,（12）.

④ 王成军：《官产学三重螺旋研究——知识与选择》，社会科学文献出版社2005年版。

者可以起到其他者的作用，并在交互作用界面创立杂交混生型组织，又称为官产学三重螺旋模式。在第三类模式中，三者分中有合，产生了交互作用地带，这时三者的创新主动性最大、创新的效果最好。

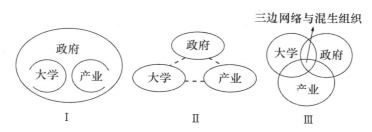

图1　三重螺旋模型的不同模式

　　近年来，在国家创新体系的研究与实践框架下，学术界开始探讨官、产、学关系的演进与变更以及其对国家创新活动的影响与实现问题①。螺旋的重叠和交互作用越来越受到学者的重视，政府、企业和大学的"交迭"是创新系统的核心单元，社会发展的动力逐步依赖于弹性的"交迭"系统，在不同制度领域之间不再有很强的界限②③。在创新过程中，为保证三重螺旋机制的有效运作，保持其要素之间高度的同步性，必须在组织和制度上加以保障。在彼此独立而又"你中有我"的相互交错中，"技术商业化"成为产业、大学、政府的共同目标和链接纽带。

　　除三重螺旋的交叠得到学术界的重视之外，三重螺旋的发生环境和机制也成为全球学者研究、探讨的热点。从三重螺旋国际会议召开的主题变化可以看出，自2002年哥本哈根会议之后，打破三重螺旋各自的边界并搭起三者之间连通的桥梁、关注三重螺旋模型中社会和文化的作用、创业型大学扮演的角色、各条螺旋如何互动等新话题引起了学界热烈的讨论（表1）。怎样促进创新主体的联合？需要何种环境？通过何种方式？这一系列问题都在逐步探讨与完善中。

---

　　① Leydesdorff L. and Martin M. Triple Helix Indicators of Knowledge – based Innovation Systems Research Policy. 2006（35）.
　　② 吴敏：《基于三螺旋模型理论的区域创新系统研究》，载《中国科技论坛》2006年第1期。
　　③ 薛捷、张振刚：《基于"官产学研"合作的产业共性技术创新平台研究》，载《工业技术经济》2006年第12期。

表1　各届三重螺旋会议的主题

届次	时间	召开地点	主题
1	1996	阿姆斯特丹	官产学关系
2	1998	纽约	官产学关系中研究的未来定位
3	2000	里约热内卢	无尽的转变：社会、经济和科技发展的关系
4	2002	哥本哈根	打破边界，构筑桥梁
5	2005	都灵/米兰	从认知、经济、社会和文化方面来看知识的资本化
6	2007	新加坡	创业型大学在三重螺旋中的作用
7	2009	苏格兰	政府、产业和大学之间的互动关系

资料来源：根据主要参考文献［2］修改。

应该说，三重螺旋理论只是建立了政府—企业—大学的分析范式，该模型提出之后，产学研、官产学、官产研等概念相继提出。这些概念都反映一种大学（或科研机构）、政府、产业界联动创新的发展模式，也各有自己的分析侧重点，有的修正概念更强调产业园区的作用，有的更注重科研的带动。然而，这些模型在解释三重螺旋发生的环境（如社会、文化）与运作机制上，都在很大程度上忽视了社区的作用，关于校区与社区的联动、园区与社区的联动更是鲜有涉及。而真正促使各个创新主体发挥主观能动创新作用的，是有着浓厚创新热情、创新色彩和创新动力的创新型社区环境，这一影响与促进因素在研究三重螺旋模型时至关重要。

因此，笔者认为，在解释这种依赖并充分利用社区的创新集群的成因时，已不能单单考虑传统经济学中关于降低交易成本、知识外溢等传统外部性因素的影响，地区社会文化网络和制度支持机制的作用更为重要。在智力资源非常丰富的地区，特别是在产业园区以外的社区与城区特征明显的地区，丰富的社会资源使得知识和创新不再仅仅沿着产业链传递和扩散，而是一种由点及面的发散式扩散。因此，由于创新对"软"环境的特殊需求，创新体系本身的社区特征日益凸显，一个以社区为驱动力的区域创新模式——创新型城区开始显露轮廓，原有的"三重螺旋"理论中传统的强调产业、忽视社区作用的"产学研"结构需要得到一定的修正。

（二）创新型城区的产生

创新型城区是近两年出现的一个区域创新体系建设的新名词，上海市杨浦区、北京海淀区、杭州市萧山区、重庆市镇海区等地都相继提出以建设创新型城区作为未来城市创新体系建设的重要抓手。但何谓创新型城区以及其产生条件和运行机制是什么，目前在文献里都未有阐述。

笔者认为，创新型城区不是纯粹的大学园、不是纯粹的产业基地，其要塑造的是要素条件配备更为完备、创新深化程度更大、作为更广范围经济发展的新驱动力的角色更为明显的区域，是一种地理区域、区段或实践社区，逐渐向社区化（有着非产业链成分的其他创新主体存在）的方向发展①。其比照大学城的差异是没有围墙；比照科学城有源源不断的新鲜人才供应；比照科技园除了应用还是持续的原创，而良好的社区与文化呼应是其最大的特色。

因此，创新型城区的实质是一个以知识创造和研发转化为核心活动的城市功能区。其塑造模式与运行机制强调符合科学发展观的要求，表现为围绕创新的各类核心、支持、配套、衍生要素环境集聚且组合良好。其作用的发挥首先在于城区本身经济社会运行的创新性，在于其能担当起所在城市主要的创新功能，成为城市新的增长极和动力源；同时也通过在区域范围内乃至全国、国际范围上的知识溢出与创新辐射，而成为更大尺度上的创新中心。

二、创新型城区的特征

（一）社区—高校—园区新三重螺旋

Bugliarello 指出，智力型区域必须能有效地利用资源，特别是要将教育作为创新文明的核心要素，大学等创新机构在这一体系中，处于创新水平的高端"极点"位置，区域化的空间创新体系因而减少了"动态的不确定因素"②。在以往的三重螺旋模型中，园区往往扮演着驱动者的角色。这里的园区或是纯粹的产业园区，或是附着于大学的衍生型科技园，其产业联系（尤其是纵向的垂直联系）发达，生产的特征十分突出，大学是知识的供给者，园区是知识的使用者，但横向知识的传递机制并不畅通，社区的重要性被极大地忽视了。

---

① Amidon D. M. 2003. The innovation superhighway：harnessing intellectual caital for sustainable collaborative advantage［C］，Butterworth – Heinemann.

② 阿莫德 . 波尔弗：《国家、地区和城市的知识资本》，北京大学出版社 2007 年版。

严格地说，在新三重螺旋模型中，大学是知识创新的真正源头，社区本身不产生技术性的创新，园区是创新的最终归宿。大学内部的知识溢出微乎其微，而产业园区的知识产生效率与溢出强度要么很弱，要么沿着产业链传递而具有较强的方向性。其主要原因是由于纯粹的校园环境与纯粹的生产环境都不利于知识（尤其是默会知识）的传递。社区不产生创新，却是创新传递的媒介。伴随着知识时代的到来，这一以园区推动的三重螺旋模型弊端显露，而社区在模型中的作用则越来越清晰。

（二）成熟型社区的核心驱动作用

拉古萨指出，区域创新体系的一个重要内容是社会组织制度因素对创新的影响，创新型区域应该具有三个主要的可持续能力要素：智力被很好地组织起来以与外部结构性资本和人力资本相联系；政府领导能力提供结构性资本作为财富创造的前提；社会精神和价值把人力资本和不同的结构性机构资本联结起来，这些都体现了文化、组织和制度对创新的影响（阿莫德，2007）。创新体系内部的社区环境使各创新主体通过比较和相互学习，能够理解各种决策的可能后果，提升本地区的创新成功率和创新水平，而这些都是空降型的大学园与产业园无法提供的，只有成熟型的社区环境才能满足这一要求。

在知识创新时代，以大学为代表的知识创造者、传播者和应用者越来越从经济和社会发展舞台的边缘走向中心，各种创新极越来越要依靠社会所提供的各种资源与环境，依靠政府的支持。因此，大学不仅仅是人才教育培养中心，还应成为区域的文化中心，向社会开放文化资源，提高城市品位，提升社会文明水准；园区不仅仅是先进技术的供应中心，还应成为区域的科技服务中心，向社会开放创新资源，应用和推广高新技术，更好地为经济建设服务。而社区就是大学和园区发挥这些作用的载体与平台，促进高校的科技成果有效地向社会延伸和辐射，促进园区的技术创新服务于民众生活，从而带动区域创新。

创新型城区相比较于纯粹的大学园与产业园区，最突出的特点就是始终烙有社区的印记，其社会性色彩十分浓厚，强调了创新主体的社会活动性及其相互之间的积极互动[1]。创新型城区中，高校与园区都打破围墙融入了社

---

① 李建强、屠启宇等：《大学校区科技园区公共社区联动发展：区域创新体系建设的理论与实践》，上海社会科学院出版社 2007 年版。

会，从而实现各创新主体的互动，促使其交织而成平面的、网状的创新元集合（如新思想、新观念等），创新网络与创新环境处于一种联体发展的互动状态，二者的交融共同构成区域创新的大系统①。

三、基于国家创新型试点城区（上海市杨浦区）的案例分析

2010 年国家科技部确定了首批 20 个国家创新型试点城市（区），上海市杨浦区是其中之一。杨浦区位于上海市中心，是一个有着百年的工业传统、科教传承和市政文明的成熟城区。它的创新道路颇具示范性，尤其是表现在社区驱动方面。

杨浦区集中有 14 所高校和 150 余家科研机构的上万名大学教师和 10 万高校学生，以及 30 万专业技术人员。然而由于体制造成的条块分隔，在相当长时期里，大量优质创新资源并没有溢出成为区域整体的创新实力。在过去 7 年中，杨浦提出大学校区—科技园区—公共社区三区联动融合发展思路，尤其是强化了社区的主体角色，同校区和园区相交织，互为渗透，一举改变创新资源集中不集聚的局面，初步构建成为一个创新体系完善、创新要素集聚、创新人才汇集、创新文化浓郁、创新生态优越的创新型城区。

在杨浦创新型城区建设中，存在着一批极具活力的"社区创新细胞"，正是这些"社区创新细胞"带动了无论是空间意义上的还是关联意义上的周边更大范围的创新活动。这些"社区创新细胞"不仅是通过创新活力的溢出、创新活动的扩散来带动周围，而且还以自身的有效"复制"使得"创新细胞"组群不断扩大范围、提升能级，从而在整体上拼就了杨浦创新型城区的大局。本文选择了"创智天地"和"杨浦科技创业中心"作为各具特点的社区驱动创新实践模式加以考察归纳。

（一）注入创新枢纽催生创新社区——"创智天地"

"创智天地"所处的上海市杨浦区五角场社区，在一公里半径内有复旦大学、上海财经大学以及部队院校等多所高校和科研院所；江湾体育场和若干区级商业设施；若干国有中型企业以及一批教师公寓和工人新村。但是长期以来，这些高校科研院所创新主体基本上同五角场社区鲜有交流。一方面，

---

① 王缉慈等：《创新的空间企业集群与区域发展》，北京大学出版社 2001 年版。

社区与校区供需不匹配，高校师生文化、生活需求在五角场社区得不到满足，或是选择在校区内解决或是"蛙跳"至市级商业、文化中心进行消费；另一方面，高校知识资源不向当地社区开放，师生与居民少有交流渠道，社区虽与优质高端文教资源比邻但文教需求却得不到就近满足；再一方面，高校创新成果与当地产业发展错位，杨浦当地传统制造业升级愿望迫切，但高校科研曲高和寡，难以形成对当地产业转型升级的科技支持。结果是，虽然在杨浦五角场社区集中有众多创新高地，但是集中不集聚，各主体呈散沙状，区域创新体系无从谈起（参见图2之"阶段Ⅰ"）。

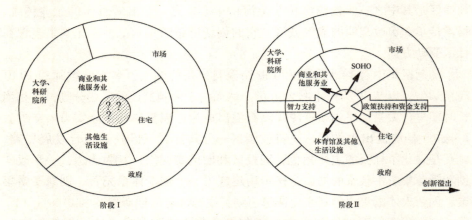

图2　注入创新枢纽：变散沙为创新社区

2004年作为杨浦三区联动建设创新型城区的一个核心抓手，启动"创智天地"项目。"创智天地"定位是知识型社区，占地84公顷，总建筑面积超过100万平方米，由四大部分组成：智能化办公楼及各种商业服务设施组成的"创智天地广场"；提供住宅、办公、零售、休闲、娱乐设施的多功能"创智坊"；开发了休闲开放空间功能的"江湾体育中心"以及着重推动高科技研发的"创智天地科技园"。"创智天地"作为一个创新枢纽注入到五角场社区后，对周边高校师生形成吸引、对原来社区实施改造、对企业形成集聚，一举改变了长期以来创新高地位于本地但又不"落地"的局面，撬动了区域整体创新的全局（参见图2之"阶段Ⅱ"）。2008年，"创智天地"注册企业为115户，软件研发类企业占70%。中心区一期甲级写字楼出租率达99.8%，包括美国EMC中国研发中心、百度上海总部、易保软件、红五软件、甲骨文研发部等处于本行业国际领先地位的现代服务业企业都入驻了园区。

"创智天地"作为社区驱动创新实践的特点首先在于，从参与者的角色来看，"创智天地"是个混合布局的大杂烩。其中有智能化办公楼及各种商业服务设施（如"创智天地广场"），也有提供住宅、办公、零售、休闲、娱乐设施的多功能区域（如"创智坊"），还有休闲体育设施的（如"江湾体育中心"）与着重推动高科技研发的小型科技园（如"创智天地科技园"）。从这一点来说，"创智天地"是一个地地道道的城区和社区，大学与园区在其中仿佛隐身了。

其次，在良好生产、生活基础设施的基础上，"创智天地"营造了浓厚的社区创新文化。区内的住宅形式大多数为"乐富住宅"，融办公和居住为一体，适应高科技工作者与常人不同的生活方式，即生活起居等一切围绕头脑思维的需求转，瞬间完成工作和生活的角色转换。其发展承袭了法国巴黎的"左岸"文化，大学隐于其中，却发挥着巨大的作用。具有极大活力的社区仍然依托周边著名大学和各类科研院所的丰富资源而存在，社区不是简单的热闹的街区，而是富有创意和知识底蕴、具有极高商业价值和广阔创业空间的社区。创新就在这种亦社区、亦园区，亦休闲、亦工作的自由的、柔性的创新氛围中，在这种社区与园区空间混合、功能融合的创新环境下得到了极大的推动。创新不再单单是专职人员的事情，社区走进科技、科技融入社区的良好发展模式的形成使区内的居民，区外的市民也都切身体验到创新的激情与创新的成果。

"创智天地"是"园区"与"社区"联动发展的典型，"园区"包含着国家大学科技园、知识产权园、教育服务园区、中小企业研发外包服务中心、创业者公共实训基地等一批公共服务平台，构成城市经济发展的增长极；"社区"也不再是传统意义上仅提供居住功能的居民聚居区，而是未来的生活形态，包含着交流、创业、文化、休闲、居住于一体的公共服务空间。"创智天地"犹如知识创新要素的CPU，在园区与社区之间建立全面合作、互动共融的对接机制——社区是园区发展的重要空间，园区是社区发展的重要支撑。因此，其不再仅仅是知识工作者休闲生活、学习、分享知识、沟通合作的地方，更是大学、研发机构、大小企业及现代化服务业等等的经济互动平台、智慧型创业者的天堂。

（二）以服务功能充当创新"旗舰"——"杨浦科技创业中心"

关于创新集群研究的一般共识是认为，成功的创新集群往往需要有一个具备知识创新势能的大型研发机构或企业作为区域创新活动的旗舰，通过知识溢出、人员培养、前后向联系持续引领和组织区域的创新活动（参见图3之"发展阶段Ⅰ"）。然而，上海杨浦区的创新型城区建设是以孵化和集聚大量中小型创新企业为特色，并没有大型研发企业担当创新旗舰作用。大量中小型科技企业是围绕着由社区出面组建的创新服务平台共生共荣、形成集群（参见图3之"发展阶段Ⅱ"）。其中，"杨浦科技创业中心"就是一个典型的旗舰型创新服务企业。作为杨浦区的主要创新平台，至2007年底，"科技创业中心"累计引进企业220户，该年注册资金5.2亿元，同比增加225%，实现地方税收2180万，同比增长55%，大楼出租率保持在97%以上，公司本部总收入1.03亿，利润1737万元。同年，新认定孵化企业56家，新毕业企业16家，孵化企业新申报专利及著作权164项，大大高于上海市其他园区孵化器的业绩。同时，在上海孵化协会对二十四家孵化器考评中，"科技创业中心"被评为上海市六家A级创业中心之一。"杨浦科创中心"的核心模式是：

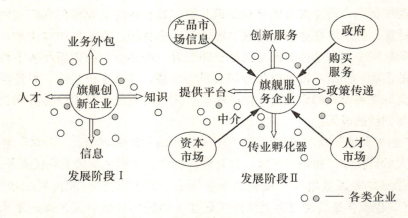

图3　区域创新体系：从旗舰科技创新企业到旗舰型创新服务企业

首先，实现由创新到创新服务的转变。这个创新集群的整体核心竞争力不在于"研发创新"而在于"创新服务"；集群中的大量中小型科技企业还担当不了创新旗舰，而是科创中心这个创新服务供应商担当了创新旗舰的角色。创新服务中心打出以旗舰型大学为号召的创新集群品牌，以较高的知名度和较好的亲和度开展了与区外和上海市以外区域的合作。这样一个创新孵化集群品牌的形成，不仅使得杨浦科创中心成为了一个全国孵化器中的标杆，更为重要的是使得入住杨浦科创的众多创新企业也能够通过打"杨浦科创"孵化企业的旗号，共享这一整体品牌，提高自身的美誉度，从而更好地开拓业务谋求自身成长，科创中心也因而具有了社区的和区域的色彩。

其次，该模式是缺乏大型旗舰型企业却有着丰富智力资源地区经济发展的发动机。对于高校和科创园带动的知识创新区，区内或长起来的大多都是处于初创期及其之前的中小型科技企业，缺乏一般创新集群所常备的旗舰型企业。这种创新区域无法因循常见的模式，即通过大型创新旗舰企业的溢出、衍生、扶持带动周边创新型中小企业的发育和集聚。而这种模式的价值在于通过创新旗舰提供的高质量的创新服务，乃至于承接一部分原本属于政府公共服务的职能，培育集聚了一批中小型创新企业，从而以"旗舰型孵化器＋大批创新企业"的模式在整体成功塑造一个创新孵化集群品牌。

综上所述，杨浦创新型城区"社区创新细胞"的形成与运行机制并非遵循着单一模式，而是有多种模式存在。"创智天地"通过枢纽性的功能植入改造原有社区，一举重塑了周边的知识流动格局，活跃了区域的创新活动；"杨浦科技创业中心"通过以社区为主体打造创新服务型旗舰机构，培育和吸引了大量中小型创新企业围绕于其周围，形成以服务为核心竞争力的创新集群发育模式。此外，还有"环同济知识经济圈"，通过校区同社区的功能交织、空间交错，在校区周边自然萌发形成集聚上千家设计企业、近 3 万从业人员，产值过百亿的创新集群。这些案例都大大突破了以往纯校园和纯产业园的知识传递障碍，具体实践了以社区为主体、释放驱动力构建区域创新体系的现实可行性。

四、小结

在创新型国家建设中，存在这样两种偏差，一种是将创新型国家建设的要求简单层层转述，出现创新型省市、创新型区县、创新型（城区）社区，等等。但是，这类做法中往往缺乏对于创新型体系建设的深刻认识，将各个层次上创新视为无差异的工作，结果是除了口号的传递之外，没有实质性内涵，创新型国家建设沦为空谈。另一种是认为到基层、到缺乏高校科研院所等创新资源的区域，创新型国家的使命就无从践行了。后一认识在理论研究中也存在着呼应，社区或者是被排斥在三重螺旋之外，或者是仅作为区域创新的环境和受体。

　　本研究通过理论研究和案例分析证明，社区在创新活动中可以，也有必要担当更为重要的角色。鉴于高等级创新资源是稀缺资源，大量区域往往是缺乏原生的创新高地，那么就更有必要强调"社区驱动实施创新"这一模式的广泛适用性了。社会（社区）力量可以是各个层次创新体系建设的主导者。

主要参考文献

［1］边伟军、罗公利：《基于三螺旋模型的官产学合作创新机制与模式》，载《科技管理研究》2009 年第 2 期。

［2］王成军：《官产学三重螺旋创新系统模型研究》，载《科学学研究》2006 年第 4 期。

泛大学社区营造与城市创新生态体构建

周蜀秦 屠启宇[*]

一、大学对于城市创新的价值

(一) 城市创新中大学功能的认识

当代中国城市经济越来越向知识经济转型，而知识经济是以知识为基础的经济，是"建立在知识和信息再生产、分配和使用基础上的经济"。在知识创新时代，以大学为代表的知识创造者、传播者和应用者越来越从经济和社会发展舞台的边缘走向中心，大学的使命正是生产、传承、扩散和利用知识。以美国为例，美国大学经历了一个"教学—研究—创业"的线性发展过程，即从教学型院校发展到研究型大学再到创业型大学。[①] 以麻省理工学院和斯坦福大学为代表的一些研究型、创业型大学已摆脱了远离"世俗"的"象牙塔"形象，使大学从次要的社会支撑机构发展为促进产业乃至经济发展的社会主要机构。它们在知识经济中起着绝对重要的作用，它们是衍生新公司和新产业的母体，同时又是合作创新的主体，是推动经济与社会发展的不竭动力。128 高速公路技术园、"硅谷"、北卡三角研究园到德国的西柏林科学园区等等，一大批以大学为载体而建设的大学科技园区，已经成为城市科技创新的引领者。

因而，大学的未来以及大学在未来的创新活动中的角色问题，已经引起

---

　* 周蜀秦：南京市社会科学院社会研究所副研究员、博士；屠启宇：上海社会科学院城市与区域研究中心秘书长，教授、博士。

　① 季学军：《美国高校创业教育的动因及特点探析》，载《外国教育研究》2007 年第 3 期。

世界各国的重视。作为重要的知识生产机构，一些大学在未来国家与地区的经济与社会发展中的作用将日益增强，以至于成为创新系统的领先性机构，具有组织创新活动的条件和能力。1999 年，中国政府颁发了《中共中央、国务院关于加强技术创新，发展高科技，实现产业化的决定》，明确要求大学要充分发挥自身人才、技术、信息等方面的优势，在发展高科技，实现产业化方面发挥重要作用。我们必须认识到，现代大学（本文所指的大学主要针对研究型、创业型大学）的使命已经从最初以传播知识、培育人才为宗旨，拓展到用知识创新成果服务社会与区域发展。大学既是城市中"生产知识"的重要场所，也是城市经济发展的"动力源"、社会进步的"动力站"。大学不仅仅是人才教育培养中心，还应成为区域的文化中心，向社会开放文化资源，兼具着提高城市品位，提升社会文明水准的都市功能。

（二）大学与城市创新互动的理论经验

约瑟夫·熊彼特（Joseph A. Schumpeter）1928 年在"资本主义的非稳定性"一文中首次提出"创新"是一个过程的观点。在 1933 年出版的《商业周期》一书中，他对创新理论进行了详尽的论述。熊彼特开创的创新理论主要停留在技术过程本身，属于"线性范式"的创新研究。但是后来越来越多的理论分析和实证研究发现，来自外部的信息交换及协调对于创新具有重要影响和作用（Freeman 1991）①，它可以有效克服单个组织在从事复杂技术创新时的能力局限，降低创新活动中的技术和市场的不确定性。创新研究的视角逐渐从企业、组织内部转向企业、组织与外部环境的连续和互动上，从而导引创新研究"网络范式"兴起。

20 世纪 90 年代以后，区域创新系统（Regional Innovation System，RIS）得到了发展。英国的库克教授（Cooke 1996）② 在《区域创新系统：全球化背景下区域政府管理的作用》一书中，将区域创新系统定义为：由在地理上相互分工与关联的生产企业、研究机构和高等教育机构（大学）等构成的区域性组织体系，在这个体系内企业和其他组织通过根植性的制度环境相互学习并产生创新。而三重螺旋模型是区域创新系统理论的重要组成部分，由亨

---

① Freeman M. 1991. Net works of Innovations：A Synthesis of Research Issues，*Research Policy*，20（4）.

② Cooke P N. 1996. Regional Innovation System：An Evolutionary Approach，*Regional Innovation System* ［M］. London：University of London Press.

瑞·埃茨科瓦茨（Henry Etzkowitz）① 首次提出，用以解释政府、企业和大学三者间在知识经济时代的新关系，描述了在知识商品化的不同阶段，不同创新机构（公共、私人和学术）之间的多重互反关系。Leydesdoff 对此概念进行了发展并提供了该模型的理论系统②。他指出，在区域创新系统中，知识主要在三大范畴内流动：第一种是参与者各自的内部交流和变化。第二种是一方对其他某方施加的影响，即两两产生的互动。第三种是三方的功能重叠形成的混合型组织，以满足技术创新和知识传输的要求。

三重螺旋模型在现实中有着不同的组织和架构模式③。第一类，政府包含了大学和业界，并在其中致使直接关系，这一模式又被称为官产学极权钳制模式；第二类，三者各自分离，带有严格边界的组织层面，并高度地限制了这些层面的联系，又称为官产学自由放任模式；第三类，预期产生一个知识基础构造层，并在其进一步发展着的交织重叠的制度本系下，每一者可以起到其他者的作用，并在交互作用界面创立杂交混生型组织，又称为官产学三重螺旋模式。在第三类模式中，三者分中有合，产生了交互作用地带，这时三者的创新主动性最大、创新的效果最好。在创新过程中，为保证三重螺旋机制的有效运作，保持其要素之间高度的同步性，必须在组织和制度上加以保障。在彼此独立而又"你中有我"的相互交错中，"技术商业化"成为产业、大学、政府的共同目标和链接纽带④。

然而在最新的研究中，有国内学者（屠启宇，林兰 2010）⑤ 指出这些模型在解释三重螺旋发生的环境（如社会、文化）与运作机制上，都在很大程度上忽视了社区的作用，关于校区与社区的联动、园区与社区的联动更是鲜有涉及。在解释这种依赖并充分利用社区的创新集群的成因时，已不能单单考虑传统经济学中关于降低交易成本、知识外溢等传统外部性因素的影响，地区社会文化网络和制度支持机制的作用更为重要。而真正促使各个创新主

① Leydesdorff L. 1995. And Henry E. The Triple Helix of University—Industry—Government Relations：A Laboratory for Knowledge – Based Economic Development［J］．*EASST Review*，14（1）．

② Leydesdorff L. 1997. The non – linear dynamics of sociological reflections［J］．*International Sociology*，（12）．

③ 王成军：《官产学三重螺旋研究——知识与选择》，社会科学文献出版社 2005 年版。

④ 边伟军、罗公利：《基于三螺旋模型的官产学合作创新机制与模式》，载《科技管理研究》2009 年第 2 期。

⑤ 屠启宇、林兰：《创新型城区——社区驱动型区域创新体系建设模式探析》，载《南京社会科学》2010 年第 5 期。

体发挥主观能动创新作用的，是有着浓厚创新热情、创新色彩和创新动力的创新型社区环境，这一影响与促进因素在研究三重螺旋模型时至关重要。在智力资源非常丰富的地区，特别是在产业园区以外的社区与城区特征明显的地区，丰富的社会资源使得知识和创新不再仅仅沿着产业链传递和扩散，而是一种由点及面的发散式扩散。

二、中国大学与城市创新融合发展的主要障碍

（一）大学的"单位空间属性"尚未褪去

中国现代意义上的大学建设比西方国家晚了几百年，1895 年创建的北洋大学是中国近代第一所大学。新中国建立以后国家对大学实行中央和省级管理为主，中央各部委和省级政府作为大学主管单位，除去四个直辖市外，大多数城市对所在地的大学并没有直接的管理权限，在人事任命、资金投入、课程设置等等方面，城市政府都没有参与的权力和义务。大学作为事业单位，也被纳入国家体制组织框架内的科层制管理，在垂直行政级别序列中一般都至少是厅局级的行政级别，基本与所在城市的政府级别持平甚至更高。在行政管理体制上的自成体系，由于缺乏制度化确立的沟通协调渠道和协调议事机制，在很大程度上限制了大学与城市相互间的交流，无论在组织运行还是在行政管理上，均表现为"两张皮"、"两回事"，各做各的，形成相互割裂、独立发展的格局。

同时在中国大学内部，组织结构也在很大程度上表现出"科层化"与"行政化"的色彩，校区运行和管理的社会化、市场化程度还并不充分，与社会转型中"单位人"向"社会人"转变的过程相比，大学的"单位空间属性"尚未褪去，"大学办社会"的现象还比较严重，这往往导致大学正常运行的成本居高不下。而分税制改革后，中国的地方城市政府对旧有的经济管理职能不仅恋恋不舍，而且在地方财政收入的压力下进一步加强，而对新的社会服务职能却迟迟不能到位。大学"单位制"运行的惯性，城市政府对于GDP 与财政收入增长的追求，导致两者在各自的发展道路与发展逻辑上各行其是，利益博弈的现象多于资源共享，这造成了城市与大学资源的极大浪费。在具体的社会空间层面上，大学校区硬质边界还没有被打破或软化。近年来通过兴建大学园区创造城市，以"大学城"建设带动城市外围空间发展与人口疏散的做法很多，以南京仙林大学城为例，近十年来通过兴建大学园区创

造了一个新城，但是这种"规划建设型"的大学校区在很长时间内难以实现与城市功能的耦合，社区的形态建设（规划设计、基础设施、建筑、景观）能够较快出效果，但是缺乏同知识辐射与技术扩散相符合的内涵形成和能力赋予，在校区之外没有形成范围更大、相互渗透的人文化社区。由于城市与大学在空间互动上缺乏弹性空间、模糊空间和混沌空间，难以达到"大学在城市中，城市在大学中"、校外社区与校园社区融合共生的效果。

（二）"大学—城市"的互动主体缺位

从目前的发展而言，大学与城市创新的互动，涉及科研体制、经济发展、城市管理、社区建设等诸多领域，落实到具体的互动实践中，组织沟通中容易出现很多条块分割、纵向横向交错的状况。这种创新互动的主体能力失衡，主要体现在创新主体之间的对接上存在着机制体制和能力上的不对称，使得目前常见的领导联席会议机制还主要处于表态和形式的层面上，互动主体本身没有进化演变成为适应创新互动的组织体系和运行机制，缺乏日常化、执行化、操作化工作机制。

在资源共享互动机制建设上难度也较大，带有不同价值取向和利益追求的各方主体在互动合作中容易出现诉求分歧与利益争执。各方主体均关注于其他主体能够为本方提供哪些共享的资源，而不是从创造共同利益的层面适当让渡或共享本方的资源，表现在价值取向上"博弈"多于"合作"，利益追求上"逐利"多于"共享"。大学与城市之间在长期和短期效益实现上表现为不平衡、不同步。企业作为自负盈亏的市场主体，追求的是经济利益最大化，容易受短期市场预期驱动而重视局部利益。大学追求的是国家考核体制下的学科排名与学术地位，从更长远角度考虑如何提升自身的社会形象。政府往往针对经济社会的现实问题出台许多卓有成效的政策举措，但对大学与城市互动中的深层次的体制机制问题缺乏更多的关注。

在互动的维度上，突出的内容较为单一，以经济为主，侧重于大学的科技成果转化，但是企业受短期利益驱动反而表现相对缺位，城市政府与大学成为二元的互动主体。在经济以外，各方对在社会人文生态方面的合作重视不足，流于形式化和表面化，与大学空间最近的社区以及社区组织的功能没有凸显出来，社区市民结构松散也无法组织成具有一定对接和协作能力的机构去与大学和政府建立合作伙伴关系。

（三）"大学—企业"产学研合作机制尚不完善

大学近年来在科技成果转化、知识转化方面已形成共识，认识到科技园区、企业、社区在此方面能够担当一定支撑角色，并积极投身到"产学研"沟通发展中，但是大学运行逻辑中的传统惯性以及在产学研合作中的科技中介服务缺失，仍使得当代中国大学与企业之间产学研合作机制建设还很薄弱。这里既有大学研发成果相对市场需求还有较大距离的因素，也有大学的学术科研评价体系中，长期以来没有成果应用与转化方面评价的原因。在大学的学术科研评价体系中，对研究成果的发表的重视远高于科技成果转化，往往导致教师很少选择全力投入科研转化，因而在实践中高校科技转化和校企项目运作成功率低于平均水平。以同济大学为例，2007 年的科技成果转化率只有 10% 左右。①

大学是知识创新与技术创新的原发地，很多甚至是该技术领域最尖端的突破，但是企业需求的是当前直接可以进入市场化、产品化的技术创新成果，故而在大学和企业的产学研合作中，将产业链与学科链进行直接对接却是困难的。以南京为例，调查显示，2006—2008 年，在宁高校从江苏企业获得的横向科研经费分别占总量的 47.8%、48.6% 和 50.5%，来自南京企业的分别仅占 24.2%、24.0% 和 26.5%；南京地区高校每年应用型成果转化率高达 70%，但在南京本地转化的只占总量的 41.2%。究其原因：一是产学研合作还没有很好的沟通协调机制。高校、科研机构往往是"自己什么强就研究什么"，而企业则关注科研成果能否带来市场前景和收益，两者之间缺乏市场需求这个导向，缺少共同价值取向这根纽带。二是产学研合作还没有十分有效的工作平台。目前"校企联盟"是南京产学研合作的主要形式，但这些联盟还比较松散，合作不够紧密，缺乏长效合作机制，没有形成校企利益共同体。

能够帮助大学和企业打通这种对接障碍的是当前继续发展的科技中介与知识服务业机构，它们担负着大学与企业之间技术扩散与知识中介服务的功能。科技中介与知识服务业是支撑美国波士顿 128 公路、加州硅谷先后成功实现科教优势转化的核心因素。128 公路与硅谷的科技服务业发展类型，也分别代表了科教优势转化的两个历史阶段和类型：（1）使大学研究与企业需求对接的技术扩散与学习、专业技术服务；（2）通过科技中介提供咨询、策划、拟定商业计划，对接风投与资本，使大学的技术创新直接进入创业。当

---

① 谭震威、张希胜：《大学的城市 城市的大学——"三区"联动之同济模式研究》，载《高教发展与评估》2007 年第 3 期。

代中国大学的科技成果与知识转化目前两个阶段同时叠加，必须同步入手。

三、泛大学社区营造：构建城市创新生态体

鉴于大学与城市创新互动发展的障碍，我们提出营造"泛大学社区"的构想，试图消解大学与城市创新互动发展的壁垒，希冀通过大学校区、科技园区、公共社区"三区联动"打通边界，实现社会化融合，在泛大学社区的柔性空间中积累社会资本，渗透注入大学的知识创新平台与创新精神，演化知识创新社区和学习型组织。在此基础上，培育扶持知识创新创业的中介服务机构，为各创新主体搭建网络，构建泛大学区域创新生态体，引导知识密集型产业集聚。

（一）"三区联动"：融合要素，打通边界

信息化社会就是一个弹性的全球社会、网络社会，流动的空间形态与组织结构才是常态。当前大学的组织结构与城市的组织结构都应从大型层级结构向平面的混合型的网络化组织转变。然而长期以来我们的社会结构与组织边界太明显了，边界明显，就是等级、计划、壁垒对社会和组织的划分。然而社会结构作为一个生态体，结构的张力和活力的实现，非常需要连续统一的区域。边界内外确定的是既有秩序与资源分割，是各个部门、组织基于自身运行考量的资源获得、分配与使用，实现的是各个子系统的目标和价值。但是，社会整体价值的实现必须从价值创造潜力的角度重新考虑，不能仅仅依据成本考量来决定分配给教育、卫生、社会服务和社区公共基础设施的资源，而是应该依据通过知识创造价值的潜力。面对现有的边界，只有跨界才有新形态、新行为、新动力，而创新活力的产生往往就在于越界行为。

"三区联动"是一个具有中国特色的概念，最早是在2002年6月由上海紫竹科学园区、上海交通大学及其所在的闵行区委、区政府根据发展实践提出的，复旦大学及其所在的杨浦区委、区政府随后不久也提出了类似的理念并倡导建立了杨浦知识创新园区。"三区联动"是大学（特指研究型大学）校区、科技园区与公共社区（特指市的直属行政单位——区）三者紧密结合、互动发展，以大学校区为依托，以科技园区为平台，以资源在公共社区的集聚、共享、融合为抓手，形成强有力的区域创新集聚氛围的区域创新网

络。（见图）① "三区联动"指出了当代社会发展条件下，大学功能延伸的新方式和大学能量释放的新机制，对于推动城市经济发展、产业结构调整、社区文化水平提高，乃至城市功能的重新定位，都有着深远影响。

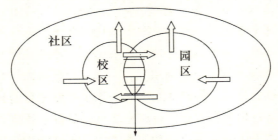

"三区联动"创新网络：三区融合，联动发展

通过"三区联动"，引导和促成大学和企业合建实验室、大学和企业联合申报科研课题、企业或社区为大学设立奖学金及实习基地、大学为企业和社区提供培训、社区为大学和科技园区提供后勤保障等多种多方互动化形式，将各种优势创新资源进行融合和优化整合，进而流向那些能够产生最大创新价值的节点，并通过各个节点联结而形成相对紧密网络结构，形成强大的创新群落与创新网络，使各自以及整个区域创新网络的创新能力大大增强。

当前的"三区联动"主要体现在对地理上紧邻的大学校区和科技园区与二者所在的公共社区之间在资源和功能上互动整合，这种整合主要通过制度性安排（如互相参股、成立管理委员会等）以及非制度性安排（如文化环境）达到，继而在三者达成的共同目标的指导下，通过资源共享、功能分工、协同发展，形成强有力的区域创新集聚，从而强化和提高各自以及整体的创新能力。但是这种融合还仅仅在于资源的整合，更加长远的考虑，应该更加注重深化"三区"的社会融合。只有大学、园区与社区（行政单位）共同融入社会，创新主体的社会活动性及其相互之间的互动，才能真正交织而成平面的、网状的创新元集合。进而使创新网络与创新环境处于一种联体发展的互动状态，二者的交融共同构成区域创新的大系统。②

---

① 夏光、屠梅曾：《"三区联动"的内涵、机制剖析及理论演进脉络》，载《科学学与科技技术管理》2007 年第 9 期。

② 王缉慈等：《创新的空间 企业集群与区域发展》，北京大学出版社 2001 年版。

（二）社会资本积累：演绎知识创新社区与学习型组织

营造泛大学社区的过程，一方面是在资源共享上表现为大学校区与科技（产业）园区、公共社区融合发展的过程，另一面则是一个全新的区域社会资本的积累和创造过程。林南教授（Lin Nan 2001）在《社会资本——关于社会结构与行动的理论》一书中，将社会资本定义为"在目的性行动（purposive action）中获取的和/或被动员的、嵌入社会结构中的资源"①，是一种通过社会关系获得的社会资源，包含其他个体行动者的资源（如财富、权力、声望和社会网络等），个体行动者可以通过直接或间接的社会关系获取它们。从经济社会学的视角来看，知识经济与知识资本的概念直接涉及"嵌入式"的概念（基于 Granovetter 提出的概念），知识与创新活动并不是在缺乏社会联系的封闭空间中被创造、培育和传播的，而在本质上与特殊的、适当的社会资本相联系，与新的组织形式、联系节点、开放空间的出现相联系。一个组织中的联系、关系以及多层化、交错化的网络结构相互作用越多，将会呈现和激发的潜在价值就越高。

大学在城市区域创新体系中的功能，不仅表现在对区域知识创新发展提供创新源和人力资本支撑上，这是大学对于区域创新的基础支持层面，更为重要的是透过大学校区空间尤其是营造泛大学社区来积累区域社会资本，社会资本通过社会网络可以促进技术创新中的隐含知识与潜在信息的传播，同时创新发生和传导于新知识、新智力的集聚，从而改造区域的社会文化发展，引导学习气氛和知识创新意识，让大学的知识创新精神对于区域创新文化、创新氛围的建设的作用进一步显性化。而被大学知识资源注入活力的社区将不再是简单的热闹的街区，而是富有创意和知识底蕴、具有极高商业价值和广阔创业空间的社区。打通文化割裂和文化梳理格局的泛大学社区营造，不仅提供区域知识传播组织与技术交流的公共空间，更为区域内各种创新主体提供一个广泛的共享技术平台、知识平台。

更为重要的是，泛大学社区的营造还为区域知识创新、科技创新、管理创新人才互动搭建社会网络，凭借师生关系、同学关系、同辈群体、校友关系等各类人才更加容易开展各种创新合作。此外泛大学社区的营造还有助于为区域的创新活动提供一个开放性公共交往的载体，让区域内的技术人员通过参与大学举办的各类讲座、论坛、工作小组、专题项目组，甚至是正式的

① 林南：《社会资本——关于社会结构与行动的理论》，上海人民出版社 2005 年版。

基金研究课题，形成不同组织内部、组织之间的"研究型学习＋参与式科研＋团队化实践"。除了正式沟通渠道外，泛大学社区多类型小公共空间的创意化设计，比如特色主题的酒吧、咖啡馆或其他休闲场所，对社区内不同行为主题的非正式交流也是非常必要的，将会吸引相关创新创业人员，他们在小聚、神侃、"头脑风暴"中的信息和想法会发生碰撞、融合，进而迸发出新的思路和想法，这种类似于"硅谷"的"创新空气"或"创新氛围"对于创新创业人员是非常必要的，也会吸引更多的创新创业人才在社区内集聚，从而形成社区和组织的独特创新文化。

（三）中介服务与网络搭建：培育知识密集型的产业集聚

泛大学社区的营造与社会资本的积累，为区域的社会组织结构发展带来更多扁平化、混合化因素。这种社会组织的网络化、弹性化，对于知识创新与知识资本的形成有着重要的潜在价值。知识密集型产业的基本特征是生产过程的非线性、资源利用的混合性以及价值的深度不确定性。因而，发展强有力的无形资源对大学、城市来说是一个核心问题，它对于社会组织、公共组织来说也是至关重要的。

知识密集型企业的创业与成长除了来源于大学的知识溢出，还依赖于各类专业中介服务机构的介入。而这些中介服务与网络搭建的内容，恰恰是大学校区所在的社区或园区可以为大学知识创新与知识溢出转化所提供的最重要的服务工作。因此，社区和园区不能局囿于提供外围支撑（后勤保障、社会化服务、创业空间），必须转变目前常见的"物管"、"房东"的角色，瞄准对大学知识创新的增值服务内容。在知识资产开发的过程中，相对于有形硬件的配套，知识创新的外部化服务过程将使知识价值得到更大的提高，与此同时还将极大提升物业的价值。从这意义上说，泛大学社区营造中的社区、园区，必须大力发展和引进科技中介服务组织，重点培育和支持一批民间科技服务中介机构，加快发展各类风险投资咨询机构、各类信息服务机构和各类评估机构等，尤其是要发展促进科技成果转化的中介机构，鼓励各种服务与科技、教育和经济互动的经纪人组织的发展。

专业的机构、大学、企业、中介组织、政府、社区（尤其是泛大学化的社区营造）联动成长起来之后，在泛大学社区将形成区域知识资本，经由产学研结合形成创新生态体，会形成相应的知识密集型中小企业网络，再经过竞争、分工、重组，甚至形成基于优势知识创新资源的产业集群。如此，泛大学社区的营造与区域创新生态体的演化，将成为城市创新网络建设上的重要节点，通过与城市创新系统中其他子系统的交流和合作而紧密链接，使创新思想、创新知识、创新信息在城市创新系统内更广泛的空间范围中发生聚变和裂变，进一步增强城市的知识、人才、技术和文化储备，进而提高城市的知识运用、知识资本管理能力，最终促进社会更广泛意义上创新氛围的形成。

主要参考文献

［1］Jones – Evans D. 1997. Entrepreneurial Universities—Cases of Good Practices from the Republic of Ireland, International Conference: Technology Policy and Less Developed Research and Development Systems in Europe ［C］. UNU – INTECH, *International Conference*, Seville.

［2］李建强、屠启宇、苏宁、黄海洋：《大学校区 科技园区 公共社区 联动发展 区域创新体系建设的理论与实践》，上海社会科学院出版社 2007 年版。

［3］Amidon D. M., 2003. The innovation superhighway: harnessing intellectual caital for sustainable collaborative advantage ［C］, Butterworth – Heinemann.

［4］阿莫德 – 波尔弗、利夫 – 埃德文森主编．于鸿君、石杰译校：《国家、地区和城市的知识资本》，北京大学出版社 2007 年版。

［5］李安方：《社会资本与区域创新》，上海财经大学出版社 2009 年版。

［6］左学金等：《创新型国家与创新型城市战略上海的选择》，上海三联书店 2008 年版。

［7］苏珊娜 – 斯科奇姆著，刘勇译：《创新与激励》，格致出版社、上海人民出版社，2010 年版。

第三篇

都市圈、城市群合作战略

世博后长三角的区域合作与竞争力提升

张颢瀚[*]

上海世博会的成功举办，不仅为长三角的区域合作积累了经验，也提供了合作的新动力。本文基于这一新背景，提出了长三角区域合作的新依据、新思路，认为未来长三角区域合作与国际竞争力应在以下几个方面寻求新突破：加大自主创新合作进程、按国际都市区水平合作打造基础设施、较早地建立起社会主义市场经济体制基本框架等等。

一、长三角合作的新背景与更高目标

进一步加强长江三角洲区域合作，快速提升长三角的综合竞争力，是我国积极应对国际经济环境变化，实现长三角科学发展、和谐发展、率先发展的战略需要。

国际金融危机后，国家与区域竞争力面临新前途与新考验，中国的经济结构、产业结构与方向、经济发展战略与模式、经济体制与管理模式，都需要重新思考，面临转型的关节点。中国的发展取得了举世公认的成功，但是"导入增长模式"的局限性已经显露，"如果在成功导致惯性思维的作用下，把昨天成功的经验，简单地运用到明天，沿着直线思路走下去，中国经济转型就会成为纸上谈兵"（《世界经济转型下的中国经济战略选择》张孝德）这场世界金融危机，本质上是世界产业周期的危机，能源与环境是制约工业经济模式持续发展的世界难题，在持续的探索中人们越来越发现在工业经济的框架内无法解决这一难题。我们应对金融危机的着力点，不仅仅是金融秩序

---

* 张颢瀚：江苏省社会科学界联合会党组书记、常务副主席，教授、博导。

重建，还有实体产业动力再造，特别是创新能力与国际竞争力的提升。

改革开放以来，长三角在我国发展中一直发挥着引领与示范作用，是我国综合实力最强的区域，在社会主义现代化建设全局中具有重要的战略地位和突出的带动作用，已经成为提升国家综合实力和国际竞争力、带动全国经济又好又快发展的重要引擎。正是在这个意义上，国家长三角地区发展规划明确提出，从实施国家区域发展总体战略和应对国际金融危机出发，必须进一步增强长三角的综合竞争力和可持续发展能力，长三角要着力推进经济结构战略性调整，着力增强自主创新能力，着力促进城乡区域协调发展，着力提高资源节约和环境保护水平，着力促进社会和谐，在科学发展、和谐发展、率先发展、一体化发展方面走在全国前列，努力建设成为实践科学发展观的示范区、改革创新的引领区、现代化建设的先行区、国际化发展的先导区。

上海世博会是长三角比较全面的、成功的一体化合作的盛会。从世博会筹备以来，在上海世博的规划、计划、宣传、组织与服务等各方面，长三角地区各省市全方位的合作，产生了显著的效果，并且形成了政府加市场的有效机制。世博的成功合作，不仅为长三角的区域合作积累了经验，也提供了合作的新动力。

二、区域合作的新依据、新思路

（一）"一个文件、一个依据、一个机构"为主线的合作思路

国家《长江三角洲地区区域规划》从长三角的战略定位与发展目标、区域布局与协调发展、产业发展与布局、自主创新与创新型区域建设、基础设施建设与布局、资源利用与生态环境保护、社会事业与公共服务、体制改革与制度创新、对外开放与合作、规划组织实施等方面，对长三角未来的发展作了明确的规划与部署，具有创新性、前瞻性与战略性，应当成为长三角两省一市加强合作的新依据、新思路。为保证国家长三角规划的有效实施，促进长三角在新形势下的有效合作，可以考虑"一个文件，一个（战略）依据，一个机构"为主线的合作思路，即以国家《长江三角洲地区区域规划》这一个文件作为长三角区域合作的法规依据；以这一个文件作为长三角制定合作内容的主要依据；为贯彻这一文件，推进区域合作，长三角两省一市确定一个具有明确职能的贯彻这一文件、推进区域合作的非常设组织，具体负责协调。

（二）从国际化与全球视野，确立长三角在中国的新定位

长三角是我国最重要、最有影响力的经济区，作为中国最大的区域经济体与城市群，要考虑区域未来 10—20 年乃至 50 年发展战略和发展目标定位，不能用老眼光，进行封闭、狭隘的思考，不能脱离全球经济竞争的背景，不能固守多年的区域经协机制的思维定式，不能局限在长三角原有的区域空间，必须把思考着眼点放在经济全球化、区域经济一体化的新背景下，放在当今世界科技日新月异、工业信息化、通讯网络化、交通高速化的新背景下，特别是放在国家规划提出的建设成为我国最具活力和国际竞争力的世界级城市群的目标任务下，确立长三角在中国的新定位，在全球的新定位。两省一市要共同研究如何把长三角建设成亚太地区重要的国际门户，打造在亚太乃至全球有重要影响力的国际金融服务体系、国际商务服务体系、国际物流网络体系；共同建设全球重要的现代服务业和先进制造业中心，努力形成以服务业为主的产业结构，打造若干规模和水平居国际前列的先进制造产业集群。这是共同的目标任务，也是共同的利益所在，也是共同的最大的利益所在。

（三）从整合内部资源的角度，推动区域内经济社会统筹协调发展

在一体化合作中，一方面要推进生产要素在区域内合理转移，整合区域内经济资源，推动区域内产业协调发展；另一方面要加速推进社会一体化，推动区域内经济社会统筹协调发展。如建立统一规范劳动用工制度，完善转移就业的政策制度，构建长三角统一的人力资源市场，促进区域人力资源的合理流动。推进长三角地区资格证书的互认和衔接，统一职业准入标准。完善就业服务、社会保障服务、信息服务和劳动维权等人力资源市场管理体系。在加快建立覆盖城乡居民社会保障体系等方面应加大力度。

在当前经济全球化的大背景下，长三角面临国际资本和区域内产业资本的双向转移。较发达地区面临着成本上升、土地资源短缺、环境承载能力下降等一系列问题，相对后发地区有着承接资本转移较为有利的条件，以其优越的自然条件、优良的人文环境、广阔的腹地而深受投资青睐，作为产业梯度转移地区，通过分工合作，以实现区域经济协调平衡发展。随着产业转移，要防止带来更广大区域生态失衡问题。"长三角"已成为我国新的生态环境脆弱带，包括水利环境、地下水超采引起地面沉降、水质浸染以及由此而引起的质量型缺水、大气酸雨、固体污染物堆积等一系列问题。随着产业转移，一些新兴的工业区在承接产业转移的同时也面临着生态环境破坏的压力，迫切需要制定相关的政策法规，通过产业政策引导和合理布局，防止在产业转

移的同时带来污染的转移和更广大区域生态失衡。

（四）突破行政区域限制，建立跨区域经济合作区

长三角核心区域土地资源日渐稀缺，商务成本上涨，交通运输成本上升，促使其必须将部分不符合长三角产业发展特点的产业转移出去。通过这种方式为自身转型提供空间，利用产业转移腾出更多的土地，吸引更加优质的企业和产业入驻长三角核心区，这种腾笼换鸟的做法可以推动产业迁移与产业引进同步进行。通过组团式外迁和转移，推动企业把低附加值环节转移到长三角经济核心区以外的地区，为长三角产业结构调整升级创造了条件。一些低端产业转移到周边地区，既扩大了留驻企业的发展空间，也使区内企业能够就近配置低成本资源，形成产业链高、低端配套发展的格局。苏中、苏北与上海一江之隔，近年来长江交通状况迅速改善，江苏的南通与上海已经进入一小时经济圈，而江苏以南通、盐城为代表的广大苏中苏北地区要素资源丰富，价格低廉，对上海拓展制造业空间很有吸引力，江苏启东与上海保税区联合建立的跨区域工业园区很值得总结推广。

（五）以"一核九带"空间格局为依据，联合规划长三角新的更优化的空间结构，形成未来国际大都市区新格局

国家规划提出的以上海为核心，沿沪宁和沪杭甬线、沿江、沿湾、沿海、沿宁湖杭线、沿湖、沿东陇海线、沿运河、沿温丽金衢线为发展带的"一核九带"空间格局，是推动区域协调发展、规划城乡建设与产业布局的总体依据，是未来长三角国际都市区的基本框架。"一核九带"对城市空间与城市规模，对各类产业等都有比较科学的内容，长三角各省市应以此为依据制定各自的"十二五"规划，同时讨论研究空间与产业的一体化合作。

在产业上，围绕上海国际经济、金融、贸易和航运中心建设，打造在亚太乃至全球有重要影响力的国际金融服务体系、国际商务服务体系、国际物流网络体系。围绕培育区域性综合服务功能，加快发展金融、物流、信息、研发等面向生产的服务业，努力形成以服务业为主的产业结构，联合建设一批主体功能突出、辐射带动能力强的现代服务业集聚区；打造若干规模和水平居国际前列的先进制造产业集群，联合建设全球重要的现代服务业和先进制造业中心。

在城市布局上，围绕建设具有较强国际竞争力的世界级城市群的目标，发挥上海的龙头作用，努力提升南京、苏州、无锡、杭州、宁波等区域性中心城市的国际化水平；合理确定城市的区域功能定位、发展目标和发展战略，以特大城市和大城市发展为主体，加快城市群建设，合理发展中小城市和小城镇，进一步完善城镇体系；加强城市群内部资源整合，推进优势资源共享，扩大同城效应。提升城市公共服务功能，合理安排城市和乡村的设施配套，形成特色分明的城镇与乡村的空间布局。联合推进区域性重大基础设施和公用设施的共建共享，促进要素在城市间合理流动和优化配置。

（六）加速规划和整合长三角区域内港口及道路交通资源

在长三角区域合作中，加快建设物流的港口和交通是提高核心竞争力的必备条件之一，也是备受争议的重复投资、盲目竞争的议题。长三角二省一市都在按照行政区划发展相对独立的港口与航道业。虽然这可以促进各省区的发展，但从核心竞争力的视角看，发挥长江流域和沿海港口优势的 T 字型江海联运通道，建立以上海港为中心，以宁波、舟山港、张家港、洋山港、南通港、连云港为支撑的组合港群仅仅停留在设想中。长三角在具有核心竞争力的港口，水运资源的合理配置方面，仍然面临着利益矛盾，缺少有效的协调机制等问题。需要在科学规划、合理分工的基础上，加快沿江、沿海港口的开发和建设。

三、加大自主创新合作进程

（一）区域创新的三大条件与要素。创新在中国意义重大，同时具有相当难度

中国的传统文化与计划体制中，缺少创新的文化与体制要素；中国仍是一个发展中国家，创新仍然是一个艰巨的任务。就区域整体看，长三角仍要承担引领中国创新的历史任务。

区域创新有三个相关的条件与要素：创新的知识资源、创新的制度环境与相关产业链基础。创新的知识资源，是创新的前提，决定创新的内容与创新的方向。创新的知识资源主要来自于研究系统，包括企业内的研究。长三角与京津地区是我国创新知识资源比较丰富的地区，有创新与联合创新的优势。创新的制度环境，包括地区的市场化程度，企业的市场化程度，开放的文化氛围，开明开放的政府制度与政策环境等。创新的制度环境在创新的全局意义上更加重要，创新的制度环境不仅是区域创新的必要条件，同时可以影响或决定创新的知识资源。长三角的创新制度环境整体优于京津地区，但整体弱于珠三角特别是深圳，影响联合创新，需要加大制度开放与制度创新

的力度。产业链基础是区域创新的基础，是区域创新的平台，是区域创新的产业依据，特别是创新孵化、转化与产业化和市场化的根本条件。产业集群是创新的理想土壤。长三角的产业集群具有支撑创新的综合优势。就区域创新的三个条件综合看，长三角较有优势，有利于区域联合的创新。依据这些优势，针对提升区域竞争力的客观需求，长三角应当联合建设区域创新体系，率先在全国建成创新型区域。

（二）联合打造我国科技创新重心区

长三角科教资源丰富，普通高等院校占全国27%，科技活动人员占全国的21.6%，其中科学家和工程师占全国的20.7%。但长三角科技创新面临着一系列问题，表现在：核心技术缺乏，发展后劲不足；科技投入总量偏低，结构尚需优化；高层次创新人才不足，跨省市流动机制不完善；产业结构层次不高，产业创新链不完整；科技资源配置效率不高，全球科技资源利用不够。未形成统一的宏观管理机制和协同作战能力，没有建立起应有的技术联系，在具有共性的基础研究领域重复立项等现象普遍存在，在国家技术项目、各类基地、国外先进技术项目以及科技人才等方面的不良竞争不断。

为了更好地参与国际竞争转变，实现长三角经济区以自主创新为推动力的二次腾飞，率先把长三角打造成为我国重要的科技创新中心区、科技资源共享区、生态和谐宜居区和科技产业创造区，为此，两省一市建立了科技中介联盟，共同建设了"长三角大型科学仪器协作共用网"、"长三角科技文献资源共享服务平台"等公共科技基础设施。成立了长三角战略合作联盟，联合开展产权交易和技术转移活动。下一步还需要强化长三角区域创新体系建设联席会议办公室职能，进一步发挥长联办的协调与沟通作用。借鉴国家经验，设立长联办科技创新专家委员会，充分发挥专家在长三角科技创新中的决策咨询作用。参照国际通用的创新评价标准体系，建立创新型长三角指标体系，制定和公布长三角区域创新指数，加强对长三角自主创新和科技合作工作的目标引导和绩效考核。具体操作上可考虑：设立长三角科技创新综合改革示范区。以两省一市名义联合向国务院申报建立长三角科技创新综合改革示范区，在两省一市选择地理位置接近、创新基础较好的若干城市，率先在创新理念、创新体系、体制机制、政策法规等方面大胆先行试验一些重大的科技创新政策措施，探索促进区域自主创新一体化的财政、税收、金融、风险投资、环境资源和人才等相关政策，促进自主科技创新，促进各种科技要素在区域内的自由流通，积累改革经验。对长三角地区高新技术产业实行更加灵活的税收政策。譬如，允许在长三角地区内的高新技术企业试行消费型增值税；适时提高技术研发人员计税工资标准，允许其工资按实列支；国有企业技术研发人员工资不纳入总额控制范围。

联合实施长三角区域自主创新重大工程，联合承担国家重大科技专项。两省一市联合组织力量，积极承担大飞机、大规模集成电路、新药创制、探月工程、重大疾病防治、嵌入式系统与软件等国家重大科技专项，实施战略产业核心技术跨越工程。以战略产业为切入点，以区域间的产学研合作及战略联盟为抓手，迅速提升产业科技自主创新能力，实现电子信息、生物医药、重大装备、纺织、石化、钢铁冶金等等若干战略产业的提升。以关键领域和核心技术创新为突破口，增强自主创新能力，形成优势互补、资源共享、互利共赢的具有国际竞争力的区域创新体系。

跨区域实施循环经济和可持续发展示范工程。以两省一市联合实施《世博科技专项行动计划》为契机，推动太湖区域环境整治，清洁能源、海洋资源开发和综合利用；建立一体化的海洋灾害预警、危险化学品监控等公共安全体系。围绕民生科技，重点在食品质量安全，太湖治理、农村面源污染防治等领域开展联合攻关。

四、按国际都市区水平合作打造基础设施，增强区域发展支撑能力

建设现代综合交通运输体系，完善交通通道建设，形成国际都市区的基础设施网络。加快建设沪宁城际铁路、宁杭铁路，打造长三角新型快速轨道交通网，形成长三角核心区"一小时都市圈"；加快综合枢纽建设，围绕建设世界级城市群的目标，高起点、高标准地规划建设便捷、高效、完备的现代综合交通运输网络。完善信息基础设施建设，推进长三角重点城市互联网络交互中心建设，实现区域内高速交换。务实推进"三网融合"，构筑区域移动通信一体化网络，逐步实现区域移动通信"同城效应"。完善区域信息共享协调机制，统一数据标准，推进信息一体化。

五、较早地建立起社会主义市场经济体制基本框架

改革以来，长三角在探索我国社会主义市场经济体制方面一直走在前面，

长三角成为完善社会主义市场经济体制的主要试验地。为在新的更高起点上再创体制机制新优势，应率先建立完善的社会主义市场经济体制。

长三角一体化进程滞缓，问题的根源在于长三角地区体制不健全，机制不顺畅。体制不健全主要是指两个方面，一方面是长三角行政壁垒严重，主要表现在一是地方政府制定政策以为实现本区域利益最大化为最大目标。二是阻碍生产要素自由流动的产业转移政策。三是大幅度提高企业经营成本的政府收费行为。四是地方政府间的各种贸易和制度壁垒。五是司法部门听命于政府和行政命令，参与地方封锁，对政府的违法行为不敢或不愿监督，致使行政壁垒加重。另一方面是区域之间和部门之间缺乏沟通、协作制度。目前，从长三角现行的经济和贸易的基本政策来看，各地以省为分割，以市为界，各部门之间执行的是各自不同的税收、货币、财政、金融和贸易政策，各个地区之间存在较强经济、贸易障碍。机制瓶颈的存在导致长三角区域内产品、技术、产权、资金、人力资本等要素无法充分合理流动，无法实现区域内部和外部资源的优化配置整合，交易成本过大，制约了区域经济的协调发展，造成了长三角一体化发展的低效运行。长三角一体化发展的困境突围亟需各地突破地方利益，从区域全局来规划本地的发展。这必须有相应的机制来推动，有相应的体制来规范。只有创新体制与机制，才能从根本上破解一体化发展难题。

长三角一体化发展的体制机制建设要着眼于全球金融危机后新一轮产业分工和世界经济格局的调整，要在分析长三角一体化体制和机制现状的基础上，深究长三角一体化过程中体制、机制建设的可行性对策建议；破除行政壁垒，建立经济、法律和社会的沟通、协作制度规范；促使长三角内部资源高效整合的可操作的政策建议。这些建议对长三角实现科学发展、和谐发展、率先发展具有现实意义。

深化行政管理体制改革，切实转变政府职能。让政府、市场、企业和中介组织各司其职、各负其责。按照市场化方向加快行业协会、商会改革，推动建立区域性行业协会。在市场准入、财政、税收、价格、规费、融资等方面加大支持力度，加强上海、浙江与江苏之间的政策对接。加快推进服务业标准化建设，逐步建立长三角区域相对统一、与国家标准衔接、与国际标准接轨的标准体系。

创新政府管理方式，推进政府信息公开与资源共享。扩大长三角联合创新资金规模，完善资金使用管理。大力发展创业投资，加快设立省级政策性创业投资引导基金。研究制定互利共赢的财政政策，有序推动异地联合兴办开发区。设立区域发展促进基金，主要用于跨省市基础设施建设、生态建设和环境治理。

深化政府机构改革。研究建立区域统一的政府绩效管理制度，完善政府绩效管理体系。制定和实施区域协调统一的依法行政考核指标体系。首先要纠正把经济增长作为政绩考核单一指标的倾向，综合考察政府政绩。推进税费改革，强化地方政府的公共财政职能，改变地方政府收入主要来自于土地经营和工商业税收的现状。规范约束政府行为，变人治合作为法治合作。在土地批租、招商引资、人才流动等方面制订统一的规则并将其具体化，以此为依据对长三角的地方性法规进行清理。制订泛长三角区域发展规划及基础设施规划、环境保护规划等专项规划。对都市圈的重大设施建设、生态环境保护、社会事业发展等做出具有法规性质的综合部署。

加快建立多层次、宽领域、全方位的区域合作机制，加强对长三角一体化发展工作的领导。成立长三角地区合作与发展联席会议办公室和重点合作专题组，健全相关工作机制，提高合作效率，着力推进交通、能源、信息、科技、环保、信用、社保、金融、涉外服务、工商管理等重点专题合作。充分发挥长三角区域合作协调机制的作用，加强联系互动，推动规划实施。要加强与国务院有关部门的沟通衔接。

主要参考文献

[1]《长江三角洲地区区域规划》，国务院 2010 年 5 月发布。
[2] 张颢瀚等：《长三角一体化与江苏发展对策研究报告》，2009 年 7 月。

都市圈一体化发展的经验与借鉴

张鸿雁[*]

一、中国都市圈的产业结构和类型

（一）都市圈化的中国——20 个都市圈

中国已经进入了城市化高速发展的时期。根据中国国际城市化发展战略委员会发布的《中国城市化率现状调查报告》，2000 年至 2006 年七年间，中国城市化率从 26.08% 至 32.53%，平均每年增加一个百分点[①]。2008 年，中国的城市化为 45.68%[②]。而据《2009 年中国城市竞争力蓝皮书：中国城市竞争力报告》[③] 预测，到 2030 年，中国的城市化率将达到 65%，城市人口达 10 亿人。在此前提下，一条新型的城市化发展道路——都市圈化开始为人所关注。南开大学人口与发展研究所的两位学者原新、唐晓平在《都市圈化：一种新型的中国城市化战略》中首次提出了"都市圈化"的概念，并说明其所运用的都市圈化（Megalopolitanization）概念"乃类比城市化（Urbani-

---

* 张鸿雁：南京大学城市科学研究院院长，教授、博导。

① 《中国城市化率现状调查报告》是首次通过中国非农人口占中国总人口的比例发布的城市化率，是比较全面、系统地评价中国城市化整体水平的一个重要指标。报告对中国 1949 年至 2006 年间的城市化率的相关资料进行了整理，将中国的城市化进程分为缓慢发展期（1949－1964）、停滞发展期（1965—1975）、平稳发展期（1976—1999）和快速发展期（2000—2006）四个阶段。

② 参见 2008 年国家统计局资料。

③ 报告于 2009 年 4 月 14 日中国社会科学院在北京发布。

zation）而来，类似于日本学者今野修平提出的'特大城市群化'① 概念"②。他们在文中强调都市圈化与大城市化或大都市化是既有联系又有区别的。前者既有后者的特征，即大城市规模和数量的增长、地域空间的扩大，又有后者没有的内容，即①大都市（Metropolis）人口的向外扩散，城市的郊区化、城市空心化、逆城市化；②大都市区（Metropolitan area）与大都市区之间首尾相连、分界日益模糊，从而形成有机的都市圈（带）空间；③与都市圈相联系的或其周边的中小城市、小城镇、都市农业等等。③ 基于我国沿海地区和中西部地区在经济水平和社会发展方面存在的巨大差异，原新、唐晓平认为都市圈化应该对应于中国沿海地区，而相对落后的我国的中西部地区，还是要提倡城市化——少数地区如四川盆地、华中地区等可能是大城市化。"都市圈化这一新型的国家城市化战略的提出，必将彻底改变中国城市化的面貌，其作为我国的核心战略之一（其他还包括可持续发展战略、科教兴国战略等），必将对我国未来社会经济发展产生巨大的影响。"④

国家"十一五"规划专家委员会委员、中国宏观经济学会秘书长王建认为，从长远看，中国的城市化必须走大都市圈的道路。⑤ 在从事"十一五"规划有关区域经济的背景研究工作时，王建提出了我国到 2030 年建立 20 个大都市圈的设想。按照他的想法，"中国在未来建立的都市圈必须主要在东、中平原地带，可以建 20 个。每个都市圈可容纳 5 千万城市人口，每个都市圈以 120 公里为半径，覆盖 4—5 万平方公里。中国未来的人口和经济也可能都在这些区域内集中。"⑥

（二）中国特色都市圈的空间分布与产业集群

西方区域经济学中分析规模经济的时候，通常会分为要素集聚—企业集聚—产业集聚—城市集聚四个层次来讨论。其中，城市集聚所形成的都市圈，

---

① 今野修平：《中国城市化问题的整理与对策建议》，转引自周牧之：《城市化：中国现代化的主旋律》，湖南人民出版社 2001 年版。

② 原新、唐晓平：《都市圈化：一种新型的中国城市化战略》，载《中国人口·资源与环境》2006 年第 4 期。

③ 原新、唐晓平：《都市圈化：一种新型的中国城市化战略》，载《中国人口·资源与环境》2006 年第 4 期。

④ 原新、唐晓平：《都市圈化：一种新型的中国城市化战略》，载《中国人口·资源与环境》2006 年第 4 期。

⑤ 王建：《城市化 振兴经济的关键所在》，载《中国证券报》2009 年 4 月 16 日。

⑥ 王建：《20 大都市圈：中国空间结构的调整方向》，载《中国证券报》2007 年 10 月 10 日。

可以被视为分析区域聚集的最高级形式，前三个层次依次对应的形式为要素集聚、企业集群和产业集群。

在经济发展过程中，经济行为主体根据特定的空间的要素禀赋差异进行区位选择，不同的经济主体的区位选择导致经济活动在特定空间上的聚集。[①]作为高层次的经济功能区[②]，"伴随城市社会结构变迁和城市新型服务业的成长，城市群在衍化中会出现某种规律性的发展过程，即聚集→中心化→扩散→结构性繁衍→空间重集聚→首位空间极化→再扩散→首位度提升→再扩散形成城市群经济社会的全面依赖关系结构。由此而演化成'城市区域社会依赖型合理差序化格局'的都市圈，使城市社会结构处于不停地发展运动与区域（重新集聚和组合）的过程中"。[③]

产业聚集带是指各类产业沿主要水陆交通干线的结点（城镇、开发区、港口等）集聚，形成依托水陆交通干线呈带状分布的产业集聚形态。[④]学者张文忠认为我国正在形成具有国家战略高度意义的"两纵两横"产业聚集带。[⑤]所谓"两纵"，是指东部沿海产业聚集带和京广沿线产业聚集带；所谓"两横"，是指陇海兰新沿线产业聚集带和长江沿岸产业聚集带。除此之外，中国区域内还分布着不同等级的产业聚集带，这些产业聚集带彼此并行、交错，构成了密集的"中国产业聚集网络"。这张网络，东密西疏，南紧北松——基本反映了目前中国区域经济的发展状况。

需要注意的是，国内知名的都市圈基本上都分布在这四条产业集聚带上，也就是说，产业集群的地域结构与都市圈的区位分布具有重叠性。就像帕克所说的，城市不只是地理学和生态学上的一个单位，它同时还是一个经济单位。[⑥]从全球发展的角度看，经济发达与繁荣的地区都是城市群结构高度发展的地区，反过来说，城市群结构高度发达的地区，无不是经济繁荣的

① 郝寿义：《区域经济学原理》，上海人民出版社 2007 年版。

② 经济功能区是由同类的经济活动在空间上的高度聚集，连片分布形成的空间区域。参见：郝寿义：《区域经济学原理》，上海人民出版社 2007 年版。

③ 张鸿雁：《"大上海国际化都市圈"的整合与建构——中国长三角城市群差序化格局创新研究》，载《社会科学》2007 年第 5 期。

④ 张文忠等：《产业发展规划的理论和实践》，科学出版社 2009 年版。

⑤ 张文忠等：《产业发展规划的理论和实践》，科学出版社 2009 年版。

⑥ ［美］帕克等著：《城市社会学》，宋峻岭等译，华夏出版社 1987 年版。

地区。①

1. 大上海都市圈：三层次的产业布局

大上海都市圈即泛长三角都市圈包括 23 个城市②——南京都市圈和杭州都市圈都是大上海都市圈的子都市圈。

一是现代制造业的产业特征和三层次的空间布局。目前，长江三角洲已经呈现出明显的现代制造业的产业特征和三层次的空间布局。这使整个长江三角洲成为以高新技术为先导、以产业园区为载体、以外向国际市场为目标的新型工业化的产业基地。③ 整个区域的发展呈现梯度分布；二是带状产业与园区空间集聚并列模式。主要是沿江、沿海、沿湾经济产业模式。包括了江苏长江沿岸、浙江杭州湾及上海、宁波沿海地区的化工、冶金、造船、能源为基础原材料工业带；沪宁、沪杭铁路，沪宁、沪杭甬、苏嘉杭高速公路沿线以 IT 产业为主的高新技术产业带模式；遍布城市的开发区和小城镇的工业园区的现代的和传统的工业布局，包括上海、南京、宁波的炼油工业，上海、南京、张家港的冶金业，上海、南京、南通的造船业等等；三是未来产业模式已经结构化发展状态。未来长三角产业链已经形成良好的基础。长三角地区的工业制造业以机械、汽车、钢铁、石化、轻纺、电力、电子通信等为主。根据有关研究，未来长三角产业链的分工大体是：上海以发展高等级的第三产业（金融、贸易、航运、服务业）为主，工业重点发展耐用消费品工业（轿车、电脑等）、装备性工业（通讯设备、电站设备、机电一体化设备等）和高科技工业、重化工业保持目前生产规模或略有扩大。④ 南北两翼以轻纺、耐用消费品、机械工业和石化工业的发展为主，第三产业以旅游业、专业化市场为主。江苏主要发展机械、电子通信、汽车和建筑业。浙江主要发展机械、电子通信、化工、医药；上海主要发展钢铁制造业、汽车、通信、电站成套设备以及大型机电设备、石油化工、家用电子电器等。

---

① 张鸿雁：《"大上海国际化都市圈"的整合与建构——中国长三角城市群差序化格局创新研究》，载《社会科学》2007 年第 5 期。

② 泛长三角城市包括：嘉兴市、杭州市、宁波市、绍兴市、舟山市、台州市、湖州市、无锡市、苏州市、南通市、扬州市、镇江市、常州市、南京市、泰州市、上海市、温州市、盐城市、连云港市、芜湖市、马鞍山市、合肥市、铜陵市。

③ 崔功豪：《走向世界的长江三角洲》，载《上海公路》2003 年第 1 期。

④ 顾伟华：《长三角公路交通发展的外部环境分析》，载《上海公路》2004 年第 3 期。

2. 大广州都市圈：三种模式的产业集群

广州都市圈总体呈扇环形结构，其中处在内圈层的除中心城市广州外，还有深圳、东莞、佛山、中山、珠海五个地级市，外圈层包括四关、河源、清远、肇庆、惠州、江门、阳江等城市。[①] 广州都市圈以制造业为主、服务业为辅，已经逐步发展形成电子信息、电气机械、石油化工、纺织服装、食品饮料、医药、汽车、建筑材料等主导产业。

七大产业集聚。主要包括：主要农业产业区、加工制造业聚集区、临港基础产业聚集区、重型装备制造业聚集区、高新技术产业聚集区、国际性物流基地、特色旅游区。

广州都市圈产业集群存在三种发展模式[②]：

第一是专业镇集群模式。一镇一业，一村一品。例如：东莞市石龙镇的电子信息，虎门镇的针织服装，石碣、清溪镇的计算机 IT 设备，厚街镇的家具，大朗镇的纺织；佛山市张槎镇的针织，石湾镇的陶瓷，容桂镇的家电，大沥镇的铝型材生产，陈村镇的花卉，中山市古镇的灯饰制造，小榄镇的五金制品，沙溪镇的休闲服装，大涌镇的红木家具等。

第二是国际商品链整体性转移集群模式。围绕某个或某几个相关制造环节的企业群体转移。例如：东莞市的电脑制造业、制鞋业、玩具业企业集群。

第三是企业创新网络集群模式。例如：深圳的高技术产业集群（华为、中兴等）、广州的软件产业集群等。

3. 大北京都市圈产业空间布局

大北京都市圈以北京、天津两市为核心，包括 200 公里半径内河北省的石家庄、保定、唐山、秦皇岛、廊坊、沧州、张家口、承德，共有省级城市 2 个、地级市 8 个、县级市 17 个、县城 82 个、建制镇 991 个。[③]

仅从天津、北京和唐山都市圈的构成关系看，在制度性调整的前提下，可以建构北京、天津与唐山之间新的地域性产业分工，北京的金融业、总部经济，唐山的重工业和天津的港口服务业等，在空间重组中可以获得优化发展。因此，可以说城市群结构的"差序化格局"建构对地域生产力进行了重

---

① 高汝熹、罗守贵等：《2006 中国都市圈评价报告》，上海三联书店 2007 年版。
② 唐晓平：《聚焦都市圈：来自珠江三角洲的启示》，科学出版社 2008 年版。
③ 黄征学：《京津冀城市群发展面临的问题及对策研究》，载《中国经贸导刊》2007 年第 11 期。

组，是中国城市化一个重要的战略模式。[①]

由上述十城市构成的大北京都市圈是我国重要的高新技术产业、装备制造业和重化学工业基地，在电子信息、现代医药、机械、汽车、钢铁、造船、石油化工等方面都占有重要地位。[②]在这个都市圈内，基本上形成了"四带四区"的产业布局。

（1）四条产业带

"北京—天津—廊坊"一线：高新技术产业发展带

沿快速综合交通走廊，以中关村科技园区和滨海新区为代表的高新技术产业为依托，向全国性的高新技术产业聚集地和现代服务业中心发展——这条产业带是大北京都市圈的产业发展核心轴。

"秦皇岛—唐山—天津—沧州"一线：滨海临港重化工产业发展带

联结渤海西岸秦皇岛港、京唐港、曹妃甸港、天津港、黄骅港五大港口。此条产业带是大北京都市圈发展海上战略的重要发展轴，依托自然资源和地理区位的优势，以首钢、唐钢为龙头，曹妃甸、天津滨海新区先行，大力发展钢铁、石化等重化工业及物流业。

"秦皇岛—张家口—承德"一线：生态产业发展带

山区生态产业发展带指的是燕山—太行山一带区域。作为环京津的生态屏障和文化廊道，这里主要建设成为大北京都市圈的生态农业生产基地、全国性的生态农业示范区以及京津冀重要的清洁能源基地。

"北京—保定—石家庄"一线：传统制造产业发展带

地理学界有句俗语："南富三角洲，北富冲积扇。"在京津冀地区，山前传统发展带是符合区域发展的客观规律的。传统制造产业发展带是指燕山和太行山山前城镇密集区，临近京广铁路和京秦铁路，沿线主要集中了汽车以及零部件制造、纺织服装、金属制品、木材加工及家具制造、食品加工与制造等产业。

（2）四块产业分区

京津廊坊现代服务业与高新技术产业发展区：总部基地和高新技术创新中心、物流产业和现代制造业。

---

① 张鸿雁：《"大上海国际化都市圈"的整合与建构——中国长三角城市群差序化格局创新研究》，载《社会科学》2007 年第 5 期。

② 魏后凯：《首都经济圈的功能定位与新型产业分工》，载《经济雪理》2004 年第 7 期。

唐山—秦皇岛重化工业优化提升区：优化和调整现有重化工业，发展先进的制造业和特色产业，形成钢铁、建材、化工产业集群。

石家庄—保定—沧州现代制造业发展区：全国重要的医药制造业基地、轻型汽车生产基地和京津汽车产业零部件配套基地。

张家口—承德生态产业发展区

发展生态和环境友善型的农业、新型工业和旅游业，构建以生态产业为导向的新型产业结构体系。

4. 辽宁中部都市圈（沈阳都市圈）："一核、四带、六群"的产业布局

沈阳都市圈也可称为辽宁中部都市圈，包含沈阳市、鞍山市、抚顺市、辽阳市、本溪市、营口市、铁岭市共7个省辖市，面积6.5万平方公里，人口2146万人，分别占全省44%和51%，地区生产总值、地方财政收入分别占全省63%和54%。① 沈阳都市圈形成了以机械加工、装备制造、冶金建材、石油化工等支柱产业为主导的产业格局。《辽宁中部城市群经济区发展总体规划纲要》确定了沈阳都市圈"一核、四带、六群"的区域产业空间发展新格局。②

（1）一个经济核心区

将沈阳特大经济核心区打造成为世界级先进装备制造业基地和技术研发与创新基地，区域性商贸物流和金融中心、科教文服务中心、高新技术产业中心，逐步发展成为东北亚国际性中心城市。

（2）四条经济发展带

一是通海产业大道经济带，以沈西工业走廊为基础，由沈阳经辽阳、鞍山至营口，包括沈西工业走廊、沈阳近海经济区、沈辽工业走廊、鞍海经济带和营口沿海产业基地。

二是沈铁工业经济带，以102国道为轴心，南起蒲河新城，北至毛家店镇，成为以高新技术为先导、以大型工业项目为支柱的现代化工业基地。

三是沈本工业经济带，北起沈阳浑南高新技术开发区，向南延伸到本溪经济技术开发区、本溪工业加工区、南芬循环经济区，以钢铁深加工制品、现代中药、旅游业发展为突破口，打造精品板材生产基地、沈阳装备制造业

---

① 高晓红、王姝：《辽宁中部城市群规划获批建设三大都市区》，载《沈阳晚报》2008年2月27日。

② 参见：《辽宁中部城市群经济区发展总体规划纲要》。

的配套加工基地、现代中成药制造基地、旅游休闲服务业基地。

四是沈抚产业经济带，按照沈阳"东优"和抚顺"西联"战略，使之成为构建沈抚两市高新技术产业聚集，现代服务业发达区，国际化人居、休闲、生态旅游度假区。

（3）六大产业集群

一是装备制造业产业集群，以沈阳为中心打造区域装备制造业研发集成总部，将鞍山建设成冶金成套设备生产基地，辽阳建设戎专用设备生产基地，营口建设成船舶生产基地。

二是石油化工产业集群，以抚顺为核心发展炼油、乙烯、催化剂及精细化工产业，建设北方重要炼化一体化基地；以辽阳为核心开发炼油、乙烯和芳烃三大产品链，建设全国重要芳烃及化纤原料基地。

三是钢铁工业产业集群，以鞍钢、本钢为核心企业，营口新鞍钢、抚顺特钢等为辅助支撑，建设钢铁产业及钢铁产品精深加工产业集群。

四是新材料产业集群，包括沈阳新纳米技术为核心的产业链，鞍山、本溪新型钢铁材料产业链，以及抚顺、辽阳、营口等新型材料集群。

五是高新技术产业集群，重点发展集成电路装备、软件等核心产业，以及打造国家生物工程、通信电子、民用航空高技术产业基地。

六是制药产业集群，在化学制药和生物制药领域，培育创新型网络式医药产业发展集群。

（4）一个突破点：物流产业

在"一核、四带、六群"的基础上，构建"一轴、三区、六带"的物流网络体系主框架：沿沈阳—营口交通线构建辽宁中部城市群物流主轴通道，发展沈阳、鞍山、营口三个物流业聚集区；建设以沈阳为中心的装备制造业物流产业带，以沈阳南部、鞍山为核心的高新技术物流产业带，以抚顺、辽阳为重点的石油化工物流产业带，以本溪、鞍山为重点的钢铁物流产业带，以沈阳、辽阳、海城、营口为重点的轻工业物流产业带，以沈阳北部地区、铁岭、抚顺西部、辽阳、鞍山为重点的农业及农产品加工业等六大物流产业带。

5. 济南都市圈："四主十链"的产业体系

济南都市圈包括以济南为中心，淄博、泰安、莱芜、德州、聊城、滨州在内的 7 个城市，总面积约 5.3 万平方公里，人口 3219.4 万。济南都市圈所属七个城市有 2006 年山东省百强企业 45 家（其中济南 23 家），百强工业企业37家（其中济南12家），占全省总数的41%[1]，形成产业集群刍形。济南都市圈主推四个主导产业，着力打造十条产业链。

（1）"四个一"的主导产业

济南都市圈具有"一软"、"一硬"、"一重"、"一高"的"四个一"主导产业优势。

"一软"，即以浪潮、齐鲁软件园等为核心的IT产业；

"一硬"，即以济钢、莱钢为核心的钢铁产业；

"一重"，即以重汽等为核心的汽车产业；

"一高"，即以济南机床为核心的设备制造业。

（2）十条产业链

十条产业链包括：

依托济南、聊城、莱芜、德州、滨州、淄博等城市，发展延伸汽车产业链；

依托济南、淄博、滨州、德州等城市，发展延伸电子信息产业链；

依托济南、莱芜、聊城、德州、泰安等城市，发展延伸钢铁产业链；

依托聊城、济南、淄博、德州等城市，发展延伸有色冶金产业链；

依托淄博、滨州、济南、泰安、聊城、德州、莱芜等城市，发展延伸石油天然气化工产业链；

依托滨州、淄博、德州、聊城等城市，发展延伸盐化工产业链；

依托济南、德州、聊城、泰安等城市，发展延伸煤化工产业链；

依托滨州、淄博、济南、聊城、莱芜、泰安、德州等城市，发展延伸纺织服装产业链；

依托济南、淄博、德州、聊城等城市，发展延伸建材产业链；

依托济南、聊城、德州、滨州、淄博等城市，发展延伸食品饮料产业链。[2]

6. 青岛都市圈："1+6"的产业特征和"6+3"的产业集群

青岛都市圈包括青岛、日照两个地级市和胶州、即墨、莱西、平度、胶南五个县级市。青岛都市圈中，青岛的首位度非常高，因此在对青岛都市圈

---

① 吴学军：《推进济南工业经济发展的五点建议》，济南市政府网. http://www.jinan.gov.cn/art/2007/5/29/art_115_53479.html

② 参见：《济南都市圈规划》。

内产业特色进行分析的时候，下文采取"青岛（1）-日照、胶州、即墨、莱西、平度、胶南（6）=青岛圈"的逻辑进行陈述。

青岛有三大特色经济、四大工业基地、六大产业集群。三大特色经济指：港口、旅游、海洋；四大工业基地包括：家电电子、汽车机车船舶制造、石油化工、新材料[①]；六大产业集群主要依靠"大企业、大品牌和大项目"的优势，包括：以双星集团公司、青岛碱业公司为核心，以大炼油、LG 精油化工、高合化纤、SK 精油化工等项目为龙头，围绕大型石油、化工企业和项目形成的石油化工产业集群，以北船重工等企业为核心，以海西湾造修船基地、中海油海洋工程基地为依托，发展船厂用钢板、系列柴油机、锅炉、锚链、五金、仪表、化工、建材、计算机、应用软件等配套产业形成的造船产业集群，以一汽集团、上汽集团等为核心，汽车用发动机、空调器、车桥、轮胎和主要零部件等相关产业为主的汽车产业集群，以海尔、海信、澳柯玛等企业为核心，以新都理光、瑞智空调压缩机、春源精密金属等大项目为龙头的家用电器产业集群；以海尔、海信、LG、朗讯等企业为核心，微电子、光电子和新型元器件为基础、计算机、通信产品及软件产品为主导，信息应用服务业协调发展的电子信息产业集群；围绕建设中国北方国际航运中心、物流中心，除继续开发建设前湾港南港区，同时引进了以星航运、丽星物流、马士基、伊藤忠等一大批国际名仓储物流企业，发展的港口产业集群。

7. 武汉都市圈："四带七区"的产业布局

武汉城市圈，指的是以武汉为圆心，包括黄石、鄂州、黄冈、孝感、咸宁、仙桃、天门、潜江等周边半径 100 公里范围内八个城市所组成的城市圈。

（1）四条产业集聚带

武汉都市圈的工业发展以武汉为中心，依托武汉的沿长江经济带和沿京广经济带两条国家一级经济发展带，呈现向外辐射的东向、西向、北向、西南四条产业空间集聚带；[②]

---

① 参见：青岛深入实施"三大特色经济、四大基地、六大产业群"战略 http://shanghai. qingdao. gov. cn/n2645039/n2645313/255422. html

② 余斌、李星明、曾菊新、罗静：《武汉城市圈创新体系的空间分析——基于区域规划的视角》，载《地域研究与开发》2007 年第 1 期。

东向产业空间集聚带：以青山冶金工业区、北湖新城、阳逻新城和武汉科技新城为主要辐射极，建设武汉—鄂州—黄石—大冶产业空间集聚带。

西向产业空间集聚带：以武汉新区、武汉经济技术开发区为主要辐射极，建设武汉—仙桃—潜江—天门产业空间集聚带。

西北向产业空间集聚带：以吴家山新城、临空开发区为主要辐射极，建设武汉—孝感—汉川—应城产业空间集聚带。

西南向产业空间集聚带：以武汉科技新城为主要辐射极，建设武汉—咸宁—赤壁—嘉鱼产业空间集聚带。

（2）七个产业协作区

结合城市圈内经济、资源、环境等要素，武汉城市圈可以分为 7 个产业协作、功能互补、生态共建和设施共享的综合功能次区域：[1]

武汉都市发展区：包括主城和 11 个新城——主城优化提升现代服务中心功能，集约发展高新技术产业和先进制造业，强化第三产业，逐步推进第二产业向外围地区转移；新城重点发展工业、居住、对外交通、物流等基本功能。

东部沿江城市和产业集聚区：以武汉东部组群及黄石、鄂州、黄冈等大中城市为增长极，推进人口和产业集群。

仙（桃）潜（江）天（门）城市与高效农业发展区：注重基本公共服务设施均等化，缩小区域城乡差异。

咸（宁）赤（壁）嘉（渔）城市与水域经济发展区：该区域将以咸宁为依托，以大带小，促进城市和小城镇协调发展。

孝（感）应（城）安（陆）城市与生态农业发展区：以盐化工、机械工业为基础，承接城市圈核心区的产业转移。

大别山生态保护与绿色经济发展区：在保护和发挥生态功能前提下，适度发展旅游、农林特产品加工、物流、医药产业及其他生态型产业。

幕阜山生态保护与绿色经济发展区：以生态建设为重点，适度发展生态农业和绿色产业基地。

---

[1] 张建军、刘冰、周涛：《武汉城市圈产业结构与产业布局分析》，载《商场现代化》2008 年第 5 期。

二、三大国际都市圈及区域管理的标杆与模式

（一）大东京都市圈的多维空间结构：3 万平方公里的都市延绵区

大东京都市圈，在日本国内被称作"首都圈"①，其范围是以东京为中心，半径 100 公里以内的地区，包括东京（Tokyo）、崎玉（Saitama）、千叶（Chiba）、神奈川（Kanagawa）、茨城（Ibaraki）、栃木（Tochigi）、群马（Gunma）、山梨（Yamanashi）"一都七县"②。上述"一都七县"面积合计约 33993 平方公里，占全国总面积的 9%③；人口 4270 万人，占全国总人口的 33%（2007 年）④；人口密度每平方公里 1256 人，是全国平均水平的三倍多；区域内生产总值占全国 GDP 的 37.3%，第三产业比重高达 80.1%，尤其是服务业占到了区域内生产总值的 25.5%⑤。这在全国乃至世界大城市区域范围内都是十分领先的。

此外，大东京都市圈还是世界闻名的城市集聚区，城市化水平达到 80%以上。除了部分绿化保留区域和极少数的农田区域之外，几乎可以用"都市延绵区"的概念来概括大东京都市圈的地域特征。

1. 东京"1＋N"式分散型网状空间组合关系

从上面这幅由日本国土交通省制定的"日本三大都市圈的未来图景"中可以看出，首都圈、中部圈和近畿圈是日本主要的三大都市圈。其中首都圈的现状（见图 2）是以东京为中心的"一极集中"模式，圈内其他地区以及圈内各行业部门对于东京的依赖程度非常高，这同时也带来了东京城市内部的诸多城市病。

首都圈"分散型网状结构"明显分为内外两个圈层，内层也称"东京都市圈"（如图 2 所示，中部的橙色圈）。"业务核心城市"的设立是内部圈层

① 本文中提到的"大东京都市圈"、"首都圈"是同一层面意义上的两种说法，区域范围包括"一都七县"，而"东京都市圈"则特指其中的内部圈层——东京都和千叶县、神奈川县、琦玉县这"一都四县"。

② 日本的"都"、"道"、"府"、"县"均相当于中国的"省级"行政单位。

③ 数字参考：日本统计局网站，日本统计年鉴 2009 年版（http：//www.stat.go.jp/data/nenkan/index.htm）。

④ 同上。

⑤ 首都圈白皮书 2009 年版（http：//www.mlit.go.jp/hakusyo/syutoken_hakusyo/h21/h21syutoken_.html）。

的基本构成元素，组成了网状结构重要的"点"的功能，这项规划始于1986年的第四次全国首都圈规划。1988年，《多级分散型国土形成促进法》颁布，正式确立了业务核心都市制度。发展业务核心城市的意图是把部分产业和政务功能分解出去，缓解中心区的压力，解决东京的住宅紧张和远距离通勤等城市问题。

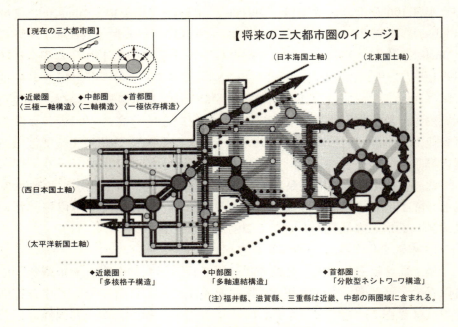

图1　日本三大都市圈未来图景①

　　这种业务核心城市能够成为东京城市功能分散转移的最佳"接受容器"。然而，在最初的阶段，业务核心城市的措施并没有发挥特别的效应，一些新的产业和公共服务仍然集中在东京都。1999年3月，第五次首都圈基本规划中提出了"首都圈分散型网状结构"的概念，指出不仅要合理配置各核心城市的城市功能，还要促使各核心城市及东京中心区之间的相互合作交流，从而形成一个定位明确、完整的网状地域构造。经过近十年的发展，这种分散型网状系统下的广域联结点城市的结构功能关系已趋于明确。

---

　　① 　国土交通省官方网站（http：//www.mlit.go.jp/kokudokeikaku/vision/index.html）

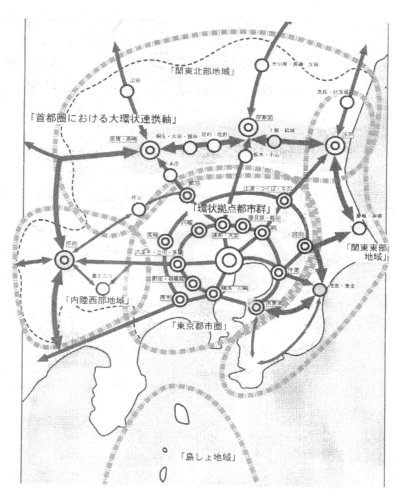

图2 首都圈未来图景——分散型网状结构图①

2. 产业活力更新："创造型都市产业"的集聚

产业发展一直是大东京都市圈重要的环节之一，大东京都市圈的制造业一直处于全国领先的地位，制造业集聚比重很高。根据日本经济产业省2007年工业调查统计，首都圈"一都七县"范围内，大型制造业企业（从业人数十人以上，下同）数量达37798家，占日本大型制造业企业总数的26.8%，

① 第五次首都圈基本规划，出自国土交通省网站（http：//www.mlit.go.jp/kokudokeikaku/vision/5th_s_k/k-top.html）

其中仅东京都一县范围这一比重就占到了 5.5%。产额方面，"一都七县"2007 年大型制造业企业总产额超过 90 万亿日元，占全国比重的 27.6%①。

综合看来，东京都的产业服务功能和产业发展潜力具有以下几点优势②：

1）大企业集聚优势：总资产 10 亿日元以上的大企业数量占全日本的 48.7%；

2）巨大的消费市场：商品销售总额占全日本的 32.8%；

3）巨大的资本市场：股票交易额占全日本的 96.1%；

4）高水平人才高地：研究生院在校人数占全日本的 26.4%；

5）文化与信息高地：图文、影像、声像制作企业数量占全日本的 46.3%；

6）国际化程度极高：外资企业数量占全日本的 74.7%。

大东京都市圈都市产业内涵是：针对大东京都市圈现有的产业趋同现象和未来的城市发展与城市定位设想，东京都提出了将都内产业朝向"创造型都市产业"的方向发展，促进城市功能更新，发挥"东京价值"以及东京城市的产业实力和"城市文化资本"。

创造型都市产业细分为以下三个方面：1）公共需求型产业；2）文化传播型产业；3）都市功能促进型产业。形成了以筑波为先端科技研发基地、以多摩为高新技术产业化实践基地、以东京尤其是城南地区为基础技术生产和技术社会化实验点的三位一体的产业合作关系。

3. 人性化都市圈：以人为本的健康都市生活

一是交通设施国际化与无障碍通行的普及。东京都内地铁、电车等轨道交通站台的无障碍通行实施率达 43%（2006 年）③，在全球的大城市中属于领先地位。东京的交通设施即将开展更广义层面的"无障碍"改造，即无论针对残障人士还是普通人群，甚至外国游客，城市的街道都应当实现"不摔跤、不迷路、放心步行"的目标，实现市政设施的外文配套服务和全面人性化设计。

---

① 2007 年工业调查统计—产业篇，经济产业省（http：//www. meti. go. jp/statistics/tyo/kougyo/result – 2/h19/kakuho/sangyo/index. html）。

② 东京的产业与就业 2008，东京都产业劳动局（http：//www. sangyo – rodo. metro. tokyo. jp/monthly/sangyo/graphic/2008 nen/index. html）。

③ 10 年后的东京，东京都政府网站（http：//www. chijihon. metro. tokyo. jp/10years _ after/index. htm#index01）。

二是女性支援政策。包括对女性育儿、女性就业等多方面提供政策支援和保障，创造更多适合女性就业的都市产业和服务业岗位。

针对交通拥挤时段的列车状况，特别推出女性专用车厢，确保女性在上下班路上避免受到有意无意的"骚扰"，保障女性的合法权益。

公共场所禁烟。除了在大部分室内公共空间推行全面禁烟和餐厅禁烟区的划分，2009 年 4 月 1 日起，JR 东日本公司在原先的"无烟车厢"、"车站吸烟角"和"高峰时段禁烟"等一系列禁烟举措的基础上，开始实行首都圈内所有 JR 车站全面禁烟①。

三是全面迎接"超高龄社会"的到来。

根据《首都圈规划 2008 年年度报告》中的分析，到 2015 年，首都圈将成为日本国内人口高龄化进展最快的地区，远远超过国内平均水平。未来 10 年，东京都市圈 10km—50km 范围内的业务核心城市集中区域高龄化进展程度最高，老龄社会问题最为突出，首都圈内高龄者的生活、出行尤其是居住、就医需求不断发生新的改变。

东京都颁布的《10 年后的东京》倡议书中，更指出东京都将在未来 10 年发展成为"超高龄化社会②"。同时，倡议书中指出，"高龄化"不等于"老化"，随着平均寿命的提高，65 岁以后的高龄生活普遍还将持续 20 年左右的寿命，其中 80% 的高龄者是不需要特别护理的健康群体，因而高龄者也是能够创造社会价值的重要人力资本。

（二）大巴黎都市圈地域结构与空间整合——八个维度与四种概念

1. 空间布局：以政策为引导的"南北轴线——多中心空间格局与区域发展模式"

合理的城市空间扩展方式是决定都市圈建设成功与否的关键。随着城市化进程的加快，巴黎都市圈的地域空间组织也经历了由单核心布局，到以多级城市和城市圈建设为核心的过渡。多样化的城市，也使得巴黎都市圈最终摒弃单中心的放射状布局，转而向"轴线——多中心空间格局"发展。

在 1965 年规划的基础上，1976 年的《法兰西之岛地区国土开发与城市规划指导纲要（1975—2000）》（简称规划）重申了巴黎地区城市发展的基本原则，即城市建设按照南北两条轴线布局，形成多中心的空间格局。同时建

---

① 参考东日本旅客铁道株式会社网站内容：http://www.jreast.co.jp/nosmoking/index.html。
② 具体数字是 65 岁以上人口将达到 300 万人，每 4 人中就有 1 名高龄者。

设环路加放射路的交通网络为多中心的区域空间布局提供便利。① 现在，从巴黎出发可以在三小时内到达任何欧洲国家的首都。（见图3②）

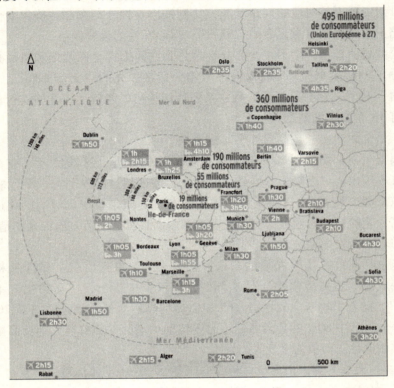

图3　巴黎地区通过它的国际机场及 TGV 与世界其他城市构成紧密联系

进入20世纪90年代以来，法国政府对70年代的《法兰西之岛地区国土开发与城市规划指导纲要》进行重新编制，仍然坚持"多中心的巴黎地区"这一空间布局的基本原则。形成了以巴黎市为中心，近郊五个新城即蓬图瓦兹（Cergy - Pontoise）、圣康担依夫林（St - Quentin - EN - Y）、埃夫里（Evry）、塞纳提（Senart）、马恩河谷（Marne - La - Valle）和两个空港城即华西 - 戴高乐（Roissy - ch - de - Gaulle）、奥利（Massy - Orly）为组团，远郊新市镇（默伦、埃唐普、杜尔当、朗布依埃、芒物、莫城等）为卫星城的

---

① 曾刚、王琛：《巴黎地区的发展与规划》，载《国外城市规划》2004年第5期。
② 图片来源：IAU - idf. http://www.iau - idf.fr/，蓝色标记表示飞机所需时间，绿色表示 TGV（high speed train）所需时间。

多层次多中心的结构。① 目标是"新城建设和近郊空间重组仍是区域空间调整的重点，同时更加强调不同层次城市极核在规模、功能和区位上的多样性及相互之间的联系与协作。"②

其中，五座新城离巴黎的距离大约都在 30 千米。详见表1③。

表1　五座新城离巴黎的距离

新城	人口（人）	地理位置	包含市镇数量	面积（公顷）	公司数量（家）	特点
赛尔基－蓬杜瓦兹	178656	巴黎西北30公里	11	7671	3520	瓦勒德瓦兹省的中心保护森林
玛尔－拉－瓦雷	246607	巴黎以东13公里	26	15285	6900	集科技、复合型旅游、第三产业于一身
塞纳尔	93069	距巴黎33公里	10	11820	2500	交通发达带动周边城市
埃夫利	79726	距巴黎28公里	4	3045	1500	高科技产业发达

在巴黎大区规划的总指引下，巴黎大区的商业得到进一步开发。伴随都市空间结构的形成，巴黎的商业中心布局也发生了变化："在巴黎大区，传统城市中心在原有城市基础上围绕港口或类似的枢纽区位发展起来，虽然经过了大规模重建，但仍保留着传统的街道格局和大量的历史建筑。城市副中心通常位于早期的高级住宅区里，是某些办公活动（特别是公司总部）以及文化娱乐活动的集中地。城市第三中心（新兴商务区）即内城边缘城市，通过城市更新发展起来，与上述两个中心保持一定距离，是新型办公和娱乐机构大量聚集的场所。外城边缘城市通常位于联系城市中心与机场的主要轴线上，或者在轴线周围发展起来。外围边缘城市指经过规划新建或者在现有城镇基础上发展起来的新城，吸引了大量后勤办公室（back - office）和商务花

① 上海市商业经济研究中心：《2005国际商业发展报告》，上海科学技术文献出版社2005年版。
② 曾刚、王琛：《巴黎地区的发展与规划》，载《国外城市规划》2004年第5期。
③ 上海市商业经济研究中心：《2005国际商业发展报告》，上海科学技术文献出版社2005年版。

· 249 ·

园（business park）。休闲娱乐和商务旅游集聚区，如体育场/竞技场、会展中心、主题公园等，选址在外围边缘城市，对空间的需求大，吸引的人口多，作为城市改造或者土地开发计划的组成部分。"①

2. 历史文化与遗产——以文化传承经典：历史文化传承模式

巴黎的历史可以追溯到2000多年前。最初它只是塞纳河中间西岱岛上的一个小镇，当时只有居民几百人。② 100多年来，法国政府一直致力于完善巴黎的城市规划政策，"力求让这座汇集着世界文化珍品的千年古城，在延续历史传统和实现现代化发展之间找到平衡点，在风格迥异的世界大都市中保持自己独特的城市身份。"③

巴黎的城市之名不仅因为其历史文化的积淀与延续，更在于其精心的延续性经营。④ 即"以产业传承、以政策传承和以荣誉传承的一体化模式"。此模式不仅是对巴黎文化传承与保护工作的肯定，同时也为南京的城市文化保护与传承提供了可借鉴经验。下面就此模式所涉及的"产业传承"、"政策传承"和"荣誉传承"进行分析。

一个是通过传承特色文化产业，创造了奢侈品为消费模式的时尚之都。巴黎作为世界历史文化名城，是古城保护的楷模。巴黎名胜古迹比比皆是，受到保护的古建筑有3115座。⑤ 二是通过博览与会展创造了世界博览之都的城市文化模式。巴黎有大约150座博物馆，其中卢浮宫是世界上最大和最有名的博物馆之一。⑥ 同时，巴黎是一个很受欢迎的举办国际会议和国际贸易展的地方。三是通过软文化的创造，建构了世界认同的旅游文化之都。巴黎大区是全世界排名第一的旅游胜地。⑦ 它以其"西方文化之都"所包孕的古老的文化艺术，悠久的历史传统，迷人的宏伟建筑，吸引着国际旅游者纷至

---

① 上海市商业经济研究中心：《2005国际商业发展报告》，上海科学技术文献出版社2005年版。

② 言实：《艺术之都——巴黎》，载《当代世界》2003年第9期。

③ 新华网：《世界五大都市圈：巴黎都市圈》2008年3月31日。

④ 胡荣：《以公共利益为牵引提升社会、文化效益——巴黎历史性公共空间复兴的启示》，载《国际城市规划》2008年第2期。

⑤ 张鸿雁：《城市定位的本土化回归与创新："找回失去100年的自我"》，载《社会科学》2008年第8期。

⑥ 资料翻译自微软百科，词条"Paris"。

⑦ 1997年的游客人数达3,600万人次，是巴黎大区居民人数的三倍。参见邹欢：《巴黎大区总体规划》，载《国外城市规划》2000年第4期。

眷来。① 四是在文化艺术的创新中，创造了世界艺术与休闲之都。巴黎有超过 100 座剧院。绝大多数是私人拥有的，大小名声也各异。② 成为城市特色竞争力与"城市文化资本"要素之一。最古老和最有名的当属国营的法国喜剧院，是由路易十四建立的，靠近卢浮宫。作为对其他娱乐形式的补充，爵士乐和流行音乐会也会在拉维莱特举行。③

3. 政策传承：城市文化政策

巴黎城市的产业空间的优化与整合的动力来源于法国有一个良好的国家文化政策，这一政策本身的主要宗旨就是保护历史文化遗产的各个方面。1946 年，法国政府开始制订指导性的五年计划。从第四个五年计划（1962—1965）开始，文化被纳入了计划之中。政府始终将文化遗产的保护列为首位。文化不仅受到国家的优先"关照"，同时也成为地方行政部门所重视的问题。

法国在文化方面先后出台了《保护及修复历史遗迹法》（1962 年和 1967年），《古迹保护法》（1967 年），《遗产捐赠与继承抵偿法》（1968 年），《建筑法》（1977 年），《图书单一价格法》（1981 年），《著作法》（1986 年），尤其是《电台》，《电视台法》（1974，1982，1986 年）……④ 而巴黎后来通过发展五座新城，有效地减轻了巴黎老城区的压力。政府还对巴黎古城区的新建筑进行"限高"，有效地保护了古城区的历史风貌。除了对文化遗产良好的保护和开发外，法国还有专项的用于购买知名艺术家的杰出作品和收集当代代表作的基金，旨在丰富国内的文化遗产。法国政府对文化工业采取扶持政策，为文化工业创造适合的发展条件。文化工业企业也容易获得银行贷款，并得到税率优惠。⑤ 法国提出"文化权利下放"的理念，核心内容是"国家与地方行政部门之间实现合作"来保护和发展文化。⑥ 法国文化部对于"权利下放"有这样的回应："一方面，国家通过专业的、财政的和科学技术的支持，帮助权力下放后的各地方行政机构建立、完善和运作地方文化机构；另一方面，国家和地方行政机构通过交叉投资的方式来共同资助集体或个人

① 谢伟民：《城市形象分析与城市旅游》，载《经济技术协作信息》2007 年第 20 期。
② 资料翻译自微软百科。词条"Paris"。
③ 资料翻译自微软百科。词条"Paris"。
④ 肖云上：《法国的文化政策》，载《国际观察》1999 年第 6 期。
⑤ 丁杰华等：《法国文化政策：兼收并蓄》，载《文学报》2003 年 12 月 11 日。
⑥ 张敏：《法国当代文化政策走向》，载《社会科学报》2007 年 3 月 15 日。

的文化活动。[1]

（三）大伦敦都市圈——三维空间结构

1. 大伦敦都市圈的空间结构

（1）横向：都市圈的地域结构样态

伦敦都市圈的核心城市区面积 310 平方公里，都市区面积 1580 平方公里，都市圈面积 11427 平方公里，大都市圈面积 27224 平方公里。"'伦敦标准大都市劳务区'（the London Standard Metropolitan Labor Area），面积约 3880 平方公里；'伦敦都市圈'（the London Metropolitan），以查林·克劳斯（Charing Cross）为中心，大致 70 公里半径的环状范围，面积约 1.4 万平方公里。该城市圈的人口达 3650 万。"[2]

表 2　伦敦都市圈的空间布局[3]

项目	CBD	内城区	外城区	郊区	周边地区
伦敦（1991）	伦敦城中心（中心统计区）；西区和伦敦金融城	伦敦城内其他 14 个区	大伦敦的剩余 19 个外圈区	大都市圈外围（Outer Metro Area）包括 11 个郡的全部或与之相邻部分	英格兰东南部：大都市圈外的 11 个郡的剩余部分

（2）纵向：都市圈的空间规划变迁

伦敦都市圈地区由封闭到放射，最后形成圈域型都市圈，历时 50 年。早期的伦敦都市圈地区是单核心同心圆封闭式系统，后来逐渐演变成一中心多核心的圈域系统。[4]

1997 年，民间规划组织"伦敦规划咨询委员会"发表了为大伦敦做的战略规划，该战略规划涵盖伦敦经济、社会、空间和环境的发展，目标旨在确定伦敦如何面对挑战、抓住机遇，规划提出了四重目标组成的指导思想，包括强大的经济、高水准的生活质量、可持续发展的未来、为所有人提供机遇等。这次规划对环境给予了较高关注，除大气、水体、噪声等问题外，还包

---

[1]　张敏：《法国当代文化政策的特色及其发展》，载《国外理论动态》2007 年第 3 期。
[2]　姚为群：《全球城市的经济成因》，上海人民出版社 2003 年版。
[3]　尹继佐：《世界城市与创新城市》，上海社会科学院出版社 2003 年版。
[4]　章昌裕：《伦敦都市圈建成的经验》，载《中国经济时报》2007 年 1 月 1 日。

含了对一些重要空间要素的整治，如开放公园、广场绿带、泰晤士河、历史遗产等地的空间、街道和广场，改善交通方式和建设便捷的交通廊道。"①

（3）伦敦都市圈的五大发展极与四个区域核心城市

"'大伦敦'（the Great London），面积1580平方公里。"② "大伦敦市除了内外伦敦的划分外，也可以分为伦敦城、西伦敦、东伦敦、南区和港口。"③

四个核心城市是：一是伯明翰东南距伦敦160公里，面积209平方公里，是英国除伦敦外最大的都会区。二是曼彻斯特距离伦敦直线距离为303公里，是英国第三大城市，排在伦敦和伯明翰之后。三是利物浦处于英格兰西北部默西河口，濒临爱尔兰海，是仅次于伦敦的英国第二大贸易港。人口约47多万。从利物浦乘火车到伦敦需2小时40分钟，到曼彻斯特约需40分钟。是默西塞得郡的首府。四是谢菲尔德位于英国的中心，是英国的第五大城市。从伦敦坐向北的火车要2小时20分钟到达谢城（大约160英里）。

2. 伦敦都市圈的特色产业特点与区域空间管理

（1）金融产业

在伦敦都市圈内，伦敦城（City of London）又称金融城，有"一平方英里"（Square Mile）是伦敦的最大的金融中心，也是世界著名的金融资本和贸易中心，已有六百多年的金融业历史。大约有一半以上的英国百强公司和100多个欧洲500强企业均在伦敦设有总部。全球大约31%的货币业务在伦敦交易。伦敦证券交易所是世界上最重要的证券交易中心之一。

（2）生产型服务业

"伦敦在20世纪中期就已经进入了后工业社会。1998年，伦敦的服务业中，金融及商业服务业就业人口占总就业人口比重最高34%，其次是批发零售近14%，公共交通、仓储及通讯近11%。"④

---

① 章昌裕：《伦敦都市圈建成的经验》，载《中国经济时报》2007年1月1日。
② 姚为群：《全球城市的经济成因》，上海人民出版社2003年版。
③ 屠启宇、金芳：《金字塔尖的城市：国际大都市发展报告》，上海人民出版社2007年版。
④ 屠启宇、金芳：《金字塔尖的城市：国际大都市发展报告》，上海人民出版社2007年版。

表3　伦敦五大服务业及其相关数据

	产值（百万美元）	比重（%）	从业人口比重（%）
房产、租赁、商业	61，113	31.0	34.19
批发、零售、贸易	25，304	12.8	14.16
金融服务	21，715	11.0	12.15
交通、仓储、通讯	19，591	9.9	10.96
健康及社会工作	10，705	5.4	5.99

　　资料来源：Dev Virdee，Tricia Williams（Editors），Focus on London 2003，London：
TSO，www.statistics.gov.uk

（3）创意产业

1998 年，英国文化、传媒与体育部对创意产业做了如下定义：源于个人创造力、技能与才华的活动，而通过知识产权的生成和取用，这些活动可以发挥创造财富与就业的成效。

"在十多年里，以创意产业为主的新兴产业开始在大伦敦地区异军突起。凭借着每年 210 亿英镑的产出值，创意产业目前已经成为仅次于金融服务业的伦敦第二大支柱产业，占伦敦年度经济总增加值的 16%。产业的发展，带动了就业。如今，大伦敦地区有 50 万人从事创意产业。伦敦正在靠着创意产业的兴起，完成又一次的产业升级。"[1]

2004 年，英国的文化创意产业的产值占英国全国 GDP 的 8%，占就业比重的 4.1%。1997—2000 年间创意产业的年增长率达到 9.0%，远大于这一时期 2.8% 的整体经济增幅。[2]

表4　2004 年伦敦各主要行业产值比重[3]

行业	产值比重
制造业和建筑业	23%
创意产业	8%

---

　　① 伦敦都市圈，网址：http://www.ah.xinhuanet.com/ahws/2008 – 03/31/content_12840360.htm

　　② BizView：《英国创意产业支持政策在地方上的实施》，载《伦敦文化产业发展推介中心运作研究》2005 年 10 月 13 日。

　　③ 祁述裕：《中国文化产业发展战略研究》，社会科学文献出版社 2008 年版。

续表

行业	产值比重
金融产业	5%
能源和自然资源	4%
农、渔、林业	1%
其他服务业	59%

此外，在伦敦的文化产业构成中，广播电视业、出版业和电影业是三大支柱文化产业。广播电视业 2002 年的产值是 62 亿英镑，占英国全国生产总值的 0.9%，出版业产值 86 亿英镑，占比 1.2%，电影业产值 22 亿英镑，占比 0.3%。

另外，伦敦也十分注重新兴工业的发展，"伦敦是英国最大的工业城市，机械制造、汽车、飞机、电子工业、石油化工和印刷等具有很高的水平，在国际上享有盛誉。在伦敦金融城内部，这一点表现得更为明显，印刷出版业占到整个金融城工业产值的 1/2 强。这从侧面反映了随着城市的发展，中心城区的土地成本会快速上升，使附加值低的产业从中心区转移出去，剩下可以承受高运营成本的附加值高、占地少大都市型业。"[1]

3. 伦敦启示：大都市圈——大区域大政府管理模式

"1998 年大伦敦治理联盟和大伦敦管理局成立。大伦敦治理联盟将所有在伦敦大都市区内相互影响、关系密切的地方政府整合为一个统一的联盟，上移和集中所有区域公共服务职能，并发布了'治理白皮书'。白皮书宣称：鉴于伦敦的重要地位和面临的全球化的严峻局面，大伦敦将建立一个整合的财政体制，以便能在区域内提供更加完善和公平的公共服务。"[2]

"大伦敦政府将产生一个直选的专职市长，其他 25 个自治市的市长结成市长联盟，共同组阁大伦敦管理局。"[3] "大伦敦管理局下设四个关键的区域职能部门：伦敦交通部、伦敦发展署、伦敦消防急救规划局和大都市警察局。这些机构的工作人员分别由市长直接任命，各区选派代表，或者由当地选举直接产生。大伦敦市长主要负责整个执行情况。在伦敦市长联盟的 25 名成员

---

① 屠启宇、金芳：《金字塔尖的城市：国际大都市发展报告》，上海人民出版社 2007 年版。

② 黄珊：《国外大都市区治理模式》，东南大学出版社 2003 年版。

③ 黄珊：《国外大都市区治理模式》，东南大学出版社 2003 年版。

中，14 名由各选区选举产生，11 名来自不同政党。大伦敦大都市区各自治市在大伦敦管理局专业职能部门的协助下，为各自辖区提供地方服务。"①

统一的都市圈政府管理模式，可以有效协调都市圈整体资源配置与使用，合理规划都市圈的区域经济、特色经济与产业链布置。简化了的行政管辖层级关系，也能加快都市圈管理的执行效率。伦敦都市圈在原有发展中暴露出行政管理上的种种问题与矛盾，最终选取了大都市圈政府模式，实现有效的统一规划与管理。

---

① 黄珊：《国外大都市区治理模式》，东南大学出版社 2003 年版。

国内六大都市圈综合竞争力比较研究

叶南客 丰志勇[*]

　　大城市的空间组织特征逐步从单体型城市的简单形态，向以中心城市为核心的诸多城市和地区相互交融形成的都市圈空间形态转变[①]。在中国，随着改革开放的不断深入，城市化发展日新月异，都市匮的城市组织形态也逐渐开始崭露头角，出现了长三角、珠三角、京津唐等高水平的都市圈以及不少区域性和地方性的都市圈[②]。尤其是金融危机后，新一轮国家区域战略相继实施，一体化已成为区域未来发展的重点。都市圈是推动区域经济一体化发展的重要空间组织形式之一，都市圈使更多的资源能在更大的范围内得到优化配置，使城市在竞争性合作中实现更大的分工收益和规模效益，实现协同发展[③]。随着城市区域化，区域城市化相互融合的发展，都市圈的竞争力已被区域经济学、社会经济学等相关学科的学者所重点关注。本文选取杭州圈、南京圈、武汉圈、沈阳圈、成都圈和长株潭圈等六大都市圈作为比较对象，主要基于以下几点：（1）同类可比性。六大都市圈分别以杭州、南京、武汉、沈阳、成都和长沙作为自身的中心城市，其都是中国重要的区域经济中心，经济发展水平在本区域内显示较强实力，且对周边城市或地区有长期的辐射和影响；（2）机制相同性。六大都市圈都得到本地政府的重视，都不同程度制订了自己都市圈的长期战略发展计划，形成了相关城市政府间的合

---

　　* 叶南客：南京市社会科学院院长，研究员；丰志勇：南京市社会科学院经济研究所副所长，副研究员、博士。

　　① 张颢瀚：《大都市圈的成长阶段与动力机制》，载《江海学刊》2006 年第 1 期。

　　② 张颢瀚：《长江三角洲都市圈经济与行政区经济的矛盾和整合》，载《江海学刊》2009 年第 2 期。

　　③ 叶南客等：《走向现代化南京》，东南大学出版社 2007 年版。

作机制，与南京都市圈一样，是区域发展最为成熟，体系最为完备的都市圈；（3）区域差异性。六大都市圈分别位于我国东、中和西部，代表了中国不同区域的都市圈发展水平，具有比较全面性和代表性。

一、都市圈综合竞争力评价指标体系构建

自法国学者戈德曼 1957 年提出"大都市圈（带）"概念以来，都市圈已成为衡量一个国家或地区社会经济发展水平的重要标志。而都市圈的综合竞争力是其全方位实力凸显的基础。美国形成了以纽约、芝加哥（或称五大湖）和洛杉矶为中心的三大都市圈，它是全美国人口和经济重心，其综合竞争力代表了美国基础实力。日本三大都市圈——东京圈、名古屋圈、大阪圈，以三分之一的国土，集聚了约三分之二的人口和经济总量，其综合竞争力是日本全面实力的展现。都市圈作为一种现代城市重要发展模式，不仅在发达国家占据主体，在发展中国家也得到了空前的发展。在中国，都市圈不仅已成为城市或区域一体化发展的重要空间形态，而且是城市或区域经济发展的重要增长极。因此，都市圈的综合竞争力关系到一个城市或区域经济发展的快与慢、好与坏和强与弱，甚至可以关系到中国城市未来经济发展的整体走向。可以说，关于都市圈综合竞争力的研究已成为国内外学术界和政府高度关注的领域。

国外关于城市竞争力研究起步较早。从研究城市竞争力的地域分布来看，全球城市竞争力研究集中在北美、欧洲及亚太地区。美国城市竞争力及其相关研究比较深入。美国的彼得教授从 20 世纪 80 年代开始就对这个问题做了开拓性的探索。他选择了一套解释竞争力的变量：即城市竞争力（UC）＝f（经济因素，战略因素），经济因素＝生产要素＋基础设施＋区位＋经济结构＋城市环境；战略因素＝政府效率＋城市战略＋公私部门合作＋制度灵活性。20 世纪 80 年代末，世界经济论坛（WEF）也围绕企业竞争力展开研究。WEF 的模型以国家竞争力为直接研究对象，认为核心是企业竞争力，在此基础上选择了企业管理、经济实力、科学技术、国民素质、政府作用、国际化程度、基础设施和金融环境 8 个要素对国家竞争力进行评价。近几年，国内对都市圈（城市群）竞争力评价的研究十分活跃，不少学者通过自己的研究提出了一些具有代表性的都市圈竞争力指标体系。高汝熹教授认为，都市圈经济发展的质量和速度，取决于都市圈创造价值的能力，在此基础上他将都

市圈竞争力指标体系分解成都市圈发育水平、实力水平和绩效水平三个准则层，以及 23 个具体指标；倪鹏飞等在《中国城市竞争力发展报告 No. 6》一书中，通过对城市群系统要素和演化机制的研究，并结合关于城市竞争力等相关研究成果，建立了城市群竞争力的"品字形模型"，分别从先天竞争力、现实竞争力和成长竞争力三个方面来进行测量①；另外，张会新博士专门对城市群竞争力指标体系的构建进行了研究，形成了包括经济发展、科技实力、基础设施、区位环境、自然环境、社会环境六大要素，以及 17 个一级指标和88 个二级指标的城市群竞争力评价体系②。针对中国都市圈（城市群）综合竞争力指标体系的研究，国内学者已做出了不少的有益的探索，并形成了很多有价值的成果③④。但全球后危机时代的到来，低碳经济理念出现及中国新一轮国家区域战略实施都对都市圈未来发展提出了新内容、新要求。相应地都市圈竞争力也需要不断补充、完善新的要素。下文在前人研究基础上，根据都市圈内、外部环境与条件的变化，构建一套新指标体系，对国内六大都市圈综合竞争力进行比较研究。

都市圈综合竞争力反映了一个都市圈的发展潜力和竞争能力，对其能力的评价既是对都市圈功能的定位，也是为都市圈经济的发展提供了发展方向。而科学合理的评价指标体系是客观评价都市圈综合竞争力的基础。

（一）评价准则

1. 整体性

一个发育良好的都市圈应是不同规模、结构、功能的城市，通过经济、社会互动所形成的规模庞大、结构有序、功能互补的城市系统。系统内之间的城市有着密切的城际联动、协同发展的功能。都市圈综合竞争力的评价应充分体现系统性、协同性和整体性。

2. 动态性

竞争力的发展是一个复杂的、动态的以及持续变化的过程，一个都市圈的竞争力总是处在不断的变化、成长之中。都市圈的成长能力成为了评价都市圈竞争力或者说是潜在竞争力的一个重要方面。在评价都市圈综合竞争力

---

① 倪鹏飞：《中国城市竞争力报告 NO. 6》，中国科学文献出版社 2009 年版。

② 张会新：《城市群竞争力评价指标体系的构建与应用》，载《太原理工大学学报（社会科学版）》2006 年第 4 期。

③ 高如嵩等：《2006 中国都市圈评价报告》，上海三联出版社 2007 年版。

④ 唐启国等：《城市经济和谐发展的新视野》，东南大学出版社 2007 年版。

时，不仅要考虑"静态截面数据"，更应考查一些动态变化性的指标，以体现都市圈的成长能力。

3. 综合性

经济实力是都市圈综合竞争力指标体系中重要维度，但从全球城市竞争力研究转向看，文化、生态越来越决定一个城市或区域的竞争实力。城市发展的内涵不仅包括经济的发展，还包括城市文化、科技水平、和谐程度等软实力的发展。软实力是城市未来竞争力角逐的重要领域，对都市圈综合竞争力的评价应从经济、文化和生态多视角来衡量。

（二）指标体系构建

基于评价准则，在参考国内最新研究成果的基础上，构建了一个都市圈综合竞争力评价指标体系，其主要由整合力、硬实力水平及软实力水平3个一级指标组成，并由15个二级指标和36个三级指标作为支撑（表1）。整合力、硬实力及软实力共同构成了都市圈综合竞争力的三力模型（图1）。

都市圈综合竞争力＝F（都市圈整合力，都市圈硬实力，都市圈软实力）

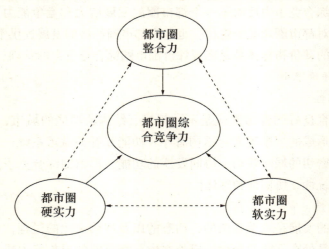

图1　都市圈三力模型示意图

整合力是都市圈综合竞争力的中枢，具有引领都市圈整体经济社会发展的作用。都市圈是一个由核心城市和周边中小城市共同组成的一个相互作用空间单元，其综合竞争力的强弱不仅仅依靠核心城市发展，更需要与周边中心城市或地区形成协同共生发展关系，即核心城市辐射带动周边地区发展，周边地区支撑核心城市进一步发展，形成良性互动一体化发展。而都市圈一体化发展的衡量标准可以用都市圈整合力来建构，它是都市圈综合竞争力强弱的动力引擎，是构建都市圈三力模型的重要一极。

硬实力和软实力是都市圈综合竞争力强弱的基础，也是构成都市圈综合竞争力的两个重要着力点。硬实力是一个城市或地区发展的经济基础，同样都市圈竞争力也需要坚实的经济基础来支撑，没有强大的经济基础和快速的经济增长来支撑都市圈的发展，都市圈将没有竞争力可言。软实力是现代城市或区域经济重点打造的方向，在知识经济时代，创新型经济引领新一轮经济的发展，而都市圈软实力是发展创新型经济的重要组成要素。在硬实力和软实力为两极支撑基础下，通过都市圈整合力的引领，形成三力相互作用的格局。在此格局下，都市圈将形成强有力的综合竞争力。

1. 都市圈整合力

都市圈整合力是指都市圈在其内涵所界定的属性下发育发展的状况，其基本目标是衡量都市圈的完善程度。主要从四个方面来评价都市圈的整合力水平。（1）都市圈的内部联系力，反映都市圈内部的物资、人员联系；（2）中心城市辐射力，反映中心城市的基本能量和其为圈内其他城市提供辐射、服务的可能性；（3）圈内城市发展协调力，反映圈内城市经济落差情况，具有良好经济基础的周边城市是中心城市发挥其核心功能的基础；（4）圈内城市发展水平，反映圈内城市化的总体进程，以及城市结构的合理性。

2. 都市圈硬实力

都市圈硬实力主要指都市圈的经济实力。通过都市圈经济规模、绩效实力、次区域发展强度、实力增长力等四方面进行测量。（1）经济规模，反映 GDP 规模和政府的财政规模以及都市圈整体的投入与产出规模；（2）绩效实力，反映都市圈的经济绩效以及居民的收入水平；（3）次区域发展强度，反映区域内城市亚系统的发展水平；（4）实力增长力，反映一定时间内，都市圈的经济规模和绩效水平的动态变化情况，是都市圈成长能力的具体体现。

3. 都市圈软实力

都市圈软实力是指都市圈内除了经济以外其他领域的发展状况，当前，我国城市发展理念正在从只重视经济发展向注重经济社会协调发展的方向转变，城市软实力日益成为城市综合竞争力的重要方面。对都市圈软实力的评价具体包括七个方面，即科技水平、教育水平、文化水平、医疗水平、设施水平、环境水平、和谐发展水平。

（三）指标无量纲化处理及权重确定

指标体系中的三级指标既有总量指标，也有比率指标，其量纲不尽相同，为了使指标具有可比性，采用功效系数法对指标值进行无量纲化处理，其方法如下：

设 $E = \{E_1, E_2, E_3, \cdots E_n\}$ 为被评价的都市圈样本，$I = \{I_1, I_2, I_3, \cdots I_n\}$ 为总量指标和比率指标集，M_{ij} 为都市圈 E_i 的第 I_j 项指标的测量值，无量纲化处理后的效用值为 U_{ij}，U_{ij} 是 M_{ij} 的函数，其公式为：$U_{ij} = f(M_{ij}/M_{hj}) * 100$；$i = 1, 2, 3, \cdots, n$；$j = 1, 2, 3, \cdots, m$。$M_{ij}$ 与 M_{hj} 为都市圈样本第 j 项指标的任意值和最大值，U_i 是对 M_{ij} 的评价得分。

权重的确定是都市圈综合竞争力评价关键环节。本文采用特尔菲法来进行指标权重的确定，根据专家打分，最终确定各影响因素对评价目标的影响权重。

表1　都市圈综合竞争力指标体系及权重

目标层	一级指标	二级指标	三级指标	最终权重
都市圈综合竞争力	整合力水平 0.3	联系力 0.2	人均货运量 0.5	0.03
			人均客运量 0.5	0.03
		中心城市辐射力 0.3	中心城市 GDP 0.4	0.036
			中心城市人均 GDP 0.3	0.027
			中心城市工业企业数 0.3	0.027
		协调力 0.2	人均 GDP 落差 0.6	0.036
			地均 GDP 落差 0.4	0.024
		圈内城市发展水平 0.3	非农业人口所占比重 0.3	0.027
			第三产业比重 0.3	0.027
			城市发育度 0.4	0.036
	整合力水平 0.3	经济规模 0.3	GDP 总量 0.3	0.036
			财政收入 0.3	0.036
			固定资产投资总额 0.2	0.024
			社会消费品零售总额 0.2	0.024

续表

目标层	一级指标	二级指标	三级指标	最终权重
都市圈综合竞争力	硬实力水平 0.4	绩效实力 0.3	人均 GDP 0.3	0.036
			地均 GDP 0.3	0.036
			人均财政收入 0.2	0.024
			人均可支配收入 0.2	0.024
		次区域发展强度 0.2	圈内包括的百强县数 0.5	0.04
			圈内包括的前 100 位城市数 0.5	0.04
		实力增长力 0.2	GDP 增长率 0.4	0.032
			人均 GDP 增长率 0.4	0.032
			财政收入增长率 0.2	0.016
	软实力水平 0.3	科技水平 0.2	每万人专利数 0.5	0.03
			每十万人高等院校数 0.5	0.03
		教育水平 0.15	每百名在校学生拥有教师数 0.5	0.0225
			每万名在校学生拥有学校数 0.5	0.0225
		文化水平 0.15	每万人剧场、影剧院个数 0.5	0.0225
			每百人公共图书馆图书册数 0.5	0.0225
		医疗水平 0.15	每百人拥有医院床位数 0.5	0.0225
			每万人拥有医生数 0.5	0.0225
		设施水平 0.15	人均城市道路面积 0.5	0.0225
			市辖区每万人拥有公共汽车车辆 0.5	0.0225
		环境水平 0.15	人均绿地面积 0.5	0.0225
			人均三废综合利用产品产值 0.5	0.0225
		和谐发展水平 0.05	城乡人均收入差距 1	0.015

二、国内六大都市圈综合竞争力比较分析

指标体系的数据主要根据《中国城市统计年鉴》（2008）、各相关城市"2008年度国民经济和社会发展统计公报"、国家统计局网站以及具有一定影响力的城市竞争力评价研究成果直接查询或间接计算得出，数据资料全部截至2008年年底。

（一）国内六大都市圈指标层比较分析

1. 都市圈整合力比较

整合力要素衡量的是都市圈各城市间的整合联动能力，是都市圈成长情况、完善程度的客观反映，南京都市圈在本项要素中以71分的成绩排名第二，杭州圈则以92.9的得分遥遥领先排名第一。在整合力要素包含的四个二级指标中，南京圈的表现比较稳定，联系力、协调力两项指标排名第二，中心城市辐射力和圈内城市发育水平两项指标排名第三。说明南京都市圈内部城市间已具备良好的圈内协作基础，城市体系发育比较完善，已经初步形成了大中小城市都有发育的城市体系和圈层结构，而作为中心城市，南京已具备了一定的辐射能力。但是，相对于杭州，南京在圈内城市发育水平以外的其他三项指标中都表现出了比较大的劣势，在表2中可以看出南京圈和杭州圈在具体指标方面的差距。

表2 国内六大都市圈整合力要素得分排名表

都市圈	联系力		中心城市辐射力		圈内城市发育水平		协调力		总分	总排名
	得分	排名	得分	排名	得分	排名	得分	排名		
杭州圈	100.0	1	99.4	1	65.6	6	100	1	92.9	1
南京圈	64.7	2	69.3	3	81.8	3	69.7	2	71.0	2
沈阳圈	61.1	3	72.1	2	78.3	4	59	3	67.2	3
成都圈	48.8	4	58.2	4	71.9	5	39.2	5	53.4	4
长株潭圈	48.1	5	47.3	6	84.6	1	41.7	4	53.2	5
武汉圈	39.8	6	54.3	5	84.2	2	27.6	6	49.4	6

在整合力水平这一要素上，南京都市圈与杭州都市圈相比差距可以说是全方位的（表3）。首先，除人均GDP指标上南京稍微占优势外，其他6项

指标均居于下风，并且在人均客运量、中心城市工业企业数以及地均GDP落差等三项指标方面的差距十分明显，差率分别达到42.6%、75.9%和69%。说明南京都市圈的圈内交通联系网络建设力度仍需不断加大，圈域社会经济的联系强度有待进一步提升。其次，圈内经济落差较大体现出都市圈经济发展呈现出一定的非均质问题，应努力促进圈内其他城市的经济发展，以缩小与中心城市南京的差距，优化都市圈的圈层体系。再次，南京都市圈在中心城市的发育和服务能力上有所欠缺，继而影响到中心城市对周边的辐射和带动作用的发挥，因此中心城市南京的能量还有待继续集聚，来提升南京都市圈整体竞争力。

表3　南京圈与杭州圈整合力要素具体指标对照表

子准则	指标	南京圈			杭州圈		
		指标值	得分	排名	指标值	得分	排名
联系力	人均货运量（吨）	25.47	72.0	3	35.57	100.0	1
	人均客运量（人次）	23.53	57.4	3	40.99	100.0	1
中心城市辐射力	中心城市GDP（亿元）	3284	80.1	3	4100	100.0	1
	中心城市人均GDP（元）	53639	100.0	1	52590	98.0	2
	中心城市工业企业数	2094	24.1	4	3674	100.0	1
协调力	人均GDP落差	78.34%	95.5	2	82.07%	100.0	1
	地均GDP落差	31.02%	31.0	3	100.11%	100.0	1

2. 硬实力要素比较

在硬实力水平方面，杭州和南京依然占据着前两位名次，并且以较大优势领先于其他4个都市圈。85.1和84.5的得分显示出在硬实力上，杭州都市圈和南京都市圈的表现可谓不相伯仲，实力相当。在经济规模、绩效实力、次区域发展强度三项二级指标中，南京和杭州圈占有着绝对的优势，在经济规模方面南京圈以满分的成绩独占鳌头，说明南京都市圈具有较大的经济体量，规模实力不容小视；在绩效方面杭州圈以97的高分领先南京圈16分，并把其他四个都市圈远远抛于身后，体现出了杭州都市圈高效的经济产出效率；在次区域发展强度方面，杭州圈和南京圈水平相当，并对其余都市圈形成绝尘之势；而在实力增长力方面南京和杭州两都市圈双双垫底，较大的增长基数使得两个都市圈的发展速度慢于武汉等其他都市圈（表4）。

表4　国内六大都市圈硬实力要素得分排名表

都市圈	经济规模		绩效实力		次区域发展强度		实力增长力		总得分	排名
	得分	排名	得分	排名	得分	排名	得分	排名		
杭州圈	86.7	2	97	1	78.5	1	71.4	6	85.1	1
南京圈	100.0	1	81	2	75	2	76.2	5	84.5	2
沈阳圈	76.4	3	61	3	8.48	4	80.5	2	59	3
长株潭圈	67.0	4	33	6	8.56	3	77.2	3	47.1	4
武汉圈	61.1	5	37	4	0.07	6	84.2	1	46.3	5
成都圈	58.2	6	35	5	0.18	5	76.3	4	43.4	6

3. 软实力要素比较

南京都市圈在软实力方面的排名仍然居于杭州都市圈之后，位列第二，虽然表现尚可，但形势却不容乐观。从表5中我们可以看出南京都市圈在软实力方面处于前有劲敌，后有追兵的严峻境地，杭州都市圈以89分优异表现，领先南京都市圈16.6分，而沈阳则以落后5.2分的微小差距咄咄逼人。具体来看，南京都市圈在软实力要素的七个二级指标中科技水平、设施水平、环境水平三个指标居于第二位，表现良好；文化水平和医疗水平两个指标位列第三；另外分别有一个指标排在第四和第六位，分别是教育水平与和谐发展水平。

表5　国内六大都市圈软实力要素得分排名表

都市圈	科技水平		教育水平		文化水平		医疗水平		设施水平		环境水平		和谐发展水平		总得分	排名
	得分	排名	得分	排名	得分	排名	得分	排名	得分	排名	得分	排名	得分	排名		
杭州圈	100.0	1	74	6	100.0	1	97.7	2	97	1	76	1	44.5	5	89.0	1

续表

都市圈	科技水平		教育水平		文化水平		医疗水平		设施水平		环境水平		和谐发展水平		总得分	排名
	得分	排名	得分	排名	得分	排名	得分	排名	得分	排名	得分	非名	得分	排名		
南京圈	71.3	2	90	4	58.1	3	71.2	3	94	2	59	2	43.1	6	72.4	2
沈阳圈	47.1	5	92	3	67.0	2	97.9	1	72	4	32	3	74.0	2	67.2	3
武汉圈	47.7	3	93	2	46.3	4	66.6	5	82	3	24	5	100	1	61.2	4
长株潭圈	41.6	6	95	1	23.0	6	63.6	6	72	4	27	4	64.6	4	53.6	5
成都圈	45.7	3	78	5	27.2	5	67.1	4	56	6	18	5	70.9	3	49.6	6

（二）都市圈综合竞争力比较结果

根据各项指标的数据以及所占权重，我们最后汇总计算出了六个都市圈综合竞争力的最终得分。综合竞争力的评价结果显示，杭州圈、南京圈、沈阳圈分别以 88.6、76.8 和 63.9 分占据了前三名的位置，武汉圈、长株潭圈和成都圈以 51.7、50.9 和 48.3 的得分，分别位于 4—6 位。武汉、长株潭和成都三个都市圈综合实力旗鼓相当，但与杭州、南京和沈阳都市圈相比，显示出较大劣势。而杭州圈、南京圈、沈阳圈虽位居三甲，位次相近，但之间的差距却比较明显，相邻位次得分相差分别达到 11.8 和 12.9 分（表6）。

表6 国内六大都市圈综合竞争力总排名表

都市圈	整合力水平		硬实力水平		软实力水平		综合竞争力得分	与前一名分差	总排名
	得分	排名	得分	排名	得分	排名			
杭州圈	92.9	1	85.1	1	89.0	1	88.6	——	1
南京圈	71.0	2	84.5	2	72.4	2	76.8	11.8	2
沈阳圈	67.2	3	59.0	3	67.2	3	63.9	12.9	3
武汉圈	49.4	6	46.3	5	61.2	4	51.7	12.2	4
长株潭圈	53.2	5	47.1	4	53.6	5	50.9	0.8	5
成都圈	53.4	4	43.4	6	49.6	6	48.3	2.6	6

　　从三个要素层来看，杭州都市圈的优势是全方位的，除硬实力要素南京都市圈可以与其比肩外，其他方面杭州都市圈都是一马当先。另外在一级指标和二级指标方面，情况也很类似。表7统计出了宁、杭、沈三个都市圈在两层指标中的首位占据情况，杭州圈的强势跃然纸上，15个一级指标中，杭州都市圈占据了九个，首位率达到60%，南京和沈阳圈都只有一个；在36个具体指标中，杭州圈仍保持着较大优势，17个指标占据首位，首位率接近一半。

表7 宁、杭、沈三大都市圈一、二级指标首位情况对比表

都市圈		南京都市圈	杭州都市圈	沈阳都市圈
二级指标	数量	11	17	5
	首位率	30.6%	47.2%	13.9%
一级指标	数量	1	9	1
	首位率	6.7%	60.0%	6.7%

三、六大都市圈的竞争力评估与对策

　　都市圈已经成为中国经济增长的亮点，通过对它的研究评价，总体上把握中国东中西不同区域都市圈综合竞争力空间差异性，对推动中国不同地域都市圈经济社会全面发展具有重大的实践意义。

　　（一）总体评估

　　从得分高低分布情况看，都市圈综合竞争力得分具有空间分异性，都市

圈综合竞争力的强弱从东部到中西依次递减，排名依次为：杭州都市圈（88.6分）、南京都市圈（76.8分）、沈阳都市圈（63.9分）、沈阳都市圈（63.9分）、武汉都市圈（51.7分）、长株潭都市圈（50.9分）和成都都市圈（48.3分）。具体差异性评估如下：

1. 东中西都市圈综合竞争力得分差距较大

杭州都市圈综合竞争力得分分别高出武汉都市圈、长株潭都市圈和成都都市圈36.9分、37.7分和40.3分。不仅如此，在整合力、硬实力和软实力等分项指标上东部地区的都市圈得分均普遍高于中西部地区的都市圈。尤其在硬实力得分上，杭州都市圈高出成都都市圈41.7分，几乎高出一倍。说明中西部的都市圈综合竞争力不仅整体水平低于东部，而且内部各个分项指标得分也均低于东部。

2. 东部地区内部都市圈综合竞争力得分差异较大

排名第一的杭州都市圈综合竞争力得分高出位于第二的南京都市圈11.8分，而南京都市圈综合竞争力得分高出排名第三的沈阳都市圈12.9分。但在整合力、硬实力和软实力等分项指标上，杭州都市圈、南京都市圈和沈阳都市圈之间差距表现不一。在硬实力水平上，南京都市圈与杭州都市圈相差不到1分，而在整合力和软实力得分上分别相差21.9分和17.6分。同样，在硬实力得分上南京都市圈高于沈阳都市圈25.5分，而在整合力和软实力上仅仅分别高出3.8分和5.2分。

3. 中西部地区之间的都市圈综合竞争力得分差别较小

武汉都市圈综合竞争力分别比长株潭都市圈和成都都市圈高出0.8分和2.8分，三者之间的综合竞争力得分差距不超过3分。在整合力、硬实力和软实力分项上，三者各有竞争优势，在软实力上，武汉都市圈得分高于长株潭都市圈和成都都市圈，在硬实力上，长株潭都市圈得分高于武汉都市圈和成都都市圈，在整合力上，成都都市圈得分高于武汉都市圈和成都都市圈。

（二）提升策略

从对国内六大都市圈综合竞争力的评估结果看，都市圈综合竞争力具有空间差异性，其不仅表现在东中西三大区域之间，而且区域内部之间也呈现出差异性。根据研究结果，提出以下提升策略。

1. 东中西都市圈应采取三力均衡化下的不同发展模式

六大都市圈中，除杭州都市圈在硬实力、软实力和整合力上实现相对均衡发展外，其他五大都市圈都呈现出三力非均衡发展特点。都市圈综合竞争力是硬实力、软实力和整合力三者的合力，其强弱由三力共同来支撑，任何一力短腿，都会出现短板效应，进而影响到都市圈综合竞争力提升。东中西都市圈都应根据自身特点，加大对处于相对劣势方面的要素投入，补齐各自短板，实现硬实力、软实力和整合力均衡发展。为此，东部区域的都市圈应向更高层次均衡化方向发展，向都市圈高级阶段同城化方向迈进。中西部都市圈在发展硬实力的同时，更应注重软实力和整合力的发展，通过三力的均衡发展来提升都市圈整体竞争力。

2. 东部地区都市圈向具有国际竞争力的大都市方向发展

东中西三大区域社会经济发展处于不同发展阶段，经济、社会和文化发展水平具有空间差异性，在坚实的经济基础支撑下，东部地区都市圈发育相对成熟，都市圈内部之间联系比较紧密，都市圈硬实力、整合力相对较强。因此，对于东部地区的都市圈，应更加注重软实力的培育，尤其是南京都市圈和沈阳都市圈，与同在东部地区的杭州都市圈具有一定差距，在软实力上更应该加快跨越发展速度，缩小与杭州都市圈之间的差距。东部都市圈发育相对成熟，在依靠坚实的硬实力基础，今后加大软实力基础建设，形成软硬实力协同发展，再通过区域一体化机制创新，进一步发挥整合力引领作用。同时，要把国际化视野引入未来发展理念中，把具有国际竞争力的各种要素纳入都市圈未来发展考虑之中，在相对坚实的硬实力基础的支撑下，吸引全球人才、营造一流生态居住和创业环境，把东部区域的都市圈培育成具有国际竞争力的大都市圈。

3. 中西部地区都市圈应向相对发育成熟都市圈阶段迈进

与东部地区相比，中西部地区都市圈在硬实力、软实力和整合力发展水平上差距较大，其基本上处于都市圈发育中期阶段，需要加快硬实力的经济基础，同时也承担发展软实力重要任务。因为一个成熟的都市圈需要软、硬实力作为发展的重要两极。在硬实力方面，发挥中心城市集聚扩散作用的同时，注重区域内中小城市的发展，通过中心城市增长极的极化作用，带动周边地区均衡发展。在软实力方面，除强化都市圈中心城市引领作用外，要考虑区域内生态环境和文化等方面软实力的培育。在夯实软、硬实力两极的基础上，通过重要交通设施的建设，区域一体化的联动发展，逐步激活都市圈整合力的动力引擎，形成三力合一的协同发展效应，缩小与东部地区都市圈综合竞争力的差距，加快中西部都市圈向一体化成熟阶段迈进。

泛长三角格局中的"宁合昌"
合作战略研究

李程骅　黄南　丰志勇[*]

在中国的经济版图中，长江经济带横贯东西部地区，是沿海与内地的连接带，在国家的经济布局中具有重要的战略地位。改革开放以来，在我国的沿海地区经济成功起飞之后，长江流域理应是中国最有希望的经济发展先行区。2008年9月，《国务院关于进一步推进长三角地区改革开放和经济社会发展的指导意见》的出台，将长三角区域一体化的发展提升到了国家战略的高度，使长三角区域成为中国经济发展中最重要的板块。面对新一轮大发展，如果把上海定位为沿海城市，那么南京、武汉、重庆就是长江流域的三大区域中心城市。在长江下游，江苏、安徽、江西三省以长江为纽带，形成了东依长三角核心地带、西接长江中上游的经济发展带。其中，南京、合肥、南昌三个省会城市带动下的一批沿江、近江城市群，在经济、社会发展迎来了"泛长三角"的区域协同发展的新阶段后，如何借助区域经济发展的梯度规律，打造一个突破三省行政区隔的同倚长江的新型功能发展区，已经成为新的共同的追求。

无论从"泛长三角"时代的安徽、江西与长三角地区的协同发展、错位发展，还是从东部经济发达地区与中西部广大腹地发展的未来对接来看，搭建一个横跨苏、皖、赣的新型"长江下游经济带"，都是具有重要战略意义的。借助长江黄金水道的天然聚集力，以南京为龙头，筹划一个把南京都市圈、江淮城市群（安徽）、昌九走廊（江西）连为一体的长江流域南京—合肥—南昌"新三角"经济区、城市带（以下简称宁合昌"新三角"），使之

　　* 李程骅：南京市社会科学院副院长、研究员、博导；黄南：南京市社会科学院经济研究所副所长，副研究员；丰志勇：南京市社会科学院经济研究所副所长，副研究员、博士。

成为依托东部、连接中部、影响西部的一个关键功能区域和新的核心增长区，并以此为主题申请列入国家主体功能区规划中的国家级重点开发区域，对于南京新一轮发展城市能级的提升，对于泛长三角地区均衡化发展的战略布局，都具有非同寻常的意义。

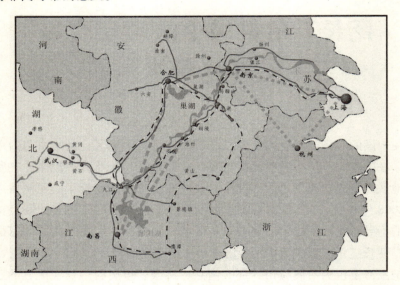

图1　泛长三角一体化下的新三角

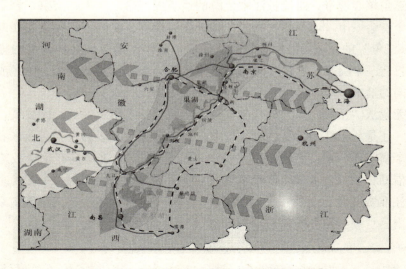

图2　承中启西的长江下游的"宁合昌经济带"

在大区域经济的发展中，战略不仅仅是一种高度，还体现为创新的思路和魄力，更体现为促进整体利益最大化的制度性的力量！承东启西的长江流域宁合昌"新三角"，带来的是基于资源禀赋、空间均衡、功能互补、协同创新的区域经济竞合发展新思路！

一、构建宁合昌"新三角"的战略机遇与现实条件分析

（一）长江经济带正成为新崛起的国家级增长极和世界大河产业带

长江经济带处于中国南北方向的中间地带，是南北经济发展的过渡带，起着承南启北的作用；长江经济带在全国生产力布局中一直具有重要的战略地位，在中国经济的长远发展中将发挥更为突出的重大作用，是在21世纪前20年中最具有后发性利益、发展潜力最大、发展前景最为广阔的经济发展带，并且在实现21世纪中国发展的第三步战略目标的过程中起关键的作用。长江经济带的加快开发，将发挥拉动全国经济持续快速增长和加快中西部地区发展的双重作用。据预测，到2010年，长江产业带将建成21世纪中国最具实力和增长潜力的产业经济脊梁，有世界影响力的大河产业带，其他将成为21世纪中国经济发展的增长极。要托起这道"脊梁"，关键在于依托沿岸大中城市，重点发展上海、南京、武汉、重庆为中心的四大经济（产业）圈，从而连接构成体现国家经济竞争力的长江沿岸产业带。

（二）扩展长三角经济空间是实现可持续发展的内在要求

世界经济发展的经验表明，一国或地区的经济发展一般经历四个阶段：要素驱动、资源驱动、创新驱动和财富驱动。长三角目前资源驱动的特征十分明显：高投入、高消耗、低产出、低效益，以低生产成本为主要竞争手段，如何尽快由资源驱动向创新驱动推进已成为长三角的主要任务。作为中国经济社会发展综合实力最强的地区，长三角城市群的土地面积占全国的1%，人口占6%，GDP占18.7%。经过30年的快速发展后，若干"瓶颈"越来越严重地束缚着长三角的进一步发展：

水资源瓶颈。长三角在全国属水资源相对丰富的区域，但因人口密度大，人均水资源拥有量少，加之环境污染，使水资源紧缺问题日益突出。2006年，上海、江苏人均水资源分别为153.9立方米和538.3立方米，远低于国际公认的1700立方米的用水警戒线。

土地瓶颈。2007年年末，长三角人均土地面积1.96亩，相当于全国的18%；人均耕地面积已由20年前的1.25亩降至0.6亩，远低于1.38亩的全国平均水平，已处于联合国确定的人均0.8亩耕地的警戒线以下。长三角地区的工厂密布已经密到不可理解的程度：无锡市全境每平方公里有12个工厂。人口的压力，工业废弃排放物的压力，迫使这个区域必须提升层次、拓展腹地。

能源瓶颈。长三角能源、原材料等资源较为匮乏，能源自给率低。先进制造业和现代服务业的产业定位，是"腾笼换鸟"的长三角产业结构调整的必然选择。

环境瓶颈。长三角是我国发生地面沉降最严重的地区，地面沉降区内累计沉降已超200毫米，面积约1万平方公里，已形成上海、苏锡常、杭嘉湖三个区域性沉降中心，加剧了资源紧张压力。生活污水、工业废水和废气、废物的排放量大而集中，江河湖海水质普遍恶化，生态环境迫切需要恢复生建。

在长三角的成长阶段，会不断吸收周边的优质生产要素向自身集聚，当长三角发展到成熟阶段，产业梯度转移则成为必然趋势。综合判断，目前，长三角已经到了必须减少劳动密集型产业的"腾笼换凤"时期。随着交通设施的大力改善和产业结构调整的深化，长三角与周边城市的关系将越发密切。长三角必须扩展经济空间，积极吸纳周边地区参与分工合作，才能更好地应对国际产业及资本转移。一旦市场条件成熟，长三角将表现出更大的包容性，这种彰显扩容的需求，使构建泛长三角经济区域的呼声日益高涨。从集聚到扩散，从长三角到"泛长三角"，可以说是这一区域发展的必然趋势。

（三）长江流域"南京经济区"是宁合昌战略合作的坚实基础

1986年6月，由南京市倡议，苏皖赣3省16个地市在平等协商、自愿互利的基础上，共同组建了"南京区域经济协调会"。1991年发展为18个地市，1997年发展为19个地市，即南京市、镇江市、扬州市、泰州市、合肥市、芜湖市、淮南市、马鞍山市、铜陵市、安庆市、黄山市、滁州市、巢湖市、六安市、池州市、宣城市、南昌市、九江市、景德镇市。土地总面积15.61万平方公里，总人口约6400万人，分别占全国的1.63%和5.27%。

二十多年来，随着南京经济区域协调会工作的不断推进，突出了南京在长江下游段的中心城市地位，长江沿江经济带以四大中心城市分别联系相应区域逐步形成，即，重庆市作为长江上游的最大中心城市，以云贵川为主要联系范围；武汉市为长江中游湘鄂赣沿江的经济中心，南京为长江下游段尤以苏皖赣沿江的经济中心；上海是长江流域的出海口，经济腹地广大，但以长江河口即镇江扬州以东的太湖流域与扬州—南通地区为其最直接的经济腹地。

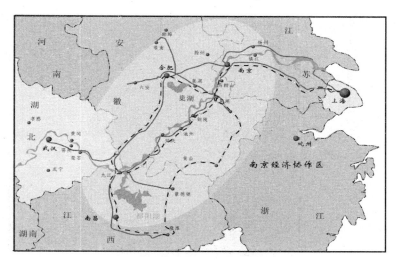

图3　南京经济协作区示意图

（四）地区发展的梯度差异是宁合昌"新三角"区域合作的重要前提

从大区域的视角来看，宁合昌区域内，既有经济比较发达的沿海、沿江、平原，又有经济比较落后的山区、老区、库区；既有代表产业发展先导的电子信息、精细化工、生物制药等新兴产业，也有还处于较落后水平的一般种植、简单加工、初级开采等传统产业。这一区域内知识密集型、技术密集型、资本密集型和劳动密集型产业地域分布特点明显。自然条件、经济发展水平具有很大的差异性；经济结构形态多样，市场发育参差不齐，物质技术基础各异，生产力呈明显的多层次性，地区发展具有不平衡性，而自然资源、经济资源和人文资源又具有很强的互补性。所有这些，都为宁合昌的区域合作提供了客观的物质基础和良好的社会条件。

目前，宁合昌区域内部已初步形成了南京都市圈、皖江（江淮）城市带和昌九走廊三个重要的经济区域。2007年，上述三大区域的地区生产总值达14113.52亿元，工业增加值达5846.22亿元，固定资产投资达8545.16亿元，社会消费品零售总额达4693.91亿元，财政收入达2175.32亿元，地方一般预算财政收入达 1025.07 亿元，实际利用外资达 97.93 亿美元。地区生产总值、工业增加值、固定资产投资、社会消费品零售总额、财政收入和实际利用外资分别占全国各项指标的 5.72%、5.45%、6.23%、5.26%、4.40% 和 13.09%。

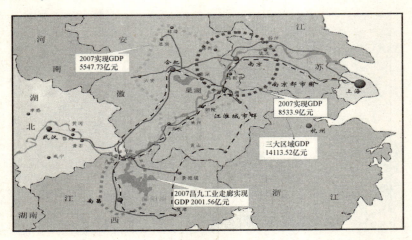

图4　三大板块的国民生产总值构成

　　目前，这三大区域的产业已经有了较好的基础，具有较完备的产业体系。南京都市圈的江苏省内城市在石化、电子、钢铁、建材、高科技等产业具有一定的优势，同时南京作为长三角北翼的区域性中心城市，是整个区域内的商贸业中心城市，也是科技研发等现代服务业中心城市。目前，南京正处于优化发展阶段，第三产业已进入了加速发展的时期，并将逐渐取代第二产业成为城市的支柱产业，城市产业结构加速向服务型经济转型。江淮城市带重化工业所占比重较大，汽车、水泥、钢铁等产业基础雄厚，竞争力较强，目前这些城市的主导产业仍大多以传统产业为主。但合肥的产业重化工业比重较低，汽车、装备制造、家用电器制造、化工及橡胶轮胎制造、新材料、电子信息及软件、生物医药等产业是城市的主导产业。昌九工业走廊中的九江市也是典型的重化工业城市，目前冶金建材、纺织服装、食品、医药化工、电子是城市的五大支柱产业，但随着石化、船舶、钢铁等产业的发展，石油化工、冶金建材、汽车、船舶、纺织服装等将成为未来城市的五大支柱产业。南昌的重化工业也相对较低，汽车、家用电器、医药和医疗器械、光电等产业发展具有一定优势。

从全国区域发展格局来看，宁合昌"新三角"具有极为优越的区位和资源优势。

区位条件优越。宁合昌区域是联结我国东部、中部和西部三大地带的天然纽带。大宗货物大量由海上进入长江，使长江下游沿江地区由远离原料基地转变为多种原材料、燃料中转地，这为本区域基础工业和电力工业的发展创造了有利条件。此外，长江下游的开放港口与环太平洋区域，尤其是与日、美、港澳台等国家和地区相联系的经济活动日益频繁。因此，本区域既有面向世界、又有面向内地和沿海进行商品交换的区位优势。

自然资源条件好。本区域处于北亚热带和中亚热带的过渡地带，光、热、水、土资源丰富。本区域的矿产资源在全国和华东地区均居重要地位。特别值得一提的是，本区域还拥有十分丰富旅游资源和长江岸线资源。秀丽、雄伟的自然景观和人文景观比比皆是。如，黄山是我国十大风景名胜之一，九华山为全国四大佛教圣地之一。南京、南昌、景德镇、九江、扬州、镇江、寿县等都是全国历史文化名城。本区域沿长江有多处深水岸线资源，对兴建港口、发展长江航运和布局临江工业具有重要意义。

发展潜力大。知名经济学家谢国忠经过对中国市场版图的调查，写下《明天的太阳从安徽和江西升起》一文，明确提出，"靠近沿海，交通便利，工资低廉，在国际和沿海产业转移的情况下，安徽和江西是首先接受产业转移的中部地区。按照梯度发展的理论，中国下一步加速崛起的就是安徽和江西。"

（五）宁合昌"新三角"区域合作的制约因素分析

在我国区域经济发展的现阶段，由于经济社会发展水平的差异，在宁合昌"新三角"的空间范围内，南京都市圈板块属于长三角发达地区，而江淮城市群、昌九城市走廊属于发展相对滞后的中部地区。因此，构建一个跨越三省、沿江500多公里长的"无障碍"的"新三角"，将需要很长的过程，无论是三市还是三省都很难制定出统一的政策，只有国家层面的政策才会有大的整合力。具体来说，主要有以下制约因素：

交通尚未实现对接。交通基础设施、信息化等是经济社会发展的平台，两者互为关联。与苏浙沪相比，安徽交通基础设施建设不足，高等级公路差距较大。有关数据表明，安徽尽管土地面积大于苏浙沪，但高速公路里程只有江苏的52.1%、浙江的73.3%，一级公路里程仅为江苏的6.7%、浙江的10.2%，二级公路里程为江苏的54.4%。内河航道里程也明显低于苏浙两省。安徽道路档次不高，缺乏大动脉式的纵贯型道路，直接制约了融入长三角的进程。随着城际铁路的开通，南京与合肥之间的联系正在实现"同城化"。但受历史影响，南京与南昌、合肥与南昌之间的交通联系比较薄弱，彼此通过铁路往来尚需十多个小时。相关路段仍存在"断头路"、"坑洼路"。

产业结构"同质化"较突出。目前，我国总体上处于重化工业发展阶段。宁合昌区域产业结构"同质化"问题较为突出。这不仅会加剧区域内竞争、降低效益、抹杀合理的地域分工、导致地区分割和地方保护主义，还加剧了区域经济发展不平衡和区域差异的扩大。低水平的重复建设既浪费了资源还破坏了生态，既形不成专业化生产和规模经济，又影响到整个区域的国民生产总值的提高。今后，宁合昌区域应逐步实行垂直分工和水平分工相结合的分工贸易模式，建立合理的"分工价格"体系，顺应区域集团化发展趋势，促进区域产业集群的生长，延伸宁合昌区域的产业链条，使之成为世界主要的加工制造业基地之一。

产业恶性竞争不同程度存在。试以宁合昌区域的旅游业为例。首先是管理无序，各地区机构的平行和交叉带来了管理的重叠和真空，多头管理和政出多门等现象形成管理的混乱；第二是开发无序，各地区对资源的使用各成体系，景点的建设经常出现近距离重复，造成资源的浪费，区域性资源的分割使用使得整体特色无法体现。地区间的旅游资源共享由于地方保护主义的存在，出现"伪合作"倾向，常会为了各自利益而发生争夺客源、争夺资源的恶性竞争。由于有关政府官员都想在任期争取政绩，这造成明显的不良竞争。

存在有形、无形的区域行政壁垒。在区域间的经济竞争中，恶性竞争、重复建设、注重局部利益的现象普遍存在。部门之间、地区之间的行政性壁垒，使企业跨地区联合遇到许多关卡，受本位主义的影响，各地区根据自身利益，往往存在诸侯割据、各自为政的情况。地方政府画地为牢、实行经济上的地区封锁，必然使市场经济的自我良性运转没有了充分发挥其作用的空间，市场在资源配置中的基础作用也因为林立的壁垒而消失殆尽。

信息化建设水平落差巨大。在信息化建设方面，安徽、江西与沪苏浙也存在较大差距。2006年，安徽互联网宽带接入端口为134.3万个，分别是沪苏浙的31.9%、24.5%和24.4%；上网人数337万人，分别为沪苏浙的66.1%、32.8%和34.5%；固定和移动电话用户数2718万户，为苏浙的44.6%和50.3%。

宁合昌"新三角"的合作，代表的是一种开放的心态，是打破省际壁垒，清除沟通障碍的过程。把宁合昌"新三角"内的"台阶"转化为"坡度"，是近期首要解决的问题。

二、构建宁合昌"新三角"对南京发展的积极效应分析

作为长江下游、长三角的区域中心城市，南京已经发展到了一个关键转折点——到了突破城市行政范围，更好地在南京都市圈、在长江三角洲、在长江流域等经济区域范围充分发挥自身作用，更好体现自身价值的时候了。同时，我们也应清醒地认识到，在发挥长江下游中心城市的功能上，南京因为处处受到"狙击"，城市能级水平提升慢。随着长江流域和江苏省内外一些重要城市的日益强大，南京在新一轮发展中被"边缘化"的现实压力也越来越大。构建宁合昌"新三角"经济发展区，为南京扩大发展腹地，提升城市能级提供难得的战略性机遇。其积极效应主要体现在以下几个方面：

（一）有利于发挥南京在长江流域中"承东启西"的区位优势

随着后工业社会时代（信息时代）的到来，国际产业价值链可以通过信息技术网络和航空交通实现跨地区的辐射；但是，要素的集聚与扩散仍然需要现实的空间载体，大城市的梯度辐射在地域空间的传导上必须依靠节点城市。中国经济发展版图，目前呈"大十字"发展格局，其中东部是重点。就沿江沿海节点来说，南京却是中心。从上海向西看，南京就是重要的节点。南京的作用就是承东接西的第一站，是中西部进入沿海地区的门户。同为长三角重镇，但杭州的地理环境向中向西有限，而南京向西部走则四通八达。在今后一段时期内，南京要跳出长三角思考南京，要把南京看作长三角辐射泛长三角地区的节点，连接东中西部的节点。南京要努力争取国家把南京作为承东接西的战略节点和门户城市。为此，南京应发挥地处长三角与中部地区结合部的区位优势，引领宁合昌"新三角"的经济发展走向、社会和文化发展的价值导向，并带动和促进长江流域的开放开发。

（二）有利于扩大泛长三角时代南京的发展腹地

随着城市现代化的深入推进，城市之间的竞争格局发生了较大变化，不同等级规模的城市之间的协调联动，成为发挥区域整体优势和提高城市综合竞争力的关键所在。例如，美国的大纽约区、五大湖区、大洛杉矶区等三大

城市群的 GDP 占全美国总量的 67%；日本三分之一的财富源自东京大都市圈；韩国几乎所有的流动人口都集中在首尔—釜山城市"走廊"，全国 48%的制造业都集中在首尔都市圈。国外经验表明，强化区域合作，实现优势互补，以都市圈整体带动核心城市的发展，已成为当今世界经济发展的主流模式。当前，随着周边城市群的快速发展，南京在长三角区域中心城市的地位面临着严峻考验。打破行政区划的界限，加强区域内城市之间的协作与交流，不仅已成为区域合作共荣的潮流，而且也是区域中心城市应有的气度与胸襟。因此，以长江为纽带，以长江产业带为基础，构建宁合昌"新三角"，可以有效整合南京及其周边地区的资源，对于扩大南京腹地，增强南京的集聚力和辐射力，对确立南京区域中心城市的地位具有十分重要的作用。

（三）有利于南京承接国际产业转移和加快产业升级

在全球化浪潮愈益澎湃的今天，国际资本和产业正加速向我国转移，给经济发展带来了新的驱动力，要求城市经济在更大范围、更宽领域、更高层次上参与国际经济技术合作和竞争。为了积极承接国际产业和资本转移，南京应扬长避短，"走出去，请进来"，提升产业结构。一方面南京具有优势的传统制造业要及时"走出去"，向外扩张，提升自身竞争力。另一方面南京还要采取"请进来"政策，吸引国内外大企业的行政总部、运营总部、营销总部及研发中心落户南京。通过以股权、品牌、管理等为纽带，形成总部在南京，生产基地在外地，销售网络遍及全球的产业布局。通过总部经济促使南京真正确立区域经济中心的地位。同时，要加快整合速度，淘汰高耗能、高用地、低附加值的制造业，利用不断提高的商务成本将其"请出"南京。向外转移低附加值的制造业，不仅可以为南京未来的发展腾出宝贵的空间，还能够与周边城市形成产业互补，奠定南京作为长三角北翼中心城市的基础。

南京客观上是一种多元经济结构，既有较低层次的劳动、资本密集型产业，也有较高层次的技术、知识密集型产业，具备了在极化的同时就进行扩散的现实可能性。南京与腹地之间的关系是有机结合、互相推动的关系。在今后的发展中，南京必须实行极化与扩散的有机结合，一方面可以沿着南京都市圈—长江三角洲—长江流域地区以至全国的路线将接受产业和现有产业分层次地向内扩散和辐射，通过扩散促进周边地区经济技术水平的提高，提供更多的发展机会，同时也推动南京本身产业结构的战略性调整，形成南京与腹地产业结构分布合理、产业层次互补的新格局。另一方面，要通过极化优化南京城市功能，吸引国内外更多优质要素资源汇聚南京，从而为腹地经济发展提供有力的服务和支持。南京在将产业向外转移的同时，也将资金、技术、人才、信息等生产要素同方向转移；在接受产业转移的同时，也吸引资金、技术、人才和信息流入南京，使南京更好地发挥产业配置和生产要素配置的中心作用，在更高的层次上发挥极化和扩散效应。

（四）有利于放大南京区域中心城市的"极化"效应

长三角是我国生产力最发达、经济规模最大的城市化区域，南京中心城市地位和功能集中体现为在长三角区域中的战略定位，具体体现为南京是沪宁城市带、宁杭城市带、宁合昌都市带"三大城市带"的主导城市之一。沪宁城市带很发达，已成为长三角最重要的主轴线；宁杭城市带呼之欲出，是长三角的新兴发展轴线，已被列为长三角新一轮发展重点"一核六带"之一；宁合昌城市带雏形初现，迫切需要形成共识和加快发展。构建宁合昌"新三角"，不仅可以为南京经济集聚与辐射拓展腹地，区域内的发展要素得到不断集聚，资本、人才、技术、产权等各种市场的对接和融合程度的进一步加深有助于提升南京的城市首位度和城市综合服务功能，增强南京的辐射力、影响力和带动力；使南京加速成为区域集散、管理、服务和创新中心。当前，结合国家主体功能区划的筹划和推进，建设宁合昌"新三角"经济区的时机和条件已经成熟，南京市必须抓住机遇，积极推进，为南京和其他城市的发展提供更为广阔的空间和动力。

三、构建宁合昌"新三角"对大区域发展的积极效应分析

（一）有利于增强长三角和泛长三角的综合实力

宁合昌"新三角"地处中国重要的沿海和沿江发展轴线的交汇点，"承东启西、承南接北"，是东部与中西部经济发展的转换地带、南方与北方经济发展的交融区域，具有战略性的枢纽地位。在东部沿海地区与中部地区之间，宁合昌都市带的地位是无可替代的——一方面承接来自上海和国际的辐射，另一方面，又对皖赣地区的众多城市形成新的辐射。两者之间有非常重要的承接和呼应作用。

（二）有利于加速中部崛起战略和安徽东向发展战略进程

在国家促进中部地区崛起的战略部署中，安徽拥有得天独厚的优势条件，即向东与经济强省江苏、与中国最发达的城市群长三角相邻，这决定了安徽

具有在中部地区率先实现崛起的重大机遇。安徽东向发展是一个包含多元化、多阶段目标的循序渐进的客观过程，通过"新三角"可以实现两个"两步走"目标，第一个"两步走"目标是，先融入以南京为核心的长三角西部区域，再融入以上海为核心的整个长三角区域；第二个"两步走"目标是，"2＋8"（合肥、六安加皖江八市）十个城市率先融入长三角区域，随着宁合都市带崛起，再带动安徽南北七个城市全部融入长三角区域，最终整体实现安徽东向发展战略目标。由此可见，宁合昌新三角是安徽在中部地区率先实现崛起、尽快融入长三角的加速器。

（三）有利于形成宁合昌三大城市的协作效应和功能放大效应

20世纪90年代长三角都市圈形成以来，都市圈内的城市，尤其是苏州、无锡等距离中心城市上海较近的城市，受到上海发展的强烈带动，城市发展速度极大的提升。以20世纪90年代初浦东开发开放为契机，苏州大力吸引外资，促进了经济社会的全面进步。1990年苏州GDP仅为202.14亿元，但经过了五年的发展，到1995年就已经达到903.11亿元，年均增长达到34.9%左右，是1990年经济总量的4.47倍，几乎是一年多的时间经济总量就翻一番。人均GDP增速也达到34.3%。与此同时，都市圈内城市之间的发展差距也在逐渐缩小。以长三角为例，在1978年，上海人均GDP为2498元，几乎是邻近苏州、无锡等地水平的四倍，而比最低的台州市（225元）高出10倍之多。但到了2007年，这种情况发生了极大改变，人均GDP最高的地区依然是上海市（68049元），但是与其他地区的差距在急剧减小，2007年，上海市的人均GDP仅是邻近的苏州市的0.90倍，也仅是无锡的1.001倍。

宁合昌三市之间的合作发展，也势必会通过以上效应的发挥对各城市发展产生极大的促进作用。目前，合肥、南昌的经济总量虽然与南京有较大的差距，但是，由于协作效应和功能放大效应的发挥，合肥和南昌将可以通过南京的带动，促使经济总量得到极大的提升。目前，合肥、南昌的地区生产总值大致相当于南京的40.7%和43.0%，即使按照苏州在1990—1995年之间70%的发展速度，合肥和南昌未来五年的地区生产总值也将接近5000亿元，人均GDP将分别达到85000和90000元，将大大超出目前15%—16%的发展预期。

（四）有利于促进苏皖赣三省的全方位合作

从国家经济发展战略看，党中央、国务院确定区域联合协作是当前和今后一个相当长时期内经济和社会发展的战略重点；从区域经济发展的依托条件看，随着区域内南京、合肥、南昌、九江、芜湖等五大交通枢纽功能的强化，缩短了区域内成员城市之间的时空距离，使宁合昌调整产业结构、建立区域市场、发展行业网络等进入了最好时机；从区域经齐发展的主体内容看，宁合昌都市带已形成一批在国际国内具有一定市场竞争力的产业集团和知名品牌。这些有利条件，给宁合昌新三角的发展带来了新的机遇。目前，长三角发展正呈现出三大基本趋势，南下——浙南，北上——山东，西进——安徽、江西。苏皖是近邻，分别是东部与中部省份的典型代表。苏皖合作不仅是两省发展的迫切需要，也是长三角发展的客观需要。苏皖两省正在积极探索全面合作，这一合作的方式、领域、目标是多方面的，但最重要的是携手建设和发展宁合昌新三角，以推动区域基础设施规划与建设、产业集群发展与企业合作、科技攻关、环境保护、政策协调等等。

四、宁合昌"新三角"经济区发展的战略构想

（一）总体战略功能定位

正如"长三角"的概念一样，宁合昌"新三角"是一个新的区域空间发展概念，其实质是以南京为中心形成一个经济区、现代城市带。在这个区域带里，三个城市与区域内的所有中小城市协同发展，功能互补，带动周围区域的发展。初步考虑，宁合昌经济区的战略功能定位主要体现在以下几个方面：

·体现国家战略的国家级集聚经济和人口的重要区域，与沿海经济带同等重要的支撑国家经济发展的新增长极、增长带；

·体现区域协调、均衡发展战略的长江流域与东部沿海地区交汇地带的枢纽型经济脊梁；

·体现跨越省级行政区、基于三个省会城市科教资源优势互补的区域创新体系引导区；

·体现泛长三角时代区域经济与生态环境协调发展的绿色 GDP 增长示范区；

·体现大区域产业梯度转移、以产业转移促进经济增长方式转变、城市现代化的示范区

·体现具有国际水准的长江沿江先进制造业、生产性服务业集聚区

（二）总体发展目标

以长江为纽带，从统筹区域协调发展角度强化城市间的经济联系，针对市场、产业、基础设施、城市化等方面的共同发展制定相应策略，由区际间外部的商品、资源的交流，逐步深入到产业一体化分工合作模式和全要素的充分自主配置，实现跨越行政区域的优势互补，形成整体竞争合力；大力发展循环型经济，保护并合理利用各类资源，改善人居环境和投资环境，促进区域经济、社会与环境的整体可持续发展。

（三）建设指导原则

·坚持科学发展。在科学发展理念的指导下，一方面促进相关城市转变发展观念，实现创新发展，提高发展质量；另一方面促进经济发展方式转变，实现节约发展、清洁发展、安全发展，为把宁合昌"新三角"建成可持续发展的国家级增长极奠定基础。

·坚持规划引导。提高区域规划的前瞻性，强化科学规划在推进宁合昌经济带中的引领作用。以区域统筹发展、城乡统筹发展、资源节约利用、生态环境改善、自然及文化资源保护等为重点，推动区域实现集约发展。

·坚持区域共荣。加强区域共同发展，将区域经济一体化发展作为提升宁合昌经济带综合竞争力的最基本条件。充分考虑区域发展的整体利益，建立良好的利益协调机制，加强区域协作，不断增强区域中心城市的综合服务功能，实现宁合昌经济区的"优势互补、互利互惠、联动发展、共同繁荣"。

·坚持优势凸现。充分利用宁合昌各自的资源优势，将发挥自身优势作为推进宁合昌都市带的着力点。在产业集聚与扩散中，积极塑造和发挥各自的成本优势、机制优势、产业优势和服务优势，从而形成具有个性特色的城市形象，增强宁合昌都市带的综合竞争优势。

（四）宁合昌"新三角"的开发和管制原则

将"新三角"申请列入国家主体功能区规划中的重点开发区域，把这一行动上升到国家战略。今后的合作中要遵守如下开发和管制原则：

·积极发展新兴产业，运用高新技术改造传统产业，增强产业配套能力，促进产业集群发展。改善投资环境，承接产业转移，创造更多就业岗位。招商与"招人"并举，以人口集聚带动产业集聚，以产业集聚进一步带动人口集聚。

·以特大城市为龙头，发展要素集聚能力强、城镇合理布局的城市群。城市规划和建设要充分利用好现有的空间，并为人口进入预留生活空间。

·统筹规划区域内交通、通信、能源、供水、环保等基础设施。加快构建综合交通运输体系，重点做好城际轨道交通、区域性机场等的统筹协调。

·区分近期、中期和远期开发时序，近期重点建设好国家批准的经济开发区，对目前尚不需要开发的区域，要作为预留发展区域予以必要的保护。

·要事先做好生态环境、基本农田等的保护规划，切实保护好耕地、水面、林地等绿色空间，减少工业化和城镇化对生态环境的影响，避免出现土地过多占用、地上水过度开采和环境污染等问题。

（五）宁合昌"新三角"重点产业发展取向

产业发展是宁合昌经济区发展的第一要务。根据长三角和苏皖赣三省产业发展总体目标，从区域生产力水平和综合经济资源优势出发，宁合昌"新三角"产业发展战略是，加快发展第三产业，特别是生产型服务业，重点发展第二产业，建立以国际国内市场为导向，以自主创新为动力，以区域多个城市共同发展与合作发展的产业集群为主导的现代产业体系。建议宁合昌经济区产业发展战略重点，联手打造具有较强国际竞争力和鲜明区域特色的四大产业集群。

·高新技术产业集群。充分发挥南京、合肥两市科技教育优势，以若干高新技术开发区、科技园区为依托，发展具有自主知识产权与核心竞争力的高新技术产业集群，重点发展领域是电子信息与软件、生物医药、新材料、新能源等。

·先进制造产业集群。充分发挥区域生产技术与劳动力优势，抢抓国际制造业加速转移的重大机遇，大力发展技术含量和附加值高的先进制造产业集群，重点发展行业是汽车、船舶、轨道车辆及其零部件制造，家用电器制造、节能环保设备制造、机电仪一体化设备制造、医疗机械设备制造，钢铁，石油化工，建材等。

·现代旅游产业集群。充分发挥区域山水和历史人文景观资源丰富、风景名胜众多的优势，加强旅游资源整合，以国内和国际旅游目的地为目标，以风景名胜区旅游、历史文化旅游、生态旅游、休闲度假旅游、商务旅游为重点，发展现代旅游产业集群。

·长江文化产业集群。充分发挥区域人杰地灵、文化底蕴深厚、文化形态丰富的优势，以书画艺术、出版、影视、音像制品、卡通游戏、广告、娱乐、工艺品、建筑设计、戏曲演艺、展览、体育健身为重点，发展富有时代精神和民族特色、经济效益与社会效益相统一的文化产业集群。

五、以科学发展观推动宁合昌"新三角"区域合作

以科学发展观为指导，从宁合昌经济社会发展目标和经济结构调整优化的实际需要出发，在适度差距中追求系统优化，在促进各个区域比较优势的基础上，强调区域间的市场联系，从差异走向交易与合作进而共同繁荣。

（一）产业结构调整是合作的主线

根据宁合昌都市带区域经济发展的重点，相关省市进行相关产业的收缩、扩散和转移，加速产业结构优化升级。宁合昌都市带应重点加强地区产业发展的协调工作，促进产业整合。各地在制订产业发展规划时，不仅要看到自己是否适合发展某些产业，还应看到其他地区是否更适合发展这些产业，是否已经发展了这些产业，通过与其他地区发展条件的比较，明确自己的优势所在。在产业政策方面，宁合昌都市带的各级政府应根据国家产业政策，在维护区域整体利益的基础上，制订指导性的建设规划，避免与区域内其他省份政策的冲突；各地区要以国际国内市场为导向，优化经济区范围内的产业结构，形成合理分工与互补的产业体系，促进经济区的产业整合。

（二）市场体系完善是合作的关键

宁合昌都市带区域内的经济发展的不平衡性，决定了必须大力培育和发展完善的市场体系，从思想观念和现实行动上破除地区封锁和行政限制，做到在区域内人流、物流、资金流和信息流畅通无阻。因此，建立统一的市场运作规则机制最为重要。通过市场制度协调与整合，为宁合昌都市带区域合作提供市场制度保证。宁合昌都市带必须大力培育区域统一市场，完善市场网络体系。与此同时，宁合昌都市带要尽快建立能与国际接轨的市场运行规则，统一市场准入与市场退出机制，营造公平的市场竞争环境。

（三）经济发展方式转变是合作的目标

生态环境是宁合昌都市带的命脉所在，也是推进区域合作的天然依托，必须把宁合昌都市带生态环境保护作为战略工程来实施。要迅速转变目前不同程度存在的高投入、高能耗、高排放、低效益的状况，引进循环经济的理念优化产业布局。根据宁合昌都市带总体布局的要求，把火电、重化等基础原材料工业转移到原料基地和有环境容量的地方。宁合昌都市带必须通力合作，加强协调，共同开展环境保护和治理工作。高效利用土地资源和水资源，发展以效益与产业生态为中心的工业生产体系，实现环境保护与治理的区域

联动。

（四）交通运输网络构建是合作的支撑

宁合昌都市带交通基础设施建设应进一步加强合作与互补，建设布局合理的现代化集疏运体系。进一步加强宁合昌都市带的空中交通联系，形成合理分工的空中交通网络。加快国际航运中心建设，形成沿海港口、沿江港口统筹规划、合理布局、联合开发、共同发展的良好局面。继续加快高速公路、高速铁路为主的高效陆上交通网络建设，形成宁合昌都市带城市相连、内外相通、多轴心辐射、无缝对接的交通网络。

（五）区域协调机制创新是合作的保证

在宁合昌这样一个地域广阔、情况复杂、差别巨大的地区建立分工与合作，需要长时间的发展积累过程。因此，从战略高度出发，非常有必要建立一个能够统筹整个区域协调发展的、具有权威性的领导机构，为区域合作和发展提供一个坚强有力的政治组织保证。同时需要统筹协调三省与三市的关系，建立互相联系、互相依赖、互相促进和互相支持的机制。总之，宁合昌都市带要建立起统一高效、更加紧密合作的一体化基础，同时以积极进取的姿态更好发挥对中西部地区的辐射带动作用，进一步拓宽自己的发展腹地和空间。同时，要努力探索沿海与内地共生共赢的新局面，以自己的资源优势支持这一战略的实现。

六、对宁合昌"新三角"区域合作的阶段性建议

从现阶段的经济社会发展水平、基础设施条件来看，以南京为统领的"南京都市圈"、以合肥为龙头的"江淮城市群"和南昌、九江组成的昌九城市走廊，形成了明显的梯级状态。

在当前的泛长三角范围中，宁合昌三市综合发展水平呈现"梯级递减"性差异，要素流动的经济性、规模化尚未体现出来。构建宁合昌"新三角"经济区，可以搭建三大都市圈或城市群无障碍合作的新平台，形成"坡度"性的协调发展、均衡发展的美好愿景。

2007年，合肥、南昌的地区生产总值大致相当于南京的40.7%和43.0%，尽管两市的经济总量增幅快于南京，但南京作为经济龙头的地位将长期维持。因此，宁合昌"新三角"的建设应本着以南京为辐射原点，先易后难，循序渐进的原则审慎进行。第一阶段：应在现有基础上加快宁合都市

带建设，同步加强南京与南昌、九江的经济协作；第二阶段：待相关条件进一步成熟后，全方位推进宁合昌"新三角"经济区建设。

（一）第一阶段：重点推进宁合（马、芜）都市带一体化的规划、建设

安徽、江西作为泛长三角的组成部分，是天经地义，也是历史的回归。安徽融入泛长三角，区位有优势，而且是其他省份不具备的优势。虽然安徽是中部的一个成员，但处于"居中靠东"的特殊的地理位置，安徽发挥好这一独特优势，做好"左右逢源"的文章，就能有效地改变"不东不西"的尴尬地位和局面。从地理的概念来说，还可以提出一个"长三角"的新概念。那就是以长江口为圆心，以海潮最高潮的时候，长江的最后一个波纹这个距离为半径画圆。而最后一个波纹就在安徽铜陵的大通镇。可以说，安徽三分之二以上都是长三角地区。安徽本来就属长三角，过去撇开安徽就是一种失误，那是由于行政区划影响了经济区划，在现在市场经济的大环境中理所当然的要回归。

当前，承接长三角产业和资本转移，安徽是条件最充分，最便捷，效益最高，最有前景的地方。承接长三角产业和资本转移，安徽是最具条件的。应该说，经过改革开放三十年的发展，长三角的生产要素、环境容量、发展空间已经到达相当紧张的程度。而恰恰就是在这些方面，安徽有优势。安徽的生产要素成本低，决定了长三角企业必然要向有利润空间的地方转移。而从转移的条件看，安徽是最充分，最便捷，效益最高，最有前景的地方。

2008 年，宁合高速铁路建成通车，南京到合肥只需要 45 分钟时间，这为南京都市带扩容并向宁合都市带演变奠定了基础，为南京在更大空间上谋划区域一体化发展创造了重大机遇。从空间结构来看，宁合都市带位于长江中下游区域，南北跨江呈块状分布，东西跨越苏皖两省，以南京、合肥两大省会城市为双核心，包括安庆、池州、铜陵、芜湖、马鞍山、宣城、六安、巢湖、滁州、淮安、扬州、镇江等 12 个地级市、10 个县级市和 43 个县所辖 787 个县城镇及建制镇，总面积 11.76 万平方公里，总人口 5320 万。宁合都市带实际上是由南京都市带、皖江城市带、合肥经济圈"两圈一带"融为一体而组成。南京都市带作为区域发展范畴冠名"南京"，不能全面准确地反映其跨越苏皖两省的内涵和外延，势必在现实中或多或少地削弱其认同感和凝聚力；皖江城市带群龙无首，缺乏首位度高、规模大、综合实力强的中心城市发挥龙头作用；合肥经济圈区域空间过小，难以在日趋激烈的区域竞争

中胜出，更重要的是合肥作为安徽省会城市、全国重要的科教强市应在更大发展区域中发挥作用。2008 年南京至合肥的高速铁路建成通车，两市直达的时间仅有 45 分钟，这为宁合都市带快速崛起创造了客观条件。

（二）第二阶段：全面促进宁合昌"新三角"经济社会发展"无障碍"合作

就目前来说，南京与合肥及皖江城市群具备了一体化合作的空间基础、产业基础，还有地缘基础的江淮文化圈的心理认同支撑。相比较而言，南京、南京都市圈对昌九走廊的辐射和影响，因有 300 多公里长的皖江城市群的"稀释"，发挥的直接作用不大。江苏和江西的历史渊源深厚，沿江文化具有一定的同源性。历史上的江苏、安徽属于江南省，江南和江西隶属两江总督管辖，南京是两江总督的所在地，统领着三地的政治、经济、文化的发展，南昌的本义就是"江南昌盛"之意。因此，尽管实际空间距离较远，但在信息网络社会时代，南京和南昌基于省会科教资源优势的合作，可以有更多的想象空间；南京和江苏的产业转移，可以通过在南昌、九江建设新产业基地，实现在中部地区的新发展。

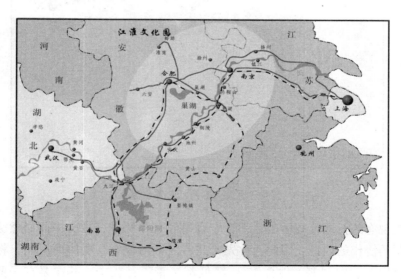

图 5　构建新三角的地缘基础：江淮文化圈

作为宁合昌"新三角"的领头城市，建议南京要积极创造条件，以一些牵动性强的项目为切入点，深化与南昌、九江的要素整合。首先是坚持顺应国际化、接轨长三角的根本要求，强化南京城市的集散、管理、服务和创新四大功能。以集散功能为先导，使南京成为"新三角"的区域性金融中心、信息中心、科技研发和成果转化中心。以强化服务功能为条件，提高南京区域合作发展的协调运转水平，增强南京的区域示范效应和带动作用。其次是积极构建区域合作平台。比如搭建都市带资金融通平台，吸引各类国内外金融保险机构及国内外投资机构来宁设立总部或分支机构，建立覆盖宁合昌"新三角"的区域项目贷款和银团贷款服务网络，形成资金、拆借、贴现和外汇交易的中心市场；搭建"新三角"物资流通平台，依托南京国际空港、内河港口、陆路交通枢纽，尽快形成区域性乃至全国性的现代化物流中心。再者是加强南京与南昌、合肥区域城市科技交流与合作，共同推动区域内创新体系及其服务体系的建设，加速提升区域内城市的自主创新能力。

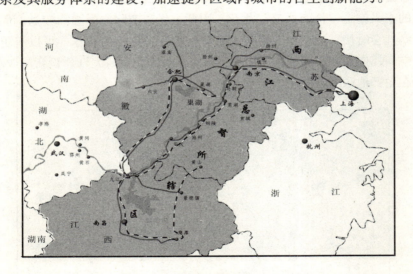

图6　历史上的两江总督管辖区

在现有的行政管理体制之下，宁合昌和合作跨越三省，中间必然会受到各种制约协作的因素。因此，首先要完善区域内政府高层协商机制，将"对话性合作"引向"制度性合作"，降低都市带运行成本。其次是在一些与各方利益密切相关、具有很强地区优势的行业，成立如汽车、钢铁、农业、旅游等专业委员会，统一进行地区间协调。再次是确定某一重点领域，先行开展交通基础设施规划和对接，调整区域内收费站点布局，减少区域内公路收费站点数量，加快促进市场流通与共建。最后是积极开展公共服务、社会事业、环保领域的合作，推进金融、物流、信息、旅游等产业领域合作，以取得实质性进展。

在建立三市高层协商机制的基础上，应积极筹划建设服务"新三角"的信息港，研究并推广数字城市空间信息平台及标准体系，建立高效的信息反馈和动态调适机制。推广电子政务，开展网上审批，做到一线联网、信息共享。以软件服务外包为重点，积极开展离岸服务外包，努力承接国外大公司的研发、设计，把南京建设成为全国重要的信息服务外包基地和"新三角"的区域信息交流服务中心。

七、宁合昌"新三角"共同推进的重点工作建议

（一）积极申请宁合昌"新三角"进入国家主体功能区划中的国家级重点开发区域

统筹区域发展是科学发展观的基本内涵之一。建议苏皖赣三省、宁合昌三市联合以宁合昌经济区建设和发展为主题，积极申请列入国家主体功能区划的重点开发区域。

宁合昌"新三角"跨越苏皖赣三省，连接东部中部两大地区，建设和发展宁合昌都市带，对于促进国家区域发展具有示范意义的重大创新，对全国统筹区域发展特别是"以大带小"、促进不同发展水平地区之间的联动协调发展具有典型引导性作用。通过进入重点开发区域，在产业布局、基础设施建设、投资和金融政策创新等方面争取国家支持。如能列入国家级重点开发区域，宁合昌"新三角"可在如下几个方面积极进行改革创新：坚持以科学发展观统领宁合昌都市带发展，坚持走以人为本，全面、协调、可持续发展的道路，坚持"五个统筹"，统筹城乡发展，加快中小城市建设，为区域农村发展创造"发动机"；统筹区域发展，坚持宁合昌与长三角城市群一体化的有机统一；统筹经济社会发展，走新型城市化道路，以新型工业化带动城市化，同时充分发挥旅游业、商贸业、物流业、房地产业等非工业产业和大学对城市化的重要作用；统筹人与自然和谐发展，建设历史文化与现代文明交相辉映、人文资源与自然景观相得益彰的文化与生态兼备型都市带；统筹国内发展与对外开放，立足长三角，放眼全世界，积极参与国际竞争和国际经济循环，以国际化带动市场化，形成市场化和国际化双重动力机制，加速泛长三角空间里的"新三角"板块的崛起。

（二）坚持规划先导，以交通和信息化为重点来大力推进综合基础设施对接

宁合昌"新三角"必须充分发挥科学规划的引导和统领作用。要根据全国城市发展战略布局和长三角城市群发展总体规划，根据现代城市发展和区域发展的客观规律，研究编制宁合昌都市带发展总体规划，科学把握未来15—20年区域发展的基本趋势和目标，科学划分重点开发、适度开发、限制开发、禁止开发四类主体功能区，确定区域发展的空间基本形态、规模、城镇体系和功能分工，统筹安排区域经济社会发展的基本关系和重大项目。要根据总体规划，编制产业布局、环境保护、交通基础设施建设、风景名胜区、历史文化街区和名镇保护等一系列区域和城市发展的专项规划。"新三角"规划要坚持因地制宜，彰显特色，坚持客观性、前瞻性、创新性、可操作性诸方面的有机统一。

交通基础设施、信息化等是经济社会发展的平台，两者互为关联。当运输能力不能满足整个地区经济增长需求时，便会对区域的经济运行产生约束，进而阻碍经济的进一步发展。大交通为大交流服务，尤其是高速交通大大缩短了人们活动的距离，畅通、安全、便捷的现代化交通体系，为长三角地区的经济联系提供了便捷的交流平台。今后一段时期内，三市应紧密把握国家建设沿江高速公路和沿江铁路的重大机遇，共同携手，大力推进都市带内综合交通体系建设，密切彼此联系，加密网络，加快建设，进一步拉近与宁合昌三个核心城市的时空距离。

（三）充分整合区域优质科教资源，共同培育"长江科技创新带"

苏皖赣三省、宁合昌三市的科教资源比较丰富。南京是全国三大科教中心城市之一，安徽现有中科院合肥物质科学研究院等国家和省属科研单位158个，中国科技大学等各类高校97所，国家大科学工程四个，在校学生75万人，科研人员114万人。是除北京以外国家大科学工程最密集的地区，省会合肥是全国唯一的国家科技创新型试点城市，合肥—芜湖自主创新综合试验区建设开始启动。南昌也是江西省的科教中心。南京、合肥、南昌可以充分整合科教资源，联手共同打造"长江科技创新带"。南京、合肥都是国家服务外包基地城市，可以利用软件及设计人才队伍的优势，携手构建一个国际性的软件服务外包城市联合体。

（四）坚持特色发展，合力打造"承接长三角产业转移示范区"

2008年8月6日，国务院总理温家宝主持召开国务院常务会议，审议并

原则通过《进一步推进长江三角洲地区改革开放和经济社会发展的指导意见》（以下简称《指导意见》）。《指导意见》要求长三角重点抓好10个方面的工作，其中第一项工作就是加快调整产业结构，努力形成以现代服务业为主的产业结构。《指导意见》出台前，长三角不少城市在发展工业还是现代服务业中徘徊不定，普遍存在产业结构转型难的问题。第一项工作明确了长三角现代服务业为主的基本产业结构框架。受此战略影响，长三角向周边地区转移制造业和一般服务业的力度将会加大。以合肥为例。海尔、可口可乐、青岛啤酒、统一、伊利等著名品牌都把合肥作为全国战略布局的重要节点。以合肥为圆心，方圆500公里物流圈内，覆盖了七省一市4.8亿最具消费力的人口，特别适合面向内需的加工制造业发展。

（五）加强水系水质的环境保护，联合推动长江流域可持续发展

宁合昌"新三角"坐拥长江下游段约500公里，丰富的水资源是经济与社会发展的一大优势，但是经济发展过程中出现的水环境污染如不适时防治，将成为未来发展的严重制约因素。各城市对排放的污水有不同程度的处理，但是沿长江的工业企业排污口与岸边污染带交错分布，一部分湖泊与水网出现明显的富营养化，表明以长江与支流水系水质保护已不容忽视。由于水的流动性和上下游关系，以水环境为主的治理与保护必须联合行动，针对省市之间界面的水环境污染，制定共同行动方案，为长江流域可持续发展打下共同优良的基础。

（六）积极建立健全协同推进机制，形成新的区域合作发展共识

推进宁合昌"新三角"建设，市场是基础，企业是主体，政府主要是搭建平台。一是建议国家有关部门制定有关政策，努力将宁合昌都市带上升到国家战略层面。二是加强对长三角产业转移新特点、区域一体化新趋势的研究，从中发现需求，把握发展机遇。特别是在思想观念、政策措施、工作思路上，主动开展对接，为形成宁合昌区域合作创造条件。三是在既有的合作基础上，积极推动形成高层协商会晤机制，搭建多层次合作平台。在区域规划、基础设施、环境保护、市场准入等层面，强化宁合昌互动力度。

宁合昌"新三角"是一个区域协同发展概念。不论在理论还是实践上，宁合昌"新三角"经济区或城市带的发展都是一个新范畴、新课题和新任务，要把这个概念变为实践，需要当前和今后一段时期的巨大努力。三市政府职能部门应把积极态度表达出来，努力寻求各方面的共同点，使都市带内广大干部群众真正形成理解、关心、支持都市带发展的共识，以在未来的五

年、十年甚至更长的时间内，培育出一个在泛长三角大区域内与沪宁杭"金三角"功能对接的宁合昌"新三角"现代经济区或都市群！

主要参考文献

[1] 李程骅：《WTO 与都市圈的可持续发展》，载《南京社会科学》2002 年第 11 期。

[2] 李程骅：《新业态与都市圈消费的中心地化》，载《南京社会科学》2005 年第 7 期。

[3] 洪银兴：《长江三角洲经济一体化和范围经济》，载《学术月刊》2007 年第 9 期。

[4] 俞路：《我国区域经济差异的时空分析——基于全国与三大都市圈的对比研究》，载《财经研究》2007 年第 3 期。

[5] 沈坤荣、马俊：《中国经济增长的"俱乐部收敛"特征及其成因研究》，载《经济研究》2002 年第 1 期。

[6] 沈能：《区域一体化与技术水平的"俱乐部"收敛性研究》，载《科学学与科学技术管理》2009 年第 1 期。

[7] 韩增林、安筱鹏：《交易成本与区域经济一体化》，载《经济论坛》2004 年第 2 期。

[8] 曹亮、董怡：《区域经济一体化组织形态比较研究———一个交易成本经济学的视角》，载《国际经贸探索》2009 年第 1 期。

[9] 南京都市圈规划（2002—2020），2003 年 1 月。

[10]《安徽省沿江城市群"十一五"经济社会发展规划纲要》，2006 年 8 月。

[11]《昌九工业走廊"十一五"区域规划》，2006 年 8 月。

泛长三角城市群中的南京城市发展战略

张鸿雁[*]

一、城市定位理论模式创新

新一轮的经济发展，在竞争中很多城市都在调整发展战略，或重新定位，或调整定位。天津定位为"逐步建设成为经济繁荣、社会文明、科教发达、设施完善、环境优美的国际港口城市，北方经济中心和生态城市。"北京被定位为"国家首都、国际城市、文化名城、宜居城市"，此外还有科技北京、绿色北京、人文北京等定位。

按人口 15 亿和 80% 的城市化率计算，将比目前新增约 8.5 亿城市人口，如果按 2005 年的平均城市化占地水平计算，将需继续占用 1.9 亿亩耕地。未来 14 年可以动用的建设占用耕地也只有 2700 万亩，平均到每年只有不到 200 万亩，如果 18 亿亩耕地必须要守到 2030 年，则每年能够占用的耕地就只有 100 万亩出头了。如果是这样，平均到每个省市能够得到的年均占地指标，就只有 3—5 万亩了。

南京的城市定位也经历了很多次的变迁，其过程如下：

"七五"计划　具有古都特色，开放型、多功能、现代化港口工业城市；

"八五"计划　全国重要的石化、电子、汽车工业基地，高新技术研究开发基地和交通通信枢纽，成为经济发达、环境优美、城乡繁荣、多功能、开放型，古都特色与现代化风貌协调的中心城市；

"八五"时期　国际化大都市；

---

* 张鸿雁：南京大学城市科学研究院院长，教授、博导。

"九五"计划 江苏省政治、经济、文化中心，作用不断增强的功能齐全、服务一流的省会城市，长江三角洲地区和长江下游经济、科教、金融、贸易优势突出、辐射力强的区域性中心城市，经济发达、环境优美、融古都特色和现代文明于一体的现代化江滨城市；

"十五"计划 科学技术先导、古都与江滨特色鲜明、国际影响较大的现代化城市；全国重要的电子信息、石油化工、车辆制造基地，商贸流通中心、科技研发中心和现代服务中心；

城市的性质：著名古都、江苏省省会、长江下游重要的中心城市；城市发展目标：充满经济活力、富有文化特色、人居环境优良的现代化中心城市；

五大中心定位：重点建设长江国际航运物流中心、长三角国际制造业中心、全省现代服务业中心、全国重要科教中心、东部城市绿化中心等五大中心；

现代化国际性人文绿都：阿尔文·托夫勒曾说："正如工业革命早期经济学家要超越农业时代的思维并且摒弃再也不适应的东西那样，今天的经济学家也面临着相似的挑战。"加拿大城市研究学者简·雅各布斯在她的《美国大城市的死与生》一书中也提出了这样的问题："在本世纪诸多革命性的变化中，也许深层次的是那些我们可以用来探索世界的思维方法上的变化。我不是指新出现的机器脑，而是指已经进入人脑中的分析和发现的方法：新思维方法。"城市定位就需要新的理论与方法！

（一）城市定位原则："人与自然和谐为本"的原生态可持续模式

对此，需要遵循以下几点：一从本土化的文化土壤中挖掘"城市文化资本"；二从世界与区域经济关系中创造"地方性城市特质"；三从后现代城市生活方式"视角中"循环社会型城市发展模式"；四从科学技术层面创造"智识型城市社会结构"；五从城市空间再造的角度创造"人类集体记忆的价值与符号"；六从永续发展的层面，建构"有机创新城市"的土壤。英国生物学家托马斯·赫胥黎有一段著名的论述："社会的进步意味着检验宇宙的每一步进程，并用另一种进程取而代之。这种进程可以被称为伦理的进程。""城市应该是自然中的一棵苍天大树"。城市扎根于自然，回归于自然，更应该回报于自然！

（二）城市定位的方法与路径

1. 比附定位法——标杆性

比附定位又称为比衬定位和反衬定位。例如，"海南三亚的形象定位表述为'东方夏威夷'；有城市提出"中国第三大休闲城市"的定位，以此来提高自己的城市地位；在"在美丽的比利时境内，有五个阿姆斯特丹"的定位等。

2. 优势定位法——差异性

优势定位法，把这种优势和特点凸显出来，作为城市定位的因子。如昆明定位为"春城"，底特律定位为"汽车城"，澳门定位为"国际性博彩旅游城市"等。

3. 首席定位法——"第一性"

首席定位法又称领先定位法、领导定位法，强调城市所具有的"唯一"、"第一性"、垄断性和不可替代性的特点，如香港在亚洲有很多的竞争城市，比如上海、新加坡、东京、汉城、台湾等城市，他们具有相似的城市特点和城市功能。但是香港却第一个提出了"亚洲国际都会"龙头城市的首席定位模式。

哈尔滨是著名的"冰城"，具有独一无二的品牌地位，素有"东方莫斯科"之称，哈尔滨冰雪旅游是国家旅游局推向世界的35个王牌产品之一。东莞塘厦镇也是利用首席定位法的典范，定位为"世界高尔夫第一镇"。东莞塘厦拥有六个世界锦标级球场，每年有国际性比赛十余场次。是高尔夫镇中的首席镇。

4. 空隙定位法——唯一性

善于寻找唯一，创造空白，可以帮助中小型城市"以弱胜强"，占领优势。南岳衡山最初定位为"五岳独秀"，毕竟有些底气不足。南岳区于2000年提出确定了打"中华寿岳，天下独寿"这张王牌。"寿岳"这个词没有其他城市和旅游景区定位，南岳率先抢占这个"空隙"，就能别出心裁地将自己的品牌树起来。

南岳衡山称为"寿岳"由来已久，《周礼》、《星经》、《史记》等大量古籍中记载：南岳衡山对应天上28宿之轸星中主寿命的长沙星，故称"寿岳"。自宋徽宗在南岳黄帝岩上留下"寿岳"石刻和"天下南岳"题词后，"寿岳"之名更盛。康熙四十七年《御制重修南岳庙碑记》第一句话是："南岳为天南巨镇，上应北斗玉衡，亦名寿岳。"雍正十年上谕第一句也是："南岳为皇上主寿之山。"新版《辞源》明释南岳为"寿岳"，上承天象，下应地脉，聚精结气，护国佑民，延年益寿，吉祥无限。

5. 重新定位法——重生性

城市定位也不是一成不变的，重新定位法分为两种：一种是改进型的重新定位，一种是根本型的重新定位。改进型的重新定位。现有的城市定位已经具备一定的品牌知名度，但还算不上足够出名时，往往需要找到阻碍城市功能和城市品牌形象提升的关键点，对城市定位进行调整性修正。根本型的重新定位。城市面临国际竞争环境、竞争优势变化，或原有城市定位营销失败；原有城市定位不准确等就需要重新定位。

6. 特定产业定位法—功能性

通过城市定位，在目标市场上寻找自己的城市消费者并吸引这些特定的消费者，通过获得目标消费群体的认同，使城市消费者形成明确、清晰的城市品牌形象，产生心理归属感，从而产生城市发展的凝聚力。

7. 生活方式定位法——时尚性

杭州定位为"休闲之都"、"天堂之都"。大连把城市形象定位为"海滨城市浪漫之都"。大连市于2003年在国家工商总局注册了"浪漫之都"的品牌商标及相关系列产品，通过产品的开发运营和游客的吸引，促进大连整体城市品牌价值的提升。

8. 蓝海战略定位模式——超强性

适合于区域中心城市的定位模式。东京是世界上功能最齐全的首都城市，被喻为"华盛顿＋纽约＋硅谷＋底特律"型的世界大都市。目前"东京圈"36568平方公里，是世界上居民唯一超过3000万人的城市。日本人将这一状况称为"东京一极集中"。目前东京圈的人口已经达到纽约大都会的1.5倍，人口密度为伦敦的二倍。东京是日本的文化教育中心。这里囊括日本最大的国会图书馆在内的253座图书馆，包括国立博物馆、科学博物馆等在内的14座博物馆，包括占全国半数以上的民间学会协会；还集中了日本80%的报社、出版社；大学102所，占日本全国大学总数的一半，在校大学生约为60万人。东京还是日本，乃至世界的经济中心和金融中心。目前设在东京的金融机构达2700家，全国贷款额的三分之一集中在东京。东京还是日本最发达的工业中心、最大的商业中心，拥有80多万家企业、30多万家商店（约占日本公司总数的三分之一）。

9. 历史文化定位法——文化资本性

一是历史名人型城市定位。如山东曲阜定位"孔子故里，东方圣城"；二是历史事件型城市定位。南昌定位为"现代军都"。三是历史遗迹型城市定位。如中国的平遥定位为"古城"。联合国人居中心的专家也曾感叹称平遥古城是"中华大地上的瑰宝"。罗马是一座古老的历史文化名城，罗马定位为"永恒之城"。"六朝古都"应该是南京定位的表述之一，但需要再建构。

二、南京城市定位的结构与空间分析

（一）南京城市定位：缺失在长三角结构空洞之中

1. 产业结构定位误区——传统工业的负担

在 2007 年全市实现的国内生产总值 3283.73 亿元中，公有制经济实现 1894.71 亿元，占 57.7%；三次产业增加值比重由 1973 年的 12.5：67.5：20.0 发展演变为 2007 年的 2.6：49.0：48.4。而世界最发达的前十名城市第三产业的比重已占 85% 以上。

2. 区位定位误区——滨江与通海的价值缺失

城市沿江一侧发展，形成偏重格局，使南京这座城市存在下列相对不足：其一，城市形态空间使得产业布局不合理，城市未能跨越自己障碍。江河成为城市发展的屏障；其二，沿江岸线利用不合理，两岸形成不对称发展格局。其三，中心城市和省会城市功能与优势不能得到充分发挥。其四，隔江河区域经济与社会发展差异过大，城市经济区有克服"回波效应"。

3. 旅游形象定位误区——"城市集体记忆缺失"

主体形象不鲜明，缺乏社会整体认则。"十朝古都"、"六朝古都"、"博爱之都"仅仅是一种口号式的描述，没有整体内涵的挖掘、梳理和创新。因而被称为是一个"最伤感的城市"。

4. 城市形象定位的误区——城市 CIS 系统建设缺失

没有形成整体性主体景观，南京应该以巴黎和京都为标杆，创造个性化城市形象。一是没有形成完整的城市精神理念（MI）系统，包括整体认同的市民精神。二是没有完整的城市视觉（VI）系统。城市色彩、城市家具（垃圾箱、车站标牌、店招店牌等）、城市小品、城市广告、城市地名、城市建筑、历史街区、历史地段、城市信息和识别系统等，都未能创造城市个性和统一识别机制。三是没有完整的地域化城市行为文化（BI）系统。在市民行为和窗口行业服务方面，没有形成南京特有的文化与文明特质。

5. "城市文化资本"的流失

一是南京很多文化资源未能转化为城市文化资本。如六朝文化、太平天国文化、民国文化、历史名人文化（如海瑞、王安石）、温泉经济文化、珍珠泉经济文化，南朝佛教文化等，未能成为南京的"城市文化资本"。二是南京城市科技成果转换率较低。三是会展经济不能形成经济产业。缺乏会展经济的经验与人才。试以电影节为例。目前全世界已有近60个国家创立了大约300个国家电影节（绝大多数为定期举行），出名的就有德国柏林国际电影节、法国戛纳电影节、威尼斯国际电影节、东京国际电影节等。

6. 空间定位的误区——空间再生产的结构空洞

一是产业布局空间分散。直接影响了南京城市的整体发展。二是主城区定位不清晰，功能结构空间价值不合理，产业配置重复。三是县域经济产业布局不合理，形成城市与乡村的多元结构。直接影响了南京产业的发展。四是产业定位上没有能够从世界经济发展的价值链系统中，寻找到价值链的高端介入方式。五是国际化定位意识薄弱，标杆设置较低。六是新型主导产业定位认识滞后，政策不到位，规模投入不足。

（二）长三角城市群区域空间结构整合与创新面临的挑战

1. 中国城市群格局的形成与战略

中国已显现出"城市群落式发展"趋势，在东部长三角地区，就已有"杭嘉湖"、"苏锡常"、"宁镇扬"、"杭绍甬"等板块；而在中部地区的省份中，也有湖南的"长株潭"、河南的"大郑州城市群"、湖北的"武汉都市圈"、江西的"昌九城市带"等出现。从区域经济学的辐射理论考察，当前城市发展由点辐射到线辐射再到面辐射的跃迁进程正在加速。

2. 泛长三角差异化城市格局建构

从目前的发展来看，"大上海国际化都市圈"的多中心样态正在初步形成，上海、杭州、南京正在形成自己的差异化定位，抑或可以说已经形成各自的文化类型。如上海—"海上文化"：中西交融，面向世界；南京—"秦淮文化"：博爱名城，文商交融；杭州—"西湖文化"：天堂休闲，民营智识。

·上海：现代化国际大都市和国际经济、金融、贸易、航运中心之一。

·南京：长江下游重要的区域性物流、资金流、信息流的集散中心，中国最大、世界一流的重化工基地，全国一流的电子信息产业基地；

·杭州：省会城市、历史文化名城和长三角南翼中心城市、国际风景旅游城市；

·苏州：与上海错位发展，"服务业主要在上海，制造业主要集聚在苏州"；

·无锡：全国重要的区域经济中心、国际制造业基地、国外旅游胜地、生态型湖滨城市。以 IC 为主体的信息产业基地，以新材料为主的高科技产业基地、纺织工业基地，生物医药基地；

·常州：现代制造业基地；

·镇江：打造国家光电子产业基地，首先建成江苏的"光谷"；

·泰州：千年古城，现代港城；

·扬州：化工产业基地，汽车产业基地；

·南通：上海产业转移基地，发展港口经济、海洋经济、特色经济；

·扬州：烟花三月，精致扬州；

·宁波：长江下游的区域中心城市，上海港的重要组成部分，华东重要外贸口岸，长江三角洲的重要化工基地；

·湖州：建成上海及周边地区的产业对接基地；

·嘉兴：上海乃至长江三角洲的制造中心；

·绍兴：长江三角洲以轻纺为主的工贸城市；

·舟山：港口旅游城市，上海和长江三角洲的"前花园"。

·合肥的定位在 2006 年表述是"引领皖中、辐射全省、联动中部、接轨长三角"的区域性中心城市和全国重要的科技创新型城市。提出"合肥—芜湖"双核心的组合优势，最终将合肥发展成为长江三角洲都市连绵带西端的次级中心城市，扮演长江三角洲和中西部扩散交流的"桥头堡"。

3. 城市秩序创新——"区域主导型管理中心城市的建构"

美国社会学家贝里（Berry）等提出的"城市系统理论"时认为，城市地区形成一个相互依赖的等级体系，其结构取决于经济中公私营部门生产和消费中心的空间分布。其主要论点是：所谓"生产和消费中心"，包括企业、政府机构和文化以及服务机构；主要的协调和管理机构集中在少数中心城市；城市地区依次划分等级，少数是世界商业和金融城市，大量为较次要中心，再次即为小城镇。每个主要中心均有一些次要的地区作为其影响范围；主要中心都依赖其他一些主要中心并相互起作用，它们通过航空、电报、电话、计算机、通信卫星等现代交通工具进行直接联系；城市系统的一般格局在一段时间内相对稳定，城市的等级序列也不会迅速发生变化。很显然，要想使中国的城市群真正获得良性发展，必须有意识地建设城市群区域主导型管理中心城市，而"大上海国际化都市圈"概念的提出，就是在长三角区域经济发展中，让上海担负起"区域主导型管理中心城市"的功能，使世界第六大城市群的功能和价值早日发挥出来。

（三）长三角化都市群一体化示范区发展模式

1. 都市群发展的五种类型

低水平分散发展类型。城市存在于汪洋大海般的农业社会之中，城市是典型的社会消费体，城市在剥削农村，城市化水平一般低于15%。

低水平相对均衡发展类型。这一类型的主要特色是各城市相对孤立存在，城市间联系不充分，地域范围和城市镇规模小，城市化水平在15%—35%之间。

核心集聚式发展类型。主要城市区域性首位度较明显，出现区域性城市"发展极"和区域城市"协调极"。中心城市对外有较强的辐射，出现非均衡社会发展体系。区域城市化水平在35%—50%之间。

城市"极核"扩散功能类型。这一类型的主要特征是城市经济与文化出现显著扩散现象，城市出现初步郊区化过程，交通为城市群和城市组团的发展提供了发展前提，区域发展具有超前性和先导性，部分区域中心城市和大城市出现以第三产业为主的结构形式，区域化城市人口比例较高，超过50%，有些地区达到65%左右，表现为一定程度上的后工业化初期的形式。

高层次均衡发展类型。这一类型在世界发达国家业已存在，表现形式是均衡化、网状化、多中心化及无中心化，城市在广阔的地域上展示着城市生活方式。人们的互动和联系通过现代化交通体系和通信体系得以完成，不受时空的限制而形成相对均衡发展状态，即后工业社会的出现，城市化水平在75%以上。

2. "大上海国际化都市圈"模式与空间结构

第一圈层是"核心结构金三角结构"是以上海为核心，包括嘉兴、苏锡常、南通在内构成核心城市群。

第二圈层是长三角发展的"三个支点"，其中上海为核心发展极，以南京（宁镇扬）都市圈、杭州都市圈为"区域协调极"，整体形成互为依存的发展空间。

第三圈层是"整体框架金三角结构"，即以上海为核心，包括安徽合肥、巢湖及芜马铜（芜湖、马鞍山和铜陵）为三角结点之一，以浙江温州和江苏连云港为两翼，构建"大上海国际化都市圈"。

城市群的发展程度越高，其内部互动机制越充分，会出现城市群内部城市间的社会结构空间扩张和功能的结构性增长。大体可分为六种方式：一是空间渗透和空间再生产；二是创新与复制，能够在新的领域创新，并对新的事物加以复制；三是"对流"，指各种城市间物质流动；四是超导型"传导"，多指金融、财政等交易过程；五是放大"辐射"，指政策、信息、技术的放大传递效应；六是"区域共振"，形成城市群整全高速发展。

3. 全球城市的表现方式与上海再定位

"首先，作为全球经济组织中高度集中的控制点；第二，作为金融和特殊服务行业的主要场所，这些行业已经取代制造业成为主要的经济产业；第三，包括创新生产在内的主导产业的生产场地；第四，作为产品和创新的市场……城市对大量资源实行集中控制，同时金融和特殊服务业也重构了城市的社会经济秩序。这样一种新的城市类型出现了。它就是全球城市。当今主要的例子就是纽约、伦敦和东京。"

"大上海国际化都市圈"的战略是把上海建设具有国际化特质的中国现代化的先导区和区域经济的管理中心。应该这样说："大上海国际化都市圈" ＝世界产业链高端化＋智识阶层主体化＋学习型城市网络化＋城市社会循环化＋城市生态森林化＋城市风光田园化＋服务型产业高端化＋人才流动国际化＋国际贸易中心化＋金融中心全球化＋世界港口与物流中心整合化＋中国时尚文化主体化＋高新技术与管理创新中国化＋城市形态本土化。

三、南京城市定位创新与创意：世界经济文化反射中心功能的建构

（一）南京城市文化定位：天下文枢，智慧之都，要成为"世界东方文化古都"

杭州："精致和谐、大气开放"的精神；

大连："创造、创业、创世"或"不求最大，但求最佳"的精神；

深圳："开拓创新，诚信守法，务实高效，团结奉献"的精神；

汕头："海纳百川，自强不息"的精神；

悉尼定位"建设聪明城市"；

新加坡定位"建设智慧岛"；

台湾定位"绿色硅岛"；

青岛提出"诚信、博大、和谐、卓越"的城市精神；

香港提出"自由开放、文明进步、安定平稳、机遇处处、追求卓越"的核心价值，香港的飞龙形象就代表了香港人勇于冒险积极进取的精神。

此外，南京可选择的城市定位是："充满创新和创业机会的城市"。

南京要成为创新城市是没有什么难度的，但是南京在鼓励创业方面做得还很不够，需要加强扶持。

（二）南京区域分工定位——"区域主导型管理中心"

区位（Location）一词，除解释作空间内的位置外，还有放置和为特定目的而标定的地区的意思。所以，区位既有区，也有位，还有可被设计的意思。

史密斯曾指出，"特定的地理尺度可以理解为特定社会活动的平台"，"由个人家庭和社区到地方、区域、国家和全球，大致构成一个地理尺度体系"。

南京是一个沿江沿海港口城市。这种双重位置的港口城市在中国幅员辽阔的大地上为数极少，只有上海和南京两个城市。具有某种特定的整合功能，具有区域经济"发展极"和"协调极"的功能。目前城市正在形成一个崭新的体系，正在构成区域意义上的城市生活方式区。要形成"南京都市圈经济生活共同体"，"南京城市—镇群的城市生活方式共同体"。

法国的"巴黎城市圈"，中心城市虽很小，但周围120公里却布满了60多个工业城，功能互为补充，大大提升了城市整体实力。K·巴顿就认为："城市是一个坐落在有限空间地区内的各种经济市场——住房、劳动力、土地、运输等——相互交织在一起的网状系统，是各种经济活动因素在地理上的大规模集中"。

（三）城市功能性定位：创造个性化城市发展模式

可分为复合类功能与单一类功能定位两种。著名学者哈里斯（C. D. Harris）曾把美国的988个城市分为8种类型，即大学城、观光和休闲城市、批发城市、制造业城市、运输城市、零售城市、矿城和杂业城市。原苏联学者 B·C·霍列夫按照经济职能的分类标准，将城市分为工业中心、交通中心、多职能城市、地区组织中心、疗养中心、其他等六种类型。日本学者小笠原义胜按照城市的主导功能，将城市分为商业城市、矿业城市、工业城市、交通运输城市、水产业城市、公务自由城市和其他产业城市等7类。这些都属于典型的城市功能定位。

表1 世界城市功能定位分类

类别	名称	说明
1	综合性城市	城市的政治、经济、文化等职能均很突出
2	工业城市	包括多门类的综合工业城市和单一门类的工业城市
3	商业城市	包括零售商业城市和批发商业城市
4	交通枢纽城市	包括港湾城市
5	文化娱乐城市	包括音乐城、电影城、旅游城、疗养城、赌城、古城
6	科研教育城市	包括科学城、大学城
7	行政城市	与综合性城市比较,它的政治功能十分突出
8	卫星城	包括郊区城市、居住城市(卧城)
9	农牧渔业城市	包括农垦型城市、牧业城市、水产城市
10	联合国城	联合国所在的城市

对此,南京要打好六张"王牌"。一是金三角区位;二是综合实力;三是特色竞争力(智慧产业);四是文化软竞争力(创新与创业机制);五是科教优势;六是"城市文化资本"。

(四)南京在世界范围的定位:世界经济与文化的反射中心

南京在世界范围内的定位可以选择的有:

1. 世界智慧业产业之都;

2. 世界商务休闲首选地;

3. 国际化商务会都;

4. 世界十大文化名城;

5. 世界游学旅游中心城市;

6. 世界经济与文化反射中心城市;

7. 世界和平文化之城;

8. 国际人文生态之都;

9. 世界大区域研发中心城市。

在这里南京还需要强调国际化的目标,如果连国际化的目标都不敢提,还谈什么"国际化的眼光",前些年的国际化大都市还应该继续提,大胆地提。

美国杜克大学教授阿里夫·德里克认为全球化具有以下特征："（1）资本与生产过程的全球化。资本将在全球范围内流通，投资总是在寻求其最适宜的土壤。（2）生产无中心化，管理集中化。生产在全球范围内扩散，由发达地区向不发达地区扩散；而与之相反，管理越来越趋向于集中，集中于世界级的大都市。（3）跨国公司已经取代国家市场成为经济活动中心。跨国公司及其高度灵敏的分支机构深入世界经济的方方面面扮演着越来越重要的角色。（4）全球不仅在经济上，而且在社会和文化上也开始同质化。"

安东尼·奥罗姆也专门对全球城市做过研究，他认为："位于全球化的城市体系顶端的是所谓'全球城市'，很多学者都对全球城市做过研究。社会学家萨斯科·萨森于1991年出版了理论著作《全球城市：纽约、伦敦、东京》，该书通过对全球城市概念的清晰界定和对上述三个城市的系统比较，展开了对全球城市的研究。根据萨森的定义，全球城市应具备以下功能：（1）世界经济组织里高度集中的发令点；（2）是金融和专业服务公司的关键区位，同时，专业化服务业取代了制造业成为主导产业；（3）生产基地，包括领导产业的创新生产；（4）产品创新的市场。萨森认为，全球城市的标志之一是生产者服务业的增长和延伸。生产者服务包括：会计、银行、金融、法律、保险、房地产、计算机信息处理等。尽管萨森的著作中包含了许多深刻的观点和理论突破，但是，其著作的中心思想是很明确的：全球城市占支配地位的影响与其对当地造成的不良后果始终是共存的。例如，在高收入的生产者服务业就业的白领专业人员与在较低端商业服务领域就业的少数工人之间出现的日益扩大的工资差距，以及由闹市区的复兴和外围郊区的衰退构成的显著的空间差异。"

（五）南京在中国的定位

1. 中国研发中心城市；

2. 国家软件出口创新基地；

3. 中国服务外包基地城市；

4. 中国三大教育中心城市；

5. 中国东部绿化中心；

6. 中国三大创业中心；

7. 中国科技人才集散新高地；

8. 中国五大休闲之都；

9. 中国优秀传统文化的守望者。

（六）南京在长三角中的定位

1. 长江三角洲经济区域体的三个"支点"之一（上海、南京和杭州）；

2. 长三角专利产品交易中心；

3. 长三角机电化工产业基地；

4. 长江流域三大金融中心。

（七）南京在江苏及南京都市圈的发展定位

1. 南京都市圈的经济与社会发展极；

2. 南京是江苏经济、社会发展的"发展极"和苏南、苏中、苏北区域经济发展的"协调极"；

3. 江苏生产型服务业的创新中心；

4. 江苏区域经济体的金融中心；

5. 区域经济企业总部管理基地；

6. 区域经济的数字化发展中心。

（八）南京城市品牌综合竞争力定位＋唯一性资源的整合

南京＝区域发展极＋国际人文绿都＋科技研发＋教育人才资源本＋重化与装备＋智慧创意＋商务旅游＋六朝古都价值链＋中山经济与文化＋和平都会＋秦淮文化＋滨江港口＋流通品牌企业＋舒适宜居＋现代物流＋世界文化古城＋创业机制＋山水生态环境＋高效科技农业＋市民精神等。要构成南京独有的文化品牌，这也是一个建构过程。

（九）城市综合竞争能力——主导产业定位

比如德国的汉诺威——展览名城，德国的海德堡——大学城，意大利的米兰——服装名城，美国的好莱坞——国际影城，中国十堰——汽车之城，大庆——石油城，鄂尔多斯——羊绒城，现在又提出新能源生态城和旅游城的概念。城市主导产业的概念最早是由 W·W·罗斯托提出的主导部门（leading sector）引申出来的。主导部门，即"一个新部门（new sector）可以视为主导部门的这段时间，是两个相关因素的复合物：第一，这个部门在这段时间里，不但增长势头很大，而且还达到显著的规模；第二，这段时间也是该部门的回顾和旁侧效应渗透到整个经济的时候。"主导产业是指"能够较多吸收先进技术、面对大幅度增长的需求、自身保持较高增长速度并对其他产业的发展具有较强带动作用的产业部门。"

一个城市拥有多种产业，有多方面的优势。但要强化优势。如在山东烟台，张裕集团公司已经拥有100多年的历史，是中国唯一一家产品出口的葡萄酒企业，烟台还拥有中国葡萄酒史上最灿烂、最完整的葡萄酒文化，葡萄酒业的四大品牌张裕、长城、王朝和威龙，两家属于烟台，因此可以把烟台定位为"国际葡萄酒城"。通过"国际葡萄酒城"的定位，明确了城市在一定时期内产业发展的重点——葡萄酒业，烟台应整合葡萄酒企业，大力发展与葡萄酒有关的第三产业，积极打造"国际葡萄酒城"，使"国际葡萄酒城"成为烟台市的城市品牌，从而提升城市的知名度，让烟台走向世界。

（十）特色产业城市定位：寻找差异性的特色竞争力价值

城市特色不是短暂的浮华之物，而是当地居民共同文化认知和发展理念的集中表现，是城市长期发展的历史产物和深层积淀。智慧之城、学问之都、创意之都等都是城市特色方面的定位，如宁波的"服装之都"等。

四、南京城市定位应该选择的发展模式

（一）循环型社会发展模式

（二）"中式后都市主义"发展模式

一是城市"自然属性文化"和历史人文要素的"复兴"，中国式城市文艺复兴的创新与创造。

二是正确开发城市"有机城市新秩序"，这是城市定位论的理论方法之一。

三是导引自然原生态要素"人城"，这是一种新的城市空间整合观。把城市外部的自然景观与城市中心的自然景观进行整体规划、整合创造，形成城市外部与城市内部的连续景观体系。

四是创造城市空间"自然原生态文化"的规模性有机系统。强调城市立体绿化、循环社会型城市发展模式。强调城市的"泛森林化"、"泛公园化"、"泛田园化"的发展趋势，城市本身就应该是一个艺术品，是一个大花园。

五是"纯粹自然主义"的"感恩自然文化要素"的建构。

六是创造"田园型适度紧缩的城市空间结构"。给城市人以新的"生活质量"与"生命质量"的双重价值。传统中国的城市的"小桥，流水，人家"的文化景象，虽然在中国越来越少，但是毕竟是值得我们传承的中国式城市景观和生活感知。

七是创造人类集体记忆。中国的"未来型城市记忆体系"，近100年来的城市建设，能够给后人留下什么样的感知与文化认同呢？

建设宁镇扬"经济中心"策略研究

黄南　吴海瑾　丰志勇[*]

　　目前，江苏省正处于转变发展方式，加快整合区域内部发展的关键时期，积极发展宁镇扬中部区域，进而将其发展成为"江苏中心"，对于促进江苏省的整体发展将起到重要的促进作用。

一、新一轮国家区域发展战略下宁镇扬一体化发展的背景

（一）创新型经济成为经济发展新引擎

　　金融危机后，世界产业结构开始了新一轮的调整，大城市功能向综合服务功能转型升级，创新型经济成为城市发展的重要驱动力。北京已着手建设创新型城市，以推进科技创新和体制创新为核心，以产业创新和区域创新为重点，以此来实现首都城市功能的升级与竞争力的提升。上海正在加快经济结构转型，整个城市的经济形态正在向服务经济转变。深圳也提出了率先建成国家创新型城市的目标，通过不断完善自主创新的体制机制和政策环境，依托核心技术的自主创新，把深圳打造成国家级创新型城市，具有国际影响力的创新中心。中国一线大城市的转型发展和创新发展，预示着以创新为主的经济将成为中国区域主要中心城市发展的新动力引擎。

（二）中国区域经济发展新机遇与挑战

　　2009年是中国区域经济发展的一个重要里程碑。仅一年内，国家就先后

---

　　* 黄南：南京市社会科学院经济研究所副所长，副研究员；吴海瑾：南京市社会科学院经济研究所副研究员；丰志勇：南京市社会科学院经济研究所副所长，副研究员、博士。

批准了 11 个区域发展规划，这一年批复的区域经济规划数量几乎是过去四年的总和。在金融危机的背景下，区域经济区正以前所未有的密集度，跃升至国家战略层面，标志着新一轮区域经济发展的开始。这一轮区域经济发展对江苏乃至宁镇扬区域一体化发展来说充满着机遇与挑战。如果宁镇扬板块能早谋划、早规划，形成抱团发展的合作态势，就可以乘势提出把宁镇扬区域经济一体化发展纳入国家区域发展层面来规划建设。

（三）泛长三角区域经济发展新趋势

泛长三角区域经济发展战略提出后，传统的长三角空间发展格局发生了变迁与重构。从更广泛的城市空间格局来看，宁镇扬经济板块将越来越重要。泛长三角城市群的逐步形成，将使长三角在城市空间格局上从 2 + 1 向 3 + 2 的方向扩展。区域空间结构的延伸与扩展需要更高级别、更大能量的区域中心来匹配和担当。宁镇扬一体化发展不但能快速提升大南京的城市发展能级，而且将随着宁镇扬区域经济一体化的发展，支撑起整个泛长三角区域的中部，为泛长三角向区域经济一体化方向发展奠定基础。

（四）长三角中部区域崛起的必然

长三角一直以来以传统的沪宁一线为发展轴，进入新世纪以后，重大基础设施的建设正改变着传统的区域发展格局。随着沿江高速公路、苏通大桥和京沪高速铁路的建设与开通，长三角已形成多条平行发展轴。与此同时，发展轴两端的增长极面临着自身区域一体化发展的内部升级压力，尤其是以南京为主的长三角中部区域，迫切需要提升城市能级来满足发展的需要，以宁镇扬区域经济一体化发展为代表的长三角中部地区的崛起将是一种必然。

（五）江苏经济发展新阶段、新要求

20 世纪 80 年代，苏南乡镇企业的发展为江苏经济注入了活力，20 世纪 90 年代，上海浦东新区的开发开放，进一步带动了苏南的外向型经济发展。近几年，通过苏南与苏北的挂钩发展，江苏的南北区域也出现了良性互动发展的格局。相对而言，江苏中部地区则形成了一个发展上的政策洼地。如何振兴江苏中部地区经济成为江苏未来发展的一个新课题。在江苏"四沿"发展战略下，宁镇扬的战略中心地位开始逐渐凸显，提升和构建起宁镇扬苏中板块的中心地位，进而形成苏南、苏中、苏北三大板块联动发展的态势，将整体上激活江苏全域经济的发展，实现未来江苏区域经济一体化发展的战略构想。

二、宁镇扬合作发展的现实意义及其效应

（一）宁镇扬三市的发展基础

1. 宁镇扬三市一体化发展的历史渊源

宁镇扬三市一体化发展有着深厚的历史、文化、资源等方面的条件和渊源。"京口瓜洲一水间，钟山只隔数重山"，历史上南京、扬州和镇江就属于同一个管辖区。新中国成立后，扬州和镇江早在 1986 年初就加入了"南京区域经济协调会"。2002 年 12 月，江苏省通过的《南京都市圈规划》，明确了南京都市圈的范围，镇江、扬州正式成为南京都市圈中的重要组成部分。

2. 宁镇扬三市一体化发展的资源基础和合作现状

宁镇扬三市的合作不仅拥有深厚的政治、文化、历史等方面的基础，还具有很好的资源优势。宁镇扬共同拥有长江岸线 530 公里资源，占江苏的一半以上；三市均是历史文化名城，文化底蕴深厚，2008 年宁镇扬高校在校生数达 88.7 万人，占江苏省的 52.8%；三市旅游资源十分丰富，计有 12 家 AAAA 级旅游景点。

近几年，宁镇扬三市在一体化发展上已经进行了很多的有益探索。已形成"一小时城市经济圈"。从产业角度看，三市的产业结构既有趋同的一面，又有互补的一面。南京的产业主要以设计研发等科技含量较高的环节为主，而扬州和镇江两市则侧重于产业的加工制造环节。这样的产业分工有利于在区域内部形成相对完整的产业链体系，在更大范围上实现产业集群优势的发挥。

3. 宁镇扬三市的经济发展状况

宁镇扬三市作为长三角的重要组成部分，经过多年的发展，目前已经形成了较强的经济规模、具有一定特色的产业优势以及较为优越的发展基础。2008 年三市的经济总量为 6756 亿元，工业增加值 3145 亿元，社会消费品零售总额 2583 亿元，财政收入 1242 亿元（其中地方财政收入 577 亿元）。已经在石化、电子、汽车、船舶等产业上形成了一定的产业优势。但是三市的经济发展与苏锡常、杭绍甬相比还不容乐观。2008 年苏锡常三市的经济总量为 13323 亿元，杭绍甬为 10968 亿元，宁镇扬的经济规模仅分别相当于它们的 50.7% 和 61.6%，发展差距是十分明显的。

与此同时，宁镇扬三市的发展还受到来自安徽等周边城市快速发展所构

成的巨大压力。2010 年 1 月 12 日，国务院正式批复了《皖江城市带承接产业转移示范区规划》。现在安徽正在形成以皖江城市带为核心的发展格局。2008 年，皖江城市带的经济规模为 6218 亿元，在安徽的经济总量中的比重达到 70% 以上，年均增长超过 20%。皖江城市带的迅速崛起，一方面对宁镇扬区域的发展构成了极大的压力，但同时也对作为联结安徽和长三角的纽带区域和桥梁的宁镇扬中间区域的发展提出了更高要求，如果发展不利，就可能造成安徽和长三角互动发展的"空心化"现象，对整个泛长三角区域的发展带来不利影响。

（二）宁镇扬合作发展的效应

1. 宁镇扬合作发展可以促进区域内部趋同效应的发挥

20 世纪 90 年代以来，苏州、无锡等中心城市，由于受到上海发展的强烈带动，其城市的发展速度得到极大的提升。1990 年苏州 GDP 仅为 202.14 亿元，但到 1995 年就已经达到 903.11 亿元，年均增长达到 34.9% 左右，是 1990 年经济总量的 4.47 倍，几乎一年多的时间经济总量就翻一番。与此同时，城市之间的发展差距也在逐渐缩小。以长三角为例，在 1978 年，上海人均 GDP 为 2498 元，几乎是邻近苏州、无锡等地水平的 4 倍，比最低的台州市（225 元）高出 10 倍之多。但到了 2007 年，这种情况发生了极大改变，上海市当年的人均 GDP 仅是邻近的苏州市的 0.9 倍，是无锡的 1 倍，是台州市的 2.2 倍。2008 年苏州的人均 GDP 已经超过了上海，无锡的人均 GDP 也已十分接近上海的水平。

目前宁镇扬三市之间的发展差距还较为明显。2008 年南京、扬州和镇江三市的地区生产总值的比值为 2.7∶1.1∶1，扬州和镇江两市的 GDP 总量加起来仅为南京市的 79%，三市发展的差距可见一斑。如果能够通过三市的区域一体化发展，实现内部发展的收敛，那么就可以在共同发展的同时，进一步加快扬州和镇江的发展，实现宁镇扬区域内部的发展趋同化。

2. 宁镇扬合作发展有利于范围经济效应的发挥

沿海城市群的发展就是范围经济效应发挥的一个很好的实例。在沿海发展战略提出之前，沿海三座城市的发展是相对缓慢的。2000 年的时候，南通、盐城和连云港的 GDP 当年增速分别为 10.9%、10.2% 和 3.0%，但是今年在受到世界金融危机的影响下，三座城市的年均 GDP 增速仍然保持了较快的增长。南通预计全年的 GDP 增速在 14% 左右，盐城和连云港的 GDP 增速可能在 13.5% 左右。大量的资金迅速向这三座城市集聚，南通 1—11 月份，规模以上固定资产投资 1639. 56 亿元, 增长了 25. 1% ; 盐城 2009 年全社会固定资产投资 1500 亿元, 增长达 35% ; 连云港 2009 年全社会固定资产投资 1000 亿元, 增长 28. 6%。可见, 在沿海发展战略的促进下, 区域内部的城市通过合作发展和资源、基础设施的共享、制度的突破和创新, 产生了 1 + 1 + 1 > 3 的范围经济效应, 促进了区域内部城市的快速发展。如果宁镇扬区域经济能一体化发展, 也可以实现这种范围经济效应。

3. 宁镇扬合作发展有利于特色效应的发挥

城市的发展不仅是总量规模的扩大, 更重要的是要走出符合城市发展条件的特色之路, 凸显城市发展的优势。城市特色的形成可以更好地发挥城市的发展优势, 扬长避短, 提高资源的利用效率。而区域经济的一体化发展是凸显城市特色的重要路径。在区域的一体化发展过程中, 城市可以在更大范围内进行资源的整合, 根据自身的资源禀赋, 进一步明确发展的方向, 在产业链以及专业化分工的地位等方面, 发挥自身的比较优势, 从而形成较为符合自身发展条件的发展道路。宁镇扬三市的一体化发展有利于促进各自发展特色的形成, 通过特色效应的发展实现城市的快速进步。

三、宁镇扬一体化发展的战略目标

（一）打造华东地区的枢纽城市圈, 成为长三角经济区向中西部地区辐射的"动力中枢"

如果说上海是长三角经济区的"大脑", 是神经中枢, 那么宁镇扬就应该成为长三角经济区的"心脏", 是动力中枢。南京高铁南站的建成, 宁镇扬内部快速网络化交通格局的建设, 将使宁镇扬实现在六小时内到达国内绝大部分主要城市的交通半径。加上南京与镇江港、扬州港共同构成的江海组合港区, 迅速推进了宁镇扬的国际贸易与国内贸易的一体化进程。今天宁镇扬担负的是国家级的区域经济功能, 因此要树立宁镇扬"大区域交通"、"国家南北区域、东西部地区枢纽捷运中心"的概念, 做大宁镇扬都市圈, 充分利用高铁和港口这两条主动脉, 凝聚要素, 让宁镇扬这颗长三角和华东地区的心脏跳动更加强劲有力。

（二）构建江苏省第二经济增长极, 形成"江苏中心"经济板块

江苏有沿江、沿沪宁线、沿东陇海线、沿海发展的"四沿战略", 这几条发展战线都是线性的, 具有轴向发展的"聚合效应", 但是还缺乏一个中

心发展板块、一个具备广泛集聚和辐射能力的核心片区。而宁镇扬恰恰具备了成为江苏省第二个经济增长极的条件。宁镇扬三市地域文化接近，兼收并蓄南北文化，这对于苏南、苏北经济社会文化类型差异巨大的江苏而言，尤为重要。江苏要在南北协同发展的基础上，进一步弥合南北差异，增强对苏南的吸引力和对苏北的辐射力，就必须进一步强化宁镇扬在江苏乃至全国经济发展中的地位。

（三）建设江苏省创新型经济示范板块，形成国内领先的、自主知识产权主导的科技创新创业示范区

宁镇扬具有着非常强大的人文科教资源优势，非常适合着力发展创新型经济、发展战略性新兴产业。我们要把新兴产业发展与自主创新结合起来，推动新能源和智能电网、新材料、生物技术和新医药、节能环保、软件和服务外包等产业发展取得突破，使创新型经济、新兴产业成为江苏经济的主要增长点，把宁镇扬打造成为江苏省创新型经济的示范板块，成为国内领先的科技创新创业先导区。

（四）加快宁镇扬的经济整体转型升级，为江苏经济社会的可持续发展提供强劲动力

当前，江苏正处于经济转型升级的重要阶段，转变经济发展方式是刻不容缓的战略任务。宁镇扬要为江苏的可持续发展提供强劲动力，要进一步加快发展服务业，促进服务业发展提速、比重提高、结构提升，打造智慧城市与"宁镇扬智慧圈"，促进现代服务业与先进制造业有机融合、互动发展，提高产品附加值和产业竞争力，在"江苏制造"向"江苏智造"转变的过程中发挥重要推动作用。

（五）创造世界最宜居、生活幸福感最高的都市圈

宁镇扬都是重要的历史文化名城，都拥有着"山、水、城、林"完备的城市自然与人文景观元素，是适合人类诗意栖居的生活空间。近年来南京和扬州接连获得联合国人居奖，从这个意义上说，宁镇扬是全世界获得联合国人居奖最集中的区域，换句话讲，宁镇扬应该是世界最宜居的区域。我们不仅要为宁镇扬的居民提供一个舒服的生活环境，还要为他们创造一个幸福感高的社会生活。南京要与扬州、镇江联手发展幸福产业，将宁镇扬打造成一个诗意栖居的幸福生活风尚区域。

四、宁镇扬一体化发展的战略举措

（一）从更高层次理解宁镇扬区域合作，在多方达成宁镇扬区域合作的真正共识

当今国际、国内、省际形势的发展变化，要求我们必须从更高层次上和更大区域范围内来重新理解和定位宁镇扬合作问题。

第一，站在促进江苏省发展的角度上看，宁镇扬经济体将成为江苏省第二个经济增长极，大力推动宁镇扬板块，谋求同城效应，使之成为"江苏中心"。这一"江苏中心"，不应该是以前"宁镇扬板块"的简单翻版，而应是更高层次的、高度同城化的"宁镇扬板块"，而且要真正起到引领江苏的作用，成为辐射周边的经济、政治、文化核心区，成为江苏的代表区域。

第二，从长三角和泛长三角的区域合作发展的角度上来看，宁镇扬经济板块得到迅速壮大以后，成为与苏锡常、杭绍甬相媲美的长江三角洲的第三个增长极。它不仅有利于江苏省沿江开发战略的快速推进，而且可以极大地提升三城市接受上海和苏锡常经济辐射的能力，并把接力棒有效地传递到苏北和安徽，为泛长三角经济社会的快速发展发挥更大的作用。

第三，站在国家整体发展角度上看，宁镇扬经济体是长三角带动中西部地区发展的重要传动区域。实施产业集群的和谐联动发展，不仅对提高宁镇扬经济板块综合实力有重要意义，还对实现国家的长三角区域经济战略目标，促进东中西部协调发展有重大作用。

总之，要跳出原来思维的束缚，从更大的区域角度开展各城市的合作，发挥宁镇扬区域内各自的优势，在激烈的竞争环境中寻求更多的机会，产生超出行政区域边界的溢出效应，谋划更大的发展。将宁镇扬合作置于城市发展战略层面、置于决策层面来考虑。

（二）加强统筹规划，以经济体合作发展规划统领经济与社会和谐联动发展

宁镇扬经济板块应以整体规划统领区域共同发展的进程，三市应该尽快编制《宁镇扬经济体合作发展规划》及若干专项规划，明确长远合作的目标和具体措施，共商宁镇扬经济板块经济、社会和文化发展大计。要按照联动发展的要求，各地在制定和调整本城市的发展规划时，应该加强三市经济、

社会和文化发展规划制订的沟通、衔接和协调，不仅要考虑自身的条件和发展趋势，同时也充分考虑经济板块整体的发展以及与周边地区的联系。

同时，要力争将《宁镇扬经济体合作发展规划》纳入江苏省甚至是国家十二五规划之中，并争取重大区域合作项目列入省专项规划和国家专项规划中。

（三）制度创新先行，形成兼顾宁镇扬经济体各方利益的制度一体化体系

第一，认真制定和出台一个统一协调的有效竞争规则体系。其目的是为了及时解决涉及共同体市场的法律争议，在宁镇扬大市场范围内，协调各地区政府的行为，使区域内的市场主体进行充分的、有效的、公平的市场竞争，防止市场竞争被各地区行政权力和垄断势力扭曲，实现大市场范围内的资源有效配置。

第二，积极组建能够推动宁镇扬合作的制度变迁主体。为协调成员之间的合作，推动一体化的发展，可以由省政府负责设立一个超城市性质的制度性组织机构，如"宁镇扬城市群理事会"（决策机构和行政领导机构），由该机构来推进经济体合作、协调冲突、分享利益。这个组织机构必须是一个常设机构，必须由三省市的主管领导参与其中，三省市可以采取"轮值主席"的方式来运作该机构。

第三，经济体合作各方作适当的权力和利益让渡，承担各自在经济体中的"团队"责任。为保证制度性组织机构行使权力，经济体合作组织可以要求各成员让渡部分权力和利益，由超城市性质的制度性组织机构统一调控。随着合作的加深，各成员让渡的主权相应增加，这样才能使得城市合作经济体的相关制度变迁、制度安排有实施保障，才能顺利地推动宁镇扬经济体一体化的继续深入。

同时，在宁镇扬经济体中，三个城市应该各自发挥作用，承担各自在经济体中的"团队"责任，南京作为宁镇扬经济体的核心，应充分发挥在宁镇扬经济体中领导、推进、协商和统筹的作用，而同时，南京也应该放下省会城市的架子，勇于承担责任，服务扬州和镇江。而扬州、镇江也应该准确寻找自己在宁镇扬经济体中的定位，主动与南京在产业、文化、社会等多方面形成能级划分和梯度转移。

第四，设立宁镇扬区域合作协调与发展基金，构建区域合作的利益分享机制。宁镇扬经济体合作发展基金的设立，至少应该包括投资贸易促进基金、研发创新基金、项目风险基金、产业发展协调基金、人才培养和就业指导基

金、区域内地区发展平衡基金等。设立并逐步完善区域合作发展基金，并通过它构建一个各方满意的区域合作利益分享机制。

（四）促进产业一体化进程，在全国形成先进制造业和现代服务业中心区域

宁镇扬经济体作为一个整体完全可以成为全国的先进制造业和现代服务业中心区域。而在宁镇扬经济体内部，南京作为大城市，经济体的核心，主要配置现代服务业，尤其是生产性服务业，以及一些对制造成本不敏感的现代高科技制造业，南京未来的经济功能应该成为降低宁镇扬经济体商品和服务产出的交易成本的中心；扬州、镇江作为宁镇扬经济体的副中心，可以配置一些先进制造业和服务业，充分利用发展制造业的历史传统、市场优势和人力资本优势，大力发展与自身工业化水平相适应的各种制造业，扬州、镇江的经济功能应该成为降低宁镇扬经济体商品制造成本的城市；而大量的一般性制造业因为对土地成本、劳动力成本和环境成本高度敏感，可以配置在周边的地区和小城镇以及乡镇。

同时要强化经济体内部产业集群联动发展，加大对接力度，加强各城市的紧密协作和共同努力，完善产业集群的设施、服务和环境，通过产业链条构建优势产业空间集聚，加速经济体产业整合进程，建立宁镇扬城市整合的产业集群结构与地域空间体系，培育联动发展的区域产业集群。

（五）加快基础设施一体化和社会公共资源共享机制建设，构建宁镇扬经济体和谐联动发展的支撑系统

第一，构建宁镇扬板块内公共设施资源的共享体系，努力降低商务成本

通过构建宁镇扬经济体内公共设施资源的共享体系，加强互通，加强同城效应，降低商务成本，增强联动发展优势。建设以南京为中心的综合交通大网络，打破区域和交通系统内部的部门分割，逐步实行交通运输管理一体化，在经济体内建立居民公交、旅游的同城待遇，减免经济体内跨城市营运与交通的过路过桥等费用，扩展城市一卡通使用范围，逐步实现宁镇扬三地公交、地铁、出租车、停车场等使用领域的全面互通。

加快三市之间信息基础设施建设，形成包括电子政务、电子商务、远程教育、远程医疗、社会公共数据库等在内的全方位的、统一的信息互通大平台，促进城市政府之间的信息交换和共享，面向企业和公众提供一站式的信息服务；积极改善区域内金融服务，实现同城票据结算，促进经济要素合理流动；加快推动区域内市场准入制度和质量互认制度的相互衔接。

第二，实现人力资源共享，开展人力资源在开发和管理上的合作

充分发挥三市在政策、信息、技术、人才等方面的优势，推进宁镇扬经济体内人力资源开发与管理的全面合作，探索建立评委库专家、高层次人才、博士后工作站资源共享和专业技术资格证书互认机制。加快就业政策的创新与衔接，建立城市间人力资源机构协作网络，发挥其在职业介绍、就业培训、就业信息、远程招聘等方面作用。建立统一的职业资格认证制度和质量保证体系。发挥各种人才中介组织在城市间人力资源交流方面作用。

第三，实现社会公共资源共享，建立城乡统筹机制

建议出台类似于"建立宁镇扬经济体社会事业资源联动共享体系，促进公共服务均等化"的相关政策；建立三市医疗卫生信息服务平台；推进经济体内教育、科技、医疗卫生、社会保障、文化、广电、体育、旅游、信息等资源的联动共享，打破区域、城乡、身份的限制，促进社会公共服务资源在三市间的均等化。

第四篇

城市竞争力实证研究

城市的国际竞争力及评价指标研究

翟国方[*]

一、国际竞争力的评价方法

由于不同的学者从不同的角度出发，对国际竞争力的理解也不尽相同，因此产生了不同的国际竞争力评价方法。华南理工大学的庄丽娟教授以竞争结果和竞争决定因素为基础，将国际竞争力评价分为了两大类。

（一）以竞争结果为基础的国际竞争力评价

以竞争结果评价国际竞争力，通常采用的指标是 GDP 和人均 GDP。但由于各国的货币购买力不同，以汇率计算的 GDP 也会随着汇率的变化而变化，直接使用 GDP 作为统计数据存在着可比性的问题，影响评价的准确性。为了解决数据可比性的问题，卡瑞韦斯、亨斯顿、萨莫瑞斯等人提出了用 153 组商品的购买力平价来计算各个国家的 GDP 和人均 GDP，以反映各国真实的经济实力和国民生活水平。为解决各个国家的货币因国内通货膨胀等原因造成的购买力不同，希尔（Hill）1986 年提出了用某一年各个国家购买力平价汇率除以当年其对于美元的汇率，即转化为相对购买力平价计算和比较 GDP 更为准确。

以竞争结果评价国际竞争力的另一个常用的指标是进出口指标。目前使用的具体指标比较多，例如，卡米切尔（Carmichael, E. A., 1978）使用贸易竞争指数，即以进出口之差与进出口贸易总额之比来作为国际竞争力变化的评价指标。林德伯格·拉瑞斯（Lundberg, Lars, 1988）使用相对国际竞

---

* 翟国方：南京大学建筑与城市规划学院副院长、教授、博导。

争力指数，即某个产业或产品的国内生产与消费之差和整个国内生产总额和消费总额之差的比，进行国际竞争力的评价。金碚等人的课题组使用进出口数据对中国产业的价格竞争力、产品质量竞争力进行了比较研究。裴长洪使用贸易竞争指数就中国的产业分工体系进行了比较研究。

（二）以竞争力决定因素为基础的分析和评价

1. 以单项因素为基础的分析和评价

很多学者都认为生产率是最恰当的国家竞争力评价指标，以生产率高低为基础来评价国际竞争力高低争议不大，但存在着如何计算出具有可比性的生产率问题，由于不同国家计算生产率的方法不同，不同方法对计算结果有直接影响。以单位成本高低进行国际竞争力比较，也是被普遍接受的，但同样存在着可比性问题。以技术创新能力进行国际竞争力比较，使用工程师、科学家占总人口或产业人口的比例评价竞争力高低，被一些学者证明是不准确的，而以申请专利数和申请商标数为基础的比较，是比较准确的。以新增投资规模为基础进行国际竞争力比较具有说服力。但以企业规模或产业集中度评价国际竞争力，在多数情况下是没有说服力的。

2. 用多方面因素进行综合分析

由于国际竞争力的影响因素很多，若采用单一因素进行评价往往不能反映国际竞争力的真实状况。所以在进行国际竞争力评价的时候尽可能将影响国际竞争力的各个因素考虑在内，通过多因素综合评定，使得评价结果更为准确。

（1）瑞士国际管理发展学院（IMD）的国际竞争力评价方法

IMD 于 1985 年开始对主要工业化国家竞争力进行评价，将评价结果出版并定名为《世界竞争力年鉴》，并于每年六月出版。IMD 认为国家之间的竞争是其企业在特定环境下的竞争，所以在评价国际竞争力时不能仅仅考虑 GDP 和生产率，还要将政治、教育、文化、政策制度等环境因素纳入评价体系，因此 IMD 认为国家竞争力是国家创造一个使企业有竞争力的环境的能力。

因此，根据这一认识，IMD 从国家创造使企业有竞争力的环境的能力的角度来评价国家竞争力，将国家竞争环境分为四种力量的塑造：一是本地化与全球化（Proximity Versus Globality）：前者指在国内、区域内布局生产活动，后者指在全球范围内布局生产活动。二是吸引力与渗透力（Attractiveness Versus Aggressiveness）：前者指能够创造就业的吸引外商直接投资的能力，后者指能够创造收入的向国外市场扩张能力。三是资源与工艺过程（Assets Versus Processes）：前者强调资产存量的国内现有的各种资源，后者强调存量资产增值能力的工艺方法、组织流程、专用技术等。四是个人冒险精神与社会协调发展（Individual Risk-Taking Versus Social Cohesiveness）：前者强调个人主义，主张放松管制、实行私有化，后者强调社会福利、追求平等和社会凝聚力。以上四对力量分解为八个因素：国内经济、国际化程度、政府政策和运行、金融环境、基础设施、企业管理、科学技术和国民素质等。将八要素中各个要素细分成若干子要素，2000年共确定47个子要素；根据各子要素的内容设计了290个评价指标来定量评定；在290个指标中，有180个硬指标来自国际和地区组织的统计数据，110个软指标来自对经营者的问卷调查。对硬软指标设计不同的权重，用综合加权平均法计算评价并排序。IMD的国际竞争力要素构成表如表1所示。

表1　IMD国际竞争力要素构成表

要素	指标（个）	说明	内容
国内经济	30	国内宏观经济全面评价	生产与收入总量、投资总量、储蓄总量、消费需求、部门运营、生活成本、潜在发展的竞争力
国际化程度	45	一国参与国际贸易以及投资流量的程度	贸易和投资活动的表现，对世界经济的参与程度，对外国企业盈利的公开程度，外国市场渗透状况
政府政策和运行	46	政府政策对国际竞争力发展的有利程度	政府对经济的影响；法律与法律制度环境；货币与财政政策；受政府影响，社会政治的稳定性；政治制度的适应性
金融环境	27	资本市场及金融服务的绩效	金融有效程度、资本市场的多样化和效率
基础设施	37	资源与基础设施体系对国内企业基本需求的满足程度	自然资源的有效性及其有效利用；基础设施在支持企业需求方面的充足程度及弹性

续表

要素	指标（个）	说明	内容
企业管理	37	有创新精神、可盈利及负责任的方式管理企业的能力	企业家魄力和管理质量；用户意向、产品和服务质量；企业效率
科学技术	25	一国在基础研究和应用研究中取得的成就及运用科学技术的能力	研究与开发费用；研究与开发人员；知识产权的形成；公共部门与企业的分界
国民素质	43	一国人力资源的质量和有效性	人口、劳动力、就业、失业、生活质量、教育和劳动者精神面貌

IMD 每年都根据新的理论、数据和世界经济的变化对评价指标进行革新，所以每年使用的指标不尽相同。在进行加权运算的时候，硬数据权重设为 1，调查数据的权重设为 0.64，虽然如此设置该权重值难免过于主观，但一直使用该比例则保持了评价结果的连续性和可比性。此外，IMD 还确定了国际竞争力的排名方法和提高国际竞争力的十条黄金法则。

（2）世界经济论坛（WEF）《全球竞争力报告》（The Global Competitiveness Report）的评价方法

1980 年起 WEF 开始进行工业化国家竞争力排名。1985 年与 IMD 合作出版《世界竞争力年鉴》，自 1996 年开始出版自己的竞争力报告《全球竞争力报告》。WEF 进行国际竞争力评价所依据的理论是多方面的，包括新古典经济增长理论、技术内生化经济增长论、波特的竞争力理论等，同样由于世界的变化，各国经济社会的发展以及对国际竞争力的理解的变化，WEF 对其选择评价的指标也不断变化。

1996 年 WEF 在《全球竞争力报告》中将国家竞争力定义为一国或地区保持人均国内生产总值较高增长的能力，基于这一定义设计了三个国际竞争力指数：一是综合反映当前经济发展水平和增长势头，并对未来中长期前景进行展望的国际竞争力综合指数；二是经济增长指数，它是结合初始收入和竞争力水平来进行的排名；三是反映在全球经济增长中份额的市场增长指数，用一国增长指数与其 GDP 占全球份额的乘积，和全球经济增长之比构成。1998 年根据波特竞争力理论，增加了微观经济竞争力指数，由影响企业生产率的投入要素、需求因素、相关产业、竞争环境方面的问卷调查指标组成。2000 年将国家竞争力定义为获得中长期经济增长的能力，根据对国际竞争力理解的变化，又提出了测定未来经济增长的增长竞争力指数（the Growth Competitiveness Index）和支持当前高生产率和经济业绩的当前竞争力指数（the Current Competitiveness Index）这两个主要指标，取代了以前的微观竞争力指数，同时增加了两个新指数：测定创新、技术转让和传播的经济创造力指数（The Economic Creativity Index）和反映各国在环境法律、制度上的差异与经济业绩的关系的环境管制体制指数（the Environmental Regulatory Regime Index）。后来，WEF 将竞争力定义为"决定一个经济体生产率水平的一整套制度、政策和影响因素"，为了使国际竞争力评价体系包含更多适合时代的因素，自 2004 年起，WEF 邀请了哥伦比亚大学的萨拉·伊·马丁教授设计新的全球竞争力指数（Global Competitiveness Index，简称 GCI），并每年都进行一定的变化和调整。2007 年，WEF 采用了新的 12 个支柱性因素，并将这些因素归结为基本条件（Basic Requirement）、效率提升（Efficiency Enhancers）、创新与成熟度因素（Innovation and Sophistication Factors）三大子类指数。

由于各个国家的发展情况不同，借鉴波特的竞争优势发展阶段理论，在进行评价时首先要将以待评价的经济体纳入不同的发展阶段：要素驱动阶段、效率驱动阶段、创新驱动阶段以及三者之间的过渡阶段。

对处于不同发展阶段的经济体而言，三类因素的重要性必然会有所不同，所以应对不同的发展阶段的经济体赋予不同子类指标的权重。

WEF 将新的全球竞争力指数的构建过程分为五个步骤：①构建 12 个竞争力支柱。数据来源包括两类：统计数据和调查数据；②构建 3 类子指数。子指数指基本要求、效率增强因素和创新因素；③将参评经济体归入 5 个不同的发展阶段；④为每个国家估算每类子指数的权重；⑤估算全球竞争力指数。全球竞争力指数是三类子指数的加权平均值，计算如公式如下：

$$全球竞争力指数（GCI）= \alpha_1 \times 基本要素 + \alpha_2 \times 效力增强要素 + \alpha_3 \times 创新和成熟度要素$$

表2　WEF 全球竞争力指数构成

分类	因子
基本条件	制度
	基础设施
	宏观经济
	健康与初等教育
效率提升	高等教育与培训
	商品市场效率
	劳动市场效率
	金融市场成熟度
	技术环境
	市场规模
创新与成熟度因素	商业成熟性
	创新

表3　经济体的发展阶段划分

	第1阶段	第1~2 过渡阶段	第2阶段	第2~3 过渡阶段	第3阶段
人均GDP（划分标准）	<2000美元或初级产品出口所占比重大于70%	2000—3000美元	3000—9000美元	9000—17000美元	>17000美元

表4　不同发展阶段的要素权重

权重 α%	基本要素	效率增强要素	创新和成熟度要素
要素驱动阶段	60	35	5
要素~效率	60—40（按比例平滑调整）	35—50（按比例平滑调整）	5—10（按比例平滑调整）
效率驱动阶段	40	50	10

续表

权重 α%	基本要素	效率增强要素	创新和成熟度要素
效率~创新	40—20 （按比例平滑调整）	50	10—30 （按比例平滑调整）
创新驱动阶段	20	50	30

（3）标杆测定国际竞争力

所谓标杆测定就是在世界范围内的寻求最佳实践、确认最佳做法，并为自己提出改进方案的一种方法。其思想可以追溯到泰勒倡导的科学管理理论，泰勒通过动作研究确定工艺流程和设备制作的最佳方法，并要求管理者通过制定定额和管理制度，将这种最佳做法标准化和制度化，使其成为科学管理的依据。通过标杆测定的方法不但能评价竞争力的大小，同时还能告诉我们如何提高竞争力，需要采取什么样的措施和方法。从这个意义上出发，标杆测定更接近研究国际竞争力的目的。

目前各国政府、行业协会以及咨询公司大多采用标杆测定这种多因素综合评价法。美、欧、日等许多国家建立了政府性质的标杆测定机构组织协调标杆测定，标杆测定法已成为许多国家提高竞争力的一种工具。标杆测定活动分别在企业、产业和国家基础环境构架三个层次展开。企业层次标杆测定经过循序渐进的过程发展到全球标杆测定阶段；产业层次标杆测定包括企业内工艺流程、企业外供应链、企业和政府关系、产业发展政策和环境等决定产业竞争力的各个关键环节。在政府层次的标杆测定包括教育制度、海关通关、科研制度、企业创立手续等。

标杆测定的评价顺序如下：①确定标杆的主题，包括企业、产业、国家层次最关心的问题或最关键的竞争力的决定因素。②确定标杆的对象和内容。对象应该是同行业或同部门中业绩最佳、效率最高的、最具有代表性的企业或部门。内容包括决定标杆测定对象主要业绩、作业流程、管理实践或关键要素。③组成工作小组，制定工作计划。④搜集资料和调查。⑤分析比较，找出差距，确定最佳做法。⑥明确改进方向，制定实施方案。⑦组织实施，将实施情况不断与最佳做法进行比较，提高实践水平，争取赶超标杆对象。由此可见标杆测定法是一个比较的过程，通过它确定了最佳实践学习的方向，参与者不断与标杆对比找出差距，并不断进行改进和提高，是一个动态学习的过程。

波特的竞争优势评价方法

在竞争战略分析中，波特提出了五力分析模型，认为产业的竞争状态取决于以下五种力量：供应商的讨价还价能力、购买者的讨价还价能力、潜在竞争者进入的能力、替代品的替代能力、行业内竞争者现在的竞争能力。五种力量的不同组合变化，最终影响行业利润潜力变化。

在产业竞争优势分析中，波特提出了产业价值链分析法。波特认为每一个企业都是在设计、生产、销售、发送和辅助其产品的过程中进行种种活动的集合体，可以通过对企业在这些活动或环节中是否增加了价值来对其进行判断和评价。通过价值链进行分析是一种简单有效的分析评价企业和产业竞争力的方法。但波特没有将其用以产业竞争力的分析，而是像其他学者一样用进出口指数来分析评价产业竞争力。

在分析国家竞争力优势时，波特提出了著名的"钻石模型"，该模型用于分析一个国家某种产业为什么会在国际上有较强的竞争力，认为这个问题取决于以下六大因素：①生产要素；②需求条件；③相关产业和支持产业；④企业的战略、结构和竞争对手；⑤政府行为；⑥机会。波特认为这6个因素确定了产业国际竞争力的研究范式，并通过产业的竞争优势来判定国家竞争优势。

我国学者对国际竞争力评价方法的研究

有关国际竞争力的研究国外是从20世纪80年代正式开始的，我国对国际竞争力的研究始于1989年，当时国家发改委和IMD、WEF合作进行了国际竞争力的研究，后来，原国家发改委体制研究院、深圳综合开发研究院与中国人民大学组成联合课题小组，开始与IMD、WEF合作研究中国的国际竞争力、产业结构竞争力、科技竞争力与区域竞争力等一系列的研究。并从1997年开始，每两年出版名为《中国国际竞争力发展报告》的成果报告。

①中国人民大学"三位一体"国际竞争力模型。该模型将国际竞争力分为核心竞争力、基础竞争力和环境竞争力三大子类构成，其中核心竞争力包括国家经济实力、企业管理水平、科技竞争力要素，基础竞争力包括基础设施建设和国民素质竞争力，环境竞争力包括国际化竞争力、企业管理竞争力、金融体系竞争力（中国人民大学竞争力与评价研究中心研究组，2003）。该体系的特点是将国际竞争力的研究着眼于系统能力角度，从系统实力、系统

运行关系、发展与成长的能力以及外部环境几个方面的联系和相互作用，以综合考察国际竞争力。

②张金昌的国家竞争力评价模型（张金昌，2002）。张金昌构建的该模型从竞争实力和竞争潜力两个方面来体现国家竞争力，竞争实力通过经济实力和科研实力体现，竞争潜力通过主要从经济增长速度和市场规模反映，并进一步从价值量和实物量来测度体现竞争力的要素，例如价值量有人均GDP、FDI、进出口份额等，实物量有铁路数量、飞机数量、专利拥有量等。张金昌还指出一国的竞争力优势是由四个方面决定的：企业国际竞争力，产业国际竞争力，政府政策，政治、经济、文化、法律、社会制度以及国际环境的稳定性来决定的。

③侯经川的基于博弈论的国家竞争力评价体系（侯经川，2005）。侯经川从博弈论的角度入手，从局中人、信息、行动策略、支付矩阵四个博弈论基本构成要素分析，将国家为单位的经济体作为"局中人"，将国家的比较优势和国际分工选择作为"策略空间"，以全球 Internet 信息网络为主体构成了国际"信息结构"，它为"策略空间"的构造提供依据，由此得出国家竞争力的博弈表达式：

$$NC = NI \times NS \times NP$$

其中，NC 为国家竞争力（National Competitiveness）；NI 为国家信息能力（National Information Ability）；NS 为国家策略能力（National Strategy Ability）；NP 为国家的支付矩阵（National Payoff）。通过对 NI、NS、NP 的测度，就能对国家竞争力进行综合的评价。

侯经川把国际经济竞争归入博弈论的框架中进行解释，并结合传统的国际竞争力理论整合成为了一个有机的更具有逻辑解释力的评价体系。他用新的"信息－策略－支付"三要素评价模型对 IMD、WEF 的国际竞争力评价指标进行选择和重新整合，用"人均 GDP"（表现国家生产率）和"每百居民注册的国际专利数和商标数"（表现国家在技术与管理上的能力）来构成国家支付函数指数（NP）；用科技进步能力指标、暴力威胁能力指标和制度安排能力指标来衡量国家策略能力（NS）；用国民的文化素质（教育水平）、国家的信息技术条件（信息化程度）、国家的信息制度安排（信息自由程度）衡量国家信息能力（NI）。并通过选取适宜的子指标测度这 8 个子要素，最后将每个子指标和子要素赋予权重，综合计算得到最后的国家竞争力指数（表5）。

表5 基于博弈论的国家竞争力评价指标体系

竞争力要素	子要素		评价指标	
	名称	权重	名称	权重
国家信息能力	国民文化素质	1/2	成人识字率	2/3
			平均受教育程度	1/3
	国家信息化程度	1/4	每万人 Internet 用户数	2/3
			每万人计算机数	1/3
	国际信息自由度	1/4	媒体的民间控股率	2/3
			差额选举的民意代表的比例	1/3
国家策略能力	科技进步能力	1/2	R&D 投入	2/3
			大学入学率	1/3
	暴力威慑能力	1/4	军费支出	2/3
			核弹头数	1/3
	国际制度安排	1/4	创建多变性国际组织的数量	2/3
			在国际组织中的投票权	1/3
国家支付函数	生产率	2/3	人均 GDP	1
	技术与管理水平	1/3	每百万居民注册的国际专利与商标数	1

二、城市国际竞争力

以前有较多学者对国际竞争力、城市竞争力、区域（国际）竞争力等名词做过概念界定，然而却鲜有人研究城市国际竞争力，而城市国际竞争力与国际竞争力、城市竞争力以及区域竞争力有着密切的关系，因此在界定城市国际竞争力概念之前，有必要把相关概念进行梳理。

（一）相关概念梳理

城市竞争力。城市竞争力是一个直观却又难以捉摸、极具争议、难以统一定义的概念。如国外著名经济学家 Krugman（1996）认为竞争力是公司企业的特质，而不是城市、区域或国家的特质，竞争力的测量只能通过企业利用资本的分析得出，并不适合地理单元的分析，因此对城市竞争力的概念持反对意见。而更多的学者认为竞争力并不仅仅体现在微观企业层面，城市作为一个有组织、有结构、系统的有机体，城市之间也的确存在各种各样的竞争。如 Begg（1999）认为城市竞争力是一个城市在自由公平的市场经济条件下，为满足国际、区际或者城市间市场的需要而生产的产品和提供的服务的能力，并且能够同时增加其居民长远的实际收入。国内学者郝寿义、倪鹏飞（1998）认为：城市竞争力是指一个城市在国内外市场上与其他城市相比所具有的自身创造财富和推动地区、国家或世界创造更多社会财富的现实的和潜在的能力，它综合反映了城市的生产能力、生活质量、社会全面进步及对外影响。宁越敏、唐礼智（2001）将城市竞争力定义为：在社会、经济结构、价值观、文化、制度政策等多个因素综合作用下创造和维持的，一个城市为其自身发展在其从属的大区域中进行资源优化配置的能力，从而获得城市经济的持续增长，其具有系统性、动态性和相对性的特征。徐康宁（2002）根据城市作为竞争主体的特征，将城市竞争力定义为城市通过提供自然的、经济的、文化的和制度的环境，集聚、吸收和利用各种促进经济和社会发展的文明要素的能力，并最终表现为比其他城市具有更强、更为持续的发展能力和发展趋势。于涛方、顾朝林等（2001）认为：城市竞争力是一个城市为满足区域、国家或者国际市场的需要生产商品、创造财富和提供服务的能力，以及提高纯收入、改善生活质量、促进社会可持续发展的能力，城市竞争力是城市"竞争资本"和"竞争过程"的统一。

　　区域（国际）竞争力。区域是一个相对的概念，不同学科不同的研究目的对区域的定义也不同。地理学把区域看做是地球表面的地域单元；政治学把区域看成是国家管理的行政单位；社会学把区域看做是相同语言、相同信仰和民族特征的人类社会聚落；经济学中所指的区域是便于组织、计划、协调、控制经济活动从而整体加以考虑并兼顾行政区划完整性的一定的空间范围，具有组织区内经济活动和区外经济联系独立能力的有机体。

　　从研究竞争力的角度出发，区域可被看做是介于国家和城市之间层面的经济体和地域单元。庄丽娟（2006）认为：区域国际竞争力是一个经济体在全球化的市场竞争环境中，在与其他国家或区域的竞争中，实现经济可持续、稳定的较快增长，实现技术进步、制度创新以及不断提高人民生活水平的能力。区域竞争力和国际竞争力一样，反映的是一个经济体在市场环境条件下存在的经济可持续增长与发展的能力。从地域上看，区域国际竞争力打破了传统行政区划的概念，以产业集群和大的城市群为竞争主体参与国际竞争，反映的是一种系统能力的竞争。王秉安（2003）认为：区域竞争力是一个区域为其自身发展在其从属的大区域中进行资源优化配置的能力，即一个区域为其自身经济发展对大区域资源的吸引力和市场的争夺力，它是一种立足现在、面向未来的能力，同时也是一种相对性和综合性的能力。文兼武认为区域竞争力是一个地区与其他地区相比所具有的能够创造更多物质财富或更大程度提高人民生活水平的综合能力。徐宏、李明认为区域竞争力是某一地区在所从属的大区域中对有限资源的吸引力，配置区内资源形成自身比较优势和实现经济成效的行动力，及实现未来良性发展的趋向力，是竞争力资源与竞争力过程的统一。

（二）城市国际竞争力的概念和含义

借鉴参考上述相关定义，可以认为城市国际竞争力是指一个城市在全球化市场竞争中，其在世界范围内优化配置资源，创造自身财富，从而实现经济持续增长、提高人民生活水平、促进社会全面进步的能力。该概念可以从以下几个方面进一步理解：

第一、体现了竞争过程和竞争结果的统一。吸引资源和优化配置资源是城市提高国际竞争力的基本途径，在这个过程中，城市通过对资源的拥有、控制、转化和利用，以占领市场，创造价值和财富，最终达到促进城市经济、社会和人的发展这一结果。

第二、就城市而言，生存和发展所面对的资源十分广泛，包括土地、资本、人才、教育、科技、产业、市场、生态环境、城市形象、管理制度等，其中绝大部分资源是稀缺的，且某个城市在某方面资源的增加，是以其他城市在相同资源方面的减少或不增加为条件的（徐康宁，2002）。城市国际竞争力也表现为对这些稀缺资源的吸引、集聚、争夺的能力。

第三、城市国际竞争力不仅体现了当今的城市发展状态，还体现了在未来更长一段时间内城市的发展潜力，决定了城市较长时期内的发展地位和竞争力水平。

（三）城市国际竞争力的新特点

城市国际竞争力是国际竞争力在城市层面的表现，它不但与国际竞争力、城市竞争力、区域（国际）竞争力有着密切的联系，同时也有自身的特点：

首先，城市国际竞争力是以全球经济一体化为背景的开放式、国际化竞争，竞争对象和领域更为宏大，不限于国内，还包括所有形成竞争关系的国外城市。竞争的标杆和尺度与国际接轨并紧扣国际发展趋势，评价指标也趋于多元化。

其次，城市国际竞争力是个综合的概念，对竞争层次和水平都有更高的要求，因此并不是所有城市都适合评价其国际竞争力大小，对于城市发展能级还未达到一定级别的城市而言，评价国际竞争力是没有太大意义的。只有城市经济社会发展到一定程度，要素在国际范围流动、参与国际分工且具有较强的竞争力，才可称之为具有城市国际竞争力。

再次，城市国际竞争力反映的是动态的竞争，由于全球经济环境的变化、参与竞争的城市发展水平的变化以及城市内部企业产品所处生产周期的不同，城市国际竞争力也是随之不断发展变化的。

（四）城市国际竞争力的评价方法综述

目前还没有一个机构针对城市国际竞争力进行深入系统的研究，建立起一套属于城市国际竞争力的评价指标体系，大部分对城市竞争力的研究主要是从城市的综合实力和城市的综合竞争力方面展开的。虽然城市国际竞争力和城市综合竞争力之间各有特点、各有侧重，但是二者依然相互关联，有共同之处。城市（综合）竞争力的研究方法依然可为城市国际竞争力的研究起到重要的借鉴作用。

1. 城市竞争力弓弦模型（倪鹏飞，2008）

社科院的倪鹏飞博士认为，城市竞争力是一个复杂的系统，其众多的要素和环境子系统以不同的方式存在，共同集合构成城市竞争力，创造城市价值，并推动区域、国家或世界创造更多社会财富，他假设城市竞争力与城市价值收益完全正相关，城市竞争力具体表现为城市产业创造出的产业增加值，从而影响产业发展的因素则被列为评价城市竞争力的要素。在构建城市竞争力评价体系时，从显示和解释两个方面提出以下模型框架：

显示框架：城市综合竞争力 = F（增长、规模、效率、效益、结构、质量）

解释框架：城市竞争力（UC）= F（硬竞争力，软竞争力）

　　　　　硬竞争力（HC）= 人力资源竞争力 + 资本竞争力 + 科技竞争力 + 环境竞争力 + 区位竞争力 + 基础设施竞争力 + 结构竞争力

　　　　　软竞争力（SC）= 文化竞争力 + 制度竞争力 + 政府管理竞争力 + 企业管理竞争力 + 开放竞争力

如图 1 所示，倪鹏飞把硬竞争力比作弓，软竞争力比作弦、城市产业比作箭，三者相互影响体现城市竞争力的大小，弓箭的质量越好、搭配越好，产生的作用力就越大，产业这只箭也射得越远，城市获取的价值就越大，该理论框架被称为"城市竞争力弓弦模型"。

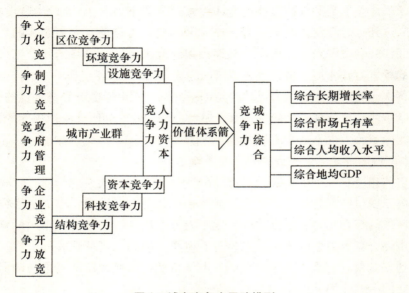

图 1　城市竞争力弓弦模型

以"弓弦模型"为基础，倪鹏飞选取了原始指标或生成统计指标组成了城市竞争力评价指标体系，计算各城市竞争力大小及排名，并从 2003 年开始每年出版《中国城市竞争力报告》，是国内比较权威的评价中国城市竞争力的报告。

2. 城市竞争力飞轮模型（倪鹏飞，2008）

倪鹏飞在对城市综合竞争力研究的基础上，又提出了飞轮模型作为城市竞争力的第二解释框架。倪鹏飞从城市创造价值的主体入手，从内外系统层次分层，将城市竞争力系统由内而外分成 3 大层次：

第一层次：本体竞争力，包括人才本体竞争力、企业本体竞争力、产业本体竞争力、公共部门竞争力；

第二层次：城市内部环境竞争力包括生活竞争力、商务环境竞争力、创新环境竞争力和社会环境竞争力；

第三层次：城市外部环境竞争力包括城市所在的区域城市群、国家的竞争力和国际环境。

城市竞争力（UC）＝F（外部竞争力，内部竞争力，核心竞争力）

　　　　　　　＝F（人力资本竞争力，企业管理竞争力，产业发展竞争力，公共部门竞争力，生活环境竞争力，商务环境竞争力，创新环境竞争力，社会环境竞争力，区域城市群国际竞争力）

如图2所示，可以看出城市竞争力系统中各个层次的相互关系，人才、企业、产业和公共部门本体竞争力位于城市竞争力体系最核心地位，生活、商务、创新、社会环境构成了外部重要环境条件，以上八个方面构成了城市竞争力的主体。区域城市群、国家竞争力和国际环境是城市环境的重要外部背景，它为城市提供可能的发展机遇，同时也包括风险和挑战。

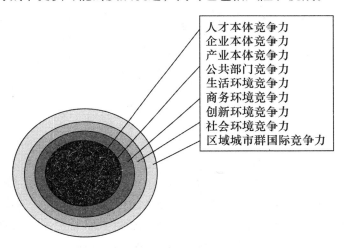

人才本体竞争力
企业本体竞争力
产业本体竞争力
公共部门竞争力
生活环境竞争力
商务环境竞争力
创新环境竞争力
社会环境竞争力
区域城市群国际竞争力

图2　城市竞争力飞轮模型

从飞轮模型出发，构建的城市竞争力解释性指标体系，包括8个一级指标、48个二级指标和153个三级指标，并以此计算中国城市竞争力排名。飞轮模型与弓弦模型共同构成城市竞争力的解释性框架，在我国的城市竞争力研究领域具有较强的影响力。

3. IUD 的"城市价值链模型"

在参考波特教授针对企业经营管理活动而提出的"产业价值链模型"基础上，北京国际城市发展研究院（IUD）连玉明教授等人则提出了"城市价值链"评价模型（如图 3 所示）。一个城市的竞争力取决于其价值活动和价值流，两者共同构成价值链。价值活动指城市价值创造过程中实现价值增值的每一个环节，包括城市实力系统、城市能力系统、城市活力系统、城市潜力系统和城市魅力系统五个方面。价值流是指一个城市以相应的平台（基础平台、操作平台、服务平台）和条件（政策体制、政府管理、市场秩序、社会文化）吸引、集聚、重组、整合各种资源要素，并形成和扩大竞争优势向周边、外界扩张与辐射，促进相关产业发展，价值流是城市价值取向的主要决定因素。城市价值链模型将城市资源的配置过程描述为一链条，并按层次结构逐级提升，并通过该模型揭示了城市演化的基本模式，得出城市竞争力是推动城市形态演化的内在力量和源泉。

图 3　城市价值链模型

（五）城市国际竞争力的研究框架

1. 城市的国际竞争力评价指标体系

城市国际竞争力的综合指标体系的构建，应依据经济学、管理学原理，在借鉴前人设计的指标体系基础之上，取其之长，避其之短，根据城市的特征、并以国际的视角来构建适合评价城市国际竞争力的综合指标体系。同时在选取指标进行测度的时候，应兼顾数据的可获得性，以简洁实用为原则，尽可能做到科学、完备、有效地评价。

综上所述，选取以下七个要素作为测度对象：

第一，综合经济发展水平。该要素用来说明城市经济发展总体状况，是城市国际竞争力的核心要素，通过经济规模、经济质量和经济运行环境 3 个子要素进行描述。

第二，国际化程度。该要素反映城市参与国际经济与贸易的活力，是衡量城市国际竞争力的特征要素之一，也是国际竞争力的直接表现。从对外经济程度和对外开放程度两个方面体现。

第三，基础设施条件。该要素是城市经济运行以及保障居民生产生活的最基本的物质条件，从电网基础设施，道路基础设施，通信基础设施3方面来反映。

第四，政府管理能力。在波特的"钻石模型"中，政府是影响四大关键要素的辅助因素之一，对于影响、协调这些关键要素的关系起到了重要的作用。在当今的经济全球化时代，政府有效的组织管理对经济发展的促进作用也越来越明显，政府管理能力是影响国际竞争力的重要因素之一，可以从协调组织效率和公共政策两个方面体现。但由于数据搜集受限，能够使用的指标仅为政府财政支出占GDP的比重和税收总收入占GDP的比重两项，因此实际仅能反映的是政府财税调控能力。

第五，科技创新能力。该要素体现城市长期发展的竞争优势。熊彼特的创新理论告诉我们，创新是超额利润的源泉；波特的竞争优势发展阶段理论中，创新驱动阶段成为了继投资驱动阶段后的另一发展阶段，该阶段创新成为竞争优势的主要来源。科技创新能力对一国的经济增长所做的贡献也越来越大。可以从科技实力和研发能力两个方面体现一个城市的科技创新能力。

第六，环境吸引力。一个城市的国际竞争力不仅仅体现在一系列的经济指标中，也体现在城市对人口、企业、资金、大的工程项目等吸引力，可以通过生活环境、人文环境、生态环境3方面来反映环境吸引力。

第七，人口发展能力。在城市中，人是最具有主观能动性的要素，人对城市经济社会的发展起着决定作用，因此人口发展能力也从根本上影响着城市的国际竞争力大小，不但如此，经济的发展和社会的进步最终目的是促进人的发展，人口发展能力的大小可以很好体现社会经济发展的状况、反映国际竞争力水平。因此，这里我们引入人类发展指数（Human nations development index，简称HDI）对人口发展能力进行测度，这无疑对城市发展的质量提出了更高层次的要求。

按照上述反映城市国际竞争力的七大要素以及每个要素的子要素，共十八类，经过分析选取适合的指标对每个子要素进行测度，在选取指标时，将其分为了理论评价指标和实际评价指标，理论指标是笔者认为能够综合反映城市国际竞争力的较为理想的测度指标，实际指标则受现实中数据搜集的影响而最终能够获得的指标。最终构建的城市国际竞争力指标体系如表6。

表6　城市国际竞争力评价指标体系

城市国际竞争力要素	子要素	理论评价指标	实际评价指标
综合经济发展水平	经济规模	GDP（亿美元）	GDP（亿美元）
	经济质量	第三产业（增加值）占GDP的比重（％） 高新技术产品产值占工业总产值的比重（％） 万元GDP能耗值* 在岗职工平均工资（元/人年）	第三产业（增加值）占GDP的比重（％） 在岗职工平均工资（元/人年）
	经济运行环境	固定资产投资总额（美元）	固定资产投资总额（美元）
国际化程度	对外经济程度	进口总量（亿美元） 出口总量（亿美元） 出口总量与进口总量之比（％） FDI（外商直接投资）（亿美元） 对外直接投资量（亿美元）	进口总量（亿美元） 出口总量（亿美元） 出口总量与进口总量之比（％） FDI（外商直接投资）（亿美元）
	对外开放程度	外贸依存度 跨国公司数量（个） 民用航空客运量（人）	外贸依存度 民用航空客运量（人）
基础设施条件	电网基础设施	电力总消费量（万千瓦时） 人均电力消费量（千瓦/时）	电力总消费量（万千瓦时） 人均电力消费量（千瓦/时）
	道路基础设施	道路总面积（万平方米） 人均道路面积（平方米）	道路总面积（万平方米） 人均道路面积（平方米）
	通信基础设施	总电话机数量（万台） 每百人拥有电话机数量（台）	总电话机数量（万台） 每百人拥有电话机数量（台）

续表

城市国际竞争力要素	子要素	理论评价指标	实际评价指标
政府管理（财税调控）能力	协调组织效率	短期实际利率（%） 政府财政支出占 GDP 的比重（%） 投资回报占当前收入的比重（%）	政府财政支出占 GDP 的比重（%）
	公共政策	税收总收入占 GDP 的比重（%）	税收总收入占 GDP 的比重（%）
科技创新能力	科技实力	科技人员数目（万人） 万人科技人员数（人） 高等教育院校数量（个）	科技人员数目（万人） 万人科技人员数（人） 高等教育院校数量（个）
	研发能力	科技支出（万元） 申请专利数（件）	科技支出（万元） 申请专利数（件）
环境吸引力	生活环境	失业率＊（%） 城市化率（%） 万人医生数（人）	失业率＊（%） 城市化率（%） 万人医生数（人）
	人文环境	（国际、国内）旅游景区年接待游客数（万人） 文娱场馆（个）（剧场、影剧院数）	（国际、国内）旅游景区年接待游客数（万人） 文娱场馆（个）（剧场、影剧院数）
	生态环境	绿化覆盖率（%） 全年空气质量达标天数（天）	绿化覆盖率（%）

续表

城市国际竞争力要素	子要素	理论评价指标	实际评价指标
人口发展能力（人类发展指数）	寿命	出生时预期寿命（岁）	出生时预期寿命（岁）
	知识	在校学生总数 小学、中学和大学综合毛入学率（%）	在校学生总数 小学、中学和大学综合毛入学率（%）
	生活水平	人均 GDP（美元/人）	人均 GDP（美元/人）

注：（1）带 * 为逆指标

（2）外贸依存度 =（出口额 + 进口额）/地区国内生产总值

（3）对于 HDI 的任何组成部分，该指数都可以用以下公式来计算：

指数值 =（实际值 − 最小值）/（最大值 − 最小值）

对于每一个指标设定了最小值和最大值：出生时预期寿命：25 岁和 85 岁；成人识字率：0% 和 100%；综合入学率：0% 和 100%；人均 GDP（购买力平价美元）：100 美元和 40000 美元。

2. 城市的国际竞争力评价方法

城市国际竞争力评价指标体系所涉及的数据十分庞大，需要有一套系统分析的方法，以得出较为准确客观的结果。目前有关城市竞争力的评价方法有很多，对于我们评价城市的国际竞争力同样是适应的，郁鸿胜教授对国内外重要的城市竞争力评价方法进行了总结，常用的方法有：综合指数法、二维判断读法、主成分法和因子分析法、纵横因子分析法、灰色决策理论和模糊数学方法、层次分析法、强弱相对指数 RSW 方法。国际竞争力评级的权威机构 IMD 在《World Competitiveness Yearbook》所使用的方法是，对四大要素中，每个要素分为五项要素子层，对五项子层的二十项要素子层取相同的权重，即每个要素子层指标取 5% 的权重值，再测算指标的标准值，最后综合各指标的标准值和权重，得出竞争力的最终得分和排名。该方法不必考虑每项要素子层指标含有参考因素的数量，计算简便，便于理解，但相同的权重不能体现指标的重要性的差异。

三、南京国际竞争力综合分析与评价

（一）城市国际竞争力评价范围及比较对象的选择

南京地处我国长江三角洲大经济区中，经济活动往来与其临近区域关系较为密切，在全国范围来看，长三角是我国经济发展水平最高的地区之一，在某种程度上代表了我国最具国际竞争力的地区。因此将长三角作为南京国际竞争力的评价范围，选择长三角地区的经济较发达的城市作为比较对象，使南京国际竞争力的评价更贴近我们的评价目的，也更具有实际意义。

根据国务院 2008 年 9 月下发的《国务院关于进一步推进长江三角洲地区改革开放和经济社会发展的指导意见》，长三角区域范围由原先的"16 市"扩至沪苏浙"2 省 1 市"全境在该文件中得以明确，即"长江三角洲地区包括上海市、江苏省、浙江省"（《国务院关于进一步推进长江三角洲地区改革开放和经济社会发展的指导意见》第一条）。按照该范围，此次参与国际竞争力对比的城市包括：上海、江苏 13 个地级市（南京市、无锡市、徐州市、常州市、苏州市、南通市、连云港市、淮安市、盐城市、扬州市、镇江市、泰州市、宿迁市）、浙江 11 个地级市（杭州市、宁波市、温州市、嘉兴市、湖州市、绍兴市、金华市、衢州市、舟山市、台州市、丽水市），共计"2 省 1 市"的 25 个城市。

（二）2006 年南京城市国际竞争力综合评价

根据所建的城市国际竞争力评价指标体系，将目前能收集到的长三角 25 个城市的数据资料（来自《江苏统计年鉴——2007》和《浙江统计年鉴——2007》中 2006 年各指标数据，进行整理测算。在本课题中，我们参考 IMD 的等权重方法，将城市国际竞争力评价体系中的七个要素赋予相同的权重值（1/7），再对子要素以及子要素下面的各个指标进行逐层等权重分配，以确定各个指标的权重值。而后将每个指标的数据进行标准化处理（即（指标值－均值）/标准差），再做归一化处理（以该指标的最大、最小值分别为 0、1，各实际值与最小值之差除以极差即得归一化数值），最后将处理后的指标值结合权重得出最终的竞争力得分，得分的高低体现了国际竞争力的大小。最终得到长江三角洲 25 个城市国际竞争力综合排名结果如表 7：

表 7　2006 年长江三角洲 25 个城市国际竞争力综合排名

城市名	国际竞争力得分	2006 年排名
上海	0.836534	1
苏州	0.486042	2
南京	0.464113	3
杭州	0.44826	4
无锡	0.401658	5
宁波	0.39024	6
徐州	0.302448	7
南通	0.293619	8
常州	0.291043	9
绍兴	0.287859	10
金华	0.265855	11
温州	0.260955	12
嘉兴	0.254396	13
连云港	0.251299	14
湖州	0.226076	15
舟山	0.225882	16
镇江	0.225337	17
扬州	0.217608	18
台州	0.211423	19
泰州	0.208913	20
衢州	0.195903	21
盐城	0.181574	22
淮安	0.16631	23
丽水	0.131283	24
宿迁	0.130236	25

　　由表 7 所示排名可以看出，2006 年度南京在长三角区域内地级市中的城

市国际竞争力综合排名为第三名，在江苏省位列第二。主要指标中，2006 年
GDP 总值达 2988.56 亿元，人均 GDP 达 46114 元，外商直接投资 219.64 亿
元，固定资产投资总额达 1478.89 亿元，万人科技人员数为 1196.7 人，城市
化率达 76.4%。总体上说，南京市在长三角区域 25 个地级市中具有很强的
国际竞争力，从竞争力得分来看，南京和苏州、杭州、无锡基本处于同一个
竞争力水平上，但是和上海相比差距依然很大。

（三）2006 年南京城市国际竞争力专项要素评价

表 8 是按照国际竞争力的 7 大要素进行的专项排名，从中可以清楚的看
到这 25 个城市的各专项要素的排名情况。

表 8　2006 年长江三角洲 25 个城市国际竞争力专项要素排名

城市名/要素	综合经济发展水平	国际化程度	基础设施条件	政府管理能力	科技创新能力	环境吸引力	人口发展能力
上海	1	1	1	1	1	1	1
苏州	5	2	2	17	3	6	2
南京	3	3	8	9	2	3	4
杭州	2	5	6	4	4	5	6
无锡	6	6	4	18	6	2	5
宁波	4	9	9	2	8	17	9
常州	16	10	5	14	13	4	7
南通	18	7	7	24	5	7	8
徐州	17	24	16	22	10	10	3
绍兴	12	13	3	12	14	15	18
金华	11	8	12	7	17	12	20
温州	9	12	14	6	12	16	23
嘉兴	10	14	17	11	21	13	14
舟山	19	25	20	3	25	21	19
湖州	16	11	18	8	22	9	15
连云港	13	19	11	15	16	8	17

续表

城市名/ 要素	综合经济 发展水平	国际化 程度	基础设 施条件	政府管 理能力	科技创 新能力	环境吸 引力	人口发 展能力
镇江	15	17	10	20	15	19	10
台州	21	16	20	10	20	25	21
扬州	17	15	17	21	11	20	11
衢州	20	21	13	5	23	11	24
泰州	18	18	15	23	9	18	13
盐城	22	22	22	25	7	22	12
丽水	24	4	24	13	24	14	25
淮安	23	23	23	16	19	24	16
宿迁	25	20	25	19	18	23	22

从表8可以看出，南京的综合经济发展水平、国际化程度、科技创新能力都位列前茅，也具有较强的环境吸引力和人口发展能力，这些都对南京市经济社会的发展、国际竞争力的提升起着决定性的作用，而基础设施条件稍显逊色，由政府财政支出和财政收入占GDP比值决定的政府管理能力表现一般（当然这与指标选取的有限性有关）。

（四）1995—2006年南京市城市国际竞争力发展变化

以上是从2006年这一年对南京的国际竞争力进行评价分析，从结果中可以看出2006年南京在长江三角洲地区中排名第三，具有较强的城市国际竞争力。为了更好地探索南京国际竞争力的发展变化，分析各要素排名的上升和回落的基本原因，以便提出进一步促进南京提升国际竞争力的发展战略和措施，因此在2006年测度的基础上，将评价时序向前延伸，对长三角25个城市在1995年、2000年、2005年的国际竞争力进行测度。但此时不再采取2006年的测度方法，因为若数据经过标准化和归一化的处理，最后得出的不同年份的竞争力得分仅表示在25个城市中的相对排名，看不出竞争力绝对值的增长和规模的变化，因此为了便于表现四个年份城市国际竞争力的变化趋势，我们用各指标值除以该指标四年的平均值，以去除量纲差异，作为该指标的得分，最后按照权重加总求和，得出最后的城市国际竞争力得分。排名结果如表9所示。

表 9　长江三角洲 25 城市 4 时间点的城市国际竞争力综合排名

排名/年份	1995		2000		2005		2006	
	城市	得分	城市	得分	城市	得分	城市	得分
1	上海	1.378284	上海	2.659548	上海	4.178354	上海	6.021292
2	南京	0.732654	南京	1.236515	苏州	2.401257	苏州	2.623944
3	杭州	0.669846	杭州	1.201738	杭州	1.874749	杭州	2.454735
4	宁波	0.563003	苏州	1.116832	南京	1.804331	南京	2.315531
5	苏州	0.558591	无锡	0.897006	无锡	1.593024	宁波	2.085441
6	无锡	0.510878	宁波	0.870049	宁波	1.588711	无锡	1.786694
7	常州	0.509386	常州	0.721431	南通	1.127338	温州	1.463378
8	温州	0.507129	南通	0.683079	常州	1.12502	绍兴	1.409997
9	徐州	0.465296	徐州	0.682804	温州	1.05962	嘉兴	1.303975
10	泰州	0.46015	镇江	0.606154	绍兴	1.053806	常州	1.298613
11	宿迁	0.410911	嘉兴	0.599544	金华	0.98941	金华	1.290259
12	南通	0.402148	扬州	0.59954	嘉兴	0.987631	南通	1.244035
13	嘉兴	0.391044	泰州	0.560088	徐州	0.976394	台州	1.219147
14	衢州	0.388417	淮安	0.553635	台州	0.91846	徐州	1.056916
15	台州	0.388388	连云港	0.550953	扬州	0.908886	湖州	1.046898
16	扬州	0.388238	盐城	0.54856	镇江	0.891157	连云港	0.934865
17	金华	0.383129	温州	0.54105	盐城	0.837146	扬州	0.933229
18	绍兴	0.365978	湖州	0.522712	连云港	0.826016	镇江	0.931566
19	舟山	0.350612	台州	0.515979	湖州	0.822978	衢州	0.901524
20	镇江	0.34546	宿迁	0.500808	泰州	0.822413	泰州	0.894601
21	连云港	0.340775	金华	0.494653	衢州	0.793222	舟山	0.853982
22	湖州	0.334995	绍兴	0.489264	舟山	0.79243	盐城	0.812141
23	淮安	0.329863	衢州	0.473242	淮安	0.76405	淮安	0.780036
24	丽水	0.314047	舟山	0.457369	宿迁	0.70997	丽水	0.771254
25	盐城	0.305875	丽水	0.344909	丽水	0.707139	宿迁	0.646779

可以看出，从 1995 到 2006 年，苏南地区和浙北地区的城市发展较快，城市能级的提升非常显著，这是当时我国施行沿海开放城市战略，其优惠的政策促使不少该地区城市得以迅速发展的结果。上海市的国际竞争力始终位列第一，且与其后城市的国际竞争力差距较大，同时从 1995 到 2006 年上海的国际竞争力与其后城市的国际竞争力差距越来越大，直到 2006 年上海多项重要指标都远远高于其他城市，国际竞争力在长三角地区中遥遥领先。南京的国际竞争力在 1995 年、2000 年时位列第二，仅次于上海；在 2005 年、2006 年被苏州和杭州赶超，位列第四名；整体来看，南京竞争力水平呈现下降趋势，与上海差距较大，但基本与杭州、苏州位于同一城市能级之中。

为了更好地看出导致城市国际竞争力排名变化的原因，应进一步对各专项要素进行排名，这里挑选能与南京国际竞争力相匹敌的城市：上海、苏州、无锡、常州、杭州、宁波作为比较对象，结果如表 10 所示：

表 10　七市四个时间点的专项要素排名

要素/城市		上海	苏州	南京	杭州	无锡	常州	宁波
综合经济发展水平	1995	1	2	4	3	5	11	6
	2000	1	4	6	2	7	14	3
	2005	1	3	5	2	6	12	4
	2006	1	2	5	3	5	9	4
国际化程度	1995	1	4	3	5	8	16	6
	2000	1	2	4	3	9	11	5
	2005	1	2	4	3	6	12	5
	2006	1	2	3	4	6	11	5
基础设施条件	1995	1	4	9	6	14	17	11
	2000	1	2	4	8	3	5	13
	2005	2	1	5	4	3	8	7
	2006	1	7	4	2	6	11	3

续表

要素/城市		上海	苏州	南京	杭州	无锡	常州	宁波
政府财税调控能力	1995	2	23	11	13	15	3	4
	2000	2	5	1	17	16	4	16
	2005	1	8	5	7	16	10	3
	2006	1	16	11	3	18	14	2
科技创新能力	1995	1	6	2	3	9	8	7
	2000	1	4	3	2	6	10	5
	2005	1	4	2	3	5	9	6
	2006	1	4	3	2	7	15	5
环境吸引力	1995	1	5	2	3	4	6	17
	2000	1	5	3	2	4	9	8
	2005	1	3	2	4	5	8	11
	2006	1	4	2	3	6	10	12
人口发展能力	1995	1	2	4	6	3	11	9
	2000	1	3	5	4	6	11	7
	2005	1	3	4	2	5	9	6
	2006	1	3	4	7	5	6	10

　　由表10可以看出，南京在1995、2000、2005、2006年各专项要素排名的升降变化情况。综合经济发展水平处于4—6名之间，始终次于上海、苏州和杭州，但要素绝对值增长迅猛，社会经济发展势头良好；国际化程度处于3—4名，落后于上海和苏州，并于1995—2005年之间呈小幅下降趋势，主要由于南京的进口总额在12年间只增长了9.3倍，而上海和苏州则在这12年中增长了近20倍和33倍，同样，出口总额的增加幅度也只有3.6倍，远远低于上海和苏州的8.8倍和41倍，从而看出南京的外向型经济发展较为缓慢，这也是南京国际化程度下降的最主要原因；南京的基础设施条件排名在12年间呈现大体上升的趋势，在七城市中基本处于中等水平，电力电网以及通讯网络的发展无论从总量上还是人均上来看，均始终不及上海、苏州和无锡，因此南京应加强各项基础设施的投资与建设；南京的政府财税调控能力，

四年的排名变化较大，但自从 2000 年开始，该要素排名不断下降，行政机构竞争力有待进一步提升；科技创新能力竞争力突出，次于上海，却一直处在排名的前三甲，南京拥有众多的高等院校和高科技人才，教育事业的发达为南京的发展提供坚实的人才储备基础，科技进步对当地经济发展起到了越来越重要的促进作用；环境吸引力达到较高水平，且多年地位基本不变，高绿化覆盖率、优质的生态环境加之六朝古都的魅力，都为南京在人们心中增添了不少吸引力，而较高的失业率、为数不多的文娱场馆则起到了负面作用，由于环境吸引力是影响城市对外部资金、人力资源吸收和利用的重要因素，因此南京应进一步强化环境吸引力的优势部分，弥补和改善劣势部分，以促进国际竞争力的提高；南京的人口发展能力从 1995 年至 2006 年基本均处于4—5 名的状态，目前仍然处于中等水平，人口的知识水平较高，但人均 GDP偏低、生活水平不高，成为了制约人口发展能力的主要因素。

四、南京提升国际竞争力的对策和发展战略研究

从上述各项指标的分析中可以看出，尽管从总体上来说南京市城市国际竞争力排名处于长三角区域靠前的位置而且相对较为稳定，基于良好的生态环境和丰富优质的智力资源，南京在环境吸引能力和科技创新能力方面具有强劲的发展优势。但是，南京对外经济发展缓慢，政府管理能力和基础设施建设处于相对较弱的水平，重化工业产业比重明显过大，产业结构仍需调整优化。因此，要使南京城市国际竞争力水平更进一步上升，我们应该继续保持和提升现有的竞争优势，尽快弥补劣势。

（一）加大对外开放力度，提高企业核心竞争力

企业本体竞争力是南京综合竞争力的优势项目（倪鹏飞，2008）。企业竞争力作为产业竞争力的微观主体，在很大程度上决定了城市产业经济的发展状况，因此应进一步发挥企业本体竞争力优势，提高企业核心竞争力水平，这是增强南京城市国际竞争力的基础。

1. 加大对外开放力度，提高企业参与国际经济贸易程度

南京拥有众多计划经济时代迅速发展起来的大型国有企业和国有控股企业，如今在南京国民经济体系中依然发挥着重要作用。但也正因如此，造成了外来资本难以在南京找到介入点，企业利用外资度不高，一定程度上影响了南京对外经济的发展。在经济全球化趋势日益增强的今天，南京要想加快

经济社会发展、提高城市国际竞争力，就必须进一步扩大对外开放，将各国有及国有控股企业发展成为具有综合实力和竞争优势的国际化经营的大型企业集团，在充分利用自有资金培育和发展现有核心业务的同时，还应积极借用外资实行战略投资和国际业务延伸，使传统企业获得新的"血液"，激发企业创新活力，同时可借助外资主体的技术、制度、管理的优势，改进本企业的不足，增强企业的国际竞争力。

2. 支持本地名牌产品，培育较高知名度品牌

企业品牌和产品品牌是城市形象建设及城市整体核心竞争力提高的关键环节之一。名牌产品是一个城市经济发达程度的表现（张鸿雁，2002）。企业应针对自身条件，选择具有发展前景的产品，进行技术创新，培育成具有较高知名度的名牌，增强竞争和生存能力，从而促进城市文化形象的提升。

3. 推动产学研相结合，促进优势互补

加强培育企业核心技术需要全社会大力协同与合作，企业应积极整合各方面的科技资源优势，推动企业、高校、科研单位之间的联合，促进在优势互补基础上的合作，避免有限的科技和资金资源过于分散，以及低水平的重复建设。要通过竞争机制，实现资金、人才、技术和经费管理等要素的最佳结合，使技术创新成果更快更好地转化为现实生产力（戴翔东，2008）。

南京高等学府林立，科技教育总体实力居全国第三位。每万人拥有大学生数为全国之最，每年向社会输送近20万名大学毕业生，具有推动产学研相结合的良好基础环境，企业可以依托优质的智力资源，建立以技术中心为核心的技术创新体系，逐步形成新产品开发、技术储备、课题研究三位一体的产学研相结合模式，提高企业的核心竞争力，同时通过合作，促进企业与科研院所的优势互补。

（二）优化产业结构，加快产业升级和转型

一个城市的经济发展状况很大程度上依赖于其内部产业的竞争力。而城市无论产业体系有多完整，也不可能包含全部的产业门类，因此城市所拥有的产业结构便成为其经济结构的核心和基础，合理的产业结构以及产业发展战略方针能够促进经济增长，提高城市国际竞争力。

1. 依靠产业的升级转型，提升南京城市国际竞争力

2008 年南京三次产业结构比值为 2.5∶47.5∶50.0，相较于 2007 年的 2.6∶49∶48.4 的比值而言，成功实现了"退二进三"的产业结构优化调整目标。目前南京的第三产业比重已达 50%，成为除上海外又一个长三角地区三

产产值比重过半的城市，从业人员占全市从业人员总数的46.2%。虽然第三产业发展迅速，对经济增长贡献率不断提高，成为南京经济发展的主要产业，但是第二产业仍是南京经济的主导产业和支柱产业。南京轻重工业比值达1：16，重化工业、制造业占有举足轻重的地位，但由于其产值的创造仍依靠耗用大量能源和劳动力成本为主，同时也无法避免地产生了一定程度的环境污染问题，因此这些都有可能成为南京经济持续、健康、高速发展的瓶颈。

因此南京应进一步加快产业结构的调整和升级转型，并更加注重"质"的进步，走集约式、内涵式发展的道路，处理好经济发展，能源利用和环境保护的关系，建立新型工业化体系，实现经济低能耗、高产出的高效运行。利用经济全球化的契机，加强产业的开放度和国际联系程度，通过交流与合作，使传统产业向高附加值、高技术化的方向发展，深化产业结构高级化程度，提升南京国际竞争力水平。

2. 发展轮轴式产业集群，提高优势产业的规模效能

产业集群是产业重要的空间组织形式，一个城市的产业集群可能容纳了该区域这个产业的大部分企业，此时产业集群的组织特征与产业的组织特征有相当高的相关性和重叠性，产业集群的竞争力就是产业的竞争力（周亚，2007）。产业集群在地区经济发展中具有重要作用，在企业层面上，产业集群可以达到外部经济，即企业层面的规模报酬不变，社会层面的规模报酬递增（马歇尔，1890），是增强区域国际竞争力的"法宝"，正如波特所说的：国家竞争优势的获得，关键在于产业的竞争，而产业的发展往往是在国内的几个区域形成有竞争力的产业集群。

由于计划经济时代南京受倾斜式的产业发展战略的影响，重化工业及制造业的大力发展对产业结构和空间布局的影响依然延续至今。南京大型国有工业企业集聚了大量的劳动力需求和劳动力供给，因此依靠这些大型企业发展轮轴式产业集群，即在有实力的大企业周围发展一批中小企业，采取柔性生产，大企业起主导作用，小企业与大企业之间可进行垂直化分工合作生产模式，整个集群具有成本优势，不仅达到了节约成本的目的，同时也能一定程度缓解当地的就业压力。

此外，除了发展生产型的产业集群，作为南京优势产业的软件业等服务性产业也可以发展产业集群，使产业更具创新活力，通过集群发挥外部规模经济和内部范围经济，吸引资本要素进一步向该区域集中，从而使集群优势再次加强，获得更大的规模能效，提升产业的竞争力水平。

3. 由物质依赖型产业经济向知识依赖型产业经济过渡

南京存在很多依靠资源、能源、劳动力大量投入而发展起来的物质依赖型产业，其技术水平不高，但产业的利润率较高，在南京整体产业发展中具有较强优势。而知识依赖型产业整体实力不强，资本产出率和利润率仍处于较低的水平。在强调可持续发展的浪潮中，物质依赖型产业越发难以为继，在当前金融危机席卷全球的情况下，物质依赖型产业对危机的抵御能力也是最弱的，因此，南京应加大科技创新的投入，努力完成由物质依赖型产业经济向知识依赖型产业经济的过渡，以此提升南京城市国际竞争力。知识是边际收益递增的要素，因此知识依赖型产业具有很显著的规模经济效应。南京应加快传统产业的优化调整，用高新技术知识推进新型工业化发展进程，生产具有高附加值的、高技术的产品或服务，并通过知识外溢效应促进产业集聚，获得更大的社会收益。同时也可发展以知识为基础的创意经济如：数字化创作生产的创意产品、开发文化创意产业园区等，使产业更具有独特性、不可复制性和根植性。

（三）加强制度创新，营造创新环境

诺贝尔经济学奖得主道格拉斯·诺斯（D. C. North）认为，即使在技术没有发生变化的情况下通过制度创新或制度变迁也能够提高生产率，实现经济增长。强调有效率的经济组织是经济增长的关键，制度安排的恰当可以克服自然资源和社会资源的不足。曼库尔·奥尔森（M. Olson, 1980）认为，经济发展与否取决于制度安排。进而一个国家或地区的国际竞争力归根结底与其制度安排有关。制度经济学的先驱科斯提出交易成本影响经济增长的观点，认为当交易成本增大到一定程度影响经济发展时，就需要通过制度创新、技术发展来降低交易成本，刺激经济增长。而许多实践经验也表明，制度创新正在成为城市和区域经济发展的动力源，产品的竞争、企业的竞争、产业的竞争、市场的竞争、人才的竞争、科技的竞争归根结底是观念的竞争和制度的竞争。因此，制度创新对于城市的经济增长、竞争力提升以及可持续发展来说都有重要的意义。

南京加强制度创新，可以从多方面入手。例如城市规划制度创新，应提倡公众参与性，增强城市规划的透明度；严格按照法定程序进行规划，提高规划编制的科学性，确保规划实施的稳定性。土地市场管理制度创新，可以通过规范土地出让的速度、数量和程序，从处理好农用地征用过程中地权转换的利益矛盾等方面入手，如土地政策在城市经历了行政划拨制到有偿使用制的转变，在农村经历了家庭联产承包责任制到现今正在试行的农村土地流转制度的转变，这些土地管理制度的创新，都是随着社会的发展适时提出的，对于提高土地利用率和收益率具有重要的意义。南京也应加强创新环境的营造，通过环境来影响创新主体的集体效率、创新行为的协同作用和创新的社会根植性，并通过环境促进相互交流、集体学习和共同解决问题，从而能够增强城市竞争优势，提高城市国际竞争力（戴魁早，2006）。

（四）完善政府行为，创造良好外部环境

在倪鹏飞2007年《中国城市竞争力报告》中，南京的"公共部门竞争力"在6城市中位列最后一名，其中的子要素—"行政机构竞争力"位列第5名。在本课题研究的"政府管理能力"，南京也仅处于中游水平。无论在什么样的制度下，政府都是经营城市的主体，政府的政策调节在社会运营中起着决定性的作用，从而极大影响城市国际竞争力的水平。因此提高政府行政能力，完善政府行为，为经济社会的发展创建良好的外部环境对于南京来说显得尤为重要。

刘春敏认为，在提升南京城市竞争力工作中，政府应做到"四个强化"：（1）强化"经营城市"的理念。用市场的眼光看待城市，运用市场经济的手段，变革现有的投资体制，以全新的发展理念，把这份最大的国有资产经营好。（2）强化城市规划。通过城市规划，让土地、道路等国有资产升值。严格执行规划制度，保证城市规划不折不扣地落实。（3）强化建设管理。政府要通过建立规范高效的、条块结合的城市综合管理体系，制定严格的市民公约和规范性文件等措施，加大城市管理的力度。（4）强化政府"统"的职能。针对不同程度存在的政府职能部门化、部门职能个人化问题，应切实发挥政府"统"的功能，注重体现"公正、公开"原则，进一步树立政府的良好形象。

此外，政府应为城市的运营建立良好的外部环境，为企业的发展提供公平的竞争舞台。创造一种环境以支持日益增长的生产率，必须确保有高质量投入的供给，必须制定确保公开、公平和公正竞争的制度规则和行为准则，如改革现行的行政审批制度，提高政府办事效率，完善现代企业制度等。政府还可以通过各种制度创新，将政府行为和市场行为有机地结合起来，用政策手段促进市场机制的发挥，从而提高资源配置效率，进而增强整个城市的竞争力。

（五）积极促进城市间协调与合作，实现竞争中的双赢

在当代城市体系中，城市与城市之间并非只存在单纯激烈的竞争关系。将视野扩展到更大的区域发展空间，通过城市间的协调与合作，在竞争中实

现双赢应成为城市管理者一致的共识与追求。

1. 加强城市间的经济合作，促进长三角城市群的发展

长江三角洲城市群位于中国沿江沿海"T"字带，是中国最大的城市群。在成熟的城市群中，长三角城市群已具有世界性城市群的雏形，是我国最具竞争力的城市群之一。南京可以依托长三角城市群雄厚的经济实力，积极发展与其他兄弟城市的经济合作往来，为区域内企业的生产、经营、服务活动以及企业间的合作交流提供便利，促进长三角区域产业布局多元化与经济一体化的发展，增强长三角城市群的国际竞争力。而城市群竞争力的提升则会再次促进内部城市的发展，对于南京以及区域内其他城市本身来说，都是竞争力的自强化的过程。

2. 构建城市联盟，提高系统效率，实现竞争中的"双赢"

南京自古便有"东南门户，南北咽喉"美称，如今在长三角区域内仍然发挥着承南启北的重要作用。南京应充分利用其区位优势，与其他可能的城市形成城市联盟，以"共谋利益，促进发展，一体经营，实现共赢"为原则，打破行政区划的局限性，采取有效的共同行动、从系统的角度安排经济社会发展战略和措施，提高整个城市联盟体系统的效率，正如 Ciampi（1996）所说的"竞争力并不是一种"零和博弈"，即一个城市的国际竞争力提升并非意味着其他城市国际竞争力的减少，在相互的协调和补充下，最终能够实现整体的竞争力和效率的提高。

通过城市联盟，使南京进入更高层面的城市管理，从而获得更大视角下的集约化发展，这无疑可以避免基础设施的重复建设以及产业同构造成的资源的浪费和效率的损失。例如可以在城市联盟体中，建设与范围经济相关的共享性基础设施，包括电力网、公路网、互联网以及港口、机场等对外联系通道的一体化基础设施（洪银兴，2007），实现跨城市跨区域的基础设施共享，为范围经济提供支持；南京可以凭借良好的智力资源和创新能力，在高新技术产业上联手上海，在上海强大的集聚力和辐射力中获取发展资源，提升国际竞争力；同时南京可以进一步发展服务外包业，例如将一些低端制造业外包给苏北欠发达地区，达到降低成本、提高效率、集中发展优势产业、增强产业核心竞争力的目的。这不仅有利于南京产业体系的发展，也有利于带动欠发达地区的经济增长，一定程度上缓解产业同构造成的内部恶性竞争，促进城市群整体的经济发展，实现城市间的"双赢"或"多赢"。

国内主要城市创新力指标体系的建构及实证研究

李惠芬*

随着世界经济的发展和全球化趋势的不断加快，创新已成为一个地区和城市提高竞争力的关键要素。中外众多城市纷纷将"创新型城市"设定为城市建设的目标和发展理念，国外许多城市已开始从整体上实施城市创新。中国也不例外。2007 年，党的十七大明确将建设创新型国家作为国家发展战略的核心，这为创新型城市的建设指明了发展的方向。为全面贯彻落实国家自主创新战略，促进经济社会发展向创新驱动转变，2010 年 1 月，国家发展和改革委员会在 2008 年启动深圳市创建国家创新型城市试点工作的基础上，再次部署南京等 16 个城市开展创建国家创新型城市试点。

在建设"创新型城市"过程中，一些学者和实践工作者开始从理论上研究城市创新的指标体系与评价方法。但目前相关研究多是从区域层面进行，将城市创新看成区域创新的一个特殊翻版，忽视了城市的特殊性。因此，为城市创新力建立一套科学的评价体系具有重要的理论和现实意义。本研究在对创新型城市的内涵等基本概念与相关理论研究的基础上，构建了城市创新力评价指标体系，并选取典型城市进行了实证分析。

一、城市创新力的理论内涵及模型建构

（一）城市创新力的内涵解析

1912 年，美籍奥地利经济学家约瑟夫·阿洛伊斯·熊彼特首次提出了"创新"概念，此后，国内外学者从各个角度对创新展开了研究，至今方兴

---

* 李惠芬：南京市社会科学院文化与历史研究所副研究员。

未艾。1987 年，英国学者克里斯·弗里曼提出了国家创新体系，并将其定义为政府、企业、大学、研究院所、中介机构等之间为寻求一系列共同的社会经济目标而建设性地相互作用、并将创新作为变革和发展的关键动力系统，这些机构的活动和相互影响促进了新技术的开发、引进、改进和扩散。此后，西方学者纷纷对国家创新体系展开理论研究，并提出了各自不同的观点，形成了新的国家创新体系理论。此外，以经济合作与发展组织 OECD 等为代表的众多著名经济组织也参与到了对国家创新系统（NIS）理论的实证研究中。

20 世纪 90 年代，以城市与区域规划专业为主的专家学者在参与城市与区域开发与管理及国家创新系统研究过程中，关注并研究创新系统建设与区域的密切关系。1990 年，英国卡迪夫大学的库克在与莫根合作的题为《通过网络化进行学习：区域创新及巴登—符腾堡的教训》的研究报告中，较早提出"区域创新"的概念。[①] 在此基础上，国内外学者对区域创新能力进行了广泛的研究。国外学者普遍认为区域创新能力是一种创造价值的潜力。如 Stern，Porter 和 Funnan 认为一个区域的创新能力由生产一系列相关的创新产品的潜力确定，而其中最重要的因素是 R&D 存量。[②] 国内学者则一般认为区域创新能力是一种知识转化的能力。如黄鲁成认为区域创新系统的创新能力是以区域内技术能力为基础的、实施产品创新和文艺创新的能力，由区域内创新资源投入能力、区域内创新管理能力和区域内研究开发能力三要素构成。[③] 柳卸林，胡志坚等将区域技术创新能力定义为一个地区将知识转化为新产品、新工艺、新服务的能力。[④] 等等。

城市是区域的经济中心和政治文化中心；城市创新是区域创新的重要组成部分，是一种在一定边界内具有物资、人才、活动的密集性、高效性和多元化的区域创新；城市创新过程是一个重新配置创新资源和确定新型运行规则的过程[⑤]。国内关于城市创新的研究始于 20 世纪 80 年代，尤其是 2006 年全国科技大会之后，"创新型城市"的提法在国内正式出现，城市创新力的

---

① 刘曙光、徐树建：《区域创新系统的研究及启示》，载《西安电子科技大学学报（社会科学版）》2002 年第 3 期。

② Stern S，Porter M E，Furman J L，"The Determinants of National Innovative Capacity". National Bureau of Economic Research Working Paper 7876；Cambridge，MA. 2000.

③ 黄鲁成：《关于区域创新系统研究内容的探讨》，载《科研管理》2000 年第 2 期。

④ 柳卸林、胡志坚：《中国区域创新能力的分布与成因》，载《科学学研究》2002 年第 5 期。

⑤ 赵黎明、李振华：《城市创新系统的动力学机制研究》，载《科学学研究》2003 年第 1 期。

研究得到了实际工作者和理论研究者的热衷，但主要着重于从科技的角度对城市创新力进行测评。如天津大学的赵黎明等人从知识创新系统、技术创新系统、制度创新系统和服务创新系统的角度对 12 个样本城市的城市创新力进行了评价；深圳市政府从"创新主体"、"创新环境"和"创新绩效"三大领域对城市的自主创新能力进行了测评；宁波从创新投入能力、创新支撑能力、创新管理能力和创新产出能力四个方面对城市创新能力进行了测评。

城市创新力与区域创新力既有联系也有区别。尽管从国家、区域或者一个城市的角度看，创新力的基本内容是一致的，但是仍然不能等同看待。从区域的层面看，创新力更为注重的是本区域创新的扩展与吸纳能力等，推广区域创新成果；从城市层面看，创新力是指这座城市创新的影响力和凝聚力，担负着将创新转化为城市经济增长源的任务，表现在文化、技术、制度、绩效等多个层面。

因此，城市创新力不等同于区域创新力，也不等同于城市竞争力，更不是科技能力。笔者认为，城市创新力指的是一个以实现科学增强城市经济增长原动力为目标；以人力资本集聚为核心，充分发挥知识人才潜力；以制度创新、政策支持为动力，充分发挥城市科技创新的行为组织技术创新积极性；以创新主体的活跃度为活力，实现高效配置技术创新资源动力，将创新构想转化为新产品、新工艺和新服务的综合能力系统。[1] 它涵盖了以下要素：反映地区创新基础的知识创造能力，反映知识在区域内外各创新单位之间流动的知识流动能力，反映地区创新主体创新能力的技术创新能力，反映为技术创新提供服务的创新环境，[2] 反映城市能量集聚、能级提升的创新绩效。

（二）城市创新力的模型建构

城市创新力是一个综合能力系统，我们认为，它包含了创新潜力、创新活力、创新动力和创新实力四个方面，其基本理论构架如图 1 所示。

第一，创新潜力。创新潜力是城市创新力的重要组成部分，他反映了城市创新的连续性、增长性、长期性以及价值资源的存量与优势储备[3]，是城市创新延续与发展的后劲。人才是城市创新的主体，研发机构则为创新人才提供了一个创新平台，他们的富足度将直接左右城市的创新潜力。因此，本

---

[1]　邵云飞、谭劲松：《区域技术创新能力形成机理探析》，载《管理科学学报》2006 年第 4 期。

[2]　张颖华：《江浙区域创新能力比较分析》，载《上海企业》2008 年第 8 期。

[3]　《中国城市 30 年》，载《领导决策信息》2008 年第 40 期。

研究对创新潜力的考量主要从人才要素这一角度进行。

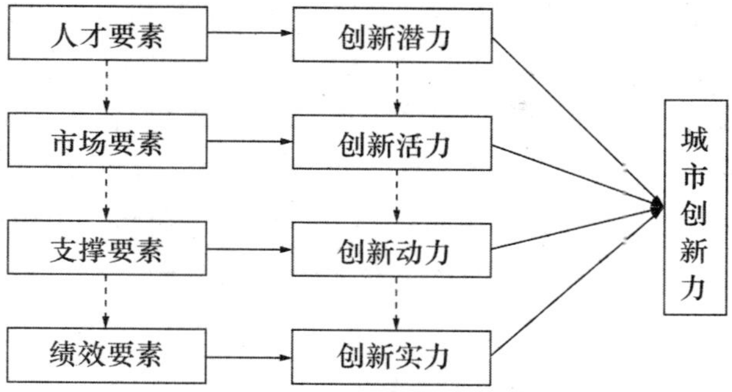

图1 城市创新力系统结构图

第二，创新活力。创新活力反映了城市创新主体创新的主动积极性和生存发展能力，是创新主体内在动力和外部影响共同作用的结果。一个城市要想保持创新活力，必须创造出比竞争者更多的价值，城市创造价值的机制反过来取决于城市有效运用资源的能力，[①] 而市场是城市创新活动的实现场所。因此，对创新活力的考量主要从市场交易角度来进行。

第三，创新动力。创新动力是推动城市实现优质、高效运行并达到预定目标的重要保障，为城市创新提供了激励机制。一个城市的创新动力是否强大，在很大程度上取决于投入。因此，对创新动力的评价主要从创新投入等支撑要素这一层面进行。

第四，创新实力。创新实力反映了城市创新的整体状况，揭示了城市创新的基本地位和竞争基础。创新绩效是体现城市创新实力的主要指标。因此，对创新实力的考评主要从绩效层面来进行。

二、城市创新力指标体系的构建

国内外众多学者从不同角度构建了测度区域创新力的指标体系，如世界银行、经济合作与发展组织（OECD）等从国家层面对技术进步与经济增长进行了测度；中国科技发展战略研究小组等从省域层面对自主创新能力进行评价；还有许多研究人员采用因子分析法、灰色系统分析法、聚类分析法、

---

① 《城市竞争力评价系统》，载《领导决策信息》2003 年第 6 期。

网络层次分析法、模糊数学分析法等方法，对科技创新资源配置的合理程度进行评价，这也是目前学界对区域创新体系测度研究进行得最多的一个领域，等等。在参考上述研究的基础上，本研究构建了城市创新力评价指标体系。考虑到城市创新力是一个涵盖了经济、社会、文化、政治等要素的综合系统，但作为一个城市而言，文化创新、科技创新是一个显性指标，渗透于经济和社会创新的各个领域，而政治等要素则较难量化，因此，本指标体系没有纳入政治等方面的内容，而是主要从文化创新、科技创新等方面进行考量，尤其侧重于科技创新。

（一）城市创新力指标体系的构建

依据城市创新力的内涵，在遵循科学性、系统性、层次性等原则的基础上，本研究构建了涵盖创新潜力、创新活力、创新动力和创新实力等四个一级指标，创新人力资源、创新活动财力投入等七个二级指标，平均受教育年限、每万人拥有高等学校在校生人数等十八个三级指标的城市创新力指标体系，详见表1。

表1　国内主要城市创新力指标

一级指标	二级指标	三级指标
创新潜力	创新人力资源水平	1. 平均受教育年限（年）
		2. 每万人拥有高等学校在校生人数（人）
		3. 大中型工业企业从事科技活动人员中科学家工程师比重（%）
创新动力	创新财力投入水平	4. R&D 经费支出占 GDP 比重（%）
		5. 地方财政科技拨款占地方财政支出比重（%）
		6. 大中型企业 R&D 投入强度（%）
		7. 教育投资占 GDP 比重（%）
	创新信息化水平	8. 百户居民计算机拥有量（台）
		9. 万人国际互联网络用户数（户）
		10. 每百人公共图书藏书量（册）
创新活力	技术成果市场化水平	11. 技术市场合同成交金额占 GDP 比重（%）
		12. 高新技术企业工业总产值占 GDP 比重（%）

续表

一级指标	二级指标	三级指标
创新实力	知识产权产出水平	13. 每十万人专利申请数（件）
		14. 每十万人专利授权数（件）
	创新效率水平	15. 人均 GDP（元）
		16. 全员劳动生产率（元）
	资源节约与环境保护能力水平	17. 单位地区生产总值能源消费总量（吨标准煤/万元）
		18. 空气质量达到二级和好于二级天数占比（%）

（二）评价方法

1. 评价方法的选择

目前，国内外研究领域关于指标体系的系统评价方法已有综合指数法、因子分析法、主成份分析法、POPSIS 法、模糊综合评判法、灰色系统分析法等数十种之多，且在不断发展。在众多的系统评价方法中，并不是每一种都同样地适用于本研究，有的方法尽管在理论上似乎很理想，但是实际运用却因过于复杂而难以实现。为此，本研究采用了"用少数几个具有实际意义的公因子去描述许多指标或因素之间的联系，有效避免加权综合平均法等存在的主观赋权问题"的因子分析法。

2. 因子分析步骤与数据来源

首先，为避免由于指标量纲与取值范围不同而给分析带来的不便，本研究在将逆指标正向化处理的基数上，对原始数据进行了标准化处理，以使数据具备可比性且变量渐近遵从正态分布 N（0，1），其计算公式为：

$$Z_i = \frac{X_i - \overline{X}}{\sigma}$$

式中的 Z_i 表示第 Z_i 个变量的标准化值。

其次，为检验观测变量是否适宜做因子分析，本研究对样本数据进行了取样适宜性检验。即利用 SPSS 统计分析软件对样本进行了相关系数矩阵的 KMO 检验。KMO 检验的测度值范围在 0—1 之间，通常认为 KMO[①] 的值在 0.5 以上便可接受，适宜做因子分析。本次分析 KMO 值为 0.561，满足分析

---

① KMO 不同的取值范围表现了不同的含义，通常认为，KMO 的值在 0.9 以上，表示非常好；0.8—0.9 之间，好；0.7—0.8 之间，一般；0.6—0.7，差，0.5—0.6，很差；0.5 以下，不能接受。

的要求，适合做因子分析。见表2。

表2　KMO and Bartlett's Test

Kaiser – Meyer – Olkin Measure of Sampling Adequacy.		0.561
Bartlett's Test of Sphericity	Approx. Chi – Square	436.011
	153.000	Df
	0.000	Sig.

　　再次，利用 SPSS 统计分析软件对数据进行了因子旋转，从众多指标的相关性入手找到主要影响因子，并对这些因子的实际统计意义进行解释；通过确定主要影响因子的得分，计算样本的综合得分，并据此对城市创新力进行比较和评价。

　　本研究评价指标数据主要来源于各城市 2008 统计年鉴、2008 年中国城市统计年鉴、各市 2008 年科技进步统计监测等。

三、国内主要大城市创新力实证结果分析

（一）公因子的析取及内涵解析

　　根据因子分析法原理，运用 SPSS 统计分析软件，本研究计算出了各因子所对应的特征值、贡献率和累计贡献率。见表3。

表3　国内主要城市总方差分解表

公因子	初始解			旋转后的解		
	特征值	方差贡献率%	累计贡献率	特征值	方差贡献率%	累计贡献率
1	7.327	40.706	40.706	5.133	28.515	28.515
2	3.081	17.116	57.822	3.465	19.251	47.766
3	1.871	10.396	68.218	2.947	16.374	64.140
4	1.366	7.591	75.809	1.775	9.863	74.003
5	1.097	6.093	81.903	1.422	7.900	81.903

从表3可以看出，按照设定的特征值大于1的原则，变量的相关系数矩阵有五大特征值，即7.327、3.081、1.871、1.366和1.097，方差累计贡献率达81.903%，且旋转后的各因子特征值均大于1，因此选取这五个公因子能够解释18个评价指标的大部分方差。

为便于公因子对实际问题的解释和分析，我们首先对提取的五个主因子F1、F2、F3、F4、F5建立了原始因子载荷矩阵，然后对载荷矩阵进行方差最大化正交旋转，得到了旋转后的因子载荷矩阵。旋转后的因子载荷矩阵显示了5个公因子与18个评价指标之间的内在联系。对5个公共因子各自影响较大的指标进行整理，从中我们可以看出：

第一公因子F1方差贡献最大，达28.515%，是最为重要的影响因子。该因子在每十万人专利申请数、每十万人专利授权数、万人国际互联网络用户数和每百人公共图书藏书量这四个指标上荷载较大，特别在每十万人专利申请数和每十万人专利授权数上更为明显。反映了城市创新力的技术发明能力和水平，可称为"技术投入产出因子"。

第二公因子F2方差贡献为19.251%，该因子在技术市场成交额占GDP比重、R&D经费支出与GDP比重和教育投资占GDP比重这三个指标上具有较大的系数，反映了科教投入与产出间的情况，可称为"科教投入产出因子"。

第三公因子F3方差贡献为16.374%，主要载荷体现在人均GDP和每百户城镇居民家庭拥有电脑数这两个指标上，该因子反映了在现代社会信息化水平和收入对城市创新力的影响度，是城市创新力的重要体现，可称为"信息投入产出因子"。

第四公因子F4方差贡献为9.863%，主要载荷体现在每万人拥有高校在校生人数和大中型企业R&D投入强度这两个指标上，反映了企业研发投入与社会人力要素在城市创新中的作用，可称为"人财投入产出因子"。

第五公因子F5方差贡献为7.9%，主要载荷体现在单位GDP能耗上，反映了现代科技在创新节能中的成效，可称为"可持续发展因子"。

（二）样本城市因子得分及评析

根据构造的综合得分公式，我们得到了24个样本城市的综合得分。见表4。

表 4　国内主要城市创新力综合得分、公因子得分及排名

	F1		F2		F3		F4		F5		F 综	
	得分	排名	得分	排名	得分	排名	得分	排名	得分	排名	得分	排名
深圳	4.42	1	-0.395	17	0.066	11	-0.019	11	-0.104	16	1.185	1
北京	-0.056	11	4.021	1	0.285	7	-0.636	17	0.192	11	0.757	2
上海	0.333	2	0.872	3	2.125	1	-0.81	21	-0.053	14	0.527	3
广州	-0.378	17	-0.287	14	2.081	2	1.187	5	0.210	10	0.311	4
厦门	0.182	4	0.067	8	0.19	8	-0.592	16	2.356	1	0.224	5
南京	-0.793	24	0.085	6	1.492	3	1.349	4	-0.581	19	0.122	6
西安	0.146	7	1.049	2	-2.032	24	1.444	3	0.440	8	0.088	7
杭州	0.01	9	-0.055	10	0.368	6	-0.027	12	-0.018	13	0.048	8
济南	-0.004	10	-0.237	13	-0.113	13	1.556	2	-0.704	20	0.033	9
武汉	-0.099	14	0.581	4	-0.307	17	0.931	6	-1.216	21	0.029	10
天津	-0.079	12	0.313	5	0.099	10	-0.756	19	-0.099	15	-0.028	11
大连	0.027	8	-0.874	23	0.642	5	-0.276	15	0.152	12	-0.071	12
合肥	-0.089	13	0.069	7	-1.081	21	0.117	10	1.137	3	-0.088	13
青岛	0.161	6	-0.837	22	-0.213	15	0.138	9	0.620	5	-0.088	14
沈阳	0.167	5	-0.364	16	0.137	9	0.182	8	-1.414	23	-0.094	15
长沙	-0.686	23	-0.096	11	-0.067	12	0.805	7	0.593	6	-0.099	16
南昌	-0.446	18	-0.717	21	-0.353	18	1.805	1	0.485	7	-0.107	17
宁波	-0.274	15	-1.08	24	1.018	4	-1.544	23	0.211	9	-0.255	18
哈尔滨	0.242	3	-0.038	9	-1.491	23	-0.101	13	-1.331	22	-0.298	19
成都	-0.672	22	-0.455	18	-0.513	19	-0.717	18	1.450	2	-0.319	20
长春	-0.297	16	-0.568	20	-0.659	20	-0.803	20	0.784	4	-0.319	20
郑州	-0.587	19	-0.495	19	-0.115	14	-0.144	14	-0.322	17	-0.321	22
重庆	-0.603	20	-0.228	12	-1.262	22	-1.662	24	-0.387	18	-0.617	23
石家庄	-0.625	21	-0.33	15	-0.296	16	-1.425	22	-2.400	24	-0.620	24

表3显示，国内主要城市创新力呈现了以下特点：

1. 综合排名南高北低、东强西弱，极化现象严重

在城市创新力的综合排名上，总排名前五的城市中仅北京是北方城市，其余的上海、深圳、广州均位于长江以南，武汉则横跨长江；排名后十的城市则以西部和北部居多。在总排名前十的城市中，东部城市占据了绝大多数席位，仅有西安是西部城市。见图2。

图2　国内主要城市创新力综合得分图

而且，城市间的创新力极化现象严重。在综合得分范围为 – 1—2 之间的情况下，综合得分大于零的仅有十个城市，其余城市得分均小于零；且综合得分最高的深圳与得分最低的石家庄分差值达 1.805 分。这在很大程度上表明这些城市在创新力水平上的不平衡性，存在严重极化现象。

2. 公因子排名各有侧重

在 F1 技术投入产出因子上，深圳、上海、哈尔滨、厦门、沈阳等城市优势明显。专利申请量和专利授权量是目前衡量一个城市创新力的重要指标，而创新力综合排名靠前的城市正是在这些指标上有着很强的优势。如北京、深圳、上海在这些指标上均排名前五。值得注意的是，由于该因子所载指标用的主要是户籍人均变量，所以许多城市可能在绝对量上值很大，但由于过大的人口基数而导致人均变量很小，如重庆；而深圳、厦门等城市则由于人口基数小而在该指标上占据了优势。

在 F2 科教投入产出因子上，北京、上海、武汉、天津、西安等城市分值较高。一方面，这与这些城市对教育和科技等进行大力投入是密不可分

的。如北京 R&D 经费支出占 GDP 比为 5.63%，位居第一，远高于 24 个城市 2.18% 的平均值；其教育投资占 GDP 比高达 2.71%，也远高于 1.24% 的平均水平，其余四个城市也均高于平均水平。另一方面，也与这些城市所处的地理位置有着极大的关联，北京是全国的政治、经济、文化中心，上海是长三角地区的龙头老大，武汉是华中地区的中心，西安则是中西部地区的重要城市，他们有着极大的区位优势，在吸引企业落户、订立技术合同时有着极大的魅力，从而直接造就了技术市场合同额的极大签约度。

在 F3 信息投入产出因子方面，上海、广州、深圳、南京、宁波等城市具有较大的优势；而西安、哈尔滨、重庆、合肥、长春等城市则分值相对较低。这与这些城市经济发达程度有着密切的关联，而且，市民人均 GDP 高，文化消费的意愿就会相对较高，在指标上表现为这些城市城镇居民的电脑拥有量相对较高。

在 F4 人财投入产出因子方面，南昌、济南、西安、广州、南京排名靠前，长春、石家庄、宁波、重庆等城市排名相对靠后。这与这些地区每万人大学生数和大中型企业中 R&D 投入强度有着直接的关系。如南京的每万人大学生数列 24 城市之首，南昌位居第二，他们的数值均比其他城市的绝对值要高很多；在大中型企业 R&D 投入上，南昌排名第一。而该因子得分较低的石家庄、宁波、重庆等城市在这些指标上均处于劣势地位。

在 F5 可持续发展因子方面，厦门、成都、合肥、长春、青岛等城市在该因子上的得分较高，而济南、武汉、哈尔滨、沈阳、石家庄等城市的得分则较低。

3. 各市创新力分项不平衡性显著

各市综合排名有先有后，在影响城市综合竞争力的公因子方面，各市自身也存在极大的不平衡性。如广州总排名第四，在信息投入产出因子和人财投入产出因子方面具有较大优势，分别位列第二和第五，但在技术投入产出因子方面则较弱，排名第 17；长春综合排名较为靠后，为 20 名，在人财投入产出因子等四个公因子上得分较低，但在可持续发展因子上优势显著，排名第四。再如南京综合排名第六，与广州、厦门同处第二集团军，在信息投入产出因子和人财投入产出因子上优势显著，分别排名第三、第四，而在技术投入产出因子和可持续发展因子方面较弱。

四、结语

综上所述，城市创新力的发展水平受多方面因素的影响，城市创新力的提升，短期看可以通过配备更多的科研工具、加大研发投入等来实现；但长期的发展则需要从教育的进步、人才的培养、创新意识的培育、创新机制的完善以及整个民族素质的提高[1]来实现。因此，本研究认为，要提升城市创新力，应科学定位城市功能，立足城市资源特点，制定创新发展战略规划；健全城市创新体系，有效提升创新支撑能力；积极推进"政产学研军"联盟[2]，构建官产学研用五位一体的创新和成果转化平台，实现更大范围内的创新资源聚集；加速培育创新型企业，强化企业的创新主体地位，创造一个有利于企业自主创新的城市文化体系[3]；培育、引进创新人才，建立创新教育体系，改善人才成长的生态环境。

---

① 曹泽、李东、彭志胜：《科技发展要素分析及区域创新力比较研究》，载《中国科技论坛》2009 年第 2 期。

② 江静、刘志彪：《提升江苏企业自主创新能力对策研究》，载《南京社会科学》2007 年第 9 期。

③ 李英武：《国外构建创新型城市的实践及启示》，载《前线》2006 年第 2 期。

城市竞争力与区域影响力的
提升策略研究

叶南客　丰志勇*

　　经济全球化和区域一体化的发展，使世界各国的城市普遍面临着发展的机会和竞争的压力。如何促进城市经济持续快速地发展从而提升城市的整体竞争力开始成为理论和实践中的一个热点问题。在城市经济区域化和区域经济城市化的今天，城市和区域互生互惠，共利共赢。城市竞争力与区域影响力密切相关。如何提升城市竞争力，不仅是城市自身的需要，也是区域品牌提升的关键。区域经济的发展需要区域中心城市的引领，同样，城市竞争力的提升也需要城市所在区域腹地的支撑，区域影响力扩大了，会进一步提升区域中的城市竞争力。

　　新中国解放 60 年来，南京城市社会经济得到了长足发展。尤其是进入 21 世纪后，在不同层面上，南京城市综合实力得到了广泛提升。2008 年，南京经济保持平稳较快增长，完成地区生产总值 3775 亿元，增长 12.1%。产业转型升级初见成效，服务外包执行额增长 148%，信息服务业主营业务收入增长 26%，旅游业总收入增长 21%，第三产业增加值占地区生产总值比重达到 50%。自主创新能力不断增强，专利申请量达到 10513 件，增长 24.6%；其中发明专利申请量达到 4200 件，增长 20.2%，发明专利申请量占全省比重达到 26%，继续保持全省第一、全国同类城市第三的水平。在全面小康基础上，南京正加快建设更高水平小康社会，即向现代化跨越发展。

---

　　* 叶南客：南京市社会科学院院长，研究员；丰志勇：南京市社会科学院经济研究所副所长，副研究员、博士。

　　但在看到已有成绩的同时，更应关注在新一轮发展中南京所面临的新机遇和新挑战。随着社会经济改革发展步伐的有序推进，城市发展所依托的国内外环境与条件产生了根本性的变化，其对南京市未来的发展也将产生重要的影响，具体包括以下几个方面：一是城市所处发展阶段和外部环境的变化。对于南京来说，正由全面小康向基本现代化跨越发展。在全面实现小康基础上，江南主城区整体步入转型升级期，江北处于大规模新市区的建设期，江南、江北也处于一体化互动发展期。全面小康的坚实基础，耦合城市内部功能空间优化，为南京下一步实现基本现代化打下了基础。外部环境主要是后金融危机时代所带来的城市转型变化。后危机时代，世界经济和城市开始重新洗牌，这是南京实现新的时代性跨越的难得机遇。谁先调整优化结构、加快转型升级、发展创新型经济，谁就获得发展的先机。在科学发展指引下，南京正实施转型发展、创新发展和跨越发展战略。二是城市价值的变化。新一轮国家战略的实施，南京的城市地位和价值又一次开始彰显。泛长三角区域战略的提出，南京城市的区位由长三角北翼边缘变成整个泛长三角区域的中心，南京迎来了成为长三角向西和北辐射的门户城市及长三角承东启西的中心城市地位的机遇。江苏沿海发展战略实施，带动整个沪宁线内部产业结构的调整与优化，高科技产业开始沿沪宁产业带布局，南京有望成为先进制造业中心。南京科技体制综合改革试点城市建设已上升为国家战略层面，也是中国唯一科技体制综合改革试点城市。南京自主创新能力在长三角处于第一方阵，南京技术成果交易额占到整个江苏省的一半。在国家战略政策支撑优势下，南京正实现"创新驱动"下跨越发展，正在打造具有国际影响力的科技创新型中心城市、智慧型城市。三是城市综合地位提升、而位次却下降的新变化。全国文明城市、全国软件服务外包基地、总部基地、世界人居环境奖等等，反映了南京在不同层面上综合地位的上升，但同时南京在全国各种排名位次在下降。总部经济排名北去年下降一位，城市综合竞争力排名不在全国前十位内。四是面临下一轮发展的新挑战。国际上，《京都议定书》达成协议后，发达国家重塑绿色技术贸易壁垒，低碳经济、绿色经济和碳排放交易等成为下一轮支持经济发展的新理念，给新兴工业化国家带来了新的挑战，也给整体处于工业化中后期长三角地区带来了产业变革调整的新压力。在国内，以"十二五"规划为背景，新一轮城市总体规划修编正在进行。轨道交通、城际列车和高速铁路成为这一轮城市规划的重点建设项目。城际铁路的大规模建设后，行政区划分割市场一体化发展的藩篱，将被便捷的快速交通所打破，传统区域经济的空间格局将重新划分，城市综合实力和竞争力位次会发生变动，城市影响范围也将改变。在区域与城市层面，新一轮国家区域战略实施后，特殊政策扶持下的城市享受了其他城市享受不到的优惠，南京面临着能否用好、用足国家给予自主创新试点城市的政策的同时，更大范围争取到其他优惠政策的新挑战。

一、宏观视角与城市竞争力

以往几年的城市综合竞争力研究都是基于倪鹏飞每年发布的城市竞争力研究报告基础上进行分析，经过几年的跟踪，发现有些指标与客观实际不太相符，同时，国内不同学术领域开始介入城市综合竞争力研究。为了更加科学、全面和系统评价分析南京城市综合竞争力，本课题用不同领域研究成果综合评价分析南京城市综合竞争力。选择了中国内地四大直辖市，15 个副省级城市及江苏省内的无锡和苏州为比较对象。四大直辖市和 15 个副省级城市具有全面层面比较意义，尤其是 15 个副省级具有同类可比性，省内城市苏州和无锡的选择基于长三角区域内同类城市比较。

（一）南京在全球城市中综合竞争力比较分析

随着全球化进程的加速，城市已经不是国家主权范围意义上的空间地域。全球正在形成一个以节点城市为核心的城市体系空间网络，其基本特征是金字塔形状，顶级城市位于金字塔顶部，集聚全球资源要素，城市的竞争力越强，越往下，城市能级越低，集聚要素资源能力也低，城市竞争力越弱。

1. 南京在全球城市中竞争力排名情况

在中国内地城市中，北京排名在全球 1—10 名区间内，上海排名在全球 11—50 名区间内，深圳排名在全球 51—100 名区间内，广州排名在全球 101—200 名区间内，成都、天津、南京、武汉、大连排名在全球 201—300 名区间内，沈阳、厦门、杭州、苏州、青岛、重庆、福州、西安、长沙、昆明、宁波排名在全球 301—400 名区间内（表1）。

表1　中国内地城市在全球城市中的位置

全球排名区间	中国内地城市个数	中国内地城市
全球 1—10	1	北京
全球 11—50	1	上海
全球 51—100	1	深圳
全球 101—200	1	广州
全球 201—300	5	成都、天津、南京、武汉、大连
全球 301—400	11	沈阳、厦门、杭州、苏州、青岛、重庆、福州、西安、长沙、昆明、宁波

从全球城市来看，南京位于 201—300 名区间内，没有像深圳一样进入全球 51—100 名区间内，也没有像广州一样进入全球 101—200 名区间内，但在中国内地城市中，南京在全球城市排名中比较靠前。除北京、上海、深圳、广州、成都和天津外，南京排在中国内地城市第七位；在 15 个副省级城市中，除深圳、广州、成都外，南京排在第四位；在长三角城市中，除上海外，南京排在第二位，南京也是长三角进入全球排名 201—300 名区间内唯一城市，杭州、苏州和宁波等具有较强竞争力的长三角城市全部处于全球排名 301—400 区间内。虽然在长三角城市中，南京在全球城市排名具有竞争力，但是成都、武汉和大连等副省级城市与南京位于同一排名区间，而且成都排名比南京靠前。

2. 南京在全球城市竞争力中的优势与劣势

全球城市综合竞争力主要由七个子系统构成，分别是企业本地竞争力、产业结构竞争力、人力资源竞争力、硬件环境竞争力、软件环境竞争力、生活环境竞争力和全球联系竞争力。

在企业本地竞争力方面，南京在中国内地城市中排名第六位，在 15 个副省级城市中排名第五位，在长三角城市中排名第二位，得分高于杭州，与杭州不处于同类水平；在产业结构竞争力方面，南京在中国内地城市中排名第八位，在 15 个副省级城市中排名第六位，在长三角城市中排名第三位，得分与杭州相接近，基本处于同类水平；在人力资源竞争力方面，南京在中国内地城市中排名第八位，在 15 个副省级城市中排名第五位，在长三角城市中排名第三位，得分与杭州相接近，基本处于同类水平；在硬件环境竞争力方面，南京在中国内地城市中排名第六位，在15个副省级城市中排名第四位，在长三角城市中排名第二位，得分略微高于杭州，基本处于同类水平；在软件环境竞争力方面，南京在中国内地城市中排名第十位，在15个副省级城市中排名第7位，在长三角城市中排名第四位，得分低于苏州，与杭州基本处于同类水平；在生活环境竞争力方面，南京在中国内地城市中排名第七位，在15个副省级城市中排名第五位，在长三角城市中排名第三位，得分低于苏州，而稍微高于杭州，三个城市基本处于同类水平；在全球联系竞争力方面，南京在中国内地城市中排名第11位，在15个副省级城市中排名第八位，在长三角城市中排名第四位，得分低于宁波、杭州，但与杭州基本处于同类水平。

总体上，在全国层面上，南京在企业本地竞争力、硬件环境竞争力等方面处于上游水平，具有比较优势，在产业结构竞争力、人力资源竞争力和生活环境竞争力等方面处于中游水平，劣势不是很突出，在软件环境竞争力和全球联系竞争力上处于中下游水平，具有一定的劣势。

在15个副省级层面上，除全球联系竞争力得分处于中下游水平外，其余指标的得分基本处于中上游水平。全球联系竞争力说明了南京国际化程度较低，与其他同类城市相比具有一定差距。

在长三角层面上，除上海各项指标得分均高于南京外，南京与杭州不相仲伯，基本处于同类水平。就是在企业本地竞争力上杭州得分比较低，与南京的得分有一定差距。

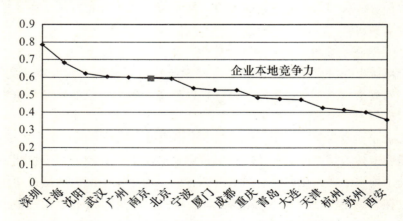

图1 中国内地主要城市在企业竞争力上的排名

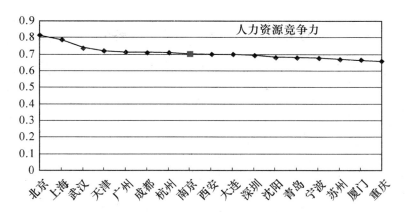

图2 中国内地主要城市在人力资源竞争力上的排名

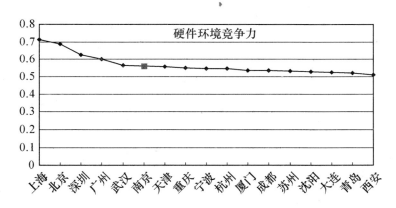

图3 中国内地主要城市在硬件环境竞争力上的排名

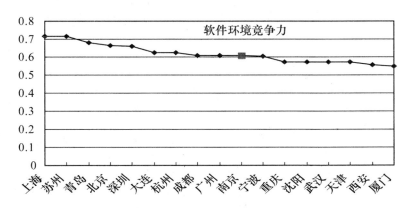

图4 中国内地主要城市在软件环境竞争力上的排名

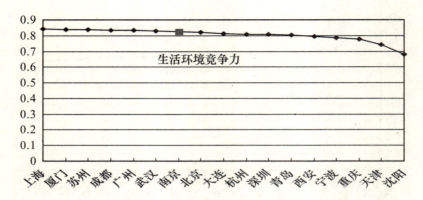

图5　中国内地主要城市在生活环境竞争力上的排名

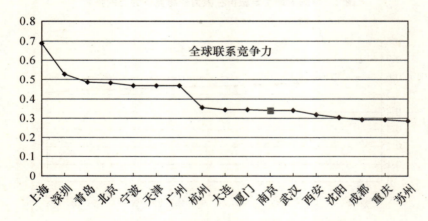

图6　中国内地主要城市在全球联系竞争力上的排名

表2　在全球城市竞争力排名中中国内地城市优势与劣势情况

城市	企业本体竞争力	产业结构竞争力	人力资源竞争力	硬件环境竞争力	软件环境竞争力	生活环境竞争力	全球联系竞争力
上海	0.683	0.61	0.785	0.71	0.72	0.8	0.686
深圳	0.783	0.39	0.694	0.62	0.66	0.8	0.527
青岛	0.478	0.35	0.679	0.52	0.68	0.8	0.484
北京	0.592	0.64	0.813	0.69	0.67	0.8	0.482
宁波	0.539	0.32	0.678	0.55	0.6	0.8	0.468
天津	0.426	0.36	0.718	0.56	0.57	0.7	0.468

续表

城市	企业本体竞争力	产业结构竞争力	人力资源竞争力	硬件环境竞争力	软件环境竞争力	生活环境竞争力	全球联系竞争力
广州	0.601	0.44	0.714	0.6	0.61	0.8	0.467
杭州	0.414	0.37	0.711	0.55	0.62	0.8	0.354
大连	0.475	0.36	0.701	0.53	0.63	0.8	0.345
厦门	0.529	0.31	0.666	0.54	0.55	0.8	0.343
南京	0.598	0.36	0.703	0.56	0.61	0.8	0.341
武汉	0.604	0.36	0.74	0.56	0.57	0.8	0.34
西安	0.358	0.36	0.702	0.51	0.56	0.8	0.318
沈阳	0.622	0.36	0.683	0.53	0.57	0.7	0.303
成都	0.529	0.38	0.711	0.53	0.61	0.8	0.292
重庆	0.485	0.34	0.661	0.55	0.57	0.8	0.292
苏州	0.403	0.3	0.673	0.53	0.72	0.8	0.286

（二）南京在中国内地城市中综合竞争力比较分析

为了便于纵向比较，此部分数据主要来自倪鹏飞教授2009年中国城市竞争力报告。从图7城市综合竞争力数据得分排列趋势看，可以把21个城市分为四类，A类城市包括深圳、上海和北京，B类城市包括广州、青岛、天津、苏州、大连、无锡、厦门和沈阳，C类城市包括南京、武汉、成都、济南和宁波，D类城市包括长春、西安、重庆和哈尔滨。

1. 南京在中国内地城市中综合竞争力排名

在全国层面上，排在深圳、上海、北京、广州、青岛、天津、苏州、杭州、大连、无锡、厦门、沈阳等城市后面，排名为13位，在15个副省级城市中，南京排名为第九位，长三角城市中排名第五位，仅仅高于宁波。从分类看，南京属于C类城市，与A类城市相比具有一定差距，与B类城市相比，差距较小，具有追赶上B类城市的潜力，但同时也看到与南京同处C类城市的武汉、成都、济南和宁波等城市，综合竞争力得分与南京之间的差距不大。今后，在城市综合竞争力方面，一方面南京面临跨入B类城市压力，另一方面具有被赶超的危机。如果南京不再争先进位，就会被后头追赶城市迎头赶上。

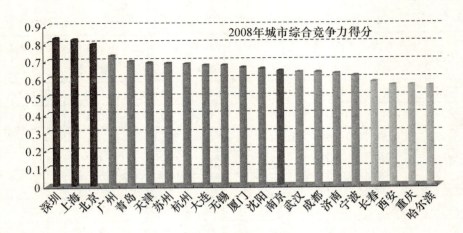

图 7　2008 年城市综合竞争力综合得分

2. 南京在中国内地城市中综合竞争力优势与劣势

城市综合竞争力包括综合增长指数、经济规模、经济效率、发展成本、产业层级和生活质量等六个子系统。下面分析南京在六个子系统方面的优劣势。

从综合增长指数方面，南京在中国内地城市中排名第九位，在 15 个副省级城市中排名第六位，在长三角城市中排名第三位，得分高于杭州和上海，低于苏州与无锡；在经济规模方面，南京在中国内地城市中排名第七位，在 15 个副省级城市中排名第四位，在长三角城市中排名第三位，得分高于苏州、无锡和宁波，低于上海与杭州，排名仅在杭州之后，与杭州相比差距不大；在经济效率方面，南京在中国内地城市中排名第十六位，在 15 个副省级城市中排名第十一位，在长三角城市中排名最后一位，与上海、苏州、无锡、杭州和宁波具有一定差距，是南京劣势所在之一；在硬件环境竞争力方面，南京在中国内地城市中排名第六位，在 15 个副省级城市中排名第四位，在长三角城市中排名第二位，得分略微高于杭州，基本处于同类水平；在软件环境竞争力方面，南京在中国内地城市中排名第十位，在 15 个副省级城市中排名第七位，在长三角城市中排名第四位，得分低于苏州，与杭州基本处于同类水平；在生活环境竞争力方面，南京在中国内地城市中排名第七位，在 15 个副省级城市中排名第五位，在长三角城市中排名第三位，得分低于苏州，而稍微高于杭州，三个城市基本处于同类水平；在全球联系竞争力方面，南京在中国内地城市中排名第十一位，在 15 个副省级城市中排名第八位，在长三角城市中排名第四位，得分低于宁波、杭州，但与杭州基本处于同类水平。

总体上，在全国层面上，南京在企业本地竞争力、硬件环境竞争力等方面处于上游水平，具有比较优势，在产业结构竞争力、人力资源竞争力和生活环境竞争力等方面处于中游水平，劣势不是很突出，在软件环境竞争力和全球联系竞争力上处于中下游水平，具有一定的劣势。

在15个副省级层面上，除全球联系竞争力得分处于中下游水平外，其余指标的得分基本处于中上游水平。全球联系竞争力得分较低说明了南京国际化程度较低，与其他同类城市相比具有一定差距。

在长三角层面上，除上海各项指标得分均高于南京外，南京与杭州不相仲伯，基本处于同类水平。就是在企业本地竞争力上杭州得分比较低，与南京的得分有一定差距。

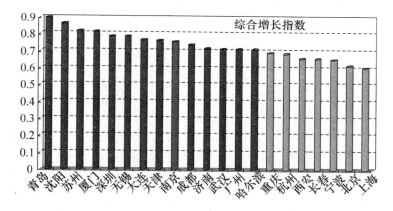

图8　2008 年城市综合竞争力中综合增长指数得分

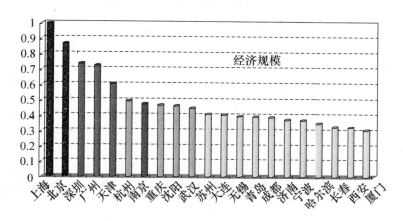

图9　2008 年城市综合竞争力中经济规模得分

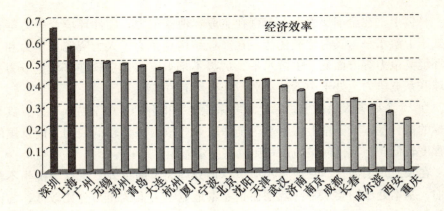

图 10　2008 年城市综合竞争力中经济效率得分

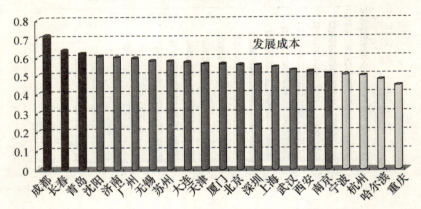

图 11　2008 年城市综合竞争力中发展得分

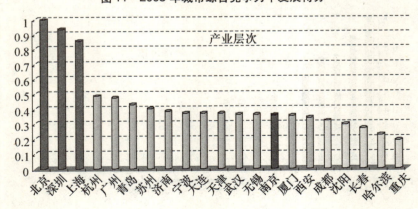

图 12　2008 年城市综合竞争力中产业层次得分

表3　2008 年城市综合竞争力

城市	综合排名	综合竞争力	综合增长指数	经济规模	经济效率	发展成本	产业层级	生活质量
深圳	1	0.831	0.787	0.740	0.660	0.557	0.935	0.649
上海	2	0.823	0.607	1.000	0.573	0.546	0.855	0.706
北京	3	0.796	0.619	0.868	0.437	0.558	1.000	0.621
广州	4	0.730	0.714	0.727	0.515	0.594	0.474	0.456
青岛	5	0.700	0.900	0.396	0.484	0.520	0.432	0.497
天津	6	0.690	0.764	0.608	0.417	0.564	0.372	0.476
苏州	7	0.687	0.819	0.412	0.493	0.578	0.403	0.486
杭州	8	0.684	0.689	0.499	0.452	0.496	0.486	0.471
大连	9	0.677	0.766	0.409	0.472	0.572	0.373	0.508
无锡	10	0.674	0.787	0.399	0.502	0.580	0.363	0.462
厦门	11	0.662	0.814	0.311	0.447	0.563	0.356	0.563
沈阳	12	0.655	0.864	0.466	0.422	0.605	0.298	0.379
宁波	13	0.615	0.656	0.374	0.445	0.502	0.374	0.517
南京	14	0.643	0.757	0.479	0.351	0.507	0.361	0.406
武汉	15	0.638	0.715	0.451	0.385	0.528	0.364	0.347
成都	16	0.635	0.738	0.392	0.339	0.715	0.322	0.370
济南	17	0.628	0.717	0.377	0.366	0.600	0.385	0.324
长春	18	0.580	0.660	0.330	0.325	0.636	0.270	0.263
西安	19	0.563	0.662	0.328	0.265	0.520	0.342	0.233
重庆	20	0.563	0.694	0.472	0.231	0.443	0.189	0.374
哈尔滨	21	0.559	0.712	0.355	0.293	0.475	0.226	0.279

资料来源：2009 年中国城市竞争力报告，经整理

（三）中国内地科学发展城市专项竞争力综合评价

城市的竞争力一般分为综合评价和专项评价，综合评价是对城市较为系统的评价，具有全面性，但在某些方面缺乏深入分析，而专项评价能更深刻揭示城市某一领域的竞争力。自可持续发展理念倡导以来，科学发展、和谐

发展成为中国当今城市提升竞争力的主旋律。

2008 年中国城市发展研究院首次公布了中国科学发展城市评价，选择指标多采用人均、地均，较多选入生态指标、人居生活和社会发展等指标，评价方法采用定性与定量结合。是一套符合科学性和和谐社会发展理念的指标体系。

1. 南京在中国内地科学发展城市中的排名

根据图 13 排列趋势，用拐点分类方法把中国内地科学发展城市排名分为 A（上游水平）、B（中游水平）和 C（下游水平）三类。A 类城市包括上海、杭州、无锡、天津、深圳、苏州和宁波，B 类城市包括青岛、广州、厦门、南京、大连、成都、沈阳和济南，C 类城市包括武汉、西安、长春、哈尔滨和重庆。

从全国层面上，南京排名第十二位，位于 B 类城市，处于中下游水平，而值得关注的是同处于长三角南翼的杭州全国排名第二，处于城市经济发展较高水平一类，南京与杭州不处于同一类。在 15 个副省级城市中排名第七位，排在杭州、深圳、宁波青岛、广州和厦门之后，在长三角层面上，排在上海、杭州、无锡、苏州和宁波之后，处于长三角六个主要城市的最后1 名。

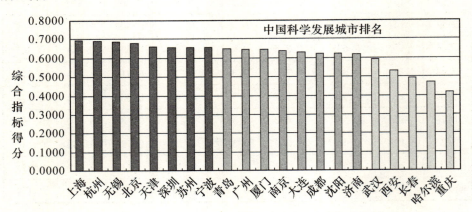

图 13　2008 年中国科学发展城市排名

2. 各分项指标的优势和劣势分析

中国城市科学发展综合评价包括：城市经济发展水平、城市社会发展水平和城市人居生活水平。

从城市经济发展水平分析，根据图 14 排列趋势，可以把城市经济发展水平分为四类，第一类城市有上海、杭州和深圳，城市经济发展水平高，第二类城市有无锡、大连、广州、天津、北京和沈阳，城市经济发展水平较高，第三类城市有厦门、成都、青岛、宁波、南京、济南、苏州、重庆和武汉，城市经济发展水平中等，第四类城市有哈尔滨、西安和长春，城市经济发展水平较低。

在全国层面上，南京排名 14 名，属于第三类，处于城市经济发展中等水平，在 15 个副省级城市中，南京排名 10 名，排在杭州、深圳、大连、广州、沈阳、厦门、成都、青岛、宁波之后，在 15 个副省级城市中不具有比较优势。在长三角层面上，除苏州外，上海、杭州、无锡和宁波均排在南京的前面，在长三角范围内，南京城市经济发展水平也处于相对落后的地位。无论从全国层面、15 个副省级城市层面、还是在长三角范围内，南京城市经济发展水平均处于相对低水平。

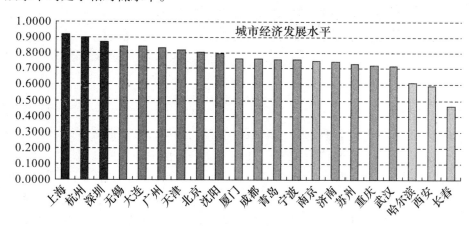

图 14　城市经济发展水平得分

从城市社会发展水平分析，根据图排列趋势，可以把城市社会发展水平分为四类，第一类城市有青岛、杭州、无锡、宁波、上海、北京和苏州，城市社会发展水平高，第二类城市有成都、天津、厦门、武汉和长春，城市经济发展水平较高，第三类城市有南京、济南、哈尔滨、西安、广州、沈阳和深圳，城市经济发展水平中等，第四类城市有大连和重庆，城市经济发展水平较低。

在全国层面上，南京排名 13 名，属于第三类，处于城市社会发展中等水平，在15个副省级城市中，南京排名七名，排在青岛、杭州、宁波、成都、厦门、武汉和长春之后，在15个副省级城市中处于中上水平。在长三角层面上，除苏州外，上海、杭州、无锡均排在南京的前面，在长三角范围内，南京城市社会发展水平也处于相对落后的地位。无论从全国层面、15个副省级城市层面、还是在长三角范围内，南京城市社会发展水平均处于相对低水平。

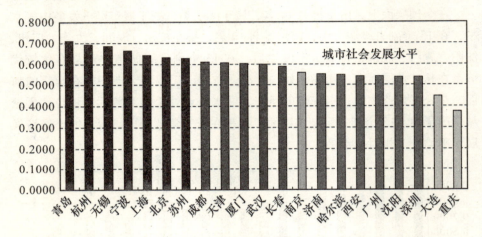

图15　城市社会发展水平得分

从城市人居生活水平分析，根据图16排列趋势，可以把城市人居生活水平分为四类，第一类城市有北京、苏州、上海、无锡、杭州、深圳、南京、大连和宁波，城市人居生活水平高，第二类城市有天津、广州、厦门、青岛和济南，城市经济发展水平较高，第三类城市有沈阳、成都、武汉、长春和西安，城市人居生活水平中等，第四类城市有哈尔滨和重庆，城市人居生活水平较低。

在全国层面上，南京排名第六名，属于第一类，处于城市人居生活水平较高一类，在15个副省级城市中，南京排名第三名，排在杭州、深圳之后，南京在15个副省级城市中处于排名靠前。在长三角层面上，除宁波外，苏州、上海、杭州均排在南京的前面，在长三角范围内，南京城市人居生活水平也处于相对排名靠后的地位。从全国层面上和15个副省级城市层面上南京城市人居生活水平排名靠前，但在长三角范围内，南京城市人居生活水平相对较低，在区域层面上，南京不具有优势。

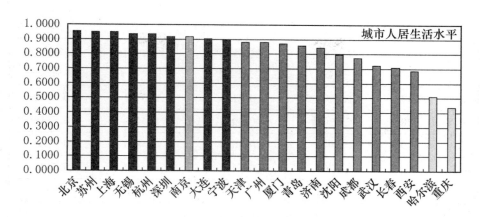

图 16　城市人居生活水平得分

表 5　2008 年中国科学发展城市评价

城市	排名	综合评价指数	城市经济发展水平	城市社会发展水平	城市人居生活水平
上海	1	0.6922	0.9202	0.6420	0.9472
杭州	2	0.6912	0.8982	0.6922	0.9334
无锡	3	0.6880	0.8440	0.6843	0.9364
北京	4	0.6798	0.8050	0.6300	0.9542
天津	5	0.6582	0.8182	0.6050	0.8812
深圳	6	0.6576	0.8714	0.5352	0.9158
苏州	7	0.6570	0.7306	0.6276	0.9504
宁波	8	0.6542	0.7562	0.6619	0.8960
青岛	9	0.6498	0.7600	0.7094	0.8586
广州	10	0.6446	0.8356	0.5400	0.8802
厦门	11	0.6432	0.7648	0.6010	0.8704
南京	12	0.6370	0.7502	0.5573	0.9148
大连	13	0.6288	0.8436	0.4486	0.9028
成都	14	0.6220	0.7624	0.6094	0.7752
沈阳	15	0.6214	0.7940	0.5374	0.7978
济南	16	0.6164	0.7460	0.5520	0.8424

续表

城市	排名	综合评价指数	城市经济发展水平	城市社会发展水平	城市人居生活水平
武汉	17	0.5902	0.7154	0.5992	0.7240
西安	18	0.5308	0.5936	0.5402	0.6848
长春	19	0.4942	0.4628	0.5880	0.7080
哈尔滨	20	0.4704	0.6114	0.5482	0.5126
重庆	21	0.4156	0.7184	0.3746	0.4356

资料来源：2008 中国城市科学发展综合评级报告

（四）中国内地新型城市化水平专项综合评价

城市化是一个城市经济社会发展综合水平高低的主要判断标准之一，进入 21 世纪，城乡一体化成为新型城市化发展重点。城乡一体化直接关系到一个城市新型城市化水平，进而关系到一个城市竞争力高低。

1. 南京在全国城市中新型城市化水平的位次

在全国层面上，排在上海、北京、深圳、广州、苏州、天津、成都、重庆、杭州、无锡、青岛、宁波和大连等城市后面，排名为第 14 位，在 15 个副省级城市中，排在深圳、广州、成都、杭州、青岛、宁波和大连之后，排名为第 8 位，在长三角城市中，排在上海、苏州、杭州、无锡和宁波后面，排位为第 6 位，也是最后一位。

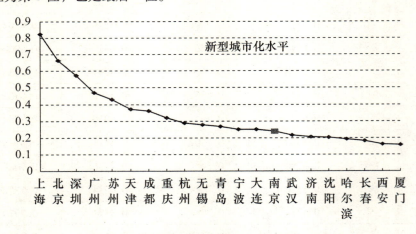

图 17　新型城市化水平综合得分排名

2. 南京新型城市化水平的主要影响因素

新型城市化包括城乡发展动力系统、城乡发展质量系统和城乡发展公平系统三个子系统。从城乡发展动力系统看，南京在中国内地城市中排名第十二位，在 15 个副省级城市中排名第六位，在长三角城市中排名第四位，得分低于上海、苏州、无锡和杭州，仅高于宁波；在城乡发展质量系统上，南京在中国内地城市中排名第十五位，在 15 个副省级城市中排名第六位，在长三角城市中排名第五位，得分低于上海、苏州、无锡和杭州，高于宁波；在城乡发展公平系统方面，南京在中国内地城市中排名第十四位，在 15 个副省级城市中排名第六位，在长三角城市中得分低于上海、苏州、无锡和杭州，高于宁波。

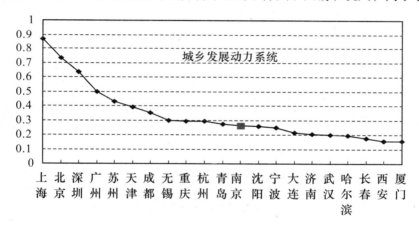

图 18　城乡发展动力系数得分

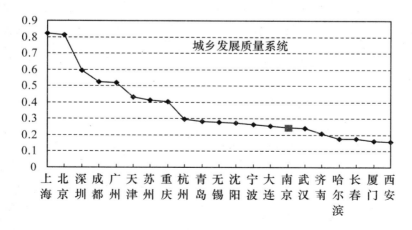

图 19　城乡发展质量系数得分

在全国层面上，南京在城乡发展动力系统、城乡发展质量系统和城乡发展公平系统三个子系统排名分别为 12、15 和 14 名，处于中下游水平，在 15 个副省级城市层面上，排名均为第六位，处于中上游水平，在长三角层面上，分别排名为第四、五和六位，处于下游水平，总体上，南京在城乡发展动力系统、城乡发展质量系统和城乡发展公平系统上不具有优势。尤其是在长三角区域层面上，南京处于劣势地位。

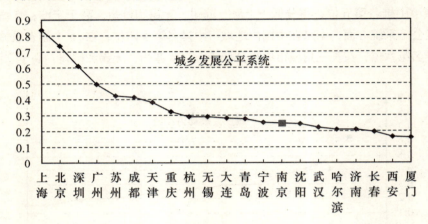

图20　城乡发展公平系数得分

表6　新型城市化水平综合评价

城市	排名	新型城市化水平	城乡发展动力系统	城乡发展质量系统	城乡发展公平系统
上海	1	0.823	0.87	0.82	0.838
北京	2	0.662	0.733	0.814	0.737
深圳	3	0.572	0.633	0.594	0.61
广州	4	0.471	0.497	0.521	0.496
苏州	5	0.429	0.428	0.413	0.423
成都	6	0.362	0.35	0.524	0.412
天津	7	0.371	0.388	0.433	0.381
重庆	8	0.321	0.293	0.403	0.321
杭州	9	0.289	0.292	0.295	0.292

续表

城市	排名	新型城市化水平	城乡发展动力系统	城乡发展质量系统	城乡发展公平系统
无锡	10	0.279	0.3	0.278	0.292
青岛	11	0.268	0.275	0.231	0.275
宁波	12	0.252	0.25	0.256	0.256
南京	13	0.242	0.263	0.248	0.251
大连	14	0.251	0.214	0.254	0.283
沈阳	15	0.202	0.257	0.274	0.244
武汉	16	0.218	0.201	0.243	0.221
济南	17	0.207	0.204	0.207	0.209
哈尔滨	18	0.194	0.193	0.178	0.211
长春	19	0.183	0.177	0.176	0.196
西安	20	0.16	0.158	0.159	0.162
厦门	21	0.158	0.154	0.161	0.158

资料来源：中国新型城市化报告2009

总体上，除全球城市体系竞争力南京排名靠前外，南京在其他评价体系中竞争力排名位次相同，基本能综合、全面反映南京目前城市综合竞争力的现状。现在的城市竞争力主要依托其所在区域综合竞争力，也就是都市圈竞争力。南京新型城市化水平相比较低，反映在南京城市内部区县层上，到底影响南京城市竞争力断腿在哪里？同时，南京处于新一轮城市转型创新跨越发展中，城市创新力如何直接影响南京城市未来竞争力，与其他城市相比，南京城市创新力有哪些优势和劣势？在前面分析基础上，从都市圈竞争力、南京区县竞争力、南京创新力和影响力几个方面，进一步分析、解释南京城市综合竞争力。

表7　南京城市综合竞争力总体评价

指标	综合评价		专项评价	
	全球城市体系中竞争力评价	中国内地城市综合竞争力评价	中国内地科学发展城市评价	中国内地新型城市化水平评价
中国内地21个主要城市中排名	7	13	12	14
15个副省级城市中排名	4	9	7	8
长三角6个主要城市中排名	2	5	6	6

二、微观解读与危机意识

无论从综合评级和专项评价看，在各个层面上南京城市综合竞争力均处于不容乐观的排名位次。究竟南京城市综合竞争力哪些方面处于优势和不足，课题从以下两个方面展开微观分析解读。

（一）科学发展观下南京城市创新力分析

为进一步深入分析科学发展城市评价中南京到底在哪些微观层面上具有优势或存在不足，同时，进一步揭示南京城市创新力优势与断腿所在之处。通过构建创新环境因子模型，用主成分分析方法，把18个指标化简为五个主要影响因子，即创新产出因子、财力投入因子、经济因子、企业人力因子和科技节能因子。因子分析法指的是用较少的公共因子的线性函数关系和特定的因子之和来表示原变量，从研究相关矩阵内部的依赖性出发，把一些具有错综复杂的变量归结为少数几个综合因子的一种多元统计方法，其基本目的就是用少数几个具有实际意义的公共因子去描述许多指标或因素之间的联系，该方法能有效避免加权综合平均法存在的主观赋权问题。因此，通过因子分析，客观定量地评价南京城市创新力，找出其创新力微观优劣势。

1. 南京在国内主要大城市中创新力评价

综合排名优势明显，但得分与第一集团"径一周三"。就总体排名而言，在全国 24 个城市中，南京综合排名优势明显。但是，一个城市的创新力，不能仅看排名，还得看其得分与相邻城市的差距。由图 24 可知，南京的综合得分为 0.122，与排名前三的城市差距非常大，比排名前四的深圳（1.185）、北京（0.757）、上海（0.527）、广州（0.311）分别低了 1.063、0.635、0.405 和 0.189 分，仅其差距分就均是南京的一倍以上，而与排名紧靠其前的厦门（0.224）差距相对较小，比其低了 0.102 分；与紧随其后的西安（0.088）、杭州（0.048）等差距也较小，仅分别比他们高 0.034 和 0.074 分。

经济因子和企业人力因子优势明显。与国内其他主要城市相比，南京的优势因子表现为经济因子和企业人力因子，分别位居第三和第四名。如经济因子以 1.492 的高分位居第三，分别比排名第一的上海（2.125）和第二的广州（2.081）低了 0.633 分和 0.589 分，比排名第四的宁波（1.108）高了 0.474 分；南京的企业人力因子排名第四，分别比排名前二的城市低了 0.456、0.207 分，比排名第三的城市低了 0.095，但比非名第五的城市高了 0.162 分。

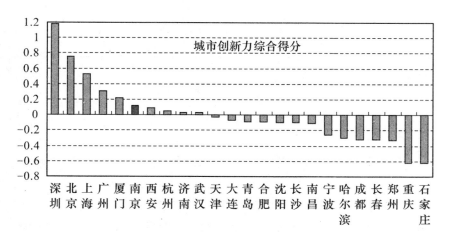

图 21　城市创新力综合得分排名

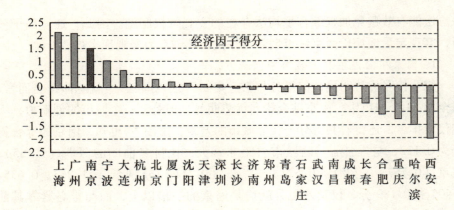

图 22　经济因子得分排名

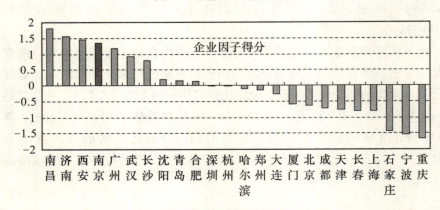

图 23　企业人力因子得分排名

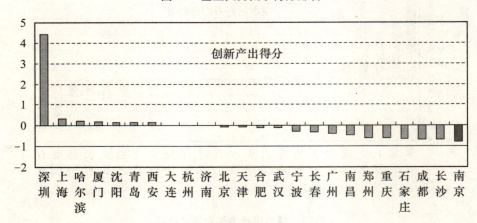

图 24　创新产出因子得分排名

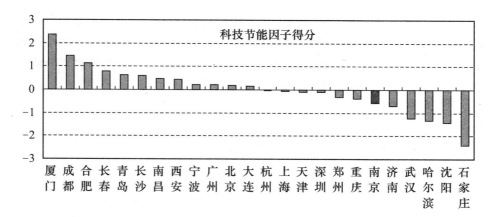

图25　科技节能因子得分排名

创新产出和科技节能是南京的弱项。与国内的其他城市相比，南京的创新劣势也非常明显，在24个城市中，南京的创新产出和科技节能分别位居第24和第19名。

2. 南京在15个副省级城市中创新力评价

综合排名处于第二方阵，与厦门、广州"群雄逐鹿"。南京的城市创新力综合排名在副省级城市中位于第二方阵，与同处该方阵的广州、厦门得分差距不大，三者你追我赶，竞争激烈。在这一方阵中，广州创新力得分最高，为0.311，厦门创新力得分为0.224，南京位于该方阵的末位。但与处于第一集团的深圳差距甚大。

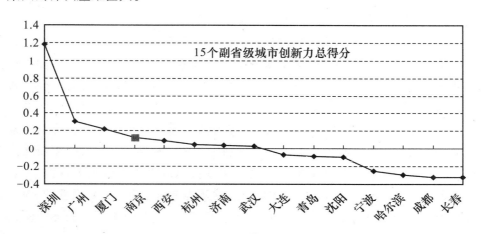

图26　南京在15个副省级城市中创新力总得分排名

公因子发展不平衡，创新产出和节能是南京的劣势所在。在分项公因子方面，财力因子、经济因子和企业人力因子是南京的优势所在，分别位居副省级城市的第三、二和三名，而创新产出和节能是南京的劣势所在，分别位居副省级城市的第 15 和 11 位。

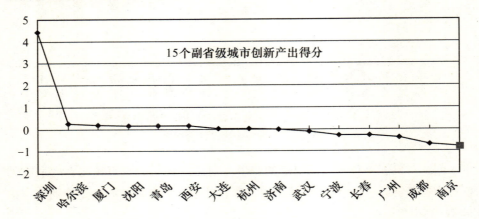

图27　南京在 15 个副省级城市中创新产出得分排名

可见，南京要想在国内主要城市和副省级城市中赶上第一集团军还存在一定的困难，但要赶上同处第二集团军的盟友的潜力还是很大的；但同样，南京若不努力，则也会轻松地被紧随其后的城市赶上。南京要想摆脱这种状况，一方面，得继续在优势因子上快马加鞭，另一方面得在相对落后的因子上奋发图强。

3. 南京在江苏省内城市中创新力评价

综合排名处于第一集团，与苏州"两强相争"。在江苏省内，从排名来看，南京在江苏省内 13 个地级市排名第一，与苏州、无锡同处第一集团。在该集团，南京与苏州的差距较小，仅为 0. 119 分，与无锡差距较大，呈"两强一弱"的态势。

公因子发展不平衡，创新产出是劣势所在。从单项因子来看，南京的强项是创新文化因子与教育投资因子，分别排名第一和第三。尤其是创新文化因子，在省内具有绝对优势地位。这与南京长期以来作为全国的科教重地、省内的文化中心是分不开的，深厚的文化底蕴也造就了南京人对教育的重视。而创新产出因子则相对为弱，位列 13 个城市的第 8，与排名第一的苏州差距甚大。

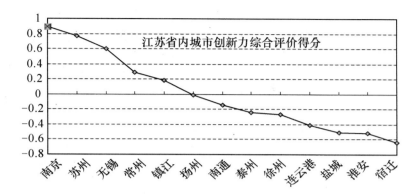

图 28　南京在 15 个副省级城市中创新产出得分排名

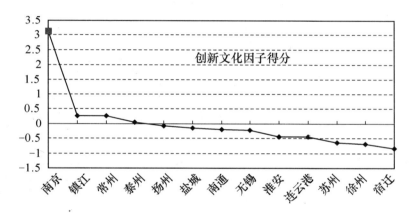

图 29　南京在 15 个副省级城市中创新文化因子得分排名

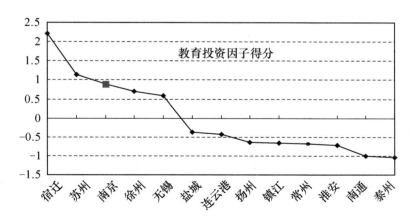

图 30　南京在 15 个副省级城市中教育因子得分排名

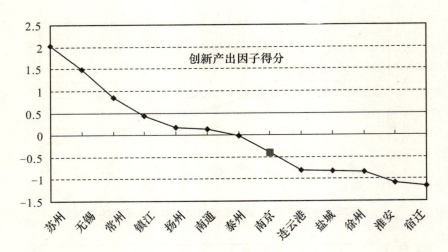

图31　南京在江苏省内城市中创新产出得分排名

可见，南京的创新力在省内处于"追兵紧赶"型，南京要想在省内继续保持龙头老大的地位，得在创新产出上继续加大马力，不得松懈，否则很有可能在短期内被苏州赶上。

（二）新一轮区域格局调整下南京城市影响力综合评价

城市区域影响力是新的发展形势下城市竞争力的一项重要组成部分、是城市竞争升级的核心单元。城市区域影响力的内涵蕴含着政治、经济、社会、文化等各个维度的内容，区域影响力是城市之间经济发展实力比较基础上，更高层面的竞争，表现城市的软实力、辐射力、传播力、文化认同力。

1. 区位优势独特，城市综合功能发挥不够

南京地处中国东部、长江下游，是承东启西、融接南北的交通要冲。自古以来，南京的区位独特而重要。从20世纪八九十年代国家实行沿海、沿江"T"型轴带开发的区域战略，到世纪之交东部率先、中部崛起、西部开发的梯度区域战略部署，再到"十一五"期间长三角一体化上升为国家战略、泛长三角开始启动，南京在改革开放不同时期的国家区域战略格局中始终占据着独特区域位置，始终面对着广阔拓展空间。尤其在新一轮国家区域战略下，南京与周边城市特别是长三角其他城市相比，拥有其他城市所不具有的综合性优势，是长江三角洲北翼不可替代的区域中心城市，承担着引领都市圈、融入长三角、辐射中西部、走向国际化的区域责任。

但作为联结长江下游与中上游、联结东部与广阔的中西部、联结长三角

与泛长三角的重要区域性节点中心城市和省会城市，南京在长三角城市群和整个泛长三角区域中的交通枢纽地位尚未形成，要素集聚能力不够强、辐射半径不够大，区域中心城市的辐射带动功能没有很好发挥。如：南京港的港口吞吐量在长三角居第四位，落后于上海、宁波和苏州，外贸货物吞吐量在长三角则远远落后于上海、宁波、苏州、舟山，甚至不如镇江、南通。南京机场2005年旅客吞吐量居全国第15位，在长三角落后于浦东、虹桥和杭州机场居第四位，2003—2005年占长三角机场旅客吞吐量的比重呈现下降趋势，与此同时，杭州、宁波、无锡却呈现出强劲的增长态势。

2. 经济规模增强，城市地位被边缘化

从经济总量看，南京目前在全国城市中总体处在第二方阵。2002年，在全国人均GDP迈上1000美元台阶，江苏人均GDP迈上2000美元台阶时，南京迈上了人均GDP3000美元的平台；2006年，在全国人均GDP达到2000美元，江苏人均GDP达到3000美元时，南京人均GDP又跨越了5000美元（按常住人口计算）的水平线；2008年按常住人口计算的人均GDP超过7000美元。总体看，南京的经济发展水平与全省、全国形成一个清晰梯度，在全国城市中总体处在第二方阵，部分领域指标进入第一方阵行列。

改革开放以来，南京和长三角其他城市一样，经历了前所未有的快速发展期。但南京城市经济地位逐渐被"边缘化"。在与整个地区共同高速发展的20年后，宁波、杭州、苏州、无锡等城市逐渐取代了南京在长三角地区及江苏省的传统地位。在国家区域发展格局的大舞台上，南京更像是一个"孤独的舞者"。区域竞争不进则退，南京在受到上海都市圈不断挤压的同时（据研究表明，沪宁之间的影响力断裂点已经从常州进一步迁移到了镇江），中部崛起战略所催化的武汉、合肥、昌九景（南昌—九江—景德镇）等都市圈都在进一步扩大各自的影响腹地，对南京直接形成挤压之势。对于南京，一个"腹背受敌"的局面已绝不仅仅是"危言"，而是正在成为现实。南京区域影响力与地位总体上处于不断下降的趋势，一个直接的反映就是在国务院即将批准的《全国城镇体系规划（纲要）》中，南京的地位远没有上海、重庆、武汉突出。

3. 科教资源丰富，经济贡献度不高

国家级科教人才资源中心高地功能日趋凸显，南京成为首个国家科技体制综合改革试点城市。南京是中国重要的科教中心城市、主要的知识创新和技术输出型城市，是继北京、上海之后中国高校最为密集的城市，总体科技水平位居全国第三，具有丰富的教育科研资源优势。全市有普通高校41所，各类研究与开发机构550家，国家和省级重点实验室31个，其中，211工程高校数、国家重点实验室和工程技术中心数均居同类城市前茅。在宁的部属研究机构、省属研究机构数量分别占江苏全省总数的65%和71%。高素质的各类人才密集，南京每万人拥有大学生人数全国第一，分别是上海的3.8倍，北京的2.7倍。江苏省91位两院院士有79位在南京，仅次于京沪两市位居全国第三。2008年，全市专利申请总量突破1万件，达11692件，增长45.6%，其中发明专利申请量5019件，占专利申请总量的比例已达42.9%，远高于全省17.7%的平均水平；专利授权总量4816件，增长27.2%，其中授权发明专利达1497件，增长48.1%，约占全省的二分之一，已连续11年保持省内第1位，在全国同类城市中排名第3位。

　　创新资源整合力度不大，企业的创新主体地位尚未真正确立，科研机构、高等院校与企业"两张皮"现象依然存在，科技创新成果的就地转化和产业化水平还不够高，自主知识产权和自有品牌、知名品牌偏少，高新技术产业产值仅为苏州的41%。城市人才结构不合理，人才国际化率只是上海的七分之一、苏州的二分之一。市域内对经济建设有直接贡献的"一线创新人才"的数量与质量并不占优势。南京科技进步的贡献率为48%，而国外发达地区一般都是70%以上；南京企业R&D经费投入占产品销售收入的比重为1.8%，而国外发达地区一般都在2.5%以上；南京的对外技术依存度在50%左右，而国外发达城市一般都小于30%，有的甚至在5%以下。与国内先进城市相比，2005年南京每万人R&D人员为2.71人，而苏州为11.4人，广州为3.96人；万人科技活动人员数南京为6.12人，苏州为32.9人，广州为12.3人。可见，南京科教资源的整合和转化，还远不能满足经济发展的需要。

　　4. 文化底蕴深厚，魅力彰显不够

　　南京与西安、洛阳、北京并称为中国"四大古都"，具有悠久的历史和源远流长的文化，仅省级以上文物古迹就有124处，有中世纪世界七大奇观之一的报恩寺，新近发掘出土的"七宝阿育王塔"，又为南京增添了一道神圣的色彩。有代表明朝对外开放并在中国航海史上具有里程碑意义的宝船厂等历史文化遗产。1982年，南京被国务院公布为首批国家级历史文化名城。进入21世纪，南京将历史文化名城保护和现代城市建设有机结合，通过发掘、弘扬历史文化，提升和丰富城市品位，呈现出了古都风貌和现代文明交相辉映的城市特色。六朝文化、明文化、民国文化、革命（英雄）文化正成为南京的四张历史文化品牌。"文化南京"战略深入实施，全国精神文明建设"五个一工程"、梅花奖、文华奖等获奖数量居全国同类城市前列、全省第一。

但南京文化魅力彰显不够。文化产业没有形成一定规模和足够的影响力，知名度不如上海、杭州、长沙等城市。文化旅游线路单一、内涵不突出。华东几日游行程中，把南京仅仅作为一个白天日程安排，在南京停留时间很短。旅游主要景点为中山陵、总统府和夫子庙等，其他文化旅游资源没有得到很好挖掘和开发，对游客吸引力不足。而无锡灵山大佛人造景观，都能成为吸引旅客的一大亮点。城市文化品牌美誉度不响。在全国能叫响的南京文化品牌不多，没有打造出全国文化大奖永久颁奖地、国外知名乐团演奏登台地等享誉中外的品牌。

三、应对之策

宏观视角下，南京城市综合实力在不断提升，但竞争力排名位次在下降，微观解读下，南京城市竞争力的优劣势泾渭分明。为发挥优势、尽快补上短板劣势，提升南京城市竞争力和区域影响力，我们提出以下对策建议。

（一）提升城市整体创造力，引领创新发展

1. 建立"官产学研金"合作机制，加快科技成果转化

政产学研军联盟是集聚创新资源、加快科技成果转化的重要途径。南京应从制度平台建设着手，推进政产学研军合作机制的创新，形成以高校、研究机构为核心，以企业对学研的合作为前提，以政府支持为保障的全面协作联盟，构建集群创新网络。首先，建立以用户为中心的产学研一体化机制。借鉴芬兰等国家以用户为中心的产学研一体化机制，设立鼓励企业和大学以及大学之间合作的专项科研基金，鼓励企业和学术机构共同制定和进行研究与开发活动、共同承担国家重大科技计划，使研究成果达到产生的同时即转化为现实的生产力的成效。其次，建立院校科研资源与企业的创新需求相结合平台。通过政府奖励政策指导企业把研发中心建在高校、科研院所，或政府给予投资鼓励高校和科研院所建立工业化小试和中试基地，使高校和科研院所的科研资源与企业的创新需求相结合，促进科技成果的工业化和产业化进程，减少成果转化风险，加快成果的推广应用。最后，探索远程利用科技

资源的发展思路，加强国内外的创新合作与交流。跳出区域界限、打破体制限制，积极利用域外、乃至境外的高校、科研院所等科技创新资源的力量，实现与本地企业的对接，实行更大范围内的创新资源聚集。

2. 建设创新载体，搭建服务平台

推进城市创新力，必须进一步加强创新载体建设，搭建服务平台，为创新提供广阔舞台。首先，进一步整合各方力量，加快推进开发区、科技园区、国家级基地和试点等创新载体建设，增强创新的集聚和辐射功能，为创新创业提供广阔平台。其次，积极推进产业发展公共技术服务平台的建设，促进各类产业共性技术中心的建设，使其成为行业共性关键技术研发及产业化的重要载体。以市场化运作为模式，搭建高校和科研院所技术转移中心平台；以组建科技成果转化交易中心、召开科技成果交易会等形式，搭建创新成果交易平台；以常规化、网络化、产业化和专业化为目标，搭建包括资产评估、产权交易、法律服务、会计事务、管理咨询、项目评估、招标投标等在内科技中介服务机构和公共服务平台。最后，推进各类开发区（园区）、城区、企业三个层面孵化器平台建设，形成一大批多形式多层次的科技企业孵化器。

3. 创新研发模式，完善区域创新体系

从创新力因子分析得出，南京教育投资力度较大，优势比较明显，但在创新产出因子上显示出劣势。今后，发挥企业自主创新能力是提升城市创新产出的有效途径。首先，建立以企业为主体的区域创新体系。借鉴深圳经验，建立以企业为主体的区域创新体系，确立以研发机构、研发人员、研发资金、发明专利主要集中在企业的创新格局。其次，充分发挥大型企业在自主创新中的领头羊地位，加快重点骨干企业工程技术中心和研发中心建设，引导大中型企业普遍建立技术开发机构。最后，扶持创新型中小企业。鼓励中小企业与各类科研机构合作，建立技术依托；对于没有能力搞研发中心的民营中小企业，政府应积极支持建立可供众多中小企业共享的区域创新中心。

4. 引进领军人才，构建人才高地

创新型人才是新知识的创造者、新技术的发明者、新学科的创建者，是科技新突破、发展新途径的引领者和开拓者。提升城市创新力，关键在人才，特别是创新型科技人才。应促进企业和大学、科研院所共同培养创新人才。政府可以鼓励高校以及各类研究所设立面向企业创新人才的客座研究员岗位，选聘企业高级专家担任兼职教授或研究员；选择一些重点企业，设立专门的研发岗位，由大学和科研院所研究人员共同从事研发活动。坚持自主培养和引进人才并重，完善人才引进"绿色通道"。通过建立院士工作站、博士后流动站、重点实验室等柔性引才载体，实施海外高层次人才集聚计划，引进一批国内外知名的创新型拔尖人才，实现人才队伍素质的快速提升。[①] 建立创新教育体系。实施优秀中青年人才培养计划、紧缺人才培训工程和企业经营管理人才创新能力培养工程，加强创新管理人才和创新企业家队伍建设；实施全面创新教育极化，建立健全网络化、开放式、自主性的终身创新教育体系。

（二）发挥城市综合功能，扩大区域影响力

1. 坚持创新驱动，建设区域创新集成中心城市

基于南京优质的科教、文化资源优势，立足提升南京城市区域影响力，南京应明确将自身作为全球循环网络体系中一个重要节点城市来培育。发挥南京区域中心城市功能作用，强化区域创新集成中心的功能，是南京在区域影响力层次上的明确定位。区域创新集成中心地位的形成，除了加强技术创新外，更要使南京成为区域制度创新、管理创新等方面的辐射地。南京要建设有影响力的区域性中心城市，必须发挥其科技和教育的功能，增强其综合创新能力，成为新观念、新思想的诞生地，新体制、新机制的发祥地。通过强化南京区域创新集成中心功能，推动和引导南京经济社会发展转型和城市空间结构的优化。

2. 倡导"营销城市"，凸显南京社会影响力

以申办青奥会为契机，积极进行城市重大事件营销，全方位传播城市品牌。申办2014年第二届夏季青奥会，是中央和省里交给南京的一项重要任务，也是加快提升城市区域影响力的重要机遇。要珍惜这一难得的机遇，充分发挥南京省会城市和科教资源丰富的优势，积极进行城市重大事件营销，充分调动全市上下的积极性、主动性和创造性，全城动员，全城参与，全力以赴，扎扎实实地推进各项申办工作，确保青奥会申办工作取得圆满成功。南京承办的国际象棋赛事也日益呈现出重大的社会影响力，未来的城市事件营销，南京还将进一步地接轨国际文化、体育、艺术、时尚等重大事件的承办，逐步形成以重要事件、会展、文化产业、旅游产业、休闲产业以及相关产业链的延伸，实现南京的城市营销的"全球效应"。

---

① 包逸萍、张红辉、吴润青：《试论宁波市创新型城市建设》，载《科技进步与对策》2008年第6期。

3. 确立"文化立市"理念，建设世界级历史文化名城

从世界发展格局和人类历史发展深度观察，21世纪的城市以文化论输赢。以科学发展观为指导，南京今后的发展不仅要体现在城市经济控制力和辐射力上，也要体现在城市文化渗透力和辐射力上。以"文化南京"战略为指导，在增强经济硬实力的同时，更加注重文化软实力，把文化发展融入城市发展总体战略，以彰显古都特色和展现现代文明为基点，提升文化事业和文化产业发展水平，建设具有较强文化竞争力、亲和力与辐射力的世界历史文化名城。南京要成为一座在国内外极具影响力的城市，必须在全面发展的基础上创出自己的特色，在差异化的发展道路上形成自己的独特城市品牌。通过先进文化引领城市现代化建设，把南京构建成古都文化与现代文明交相辉映的文化名城；通过滨江和历史文化积淀的城市特色，彰显南京的城市形象。通过规划建设长江生态功能带，将沿江区域散落的历史文化资源用江河串连起来，有助于把南京建设成为长江沿岸滨江风光最为优美、历史文化与现代文明交相辉映的国际性大都市，凸显南京滨江城市特色。

4. 构筑"板块经济"，推进区域经济一体化

南京应积极顺应长三角区域一体化发展的要求，增强南京在长三角区域中的节点功能，加快打造"宁镇扬"经济板块，积极建设南京都市圈，全面推进"宁合昌"一体化进程，切实发挥南京对周边区域的影响力。首先，加快南京都市圈一体化进程，进一步巩固与提升南京都市圈首位核心城市地位。继续坚持"呼应上海，辐射周边"的区域战略，立足宁镇扬板块和南京都市圈，突出服务协调功能，实现区域优势互补，形成区域发展的叠加效应和整体优势，强化核心城市地位，提升都市圈整体竞争力。其次，加快"宁合昌"一体化进程，巩固与提升南京作为长三角与泛长三角门户城市的地位。积极推进宁合昌三市在交通、产业、金融等领域的规划衔接、政策协调和合作互助，完善三市参与长三角一体化建设、承接传递长三角经济活力的推进措施，以区域合作推动三市经济社会快速发展，带动以南京为中心的南京都市圈、以合肥为中心的省会经济圈和以南昌为中心的环鄱阳湖城市群进而带动南京经济区城市共同发展，提升南京对长三角的影响力、对南京经济区的带动力和对长江流域及其西部的传导力，使南京综合竞争力和区域中心城市功能地位得到巩固提升。

主要参考文献

［1］Gordon I. 1999. Internationalization and urban competition. *Urban studies*,（36）.

［2］Frankel J A. 2001. The environment and economic globalization,*written for globalization：what is new*,a book edited by Michael Weinstein council on foreign relations. NBER.

［3］徐康宁：《论城市竞争与城市竞争力》，载《南京社会科学》2002 年第 5 期。

［4］倪鹏飞：《中国城市竞争力报告 No. 6》，社会科学文献出版社 2008 年版。

［5］顾朝林：《大都市伸展区：全球化时代中国大都市地区发展特征》，载《规划师》2002 年第 3 期。

［6］2006 年瑞士洛桑国际管理学院（IMD）出版的《国际竞争力年度报告》。

［7］张会新：《城市群竞争力评价指标体系的构建与应用》，载《太原理工大学学报（社会科学版）》2006 年第 4 期。

［8］高如熹、罗守贵：《2006 中国都市圈评价报告》，上海三联出版社 2007 年版。

［9］唐启国、黄南：《城市经济和谐发展的新视野》东南大学出版社 2007 年版。

［10］国家统计局城市社会经济调查司编：中国城市统计年鉴（2007），中国统计出版社2008 年版。

［11］王伟行、解晓东、吴云娜：《城市竞争力问题研究综述》，载《党政干部学刊》2003 年第 7 期。

我国区域文化竞争力指标体系的构建

叶南客[*]

　　提高国家和地区的文化竞争力，既是中国全面小康社会建设与现代化建设的重要内容，也是全面小康与现代化的重要保证。从评价和衡量理论向度来看，区域文化竞争力应该集中体现城市经济、社会、科技、环境等综合发展能力。它不仅仅是一个质的概念，更是一个量的概念，同时也是一个相对概念。但是，区域文化竞争力不是一个可以直接衡量的特征变量，它的涉及面很广，受各种社会、经济、政治、自然要素影响，加之具有综合性、动态性、区域性等特点，使得对其进行定量描述十分困难。因此，研究和评价文化竞争力，建立一套能测度区域文化竞争力的评价指标体系，既显得非常必要重要，又有一定难度。目前来看，还没有一套现成指标体系供我们使用，为此，我们本着科学、客观、公正、全面地反映区域文化发展状况的原则创建这样一套体系。尽管这套体系有待进一步完善，但毕竟有了一个可供完善的模本。建立区域文化竞争力指标体系的目的在于，大家能比较全面准确地了解区域文化发展的具体情况，为政府的文化决策提供依据。区域文化竞争力指标体系，是以《国家"十一五"时期文化发展规划纲要》中的文化内容分类为基础，并充分考虑区域文化发展的特殊性，遵循全面性、简洁性、科学性、系统性、可比性和可操作性的原则，构建了涵盖基础竞争力、公共文化服务与传媒竞争力、文化资源与文化产业竞争力、人力资源与文化创新竞争力、文化消费与生活质量等五个一级指标、经济竞争力等八个二级指标、文化产业增加值等 24 个三级指标的区域文化竞争力指标体系。

---

　　[*] 叶南客：南京市社会科学院院长，研究员。

一、指标体系构建的背景及设计原则

当今世界，文化与经济、政治相互交融，与科技的结合日益紧密，在综合国力竞争中的地位和作用日益突出，已成为衡量一个国家综合实力强弱的重要尺度之一。在经济全球化的大趋势下，区域之间的竞争日趋激烈，而这种竞争必将深入到文化层次。胡锦涛同志在党的十七大报告中特别强调："当今时代，文化越来越成为民族凝聚力和创造力的重要源泉、越来越成为综合国力竞争的重要因素。"文化是区域竞争力的动力之源，在区域竞争中，谁拥有文化优势，谁就拥有竞争优势和发展优势。当代世界城市的发展进程也一再证明，在城市之间的竞争和城市发展后劲的强弱较量中，文化竞争力的高低已经演变成为决定性因素。

（一）区域文化竞争力评价指标体系构建背景

区域文化竞争能力的相对强弱只能通过区域之间的横向比较才能得出。因而，建立区域文化竞争力指标体系的目的在于定量地测度不同区域的文化竞争优势和竞争劣势，从而对不同区域文化竞争力的变化情况及其影响因素进行比较分析。区域文化竞争力指标体系理论构建，主要参考了《国家"十一五"时期文化发展规划纲要》有关内容，并对区域文化理论、区域文化竞争力的具体表现形式，以及影响区域文化竞争力的诸多因素进行综合分析，提出了三级分层指标。指标体系初步建立后，分别征求了省内外有关专家学者和相关部门领导的意见，并在实地调研中对其普适性和可操作性进行了多次验证，对不同层级指标作了有效性取舍。从而大大提升了指标体系的理论解释力和可操作性。

（二）区域文化竞争力评价指标体系构建的必要性和可行性

区域文化竞争力评价指标体系的构建之所以必要，是因为它具有以下几个方面的功能：

一是引导作用。要提升区域文化竞争力，就必须了解区域的文化竞争力现状和潜力，必须了解哪些因素将影响区域的文化竞争力，更需要知道提升区域竞争力的主要路径。通过对文化竞争力指标体系的构建与评价，便于各区域更加清楚地看到在文化竞争过程中各自的竞争优势与竞争薄弱环节，采取针对性措施，在努力保持各自竞争优势的情况下，加强对影响区域文化竞争力的薄弱环节的建设，从而努力提升区域的文化竞争力。

二是规范作用。由于对区域文化竞争力认识上的不一致，必然导致区域文化建设运作上的不规范，特别在运作机制等诸多方面需要由相应的政策、法规加以规范，而目前这方面还存在许多有待改善的地方。在这种状况下，采取对区域文化竞争力进行评估的方法，逐步加以规范，并为今后有关政策和法规的出台，提供实践经验，积累资料，也是一种十分有效的手段。

三是激励作用。利用对区域文化竞争力的评估及其不同时期的对比分析，能对区域文化建设工作的成效作出较客观公正的评价，这本身就是一种有力的激励，有利于推动区域文化建设不断向纵深发展，从而对提升区域的文化竞争力起推动作用。

现阶段制定区域文化竞争力评价指标体系之所以可行，这是因为：一方面，世界许多国家与地区研究并制订了文化建设发展规划，实施旨在提高区域文化竞争力的发展战略，并在实践中积累了许多经验；另一方面，理论界对区域竞争力的有关问题进行了较深入的研究，取得了初步的成果，为科学地制定区域文化竞争力评估指标体系奠定了必要的理论基础。

（三）区域文化竞争力指标体系构建的难点

区域文化竞争力能否测度是一个极为重要而又严肃的问题。从政府对国家的管理角度而论，不应像测度某种技术的先进水平那样去测度国家的竞争力，更不能把区域文化竞争力的比较分析当成一种评比，最后简单地区分出不同区域文化竞争力的优劣。但是，从研究的角度，以区域的文化竞争功能为考察对象，完全可以通过定性和定量的方法（有时是两者相结合）对区域文化竞争力进行测度，就像世界经济论坛（WEF）与瑞士洛桑国际管理学院（IMD）对各个国家的竞争力进行测度一样。如果区域文化竞争力不能借助一定的手段加以测度，那就有可能流于过于空泛而无实际应用价值的议论之中（徐康宁，2002）。

对区域的文化竞争力进行测度，需要建立一套严格而科学的指标体系。然而，如同企业竞争力一样，区域文化竞争力的测度也是相当困难的。虽然国内外对竞争力进行了大量的研究，也取得了初步的研究成果。如瑞士洛桑国际管理发展学院（IMD）提出的"国际竞争力理论"，美国学者麦克尔·波特提出的"产业竞争力理论"，北京国际城市发展研究院（IUD）提出的"城市竞争力理论"等。然而对区域竞争力评价牵涉到的内容过多与过于复杂，因而到目前为此，就区域竞争力概念的内涵与应包含的主要内容等仍存在许多的争论，更没有形成一套大家普遍接受的测度区域竞争力的方法及其指标体系。从区域竞争力的内涵来看，它主要涉及两方面的内容：一是与其他区域相比可以精确测量的相对地位与水平，如区域的人口规模、GDP、人均 GDP、产品市场占有率、利用外资规模等；二是无法精确测量但确实构成区域竞争力的一些不可舍弃的重要因素，如国家或地区的知名度、影响力、创新能力、国民思想道德修养等。对于前者，可以采用一系列的显性指标来反映，以测量区域竞争力的水平；对于后者，则适宜用相应的非显性指标解释区域的竞争力的情况。出于一些重要的数据各国与地区的统计口径有所差异，许多关键资料的准确性乃至真实性有所欠缺，再加上区域的竞争力涉及大量的非显性指标，因此，目前采用一整套的指标体系来测量区域的竞争力的方法还不成熟，也不可靠，主要还是依据专家系统，采用调查、打分的方法予以确定。而作为区域竞争力重要组成部分的文化竞争力，人们对其的研究更少，因而可资借鉴的前期研究成果极少。另外，牵涉到区域文化竞争力的许多重要的方面，如竞争意识等难以量化或者需要进行专门的抽样调查，即使能够通过抽样调查的方法获得所需数据，但要为此付出一定的成本，有时这种成本还比较大，此时的可行性会因此而大打折扣。这就给区域文化竞争力的定量研究平添了许多困难。

（四）指标选取的原则

评价区域文化竞争力的强弱，必须要有一套明确的量化指标体系，且区域文化竞争力的基本特征、主要内容和主要方面都应在该量化指标中反映出来。为了达到上述目标，在构建区域文化竞争力评价指标体系过程中，必须从区域文化竞争力的基本内涵出发，以增强区域的创新能力和可持续发展能力等为主要特征的区域文化竞争力与提高国民整体素质作为其出发点与归宿点，遵循以下原则：

1. 导向性原则

对区域文化软实力进行评价，其目的不是单纯地评出名次及优劣的程度，更重要的是找出被评价对象的不足，进而引导和鼓励被评价对象向正确的方向和目标发展。

2. 科学性原则

指标体系的设计必须建立在科学的基础上，有科学的理论作指导，使评价体系能够在基本概念和逻辑结构上严谨、合理，抓住评价对象的实质，并具有针对性。同时，作为理论与实际相结合产物的评价体系，指标的选择要围绕区域文化竞争力的本质，力求全面、客观地反映和描述区域文化竞争力的状况。

3. 系统性原则

文化是一个复杂的大系统，包括文化资源、公共文化服务、新闻出版、文化产业、文化创新、民族文化保护、对外文化交流与人才队伍建设等子系统（《国家"十一五"时期文化发展规划纲要》）。区域文化竞争力是由各种要素组成的有机统一整体，显隐兼存。它的强弱取决于各个要素综合作用的结果，如果只强调其中一个因素或几个因素，都会产生盲目性和片面性。因此，提升区域文化竞争力将是一项系统工程，作为一个系统，其评价指标也应有系统性，必须从整体出发，全面考量。但是，需指出的是，系统性需要指标体系的各个指标之间应具有很强的逻辑关系，而不是各种指标的堆积。因此，指标体系必须始终把握系统的整体特性和功能，用比较全面和立体的指标体系，对区域的文化竞争力作出整体性的分析和评价，从而建立文化竞争力全方位的信息平台，达到在整体上增强区域文化竞争力的目的。

4. 层次性原则

系统是具有层次性的，在区域文化竞争力评价过程中，应该把文化竞争力系统划分为若干层次，对每个层次设置若干指标进行评价。对具体竞争力指标，我们以正态分布的标准化方式，直接显示各个文化产业竞争力指标的具体水平特征。各个要素及下属子要素的竞争力水平，通过对其所涵盖的全部指标的标准化数值进行汇总与平均而得出。文化整体竞争力则是对指标体系内所有竞争力指标水平的汇总平均。这样一方面使分析评价更加简明，另一方面还可以反映出区域文化各个层次的竞争力状况以及差距。因此，指标体系应该是一个多层次多要素的复合体。指标的设置必须按照其层次的高低和作用的大小进行细分。

5. 对称性原则

在设计指标体系时，应充分利用定性的分析理论，设计好对称性层次和要素结构，在理论上保证每个指标的对称作用，这样可以更好地解释多个指标构成的竞争力评价网状结构，强调各个"网点"对竞争力的平行贡献和均衡作用，避免某个方面对整体竞争力产生过大的影响。①

---

① 赵彦云、余毅、马文涛：《中国文化产业竞争力评价和分析》，载《中国人民大学学报》2006 年第 4 期。

6. 独立性原则

任何综合评价指标体系都必须遵循一定的独立性原则，也即同一类别中的各项入选指标之间至少在分析性质上应该相对独立，说明不同问题或问题的不同方面，彼此之间不存在显著的交互影响或相关关系。反映区域文化竞争力的指标较多，这些指标间彼此可能存在着非常密切的关系（如人均 GDP 与人均收入间存在极强的正相关关系），在挑选一组指标构成评价指标体系时要注意所选指标间的相关性问题，所选择的指标间的独立性要强。这也是以往在构建评价指标体系时常忽视的问题。但是，严格按照统计检验的标准来要求独立性，往往又会排除许多重要的指标。因此，这里贯彻独立性的方式仍然要定性与定量分析相结合。

7. 代表性原则

文化门类众多，涉及面广泛，不能不分主次将区域文化竞争力各方面都包括进来。如果评价指标过于庞杂，就难以抓住区域文化竞争力的主要方面。因此，评价区域文化竞争力，要选择有针对性的一些核心指标进行评价。应抓住主要门类和最有代表性的项目，提炼表现文化内涵的最基本因素，指标不宜过多过繁。一套指标体系选取数百个指标，看似全面复杂，实际上由于在指标取舍上忽视了指标的重复性和相互间关联的机理，造成部分指标的作用因素过度加大，或者没有突出文化竞争力的主要方面，反而使测评结果失真。

8. 可操作性原则

可操作性是区域文化竞争力评价指标体系构建时需要注意遵循的又一重要原则。构建区域文化竞争力评价指标体系的基本目的，就是要把复杂的区域文化竞争力变为可以量度、计算、比较的数字、数据，以便为制定提升区域文化竞争力的总体规划及方针政策提供定量化的依据。因此，指标的设计应概念明确、定义清楚，用尽量少的指标反映尽量多的内容，同时能方便地采集数据和收集信息，或者能用合理的成本获得，对于区域文化竞争力的研究、战略规划具有实用价值。如果选择的统计指标虽然很科学，但平时却难以取得数据资料，列在指标体系之中就不便实施，指标体系的应用范围也因此会受到极大的限制。所以，罗兹曼（1995）强调指出：一个国家的发展水平只能用最易获取的指标，即政治的、经济的、人口的以及其他指标（尽管没有任何一项能完全令人满意）来衡量。因此，构建区域文化竞争力评价指标体系要以现有统计制度为基础进行指标筛选。如果超越了现行统计制度的范围，就可能在具体指标的采集上产生困难，提高指标数据采集的成本。因此指标内容不应太繁太细，不要过于庞杂和冗长，设定的指标应都能从常规的统计年报和统计年鉴中取得，对于一些统计计算方法尚有争议的指标可暂不列入。而且，除少数十分重要的指标需要另作专门调查外，一般到年终可借助统计年报数据进行检测，这样有利于实施与检查。

9. 可测性原则

为了使区域文化竞争力评价指标体系能够有效地运用于实际分析，选取的指标必须具有可测性，并具备相应的数据支持，不能片面地追求理论层次上的完美。纳入该体系的各项指标必须概念明确，内容清晰，能够实际计量或测算，以便进行定量分析。过于抽象的分析概念或理论范畴不能作为指标引入体系；现阶段还无法实际测定的指标也暂时不予考虑。有些指标虽然在理论上可行，但缺乏数据来源，或虽能取得数据，但可信度较低或者获取的成本较高，这样的指标宁可暂缺。

10. 可比性原则

区域文化竞争力是一个相对的概念，一个区域文化竞争力的强弱只有通过在与其他区域的比较中才能显示出来。为便于进行不同区域间的比较研究，一方面，应适当考虑到不同时期的动态对比以及不同地区的空间对比的要求，尽量使指标体系和各项指标、各种参数的内涵和外延保持稳定；另一方面，应尽量使指标和资料的口径、范围与国际常用的指标体系相一致。同时，文化竞争力是一个变化发展的概念，动态性强。为了了解区域文化竞争力在不同历史的发展状况和未来发展趋势，指标体系的设计还需前瞻后顾，使得该指标体系具有较好的包容性和可比性，以利于实际的分析应用。

即设定的指标体系既要体现发展的要求，又要反映时代的特征；既能进行国内各省市之间、省内各地市之间的横向比较，也可满足不同时期社会变化的纵向比较。只有这样，才能更加清楚地看到所研究区域文化竞争力的强弱，相对竞争优势与相对竞争劣势，与文化竞争力强的区域之间的差距，以及他的未来发展方向，也可以学习其他区域在提升文化竞争力方面很多好的经验，为我所用，使区域文化竞争力得到更快的提升。

需要指出的是，上述各项原则并非简单的罗列，它们之间存在图1所示的逻辑关系。

也就是说，指标体系设立的目的性决定了指标体系的设计必须符合科学性的原则，而科学性原则又要通过系统性和可操作性来体现。系统性决定了指标体系设计应遵循对称性、代表性、独立性和层次性；而可操作性原则要求指标体系具有可比性和可测性。上述各项原则都要通过定性与定量相结合的原则才能体现。最后，所有上述各项原则皆由评价的目的性所决定，并以目的性原则为前提。

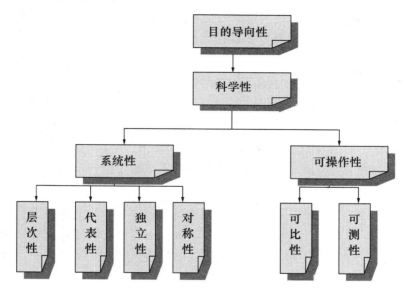

图1 区域文化竞争力指标体系构建原则关系图

二、区域文化竞争力指标体系的设计理念、构建框架

任何一个指标体系，都是以其内涵为基础，遵循一定的设计理念，并建立在特定的理论模型基础之上的。区域文化竞争力评价指标体系也不例外。

（一）评价指标的设计理念

区域文化竞争力是一个综合性、系统性的概念，单纯选用个别指标，是不足以反映综合竞争力的状态和水平的，必须根据其本质含义、基本特征、主要内容，构建一个层次分明、结构完整、指标可比的评价指标体系。区域文化竞争力指标体系的设计思想，来自于区域文化竞争力的丰富内涵和基本特征，笔者以为，它应具有以下特点：

首先，具备与国际统计通用指标接轨的基本特色。区域文化竞争力评价指标的设计，首要的立足点，就是要具有国际、国内对比功能。我国对于竞争力的研究起步较晚，特别是区域文化竞争力的指标研究更是薄弱。因此，在指标设计上，要充分考虑到国际间的比较，选取国际上通行的统计指标，尽可能注意与国际接轨，提高可比性。

其次，能综合地反映区域文化的内涵和基本特征。指标设计时要兼顾我国国情，特别是要从区域的角度去考虑指标设计，要把文化发展的目标同区域社会发展水平、区域社会发展目标有机结合，力求比较全面、完善地反映区域文化的基本特征。

再次，能综合反映指标体系的科学性、系统性。每一个系统都有复杂的多元参量组成。该指标体系将在时间上反映区域文化竞争力的发展趋向，在空间上反映区域文化发展的整体平衡性，在层次上反映区域文化建设的水平。

最后，尽量满足不同研究层面对象的需要。区域文化竞争力包括城市文化竞争力、省域文化竞争力和区县文化竞争力。本书研究所涉及的区域文化竞争力将从省域和城市两个层面进行分析。鉴于省域和城市的文化发展统计存在一些差异，因此，在充分考虑我国省域与城市文化发展现状及其区域特点的基础上，我们分别设置了符合省域情况的省域文化竞争力指标和符合城市的城市文化竞争力指标，其差别主要在于对部分三级指标进行了一些微调。

（二）区域文化竞争力指标体系的依据

区域文化竞争力评价本身就是一件非常复杂的工作。由于文化包含多方面的内容，不同研究者从不同的维度或视角出发，遵循不同的标准，选择一组指标构成区域文化竞争力评价指标体系。因此，不同研究者所构建的文化竞争力评价指标体系很少是完全相同的。笔者在构建区域文化竞争力评价指标体系时，主要参考了《国家"十一五"时期文化发展规划纲要》的有关内容①，考虑到不同民族对思想道德素养有不同的评判标准，同时这方面内容也非常难以量化，因此，本研究在构建区域文化竞争力评价指标体系时没有考虑思想道德方面的内容。

考虑到文化建设是在一定的社会经济环境背景下展开的，文化竞争力是建立在一定的社会经济发展水平基础之上的，社会发展水平的高低直接对文

---

① 《国家"十一五"时期文化发展规划纲要》认为文化主要包含理论和思想道德建设、公共文化服务、新闻事业、文化产业、文化创新、民族文化保护、对外文化交流与人才队伍等八个方面的内容。

化竞争力的强弱产生重大的影响。因此，我们在构建区域文化竞争力评价指标体系时也考虑到社会经济因素对文化竞争力的影响，而直接引入了经济与环境区位竞争力，并把反映该维度的相关指标直接纳入到区域文化竞争力指标体系中。

与此同时，区域文化的发展与区域文化竞争力提高的最终目的是满足国民文化消费的需要，提高国民的生活水平，进而提升国民的生活质量。因此，我们在构建区域文化竞争力评价指标体系时也引入了这方面的内容。

（三）区域文化竞争力指标体系框架

参照《国家"十一五"时期文化发展规划纲要》，同时不仅考虑到经济、环境与区位等因素对文化竞争力的提升具有基础性的作用，还考虑到提升文化竞争力的终极目标是满足居民的文化消费要这需要，提升生活的品质，从而达到提高居民生活质量的目的。因此，遵循构建评价指标体系时的指标选取原则，同时考虑到上述原因，我们从基础竞争力、公共文化服务与传媒竞争力、文化资源与文化产业竞争力、人力资源与文化创新竞争力、文化消费与生活质量等五个维度来构建了区域文化竞争力，是结构图示见图2。

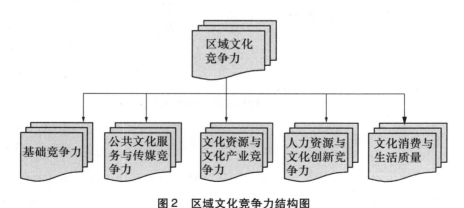

图2 区域文化竞争力结构图

三、区域文化竞争力评价指标的选取

文化竞争力评价指标选取得是否科学合理，关乎区域文化竞争力评价的成败，更关乎区域文化政策、发展战略制定实施的成败。

（一）选取过程

文化竞争力是一个内涵丰富、涉及领域广泛的概念，相关的指标有很多。要科学地衡量区域文化竞争力，必须根据研究的目的选择最重要的、有代表性的指标组成指标体系。为此，我们采用了经验选择和专家咨询相结合的方法，先根据区域文化竞争力的内涵列出了包括三十多个指标的指标集，打印成征求意见稿，征求了有关专家的意见，根据意见的集中程度，删去了未选中的指标，并根据确定的指标，参考选票的多少，确定了每个指标的权重。而后，利用以往数据进行试分析，在此基础上再次征求专家意见，并最终确定指标体系。由于是广泛征求了专家的意见，就减少了指标的主观性，增强了指标的客观性和科学性。具体过程见图3。

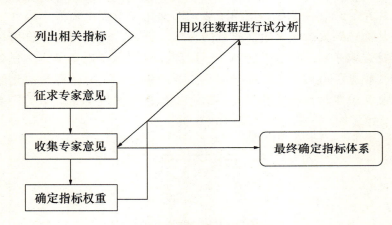

图3　指标体系确定过程流程图

（二）指标取舍

1. 一级指标

区域文化竞争力是一系列影响因素的函数。决定区域文化竞争力的因素从大类上看主要有经济实力、国际化程度、公共文化设施、传媒、文化资源与文化产业、人力资源与创新、文化消费、生活质量等，这些因素共同构成区域文化竞争力的有机整体，不仅决定着一个区域的现实文化竞争力状况，也影响着区域的竞争潜力。

综合以上考虑，从区域文化竞争力的基本内涵出发，以增强区域的创新能力和可持续发展能力等为出发点与归宿点，在遵循系统性、层次性、代表性、可操作性、独立性等原则的基础上，依据《国家"十一五"时期文化发展规划纲要》的有关内容，将基础竞争力、公共文化服务与传媒竞争力、文化资源与文化产业竞争力、人力资源与文化创新竞争力、文化消费与生活质量设定为一级指标。

2. 二级与三级指标

第一，基础竞争力

文化建设离不开经济实力的支撑，同时也受到该区域的环境区位状况等其他因素的影响，也就是说文化竞争力的高低需要有经济与环境区位竞争力作为基础，我们将此称之为基础竞争力。

构成区域基础竞争力的因素很多，这里我们着重从经济竞争力、对外交流程度、环境竞争力与区位竞争力这四个维度来考察：

·经济竞争力

区域经济越发展，对文化的需求与要求也就越高。经济发展为区域文化竞争力的提升提供了必要的物质技术基础，区域间的文化竞争首先是各区域间经济实力的较量。而反映区域经济竞争力的指标较多，常用的绝对数指标有 GDP，人均 GDP，财政收入，人均财政收入，人均纯收入，人均可支配收入，劳动生产率，单位能源使用产出的 GDP 等。而常用的相对指标则是在上述这些指标基础上生成的各种率，如 GDP 年增长率、人均 GDP 年增长率等。在上述这些指标中，GDP 是国际通用的反映国民经济和社会发展规模与水平的总量指标；人均 GDP 则是反映一个国家或地区的经济实力和富裕程度的指标，这两者无疑是最重要和最常用的。如英克尔斯设计的发展中国家现代化指标、联合国的人文发展指数，都将人均 GDP 作为最重要的考察指标。除此之外，人均收入也是度量经济发展水平的最常用指标。但考虑到人均收入指标的获得相对比较困难（与人均 GDP 指标相比）与数据的准确性相对较低等因素，这里在区域文化竞争力评价指标体系时不得已将其舍弃掉。由于人均GDP、人均纯收入与人均可支配收入三者之间存在着极强的正相关关系，因此，这样做的结果应该是可行的。

·对外交流程度

在经济日益全球化的今天，区域文化之间的竞争实际上是本地经济纳入世界经济体系强弱的竞争，也是各区域对外经济交往能力的竞争，同时还是各区域文化交流能力的竞争。反映区域经济纳入世界经济体系与对外经济交往能力的指标较多，常用的指标有进出口总额，外贸依存度，外商直接投资数量，外资占固定资产投资比重，外企从业人员数，外企从业人数占从业人员总数的比重，国际大公司（全球 500 强）数，境外金融机构数，国际会展指标；而反映对外文化交流的常用指标有：出入境人数，常住境外人口比例，旅游业增加值，中外旅游者人次数等。在这些指标中，反映对外文化交流规模的中外旅游者人次数无疑是最为重要的指标。

·环境竞争力

区域环境质量的高低对区域文化竞争力的大小具有重要影响。区域环境可分为区域的自然环境与人文环境。反映区域自然环境质量高低的常用指标有城区噪音达标率，年晴好天数，人均道路面积，大气质量等级，空气质量指数，城区人均公共绿地面积，建成区绿化覆盖率，区域污水处理率，工业废水排放达标率，"三废"处理率，每平方公里二氧化碳排放量，人均环保经费，区域整洁度等。在这里我们选用建成区绿化覆盖率来反映区域的环境质量。

反映区域人文环境的常用指标有：居民诚信指数，社会包容度，区域文明程度指数，区域秩序指数，公共服务质量指数，等等。但由于日常行政统计不包含这部分内容，因此，除非进行专门的抽样调查（注意，这是需要付出大量的成本的），通常情况下我们是很难获得这部分数据的。鉴于中国的实际情况，我们在这里暂时没有将反映人文环境的指标列入区域文化竞争力的评价指标体系。

·区位竞争力

区位竞争力对区域间文化竞争力的大小具有重大影响。区位竞争力主要包括自然地理、经济区位、资源区位、政治区位等状况。一个区域处于内陆还是沿海、交通中心还是交通边缘、是行政中心还是非行政中心，对区域经济与社会发展影响极大，区位状况决定着区域的聚集力、吸引力和辐射力的高低，影响区域生产费用和交易成本，包括交通费用和交换成本，影响着区域和区域文化的形成和演化。有利的区位能吸引众多的劳动力、产业和资本、技术等资源。

反映区位竞争力的指标较多，这些指标可以被划分成自然区位，经济区位，资源区位与政治区位。反映自然区位的指标有国际与国内航班与航线数，机场等级，火车站每天发送班次数，港口年吞吐能力，客运总量，货运总量，距离湖海的远近，高等级公路里程，路网密度，交通便捷指数，自然区位指数等；反映经济区位的指标有经济腹地 GDP，经济腹地人均 GDP，社会消费品零售总额，人均社会消费品零售总额，经济区位指数等；反映资源区位的指标有人均耕地面积，人均淡水资源量，人均矿产资源量，资源区位指数等；反映政治区位的指标有区域行政级别，政治区位指数等。

区域是被赋予行政管辖权的，不同的区域，其管辖权可能差异极大，因而不同的区域在集聚各种文明要素上所能提供的条件和资源是大不相同的。尤其是中国的区域，不同等级的区域具有不同的政策权限，组织资源的力量相差很大。但要对区域行政级别对文化竞争力的影响进行定量的研究，目前较为困难。因此，在此我们不得不将这方面的内容舍弃掉。

考虑到资料来源的限制，笔者选用了社会消费品零售总额与路网密度两指标作为区位竞争力的测度指标。

第二，公共文化服务与传媒竞争力

公共文化服务竞争力涉及公共文化基础设施、文化事业投入与服务水准等几个方面。反映公共文化基础设施的指标有：文化馆、影剧院、图书馆、展览馆、体育馆等的数量，每万人拥有公共文化设施数，公共图书藏量，人均公共图书占有量，等等。反映文化事业投入的指标有：文化事业总投入、文化事业从业人员人均经费等。而反映文化服务水准的指标有：顾客满意率、顾客投诉率，等等。但反映文化服务水平的指标在一般的行政统计中都没有被列入，因此，除非进行专门的调查，一般是难以获得这方面的资料的，而要进行专门的调查，又需要花费大量的人力、物力与财力，也即需要付出较多的成本。因此，我们在对区域文化竞争力的评价过程中不得已将此舍弃掉。这样，从投入的角度考察，我们选取了文化事业总投入这一指标，而从拥有的公共文化基础设施资源角度考察，我们选取了人均公共图书占有量这个指标。

传媒在现代社会中的作用越来越突出，笔者对他的考量主要从新闻出版、广播电视与网络三个维度考察。对于新闻出版，我们主要从报刊出版发行与图书出版发行两个层面考察。反映报刊发行竞争力的指标较多，如报刊种类，发行量等。这里我们选用报刊发行量来作为报刊发行竞争力的度量指标。反映图书出版发行竞争力的指标也较多，常用的有出版图书种类，发行量等，这里我们选用图书发行量作为衡量图书出版发行竞争力的评价指标。

反映广播电视竞争力的指标也较多，如广播电视作品制作量、广播电视用户数、广播电视覆盖率、广播电视广告收入、广播电视行业年增加值，等等。这里我们选用广播电视覆盖率指标。

信息化是现代小康社会的重要表征之一。近几年来，随着社会信息化程度日益提高，人们获取信息的渠道也越来越多。反映信息化水平的常用指标有：户均计算机数、互联网用户数，千人拥有的互联网用户数，网络使用时间，人均网络使用时间等。考虑到省域与市域的文化发展状况，当我们在测量省域文化竞争力时，采用了居民户均计算机数这个指标，而在测量副省级城市和江苏境内 13 个地级市的文化竞争力时，采用了国际互联网用户数与国际互联网用户率这两个指标。

第三，文化资源与文化产业竞争力

主要从文化资源与文化产业两个维度考察。

·文化资源竞争力

区域间文化的竞争某种意义上是区域间文化资源占有之间的竞争。文化资源包括历史文化资源（人文）与自然文化资源两部分。

反映区域文化资源的指标较多。常用的文化资源指标有世界自然与文化遗产数量，各级文物保护单位数量，文化卫生设施（文化馆、影剧院、医院、展览馆等）数量，等等。本研究中，笔者以联合国教科文组织等国际组织和国内的有关机构制定的文化评定等级，构建了区域历史文化资源得分和区域自然文化资源得分两个指标，并以该指标得分的多少来反映区域文化资源竞争力的强弱。区域历史文化资源得分和区域自然资源得分的具体定义如下：

$$区域历史文化资源得分 = 10 \times S_1 + 5 \times S_2 + 3 \times S_3$$

上式中，S_1、S_2 与 S_3 分别表示世界文化遗产数、国家文物保护单位数、省级文物保护单位数（注意：历史文化资源得分以最高等级计算，例如某一历史文化资源既是世界文化遗产，同时又是国家重点文物保护单位时，以世界历史文化遗产论处，也即不重复计算）。

$$区域自然文化资源得分 = 10 \times H_1 + 5 \times H_2 + 3 \times H_3$$

上式中，H_1、H_2 与 H_3 分别表示世界自然文化遗产数、国家级风景名胜区数、省级风景名胜区数（注意：区域自然文化资源得分以最高等级计算，例如某一自然文化资源既是世界自然文化遗产，同时又是国家级风景名胜区时，以世界自然文化遗产论处，也即不重复计算）。

·文化产业竞争力

文化资源作为文化产业发展的核心要素，产业化的开发是重中之重。它的发展关系到资源属地的经济发展水平、交通运输便利度、生活服务能力、商务服务能力等。区域文化产业之间的竞争是区域间文化竞争的集中体现与最主要的表现形式。

反映区域文化产业发展规模与水平的指标较多。常用的反映区域文化产业发展规模的指标有文化产业增加值，文化产业税收总额，文化产业从业人员数量，旅游业增加值，旅游业从业人数，年接待国际（国内）游客人次数等；而常用的反映区域文化发展相对水平的指标有文化产业增加值占 GDP 比重，人均文化产业增加值，文化产业从业人员比重，旅游业增加值占 GDP 比重，年接待国际（国内）游客人次数与区域人口数比例等。在这些指标中，区域文化产业增加值与人均事业费是最为重要的两个指标。

第四，人力资源与文化创新竞争力

主要从人力资源与文化创新竞争力两个维度考察。

· 人力资源竞争力

文化竞争说到底是人力资源的竞争。常用的反映人力资源竞争力的指标有：教育经费投入占 GDP 比重，人均公共教育经费支出，区域大（中、小）学在校学生数，大（中、小）学入学率，大学以上文化程度人口的比重，每10万人口中大学生数，平均受教育年限，大（中、小）学教师数，专业团体文艺人员数，文化/体育/娱乐业从业人数等等。在这些指标中，从投入的角度考察，教育经费投入占 GDP 比重无疑是最为重要的指示，而从产出的角度考察，每10万人口中大学生数，平均受教育年限、文化/体育/娱乐业从业人数无疑是最为重要的三个指标。

· 文化创新竞争力

文化创新能力的大小对（未来）文化竞争力的强弱具有决定性的影响，而反映文化创新竞争力的常用指标有：文艺作品的原创数、科技人员数，科技人员占就业人数比重，R&D 投入量，R&D 投入占 GDP 比重，专利授权数，每10万人口专利授权数，科技成果数，科技进步内部支出产生的新产品产值，等等。在这些指标中，从投入的角度考察，国际上通常用 R&D 经费占 GDP 比重来衡量一个国家的科技投入水平，因此，R&D 投入占 GDP 比重无疑是最为重要的指标，而如果从产出的角度考察，每10万人口专利授权数则无疑是衡量一个区域创新成果绩效的最为重要的指标。

第五，文化消费与生活质量

主要从文化消费与生活质量两个维度考察。

· 文化消费竞争力

发展的根本目的就是满足居民的文化生活需要。因此，提高文化竞争力的主要目的之一就是提高居民的文化消费能力。而反映这方面的主要指标有：居民文教娱乐服务消费支出总额，人均文化消费量，居民文化消费系数（居民用于购买文化产品与服务的消费占总消费支出的比重），等等。随着温饱问题的基本解决和物质生活水平的不断提高，居民对精神生活的需求会越来越高，居民文化消费系数能比较全面地反映居民在精神生活方面的提高和普及程度，因此我们选用居民文化消费系数来反映区域文化消费竞争力。

·生活质量

提高区域文化竞争力的终极目标就是提高居民的生活质量。而衡量居民生活质量高低的指标较多，常用的有恩格尔系数，人均收入，人均储蓄余额，人均居住面积，住房配套率，获得安全饮用水人口比重，人均生活用电量（人均能源消耗），区域人均道路面积，绿化覆盖率，"三废"处理率，大气质量等级，每万人拥有公共车辆，每万人拥有医院病床数，平均预期寿命，婴儿死亡率，每千人医生数，家庭电话普及率，常用家用电器普及率等。

在这些指标中，恩格尔系数无疑是生活质量高低的最常用指标，而人居环境是生活质量的又一不可或缺的重要方面，人均居住面积与住房配套率分别衡量人居环境的数量与质量，但是有关居民住房情况的指标一般不包含在日常的行政统计之中，因此我们只能借助于抽样调查，而这需要支付一定的成本，因而在此不得已将这方面的指标舍弃掉。平均预期寿命是一个综合性较强的指标，它既能反映社会、经济的进步状况和医疗水平的发展状况，也能从一个侧面反映人们的营养状况和生活质量的改善情况。

考虑到资料来源的限制，笔者选用了恩格尔系数、平均预期寿命两个指标作为居民生活质量高低的度量指标。

至此，根据区域文化竞争力指标体系的构成要素，并从目前我国统计制度和统计数据基础方面的考虑，本研究构建了五大类八个层次、共24个指标的区域文化竞争力评价指标体系。这些指标中有描述性的绝对指标，也有评价性的相对指标，有总量指标，也有平均指标，整个体系是以相对指标为主体，这在比较上更具合理性和准确性。结果如表1所示。

表1　区域文化竞争力评价指标体系

一级指标		二级指标		三级指标	
名称	权重	名称	权重	名称	权重
一、基础竞争力	0.25	一、经济竞争力与对外文化交流程度	0.60	1、GDP	0.30
				2、人均 GDP	0.30
				3、中外旅游者人次数	0.40
		二、环境与区位竞争力	0.40	4、建成区绿化覆盖率	0.30
				5、社会消费品零售总额	0.40
				6、路网密度	0.30
二、公共文化服务与传媒竞争力	0.20	三、公共文化服务与传媒竞争力	1.00	7、人均公共图书占有量	0.20
				8、报刊发行量	0.20
				9、图书发行量	0.20
				10、广播覆盖率	0.10
				11、电视覆盖率	0.10
				12、居民户均计算机数	0.20
三、文化资源与文化产业竞争力	0.25	四、文化资源竞争力	0.30	13、历史文化资源得分	0.60
				14、自然文化资源得分	0.40
		五、文化产业竞争力	0.70	15、文化产业增加值	0.50
				16、人均事业费	0.50
四、人力资源与文化创新竞争力	0.15	六、人力资源竞争力	0.60	17、文化/体育/娱乐业从业人数	0.40
				18、每10万人中在校大学生数	0.30
				19、平均受教育年限	0.30
		七、文化创新竞争力	0.40	20、R&D 投入占 GDP 比重（%）	0.50
				21、每十万人口专利数	0.50
五、文化消费与生活质量	0.15	八、文化消费与生活质量	1.00	22、居民文化消费系数	0.40
				23、恩格尔系数	0.30
				24、平均预期寿命	0.30

（三）指标体系的自我评价

文化竞争力作为竞争力研究中的一个崭新领域，目前尚缺乏独立的研究，仅在其他竞争力理论中有所涉及。由于文化本身特殊性质，目前尚未有比较成熟的评价体系。本研究中设计的"区域文化竞争力评价指标体系"是首次以《国家"十一五"时期文化发展规划纲要》为理论基础而建立的一个文化竞争力体系。尽管该指标体系有很多有待完善之处，但毕竟为今后的研究打下了一个基础。

区域文化竞争力指标体系是一个全新的研究领域，因此，还有待于进一步完善。如：（1）随着社会不断进步和科学技术的广泛应用，网络、电子图书馆等新型文化载体的出现，人均公共图书占有量、广播电视综合覆盖率等一些传统的统计评价指标已不具充分的解释力。就目前而言，尚没有其他更好的指标可以替代，笔者仍将它设计在指标体系中，这是今后研究中特别需要给予关注的问题。（2）对于互联网用户数、宽带入户接入率等发展性指标，考虑到作为发达地区的江苏，其发展水平不能代表全国的平均水平，故没有将其列入本指标体系，在省域比较中也没有纳入，我们相信在不远的将来，随着地区间发展差距的缩小，这一指标必将进入评价体系。（3）农村文化是文化研究的一个新领域，考虑到本研究是全国性的一个比较研究，而全国各省的农村文化水平参差不齐，农村文化的数据比较难以取得，故本研究对此没有过多的涉及，这也是本指标体系的一大缺憾，我们将在以后的研究中强化这一领域。（4）文化研究中还有许多的指标非常具有现实和战略意义，但目前统计部门对其还没有进行量化，因此在现有的统计基础上数据的查询存在一定的困难，故没有将其纳入，我们建议统计部门在今后的工作中将其纳入，便于研究的进一步深入。

总而言之，关于区域文化竞争力评价指标体系的研究，本身也是一个不断完善、不断发展的过程。这不仅因为研究方法需要逐步完善，而且因为，随着社会经济条件的变化，往往会不断产生和提出一些新的发展战略目标，从而要求相关的区域文化竞争力评价指标体系能够给予适当反映。就这一点来说，倘若追求使该指标体系尽善尽美，将其作为一种绝对全面、一成不变的测度标准，那将是不现实，也是无益的。如果把指标体系作为考察和分析区域文化发展进程中可能存在的问题的有用工具，倒不失为一种更为可取的出发点。[①]

四、评价指标的测算

指标体系设计完成后的计算，使区域文化竞争力评价这项复杂的工作具体化的同时，也架通了联结文化竞争力和各具体指标之间的"桥梁"。

（一）指标数值的标准化

在构成指标体系的各指标选取完成以后，由于各指标的量纲与取值范围不同，因而必须对各指标数值进行无量纲化处理，也即指标数值的标准化。常用的方法有标准化法、极值法等。

由于区域文化竞争力是一个相对的概念，是在与其他区域相比较过程中反映出来的。因此，在区域文化竞争力评价指标转换过程中，笔者采用了如下的转换方法：

对于正向指标[②]，采用如下转换方法：

$$y = \frac{x}{x_{max}} \times 100$$

对于逆向指标[③]，则采用如下转换方法：

$$y = \frac{x_{min}}{x} \times 100$$

上式中，x_{min} 与 x_{max} 分别表示参与比较的区域中某一指标的最小值与最大值，而 x 表示所考察区域该指标的实际值。

（二）指标权重的确定

单个指标信息零散、不能给人以整体印象。因此，在构成指标体系的各指标选取完成以后，还要在此基础上构建综合指标，以便借此能对所研究事物进行总体概括。

综合指标的构建一般都要牵涉到各指标的权重问题。由于各要素对区域

[①] 福建省社科联全面建设小康社会研究中心课题组：《福建省全面建设小康社会评估指标体系研究》，载《东南学术》2004 年第 3 期。

[②] 正向指标，指的是指标数值越大越好，即指标数值的大小与区域文化竞争力强弱呈正相关关系。

[③] 逆向指标，指的是指标数值越小越好，即指标数值的大小与区域文化竞争力强弱呈负相关关系。

文化系统的影响或引起的效应是不同的，进行综合评价时，各要素便不能同等看待，"权系数"即表示它们的不同重要性及各要素所产生的不同协同效应，这一概念是对各要素间由于非线性产生的交互作用的一种近似反映。因此，在区域文化竞争力综合评价中，各级权值的确定是一项重要的内容，而常用的指标权重的确定方法有三种：一是采用德尔斐法（即专家调查法）确定各指标的权重；二是采用主成分分析法确定权重；三是采用层次分析法（Analytic Hierarchy Process，简称 AHP 方法）确定权重。层次分析法是由美国运筹学家 T. L. Saaty 教授在 20 世纪 70 年代末提出的，它是一种定性分析与定量分析相结合的系统分析方法，是将人的主观判断用数量形式表达和处理的方法。换而言之，它是一种整理和综合专家们经验判断的方法，也是将分散的咨询意见数量化与集中化的有效途径，故又称为专家问卷法。AHP 法将要识别的问题分解成各个组成因素，又将这些因素按支配关系分组形成递阶层次结构，由专家对所列指标通过两两比较重要程度而逐层进行判断评分。利用计算特征向量确定下层指标对上层指标的贡献程度，从而得到基层指标对总体目标或综合指标重要性的排列结果。专家通过对区域文化有全面认识，确定权重值的客观性强，评定的可信性较高。

本研究在确定区域文化竞争力指标权重时采用了层次分析法。首先选定了几十位来自文化学、社会学、经济学等各个领域的专家，并向专家详细说明该研究的意义及目的。然后，拟订专家调查表，按层次将各指标排列成易于专家打分的表格形式，以匿名的方式征询专家对指标权重的看法，然后对征询到的各专家意见进行统计分析，利用层次分析法软件 Expert Choice 计算出每张专家调查表下各指标的相对权重并检查每位专家意见的一致性，对于不符合一致性要求的少数专家意见，选择放弃此专家对各指标的权重打分意见或者做出适当修改。在随后进行的一次意见征询中，将经过整理的上次调查结果反馈给各个专家，让他们重新考虑后再次提出自己的看法，并特别要求那些持不同看法的专家详细说明自己的理由。经过几轮征询和反馈，专家们的意见逐渐集中，最后获得有统计意义的专家集体判断结果。[①] 综上所述，笔者根据专家的评议，综合考虑区域文化竞争力的本质特征以及各指标反映这些本质特征的程度，得出了各因素和因子之间的权重值。

---

① 王炼、庞景安、曹燕：《企业科技竞争力综合评价指标体系研究》，载《科技管理研究》2007 年第 11 期。

（三）综合评价的方法

对指标体系进行综合评价有许多种方法。常用的有两种，一种是加权综合指数法，适用于文化发展实现程度的评价，即用实现数除以目标乘权重得出每个指标的得分，相加得子系统得分，逆指标用目标数除以实现数，此方法也适用于年度之间的动态比较；另一种是综合评分法，适用于某年地区间的综合发展水平。对计算的结果要进行逻辑审查，如不合理之处要反复核对，找出原因或进行调整。

中国区域文化产业竞争力是以我国 31 个省（市）、15 个副省级城市和江苏境内 13 个地级市为评价对象，以测度各省（市）文化竞争力的现状水平，分析其存在的竞争力优势和劣势。因此，我们采用了综合评分法。

具体方法是：在每一个竞争力指标内，将各省市的指标值视为一个正态分布的样本。计算出样本的均值 μ 和标准差 σ。在假定样本服从正态分布（μ，σ）的基础上，计算出样本中每一个单元 x 的下侧累计概率值 P（X < = x），再将其乘以 100 得到最后的正态标准化数值。由于概率值 P 在 0 和 1 之间分布，因此最后的标准化数值的范围为 0 到 100。在每个指标标准化数值的基础上，将要素内的指标根据权重计算得到上一级的要素竞争力水平，再逐级汇总得到最终的整体竞争力水平。

以科技创新提升南京城市竞争力

倪鹏飞 *

　　南京地处长三角地区，为长三角经济圈的北翼副中心，面临着来自杭州、苏州、无锡、常州等城市的激烈竞争，也面临着长三角经济圈以外其他地区如珠三角地区和环渤海地区城市的激烈竞争，这种竞争不仅包括人才、资金的争夺，也包括科技、教育等资源的争夺。尽管如此，南京城市竞争力依然有了较大幅度提高，2005—2009 年地区生产总值年均增速达到 14.9%，高于深圳的 13.8%，上海的 11.0%，和杭州的 12.57%，特别是南京发展成本竞争力提高较快，产业层次竞争力明显增强，这都为南京未来城市竞争力的提升起到良好的推动作用。

　　南京科技竞争力提升较为迅速。南京科教资源丰富，具有较强的竞争潜力，南京科技创新对南京城市竞争力提升发挥了重大作用。南京科技竞争力提高，特别是科技创新能力的提高促进了南京产业科技水平提高，从而降低企业生产成本，丰富了新产品数量，提高了产品附加值，增强了产品乃至企业的市场竞争力，从而推动南京经济发展，并带动城市社会发展，对南京城市竞争力起到了重要作用。南京城市竞争力的提高主要依赖科技的力量，依赖科技创新提供的源源不断的动力，才能得以实现。

　　正是因为科技创新是南京城市竞争力提升的核心影响因素，南京未来要继续领先发展，就必须提高南京的科技竞争力。不过由于成果转化率相对较低，高新技术产业发展仍不充分，这种潜力还没有完全发挥，也面临着来自

---

　　* 倪鹏飞：中国社会科学院城市与竞争力中心主任，研究员、博导。

于苏州、无锡等城市较大的竞争力压力。南京在未来发展中应该高度重视科技创新的力量，必须站在战略的高度来看待科技竞争，采取一切必要的措施提高科技创新能力，推动城市竞争力不断提升。

一、南京科技创新现状和成就分析

（一）科技创新主体素质分析：创新型企业快速发展，高端产业企业进一步集聚

1. 企业素质：整体有所提高，高新企业发展迅速

企业是创新的主体，企业数目的增减、企业的规模结构及高端产业状况都是影响一个地区科技创新能力的重要因素。南京市工业企业数目增加较多，呈现民进国退局面，小型工业企业数目增加较多，国有及国有控股企业在工业经济的比重有所下降，但总体规模和经济总量仍然占有较大比重，大中型工业企业仍是运营主体。

高新技术企业数有了大幅增加，效益显著提升。2007年末经过认定的高新技术企业数为833个，其中国家级重点高新技术企业为45个，分别比2001年增加454个和24个，都增长了一倍多。不仅如此，高新技术企业效益也有了显著提升，高新技术企业从业人员和总产值在2002年为101094人和602.8亿元，而在2007年分别为143744人和2616.1亿元，人均产值从59.6万元提高到182.0万元。还需要指出的是，由于高新技术企业数目增加较快，而从业人数增加相对较慢，高新技术企业平均从业人员数有所减少。

高端产业具有较好的基础，富于创新潜力。电子及通信设备制造业、电器机械及器材制造业、交通运输设备制造业增加值占全市工业增加值的比重在2008年分别达到19.4%、6.5%和4.7%，都属于南京的主导产业，也是具有较好持续增长能力的优势产业，这些产业需求收入弹性大，同时科技创新能力也比较强。除此之外，南京市生物医药和智能电网等产业的市场占有率较高，也是具有较强发展前景和创新能力的产业。2008年有技术开发机构的大中型企业数目为107家，比2002年增加了3家。

2. 公共部门：服务能力有所增强，职能转变仍需推进

公共部门尤其是政府部门的财力状况、行政执行能力和制度设置的有效

性对一个地区创新环境营造具有重要意义，从而也影响到该地区的科技创新能力。南京经济的快速增长带来了财源的增加，南京财政支出规模日益增加，但是由于增值税改革、税收优惠、土地收益增长有所下降等因素，财政支出规模占 GDP 规模有所下降。

南京政府运行较有效率，但服务经济职能仍需加强。根据世界银行发布的《2008 中国营商环境报告》，南京在开办企业、登记物权、获取信贷和合同执行方面的得分都很高，分别排在第二位、第二位、第五位和第二位，这表现出政府行政能力和制度有效性都很高。南京行政能力和制度有效性的提高得益于南京服务型政府的建设。尽管如此，在强调向服务型政府转变中，南京主要是"公民参与"模式，与香港"顾客导向"模式和成都"规范化模式"相比，经济服务职能转变略显不足。

3. 家庭素质：教育素质持续提高，创新精神逐渐加强

南京家庭教育素质持续提高。2008 年高等教育毛入学率为 57.9%，比 2002 年提高了 2.6 个百分点，人均受教育年限超过 14 年，比 2002 年增加了 3 年，家庭成员教育素质明显提高。

创新精神略显不足，但价值观念在逐步改变。虽然南京人有着非常好的科技教育素质，但在地域经济与文化发展的比较视野中，南京市民的思想观念总体上还略显保守，创业进取、创新变革的意识不强。

（二）科技创新产出分析：创新载体日趋完善，科技成果增长迅速，技术交易活跃度增加

1. 人力资本：总量增长加快，结构仍需调整，人才环境逐渐改善

南京科技活动人员和 R&D 人员有了较大增长，但占专业技术人员比重有所降低。2007 年，每万人专业技术人员数达到 1089 人，比 2002 年增长了将近一倍。南京每万人科技活动人员和 R&D 人员也分别由 108.7 人和 48.0 人增长到 112.5 人和 64.8 人，但占专业技术人员的比重却分别由 21.0% 和 9.3% 下降到 10.3% 和 6.0%，不过 R&D 人员占科技活动人员的比重却由 44.2% 上升到 57.7%（如表 1 所示）。2008 年底，南京市拥有中国科学院院士 46 人，中国工程院院士 32 人，拥有高级专业技术人员 6.33 万人，中级专业技术人员 18.64 万人。

表1 南京人力资本变化情况

	专业技术人员		科技活动人员			R&D人员			
	数量（人）	每万人专业技术人员（人）	数量（人）	每万人科技活动人员（人）	占专业技术人员比重（%）	数量（人）	每万人R&D人员（人）	占专业技术人员比重（%）	占科技活动人员比重（%）
2002	291023	516.6	61246	108.7	21.0	27054	48.0	9.3	44.2
2007	672052	1089.0	69423	112.5	10.3	40023	64.8	6.0	57.7

注：其中涉及研究与开发机构的统计数据不包括南京电子器件研究所、南京电子工程研究所和南京电子技术研究所。

数据来源：南京科技局网站（http：//www.njkj.gov.cn）。

科技活动人员和R&D人员在各类活动机构中都有较大增加，但比重结构相对稳定（如表2所示）。

表2 南京科技活动人员及R&D人员按活动机构分类情况

	科技活动人员						R&D人员					
	独立研究与开发机构		高等院校		大中型工业企业		独立研究与开发机构		高等院校		大中型工业企业	
	数量（家）	比重（%）	数量（所）	比重（%）	数量（家）	比重（%）	数量（家）	比重（%）	数量（所）	比重（%）	数量（家）	比重（%）
2002	10990	17.94	14510	23.69	35746	58.36	4143	15.31	7243	26.77	15668	57.91
2007	13563	19.54	16713	24.07	39147	56.39	6198	15.49	10903	27.24	22922	57.27

数据来源：南京科技局网站（http：//www.njkj.gov.cn）。

南京教育资源丰富，教育能力增加较快。2008年南京有普通高等院校41所，其中211工程学校达到8所，还拥有职业技术学校113所，外国人学校5所，博士后流动站103个。南京2008年在校大学生数达到65.20万，每万人拥有的在校大学生数达到859.1人，分别比2003年增加32.2万和293.5人，而2008年在校研究生数达到7.31万人，每万人拥有的在校研究生数达到96.3人，分别比2003年增加3.38万和67.3人。

南京生活环境日益改善，生活成本有所增加。南京2008年在岗职工工资为3609.0元，比2003年的22190.0元增长了62.6%，工资的快速提高有利于人们生活水平的提高和吸引人才。同时，南京充分发挥自身具有适宜的气候条件和历史古都文化底蕴厚重的优势，确立建设人居环境最佳城市的目标，加大老城保护和环境综合整治力度，"绿色南京"建设向纵深发展，外秦淮河、金川河综合整治初显成效，中山陵风景区和明城墙风光带综合整治全面启动，静海寺、天妃宫和宝船遗址公园建设初具规模。森林覆盖率达到24%，建成区绿化覆盖率达到46.1%，人均公园绿地达13.2平方米，居全国同类城市前列。南京全市有文化馆16个，博物馆30个，公共图书馆18个。

2. 金融体系：融资环境日益改善，股权投资发展迅速

南京金融业发展较为迅速，金融业成为南京重点发展的重要产业，区域性金融中心地位初步确立，融资环境日益改善，金融服务品种较为丰富。这将为科技创新提供充裕的资金环境。2008年，南京金融业增加值达到302亿元，占GDP的比重达到8%。南京2008年金融机构本外币存款余额达到8562.3亿元，比2003年增长124.1%，城乡居民储蓄余额达到1253.85亿元，比2003年增长104.6%，金融机构本外币贷款余额则达到7483.1亿元，比2003年增长111.0%。

3. 科学技术：载体众多，成果丰硕，科技活动日趋活跃

南京科技载体众多。（1）南京科研机构众多。2008年末，南京有普通高等院校41所，其中211工程学校达到8所，博士后流动站103个。南京市共有国家、省级工程技术研究中心65家，市级工程技术研究中心42家，国家、省级重点实验室45个。（2）南京开发区和高新技术企业数量众多。南京市现有5个国家级开发区，8个省级开发区，若干重点工业园区，并设有国家级出口加工区和龙潭港保税物流中心（B型），开发区已成为南京利用外资的主要载体。（3）南京科技孵化器和公共技术平台增加较快。2008年南京新增国家级创业中心2家，新增省级创业中心7家，国家、省级科技创业服务中心达到18家，市级科技创业服务中心达到9家，这些科技企业孵化器总数达27家，总面积达109万平方米，在孵企业2500多家。（4）南京大学园区建设发展较快。目前南京已经建成了南京理工大学科技园、东南大学科技园、南京工业大学、南京大学—鼓楼高新国家大学科技园等四个在宁国家级大学科技园和南京中医药大学科技园、南京财经大学科技园两个省级大学科技园。

南京科技成果丰富。（1）专利申请量增加迅速。2008年，全年专利申请量11692件，比2002年增长4.25倍。其中，发明专利申请量5019件，占全

年专利总申请量的 42.9%。专利授权量 4816 件，比 2002 年增长了 3.17 倍。
（2）高等院校依然是科技成果的主要载体。2007 年，高等院校专利申请数量
达到 1984 件，比 2002 年增长了 4.56 倍，独立研发机构、高等院校和大中型
工业企业合计专利申请数量的比重也由 53.4% 上升到 55 5%，大中型工业企
业专利申请数量增长了 4.62 倍。

（三）科技创新投入分析：科技投入迅速增加，大中型工业企业 R&D 经
费比重上升

1. 综合需求：人口迅速增加，经济增长加速，财政科教支出上升

南京人口增加较快。2008 年末南京常住人口 758.89 万人，比 2003 年末
增加了 115.89 万人，增长了 18.0%。南京经济发展较快。2008 年地区生产
总值达到 3775 亿元，比 2002 年增长了 1.5 倍，按常住人口计算的人均地区
生产总值达到 50327 元，比 2002 年增长了 1.87 倍。南京财政科教支出上升
较快。2008 年，南京全市财政支出中的教育支出 58.03 亿元，比 2002 的
19.93 亿元增长了 1.9 倍，人均教育支出 764.7 元，比 2002 年增长了 1.16
倍；科学技术支出 9.46 亿元，比 2002 年增长了 2.3 倍，人均科学技术支出
124.7 元，比 2002 年增长了 1.45 倍。

2. 科技需求：科技经费增加迅速，工业企业 R&D 人员人均研发经费领先

南京科技活动经费增加较迅速，R&D 经费增加较快。大中型工业企业所
占比重上升，科技活动人员和 R&D 人员的人均 R&D 经费增加较快，大中型
工业企业逐渐领先。尤其值得关注的是南京试验发展经费比重上升较快。
2007 年全社会 R&D 经费中，用于试验发展的经费为 62.94 亿元，所占比重
达到 72.52%，比 2002 年提高了 19.10 个百分点，用于应用研究的经费为
14.17 亿元，所占比重为 16.32%，比 2002 年下降了 18.79 个百分点，而用
于基础研究的最少，为 9.68 亿元，所占比重为 11.15%，比 2002 年下降了
0.31 个百分点。表 6 反映了南京 R&D 经费分类使用情况。

（四）科技创新区域联系分析：产学研合作网络初步形成，成果就地转
化率显著提高

1. 空间接近性：区域环境优越，创新主体布局仍需调整

南京科技创新具有较好的区域环境。南京是长三角经济圈的北翼副中心，
又是江苏省省会城市，而且"南京都市圈"也是以南京市为中心，区域中心
地位突出。南京依托周边地区迅速发展的产业所产生的强大科技需求，有利
于充分发挥南京科教资源丰富的优势；南京自身经济的迅速发展，特别是高

科技产业的发展，将进一步成为南京科技创新的催化剂；南京距离另一个重要的科教中心上海较近，有利于南京科教机构对外交流，提高自身的科技创新能力。

南京科技创新主体空间接近性略显不足。南京科教资源高度集中于鼓楼区，高新技术开发区则位于江北，交通联系不太方便，而且新的大学城也主要集中于江宁和仙林，虽然当地也有比较集中的产业，但距离高新技术开发区更远。这种科教资源和高新技术开发区的空间接近性不够强，会影响科技创新需求方和供给方的联系，增加了创新主体间的交流成本。

2. 企业相关性：科教资源具有一定产业基础，但产业结构仍需调整

南京科教资源结构有利于部分产业的科技创新，部分产业与科技创新资源形成了比较好的促进作用，科技创新资源与相关产业形成了相互支撑相互促进的局面。

但是，南京科教资源优势的充分发挥需要进一步实行产业结构调整和升级。就南京制造业技术结构而言，南京技术密集型产业发展仍然相对薄弱。制造业向生物医药、新能源新材料等高技术密集产业的转变仍存在诸多障碍，从而抑制了南京科技创新资源优势的发挥。而且，南京目前产业园区存在着规模较小，地均工业增加值较低，产业集约化水平不高等问题，进一步限制了新兴产业发展和科技创新能力的发挥。

3. 主体联系：成果就地转化率提高，产学研合作推动资源合理配置

南京就地成果转化率在不断提高，产学研制度化联系机制已经建立，产学研合作创新的资源配置机制进一步完善。南京全市共建立了27家孵化器、107家市级以上工程技术中心，南京地区高等院校、科研院所应用技术类科技成果转化率在南京应用转化的达到了41%。南京建立了包括政产学研金五方在内的80家单位建立了政产学研金联席会议制度，各区县、开发园区也成立了不同形式的产学研合作领导组织，加强信息沟通与全面合作，制定全市产学研战略规划和目标，协调和集聚各类创新资源，营造产学研合作良好环境，推进产学研合作。

（五）科技创新对外联系分析：科技外向度明显提高，海外人才吸引力增加

1. 对外交通：交通枢纽地位增强，物流中心功能渐显

南京是重要的交通枢纽城市。南京市距入海口380公里，是中国东西长江水运大动脉和京沪铁路这一南北陆运大动脉的交汇点。南京经过国家批准

设立的龙潭港和禄口机场物流基地加强了南京对外联系能力。南京是发展迅速的现代物流中心。南京口岸拥有落地签证权，正在实施"大通关"工程，这一工程将大幅提高口岸通关效率。2008 年南京货物周转量达到 1838.15 亿吨公里，旅客周转量达到 330.63 亿人公里。

2. 对外经济：科技外向度提高，外资稳定增长

南京科技外向度稳步提高。2007 年高新技术出口 40.4 亿美元，比 2004 年增加了 1.02 倍；新产品出口销售收入 199 亿美元，比 2004 年增加 3.46 倍；高新技术产品出口额占全市出口总值之比为 19.6%，比 2004 年提高了 0.39 个百分点。南京利用外资维持稳定。2008 年，南京实际利用外资额 23.72 亿美元，比 2003 年增加了 1.17%。其中，第一产业实际利用外资 0.18 亿美元，第二产业实际利用外资 11.73 亿美元，第三产业实际利用外资 11.81 亿美元，分别占比 0.75%、49.45% 和 49.78%，新批千万美元以上项目达到 145 个，新批企业数 268 家。

3. 人才引进：政策激励，留学归国人才日增

南京注重海外留学人员的引进。至 2009 年，南京市引进海外留学人员近万名，有 3700 多名在企业担任总裁、经理和技术骨干。在 11 家海外留学人员创业园创业、工作的留学人员 3700 多人，注册留学人员企业 314 家，还有相当数量留学人员在园区外创业发展。据南京市科技局统计，2007 年南京市有海外高层次留学人员或"海归"背景科技人员参与的科技计划项目达 362 项。

4. 技术转移：体系日益完善，数量迅速增加

南京建立了比较完善的国际技术转移体系。南京利用全球科技资源，积极拓展国际技术转移工作网络，与英国知识转移网（KTN）建立合作关系并签署了合作谅解备忘录；与韩国大田科学工业园、日本日中经济发展中心正式签署了国际科技交流与合作协议书，共同加强技术转移项目的中介合作；与中美技术转移平台、美国霍尼韦尔国际公司、清华大学国际技术转移中心及上海科威国际技术转移中心在技术转移项目对接上开展合作；与世界科技城市联盟（WTA）、韩国技术转移中心、俄罗斯 APEC 技术转移中心、美国中小企业署及部分非洲国家联系拓展了国际技术转移工作网络。

5. 国际关系：国际交流日益频繁，青奥会助推国际合作

南京国际交流日益频繁。南京已经与日本名古屋市、美国的圣路易斯市等 12 个国家的 12 个城市结成了国际友好城市。而且，城市接待入境旅游人

数迅速增加。2008 年，南京接待入境旅游人数达到 119. 52 万人次，比 51. 51 万人次，增长了 1. 32 倍。2008 年从事国际旅游业务的旅行社有 26 家。南京 2010 年又取得了 2014 年第二届夏季青奥会举办权，这一事件将进一步加强 南京与世界的交流和合作。

（六）科技创新公共制度分析：产权保护环境改善，政府服务职能进一步加强

1. 产权保护：执法力度加大，产权流失现象犹存

南京建立了跨部门、跨行业执法机制，加强保护企业知识产权，联合查处侵权假冒行为，清理整顿音像制品市场，加大网络及信息传播领域的监管力度。

尽管南京在国家有关知识产权保护法律规定框架下加强了知识产权的保护工作，企业知识产权流失依然比较严重。一方面企业科技人员的流动，使科技人员把本企业的关键技术或秘密带到新的应聘企业，另一方面企业缺乏知识产权自我保护的意识，也忽视了知识产权价值评估，导致知识产权流失，同时又因较高的时间成本而放弃法律诉求，使得企业知识产权流失依然比较严重。

2. 市场监管：监管能力提高，市场环境改善

南京着力完善了政府监管、行业自律、舆论监督、群众参与的市场监管体系，加大市场监管力度，市场监管能力日益提高，严格的市场监管为南京营造公平竞争和高效运行的市场环境起到了重要的作用。

3. 政府管理：服务职能加强，行政立法渐臻规范

南京市进一步转化政府职能，向公共服务型政府转变。南京市还从加强行政立法源头改革立法体制，完善立法程序，增强立法的民主性和透明度，形成了维护和重构社会公平秩序，促进经济健康发展的行政法规框架。

二、南京科技创新经验分析

（一）科学发展，以科技带动产业跨越，以创新助推城市转型

科学发展，转变增长方式，是南京推动新一轮快速发展的必然选择。"三个发展"是南京坚持科学发展转变发展方式的具体体现。要真正坚持科学发展，转变增长方式，需要更为具体详细的计划安排，而"转型发展、创新发展、跨越发展"就从发展目标、发展路径和发展时期等三个维度对科学

发展进行了阐释。以科技创新为特征的创新发展是"三个发展"的核心内容。正是由于科技创新是南京创新发展的特征，创新发展才能够有效推动南京转型发展，加速南京高新技术产业发展，提升传统产业发展层次，推动南京产业结构升级，从使实现南京产业转型，并进一步带动城市功能转型；同时以科技创新为特征的创新发展也是南京实现跨越发展的基本途径，因为南京丰富的科技资源将通过创新活动发挥出巨大的能量，加速企业竞争力提升，加速产业结构升级加速，加速城市功能转型，从而使南京在短时期内实现跨越式发展。

（二）目标聚集，制订战略规划作引导，寻求关键环节做突破

1. 弘扬"智慧南京"理念，创新发展"智慧产业"

"智慧南京"是南京实现"三个发展"的重要途径，也是城市未来发展的全新理念。南京提出了"三个发展"的新阶段奋斗目标，作为实现这一目标的重要途径，南京市提出构建"智慧南京"的重大战略，即城市逐步从以工业生产为主向知识、信息、智慧枢纽和集散地为主的方向转变，中心城市对知识密集、信息密集、创新密集的高新技术产业和高附加值的智慧产业的吸引力迅速增强，逐步成为产品设计、研发、管控、营销、服务的聚集地，逐步演进为信息与知识生产、使用和集散的中心。

"智慧南京"的建设需要发展创新型的"智慧产业"。南京将充分发挥软件产业优势，集成先进技术，推进电信网、广电网与互联网在技术上的融合，努力建设以信息资源数字化、信息传输网络化、信息技术应用普及化为主要标志的"智慧南京"。南京还将加快设计研发数字化、制造装备智能化、生产过程自动化和经营管理网络化在工业企业中的普及应用，带动高科技产业、软件业、信息服务产业快速发展，促进经济社会发展的转型升级。

2. 实施"科教兴市"战略，坚定创新城市方向

"科教兴市"战略突出了科技创新的重要战略地位。南京市"科教兴市"战略寓意深刻，影响深远，是城市未来发展的重要战略抉择。其中，科技创新是"科教兴市"战略的灵魂，因为科教资源优势要转化为企业的先进生产力优势和城市持续竞争力优势，就必须要进行有效的科技创新，科技创新能力的强弱最终直接决定了企业市场竞争力的强势，决定了城市持续竞争力的强弱。

3. 制定"4＋8＋8"产业发展规划，引导科技创新资源集聚

强调产业结构升级中科技创新具有的重要地位。确定将"4＋8＋8"产

业作为实施科技创新重点突破的领域。南京根据自身产业基础和资源条件，确定了将"4+8+8"产业作为重点发展的产业，围绕"4+8+8"产业编制规划，通过科技创新促进产业转型，发展创新型经济。"4+8+8"产业，即4个支柱产业：电子信息产业、石头化工产业、汽车产业、钢铁产业；8个重点发展战略性新兴产业：风电、光伏装备产业、智能电网与电力自动化产业、通信产业、节能环保产业、生物和医药、新材料产业、轨道交通产业、航空航天产业；8个现代服务业：软件和服务外包业、金融业、现代物流业、信息服务业、旅游会展业、文化创意业、商务服务业、贸易流通业。依靠科技创新，开拓先导型新兴产业新领域，构筑支柱产业新优势，拓展生产性服务业新空间推进。除此之外，南京还明确表示要抓住国际先进制造业向长三角转移的机遇，选准突破性重点，实施产学研攻关，推动国际化合作，加快信息技术和先进适用技术的改造步伐，实现建材、纺织、食品等传统产业的结构升级，传统产业实现新突破。

4. 突出若干研发中心、优势产业和集群产品，实施科技创新重点突破

建设十个重大产业研发设计中心。南京依托龙头骨干企业（集团）、在宁高校院所的优势学科和产业发展重大需求，建设面向高新技术优势产业的产学研相结合的研发设计中心，注重突破一批核心技术，形成一批在国际国内领先的产业支撑技术，促进一批目标产品群的产业化，形成对相应产业高端发展的重要支撑，使十大研发设计中心逐步成为高新技术服务业发展的核心。

打造十个高新技术优势产业。南京继续做大做强软件、现代通信、新型光电、新材料、新能源与节能、电力自动化、生物技术与新医药、现代交通、现代装备制造、航空航天等高新技术优势产业，不断提高其核心竞争力，努力打造5个产值1000亿级、5个产值500亿级的高新技术优势产业，使之成为南京市经济发展和产业结构调整的主导力量。

培育十大高新技术重点产品集群。围绕高新技术优势产业领域，集中力量，重点攻关，全力打造微电子、LED照明、可再生清洁能源、光电显示、智能交通、精细化工、创新药物、节能与环保、智能化仪器仪表、新型机械等十个重点高新技术特色产品集群。培育一批产值100亿级的重点高新技术产品集群，以及包括集成电路设计、医药研发外包、现代制造服务、软件外包等销售收入百亿级的高技术服务业。注重产业关键技术突破、重大目标产品的研发，注重自主知识产权的产生，对当前扩大内需能够产生直接作用、

尽快形成市场竞争力的产品，优先安排、重点支持、加快实施。

（三）系统引导，尊重市场基本规律，树立企业创新主体地位

1. 制定了强化企业创新主体地位的政策

南京通过《关于科技创新推动产业转型发展创新型经济的行动计划》启动"千企创新升级"计划，加快培育 10 个百亿元级的创新型企业集团和 100 个成长型科技企业，鼓励企业进行新产品、新技术、新工艺的开发与创新。南京还专门制定了针对中小型企业特别是科技型中小企业的创新激励政策，以发挥其科技创新主体作用。

2. 鼓励企业建设技术中心

支持和培育一批国家级和省市级企业技术中心，支持自主创新能力建设，培育自主知识产权。新获得国家级企业技术中心、工程技术研究中心、工程中心的补助 100 万元，新获得省级企业技术中心、工程技术研究中心、工程中心补助 50 万元。

3. 实施技术标准和品牌战略

大力实施技术标准战略，促进技术专利化、专利标准化、标准国际化，设立标准化创新奖励，对企业主导制订国际、国家和行业标准的和对新承担全国专业标准化技术委员会责任的企业进行奖励，鼓励企业、高校、科研机构、检验检测机构和行业协会牵头或参与制订联盟标准、行业标准、国家标准、国际标准，鼓励企业积极采用国际标准和国外先进标准，通过消化吸收和再创新，形成优势技术标准。实施品牌战略，加大驰（著）名商标和各类名牌产品的培育和奖励力度，培育一批自主高新技术品牌，建立健全版权登记和资助制度，加强和完善软件和创意作品的登记和保护，加大名牌扶持与激励力度。

4. 强化自主知识产权保护

提高企业创造知识产权的积极性，对企业的国内外专利申请费、软件著作权登记费、集成电路布图设计申请费以及购买专利费给予适当补助，企业可提取一定比例作为对发明人和设计人的奖励。进一步加大知识产权行政执法力度，为企业创新创造良好的环境。积极引导和支持科技、专利中介机构和金融机构加强知识产权评估、无形资产质押工作，运用市场机制促进专利技术资本化，有效形成生产力要素。

5. 加强技术攻关，促进新品应用

组织对关键技术进行攻关开发，重点突破一批对全市经济发展具有重大

带动作用的关键技术、战略性技术，提升产业技术水平，优化产业结构和产品结构。南京市确定重点发展的产业链，发布关键核心技术领域的开发指南。鼓励专利新产品产业化，加快推进具有自主知识产权的新产品向现实生产力转化，鼓励企业开发具有自主知识产权、市场前景好、附加值高的专利新产品，加快建设一批专利技术产业基地，并通过产业化形成新的规模经济效益。

6. 加大政府对企业创新的投入

南京各区县财政对企业创新的投入逐年增长，强化财政投入导向作用，引导和带动全社会对企业创新的投入。筹措专项资金，主要用于扶持产业与资本融合促进中心、企业创新服务中心等平台建设，扶持重点产业链、特色产业集群基地、技术中心建设、信息化带动工业化建设、重大专利新产品产业化、高成长科技创新型企业培育、都市产业园、重点物流企业、标准与品牌战略实施、自主知识产权培育和保护、软件产业和国际服务外包产业发展、信用再担保体系建设、创新人才培育等企业创新活动。

7. 实施扶持企业创新的政府采购政策

完善政府购买等向自主创新产品倾斜的有效措施，制定政府采购技术标准和目录，建立财政性资金采购自主创新产品制度，对于南京市企业开发的符合政府采购技术标准和目录的具有自主知识产权的产品，实施政府首购和首用制度，不断提高政府采购中本市企业创新产品的比例。通过工程设计、预算控制、招投标等形式，引导和鼓励政府部门、企业和事业单位择优购买本市企业的创新产品。

8. 实施税收优惠政策激励企业技术创新

加大对企业自主创新投入的所得税前抵扣力度；允许企业加速研究开发仪器设备折旧；对高新技术企业、创业风险投资企业、科技中介服务机构、专职科研机构等发展实行一定的减免税；对符合条件的科学研究和技术开发进口设备，以及部分关键原材料和零部件免征进口关税和进口环节增值税；企业事业单位、社会团体和个人，通过公益性的社会团体和国家机关向科技型中小企业技术创新基金和经国务院批准设立的其他激励企业自主创新的基金的捐赠，可按税法的有关规定，在缴纳企业所得税和个人所得税时予以扣除。

（四）以高引高，强化环境资源优势，力争高端资源集聚

1. 借助科教资源丰富优势，争批全国唯一的科技体制综合改革试点城市

南京充分发挥南京地区科教资源优势，在 2009 年申请国家科技体制综合

改革试点城市成功获批。建设国家科技体制综合改革试点城市对南京来说是一件全局性根本性的大事，对南京强化创新驱动，加快经济转型升级，实现又好又快发展都将产生重大影响。

2. 借助已有高端科研基础，争取重要科研中心建设落户南京

借助南京已有科技研究基础，争取国家级和省级重要科研中心落户南京。南京大力支持东南大学无线通信国家实验室等一批国家重点实验室、国家级工程中心的建设，并通过规划、立项和土地、资金配套等要素支持，争取更多的国家重大科技基础设施落户南京，把南京建设成为国家基础科学与战略高技术研究的重要基地、国内高水平的知识创新平台、国内外一流人才培养高地。

3. 重视国际国内合作交流，推动科技要素向南京集聚

加强国内国际科技合作与交流，借助高水平的科技资源和产业基础优势，吸引高端科技成果落户南京转化。南京充分发挥科技发展与产业促进会的作用，强化在宁高校、科研机构与南京企业的创新互动。建立南京与长三角地区城市、南京都市圈内城市的科技发展协作机制，促进区域间人才等科技要素及其他生产要素自由流动，共同推动区域创新体系及其服务体系建设。发挥南京国际技术转移中心（联合国亚太技术转移中心南京联络点）的作用，定期举办亚太国际水平的技术转移大型交流交易活动，创新国际科技合作平台建设模式，建设国际科技企业孵化器，促进国际技术转移。

4. 依托高新区和高等院校优势，吸引科技资源向南京集聚

南京积极推进南京高新技术开发区"一区多园"建设，将南京高新技术产业开发区、南京江宁高新技术工业园、南京新港高新技术工业园、南京民营科技园置于统一领导组织体制下，充分利用国家级高新技术开发区的政策优势，同时也突破了高新区的地域限制，增强了高新区的扩展能力和覆盖范围，吸引高端科技资源向高新区集聚。

依托高等院校，建设技术创新校园区，孵化高新技术企业。南京充分发挥高校优势，建设了南京理工大学科技园、东南大学科技园、南京工业大学科技园、南京大学—鼓楼高新国家大学科技园等四个在宁国家级大学科技园和南京中医药大学科技园、南京财经大学科技园两个省级大学科技园，吸引科技创新要素集聚，致力于孵化高新技术企业。

5. 制订高度激励计划，吸引高层次人才向南京集聚

制订具有较高程度的激励计划吸引高层次人才。实施"蓝卡计划"，让

海内外的优秀人才享受市民待遇，进一步完善对海外高层次人才的服务体系；实施"优才计划"，吸引移动通信技术、光电显示、新能源装备、软件与信息服务、节能环保、物联网、轨道交通、航空航天、复合材料等十个科技创新领域的海外高层次人才创业发展；2010年3月实施了"紫金人才计划"，着力构建政策优势突出、服务环境一流、创业氛围浓厚、与产业发展相契合的人才集聚高地。

（五）合纵连横，整合产业区域资源，构筑官产学研合作网络

1. 现有资源整合，创新资源共享机制

建立政产学研金联席会议制度，协调和集聚各类创新资源，营造产学研合作良好环境，推进产学研合作的一系列工作落实。建立区域科技资源共享机制。完善"南京市大型科学仪器设备协作共用网"的管理和运行机制，促进高校、科研机构和大型企业的科技资源向社会开放服务。

2. 市场化导向，创新技术转化机制

组建产业技术研究开发机构，围绕科技成果商品化、产业化和市场化进行应用性研究开发和科技企业孵化，向企业提供技术转移和技术升级综合集成服务。

建立一批产学研技术创新战略联盟。设立产学研合作专项资金，支持以重点骨干企业为核心，联合在宁高校和科研院所建立十大研发、设计和制造中心，形成一批技术联盟、产业联盟、标准联盟、专利联盟等多种形式的产学研合作技术创新联盟。

加快培育科技中介服务体系。支持社会力量创办科技中介服务机构，引导科技中介服务机构为企业提供信息、技术、咨询、策划、培训、融资、法律等方面的服务。加强培训和交流，扩大技术经纪人队伍，繁荣技术市场。

3. 校企对接，搭建科技成果转化平台

南京成立了科技成果转化服务中心。该中心集成南京地区科技创新资源和科技综合服务功能，为企业自主创新和高校、科研院所、军工科技单位转化为科技成果提供全方位服务。

重视科技成果转化的载体建设。重点建设"南京科技广场"，打造南京科教名城的展示中心、科技创新的服务中心、产学研结合的示范中心和国际科技合作的交流中心，以提高南京地区高等院校、科研院所应用技术类科技成果在南京的就地转化率。

4. 政策扶持，加大科技成果在南京的转化激励

南京市对新建和引进符合"4＋8＋8"产业应用方向，且承诺其成果在南京转化的国家实验室、国家重点实验室、国家工程实验室、企业国家重点实验室、国家工程技术研究中心、国家工程中心、国家企业技术中心等，给予不同等级的资助；对在宁设立的具有独立法人资格、符合南京新兴产业重点发展方向的研发机构，并承诺其研究成果优先在南京转化，专业人员规模达到200人以上的，分阶段安排500万元建设补助；对围绕"4＋8＋8"产业承担《国家中长期科学和技术发展规划纲要（2006—2020）》中重大科技专项的单位，其核心成果在南京转化与产业化的，按国家财政资助额1：0.5的比例配套，最高不超过1000万元；高校、科研院所科技成果，由企业购买或成果单位自行在宁实现产业化的项目，项目实施三年内，每年因科技成果转化而产生的新增增值税地方留成部分，由财政给予补助，用于企业技术研发投入；高校、科研院所围绕新兴产业以科技成果、专利技术进行科技招商，吸引投资者（企业）转化科技成果，来宁投资5000万元（含5000万元）以上的项目，给予高校、科研院所不低于100万元的奖励。

（六）项目带动，建设科技资源载体，打造创新活动平台

1. 大力推进实验室和技术研究中心建设

2010年南京推出"3个10亿计划"，其中规定3年为市、区县、园区联手筹资10亿元用于科技产业创新平台建设，在此基础上，再大力投入资金着重扶持重点科技创新平台、重点实验室建设。对列入市重点产业技术研发平台项目建设，产生重大经济和社会效益的产业技术研发平台，引进建设国家重点实验室、国家工程技术研究中心、国家工程中心、国家企业技术中心，及省级重大研发机构、高级技术重点实验室等，以及央企、国内知名企业、跨国公司、驻宁高校院所建立符合南京新兴产业发展导句的研发机构，分别根据情况给予财政补贴或政策支持。

2. 大力推进技术型园区建设

依托高新区，拓展技术创新园区，积极推进南京高新技术开发区"一区多园"建设，将南京高新技术产业开发区、南京江宁高新技术工业园、南京新港高新技术工业园、南京民营科技园置于统一领导组织体制下。依托高等院校，建设技术创新园区，充分发挥高校优势，建设南京理工大学科技园、东南大学科技园、南京工业大学、南京大学—鼓楼高新国家大学科技园等四个在宁国家级大学科技园和南京中医药大学科技园、南京财经大学科技园两个省级大学科技园。依托各类园区，加强技术创新园中园建设，如高新技术开发区内开辟了南京软件园，成为国家火炬计划软件产业基地，另外还开设了生物医药科技园，南京工业大学和高新区合作还在高新区建设了"海内外领军人才三创载体"，助推海内外领军人才"创新、创业、创优"。

3. 大力推进孵化器和科技成果转化服务平台建设

科技企业孵化器是转化科技成果、培育高科技人才的基地，发展高科技的摇篮。一些科技园区本身就是一个孵化器，但孵化器的范围还不限于此。目前南京科技企业孵化器总数已有27家，总面积达109万平方米，在孵企业2500多家。其中国家级孵化器有八家，分别是南京大学—鼓楼高校国家大学科技园、东南大学国家大学科技园、南京理工大学国家大学科技园、南京科技创业服务中心、江苏省高新技术创业服务中心、南京金港科技创业中心、江苏软件园和南京软件园。南京另有公共技术服务平台66家，其中市级公共技术服务平台五家。

南京努力通过搭建科技成果转化平台推动校企合作。南京成立了科技成果转化服务中心，为企业自主创新和高校、科研院所、军工科技单位转化为科技成果提供全方位服务。重视科技成果转化的载体建设，重点建设"南京科技广场"，打造南京科教名城的展示中心、科技创新的服务中心、产学研结合的示范中心和国际科技合作的交流中心。继续推进宁南科学城、仙林大学城及南京地区四个国家（省）大学科技园等科技成果产业化基地建设。进一步加大南京高新技术开发区"二次创业"，推进园区管理体制和机制改革，提高综合服务水平和能力。

4. 大力推进集聚型产业化基地建设

南京在打造科技创新载体的同时，注重产业化集聚和创新成果转化的结合，建设创新成果产业化基地。南京加快建设液晶谷、无线谷、生物和医药谷等创新成果产业化载体，并重点打造传感网产业技术平台、软件和信息服务产业技术平台等12个区域创新平台，以最大幅度地提高创新成果转化的成功率。

重点推进五大科技创新工程建设。南京以五大科技创新工程建设的产业高端技术放大效应和集聚效应，拉动全市高新技术产业的升级和发展。这五大科技创新工程分别为中国软件名城建设工程，南京无线谷建设工程，南京创新模范路建设工程，南京生物医药技术创新及产业基地建设工程和白马农业高新技术产业园区建设工程。

5. 积极建设创新平台集聚人才

搭建科技产业结合的平台，集聚人才，为高层次人才进行科技创新创业提供更多更好的发展机会。整合南京科教、人才、政策、企业资源，搭建移动通信技术、光电显示、新能源装备、智能电网及电力自动化、软件与信息服务、节能环保、生物医疗、物联网、轨道交通、航空航天、复合材料、农产品精深加工等10个以上的科技与产业结合的平台，月产业吸引领军人才，用平台集聚优秀人才，用高端人才来推动高端技术、高端产业的发展。

积极推进高层次人才创新创业基地建设。在全市高新技术产业园区、经济开发区、大学科技园、留学生创业园等各类载体中，建设若干个高层次人才创新创业基地，建立一个高层次人才服务中心，协调整合政府资源、企业资源和社会资源，提供创新创业辅导，项目孵化和知识产权保护等全方位服务。

三、南京科技创新问题分析

（一）科技创新主体问题分析

1. 企业在科技创新中的主体地位尚没有真正确立

一是企业相对于高校和科研院所的科技创新成果较少。从南京2007年科技成果来看，大中型工业企业无论是专利申请数，还是拥有发明专利数都明显低于高校，专利申请数比高校少803件，其中发明专利数少1129件，仅为高校的25.8%，拥有发明专利数较高校少2061件，仅为高校的30.2%。二是科技中小型企业缺乏也导致南京企业创新主体作用缺失。南京科技型中小企业虽然在近些年发展较快，但同其他先进城市相比，数量较少，规模较小。以民营科技企业为例（民营科技企业大多属于科技型中小企业），2006年南京市民营科技企业的个数为2300家，仅相当于苏州的70%左右。

2. 高等院校市场导向的应用性研究较为缺乏

尽管高校在推动科技进步和社会发展方面做出了巨大贡献，但是也存在着轻视应用性研究及研究缺乏市场导向等问题。一是重论文和获奖，轻专利和知识产权。二是个人功利化倾向较为突出。一些教师和科研人员从事科研活动，受到职称评定或相关利益的驱动，从事科研的主要目的是为了晋升职称或获取相关利益，可以称其为"职称型科研"和"利益型科研"。在"职称型科研"和"利益型科研"的导向背后，实质上是部分教学科研人员科学探索精神和抵御名利等外部诱惑能力的缺失，这种功利性的研究通常忽视科研工作的实用性，更多地表现在为科研而科研，忽视了现实应用性，其结果是科研成果出来后通常会被束之高阁。三是科研活动的"作坊式"运作。"作坊式"科研的最常见表现就是一个导师带少数几个研究生"打拼"。这种科研方式缺乏跨学科、跨专业的宽广视野，缺乏团队和集群的协作，缺乏多学科、多专业的联合攻关机制，缺乏高校间乃至高校与科研院所、高校与企业间的科技合作平台，因而局限性很大，难以承担大项目，产出大成果。

（二）科技创新投入问题分析

1. 全社会 R&D 经费投入仍然不够高

南京 2007 年全社会 R&D 经费 86.79 亿元，占国内生产总值的 2.65%，比 2002 年的 1.87% 提高了 0.77 个百分点。尽管如此，南京全社会 R&D 经费仍然低于国内一些先进城市，北京市 R&D 经费支出占 GDP 的比重高达6.28%，远高于其他城市，西安、深圳两市 R&D 经费支出占 GDP 的比重分别高达 4.69% 和 2.89%。南京全社会 R&D 经费投入较低主要是企业 R&D 经费占销售收入比重较低，同时财政 R&D 经费也有待进一步提高。

2. 企业 R&D 经费比例仍然不够高

南京 2007 年全社会 R&D 经费 86.79 亿元中，独立研究和开发机构及高等院校 R&D 经费占了 37.27%，大中型工业企业和其他机构占了 62.73%，虽然企业 R&D 经费占所有 R&D 经费的比重已经占据主体地位，但是美国、日本、德国、瑞典等国家的 R&D 经费使用中企业都占到 70% 以上。与这些工业发达国家相比，南京的这一比例还是比较低的。大中型工业企业 R&D 经费占年销售收入的比例只有 1.0%，而在以企业为技术创新主体的发达国家，其企业对 R&D 的投入一般都占其销售额的 3% 左右，高技术企业对 R&D 经费的投入则占其销售额的 5% 以上，而世界 500 强企业一般要占 5%—10%。南京企业的 R&D 经费仍然有待进一步提高。南京企业 R&D 经费比例较低主要是南京科技型企业数量相对缺乏，同时企业增加值率也有待进一步提高，以增强企业 R&D 经费支出的潜在能力。

3. 技术创新资金向大中企业集中程度过高

南京 2007 年 86.79 亿元的 R&D 经费中，有 45.25 亿元集中于大中型工业企业，占所有 R&D 经费的 52.13%，另外独立研究和开发机构和高等院校 R&D 经费分别为 13.75% 和 23.51%，而包括小企业在内的其他机构 R&D 经费只占 R&D 经费的 10.60%。因为小企业是社会创新的重要力量，技术创新资金过多地向大企业集中而小企业 R&D 经费过少会使小企业技术创新能力不能有效发挥，不利于社会整体创新能力的提高。技术创新资金向大中企业集中主要是由于大中企业规模较大，自身积累资金能力和获得融资能力较强，而中小企业却缺乏必要的积累，融资能力较弱，风险也较大，导致技术创新资金相对缺乏。

（三）科技创新产出问题分析

1. 科技创新模式尚需进一步提升

南京大中型企业的产业属性和国有企业机制在一定程度上阻碍了独立创新的进行。南京很多大中型企业都是国有企业，经营管理体制僵化，有些则是中央企业的分支机构，本身不设研究机构，这些大中型企业很多属于资本密集型但非技术密集型，并且只凭已经形成的行业壁垒和规模优势就可以获利，从而失去独立创新的动力。这也使南京市整体独立创新动力不足。

南京缺乏协调有效的组织机构促进中小企业进行合作创新。由于南京缺乏协调有效的组织机构促进中小企业进行合作创新，而且高校和科研机构与企业合作也存在着目标性的偏差，使得南京合作创新模式没有发挥应有的威力。不过，由南京企业牵头的江苏省蜂产业技术创新战略联盟和奶业技术创新战略联盟已经成立，30 多家成员单位将抱团创新，这将为南京未来合作创新发挥较好的示范效应。

模仿创新依然是南京很多企业特别是中小企业进行产品创新提高市场竞争力的主要方式。但模仿创新一方面难以获得比较核心的技术，容易受制于人，同时也无法获得压倒性的技术优势，另一方面，模仿创新如果缺乏正确的引导和严格的管理，容易造成知识产权纠纷，不利于南京创新氛围的形成，进一步阻碍独立创新和合作创新。因此，南京目前仍然需要进一步优化创新模式，加大引导合作创新和独立创新的力度。

2. 南京科技人才结构不甚合理

南京高端人才比较缺乏。一是高层次、复合型人才比较缺乏。南京高校和科研院所很多，科学家和技术专家比较多，但是由于受评价体系和传统教育思想的约束，真正研究出能够产业化市场化成果的科学家和技术专家相对较少，而且，即使真的能够做出有发展前景的科研成果，通常也缺乏企业家精神，缺乏创业激情和才能，高层次、复合型人才的缺乏一定程度上限制了有市场潜力的科研成果的产生。二是国际化人才仍显缺乏。南京 2006 年科技孵化器吸纳的留学生只有 152 人，苏州、无锡则分别达到 671 人和 658 人。

30 年来，南京出国留学人员超过 2.5 万人，而回国的只有约 8000 人，而且还比较集中于部省属高校、科研院所和医院，在企业工作很少，留学人员创办企业的也比较少。

企业 R&D 人员比重仍然偏低。从企业技术创新的 R&D 人员投入看，南京企业 R&D 人员增长较快，在南京市所有 R&D 人员中所占比重也较高，但与发达国家相比，差距依然十分显著。2007 年，南京企业的 R&D 人员投入占所有 R&D 人员的 57.27%，而属于企业研究机构主导型的发达国家这一指标平均则在 60% 以上，美国甚至达 75.4%，相比而言，南京企业 R&D 人力投入还是较弱。从企业 R&D 人员占全部从业人员的比重看，南京为 4.11%，而发达国家企业 R&D 人员占企业从业总人数的比重一般在 10% 以上，差距也比较大。

3. 产业结构和科技创新成果不对称

南京资本、技术密集型产业发展尚显不足。南京目前的产业结构仍以生产加工型为主，高新技术产业规模仍然较小，即使是属于高新技术产业的企业，所从事的也主要是产业链中的生产加工环节，属于低技术含量产业，盈利能力也较弱。从有关数据可以看出，南京制造业的技术结构仍然主要是中低技术密集度的产业为主，距离以资本、技术密集型产业为主的发展还有一定差距。

南京产业结构对南京当地科技成果吸收能力不够。生产加工型的产业结构对科技创新成果需求较少，对南京当地的科技成果不能充分有效地吸收，并且主要是以一些能够迅速降低成本和价格的科技创新成果吸收为主，对于效益周期长、投入大的重大成果需求反而相对少，从而导致科技创新成果在南京的转化率低，对南京新产品、新产业发展促进作用也较小。因此，南京面临着调整产业结构，加快发展高新技术产业，推动现有产业向产业链高端发展的任务。

4. 技术创新产出的经济效益水平不够高

近几年南京企业技术创新产出数量以及质量都有了明显的提高，但技术创新的产业化水平依然不高。南京发明专利授权量 2009 年达到 2039 件，远高于同期苏州的 1030 件，无锡的 728 件。但是，南京 2009 年上半年高新技术产业产值只为 1141.41 亿元，相当于苏州的 36.54%，无锡的 83.53%。这反映了南京尽管科教资源丰富，甚至较为核心的发明专利类成果也很多，但是技术创新产出的经济效益比较低下，没有对南京经济起到应有的推动作用。

5. 技术创新成果的结构不太平衡

南京发明专利申请量和授权量众多，相比之下实用新型和外观设计方面的技术创新尚少。2009 年南京的发明专利授权量达到 2039 件，在江苏省内是居于第二位的苏州市（1030 件）的近 2 倍，无锡市（728 件）的近 3 倍。尽管发明专利是重要的，具有相对稳定长期的垄断性质，是科技创新中最核心的内容，但是发明专利的产业化却是一件艰巨的事情，而实用新型和外观设计专利却可以比较迅速和直接地进行生产应用，而南京实用新型和外观设计专利授权量只有 4552 件，只相当于苏州的 11.9%，无锡的 52.7%，最终导致了专利授权总量低于苏州和无锡，只相当于苏州的 16.78%，无锡的 70.39%。从这些数据来说，不能因为南京发明专利授权量多就认为其科技创新能力强或者科技创新产出高，高校和科研院所持有发明专利较多，转化较为困难，而实用新型和外观设计专利则主要是由企业自身开发持有，对生产的推动会更为直接，从这个角度讲，南京仍应该在继续保持发明专利申请量和授权量的优势基础上，鼓励企业多进行实用新型和外观设计方面的技术创新。

（四）科技创新主体联系问题分析

1. 产学研合作的定位不够精准

产学研合作没有突破南京本地而在更广泛的区域内定位。产学研合作可以整合南京科教资源与企业资源，有利于科技需求与科技供求有效衔接，有利于科技成果向现实生产力转化。但是，产学研合作成功与否不能太过于重视南京科技成果本地转化率一项指标。南京作为科教中心城市的定位决定了南京科教资源和科研成果具有辐射区域甚至全国的功能，南京的科技成果在外地的成功转化也应视为南京科教功能的有效发挥。南京对产学研合作比较准确的定位应该是"走出去，引进来"，提高南京科技成果在全国范围内的成功转化率，同样也要提高全国甚至国际技术成果在南京的成功转化率。至于南京科技创新成果的本地转化，要对成果进行详细的甄别和筛选，对于南京具有产业基础优势的科技成果，采取必要的措施使之尽可能在南京转化，对于南京不具有产业基础优势的科技成果，采取必要的措施鼓励使之在外地转化，要尽可能避免科技成果束之高阁，造成无谓的浪费。南京产学研合作过多重视南京科技成果本地转化率，和过去南京科技成果本地转化率过低有关，也和南京科教兴市战略有关，充分发挥本地科教资源的优势促进技术创新和产业发展这一战略方向无疑是十分正确的，只是需要在实际执行中把握好问题的程度和边界，适度跳出"南京本地"这一概念化的窠臼。

2. 产学研合作模式需改进

产学研合作模式停留在政府主导型的层次上。产学研合作模式有政府主导型的产学研合作模式、自由放任型产学研合作模式和自我重叠式产学研合作模式。目前南京产学研合作模式基本上属于政府主导型的产学研合作模式，这从各种政府报告中所说的"官产学研一体化"和"官产学研合作"等文字中也可窥见一斑。应该说这种产学研模式在当前的制度环境和运行机制下，是一种合理的选择，但也具有政府越位、缺位甚至错位情况的发生，存在着不稳定性和干预不当的风险，从而应该尽可能通过制度和体制的改善逐步减少政府在产学研合作中的地位，使之逐步体制化，推动产学研合作向更高层次的模式演进。南京产学研合作模式处于较低层次是和目前南京甚至全国科技教育体制和企业运行机制的现实状况密切相关，在这一体制下存在着部门权属分割，考核方式分割，风险承担能力弱化等问题，这使得政府主导型的产学研合作模式成为不得已的选择，也是这一体制下较为适合较为有效率的合作模式。

3. 产学研合作机制不健全，科技创新成果吸纳仍不够强

南京产学研合作机制不健全，影响了科技创新成果吸纳能力。南京科技成果本地转化率近些年有了较大提高，2009年超过了40%，但仍然较低。虽然南京不应该一味追求科技成果本地转化率的高低，但是科技成果本地转化率太低也说明南京在产学研合作方面机制和科技成果转化机制方面不健全，这种不健全影响到南京科技成果在本地的转化，但是更为严重的问题是影响到外来科技成果甚至国际科技成果在南京的转化。因此，南京科技成果本地转化率本身已经不是本地科教资源优势能不能发挥的问题，而是说明了南京科技创新成果整体吸纳能力，不仅吸纳南京本地科技成果的能力弱，也从一个侧面反映了南京吸纳外地科技创新成果的能力弱。

（五）科技创新支撑服务体系问题分析

1. 企业融资环境仍有待改善

南京中小企业贷款依然困难。2010年3月末，南京市金融机构人民币各项贷款余额9670.2亿元，而同期南京中小企业贷款余额为865.3亿元，所占比例不到9%，贷款依然重点支持了大企业和大项目。南京中小企业贷款单笔金额小、笔数多、人力成本高、抵押品缺少或难以估值，属于劳动密集型金融服务。在大项目大企业信贷需求有增无减的情况下，银行向中小企业贷

款的动力削弱。而很多科技型企业都属于中小企业，因此企业进行科技创新的贷款环境同样不容乐观，迫切需要进一步改善。

南京股权型融资环境亟需改善。南京已成立了科技创新投融资平台，以吸引私募股权基金和风险投资基金，企业科技创新股权型融资环境有望得到一定的改善。尽管如此，私募股权基金和风险投资基金规模依然过小，能够获得其投资的企业也仍然较少，同时，根据过去的情况判断，这类投资基金通常能够倾向于投资那些已经有一定基础能够有比较确定发展前景的企业，而对于初创时期的科技企业则难伸援手。

2. 科技创新中介服务业发展仍显不足

南京缺乏软性专业化服务的科技中介企业。南京大多数为科技创新服务的中介机构还停留在向各行业提供资产评估、管理咨询、法律咨询和会计服务等共性服务，缺乏专业化服务的中介企业，而创业中心、科技园也仅仅是停留在向企业提供场地和服务人员等服务，对于金融信息服务、法律服务、财会服务和经营服务则提供不足。

技术经纪机构的服务也缺乏足够专业化。在提供技术交易或技术转让服务活动时，很多中介机构都试图提供从项目寻找、项目评估、项目计划撰写、寻找投资人、投资谈判和技术交易等各环节的服务，行业分工不够精细，专业化程度不高，从而影响了服务质量，增大了交易风险。

科技中介信息资源不能充分共享。南京由于高等院校、科研院所和企业属于不同层级不同部门管辖，割裂现象严重，表现在科技创新方面，就是科技信息资源不能充分共享，信息交流渠道不畅，同时南京科技中介信息服务水平较弱，信息交流机制不健全，从而导致重复研究的发生，也导致了供需信息不对称，造成了资源的浪费，影响了科技创新的进行。

3. 科技创新的政策服务环境有待进一步改善

南京科技政策统一协调程度有待提高。科技政策与经济政策之间的衔接有待提高，以产业特别是高新产业发展带动科技创新，以科技创新促进产业发展；科技创新政策在执行过程中，由于某些部门精力、财力或能力所限，或者没有建立起严格的约束监督制度，导致科技创新政策不能有效快速落实，使一些科技创新政策形同虚设；科技政策涉及多方面，导致政出多门，在落实过程中又缺乏有机协调，也使得科技政策不能有效发挥对科技创新的激励作用。这一问题的出现主要是政府部门职责分割而又缺乏协调，以及部门一定程度上存在着官僚作风等因素导致的。

科技创新激励机制不够健全。科技领域也存在着"官本位"倾向，优秀的科研人员往往会追求行政职位，弱化了科研努力，以及科技创新成果不能获得正确评估奖励，科研人员的努力得不到最大程度的承认，这些都导致科技创新的动力减弱，而这一问题的出现就在于对科研人员工作和成果不能在物质上和精神上给予足够的重视和激励，和人们的思想观念意识及不健全的评价考核体系密切相关。

政府服务能力和观念有待进一步提高。南京在建设服务型政府方面做了大量工作，取得了较大成就，尽管如此，政府服务观念和服务能力仍有待进一步提高。南京政府各部门和公务人员在观念上还没有真正树立起以服务为主导的理念，干部队伍观念和服务积极性与周边竞争城市苏州、无锡和杭州等城市相比差距较大，缺乏主动服务意识，导致不能很好地促进科技创新项目在南京落地转化，阻碍了南京科技创新能力的进一步提高。南京服务观念较弱和南京"著名古都"、"省会城市"等因素有关，也与南京缺乏积极进取、官本位思想严重的文化传统因素有关。

南京作为省会城市的管理体制有待改进。南京是省会城市，从而有利于南京的政治、文化和教育中心功能的形成和提高，但另一方面，省政府及省政府各部门对南京发展又会过多关心，导致南京市本身一些职权行使受到一定程度的影响，又不利于南京市的顺利发展。这一点表现在科技创新方面也是如此，在科技管理体制、科技创新机制、科技创新战略和规划方面存在的部门分割、层级分割、统筹协调困难、发展目标和具体实施途径有偏差等问题，在一定程度上影响了南京科技创新工作的顺利推进。这些是由不同级别政府职权越位、不同层级权属关系部门管理体制条块分割等因素造成的。

四、提升南京城市竞争力战略措施

（一）激发科技创新主体动力和活力的措施

1. 进一步整合科技资源，分享集成效应成果，让企业发挥科技创新主体作用

第一，根据南京优势发展领域的需求和科技资源整合的需要，加强和完善重点联合实验室建设，促进产学研合作。虽然国家目前要求申请创新项目资助必须以企业为主、高校科研院所为辅联合申请，以此强化学研与产业的结合，但实际在申请项目过程中，企业主体作用并未真正发挥。2008年全市

申请专利达11692件，其中企业申请量4195件仅占35.9%。全市工业企业中有科技投入的不到80%，进行产学研合作的只占三分之一，大部分企业创新意识不强投入力度不大，在产学研中企业属于从属地位。在宁高校、院所每年应用成果转化率约为70%，但本地转化率只有40%左右。企业通过大量的市场调研，在选题方面具备高校和科研机构所不具备的有利条件，同时具备产业化、市场化方面的优势。高等院校、科研机构在科研成果、育人、信息等方面有着明显优势。因此，很有必要建设企业与高校、科研机构积极参与的载体。企业（高校、科研院所）把设备和房屋借给高校、科研院所（企业）使用，发挥大学的综合科技实力，实现校企联合，向企业转移科技成果和创新能力。设立企业奖学金、科技服务、培训企业员工、双向兼职等形式也可以促进校企联合。

第二，依托大学原始创新的核心技术和科研基地，孵化高新技术企业，形成高新技术企业与学校研发基地之间紧密的依托关系。南京是一个教育和人才资源十分丰富的城市，拥有各类高校61所，在校学生近68万人，各类科技人才40多万人，各类研发机构556家，院士79位。在国家统计局2009年公布的最新中国城市竞争力排行榜上，南京人才竞争力名列第八位，科技竞争力名列第十位。因此，应充分利用已有的高校资源，形成高校与企业互动的创新机制。目前，南京的高校设有技术转让平台，也有科技园区，但是专业化服务水平低，大多数离高校的距离较远。

第三，与地方政府紧密结合完善科技创新孵化体系，为区域的经济发展服务。政府各部门虽然对产学研关注程度非常高，但由于缺乏统一协调机制，造成一定的资源浪费。政府应根据产业的发展需求匹配对产学研的投入，同时应给予法律和政策支持。对于风险巨大企业热情不高的研发周期长、投资大的基础项目，政府进行长期的、持续性的投入，促进深层次的产学研合作的开展，促进官产学研创新模式的良性循环，政府、企业和科研机构形成最大的合力去驱动科技创新。此外，政府通过小额资金引导更多的民间资本，特别是专业中介机构共同参与孵化器的发展。

2. 扶持中小企业的发展和创新活动，注入科技创新活力

第一，在公共就业服务机构将增设创业服务窗口，开展创业培训、项目开发、开业指导、小额担保贷款、跟踪扶持等"一条龙"服务。同时要加强创业指导工作，加强服务指导队伍建设，聘请创业成功人士、优秀企业家为创业企业诊断，指导其发展。创业培训要结合实际，既要进行专业的经营能

力的培训，又要注重承担风险的素质培训。

第二，要对初始创业的各类人员进行梳理调查，针对需求完善政策配套措施；要建立创业项目库，制定创业扶持资金实施细则，尽快落实到企业和项目；各镇街以及有关职能部门要建立创业服务指导站，建立创业联系点；制定考核细则，加强创业工作的督导和检查工作。

第三，完善发展中小企业的配套措施。要完善小企业金融支持的法律法规建设，认真实施扶持小企业的政策及配套法规，形成系统的小企业管理和服务法律法规体系，使小企业管理走上法制化轨道；要发展小企业担保机构；要建立健全社会信用体系，目前应当以企业信用体系为突破口，以银行贷款登记咨询系统为着力点，以社会信用征信体系为载体，从企业到个人，逐步建立健全社会信用体系；与此同时，行政执法部门和司法部门应利用社会信用征信体系加强信用管理；要建立健全小企业金融支持社会辅助体系，重点是完善社会化中介服务机构和服务体系。

第四，扶持中小企业的科技创新，提高核心竞争力，实现企业的可持续发展。政府要充分发挥财政资金引导功能，利用税收优惠刺激金融资本和风险资本对科技创新投资，完善财税政策鼓励中小企业的科技创新。政府应通过设立中小企业专项资金、科技三项经费等，减小中小企业自主技术创新的风险。同时制定相关的税收和财政政策，根据转型需要和转型成就，对所有符合条件的转型企业，分别给予人才培训和吸引、技术开发和转化、专利申请和使用、品牌建设和营销等相应的基金支持、财政补贴和税收优惠。政府对中小企业设立专项资金支持产学研，制定和完善促进技术创新和技术改造的政策、法规和措施，为企业营造良好的产学研合作创新氛围，并主动规范、引导、激励企业通过产学研合作开展技术创新。

3. 集聚优质人力资源，为科技创新不断输血

南京在人才引进、使用、安置方面需要进一步解放思想、转变观念，培育人才自由流动、人尽其才的大环境。为实现高素质人才的集聚，政府应做好以下工作：第一，根据人才结构需求引进人才。实行开放的区域政策，放宽留学生回国政策，确保来去自由，吸引国内外的高素质人才到南京来创业和发展。第二，确保人才的相关权益，吸引人才。放宽分配政策，保护专业人才和科技企业家通过技术创新和创业获得合法的高收人；保护个人财产不受侵犯；实行有利于创新激励的产权制度，鼓励技术入股和保障职工、管理者的认股权证的相关权益；利用期权、股权等多种形式的合法报酬，体现科

技人员和经营管理人员的创新价值，推动人才政策向产业界的倾斜，鼓励各类优秀科技人才进入高新技术产业系统。第三，培育人才。鼓励科技人员创业，解决吸引创业人才中的各种难题；要把吸引和造就现代科技企业家作为战略性任务抓好，扶持和培育科技企业家，建立企业家和企业经营人才的市场，逐步形成一支能够在国际市场上一争高下的企业家队伍；要善于发现和培养了解科技产业化规律、具有国际先进管理知识的高素质管理人才。第四，建立和完善人才管理体系。放松对专业人才流动的限制，处理好专业技术人员流动和保护企业商业机密的关系，鼓励专业技术人员在不侵害原企业知识产权的条件下自由流动，寻找更有利的发展空间；建立发现、吸引、培养和保护科技创新人才、高素质管理人才的管理服务体系，形成高素质人才市场信息资源供给，为科技创新和社会发展提供人才支撑。

（二）促进科技服务业发展的配套措施

科技服务业是促进科技创新的润滑剂。发达的科技服务业不仅提高科技创新成果的转化率，有利于建立促进各方利益的良好的协调保障机制，形成促使科技创新的良性循环，提高经济效益和社会效益。发达国家通过建立和完善科技中介服务体系，有效地促进了产学研合作和科技成果的转化。但是，南京的科技服务业发展缓慢，产学研合作缺乏纽带。虽然南京已存在不少科技中介服务机构，如高新技术成果转化服务中心，它们在科研单位和企业的信息沟通上起着重要作用，但中介服务机构大多功能单一，机构不健全，对服务对象需要的金融信息服务、法律服务、市场评估、经营服务、财会服务显得无能为力。有些省政府出资设立的中介机构定位模糊，专业化水平低，缺乏核心竞争力。民营中介机构大部分没有明确的服务宗旨和服务对象。因此，应大力发展科技服务业，促进科技创新的良性循环，促进科技与经济结合。

1. 大力发展国营和民营科技中介服务公司

一方面对已有的科技服务中介机构进行培训，引进相关人才，提高专业化水平。另一方面鼓励科技中介机构的成立，形成一个结构合理、门类齐全的科技中介服务体系，创造性地发展和推动各种中介服务，并不断提高服务质量，完善和提高中介服务机构的功能。从体制上，鼓励技术开发类科研院所改制为企业，大力发展民营科技服务企业。慕尼黑科技创新发展的主要特色是政府支持以及完善的中介服务体系，政府项目文件支持孵化器的运转，至2004年慕尼黑及周边地区共有超过30个孵化器持续不断地支持新公司的成长与发展。日本政府作为产学研合作的主要推动者，其政策意图往往由"综合研究联络会议"、"研究开发专门委员会"、"研究协作室"、"科技信息中心"等中介机构加以贯彻。

2. 集中培育科技园区的孵化器，促进科技创新成果的转化率的提高和科技园区的可持续发展

目前，南京科技园区的孵化器功能单一，专业化水平低，很难满足科技园区内企业和将入驻园区的企业服务需求。因此，积极培育科技园区的孵化器，提高专业化水平，创造条件促进各类孵化器间的联系、交流与合作，形成全市孵化器网络，为科技人员创新创业、加速科技成果转化搭建平台。美国主要大学都分别建立了适合各自情况的综合中间窗口机构——法律契约事务服务机构和技术转让服务机构。日本为了加强官产学合作，促进大学科研成果向民间企业转移和研究成果产业化，政府科学厅创办了促进科研成果产品化的中介机构—"高科技市场"。

3. 大力发展科技金融，营造良好的创业、创新投融资环境

第一，放宽私募基金和风险投资基金的融资和投资范围，充分发挥风险投资基金的作用，提高对高风险的科研研发比例。学习波士顿麻州发展公司的经验，设计有效的投资产品，建立政策资金、银行资本、创投资本、民间资本的捆绑式投资机制，增强政府引导资金的放大效应。

第二，完善非上市企业股权转让市场，拓宽投资基金的退出渠道。目前，投资基金的退出渠道狭窄，这些投资基金过于重视通过企业上市来退出的方式，因此更愿意投资发展相对成熟、没有技术和市场风险、仅仅只是受到资金瓶颈制约的科技企业。北京市建立高薪技术企业股权的流动平台，实行"中关村非上市股份有限公司进入证券公司股份代办转让系统的试点方案"，到2008年底挂牌企业已经达到50家，有多家挂牌企业实现转板。

第三，要建立健全财税政策，引导金融机构支持自主创新。进一步加大科技型中小企业创业投资引导基金的财政年度预算，引导更多社会资本进入创业投资领域，引导更多的创业投资资金投资于早期的科技型中小企业。制定面向金融机构对科技型中小企业贷款利息收入的所得税抵扣政策，以降低对科技型中小企业贷款的管理成本。继续加大财政对科技型中小企业的直接支持力度，提高科技型中小企业自身实力，增强其信用等级。

第四，健全科技金融合作的支撑条件。通过创新科技管理机制、创新财政科技投入方式、建立科技金融专项资金，创新金融产品和服务模式等，建

立面向科技企业的担保体系、信用体系及多种形式的科技金融合作平台。要通过创业投资、银行贷款、多层次资本市场、信托、保险、债券等多种金融工具的组合运用，加大对科技创新的支持。同时，建立科技金融合作的试点示范、研究和培训基地，形成一支懂科技、懂金融、懂企业的复合型人才队伍。

4. 建立技术信息交流网络，提供点对点服务，完善公共服务平台功能

技术信息交流网络是产学研合作各方互相沟通、信息交流的公共平台，是实现产学研合作可持续发展的基础保障。第一，建立信息库，从多层面切实完善产学研合作的公共服务平台建设。定期组织成果信息发布和交流，通过互联网及时公布企业的技术需求、学术界的科技成果及人才信息的最新动态。第二，建立点对点的信息技术公共服务平台。大大推进面向中小企业、面向区域、面向行业的信息技术公共服务平台建设，提供产品协同设计、质量检测、工艺指导等不同种类的公共信息服务与技术支持。适时编印科技政策指南和科技专项报告书，引导全社会的科技资源为南京市经济发展和科技进步服务；第三，建立增值服务平台，促进科技创新信息交流与利用。鼓励各通信运营商开放业务接口，向企业和公众提供形式多样、内容丰富的广告宣传、数据查询、应急服务和卫星导航等增值服务。

（三）提升产业核心竞争力措施

1. 进行高标准的产业发展规划，确定南京城市发展战略

根据产业发展趋势，重点围绕特色产业、核心产业竞争力价值及战略目标等，制定前瞻性的发展战略和发展规划，明确产业发展目标和重点领域，选择好战略切入点。政府应该建立完善的产业政策体系，提出明确的发展规划、产业布局、规模标准、重点建设项目以及关键产品国产化进度要求。

2. 进行开发区的发展规划，促进产业集聚发展

政府应该充分分析各个开发区可利用的区位、资源、交通等比较优势，在专家论证，科学决策的基础上，准确把握各个开发区的定位，明确其产业发展方向。在提出明确的发展规划前，对开发区内产业能否成长为集聚的潜力进行评估，扶持鼓励那些已经出现了的产业集聚。政府通过区域优惠政策、良好的基础设施、一流的信誉吸引外地创新型企业进入各产业功能区，大力扶持本地创新性企业发展，促进区域组织在正反馈机制作用下发展成为一个能够自我循环生长的集聚区。

3. 集约使用土地，促进产业集群

首先，设定新进企业的准入标准。对新入各开发区产业功能区的企业的投资密度、产出强度以及环保、安全、耗能等方面，要根据功能区的实际情况，制定量化的准入指标。对于开发强度低下，地均产出低的产业功能区可以有计划地收购，再挂牌出让；对于产业档次较高，产业功能强，管理和服务完善的，政府可以通过激励政策，支持和鼓励原产权所有者在原用地上扩建、新建厂房，提高土地利用率，鼓励和吸纳各类社会企业和投资主体参与功能区投资建设。其次，整合零散产业功能区用地。对于那些污染严重超标的企业以及不符合产业功能区要求的企业，实施关、停、并、转，促其迁移或退出；对于占地多、产出少、水平低的小企业，通过腾地拆迁等方式，逐步引导其集中到标准厂房内，并参照建设拆迁补偿标准给予一定的补贴，使用土地面积小于原用地面积的应给予奖励。再次，从严土地审批制度。从统筹发展的高度，重视对土地等各类资源的高效利用，清查土地使用违法案件，改变过去先批后核的做法，批项目与核土地同步进行，并严格按照集约化原则，控制土地总量，加快存量利用。

4. 加强科技成果转化及产业化基地建设

按照"南京都市圈"发展战略部署，进一步强化对高新区"一区多园"的统一规划、统一政策、统一管理、统一协调的力度。坚持以重点科技园区为主，以若干优势领域为主，以潜力大的科技型企业为主，加快高新技术产业基地建设。并加快科技创业中心和国家级软件工业园的建设，真正将高新区建成高新技术产业化基地、高新技术产品出口基地和科技创新的示范基地。

（四）公共制度配套措施

1. 打造服务型政府，强化政府执行力

目前南京科技投入、科技支撑条件相对薄弱，在法律制度层面尚缺乏完备性，在科技管理层面未形成有效的监督及绩效考核机制，相关政策可操作性差，难以满足国民经济和社会发展对科技的需求。政府要以"服务型政府，扁平化管理"为指导思想，转变职能，开拓新思维，进一步推进行政体制改革，打造职能定位准确、富有效率和活力、决策民主、诚信度高的政府。具体做法包括：一是要进一步转变政府职能，优化配置公共资源，切实履行政府的经济调节、市场管理、社会管理和公共服务职能；二是提升软环境，政府要通过行政执法、行政立规、行政服务，创造良好的政务环境、经济环境、城市环境、人文环境等，发挥好引导、规范、服务的作用。政府要以敢为天下先的精神进行创新制度改革，要勇于改变那些陈旧过时的阻碍创新的制度，创建出一套全新的、符合市场机制的创新制度。

2. 加强知识产权保护制度，为科技创新保驾护航

南京市企业知识产权意识淡薄，知识产权自我保护能力低，也缺乏专业的知识产权管理机构，知识产权保护流于形式。为了有效实现创新资源向创新资本的转变，南京要加强与科技有关的知识产权战略及政策研究，制定并调整有关科技政策，发挥知识产权在科技管理中的导向作用。切实落实国家制定的促进科技成果转化的有关规定，推动国有大中型企业、高等学校和科研院所自主研究开发并取得知识产权，提高南京发明专利的数量和质量，增强核心竞争能力。

第一，应在科技计划项目经费中预留适当经费，支持专利的申请和维持，对承担国家技术标准拟订的单位予以奖励。第二，要加大科技评价体系中知识产权的比重，将专利和技术标准的建立列为科技计划项目考核内容，同时要强化科技计划项目承担单位保护和管理自主知识产权的责任。第三，严格执行知识产权保护制度。当前应结合中央整顿和规范市场经济秩序工作，严厉打击制售假冒伪劣和侵犯知识产权行为。

3. 鼓励建立行业协会、商会等非政府组织，充分发挥行业协会的作用

通过明确对行业协会、商会等非政府组织定位、职能与权力，鼓励发展非政府组织，依托新的组织形式建立有南京特色的科技创新模式。通过行业协会可以建设信息交流平台，可以实现点对点、组织对组织的细化服务，提高创新效率和成果转化率。慕尼黑科技创新成功很大程度源于中介服务的完善，而该城市中介服务的完善除了有政府的支持外，非政府组织的天然网络效应以及与公众市场的密切联系同样发挥了重要作用。非政府组织除了提高中介服务作用外，还通过协会的协议和自律，弥补知识产权法律制度的不足，防止滥用知识产权而对正常的市场竞争机制造成不正当的限制、阻碍科技创新和科技成果的推广应用。英国剑桥工业园区内的各类非营利组织，为他们的日常活动创造条件。

（五）营造创新文化的措施

1. 积极推进在职技能职业教育，提高业务水平，挖掘创新潜力

政府给予财政支持，科技园区推进长期针对性的技能培训。目前专业人才短缺已经严重制约南京高科技产业的发展，因此对在职人员长期进行技能

教育，提高业务水平。这不仅有利于解决人才问题，也能挖掘创新潜力推动科技创新，有利于提高企业的竞争力。结合我国高科技产业发展实际，针对不同企业和不同市场的需求实施定制化培训，强化动手能力和实际业务流程训练，提高人员培训质量。

2. 实行双元制职业教育，培养实干人才

南京市政府积极牵头，在鼓励学校和企业的产学研的同时，应鼓励校企联合培养人才，结合学校的理论学习和企业的实战实习，提高学生的知识应用能力和动手能力。可以借鉴德国双元制职业教育体系。双元制职业教育重视理论与实践相结合，学徒每周有3—4天的时间直接在培训企业工作，培训结束后，通过严格的考试，他们就成为工业、商业和手工业需要的合格技工。南京应立足本地的产业优势和需求，并根据南京及全球的未来产业发展趋势和人才需求，发展现有大学的相关课程。

3. 培育高科技创新企业家，营造创业文化氛围

针对科技人才和管理人才，开展创业培训，实现人才转型，鼓励创业。创业培训要结合实际，既要进行专业的经营能力的培训，又要注重承担风险的素质培训。南京的传统文化也缺乏宽容失败和鼓励创新、创业的精神，南京人创业的少。同时，南京应继续开展创新创业竞赛活动和创新成果评优活动，加大宣传，强化居民的创新意识、创业精神，营造良好的创新型的人文环境，推进南京向创新型城市转变。

4. 加强创新文化体验，促进基于传统文化之上的创新文化体系的形成

通过创新文化体验战略，注重城市文化再造，培育务实、宽容的创新文化体系。利用博物馆、科技馆、科技园区和高校等资源，以参观、科技旅游、工业旅游的形式，建立"通过创新文化体验去理解与探索创新"的文化氛围，使科技创新的理念与精神成为每个市民的内在精神，形成与包容的传统文化融为一体的敢于创新、勇于创新、善于创新的城市精神。

（六）完善城市配套设施

1. 完善城市基础设施

高新科技产业功能区应有局部优化的、有利于科学研究和技术开发、有利于高端产业发展的空间，创造一个有利于各种创新要素聚集和融合的环境。以政府为主，吸引土地投资开发商参与各功能区基础设施建设，提供医疗卫生、文化、教育、公共交通等公益性城市基础设施及其管理和维护，提供满

足城市生活的各类功能配套和服务，围绕城市的生产和生活进行产业配套。目前南京高新开发区的生活配套措施不完善，不便于研究人员的出行与生活，这与国外顶级科技开发区的宜居环境相比落差很大。

2. 完善通信配套措施

由于对信息通信的高度依赖性，各个高新技术产业功能区在搞好信息网络设施建设的同时，应十分重视提供良好的信息服务，并利用现有的科研、教育、产业、金融、贸易网络以及因特网等资源，为科技人员和企业提供网上科研、网上教育、网上合作、网上融资、网上贸易等服务，缩小地域差距，拓展发展空间。

通信条件是科技服务业又一重要的硬件配套设施。班加罗尔通过建设地面卫星接受站、通过政府管辖的电信部门提高 internet 站点、扩充带宽；通过有线电视网提供通信服务等措施随时可以同世界任何角落进行畅通无阻的交流。可见研发服务业对于通信条件的高度依赖。建议南京市政府高度重视高新技术开发区的通信条件。加大通信基础设施建设，类似印度班加罗尔，与欧美、日韩等发达地区建立无缝隙、无障碍、快速的通信和数据传输通道。

3. 完善文化娱乐设施和社会服务体系

科技服务业集聚区内需要广泛提供各种服务业如银行、仓储、运输、报关、律师、会计师、邮局、诊所、便利商店、住宅等。文化娱乐、绿化、野外空间保护等也必须进入政府提供一揽子服务的清单。休闲娱乐区则应包括游泳池、篮球场、网球场等运动休闲设施，提供给园区员工良好舒适的工作与生活环境。文化娱乐设施建设对于科技服务业集聚区的重要意义在于促进社会网络的形成，对那些靠政府搭台建立从而地方根植性差的集聚区尤其如此。社会服务体系是集聚区内形成非正式网络的重要途径，特别是中介服务、劳动力教育和技术培训体系。科技服务业集聚区不仅是科技之城，更须是宜居乐土。

创新发展集群：提升城市竞争力的分析框架[*]

Leo Van Den Berg　Erik Braun Willem Van Winden[**]

一、引言

　　城市非常关注提高自身的竞争力，因为城市竞争力的提高能够进一步增加公民福祉和推动企业繁荣，并创造不可或缺的就业机会。因此，加深对城市经济增长的认识至关重要。在这方面，新的增长领域如信息技术、生物技术、环保技术、媒体和旅游业是学术界以及城市管理者的研究兴趣所在。许多城市投入大量的资金去开发和吸引有前景的产业；然而，很少有人知道城市和区域经济成功发展背后的关键决定因素是什么，同时，有关这方面的经验研究也很少（Nijkamp，1999）。越来越多的迹象表明，竞争力似乎产生于卓有成效的合作经济实体之间，这些经济实体使企业和各类组织成为具有创新性的复合体。正是基于这些在地理上集中的网络配置或"集群"，才能够在城市区域内实现财富创造和就业增长。因此，城市经济发展需要一种新的政策方针。本文的总体目标是更深入地洞察城市所面临的新的增长机遇，并在此基础上为城市提供政策建议。我们把重点放在发展进程（一些集群为什么和怎样成长），而不是增长数据方面，并且我们还将对欧洲不同的城市集群进行比较。

---

　　[*] 本文为 Leo Van Den Berg 教授 2010 年 6 月 24—25 日在南京召开的"第九届城市竞争力国际论坛"上作的主题演讲。经作者许可，选译主体内容发表。翻译：南京市社会科学院郑琼洁。

　　[**] Leo Van Den Berg：鹿特丹伊拉谟大学比较研究城市研究所教授、博导；Erik Braun：鹿特丹伊拉谟大学比较研究城市研究所国际研究员、博士；Willem Van Winden：鹿特丹伊拉谟大学比较研究城市研究所博士。

二、研究背景和方法

本文基于九个在欧洲城市市区的增长集群的国际比较研究成果和城市经济政策（凡登贝尔赫布劳恩，凡温登，1999）来展开研究。这些城市是欧洲城市组织网络中的积极成员，它们对于大城市区域如何能从生物、医药服务、旅游、信息技术和传媒等产业的发展中受益的问题很感兴趣，并通过会议形式促进信息交流，经验共享与相互借鉴。

本文的研究对象包括下列城市（按字母顺序排列）：阿姆斯特丹（荷兰）、埃因霍温（荷兰）、赫尔辛基（芬兰）、莱比锡（德国）、里昂（法国）、曼彻斯特（英国）、慕尼黑（德国）、鹿特丹（荷兰）和维也纳（奥地利）。这些城市是被认为能够构成新的城市经济增长来源的集群名单。其规模及经济结构如表 1 所示。

表 1　案例城市数据

城市	居民集聚	所选集群
阿姆斯特丹	1，300，000	旅游
埃因霍温	670，000	机械电子
赫尔辛基	920，000	通信
莱比锡	502，878	媒体
里昂	1，262，000	健康
曼彻斯特	2，591，000	文化
慕尼黑	1，241，000	媒体
鹿特丹	1，065，000	媒体
维也纳	1，807，000	健康

我们研究了如下集群：在里昂和维也纳，我们调查了医疗机构，医学和生物学研究，制药业和医疗仪器，这两个城市在医学研究和医疗保健方面具有传统优势，它们都强烈希望在经济发展过程中将医疗卫生行业做大做强；在慕尼黑、鹿特丹和莱比锡，我们研究了传媒产业集群，这些城市的传媒产业集群存在着一些重要的区别。在慕尼黑，传媒产业规模大、发展成熟；而在鹿特丹，传媒业规模较小，但市政府将这一集群视为城市多元化的经济基

础和创造新的就业机会的重要来源；而在莱比锡，情况又非常不同：作为前民主德国的一座城市，莱比锡着力在其具有一定发展基础的领域重塑媒体集群；在赫尔辛基，其电信行业，无论是设备还是服务，都以非常高的增长率在快速成长，如诺基亚，作为手机行业的全球领导者，正在扮演着越来越重要的作用；在艾恩德霍芬市，我们对机械电子产业集群和高科技产业集群进行了调查；在阿姆斯特丹，旅游业是我们调查的目标集群；最后，在曼彻斯特，我们调查了文化产业集群，并特别关注该集群在推动城市复兴中的潜力。

我们首先对集群发展的相关文献进行回顾。为了能够对不同城市中不同类型的集群进行比较分析，我们构建了一个分析框架，在该框架中，我们不是孤立地去研究集群，而是在城市发展的大背景下来研究集群问题。其次，针对每个案例城市，仔细回顾了现有的报告和涉及到集群的相关研究成果，这样，有助于我们更好地确定影响集群的关键因素。接着，我们对那些比较重要的、具有代表性的集群进行了深入研究。

三、分析框架

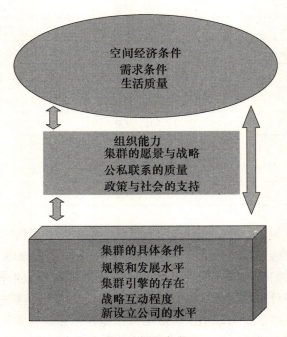

图1　框架参考

关于集群方面的研究文献非常广泛。大多数研究侧重于集群的理论方面，或者将大区域作为主要的地理单元。在实证研究中，主要集中于研究那些表现良好，具有高增长和强创新能力、有着密集网络结构的地区（第三意大利，德国巴登符腾堡，硅谷，128 公路，波士顿，剑桥）。然而，关于城市集群比较的实证研究较少。

在我们的框架中，假设有 3 个相互关联的因素影响到集群的成长：（1）空间经济状况；（2）集群的具体条件；（3）集群的组织能力。

图 1 显示了该框架的组成部分和各部分之间的相互关系。下面，我们对该框架的内容进行了阐述。

（一）空间经济条件

我们假设，并非每一个欧洲大城市都有相同的机会去发展特定的集群，这是因为（如波特（1998）和许多其他人所陈述的）集群必须根植于广阔的空间和经济环境之中。更具体地说，首先，我们认为需求状况是影响集群运行的基本因素：本地区对集群产品的强大需求很可能对集群的发展大有裨益。需求既可能来自于该地区的大企业——企业作为集群产品的主要客户能够间接刺激集群的发展，当然也可能来自于该地区的政府。

其次，城市区域内部和外部的无障碍交通条件在集群发展中也发挥着重要作用。在城市地区，恶劣的交通系统可能会严重妨碍集群的互动，特别是当集群处于分散状态时。到其他城市的通达性（连接其他城市或地区的铁路、公路和航空设施）也很重要：良好的交通条件能够增加潜在的需求，因为它使得集群参与者能够在一个空间范围更广阔的市场中销售他们的产品，并且在关联产业中与其他城市的伙伴进行合作。与此同时，便利的联系可能还会增加类似城市之间的竞争，而竞争能够推动集群的形成。

再次，我们假设在市区的生活质量影响集群的增长。一般来说，生活质量是至关重要的（范登贝尔赫，布劳恩和范德梅尔，1997）的区位因素。企业越来越倾向于迁移到那些能够更方便找到适当人力资源的地方。技术娴熟的员工是城市发展的依靠，而他们总是追求高品质的生活环境，从这个意义上说，城市的生活环境质量就成为影响城市经济发展的重要因素。

（二）集群的具体条件

除了总体的空间经济条件外，我们假设还有特定的条件会影响到集群在城市区域中的发展。根据在第三部分的文献回顾，一个首要因素就是集群最初的规模和发展水平，一个已经充分发展的集群构成了一个足够大的市场去支持（专门）集群的活动；它加强了集群中的竞争，从而推动公司切实有效地运作；集群规模越大，各种创新快速渗入和被采纳的机会就越大；此外，与规模较小的集群相比，规模较大的集群更容易促进区域合作，这是因为在该地区找到互补的合作伙伴相对方便；最后，规模优势还提供了专门的资源共享与劳动共享的机会。

其次，在一个地区的一个或多个集群引擎，比如是大型跨国公司，或者其他参与者，可能是在他们的全球和本地网络中的一个集群功能的决定因素（马姆贝格等人，1996），或作为整个集群的"旗舰"。

第三，战略互动程度在很大程度上对假设一个集群的表现是决定性的。战略互动意味着长期的关系，而不是各组织之间严格的财务关系。这种互动可以在不同层次的区域间进行：如公司内部、公司和公司之间，以及教育或研究机构之间等。在最后一部分将指出，战略互动可以为不同的目的服务：创造规模，利用彼此的知识（市场、技术和组织），利用彼此的网络，以解决共同的问题，或提高灵活性。

最终特定集群特定元素确定的动态集群就是新企业创造的水平。年轻的公司往往是充满活力和创新，创造就业机会；他们可以作为大型企业的创新合作伙伴或者供应商。特别是当新公司和集群联系紧密时，有助于将年轻人才引进该地区，例如与当地大学或大企业建立战略合作关系。

在欧洲城市新设立的公司一般滞后于在美国的同行，特别是在高科技领域。适当的公共和私营部门的结构对于引导开办企业而言，被假定为一个非常重要的因素，当然文化元素（即"企业家精神"）有可能也发挥着重要的作用。

（三）组织能力

最后一个元素即有关集群的组织能力，在集群的表现中扮演着关键的角色。组织能力可以定义为城市区域中所涉及的所有刺激增长的集群能力，在它们的帮助下可以产生新的想法，同时制定和实施政策旨在为集群的可持续发展创造条件（凡登贝尔赫，布劳恩和凡德尔米尔，1997，改编）。组织能力可以指特定集群发展的政策，对于集群支持元素（公司）、特定的基础设施投资等的吸引力。凡登贝尔赫，布劳恩和凡德尔米尔（1997）指出对于总体组织能力的一些必要元素：愿景/战略、政治社会支持和公共—私人伙伴关系。这些元素对于一个城市或是区域集群发展都是十分重要的。

明确定义集群的概念，并且对它发展可能性的战略远景的展望，对于有效的资源分配和刺激集群都是不可或缺的。政治和社会的支持是集群策略的必要条件。政策制度支持有助于地方一级的积极合作，适当的演示和政策交流是取得成功的最重要因素。而社会的支持对于旨在增长的集群政策的可接受性是至关重要的。

最后，公私合作战略、战术和业务水平对于一个成功的集群政策是非常重要的。如私营部门发展的地点、公司的吸引力等。知识、专家和私营部门的参与对于决策进程是非常有价值的，并可以大大提高成功的机率。

此外，政府可以作为网络经纪人，通过将人员和公司结合起来，去刺激跨部门内部网络的形成。本地或区域政府可以针对刺激成长中的集群加强公共—私人伙伴关系，比如通过提供设施或特定教育。

四、结论

在第二部分已经指出，在调查中我们分析了集群的几种类型：两个成熟健康集群（里昂和维也纳）、两个小文化媒体集群（鹿特丹和莱比锡）和一个非常成熟（慕尼黑）、大型旅游集群（阿姆斯特丹）、专门的文化集群（曼彻斯特）和两个成熟的技术主导型集群（赫尔辛基的电信和埃因霍温的机电一体化技术）。直观地看，相互间的比较似乎很难：他们都分布在几个不同的国家，涉及国家层面的方方面面；他们的类型不同，发展阶段也不同。但是，以上所述的参照证明对城市内容的集群分析具有卓有成效的指引，并且使我们能够系统地看到在不同的城市中，集群的不同规模和结构。

对于不同的城市，我们仔细回顾了可行性研究和所涉及的集群方面的研究。此外，我们对关键的指标作了深入的分析，去找寻这些关键的组织机构如何在战略上与区域内外的其他机构链接（公司、知识机构和政府），并且去收集地区增长群集中正式和非正式的合作结构间或者联合设施的证据（见图2）。

同时，在调查中包括集群运作的一般条件的影响（可得性、生活质量和文化方面）。我们采访了识别和判断城市集群战略的政策制定者。（半结构化）采访被证明是一个不可或缺并且非常丰富的信息来源。在这一部分，我们从已经表述的参考框架方面比较了集群，并且尽力调查我们的框架是否合适（假设变量确实在集群发展中发挥作用），以及是否适用于不同类型的集群和集群发展的不同阶段。本部分的结构沿用上文的参考框架。

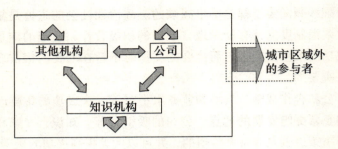

图 2　组织内部关系

（一）空间经济条件在集群发展中的作用

在案例研究中，我们发现假设集群发展的功能、动态过程和机会在很大程度上依赖于一般的经济和空间条件。此外，文化变量也起着重要作用。在这一部分，我们将作详细说明。

1. 需求条件

在里昂和维也纳的医疗健康集群中，本地需求条件的角色是不同的：卫生服务主要由当地居民使用。位于这两个城市的制药业，区域需求并不特别重要，大多数公司的生产都是面向全国甚至是欧洲市场的。在曼彻斯特的文化产业集群中，当地需求对集群发展也不起决定性的作用。在赫尔辛基，我们发现电信市场放松管制（已经在 20 世纪 80 年代）刺激了国家对电信服务和设备产生了大量的需求。

2. 可得性

在我们的分析框架中，假设将内部和外部辅助功能作为在集群发展中的有关因素。从案例中，我们发现良好的内部可得性即城市区域中的参与者能够很好地互相联系，增强集群的战略合作，由于它给相互邻近的参与者带来了合作，因此创造了很多新的组合机会。所有案例城市都拥有完善的铁路、机场和公路网络。一方面，好的（内部）国家联系会使集群中的参与者更易于出口他们的产品。同时，还增强了集群参与者在国际竞争中的挑战能力，这也使得集群变得更加强大。因此，国际联系对于集群的技术和研发有着不可或缺的作用（里昂和维也纳的健康集群，埃因霍温的机电一体化技术，赫尔辛基的电信技术），它可以吸引国际工作人员，并向国际伙伴提供辅助。但是，当一个城市附近存在强势竞争对手的时候，良好的联系反而会对集群发展带来负面作用。比如鹿特丹，由于靠近"传媒之都"的阿姆斯特丹，所以难以建立自己的媒体集群。基于同样的道理，莱比锡与附近的柏林在媒体吸引力方面存在着很大的竞争。另一个例子是伦敦对创新型人才有强有力的吸引力从而忽视了曼彻斯特的文化集群。因此，当邻近已经存在很强的竞争，城市的集群应该基于当地的优势发展确定一个清晰的专业化定位，而不是与已经做得很出色的对手做同样的事情。随着快速运输方式如高速铁路等的到来，城市将变得更加专业化。

3. 生活质量

一个城市在住房、文化和休闲设施方面的吸引力，构成了集群发展的根本因素，以此为手段来吸引和留住高技能人才。不同的群体对生活环境质量的具体要求不同。埃因霍温、赫尔辛基在一定程度上存在着以技术为导向的集群，里昂和维也纳的住房质量与农村邻近被认为是相当重要的，而在媒体性城市如鹿特丹、莱比锡和慕尼黑，以及在旅游性城市，如阿姆斯特丹和文化性城市如曼彻斯特，气候和文化氛围对这些大都市似乎更加重要。许多欧洲城市提供高品质的生活和丰富的文化设施，被看做是在全球竞争中吸引高层次人才最有效的武器。因此，在全球人才竞争中，欧洲城市的历史遗产具有重大的经济价值。改善生活品质是一项长期的投资，并且从长远来看会获得极高的回报。

4. 文化因素

在我们的研究框架中，假定"文化因素"是城市集群发展的重要因素。我们归纳三种类型的文化因素：1）人们和企业愿意采用新产品；2）尊重企业家的价值；3）愿意进行战略合作。尽管我们并没有试图量化这些变量，但有迹象表明这些文化因素对解释集群发展确实是非常重要的。例如慕尼黑、赫尔辛基和曼彻斯特在如何推动群集发展中得益于尽快适应国内市场，因为这意味着新的集群产品的市场是一个理想的试验场。在赫尔辛基机场，允许推行用移动电话支付购买可口可乐的实验。在曼彻斯特，文化创新的开放是建立在文化集群发展的基础上。此外，企业家精神证明其是一种无形的文化因素，是任何群集发展所必不可少的，它有利于发现新事物，作出新的组合，以启动新的企业等等。在里昂和维也纳，大学并不重视企业家精神，这种态度导致了集群中的大学与企业之间的联系度很低。而埃因霍温、慕尼黑和赫尔辛基却非常重视创业精神：学生和教师更倾向于与企业联系。莱比锡市是一个特例，由于共产主义的遗留影响，城市创业精神非常低。因此，全市将创业精神定义为经济政策的主要方面，并寻求创业活动加以大力刺激。

再者，合作的意愿是一个重要的文化因素，在"网络经济"中获得其他组织的资源是至关重要的。我们发现，在城市密集的非正式网络中，一些必要的相互信任和合作是创新和冒险活动不可或缺的元素。最引人注目的是埃因霍温，其组织间（体育俱乐部，工会，学习俱乐部等）的合作大多是通过高密度非正式网络产生的，非常便利。在理想情况下，合作是自发出现的，但政策制定者可以通过很多工作来创造一种良好的环境来激发合作。一个很好的例子是慕尼黑对 Literaturhaus 这样的出版业会议场所的投资。

（二）集群的特定条件

在定量分析中，我们研究了数个城市产业集群的具体方面：规模的重要性、大型企业作为城市发展引擎的地位、集群行为者之间战略互动的水平、新公司的创造力水平。此外，我们发现历史和传统的作用不可低估。下表显示了城市或城市群的得分。他们是指示性的，结果是建立在作者所收集的报道和采访的基础上，而不是通过几个因素的量化。因此，在对他们进行阐述时应该谨慎。

表2　各城市产业集群的得分情况

城市	阿姆斯特丹	埃因霍温	赫尔辛基	曼彻斯特	莱比锡	慕尼黑	鹿特丹	里昂	维也纳
产业	旅游	机械电子	电信	机械	传媒业	传媒业	传媒业	医疗	医疗
历史与传统	+	+	+	0	+	+	－	+	+
规模	+	0	+	0	－	+ +	－	+	+
是否存在产业引擎	0	+	+	0	+	+	－	+	+
战略网络水平	+	+ +	+	0	0	+	－	－	0
创造新企业的水平	0	+	+	0	0	+	0	－	0

注：＋＋表示很强，＋表示强，0表示中等，－表示弱

1. 历史与传统

在城市发展中，无论是传统还是历史都是有影响的。我们调查的许多城市均存在"传统"：例如，维也纳一直有一个世界著名的医科学校，里昂一直是法国南部的健康服务中心，慕尼黑是近百年来一个重要的媒体功能城市（特别是出版），阿姆斯特丹一直是海边旅游性城市，曼彻斯特在19世纪60年代初期因大众文化而获得了普遍的声誉。"传统"有一个很好的带头作用，

因为通常情况下，它创造了一个宝贵的历史和完善的"城市基础设施"。经过多年的建设，建立起了基础知识、教育机构、科研单位和分公司工会等。一个城市社会文化的基础设施是很有价值的，因为它决定了相互信任和愿意合作的程度，但完成这样的基础设施的建设需要很长一段时间。

2. 集群的规模

调查证实了大型企业集群由于存在外部性，在附加值生产和创造就业方向的作用超过了小企业。例如在慕尼黑，其媒体产业群集规模大，包括先进的数码设备供应商；而在鹿特丹和莱比锡媒体产业集群较小，专门服务的质量不高。同样可以推出，大型产业集群的优点在于形成一个巨大而专业的劳动力集群。如电影业（电影、电视制作），导演、演员和摄影师通常从一个项目到另一个项目工作。因此，要发展产业就必须吸引这些工作人员集中到该城市。

另外，我们发现，产业集群可以为那些在区域内"工作转变"的员工带来好处。在埃因霍温，那里的人们都强烈倾向于向机电类的工作转业。这个过程中，最好的经验和新的知识就从一家公司转移到另一家，从而增加了产业集群的竞争力。总之，大型产业集群相对规模较小产业有一个很大的优势，大规模产业集群需要劳动和专业化分工。劳动力市场产生的知识转移，使得专业化产品进一步成熟，反过来又可能激活更多的需求。其次，需求的增加可以刺激企业扩大生产，促进新公司的成立，吸引更多的公司参与到产业群集中，从而使经济规模进一步提高，这种"良性循环"如图3所示。然而，这个循环并不是全自动的。其潜在的危险是，获得发展后可能使得经济停滞不前。

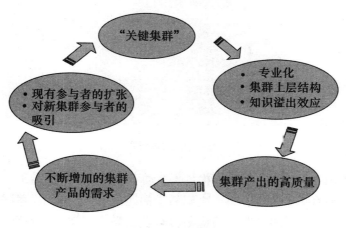

图3　良性循环

3. 产业引擎的存在

通过我们的调查发现，产业集群可以受益于"集群引擎"（同一个集群中处于主导地位的大型组织），它是知识的来源，并且提供了各种溢出效应带来的好处。集群引擎的典型例子有赫尔辛基的电信产业集群，如诺基亚，维也纳的诺华制药和在里昂的梅里埃创立勃林格殷格翰公司。所有这些跨国公司都与大学联系在一起，并为集群提供丰富的知识。

4. 产业行为者之间的战略关系

在个案研究中，我们发现各产业行为者之间的关系很复杂，这使得产业集群的比较非常困难。尽管如此，我们还是尝试将城市进行排名。从表2可看出，在一般情况下，阿姆斯特丹、慕尼黑、赫尔辛基和埃因霍温产业集群的互动性处于较高水平。曼彻斯特、维也纳和莱比锡处于中游位置。里昂和鹿特丹排在最后，其主体之间的行为相对独立。对于每个产业集群，我们把重点放在区域合作，包括企业和教育机构之间的合作，教育机构之间的合作和企业和研究机构之间的合作。

5. 公司与教育机构的联系

图4将商业界和教育机构的相互战略关系进行了说明。

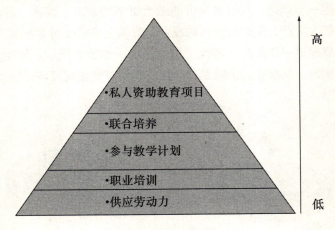

图4 嵌入式研究

在最下面，大学为产业集群提供了劳动者和企业未来的员工。在这方面，我们发现，教育供给与产业集群之间需求的匹配被广泛应用。但在阿姆斯特丹和曼彻斯特，大学教育并不适应集群企业的需要。维也纳和里昂的医疗产业公司抱怨学生素质不高和学校老式的科学教育缺乏实用技能训练。企业参与到大学的教育活动中位于金字塔的更高层次。企业可以参与到大学的教育计划（这发生在赫尔辛基和慕尼黑），采用职业培训或博士学位项目，为他们企业将来的员工设置完善的课程体系。

6. 教育机构之间的战略关系

这是产业集群发展中最薄弱的环节。在鹿特丹，有三个研究机构提供了几个层次的媒体教育，但他们之间并不兼容。类似的情况普遍存在于莱比锡。在赫尔辛基，大学潜在的互补功能几乎完全分离。我们的结论是，目前的许多教育机构呈现"孤岛态势"。这将导致产业的发展错过很多机会。教育机构之间的合作可形成一个联合机构，使不同层次上的活动相互匹配，同时可以加强青年人才之间的交流，从而加强其在未来竞争中的地位。

7. 企业与公共研究机构之间的战略关系

对于研究机构，可以得出一个上升的金字塔结构，体现了企业和科研机构之间的战略互动水平。见图5。

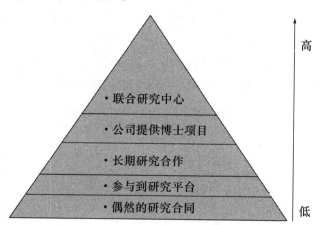

图5 企业与研究机构的联合

在较低的互动水平上，企业可以将研究外包给研究机构。一个很好的例子就是在埃因霍温，那里的大学在嵌入式系统平台上进行科研工作。在一个更高的战略性的层面，大学和研究机构可能有一个集群，便于创造更多的价值。例如，允许大学的研究组与公司订立长期的合同，有利于加强公司与大学的合作。

在最高的互动水平上，在个案研究中我们发现维也纳大学和勃林格—殷格翰公司成立的联合研究中心。这对于企业是非常重要的，它扩大了其在全球新的研究机构，诺基亚所有电信跨国公司均在大学附近。这也是地方政府的一种营销战略，可以吸引新的公司。此外，企业与高校之间互动可以产生多方面的作用：它产生的财政资源为企业和社会的相关研究活动提供支持，从而建立更加有效的财政支出。

总之，在战略协作的原则下有利于更加有效地分配资源，因为它存在专业化分工。此外，它有助于将大型公司与该区域融为一体。在面对兼并和收购，许多部门（特别是电子、汽车和制药）往往是一家国际性大公司，更可能留在并被牢牢嵌入该区域。一个例子是埃因霍温的 ASMlithography（芯片生产商）。作为供应商，它强烈依赖于附近的许多网络公司，因此其迁移的可能性非常小。

（三）组织能力

在分析框架中，组织能力也是影响集群发展的重要因素。之前的研究（凡登伯格等，1996）已经鉴定了影响组织能力的一些因素。这本研究中，我们调查了：（1）关于集群发展，城市管理是否有策略；（2）集群参与者有多大程度涉及集群政策的制定；（3）政府和社会给予多大程度的支持。表3显示了每个城市或集群的得分情况。这些得分不是基于数字分析，而是基于公共和私人部门的专家访谈或者城市政策文件的评估基础上得到。

表3　案例集群在组织能力方面的得分

集群	阿姆斯特丹 旅游	埃因霍温 机械电子	赫尔辛基 电信	曼彻斯特 文化产业	莱比锡 媒体	慕尼黑 媒体	鹿特丹 媒体	鹿特丹 媒体	维也纳 媒体
视觉/策略	+	+ +	－	0	0	0	－	+ +	－
参与政策制定的集群	+	+ +	0	0	0	+	0	0	－
政治/社会支持	0	+	0	0/＋	+ +	+	+	+	0

注：＋＋表示很强，＋表示强，0表示中等，－表示弱

1. 一个完整集群战略的出现

是否有一个完整的城市群战略目标在一定程度上有利于集群发展战略？阿姆斯特丹、慕尼黑和埃因霍温有最综合的战略。阿姆斯特丹的城市有旅游产业集群明确的目标和战略，集群本身受到关键行动者的广泛支持。埃因霍

温促进网络和伙伴关系的发展是基于地区经济政策的一个主要原则，这对机电集群尤为重要，不同的技术组合是不可缺少的。至于慕尼黑的媒体，这是巴伐利亚的自由领地，发达国家的政策有利于媒体群集。十年前，德国慕尼黑对群集并不是很支持，但这种态度随着慕尼黑技术中心作为一个积极的举措而发生转变。

2. 集群行为者参与决策制定

在何种程度上的群集行为者可以参与政策制定，以及在何种程度上他们有助于提高政策的质量和有效性？我们发现，在埃因霍温、慕尼黑和阿姆斯特丹是高层次的私人参与，在鹿特丹和维也纳是低层次参与，其他城市处于中间水平。在鹿特丹，部门和企业界之间缺乏战略互动，导致了政策的临时无效性：一些大型房地产项目在媒体领域都是由城市发展起来的，而不必征询私人业务。在曼彻斯特城市和文化产业间的战略性联系也可以改进：这个城市的文化产业是经济因素，也是在曼彻斯特市场营销中城市政府可使用创造力的来源。以里昂作为良好合作的例子：在商会的领导下，制定了医疗集群战略，但与中央医院的组织架构、各大学医学系、地方和区域政府制药业广告之间的合作非常密切。

3. 政治和社会的支持

政治和社会的支持对集群发展有多大的作用？我们发现具有发展潜力的集群得益于发达的政治和社会支持，如果缺乏支持，极可能对集群造成威胁。最典型的例子是阿姆斯特丹，那里的旅游对居民尤其是市中心的居民带来了不便。在维也纳，广大公众对基因操作持消极态度，导致对生物技术的设备产生很大的阻碍。

五、结论

整个欧洲地区的大型城市正在寻求利用新的增长机会，以增强竞争力。本文试图分析和比较了不同种类增长中的集群的发展。从集群角度看，重点放在本地的互动和创新方面，并且证明是有益的，因为越来越多的经济活动跨越了传统经济部门和创新的范围。我们发现，尽管全球网络正在兴起，但是由于"文化接近性"在战略关系中的重要性，许多网络仍然有着很强的当地意识。

调查显示，对于任何经济活动的类型，新的财富增长和就业机会的增加，在一个城市背景下出现：对某些城市从增长领域受益的潜力，不仅取决于特定行业发展的"自治"，而且也受制于城市政策方针的质量。提高城市竞争力需要城市充分利用资源。鉴于此，刺激网络和集群的发展可以更有效地利用资源，并且在众多参与者间进行分配。这可以通过支持集群机构，投资特定集群的基础设施，或者支持非正式网络。

主要参考文献

[1] Berg, L. van den, H. A. van Klink and P. de Langen(1997), Maritieme clustering in Nederland, Erasmus University Rotterdam.

[2] Berg, L. van den, E. Braun and J. van der Meer(1997), Metropolitan organising capacity, Avebury, Aldershot.

[3] Castells, M. (1996), The Rise of the Network Society, Blackwell Publishers, Cambridge.

[4] Castells, M. (2000), 'The Information City, the New Economy, and the Network Society', in *People. Cities and the New Information Economy*, materials from an International Conference, Helsinki, 14 – 15 December.

[5] Castells, M. and P. Hall(1994), Technopoles ofthe World, London: Routledge. Duranton, G. and D. Puga(2000), 'Diversity and Specialisation In Cities: Why, where and when does it matter, Urban Studies, Vol. 37, No. 3, pp. 533—555.

[6] Cooke, P. (1995), Regions, clusters and innovation networks, in Cooke, P. (ed.)(1995), *The rise of the Rustbelt*, UCL, London.

[7] Den Hartog, P. , L. Broersma and B. van Ark(2003), On the Soft Side of lnnovation: Services innovation and its policy implications', *De Economist*, Vol. 4, pp. 433—452.

[8] European Union(2003), ' European Innovation Scoreboard 2003, http://trendchart. cordis. lu/scoreboard2003/htrnl/pdf/eis _ 2003 _ tp3 _regional_ innovation. pdf.

[9] Florida, R. (2000), The Economic Geography ofTalent, Pittsburgh: Carnegie Mellon University, September.

[10] Glaeser, E. L. (2000), The New Economics of Urban and Regional Growth, in G. Clark, M. Gertler and M. Feldman(eds), *The Oxford Handbook of Economic Geography*, Oxford: Oxford University Press, pp. 83—98.

[11] Hall, P. and U. Pfeiffer(2000), Urban Future 21: A global agenda for twenty – first century cities, London: E&FN Spon.

[12] Harrison, B. (1994), Lean and mean: the changing landscape of corporate power in the age of flexibility, New York, Basic Books.

[13] Lazonick, W. (1992), Industry clusters versus global webs, dep. of economics, Columbia U-

niversity, New York.

[14] Malmberg, A. , O. S lvell and I. Zander (1996), Spatial clustering, local accumulation of knowledge and firm competitiveness, Geografiska Annaler 78b(1992 - 2).

[15] Matthiessen, C. w. , A. W. Schwarz and S. Find(2002), The Top - level Global Research System, 1997—1999: Centers, networks and nodality. An analysis based on bibliometric indicators', Urban Studies, Vol. 39, Nos 5 - 6, pp. 903 - 927.

[16] Nijkamp, P. (1999), De revival van de regio, in W. de Graaffand F. Boekema(Eds), De regio centraal, Van Gorkum & Comp. , Assen.

[17] OECD(2002), Territorial Review ofHelsinki, Paris. Office of the UK Deputy Prime Minister (2004), Competitive European Cities: Where do the Core Cities stand, London, http:// www. odpm. gov. uk.

[18] Porter, M. (1990), The competitive advantage of nations, the Free Press, New York Porter, M. (1998), Clusters and the new Economic of Competition, Harvard Business Review, No 6 nov/dec 1998.

[19] Storper, M. (1997), The Regional World, Guilford Press, London

[20] Simmie, J. (2002), ' Knowledge Spillovers and Reasons for the Concentration of Innovative SMEs, Urban Studies, Vol. 39, Nos 5 - 6, pp. 885 - 902.

第五篇

城市转型发展的"南京探索"

南京历史文化特征及其现代意义

贺云翱[*]

中华文明体系主要由四大文化板块构成，其中长江文化板块是支撑南京成为中华古都的重要条件。南京具有雄视长江、领袖东南、近海控淮的地缘优势，这决定了她担负着在中国大格局中必然崛起的历史使命。除汉、唐之间作为"六朝都城"之外，从元末以后到 1949 年的 581 年时间内，南京与北京这两个古都的互动主导着整个中国的政治格局和民族命运，充分体现了南京城市的独特地位和非凡的区位优势，也是南京对中国历史所作出的重大贡献。通览整个中国的文明历程，公元 211 年以后南京的崛起，应列为我国历史上的重大事件，即南京的崛起开辟了长江文化板块乃至中国发展的新格局和新时代。

南京是今天江苏省会，是中国南方最重要的古都，也是中国至今最具活力的古都之一。南京主城地处江南秦淮河流域和长江结合部，大地域背景为宁镇丘陵地区，东面是长江三角洲，西南是皖江地区，北面是江淮平原，古代的长江入海口就在南京东面不远的扬州和镇江之间。从孙吴开凿连通秦淮河和江南运河的"破岗渎"到今天联结沪宁的城际快车，从明代联系南北两京的驿站到今天的京沪高铁，南京一直处在中国南北大动脉和长江黄金水道的交汇处。因为优越的地理位置，"丹阳"汇聚中州阀阅，"建康"占尽六朝繁华，"金陵"满怀南唐风雅，"应天"开创大明典章。这里既是古代的帝王之州，也是近代的共和圣地，中山先生缔造民国并长眠于此，梅园新村携手国共开拓未来，两位总理不分南北，皆秉持"天下为公"的博大胸怀，为中华崛起而鞠躬尽瘁。

---

* 贺云翱：南京大学历史学系教授，博导。

这座"虎踞龙盘"的都会经过了太多风雨苍黄，这座雉堞巍峨的古城更换了无数的旗纛名号，至今仍可堪称是遍地沧桑的胜国之地，处处题咏的名胜之区。面对南京，抚今追昔，迎面而来的不仅有厚重的五千年华夏文明，还有这座中华古都特有的历史文化发展轨迹和现代性启迪。

一、南京与中国四大文化板块及中国三大古都文化圈

考古学、历史学、民族学、民俗学、人类学等多学科资料证明，中华文明体系主要是由四个文化板块构成：北方草原高原文化板块、黄河文化板块、长江文化板块、东南滨海文化板块。这四个文化板块的能量互补、此起彼伏、碰撞激荡、融会贯通，成为中华文明体系生命历程至今未断的重要原因。

北方草原高原文化板块以兴隆洼、红山、马家窑、齐家等史前文化及斯基泰文化（包括匈奴文化）、五胡十六国文化、北朝文化、吐蕃、辽、西夏、金、元、清文化等为代表，这一文化板块养育了中华重要古都北京；黄河文化板块以后李、磁山、裴李岗、仰韶、大汶口、龙山等诸史前文化及夏、商、周、秦、汉、隋、唐、北宋文化为代表，这一文化板块养育了中华重要古都洛阳、安阳、西安和开封；长江文化板块以彭头山、河姆渡、凌家滩、崧泽、石家河、青龙泉、良渚等诸史前文化及巴蜀、吴、越、楚、孙吴、蜀汉、东晋、南朝、南唐及前后蜀等、南宋、明文化为代表，这一文化板块养育了中华重要古都南京、杭州等；东南滨海文化板块以环珠江口史前文化、昙石山文化、大坌坑、圆山、长滨文化等史前文化及百越、南越、闽越、南汉、民国文化等为代表，这一文化板块也养育了中华古都南京；其次，广州、福州等城市也曾经成为东南滨海地区的局部政权的政治中心；未来的台北市亦应当被列为这一历史进程中的都城性城市之一。中华四大文化板块既体现出其无限的活力，也展现出其丰富的文化多样性特征，推动着中国不同大区域空间发展进程的调整和政治中心的交替，这种不同文化板块的此起彼落和互动交融，使之成为中华文明"多元一体"的根基所在。

四大文化板块都是以初起段为根基、为起因、为界定，此后成长过程中空间的位移和多元文化板块的介入是结果、是汇流，即后者不是它们的开始而是其文化特质的转折与升华。在四大文化板块中，草原高原文化板块和黄河文化板块相对接近，其中又以黄河文化板块为主导，人们一般目之为中国北方文化；东南滨海文化板块与长江文化板块相对接近，其中又以长江文化

为主导，人们一般目之为中国南方文化。在黄河文化和长江文化中，宋代之前，黄河文化更多地表现为强势，但北宋以后，长江文化逐渐占据强势地位（尽管其中原因很复杂）。

长江文化板块在发展过程中，有过良渚文化、吴越文化、楚文化、巴蜀文化、东晋南朝文化、南宋文化、明文化等几个高潮，到明代始从内涵和形式上覆盖全国，明以后则是北方草原高原文化板块（清）和东南滨海文化板块（民国）先后唱主角。中国古代历史上的几次文化高峰，基本上是黄河文化和长江文化两大板块交融撞击后（其中不排除有另两个文化板块的参与）的产生：北方龙山文化和南方良渚等文化体系碰撞以后的夏商文明；北方秦文化、南方楚文化等诸文化碰撞之后出现的秦汉文明；南北朝文化碰撞之后的隋唐文明；五代十国文化碰撞之后的两宋文明等，至于明、清、民国文化则是黄河文化板块衰弱后更大范围内的不同文化板块融会抬升呼应的结果。

长江文化每每在黄河文化衰弱之后承担起"救亡图存"的作用，也会在文化一尊趋于颓势时鼓荡起多元竞美的格局。它的简洁、淡泊、宽容衬托繁美、奢华、尊崇。与草原文化比，她是柔弱的；与黄河文化比，她是谦和的；与东南滨海文化比，她是含蓄的。

中国文化体系中的每一文化板块各有其地位和自豪，它们特色鲜明，共存共荣，你中有我，我中有你，长江文化身居其间亦不例外。长江文化是支撑南京立都的文化根基，也是南京作为都城能够"不断复兴"的重要动力。但作为中国古都，南京的发展底蕴又不局限于长江一线，她与立都于黄河流域的古都在文化上属同一血脉，在地位上是互补、互动的关系，其结果就是促使南京成为中国南、北文化的汇聚地，如东晋时，"洛阳文化"来此，与原先的吴都文化相融会；南唐、明代也有此特征，如明代，吸取了唐、宋、元文化中的许多成分，又凝聚了大量南方文化因子，后将成型于南京的一种新型文化推及北京乃至全国；民国时仍呈这种态势，只是更多地吸纳了面向海洋的东南沿海文化板块的优势，从而构成中、西渐融的民国文化。

从中国大格局上说，长江流域及南方地区经过"六朝"获得深度开发，中国经济中心逐渐向南方倾斜，政治、文化都呈现出新气象，后经五代十国和南宋，至明代，南方已经成为中国之经济、文化根本所在，在此过程中，古都南京的主导性作用和地位是鲜明的，也是不容忽视的。

由于中国存在着四大文化板块及各文化板块之间的竞合互动关系，遂导致中国政治文明中心即都城的空间位移，在数千年的文明发展中，大体形成了与各文化板块相对应的三大古都文化圈，它们分别是与黄河文化板块相对应的西安、洛阳、安阳、开封古都文化圈；与长江文化板块相对应的南京、杭州古都文化圈；与草原高原文化板块相对应的北京古都文化圈。中国政治中心的空间位移，其背后的推动力量是不同文化板块内生能量消长及互相竞合的结果，代表着中华民族和中华文明不断发展、复兴和融合的伟大进程。

二、南京与北京的互动与"对话"

在中国版图上，南京位于东南地区长江下游，在传统中国以"中原"为天下之中的观念中，南京是偏于一隅的。所以，三国东吴之前，南京不仅几乎没有区域中心的地位，甚至还不是一座成熟的城市。但她雄视长江、领袖东南、近海控淮的地缘优势，决定了她担负着在中国大格局中必然崛起的历史使命。

东汉晚期，随着黄河流域经济与文化的衰落、政治的动乱和北方草原文化的扩张和南进，南京的地缘优势开始展现，成为中国东南地区政治势力的依托中心和文化的集聚地（东吴），接着又成为从黄河流域南移的中原传统政治势力和传统文化的保存中心（东晋），其城市政治辐射力迅速通达大半个中国，文化辐射力披及东亚各国，诚如日本学者吉村怜先生研究认为，"从文化上来说，6世纪的南朝（按：以南京为中心）宛如君临东亚世界的太阳，围绕着它的北朝、高句丽、百济、新罗、日本等周围各国，都不过是大大小小的行星，像接受阳光似的吸取从南朝放射出来的卓越的文化"。[①] 这一历史态势持续时间超过两个半世纪，写下了南京作为中国著名古都和东亚地区历史文化中心城市的伟大开篇。

尽管南北朝之后中国政治中心忽在黄河文化区带，忽在北方草原文化区带，但南京作为长江文化乃至南方文化区带的代表性都城的地位由此而确立，一旦中国需要，南京就会承担起作为全国政治中心和文化重心的责任。

宋代以前的中国各统一王朝的"两都制"以西面的长安和东面的洛阳为主，汉唐五代都是这样，宋代虽然建都开封，但是洛阳仍然是核心型城市。南宋以后，随着黄河流域的衰落，必须依托强大的经济、文化及军事背景才

---

① ［日］吉村怜著，卞立强、赵琼译：《天人诞生图研究——东亚佛教美术史论文集》，中国文联出版社2002年版。

可以立足的中国政治中心就改由代表长江及南方文化区带的南京和代表北方草原高原文化区带及黄河文化区带的北京"轮流"担任。

朱元璋以"南京"为中心推翻定都于"北京"（元大都）的元朝，建立一统大明江山；半个世纪后原在北京做燕王的朱棣于"南京"登基后最终又把首都从南京迁到"北京"，但南京作为明朝"南都"即陪都，地位仅次于北京，这种状态一直持续到明末；明末南明小朝廷在"南京"苟延残喘，与已占有"北京"的清政权相对抗；太平天国以"南京"为"天京"，高扬反抗"北京"清政权的大旗；直到孙中山先生 1911 年在"南京"宣布推翻从秦始皇开始已延续 1690 年的封建帝制，建立新兴的中华民国。

尽管中山先生执政时间不长，又让"北京"袁世凯夺取了辛亥革命果实，但南京作为新生民国的开国首都，仍然有其不可磨灭的历史地位，而且辛亥革命发起于武汉，中华民国却建都于南京，这本身就说明南京历史地位的崇高和区域地位的重要。1927 年开始，中华民国首都又从北京迁回到南京，直到 1949 年新中国在北京诞生。

历史证明，元末以后到 1949 年的 581 年时间里，"南京"与"北京"这两个古都的互动主导着整个中国的政治格局和民族命运，充分体现了南京城市的独特地位和非凡的区位优势，也是南京对中国历史所作出的重大贡献。

南京历史上曾经有数次重建，但是都城的位置没有太大的改变。北方的都城位置改变较大，唐代的长安是重新设计，和汉代长安没有关系。元代的大都也是重新设计，不是在金中都的基础上发展的。洛阳城的位移比西安、北京还要大，夏都、商都一度在洛阳以东的偃师境内，东周、东汉、曹魏及后来的北魏才移都到现代洛阳城市空间的位置，今天的洛阳城其实是在隋唐洛阳城的西面。有些学者过分强调南京城在历史上的破坏，实际上中国的所有古都皆曾有过大规模的破坏和重建，南京与其他古都比较，位置上的改变反而极小，体现出特殊的空间上的高度稳定性。

历史上的北方古都，现在多数已经荒废，而历史上的南方古都，现在多数仍然是大城市；历史上的北方古都多数在大河的支流，很少建在大河岸边，而历史上的南方古都多数建在大江岸边，如南京、杭州、荆州、扬州、鄂州、重庆等；南方的古都不断向大江靠拢，但是北方的古都却不断远离大河，比如南京城市从秦汉的秣陵到孙吴的建业，从六朝的建康到明代应天府、清代江宁府，再到民国的首都，不断向秦淮河和长江两岸发展，从而形成"沿江大开发"的现代态势。在古代，北方的都城不断远离大河没有太大问题，但是在北方水资源日益短缺的今天，这种都城格局带来了城市缺水的重大问题。南方古都因为全部在大江边上，所以历史上从来没有缺水的担忧，此外还有低成本的水上交通的极大便利，这是南京和其他南方古都区位在今天客观上得到的实惠，也给我们很多有益的启示。

三、南京的发展历程、特色和地位

南京为中国著名的"十朝"古都。"十朝"指东吴（61年）、东晋（104年）、刘宋（60年）、萧齐（24年）、萧梁（65年）、陈（33年）、南唐（39年）、明（52年，另为陪都220年，南明小朝廷都1年）、太平天国（13年）、民国（24年）。历代建都时间共近500年，如果加上作为"陪都"的时间则要长达800年左右（除明代之外，杨吴、南宋也曾一度以南京为陪都）。

南京在长期的发展过程中，从文化和行政角度观察，它具有以下一些特点：

（一）江苏上古文化圈与南京的"边缘化"

江苏乃至长江下游在上古时代有两个文化圈：淮河以北的徐文化圈（以徐州到宿迁一带为中心）；淮河以南及江南的吴文化圈（以苏州到无锡一带为中心）。另在南京以西有楚文化圈（立都于湖北荆州，后来向长江下游披及）。南京在上古时代处于吴、徐这两大文化圈的"边缘地带"或吴、徐、楚三大文化圈的结合部。

2000多年前，南京的江北地区多具楚文化色彩，如最早的行政建置"棠邑"（今六合境）为楚置；江南地区多吴文化色彩，如最早的行政建置"濑渚邑"（今高淳境）为吴置。南京主城区最早的"城"类建筑"越城"（秦淮河南岸）为越国所置，但第一个行政建置"金陵邑"却为楚人所设，"金陵"是楚人对南京的褒美，后被秦人所贬抑，改称"秣陵"，并迁走县治，严重阻碍了南京城在秦汉时代的发展。

总之，上古时代直到秦汉两代，今天南京主城区是一个真正地被"边缘化"的地方，其原因来自文化和政治两大方面。

（二）汉末到隋初约300多年的"异军突起"，引领了整个中国发展格局的改变

从公元211年到公元589年，其间除去西晋27年（280—307）外，南京

皆为中国半壁江山的中心城市，号称"六朝都城"，其文化辐射力达整个东亚地区，由此奠定了南京在中国乃至东亚地区的历史地位和城市根基。

西晋士族南渡时，把洛阳已养育千年的中原文明带到建康（东吴称建业，西晋改建邺，晋人南渡后改建康）。当时的建康高级士族仍然在南方的青山秀水间使用"洛下之咏"、"洛下书生咏"来吟诵经典，至于一般的中原方言俗语更是不用说了。南京原为吴语区，正是从六朝时期起，开始逐渐转变为江淮方言区。魏晋时期的中原地区流行玄学，而江东还是传统经学盛行地区。从中原南迁的士族带来了"竹林七贤"的遗风，江东不仅成为玄学的新中心，而且还对吴地学术面貌产生了重大影响。《北齐书》卷二四《杜弼传》记载，北齐高祖高欢对杜弼说："……天下浊乱，习俗已久。今督将家属多在关西，黑獭常相招诱，人情去留未定。江东复有一吴儿老翁萧衍者，专事衣冠礼乐，中原士大夫望之以为正朔所在。我若急作法网，不相饶借，恐督将尽投黑獭，士子悉奔萧衍，则人物流散，何以为国？……"高欢说在江东（今南京一带）的梁武帝萧衍积极从事华夏正统文化建设，中原士大夫认为南朝才是正统，所以如果北朝的法律过于严苛，恐怕北方的士人都要投奔南朝了，可见直到南朝梁代，建康（今南京）作为中华文明的"正朔"所在乃是当时列国的主流意识。

（三）隋唐低潮期

与"秦代"一样，以西安为中心的西北区刻意贬抑以南京为中心的东南区，唐代南京甚至被长期作为润州（今镇江）的属县。

（四）五代十国时期城市复兴

先后成为杨吴的"西都"、南唐国的国都，其间约66年。南唐国不仅是十国中最强一国，而且是五代十国中文化最为发达的国家。

李昇正式建南唐之后，采取的国策是：对外睦邻修好，不兴兵卒；对内与民休息，轻徭薄赋，发展经济；对己克勤克俭，礼贤下士；治国讲求法度，举贤任能。史温《钓矶立谈》说："江表五十年间，父不哭子，兄不丧弟，四封之内，安恬舒嬉"。[1] 陆游《南唐书》说："江淮间连年丰乐，兵食盈溢。"[2]

北宋马令《南唐书》卷十三《儒者传》序说："五代之乱也，礼乐崩坏，

---

① ［宋］史温：《钓矶立谈》，傅璇琮等主编《五代史书汇编》第9册，杭州出版社2004年版。
② ［宋］陆游：《南唐书》，傅璇琮等主编《五代史书汇编》第9册，杭州出版社2004年版。

文献俱亡。而儒衣书服，盛于南唐，岂斯文之未丧，而天将有所寓欤？不然，则圣王之大典，扫地尽矣！南唐累世好儒，而儒者之盛，见于载籍，灿然可观。如韩熙载之不羁，江文蔚之高才，徐锴之典赡，高越之华藻，潘佑之清逸，皆能擅价于一时，而徐铉、汤悦、张泊之徒，又足以争名于天下，其余落落不可胜数。故曰江左三十年间，文物有元和之风，岂虚言乎？"① 这里说五代中原混乱，三个朝代都是沙陀人所建，本来就不可能尊崇华夏文明，但是多亏了南唐延续了中华文化。南唐历代君主都好儒学，所以学者辈出，简直可以和晚唐元和中兴时的景象相比。南唐不仅在五代十国中文明最为昌盛，还被看成是延续中华文明的重要朝代。

公元914年，李昇始建昇州城（今南京），到917年建成，"治城市、府舍甚盛"，"府库充实，城壁修整"。杨吴政权的权臣徐温于此置昇州大都督府，在金陵原上元县划出江宁县，两县并治昇州城内，从此，上元、江宁两县同城而治，直到清代末年。直到南宋，陆游亲眼见到南京的城墙高大坚固，所以在他写的《南唐书》里特别强调李昇建造南京城的事迹。到南宋绍兴年间，李昇建造的南京城还保存基本完好，今天南京城的南部区域就是这时奠定的。明代南京人顾起元《客座赘语》卷九《石城》条说："南都城围九十里，高坚甲于海内。自通济门起至三山门止一段，尤为屹然。聚宝门左右皆巨石砌至顶，高数丈，吾行天下未见有坚厚若此者也。"② 顾起元说南京城的南部尤其坚固，他在下文指出这是南唐时期奠定的基业。

（五）北宋时为昇州治，也是江南东路路治所在，领一府、七州、二军、四十三县

南宋时仍为江南东路路治所在，又是地位仅次于首都临安（今杭州）的留都；元代为江南诸路行御使台所在。

南宋宋高宗于1129、1137、1162年三次到建康（今南京），数次欲定都于此，但迫于形势仍选择杭州为都，但承认建康为"留都"，其宫殿区（原南唐皇宫区）一直作为"禁区"予以保留。还以江南东路安抚使、建康帅府、总领两淮军马钱粮、沿江水军制置使、沿江制置使等国家重要军政机构驻扎建康，建康于南宋一朝为仅次于都城临安（今杭州）的重要中心城市。

农业文明时代，粮食生产成为社会经济的主业。宋代最著名的一些圩田

---

① ［宋］马令：《南唐书》，傅璇琮等主编《五代史书汇编》第9册，杭州出版社2004年版。

② ［明］顾起元撰，谭棣华、陈稼禾点校：《客座赘语》，中华书局1987年版。

都分布在今南京市及其周边一带，比如石臼湖的永丰圩，宋徽宗赵佶政和五年（1115）建成，四面五六十里，有田 950 多顷。南宋时期，建康府的圩田继续发展，杨万里描述秣陵镇的诗篇《圩田》说："周遭圩岸绕金城，一眼圩田翠不分。行到秋苗初熟处，翠茸锦上织黄云。"第二篇说："古来圩岸护堤防，岸岸行行种绿杨。岁久树根无寸土，绿杨走入水中央。"杨万里南行到达今溧水县南部的孔镇，写下《圩丁词十解》，这是我们了解宋代圩田的重要资料，也反映了南京圩田在宋代经济史上的重要地位。宋《景定建康志》卷十六《镇淮桥》说："自江、淮、吴、蜀，游民、行商分屯之旅，借道之宾客，杂沓旁午，穷日夜不止。"① 可见，南京的贸易范围主要是江南路、淮南路、两浙路与长江中上游地区，南京是当时长江流域最重要的经济中心。

元代以江南诸路行御史台（俗称"南台"）设于建秉路，监临江浙、江西、湖广三大行省、江东等十道、四百五十县，为元代东南区域及长江三角洲中下游地区行政中心所在。《至正金陵新志》卷八《风俗》引至顺年间建康人戚光的话说："旧称陪都大镇，今清要之官，内外通选，人品论鉴，居东南先。士重廉耻，不竞荣进，气习大率有近中原。地当淮浙之冲，谈者谓有浙之华而不浇，淮之淳而雅，于斯得之矣。"② 这里说南京是南台所在，所以东南地区的人物评选都在此决定。南京虽然在长江之南，但是文化接近中原。因为介于两浙与淮南之间，有浙江那样的华丽景象，又有江淮那样淳朴的民风，作者认为南北风俗的优点都集中于南京，由此可见南京的殊荣。

总之，在宋元约 370 年时间里，南京一直是名列前茅的全国中心城市之一，是长江流域及南方地区地位最称重的城市（除南宋都城临安）。

（六）明代终于发展成为一代统一帝都，开启了中国近古时代

元至正十六年（1356 年），从淮河之滨起家的朱元璋整合江淮流域的军事和文化精英，攻克集庆，改称应天府，到 1368 年，他用 12 年时间，以应天府为中心，完成了灭元建明的历史任务，开创了一个新的时代。1368 年，颁《立南北两京诏》，"以金陵、大梁为南、北京"。自此古金陵得称"南京"。后来永乐元年（1403 年），朱棣升北平为北京，应天仍称南京。

永乐十九年（1421 年），明成祖迁都北京，南京仍保留有"五府六部"

---

① 《景定建康志》，《宋元方志丛刊》，中华书局 1990 年版。
② 《至正金陵新志》，《宋元方志丛刊》，中华书局 1990 年版。

等中央军政机关，称"南京"或"留都"，南京直接辖区即"南直隶"直属南京六部，统领府十四、直隶州四、属州十七、县九十七，直到明亡。有明一代，南京有 53 年为全国首都，有 223 年为仅次于首都北京的全国性中心城市。

明代南京人焦竑说："金陵，天下之一大都会也，而民无土著，士鲜完室。则胜国时为高皇帝定鼎于斯，徙四方巨族实之。故今居金陵者，率自四方来也。"① 明初迁徙四方豪族定居于南京，所以明清时期的南京是江南文化、江淮文化、北方文化交融创新之地。明清时期的南京文化对全国形成很强的辐射作用，余怀《板桥杂记》评说："南曲衣裳妆束，四方取以为式。"②

明初朱元璋对南京城进行了大规模的扩建，全城自外向内有 4 层城墙：外郭（号称长 180 里，实际 120 多里，开城门 18 座）、内城（又称京师城垣，长约 70 里，开城门 13 座）、皇城（长约 18 里）、宫城（周长 3.4 公里），形成了四重城圈的都城制度。明代建立的南京城，其空间范围直到 20 世纪也没有为现代城市所突破，可见，当时都城规划之高瞻远瞩。朱元璋还首次把宫城移到南京老城的东面原郊野之地，起到了"保老城建新城"的作用，其所遗即今明故宫；明南京城还首次把鼓楼以北直到狮子山的广大地区纳入内城，并推动下关滨江一带的开发；首次把江北的浦口建设成为北面的卫星城，设置江浦县，并纳入应天府，开启了南京城市"跨江发展"的先河。明代南京在教育（如国子监）、图书编纂出版（如《永乐大典》、十竹斋木版雕印）、造船及航海（如龙江宝船厂及郑和下西洋）、宗教（如僧录司、大报恩寺、南藏雕印等）、军事（如宝源局和火器制造）、建筑（如都城规划和宫殿、陵寝等建造）以及文学艺术等无不领先于全国。迄今保存下来的南京明代都城格局遗址、明京师城墙、明孝陵等都是称冠全国、饮誉世界的文明奇珍。

（七）清代，南京仍是中国除首都北京之外综合地位最为重要的城市

清顺治元年（1644 年），马士英、史可法等明朝大臣奉福王朱由崧在南京称帝，年号弘光，史称"南明"，一年后为清军所灭。1645 年清政府改明南直隶为江南省，应天府改称"江宁府"。顺治四年（1647 年），派驻两江总督于江宁，统辖江南省（约当今江苏、安徽、上海全境）、江西省、河南

---

① ［明］焦竑：《焦氏澹园集》卷十五《沈氏世传录序》，《续修四库全书》1364 册。
② ［清］余怀著，薛冰点校：《板桥杂记》，南京出版社 2006 年版。

省三省军政，建督署于汉府街口。

有清一代，两江总督的地位仅次于首都北京所在的直隶总督，经济上更是占据首要地位。在全国八个总督中，两江总督辖地最广、位高权重。清晚期，还以两江总督兼南洋通商大臣，实际是参与掌管全国外交事务。

1842年8月，英国侵略军迫使在1839—1844年间先后任两江总督的伊里布、牛鉴、耆英三人代表清政府签订了中国历史上第一个不平等条约《江宁条约》，开启了中国近代大变革的时代。"鸦片战争"标志着中国近代的开始，它起于"虎门销烟"，而主持"虎门销烟"的正是当时身兼两江总督、钦差大臣两职的林则徐。也可以说，中国的近代史大门是从南京打开的。由此，中国走上了艰难的近代化乃至现代化之路。

1851年1月，洪秀全在广西桂平发动武装起义，建号太平天国，1853年3月19日攻克江宁，定都"天京"，到1864年7月19日天京被清军攻破，其间有11年，南京成为加速清朝灭亡的主要城市。

剿灭太平天国和太平天国以后维持清朝统治、力主"洋务运动"的一批所谓"中兴之臣"，如曾国藩、李鸿章、左宗棠、刘坤一、张之洞、沈葆桢、彭玉麟、曾国荃等没有一个不是从南京"两江总督府"走出去的。

清代南京不仅有大批遗民文艺家，如孔尚任、"金陵八家"等，还诞生了文学名著《红楼梦》、《儒林外史》，袁枚在随园创立了"性灵派"，李渔在芥子园创作了大量流行文学作品，虽然清代的江宁府不再是都城，但是仍然是中国最重要的文化中心之一。

（八）民国，南京又一次成为全国政治中心

1912年1月1日，孙中山先生在南京宣布"中华民国"成立，这标志着在中国延绵了2000多年的专制式的封建主义政体被彻底埋葬，这是中国历史上又一个伟大的创举，中华民国南京临时政府虽然仅存在了三个月，但这一时期以孙中山先生为首的一批革命先行者议决颁发了多项有利于推进民主政治和发展资本主义经济的政策和法令，这些政策、法令虽然未及实施，但从此民主、共和的思想已随之逐渐深入人心。

从1927年4月起，以蒋介石为首的国民政府又定都于南京。废金陵道（金陵道原辖11县），改江宁县城区为南京市。纵观历史，民国时期南京的城市地位表现在：

其一，"中华民国"在此诞生，由此揭开了中国历史的新的一页；也开启了南京城市现代化的篇章。1928年1月成立了首都建设委员会，1929年正式公布《首都建设计划》，把南京划为紫金山南麓的新政治区、傅厚岗一带的市级行政区、长江两岸的工业区，主干道两侧和明故宫、新街口一带的商业区、鼓楼附近的文教区、山西路一带为新住宅区。① 民国时期南京城市布局最大的变化是城北的开发，宁沪铁路建成后，下关车站带动了城北的发展，但是最关键的发展还是在国民政府时期。明故宫一带被建为机场，1929 年开设上海、南京的航线。20 世纪 30 年代一些大型化工企业在长江北岸建成，该地形成新的工业中心，被命名为大厂镇。城东的中山东路沿线建起了一批公共建筑，中央大学、中央研究院等多所大学和研究机构成为全国高校和科研产业的翘楚。当然，有的事业发展迟缓，筹建的中央博物院（今南京博物院前身）最终没有完全建成。东郊的中山陵建成后，带动了周围一系列纪念建筑的产生，东郊的一些风景名胜在这时发展成型。

其二，1939—1945 年间爆发的第二次世界大战，由于日本侵略者对中国及亚洲其他国家的入侵，当时作为中国国家首都的南京被卷入了世界历史的潮流之中，以致在此发生了震惊中外的"侵华日军南京大屠杀"的悲惨事件，激发了中国人民坚决抵抗日本侵略者的血性和斗志；1945 年 9 月 9 日，标志日本侵略者彻底战败投降和第二次世界大战结束的中国战区受降签字仪式也在南京举行。南京见证了战争的罪行和正义的惩罚，也见证了中华民族的博大胸怀，是名副其实的英雄之城和"博爱之都"。

其三，作为当时国家的政治中心城市，南京成为对外交往的主要都会之一，到 1948 年 6 月 1 日止，在南京建立的外国大使馆共有 36 个。

总之，整个民国时期，国际国家间的矛盾和斗争、国内反帝反封建斗争及代表不同利益集团的斗争、国家变革和争取民族解放以及文化上的巨变等各种时代特征，都将南京推到了历史的风口浪尖上，使之成为当时世界上为数不多的有国际影响的大都市之一，也为南京在现代国家宏观布局发展中和海峡两岸统一大业中占据重要地位奠立了历史基础。

四、南京历史地位的总结

通览整个中国的文明历史过程，公元 211 年以后南京的崛起，应列为我国历史上的重大事件，即南京的崛起开辟了长江文化板块乃至中国发展的新

---

① 国都设计技术专员办事处：《首都计划》，南京出版社 2006 年版。

时代，具体表现为：

（1）在中国国土范围内塑造了又一个政治中心城市，使中国的政治中心城市走出黄河文化板块的一元格局（西安—洛阳的东西横向轴线），开启了多元竞美（南京—洛阳、南京—西安、南京—北京、开封—杭州的南北纵向轴线）的中国都城文明的新时代。

（2）南京作为都城之时，引领了中国长江流域及整个南方区域的发展，对改变中国原有的北强南弱（六朝之前）局面，整体促进中国南北地区的共同发展（隋唐时代），为最终形成南强北弱的国土格局（五代十国以后）乃至南方独占鳌头（明清时代）发挥了关键性作用。清代以后，华南和西南又崛起了一些政治中心，如民国的广州和重庆、明郑的台北，而这些新兴的政治中心无不尊奉南京或最终还都南京。可以说，南京在宋代以后的近世中国，是整合联结南北的中心城市，在统一中国的形成过程中，发挥过关键的作用。

（3）南京在中国国家发展的整个历史过程中，多次发挥过至关重要的作用，如为隋唐盛世到来而奠基，为宋代发达文化开启先河，是明文化的开创地，开启中国近代历史第一页，开创民国和结束专制帝制并引领中国走向现代国家等等。

（4）南京作为都城或大区域统治中心之时，凝聚了长江流域甚至全国的人才优势（如孙权、周瑜、周处、陆机、陆云等；东晋南朝的司马氏、王氏及"书圣"王羲之、谢氏、"画圣"顾恺之、刘裕、萧氏、陈霸先、刘勰、沈约、国内外众多高僧等；南唐的李氏、"词圣"李煜等；明代朱元璋及一批开国功臣、刘基等；清代"江南才子"袁枚、洪秀全、洪仁玕、曾国藩、李鸿章、张之洞等；民国时期的孙中山、黄兴等）、资源优势，创造了一个又一个文化高峰，为推进中华文明的整体进步作出了巨大贡献。

五、南京历代行政地位变迁及其背景

据笔者研究，南京作为治域中心的空间地域变化规律是：

作为一级地域空间核心（统一国家都城的治域）为 76 年（明代 54 年、民国 22 年，实际不足）；

作为二级地域空间核心（偏安王朝都城的治域）为 382 年（六朝、南唐、太平天国）；

作为三级地域空间核心（国家一级行政区中心所在治域）为 1329 年

（如隋以前的州、唐宋的路、元以后的省、清代总督以及杨吴、南宋、明代陪都等）；

作为四级地域空间核心（国家二级至四级行政区中心所在地域）为1470 年；

作为五级地域空间核心（"县"为主）为1837 年。

其地缘特征表现为：

（1）主城区及附近地区作为国家三级行政治域空间中心所在的时间占建城史的 74.1%—100%，此为核心空间，也是最为稳定的空间。

（2）相当于今市域范围及附近地区（如还包括句容、溧阳、当涂等）的治域空间占 59.4%—80.0%，为次核心空间，也相当稳定，如唐代昇州治、元代的集庆路、清代的江宁府等。

（3）相当于省一级及长江中下游地区的治域空间中心占 53.7%—72.3%，计有六朝的扬州治、宋代江南东路治、明代的南直隶治、清代的两江总督驻地等。反映了南京城市在长江中下游地区特别是江苏、安徽及江西一部分地区的历史区域中占有空间优势。这也是当代和未来南京在区域发展中城市地位的潜在空间优势。近年来，随着宁合、宁启、宁西、宁汉、宁杭、宁安等新铁路的建成，南京一跃成为长三角地区最重要的交通枢纽，南京对长江下游及淮河流域的辐射作用已更加突出，为此，在 2010 年 5 月由国家发改委公布的《长江三角洲地区区域规划》中对南京的定位是："发挥沿江港口、历史文化和科教人才资源优势，建设先进制造业基地、现代服务业基地和长江航运物流中心、科技创新中心，加快南京都市圈建设，促进皖江城市带发展，成为长三角辐射带动中西部地区发展的重要门户"。这一定位完全符合南京的历史地位、空间区位和现代实际发展能力，符合国家宏观区域发展战略。

（5）南京作为都城所在的治域空间中心的时间占到建城史的约 18%—25%，但其作为统一国家都城所在的时间仅占 3.1%—4.1%，反映了南京在中国宏观空间中的地缘缺陷，而其作为偏安王朝都城的时间占到建城史的15.4%—20.8%，为统一都城期的五倍左右。可见，南京在作为古代都城的过程中，主要是偏安王朝的政治中心。

南京在今后的区域发展中当应考虑到这种地缘条件的不足，扬长避短，充分发挥现代交通、现代信息化和科技化条件、现代教育及人才优势，以弥补地缘缺陷，在中国现代化建设的进程中，发挥更切实的大区域空间作用。

总之，南京自东汉末期崛起后，迅速成为中国南方的区域中心，而且在其后的发展过程中，只要不是人为的控制，它都能保持这种地域空间优势，而引领、整合和推动广大空间区域的发展。南京在空间上的涵盖力主要是以华南地区特别是长江中下游地区为主，作为全国性的治域中心，则显得空间优势不足。不过，由于南京、北京分别处在中国东部最大的平原黄淮海平原的南部和北端，所以自古以来交通便捷，加之现代化的各种优势，南京过去和将来都会以其"地介南北"、"控江近海"的特殊区位，成为中国历史上最为重要的都会之一。以孙中山先生所言："南京为中国古都在北京之前，而其位置乃在一美善之地区。其地有高山，有深水，有平原，此三种天工钟毓一处，在世界中之大都市诚难觅如此佳境也。而又恰居长江下游两岸最丰富区域之中心，……当夫长江流域东区富源得有正当开发之时，南京将来之发达未可限量也。"①

---

① 孙中山：《建国方略》，广东人民出版社 2007 年版。

创新经济引导下南京新产业体系的构建

黄南[*]

创新经济（innovation economy），是指以信息革命和经济全球化为背景，以知识和人才为依托，以创新为主要推动力，保持快速、健康发展的经济。在创新经济中，传统的物质生产部门大大改变了自己的技术基础，因为不依靠新知识和创新的生产是没有生命力的。创新经济的基础系统是信息技术、计算机系统和高生产技术。它们在发展中明显改变了信息获取、加工、传递和生产的所有手段，在很大程度上促进了智力活动的技术化（如设计和生产技术准备自动化、生产过程自动控制、财务结算自动化、组织管理活动自动化、多种语言自动转译、诊断和识别图像自动化等）。

一、创新与产业发展的互动性以及产业体系的演进机理分析

创新与产业的发展是相互促进的，一方面，创新是产业发展的动力源泉，决定着产业发展的周期和趋势，影响着产业的竞争力及其内部结构；另一方面，产业体系的构成又反过来影响了创新能力的提升。具体来讲，两者之间的相互影响表现在以下几个方面：

（一）创新是产业兴起、发展的主导力量

技术创新是产业发展的关键，以往的研究表明，技术创新在优化和调整产业结构方面具有十分重要的作用。技术创新可以促进新兴产业的出现，并通过降低生产成本、提高劳动生产率等方式加快这些产业的扩张，使这些产

---

* 黄南：南京市社会科学院经济研究所副所长，副研究员。

业成为地区的主导产业。而对于那些发展已趋于成熟,产品的价格需求弹性相对较小的行业,技术创新则会使这些行业的利润率下降,从而促使这些产业的生产要素向外转移,达到促进产业升级的目的。

对单个产业而言,产业的发展都会经历一个"兴起——扩张——减速——收缩"的历程,一般来说,技术创新多发生在一个产业的兴起和快速扩张阶段,这是因为,产业的兴起往往与新产品的开发相联系,随着新产品逐渐被消费者所认同,消费会不断增大,而同时技术创新又会大幅度地提高生产效率,降低生产成本,促使该产业快速扩张,从而使该产业进入高速增长的阶段(苏东水,2000)[①]。当产业发展进入到成熟阶段后,技术创新就会逐渐减少,创新速度减缓。

图 1 以图表的形式描述了技术创新对单个产业中产品价格及成本的影响,以及该产业产品发展阶段的情况。在产品发展的第一阶段,技术创新通过提高生产效率等方式促使该产业产品成本和价格大幅度下降,产品生产进入快速扩张时期。这时由于技术创新引起的产品价格和成本下降的幅度都较大,虽然技术创新会导致该产业生产规模的扩大,从而引起价格的下降,但产品的价格高于成本,因此,对于该产业而言技术创新是有利的。进入第二阶段后,技术创新使该产业产品成本下降的速度明显趋缓,产品价格与产品成本之间的差距不断缩小,这时技术创新虽然仍在继续,但是由于价格与成本之间的差额越来越少,产业的利润降低。如果这时技术创新仍在进行,产品生产效率的提高终将使该产业的产品价格降到与成本相同的地步,即图中所示的 X_2 点,这时技术创新已无力再降低产品的生产成本,但仍将可能导致产品价格的下降,因此技术创新将趋缓,从而使产业的增长速度降低,这时生产要素就会从该产业部门大量流出,尤其表现为该产业部门的劳动力数量的锐减,相应地,该产业的产值比重也会出现大幅度的下降。这也使得一些昔日曾从现代技术革新中得到好处的工业在削减成本的机会上趋于枯竭,促使发明家把注意力转移到更有希望的领域中去。因此常常把技术革新引向建立起一个新兴的工业(部门),来与过去曾受益的工业(部门)相竞争,从而进一步限制了后者的增长潜力(库兹涅茨,1971)。

---

① 苏东水:《产业经济学》,高教出版社 2004 年版。

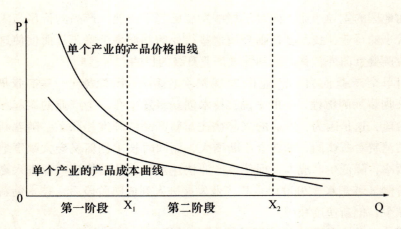

图1 技术创新对单一产业产品价格及成本的影响

技术创新与产业结构之间的这种密切关系被很多经济学家的研究所证实。库兹涅茨在研究后曾指出，从较长的时间序列看，产业增长速度随着该产业成长、成熟到衰落而处于高速增长、均速增长和低速增长的变动中。库兹涅茨用逻辑曲线 Gompertz 曲线拟合了几十条不同部门产量和产品价格的长期趋势线，从而证明了在产业部门的扩张和收缩过程中存在着一定的规律性，而这种规律性正是由创新变量的规则变动而导致的。

（二）创新导致产业结构的更迭

新熊彼特主义者多西等人指出，从世界的范围来看，在任何一个时间点上同时存在着不同的（"较好"或者"较坏"）技术、产品和企业，而且这些企业的技术吸收、积累和创新的能力也是不同的，一些国家比较先进，一些国家比较落后；或者在一个国家内一些产业部门比较先进，另一些产业部门比较落后（多西等，1988）。按照库兹涅茨的分类，也就是在任何一个时点，总会看到多种处于不同增长速度的产业，即低增长部门、高增长部门和潜在高增长部门的同时存在（库兹涅茨，1971）。一般来讲，高增长部门是由于技术的创新、需求的迅速扩大以及人力资本等的供应充足等多种因素的共同作用而获得了增长的相对优势。但是随着时间的推移，由于创新的扩散和产业的发展，新需求的产生，以及原高增长部门产业价格弹性的不断降低，原高增长部门的地位就会被新的产业部门所代替。在随后递进的发展过程中，潜在的高增长产业部门又会转化为现实的高增长产业。这是一个连续变动的过程，可以说，产业结构的变动就是通过产业间这种优势地位的更迭实现的

（周振华，1992）。

正是由于技术创新在产业发展的不同阶段呈现出明显的变化，因此一些经济学家将技术创新的程度作为衡量产业发展阶段的重要指标。罗斯托认为，不论在任何时期，甚至在一个已经成熟并继续增长的经济中，经济发展的冲击力之所以能够保持，是由于为数不多的主要成长部门迅速扩张的结果，而且这些部门的扩张又产生了对其他产业部门具有重要意义的作用（罗斯托，1963）。罗斯托把这些产业称为主导产业。同时罗斯托区分了主导增长部门和主导循环部门，他认为，主导增长部门是引入了创新的真正的主导部门，而主导循环部门是未引入新生产函数，受高利润率影响的辅助增长部门或派生增长部门。只有前者更迭，才能带动产业结构向高级化发展，后者只能支撑特定周期的繁荣，却不能带动产业结构的高级化。

主导产业的形成是需要一定的条件的，罗斯托认为必须具备的条件是：（1）足够的资本积累；（2）充足的市场需求；（3）创新，包括技术创新和制度创新。在此，他对创新对主导产业产生的作用给予了充分的肯定。不仅如此，罗斯托同时认为技术创新还是主导产业对整个经济最大的促进作用之一，主导产业正是依靠了技术上的创新获得了新的生产函数，保持了较高的增长，同时通过技术的扩散效应，带动其他产业的发展，形成新的需求（包括技术创新需求），从而刺激了其他产业的产生和发展，形成整个经济体快速发展的良性循环体系。由此可以看出，随着科学技术的进步以及人们需求的不断变化，产业体系，尤其是主导产业确实经历了不断更替、转换的历史过程，而在这个过程中，技术创新一直扮演着至关重要的作用。

（三）产业体系构成的不同导致创新动力的差异

反过来，产业体系的构成也在一定程度上影响着创新的发展。创新经济学认为，创新的动力主要来自两个方面，第一是技术推力；第二是市场拉力。前者指的是由技术发展提供一种创造新需求的可能性，推动人们进行创新；后者则是指人们根据市场需求的拉动进行创新。

一个地区产业体系的构成也会从以上两个方面影响到该地区创新能力的高低。产业体系的不同实际上决定了一个地区在资源配置上的不同。尤其对于广大的发展中国家和地区来说，产业的发展一般都是采取"倾斜式的发展战略"，也就是集中优势资源，促使一部分产业率先发展起来，这样就会使地区的资源配置情况发生改变，资金、劳动力、土地、能源以及技术资源都会向一部分产业进行倾斜，从而导致这一部分能够取得较快的发展，这其中技术、资金、人才等资源的倾斜式投入，会对一部分产业的创新情况起到极大的促进作用，从而使这些产业的创新能力得到提高。

同时，产业体系构成的不同也对创新的市场需求产生影响。在产业体系构成中的产业，尤其是那些重点发展的产业，发展的要求较为迫切，而创新是推动产业发展的动力和源泉，这样就会对该产业的创新产生较大的需求，以期通过创新推动这些产业的发展，这就从市场拉力的角度推动了地区创新的发展。但是，对于不同的行业，由于在产业链中所处地位的不同，它们的创新需求也是不同的，如原材料加工环节的创新需求就远远低于处于产业链研发环节行业的创新需求。而且，不同的产业，其对创新的需求也是不同的，技术含量较高的产业，如信息产业，其对创新的需求就要大于石化、钢铁、纺织等传统行业，这是不同产业核心发展要素的不同所决定的。

由此可以看出，在不同的产业体系下，创新发展的动力是不同的，产业体系的构成决定了资源配置的不同，也导致了创新需求的不同，因此，通过合理的产业体系构建，促使发展资源向创新需求较大的产业部门倾斜，将对一个地区创新经济的发展产生很大的推动作用。

二、南京产业体系的阶段性划分及创新力问题分析

（一）改革开放以来南京产业发展的五个阶段

随着经济的加快发展，南京的产业结构经过不断地调整，三次产业增加值比重由 1978 年的 12.5∶67.5∶20.0 调整为 2009 年的 3.05∶45.64∶51.31。通览南京 1978 年以来的产业发展进程，南京产业结构的变动体现明显的阶段性特点，整个产业结构随南京社会经济的发展呈现由低级到高级、由严重失衡到基本合理，由全面发展向支柱产业主导再向创新引领发展的变动轨迹。南京产业的演进阶段见图 2 所示。

改革开放至今，南京的产业体系可以基本上划分为五个阶段，即三次产业全面发展阶段（1978—1989 年），支柱产业主导阶段（1990—1998 年），服务业加速发展阶段（1999—2003 年），产业调整发展阶段（2004—2007 年）和创新引领阶段（2008 年至今）。各阶段的主要特征以及产业结构的调整状况可见表 1 所示。

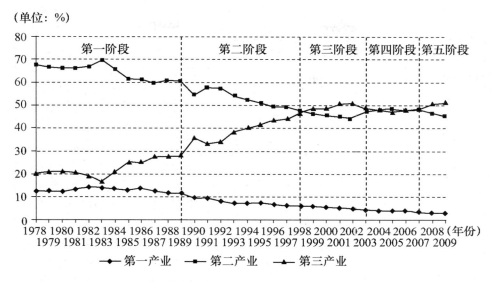

（单位：%）

图2　南京市产业结构1978—2009年变化图

表1　南京市产业体系发展阶段及主要特征

阶段	名称	时间	期末产业结构	发展特征
1	三次产业全面发展阶段	1978—1989	11.65∶60.51∶27.84	第一、二、三产业都取得了全面的发展，改革开放前南京失衡的产业结构逐渐得到扭转，片面强调第二产业的"倾斜式发展道路"有所转变。第三产业在南京的生产生活中的重要性得到认识，南京的产业结构逐渐趋于合理。
2	支柱产业主导阶段	1990—1998	6.08∶47.77∶46.14	明确以电子信息、精细化工、轻型汽车、机电一体化为主体的"电气化特"支柱产业的地位，表明南京的工业发展已由过去以各行业全面发展的阶段，进入了支柱产业为主体、提高产业集聚度和规模化程度、提升产业内部优势的发展阶段。

续表

阶段	名称	时间	期末产业结构	发展特征
3	服务业加速发展阶段	1999—2003	4.11：47.45：48.44	第三产业增长迅速，1999年南京市第三产业实现的增加值和比重首次超过第二产业，产业结构由"二、三、一"转变成"三、二、一"，并保持阶段性稳定，一直持续到2003年。
4	产业调整发展阶段	2004—2007	3.5：48.1：48.4	实施"工业第一方略"的发展战略，电子、汽车、石化、钢铁、电力"五大产业"成为南京经济发展的重点，同时积极培育"十大产业链"，第二产业进一步加速发展，第三产业比重相对下滑，第二产业比重再次超过第三产业。
5	创新引领阶段	2008年至今	3.1：45.6：51.3	确定创新驱动的发展道路，努力促使经济发展从资本、劳动力、土地等物质要素依赖逐渐向创新要素依赖的方向转化，创新开始在经济中发挥出强大的作用和优势。第三产业比重再次超过第二产业。通过创新发展、转型发展、跨越发展，进而力争在率先实现基本现代化方面走在全国乃至全省的前列，成为新时期南京城市的发展目标。

（二）南京目前产业体系创新力问题探析

从对产业发展阶段的分析看，南京的产业体系虽然已经进入了创新引领的发展阶段，但是总体来看，还难以完全适应创新经济的发展要求，产业体系缺乏国际竞争力，创新并没有在产业发展中发挥出应有的作用。这样的产业体系不利于南京创新经济的发展，更不能完全适应国际化城市和人文绿都城市的发展。具体来讲，主要表现在以下几个方面：

（1）产业技术创新处于低层次水平，制约了区域创新能力的提升。主要表现在：技术密集型产业发展仍相对薄弱；南京市在全球产业链中处于低端"制造"位置，而不是"创造"位置；产业配套的创新资源在产业发展中并没有得到很好的应用，以及南京产品创新和附加值较低等。

（2）产业体系的国际化程度不高。主要表现在：总部经济不够发达，缺少与国际化城市相匹配的跨国公司或国际金融机构；经济外向度程度不高，以及国际资本集散中心地位尚未确立等。

（3）服务业的创新内涵和要素需进一步提升和完善。表现在：服务业比重低于同类国家和地区的世界平均水平；服务业层次不高；服务业的创新要素缺乏，创新体系不够健全等。

（4）"黑色"产业结构成为建设"创新经济下新产业体系"的障碍。主要表现在两个方面：第一，缺乏对创新成果的市场需求，制约了资源向创新经济的集聚；第二，影响生态环境，导致创新经济发展软环境的恶化。

但是，经过改革开放以来的快速发展，南京在构建创新经济引领下的新产业体系上已经具有了良好的发展基础，主要表现在：资源基础较丰厚、产业基础较雄厚、政策保障体系相对完备、城市地位重塑契机相对有利、基础设施较完善等几个方面。

三、南京创新经济下新产业体系的构建

（一）创新经济下产业体系的主要特点

新产业体系的构建，需要选择和发展适合创新经济需求的产业，为此，在对新产业体系进行构建的时候应遵循创新经济下产业体系的特点和规律。创新经济下的产业具有不同于传统产业的特征，概括起来主要包括以下几点：

1. 产业链条长，产业间的关联度提高

在创新经济下，产业之间的融合发展成为一种主导趋势，由于产业的融合发展，使不同产业之间的界限慢慢模糊，产业链从上游的原材料供应、产品设计和研发，中游的生产制造延伸到下游的营销和服务领域。以信息技术为基础的高新技术广泛渗透到国民经济的各个产业部门，通过回顾影响、旁

侧影响和前瞻影响向外扩散和辐射，带动文化、教育、服务等一系列相关产业的发展，实现产业结构的优化和升级①。因此，创新已经不再是某一产业链环节的任务，而成为上中下游共同的努力结果，这样，原有的产业链由以往的线性模式扩展成为网络状模式，形成产业集群化和网络化发展格局，不同产业链节点之间的相互联系大大增强，产业间的关联效应提高。

2. 高新技术渗透广，产业技术密集程度高

创新经济是建立在科学知识和创新基础上，并且善于利用新思想、新机器、新系统和新技术的经济。在创新经济下，传统的物质生产部门大大改变了自己的技术基础，信息技术、计算机系统和高生产技术加速与经济社会部门相结合，微电子、计算机、自动化等技术不断向传统产业渗透，它们在发展中明显改变了信息获取、加工、传递和生产的所有手段，在很大程度上促进了智力活动的技术化水平（如设计和生产技术准备自动化、生产过程自动控制、财务结算自动化、组织管理活动自动化、多种语言自动转译、诊断和识别图像自动化等），使传统产业的技术密集程度迅速提高。

3. 产业分工细化，模块化组织模式成为主导

产业融合的产生，一方面是信息技术在不同产业广泛运用的结果，另一方面，则要归功于产业分工的不断深入。产业分工的加深，使一些新兴产业逐渐从原有产业中分离出来，主要表现为生产等产业链环节嵌入了设计、研发、营销、策划等众多的服务业环节，使原本清晰的产业分工变得模糊。产业分工程度的加深，使企业能够更加专注于自身的核心业务，提高了企业的创新能力和综合竞争力。同时不同企业之间以模块化的组织方式进行整合，越来越多的企业成为一个个可进行独立设计和半自律性的子系统（即模块），信息技术以及管理信息系统能够把分散在不同领域和由不同主体掌握的信息联结起来，产生了积累和互补效应②，使其产业关联从依次传递关系转变为总体集成关系。由于每个模块都具有可独立设计的性能和半自律性，在其总体集成时就相对简单一些，进而提高了整个产业的灵活性和反应能力，大大降低了开展技术创新的成本，使产业的研发能力显著提升。同时，由于"隐藏信息"是模块化的关键，这使得在各模块内部多个主体同时开展创新设计

① 马继红：《新经济下产业发展模式创新的研究》，载《辽宁行政学院学报》2008 年第 5 期。
② 张彤玉等：《技术进步与产业组织变迁》，载《经济社会体制比较》2006 年第 3 期。

竞争成为可能，这种根据"看得见"的系统信息，在遵守共同界面标准的前提下，"背对背"地相互独立地完成各自的研发，可以提高自主创新的动力，使熊彼特"创造性毁灭"的机理得到了最大程度的发挥，从而推动产业自主创新能力的激增。

4. 资源利用效率高，产业环保性强

传统的生产要使用大量的自然资源、能源，主要以消耗有形的物质为代价，企业的发展必须借助于物质资源的数量的扩张，从发展动力上来讲，是一种生产要素数量扩张型的经济。而在创新经济下，传统的生产投入要素（资本、劳力、土地）在创新经济下将逐渐退居第二位、第三位，知识资源成为推动经济发展的首要资源。这一改变极大地降低了能源、劳动和自然资源的消耗水平，提高了产业的环保程度，使产业的资源利用效率大大提高，降低了人类社会对自然资源的依附，从产业发展的根本动力方面解决了传统经济下生产必须依靠要素数量不断扩张的问题。根据有关计算，互联网使全球劳动生产率提高300%，信息的自由交流和更大范围为的共享，提高了政府企业公众获取信息的能力，从而达到经济繁荣、社会公平等目的，由此节约能源近50%。① 通过高新技术对传统产业的改造，优化和调整产业结构，力争做到制造业所提供的产品全寿命周期少污染和无污染、资源低耗及可回收和循环利用，用最小的资源代价和环境代价来保持经济的快速发展②，成为创新经济下新产业体系的重要目标。

5. 资金投入多，附加价值高

在创新经济时期，虽然高新技术的使用可以大大提高要素资源的产出率和产品的附加价值，但同时科技的研发投入也在不断增加，因此，很多技术密集型产业也往往是资本高度密集的产业。在我国，资金已逐渐成为制约自主创新能力提高的关键因素③。不过，创新要素的投入也可以大大提高产品的附加价值。一件产品，其价值由基本价值和附加价值构成，前者是由生产和销售某产品所付出物化劳动和活劳动的消耗所决定，后者则由技术附加、营销或服务附加和企业文化与品牌附加三部分所构成。创新不仅仅体现在技术附加的方面，在提高营销、服务以及企业品牌等附加价值的提升上也具有

---

① 李飚：《文化经济跨越增长的极限》，载《思想战线》2007年第1期。
② 张明哲：《现代产业体系的特征与发展趋势研究》，载《当代经济管理》2010年第1期。
③ 殷醒民：《中国工业与技术发展》，上海三联书店，上海人民出版社2003年版。

明显的促进作用，创新可以改变营销方式，提高营销效率，同时，可以通过不断的创新树立企业良好的品牌形象，为社会大众提供更加优质的服务。可以说，创新是提高产品附加价值的有效方式，创新要素的不断融入是产品附加价值的重要体现。

（二）"IAGC"产业组合体系的构建

从创新经济下产业的发展特点看，新产业体系应包括高新技术产业、战略性新兴产业、现代服务业、先进制造业、高科技现代农业等主要产业类型。针对南京的产业发展现状以及产业内部构成情况，构建起创新经济下南京的新产业体系，即"IAGC"产业组合体系。这其中 I 产业，即信息产业（Information Industry）和智能产业（Intelligent Industry）；A 产业，即先进制造业，有 advanced 和 auto（自动化）两重含义；G 产业，即绿色产业（Green Industry）；C 产业，即以知识密集型为主的创意产业（Creative Industry）。

1. I 产业，即信息产业和智能产业

信息产业（Information Industry）是创新经济发展的主要推动力，是创新经济下的基础性、支撑性、先导性的产业，信息产业不仅自身的创新速度快，而且市场需求大，产品技术应用广泛。网络的发展使产业业态及发展模式发生改变，新的产业模式不断孕育发展，"智慧地球"、软件服务化等新的理念推动着产业发展模式的创新和产业链条的整合；信息产业发展空间广阔，传感网、物联网、云计算等信息技术的广泛渗透不断催生出新的经济增长点，两化融合、三网融合、3C 融合、三屏融合将极大地拓展产业发展空间，城乡居民对信息产品的消费需求也在不断增长；此外，绿色信息技术加速发展应用，智能电网、节能减排等信息技术将推动产业发展模式向资源节约型、环境友好型转变。信息产业的发展及其产品和技术的广泛应用将影响和带动整个社会向创新经济时代迈进。

I 产业的另一个方面是智能产业，即 Intelligent Industry。智能产业是信息技术产业在其他产业领域中深度应用与整合所形成的产业，其实质是在信息化的基础上实现智能化。智能产业应用领域广泛，发展潜力巨大，按产业链划分可以分为芯片设计与制造、应用设备制造、软件开发、系统集成等环节；按应用领域分，可以分为智能交通、智能金融、智能医疗、智能建筑、智能安防、智能物流、智能家居、智能商业等领域。从信息化、自动化到智能化是科技发展的必然，在此基础上，开发 Cyberspace，发展智能产业，进而从农业、工业迈向智业，更是人类社会形态演化之必然。

　　这两大产业构成的"I产业"是南京创新经济下新产业体系的基础和支撑，是新产业体系最核心的组成部分。

　　2. A产业，即先进制造业

　　此处的A产业具有两重含义，其一为advanced，即先进制造业的意思，其二指的是"auto"（自动化）。

　　制造业是地区经济发展的核心，即使在美国这样服务业高度发达的国家，制造业的核心地位也是无法取代的，在信息化技术对传统制造业的广泛渗透下，传统制造业正在向信息化、自动化、智能化、生态化的方向发展。南京制造业基础雄厚，产业体系完备，在制造业的现有发展基础上，通过信息化与工业化的"两化"融合，提高传统制造业的生产效率、资源利用效率和附加价值，形成有利于创新成果转化的产业需求体系，应成为创新经济下新产业体系构建的一个主要方向。

　　"auto"是先进制造业的主要特征之一，高新技术的使用将大大提高传统制造业的自动化程度，使制造业的工作效率明显提高，而且产品的精度、质量等也都会在自动化程度提高的基础上得到提升。可见，"A产业"更加依赖于创造性的知识和技术，也更需要"I产业"对其发展提供先进的技术支撑。

　　3. G产业，即绿色产业

　　创新经济下的产业是低能耗、低污染、高产出、高效益的产业，简而言之，是一种绿色产业（Green Industry）。尤其对南京而言，绿色产业具有极为重要的发展地位。一方面，发展绿色产业首先要重点发展新能源、节能环保，以及与之相关的设计研发等产业，这些产业以降低能耗，实现循环经济为目的，并将其产业用于制造业生产环节的改造和升级，此外，还包括目前被世界广为关注的低碳产业等。以上产业是今后世界产业发展的重要方向，有利于形成新的经济增长点，南京目前确立的风电、光伏、节能环保等产业均属于绿色产业。另一方面，"绿色化"也是所有制造业部门生产方式改进的最终目标，也就是说，要在产品的制造过程中，减少资源的消耗和对环境的污染，实现节能减排。南京的产业结构中，"黑色产业"占有重要的地位，这样的产业结构严重阻碍了南京城市地位的提升，制约了资源向创新产业的集聚，从"黑色产业"向"绿色产业"发展，是南京创新经济发展的必然选择。从这个意义上讲，以"绿色产业"为主的新产业体系，对南京具有极为重要的战略意义。

4. C 产业，即以知识密集型为主的创意产业

创意产业（Creative Industry）是依赖于人类的智力资源以及对它们的充分运用和开发的基础上发展起来的新兴产业。按照创意产业的广义概念，其中包括了电影电视、出版、艺术品音乐、电脑软件开发、动画制作、工业设计等多个行业。

南京是全国的科教中心城市，创意资源丰富，创意产业中的工业设计、科技研发、品牌策划等可以提高制造业的附加价值，促使传统制造业向先进制造业转化，同时使产业结构趋于柔性化。而且同科技创新相比，创意难以复制，不能够在不同的人与人、国与国之间有效转移，容易形成差别化优势，因此创意经济的发展在整个产业链竞争力和价值的提升，以及形成南京独特的城市品牌和竞争优势等方面具有更加重要的作用。此外，C 产业不受能源、土地等物质资源的限制，强调人类创造力的发挥，因而具有广阔的发展空间。

在"IAGC"产业体系中，各产业之间存在着密切的相关性和互动性，其中，I 产业是创新经济下 A、G、C 产业发展的基础和支撑，I 产业发展程度的高低决定了其他产业创新能力的大小。同时，I 产业与 A、G、C 产业之间的相互融合，还会催生一些交叉性的新兴产业，成为经济新的增长点。A 产业和 G 产业是 I 产业和 C 产业发展的载体，信息技术和创意经济都需要以制造业为实验室，将它们的新产品、新技术、新思想应用于制造业的发展中，这样，A 产业和 G 产业一方面要依靠 I 产业和 C 产业的发展而发展，另一方面，又会为这些产业的发展提供巨大的需求空间和资金支持。G 产业是 A 产业在 I 产业和 C 产业的改造下应达到的终极目标，同时，I 产业和 C 产业由于污染小、能耗低，本身也成为 G 产业的组成部分，此外，G 产业的发展还会为其他产业创造良好的创新环境，有助于城市创新经济的发展。

"IAGC"的产业体系具有产业融合的特征，打破了二、三产业之间的严格界限，将先进制造业、战略性新兴产业、高新技术产业、现代服务业融合为一个整体，形成制造业和服务业互动发展、良性促动的发展格局，同时产业体系以南京的产业发展现状为基础，充分发挥南京的产业优势和资源优势，是在创新经济下符合南京产业特点、城市资源禀赋和城市地位需求的新型产业体系。

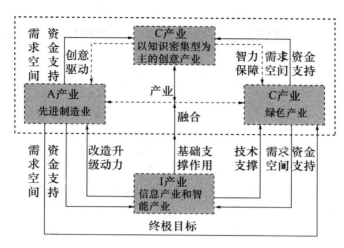

图3 IAGC产业组合体系的内在关系图

四、保障创新经济下新产业体系构建的对策与建议

（一）促进产业优势提升及资源整合，激发产业创新能力

1. 以发展先进制造业为引领，提高城市新产业体系刨新能力

在中国，产业升级与经济发展一直就存在着一个问题，那就是制造业发展的方向和路径。在不同的国家、不同的城市以及不同的时期，由于情况不同，制造业发展的方向也是不同的，伦敦、香港等城市通过制造业产业转移，发展服务业，成功地实现了从工业城市向服务城市的转型。但是，这种模式并不适合所有城市的情况，也并不是每一个城市都要走产业转移发展或减量发展的道路，对于中国的很多城市来说，想要以很快的速度从以制造业为主的产业结构转化为服务业为主，可能并不现实。但是，在更高层次上和更高环节上发展制造业，应该是一个更好的、也是更为现实的发展路径。这就是发展高端的先进制造业。先进制造业是制造业的最新发展阶段和高端环节，是面向21世纪的技术制造业，随着高新技术和先进制造技术的渗入和制造环境的变化，已经产生了质的变化，先进制造业已经成为以信息技术和知识要素的投入和融合为特征的新的经济形态了。

凭借南京的比较优势，错位发展先进制造业，积极发挥制造业发展潜能，大力发展具有核心竞争力的优势产业，发挥南京产业体系齐全的综合性优势，在制造产品的系统集成上形成强大的专业化生产能力。优先发展先进制造业，对于南京市来说尤其重要，先进制造业就是制造业的最新发展阶段和高端环节。南京是一个传统的制造业大市，其制造业规模大，国际竞争优势尤其明显。因而，南京在未来一段时期内，完全应该继续发展工业，但是工业制造业发展应该走产品和技术创新为特色，以知识密集型"高精尖新"工业为重点的内涵式发展之路，在制造业发展上取得更大发展，以发展先进制造业为引领，增创主导产业高端发展优势。为此我们必须在三个方面做出更多努力，一是改造和提升传统产业；二是先进制造技术的产业化；三是不断增强制造业的自主创新能力，培育制造业生产链的控制与管理功能，并以此为引领，提升南京整体产业体系的创新能力。

2. 提升城市产业体系的服务化水平，推进先进制造业和现代服务业融合发展

第一，推进先进制造业与现代服务业融合发展

产业融和是在信息化进程中出现的一种新型产业发展模式，是随着高新技术的发展及其渗透力的不断增强，逐渐出现的不同产业边界逐渐消失，不同产业之间相互渗透、相互融合，形成新的融合产业的现象。产业融合是在经济全球化、高新技术迅速发展的大背景下产业提高生产率和竞争力的一种发展模式和产业组织形式（厉无畏，2002）。这一现象的出现促进了传统产业的发展，刺激了一些新兴产业的出现，拓展了高科技产业的生存空间，而且提高了产业的自主创新能力。

从目前南京市的发展情况来讲，服务业的发展应该与制造业融合发展，而不是厚此薄彼的发展。而南京市制造业的发展首先就需要南京市的生产性服务业尽快发展起来。生产性服务业对南京先进制造业发展具有很大的影响力，南京要成为全国的先进制造业基地，如果没有现代生产服务业的支撑是难以成功的，没有发达的生产性服务业，就不可能形成具有较强竞争力的制造业部门。因而，我们首先应将加速发展现代生产性服务业，并以此作为南京产业发展战略对策的重要组成部分，充分利用部分工业资源，大力转换发展创意设计产业，促进产业高端化、产业链延伸和功能完善，在工业发展集群区，发展以科技研发、现代物流等为重点形态的新型生产性服务基地。

第二，转变信息产业和智能产业发展模式

转变信息产业发展模式从规模生产转变到小批量生产。信息产业技术更新非常快，这样的技术更新速度要求企业不能盲目扩大再生产，必须充分考

虑到技术更新与市场更新的速度，以免造成规模不经济的积累。从标准化生产转变为个性化生产。个性化成为技术之外的另一个高附加值，因此在现有技术水平下，提高产品与服务的个性化是提高企业利润的重要方面。这就要求南京企业转变思路，把发展的重点从生产转到销售再转到创新方面。

政府调控、企业主导，强化相关产业间的相互沟通与合作只有相关产业及产业内部加强沟通与合作，才能形成整体合力，共同推动信息产业持续快速的发展。各级政府管理部门要积极发挥宏观协调作用，同时建立产业链上级节点的反哺机制，与下级产业链形成互动，以求共同提升，从而实现成本降低、技术升级，进而相邻产业节点便可在双赢基础上共同推动信息产业的发展。

建立产业发展联盟。建立产业发展联盟是信息产业实现横向聚合结构的组织保障。波特认为，决定一国竞争力的关键要素主要有4个：要素条件，需求条件，相关支撑产业，企业战略和结构竞争，此外有两个附加要素，机遇和政府。建立产业联盟可以使各要素整合为一体，从而更容易相互作用和协调提高，形成产业竞争优势。产业联盟能够从整体与全局的高度来指导产业的技术发展、利润分配甚至于产业的发展走向，而且产业联盟是一种民间组织，市场性行为，因此能够更好地协调产业内部以及产业之间的关系。

第三，加快发展南京创意产业

拓展视野，提高对发展创意产业重要性和迫切性的认识，把创意产业作为南京新一轮发展的支柱产业。借鉴经验，建立并完善创意产业的政策支持体系和相关机制。建立和完善南京创意产业发展集聚区，充分发挥其示范、集聚、辐射和推动作用。加强立法，加大知识产权保护力度，为创意产业的发展营造有利的法制环境。加快创意产业人才引进和培养，营造让优秀人才脱颖而出的发展环境。拓展国内国外两个市场，加强文化产品和服务出口，以提高南京创意产业的国际影响力和辐射力。

3. 建立创新型产业集群，发挥"门户"城市的产业创新溢出效应

创新是一种集体努力、一种合作进程，企业特别是中小企业是不可能完全承担技术创新的全部费用和压力的，一般而言，企业技术创新中将其创新费用和压力分散到伙伴企业以及为技术创新服务的各种中介组织中。产业集群的空间模式可以大大降低自主创新的风险和费用、提高地区企业自主创新的积极性与能力。首先，产业集群有利于集体式学习，在大量企业集聚情况下，大量知识、信息与技术以及经验诀窍能得以在整个地区快速的流动，从

而提高企业和机构的创新能力。其次，产业集群有利于降低不确定因素等风险，增强自主创新的信心；在企业开展自主创新的进程中，因为有大量企业创新的对照比较，企业能更好地理解创新的风险并加以规避，自主创新的信心也因此而大大增强。其三，集群中部分企业的创新活动及其成果的应用增加了其他相关企业的创新压力，形成产业集群创新的挤出效应，从而带动其他相关企业的创新并促进集群的整体创新与集成创新。因此，产业集群化有利于地区自主创新的成功，也有利于发挥"门户"城市的创新溢出效应。

产业集群是在市场竞争基础上形成的，不是短时期内由政府通过强制性手段建立起来的。产业集群的形成受区域经济开放程度和社会关系网络、制度环境、产业文化等方面的影响。因此，南京应从以下几方面入手，促进产业集群的健康发展和自主创新能力的提高：首先要提高区域经济发展的开放程度、面向国内开放市场、提高企业的全球竞争意识；其次，改善制度环境，聚集人才等高级生产要素，减少企业合作的不确定性；第三，营造区域创新文化氛围与宽松工作环境，培育大量的企业家与科技人才资源，培养创新精神；第四，要对产业集群进行明确、科学的规划，对现有的开发区要进行科学管理，围绕重点产业促进企业间的相互合作和集聚，引导投资方向；第五，政府要加强监管，在产业集群内部营造良好的市场秩序，维护公平竞争，要加快对相关法规、措施的制定；第六，提供优质的公共服务。政府一方面要为产业集群的发展提供优良的基础设施，同时还要为产业集群的发展提供诸如工商、税务、产品质量等多方面的优质服务。此外，政府还要明确产业集中并不是真正意义上的产业集群，产业集群不是某一产业在地域空间上的集中，对于现有的经济开发区或工业园，要积极引进以生产性服务业为主的现代服务业的加入，促进其外部优势的产生，推动它们向真正的产业集群的方向发展。

（二）增强产业自主创新能力，建立创新型城市产业体系

1. 基于产业链的三个维度系统推进产业创新

产业创新是产业链上的某一环节的创新所引发的整个产业创新，是以产业链为基础、以企业为主体、以市场为导向，在企业内部、企业之间以及企业和政府、社会之间建立一种联系网络，促进创新要素向企业集聚，推动产业内新技术或新知识的产生、流动、更新和转化，达到增强企业创新能力、实现产业升级、经济转型和提升竞争力的目标。产业创新决定着产业的知识扩散和技术创新能力，关乎产业和国家、区域和城市的竞争力，是提高自主

创新能力、建设创新型城市的重要环节之一。

第一，确立企业的创新主体地位，推动产业内新技术的产生。企业作为产业创新的微观基础，可以结合自身优势，从制度和技术两个方面展开创新，推动产业内新技术或新知识的产生。一方面，通过改革过去不规范的产权制度和企业管理制度，建立适应市场要求的委托代理关系，形成有利于创新的组织形态和激励约束机制，提高组织与管理能力；另一方面，以市场的潜在需求为出发点，增加研发投入，优化组合产业内的资本、技术和人才等各种要素，统筹内部研究、开发、制造及营销等各个环节，加快技术知识的学习、消化、吸收和积累，增强资源组合能力和技术开发能力，以最小的成本、最短的时间实现产品或过程创新。

第二，以产业链为基础，使产业内具有相关业务和互补业务的企业或是企业集团组成水平创新链，具有投入产出关系的上、中、下游企业或是企业集团组成垂直创新链，推动产业内新技术的转移和扩散。产业内的这种水平或垂直式的创新链，以专业化分工为基础，加强了企业之间的经济技术联系，推动了产业内新技术或新知识的转移和扩散。

第三，产业内水平创新链、垂直创新链与外围的高等院校、科研机构、金融机构、中介机构等社会组织共同形成产业创新网络。这个创新网络实际上是在技术创新成果与市场之间建立一种能够相互结合的关系，它发挥着知识创新、技术创新、知识传播和知识应用等重要功能，它使技术创新和市场转化交互作用，形成一个动态演进的过程，循环往复，推动产业结构的优化升级和产业竞争力的提升。

2. 进一步营造有利于产业自主创新的外部环境

加快建立以企业为主体，以市场为导向，产学研用相结合的产业创新体系。要营造有利于企业技术创新的政策环境，强化企业在产业技术创新体系中的主体地位；积极争取国家加大对企业技术创新的直接投入，提高对企业自主创新的支持；加快建设一批重点领域的共性技术开发平台，为企业竞争前的研发提供服务，为中小企业的技术创新提供支撑；促进技术创新和业务创新的互动支撑，鼓励研发、生产、应用上下游各环节的企业建立战略联盟，联合创新，加快技术成果的产业化步伐。

3. 积极推动重点产业和产品领域的技术创新

以实施国家科技重大专项为契机，加快推进技术及成套工艺研发，突破一批制约产业发展的核心技术，培育一批具有自主知识产权和知名品牌、国际竞争力较强的优势企业，促进重点产业发展，加强对基础技术、共性技术、关键技术和前瞻性技术研发的政策扶持，支持骨干企业突破关键配套件的产品技术，形成相对完整的产业链和一定规模的产业集群。

4. 加强技术创新、知识产权和标准的结合，形成技术创新与产业发展的良性互动

"技术专利化、专利标准化"已成为高端产业市场竞争的新游戏规则，跨国公司往往通过控制标准的制定或造成事实标准，保持优势地位，获取稳定而且高额的收益。要引导企业围绕自主创新能力建设，加强自主创新、专利申请和标准制定的结合，以自主知识产权的技术支持标准的制定，以标准促进产业的发展，使技术创新、知识产权、标准和产业发展形成良性互动。

（三）提升城市新产业体系的外向度，建立国际化的城市产业体系

在此次世界金融危机中，南京作为中国东部地区的开放城市，对外贸易和外向型经济受到很大的冲击，因而，在后金融危机阶段，是否继续坚持开放的发展方针，如何发展外向型经济都成为讨论的焦点。毋庸置疑，对于外向型经济，在下一阶段不仅要继续发展，而且还要大力支持。但是，发展已经不再是承继以前的发展模式了，而是要提升层次地发展。尽快建立与南京的城市定位相适应的国际化的城市新产业体系，并使南京的经济尽快融入世界经济的高端层次，应成为南京新产业体系和经济增长的新动力。

1. 优化进出口结构，加快转变外贸经济增长方式

在稳定出口增长的前提下，着力优化进出口产品结构，避免由于外需锐减给经济发展带来冲击。一是适时调整加工贸易限制类目录范围。在促进加工贸易转型升级的前提下，结合今年出口退税政策涉及的产品品种，适当缩小加工贸易限制类产品目录，放松纺织、服装、玩具等劳动密集型行业中技术含量较高、环境影响较小的产品加工贸易限制。二是择机进口能源、资源类产品。在国际大宗商品价格出现大幅回落的情况下，政府应抓住有利时机，相关部门组织企业尽快形成进口方案，以政府采购与民间购买相结合的方式，择机购入石油、有色金属等稀缺物资。

2. 扩大技术进口，提高区域技术能级

抓住机遇，引进核心技术，借鉴日本经济腾飞期的经验，大量引进国外先进技术，节约技术开发成本和技术开发时间。一要继续扩大技术引进的规模，不断优化技术引进结构，提高技术引进质量和效益，增强对引进技术的消化吸收再创新能力，实现"引进技术—消化吸收—创新开发"的良性循

环。二要积极鼓励企业在国外设立生产型企业和研发机构，积极参加跨国技术联盟，有效利用国际科技资源，获取高技术产业发展带来的收益。三要大力支持成熟技术和高附加值产品的对外输出，使南京的创新成果能够为全球经济发展发挥应有的作用。

3. 实施"走出去"发展战略，融入世界经济产业体系

改变靠出口拉动经济增长，并不是要封闭自我，而是要进一步提高对外开放的层次。在下一阶段，南京应从产业层面的开放上升到经济、文化层面的开放，进一步转变政府职能，从全面开放走向全方位开放。通过不断改善投资环境和提高城市竞争力，扩大城市国际影响，融入太平洋经济圈。如果说，既往的对外开放是以资本、技术引进为主的话，那么今后的对外开放更多的是要注意资本输出，即实现"走出去"战略。从资本引进型向资本输出型转变，把"引进来"与"走出去"更好地结合起来，实现两者的良性互动。在高科技领域，资本和技术的引进仍然是必不可少的，但一般加工型企业，不但不能继续依赖引进，而且要让我们的企业"走出去"。只有"走出去"，才能有更多的"走进来"；只有"走出去"与"走进来"的双向流动，才能有更大规模的经济流量。

4. 占据国际服务业产业链高端环节，提升服务业创新内涵

目前国际服务业转移正加快步伐，已经扩展到信息技术服务、人力资源管理、金融、保险、会计服务、后勤保障、客户服务等多个服务领域。南京要抓住机遇，主动承接国际服务业转移，引进跨国服务机构及其伴随而来的网络、人才、管理、制度等，大力发展以生产性服务业为主的现代服务业，只有这样，才能促使南京加速融入国际服务业产业链，促使现代服务业跨越式发展，促使城市产业顺利转型。

政府要充分认识到现代服务业，尤其是生产性服务业对南京先进制造业发展的影响。南京要成为全国的制造业基地，如果没有现代服务业的支撑是难以成功的，没有发达的生产性服务业，就不可能形成具有较强竞争力的制造业部门。对此，应将加速发展现代服务业作为南京发展战略的重要组成部分，明确促进现代服务业发展的综合协调机构，建立有效的机制，切实改变条块分割、缺乏横向协同、总体低效的现象；完善和制定有利于发展现代服务业的法律法规，放松管制，打破垄断，公平竞争；强化政府提供普遍性和基础公共服务的责任，激励、支持和引导企业实现普遍服务；进一步开放服务业，消除体制障碍，积极吸引民间资本；建立和完善现代服务业的标准体系。

由于现代服务业是建立在先进技术和先进管理经验的基础上的。因此，南京还要为现代服务业的发展建立良好的技术平台，加快信息技术的普及和应用。加快现代服务业人才的引进和培养，提高现代服务业从业人员的知识化和智能化水平。要对先进制造业发展影响较大的生产性服务业进行重点分析，明确目前制约南京制造业发展的生产性服务业中的薄弱环节，对那些关系制造业发展的重点服务业部门进行仔细研究，制定详尽的发展战略，给予政策上的倾斜，尽快改变南京生产性服务业发展滞后的现状，促进先进制造业和生产性服务业的良性互动发展。

（四）加大节能减排力度，构建绿色城市产业体系

随着经济发展进程的加快，南京的资源和环境问题越来越成为经济发展中的主要瓶颈，在南京构建新产业体系的过程中，必须要继续实行节能减排的制度安排，关注生态文明，建设资源节约、环境友好型社会，促进城市产业和经济社会可持续发展能力的提高。

1. 开展节能减排技术创新，实现节能减排目标

政府及有关部门要大力支持发展节能减排关键技术的研究开发，加大资金投入，通过资金扶持等，促进优势研发资源向节能减排关键技术的集中，充分利用南京雄厚的科技实力，争取攻克一批节能减排的关键和共性技术。大力发展绿色设计技术。在产品设计中把经济、社会和环境效益统一起来，充分注重物质的循环利用，同时在产品设计中，尽量使之不产生或少产生对人体健康和环境的危害影响，不使用或尽量少使用有毒有害材料。研究、推广适合南京市情的清洁生产技术。如加快组织开发和示范有重大推广意义的节约和替代技术、能量梯级利用技术、延长产业链和相关产业链接技术、"零"排放技术等，一方面实现生产过程的无污染或少污染，另一方面减少产品在使用和最终报废处理过程中所产生的环境损害，实现生产过程的零排放和制造产品的绿色化。重视研究废物利用技术。如可回收利用材料和回收处理技术、再制造技术、废物综合利用技术以及可再生能源开发利用技术等，实现产品废弃物和生活废弃物的资源化利用。加强研究消除污染物质的技术。通过重点研发高浓度、难降解工业废水治理、燃煤除尘脱硫、汽车尾高控制、填埋和焚烧固体废弃物处理等重大关键技术，建设废弃物净化装置等来实现有毒害废弃物的净化处理。推动建立以企业为主体、产学研相结合的节能减排技术创新与成果转化体系，加快节能减排技术产业化示范和推广。同时要积极培育节能服务市场，推进节能服务的产业化发展。

2. 完善节能减排政策体系，促进工业绿色增长

体制上的不健全是影响节能减排的根本原因，我们要着力于消除不利于节约资源、削减污染负荷的制度性障碍，建立有利于节能减排的完善的政策体系。加大节能减排在各部门、各区县经济综合评价体系中的指标分量，实行"一票否决"制，通过约束性指标促进节能减排工作的落实。建立以生产者为主的责任延伸制度，明确生产者应依法承担其产品废弃后的回收、利用、处置的责任。改革资源产权管理制度、资源定价制度和排污收费制度，提高资源使用税费，建立并完善资源初始产权有偿分配和使用权交易制度，根据资源稀缺程度、供求关系和环境成本来制定资源价格。完善对重点企业资源节约和循环利用的定额管理制度，加强对石油化工、钢铁、电力、有色金属、建材、建筑、造纸、纺织、食品等主要工业行业的高耗能、高污染企业的监管。

3. 以生态区域建设为契机，加快南京绿色产业发展

绿色产业的发展一方面需要制造业体系的技术改造和升级，达到节能减排的目标，另一方面，还需要加快发展能够体现绿色、环保理念的新能源、节能环保等产业。从全市范围内看，近些年，新能源、新材料、节能环保等产业已经成为全市的重点培育产业，但是，分散布局、规模经济效益不高等情况较为突出。对此，应以麒麟生态科技城和江心洲生态科技岛等区域的建设为契机，在这两大区域集中布局新能源、新材料、节能环保、低碳产业以及现代服务业等绿色产业，提高绿色产业的集聚性。并以这两大区域的绿色产业发展为引领，围绕这两大区域的发展需要，针对其他园区的产业发展状况，开展横向和纵向的产业链布局，引导全市的绿色产业发展步入快速发展轨道。

（五）以制度创新和人才建设为抓手，形成城市新产业体系的有力支撑

1. 加快制度创新，政策引导产业自主创新能力的提升

产业发展的支撑系统包含很多因素，其中政府的制度引导是非常重要的，制度内生于经济体系，制度建设是产业实现升级的依托和内生要素，制度的创新决定了经济的发展。政府一方面需要通过制度建设，为重点产业的自主创新营造良好的创新环境；另一方面要通过产业引导等方式，促进创新资源向重点产业的转移和集聚等。对此可从以下几方面入手：第一，加大对重点产业、支柱产业等关键技术的政策扶持力度。目前，南京还缺乏对重点产业关键技术自主创新的有效政策安排，这不仅导致重点产业的技术创新长期性、

持久性不强、投入力度不够等问题，而且造成了一定的负效应，使资助的作用不能有效发挥，导致了资源的浪费。对此，南京应根据本市的产业特点、产业的行业结构、组织结构、产品结构，本市的技术结构以及国际技术发展的趋势，尽快制定具有自身特色的产业自主创新战略，内容包括进行自主创新的重点产业、自主创新的模式、自主创新的支持方式等，及早出台重点扶持企业专利实施和产业化的政策措施。同时加大对产业自主创新的公共财政投入力度，设立产业研发基金，对产业共性技术和关键设备的研发提供一定的支持。第二，从技术需求的角度拉动产业自主创新。技术创新同样受到需求和供给关系的制约，在现行的科技政策体系中，对激励企业、个人进行创新已出台一些相应的政策，但缺乏从技术创新需求的角度拉动自主创新的政策，现有的创新需求政策单一，现在除政府采购外，尚无刺激消费需求向国产新产品倾斜的相关政策，同时对于进行自主创新的国内企业也缺乏足够的政策扶持，这势必影响各产业中企业的创新动力，也制约产业创新能力的提高。第三，加大对产学研的政策鼓励。南京拥有雄厚的科教实力，但是却没有促进产学研联合创新的专门政策，这也是南京科教优势难以转化为生产力的主要原因之一。对此，政府要重视科技政策、产业政策在促进产业自主创新方面的积极作用，在广泛借鉴国内外城市的有益经验后，尽早制定出针对南京实际情况的、有效的相关政策。鼓励有条件的科技企业优先上市，拓宽这些企业的融资渠道。在制定战略时要注重加强规划的科学性和前瞻性，为南京产业自主创新能力的提高提供良好的引导作用。

2. 加快人才机制的创新，形成产业创新的有力支撑

新产业体系构建和充分发展的另一个重要支撑因素便是人才，人力资源是经济要素中最重要、最具活力的根本因素，人力资源的水平代表着生产力的水平和经济的发展潜力，是实现产业向高端化发展的有力支撑，事实上，产业发展只有依靠人才，才能不断形成技术优势、创新优势和竞争优势。目前以及未来一段时期内，南京市的产业体系发展方向是着力发展现代服务业、高新技术产业和先进制造业，加快形成以服务经济为主的产业结构，针对这样的产业发展方向，需要紧扣产业发展布局拿出切实有效的人才对策措施，促进人才结构优化以支撑产业高端化发展，要加强人才开发的产业导向，根据产业布局，优化人才资源的空间结构，制定和完善有利于人才向企业汇聚的政策，实现以企业和产业为核心的人才资源整合；构建以企业为主体、市场为导向、"产学研"结合的人才开发体系；加强环境建设，培育和谐的人

才生存和发展环境，以广阔的事业空间和优美的生活空间吸引高端人才落户南京市，参与南京市的建设和发展。

主要参考文献

［1］［美］约瑟夫·熊彼特：《经济发展理论》，商务印书馆 1990 年版。

［2］周振华：《产业关联深化的新变化、基础及其结构平衡》，载《东南学术》2005 年第 1 期。

［3］江小涓：《理解科技全球化》，载《管理科学》2004 年第 2 期。

［4］张彤玉等：《技术进步与产业组织变迁》，载《经济社会体制比较》2006 年第 3 期。

［5］安金明：《产业创新形成途径研究》，载《企业技术进步》2C0 年第 9 期。.

［6］张耀辉：《产业创新：新经济下的产业升级模式》，载《数量经济技术经济研究》2002 年第 1 期。

［7］厉无畏、王慧敏：《产业发展的趋势研判与理性思考》，载《中国工业经济》2002 年第 4 期。

［8］厉无畏：《产业融合与产业创新》，载《上海管理科学》2002 年第 4 期。

［9］黎苑楚、郑春白等：《中国区域主导产业创新系统选择与评价》，载《科学学与科学技术管理》2005 年第 2 期。

［10］苏东水主编：《产业经济学》，高等教育出版社 2000 年版。

［11］屠启宇、王成至：《以综合创新全面提升上海国际化水平——更新理念与导入评价》，载《社会科学》2004 年第 1 期。

［12］张亚斌、艾洪山：《两型社会建设与新型产业体系的构建》，载《湖南大学学报（社会科学版）》2009 年第 4 期。

［14］周振华：《新产业分类：内容产业、位置产业与物质产业——兼论上海新型产业体系的构建》，载《上海经济研究》2003 年第 4 期。

南京承接国际产业转移的战略研究

李程骅　殷京生*

国际产业转移是指产业在国家或地区间转移的经济现象，它主要是通过资本的国际流动和国际投资来实现，其根本动因是利润的驱使，追求利润的最大化。新世纪以来，面对全球激烈的经济竞争，发达国家以全球化战略为出发点，大大加速产业结构的调整。以资本流动（主要是外商直接投资）为内在机制的国际产业转移为产业结构的优化创造了机遇，是促进产业结构升级的重要推动因素。发达国家可以通过产业转移调整产业结构，实现全球战略目标；发展中国家可以通过承接产业转移来优化产业结构，加快产业结构升级和技术进步，提高国家竞争力。

改革开放30年来，我国东部地区凭借其得天独厚的区位优势和国家政策倾斜，通过承接国际产业转移，实现了快速持续发展。近年来，随着东部地区土地、劳动力等成本优势的逐渐丧失，产业结构进入调整与升级阶段，大量劳动密集型、资源型产业将向中西部地区转移。今后一段时期，随着我国对外开放程度的深化和市场经济体制的完善，国际产业转移对我国经济的影响将会进一步加大。南京处于长三角的北翼，是中国工业体系较为完善的区域中心城市，在新一轮的世界产业转移中，南京如何承接世界产业转移将成为南京未来发展的关键。

---

* 李程骅：南京市社会科学院副院长，研究员、博导；殷京生：南京市发改委，博士。

一、新一轮世界产业结构转移的基本趋势和影响

（一）新一轮世界产业结构转移的基本趋势

1. 产业转移结构高度化、知识化、服务化

伴随着知识经济的快速发展，国际产业转移结构高度化、知识化、服务化有进一步加强的态势。在 20 世纪六七十年代的产业转移中，发达国家向发展中国家转移的多是发达国家已经失去竞争优势的劳动密集型产业，或者是资本、技术密集型产业中的劳动密集型工序。20 世纪末、21 世纪初的产业转移浪潮与以前不同，发达国家在继续向发展中国家转移劳动密集型产业的同时，开始向发展中国家转移某些资本、技术密集产品的生产，甚至开始向少数发展中国家转移高技术产品生产过程中的某个工序。国际产业转移已进入技术密集型、资本密集型、劳动密集型产业转移并存的阶段。多层次的产业转移交织在一起，构成了丰富多彩的产业转移浪潮。同时，一些制造企业也开始把设计开发部分转移到发展中国家。新世纪以来，美国、日本和欧洲以"信息技术为核心的高技术发展"为目标，将重心集中在发展知识密集型产业，并将重化工业和应用型技术大量转向发展中国家，产业国际转移呈现出深度化和广度化发展的新趋势。具体而言，产业转移主要以资金和技术密集型产业和重工业为主，转移结构的重心由原材料工业向加工工业、初级工业向高附加值工业、传统工业向新兴工业、制造业向服务业转化。其中，第三产业中的金融、保险、旅游和咨询等服务业和资本技术密集型产业逐步成为当前国际产业转移的重点领域。

2. 国际产业转移出现了产业连锁转移的新趋势

根据工序分工理论，可将价值链增值环节划分为技术环节、生产环节和营销环节。国际产品工序调整和转移表现为：在全球的价值链分工体系中，以发达国家为主体，由生产环节向研发设计和品牌营销环节转移；以发展中国家为主体，在生产环节中由下游生产环节（终端的加工组装）向上游生产环节（关键零部件的生产）转移。近年来，随着经济全球化和区域经济一体化的进程加快，跨国企业为了不断满足经济活动区位分散化，以更低成本投向各地市场的需要，同时为了更好地在全球范围内组织和调配各种资源，开始将制造环节以外的研发、创意设计、中试和公司总部等转移到像中国这样拥有巨大市场潜力的新兴经济体。随着转移层次的不断高端化，由过去单纯

的制造业转移扩展为产业链、供应链的区位中心转移，最后形成涵盖产供销等全部产业链的企业集群式、组团型转移。在世界经济全球化的背景下，产业的转移不再是个别企业的孤立行为，而是在国际生产体系和网络的基础上，形成以跨国公司为核心，在全球范围内相互协调与合作的企业组织框架。当大型跨国公司转移后，会带动相关配套产业（如研发、采购、销售、售后服务等）随之转移，以便获取相关的配套服务。例如，移动通信将产业链转移到我国，这种产业连锁转移促使现代市场竞争由单个企业之间的竞争演变为全球生产体系或全球供应链之间的竞争，凸显产业集群的重要性。跨国公司在投资时会更加注重东道国的配套能力，更看重产业链、企业群和其他软环境，更注重区域的整合能力，这势必对企业生态环境提出了更高要求。

3. 国际产业转移方式多样化

近年来，国际产业转移已突破了过去把整个产业移向国外的方式，部分生产环节转移、多个国家共同生产也逐渐成为国际产业转移的重要模式。随着产业链的延伸和生产全球化的推广，研发中心、零部件生产、组装生产分散同步进行的模式成为国际产业转移的另一种选择，跨国大型企业由于国际化生产而带有明显全球化的特点。同时，国际产业转移也突破了原来单一的直接投资和单一股权安排，逐步形成了独资、合资、收购、兼并和非股权安排等多样化投资和产业转移方式并举的格局，跨国的企业收购和兼并迅速发展，并日益成为国际投资和产业转换的重要方式。

4. 跨国公司成为产业国际转移的主体的趋势更加明显

目前，跨国公司已控制了全世界生产的40%，国际投资额的90%、国际技术贸易的60%、国际技术转让的80%和科研开发的90%是跨国公司之间进行的。由于这些跨国公司的子公司有51%分布在发展中国家，因此跨国公司的直接投资对发展中国家的产业及产业结构都有重大影响。跨国公司的技术创新全球化加速了国际间的技术转移与扩散，促使各国的相对技术优势发生变化，强化了国际产业的集聚效应，并不断提升产业结构的高度和虚拟化程度，新的产业不断出现，并促使原有产业在结构升级中整合、转移。

5. 发展中国家具备一定国际竞争力的跨国公司已然发起向发达国家的逆向产业转移

发达国家之间的相互投资与发展中国家之间的相互投资，日益成为国际资本流动的两大主要方向，发展中国家具备一定国际竞争力的跨国公司已然发起向发达国家的逆向产业转移。《2006年世界投资报告》显示，2005年全球 FDI 流入为 9160 亿美元，其中流向发达国家为 5420 亿美元，占总量的 59%，而且 90% 是发达国家间的相互投资，主要集中在高新技术产业和新兴服务业。南亚、东亚和东南亚地区流入 FDI 为 1650 亿美元，占总量的 18%，其中 65% 属于发展中国家间的相互投资，主要集中在汽车、电子、钢铁和石化等制造业，发展中国家具备一定国际竞争力的跨国公司已然发起向发达国家进行产业转移。西亚地区流入 340 亿美元，占总量的 3.7%，主要集中在石油行业；非洲为 310 亿美元，占总量的 3%，主要集中在自然资源。拉美和加勒比海地区为 1040 亿美元，占总量的 11.4%，其中制造业占流入 FDI 的 40%，服务业占 35%，农业和采掘业占 25%。

6. 跨国证券投资和并购日益成为国际产业结构调整和转移的主要方式，服务业外包发展迅猛

证券投资和跨国并购方式日益成为国际产业转移的主要方式，目前已分别占全球资本流动的 75% 和跨国直接投资的 60%。服务业外包发展迅猛，联合国贸发会《2005 年世界投资报告》显示，服务外包最多的是美国，约占全球项目外包市场的 2/3，欧、日约占 1/3。承接最多的是亚洲，约占全球外包业务的 45%。印度、墨西哥、东欧分别成为亚洲、北美和欧洲的服务业外包承接中心。

（二）新一轮世界产业转移对我国产业发展的影响

1. 当前我国产业发展的突出特点

（1）服务业尤其是生产性服务业的发展水平与一、二产业发展升级需求不匹配。我国服务业的发展虽然处于稳步上升态势，但整体上还与其他新兴工业国家存在一定差距，与一、二产业发展升级需求不匹配。同时，从服务业内部增加值构成来看，农林牧渔服务业、邮电通信业、房地产业、社会服务业、卫生体育和社会福利业、教育、文化艺术及广播、电影电视业、科研和综合技术服务业等呈逐年上升趋势；地质勘查和水利服务业、交通运输和仓储、批发和零售贸易餐饮业、金融保险业等呈下降趋势，生产性服务业发展尤为滞后。

（2）我国产业发展结构与对外贸易结构不匹配。从我国产业结构和贸易结构比较来看，以 2005 年数据为依据：2005 年国内可贸易品中（即国内产业结构），初级产品约占 13.7%，工业制成品约占 42.4%，而出口的初级产品在全部出口产品中只占 6.4%，工业制成品占了 93.6%，我国出口产品结构严重倾向于工业制成品，且与国内产业结构不对称。在工业制成品内部，

我国出口结构严重偏向于机械及运输设备和杂项制品两类，其中机械及运输设备占我国出口产品的比重达到46.2%，杂项制品达到25.5%，而这两类行业在我国国内可贸易品中所占的比重仅分别为16.9%和3.2%。由此可见，我国国内产业结构与对外贸易结构呈现"两张皮"现象，说明内外经济关联度不紧密。

（3）外资主导的高新技术产业发展态势与我国高新技术产业的发展战略和外贸战略难以匹配。高新技术产业是我国未来的主导产业，近些年在制造业和GDP中的比重呈现稳步上升趋势。但是，从推动高新技术产业发展的主导力量来看，外资企业占较大比重。国有或内资企业在中国高新技术产业的微观发展主体中未能占据主导地位，如何促使外资主导的高新技术产业发展走向与中国对该产业的战略规划相匹配必将成为无法回避的现实难点。同时，外资（尤其是外商独资企业）在高新技术产品的出口中也占主体地位。这样，在高新技术产品的对外贸易中，虽然外资日益以加工贸易方式增加对高新技术产业的投资，贸易规模不断扩大，但该产业中高增值环节转移到国内甚少，国内工序仍多为劳动密集型的低附加值、低技术环节，这也难以同我国转变外贸增长方式，提高出口产品质量，走向贸易强国的发展战略相匹配。

（4）内资企业和外资企业在产业发展中的政策待遇不匹配。长期以来，地方政府将吸引外资作为主要的政绩指标之一，由此对外资的超国民优惠政策此起彼伏，大大增加了内资企业的竞争成本，挤占了内资企业在相关产业的发展空间。以2005年分行业外资工业在我国工业总产值中的比重来看，外资工业的总产值占全国工业总产值的平均比重已逾30%，超过平均比重的行业有16个行业，尤其是在6个比重超过50%的行业中，除电气机械及器材制造业、电子及通信设备制造业属于资本技术密集型产业外，其他均属于资源和劳动密集型产业。而在上述行业中，外资比重如此之大除其自身优势之外，超国民待遇"居功甚伟"。

2. 国际产业向我国转移的新特点

随着我国市场准入的进一步放开，我国将成为跨国公司投资的首选之地，国际产业向我国转移的总体趋势将呈现出重化工业为主的多样化，其特点是：

一是资本与技术密集型产业转移并行，技术含量较高的先进制造业与新一轮以IT为代表的高技术产业生产制造环节转移并行。

二是制造业与服务业的转移并行，高技术与先进技术并行，其扩散程度加大，速度加快。外商投资行业将以服务业投资为热点。目前，中国服务业开放度为62%，发达国家是80%左右；中国服务业占GDP的比重为30%，发达国家占60%~70%，这意味着外资进入我国有着巨大的空间。中国服务业开放将使外商直接投资"放量增长"，服务业投资增长将快于制造业部门，其中金融、保险、运输服务等投资增长趋势可能明显加快。

三是转移的方式也将由合资、合作为主更多地向独资、并购为主转变。

四是跨国公司地区总部型公司将增加。跨国公司将加快在华投资企业的资本整合，提高总部的集中控制和运营能力。目前跨国公司在我国设立的投资性公司已有220多家，它们已经或正在向地区总部转变。《财富》杂志调查显示，有92%的跨国公司计划在中国设立地区总部。跨国公司通过地区总部的建设，把研发、生产、销售等功能集合为一体，将大大提高运营效率。

3. 国际产业转移对我国产业发展的有利影响

第一，有利于继续发挥生产要素组合方面的优势

长期以来，我国由于人力资本较低，市场潜力巨大等优势成为众多跨国公司产业转移的接受国，在新一轮的国际产业转移中，我国的以上生产要素优势还将得到进一步的发挥。我国的人力资本相对于发达国家和地区而言，还将在较长的时期内处于低成本阶段，而中国巨大的市场以及日益增强的购买力将成为吸引跨国公司来华投资的重要因素。同时，随着转移产业层次与结构的不断升级，以及我国自身产业结构和需求结构等的升级，中国的市场潜力还会继续得到释放。

第二，促进我国的产业结构升级

20世纪80年代以来，在改革开放大潮下，我国依次从东南沿海到内陆地区进行外资引进，建立合资、合作、独资企业，进行"三来一补"贸易。积极引进国外先进技术、吸纳外资，利用国际产业转移的大环境，加快传统产业的改造和新兴产业的建立。事实证明，通过承接国际产业转移，吸引跨国公司的FDI，我国不但吸收了其转让的有形资本品、技术和先进的管理经验，而且利用跨国公司投资中的技术扩散效应，加以消化吸收和创新，这对我国产业升级起到了推动作用。新一轮的国际产业转移在产业结构、产业层次上均较前两次产业转移有较大程度的提高，吸引这些产业可以进一步促进我国的产业结构升级，并通过产业溢出效应提升我国部分产业的自主创新能力。

第三，促进我国产业结构调整与升级机制由政府主导向市场主导的转变

多年以来，我国的产业结构调整与升级基本依靠政府主导作用，现在看来，产业结构调整的效果不好，效率不高，其主要问题是没有充分发挥市场

机制的作用，依靠市场主体——企业完成。因此，转变产业结构的调整升级机制是提高产业结构调整效率的重要途径，这既是逐步发育市场机制的过程，又是建设社会主义市场经济体制的重要组成部分，更是有效实现我国经济结构战略性调整的重要方面。目前国际产业转移的外资在我国的投资主要依据的是产业发展是否有市场潜力，生产成本是否能降低，是否能盈利等，而不是政府的行政指令，这表明外资的市场主导型产业结构调整与升级机制已开始发挥作用。随着国际产业向我国转移规模的不断扩大，市场机制在产业结构调整中影响也会继续增强，将推动我国的产业结构升级由政府主导型向市场主导型转变，进而使我国产业发展中的效益和效率等得到进一步的提高。

4. 国际产业转移对我国产业发展的不利影响

近年来，我国主要城市都在打"承接牌"，争做国际制造业基地，认为承接产业转移是提高区域整体竞争力的良好途径。但产业转移也有弊端，它使得承接地陷入一种被动局面：处于垂直型国际分工格局产业链和价值链的低端，不能天然地推动技术进步，并会产生拉大转出国与承接地之间技术差距的威胁；同时各地区为争夺产业转移会产生内耗，限制技术开发。

此外，在具体承接引进工作本身也具有一定的局限性，尤其是在与当地经济结构调整的结合过程当中，不可避免的存在一些问题：一是盲目性和无序性较大。目前，我国许多城市所承接引进的生产链，部分是劳动密集型的生产或装配活动；即使是技术或资本密集型的产品，在我省的也是劳动密集型的工序。二是转移的结构性矛盾较突出。出口加工区往往是出口飞地，与国内经济关联度低，影响了一些技术型产业的扩大投资。三是制造业配套能力差。依靠贴牌定制的"中国制造"利润低微，转移缺乏可持续性和确定性，限制了南京企业进一步升级的潜力。

二、南京产业结构的现状分析

（一）南京产业结构及产业升级的现状

1. 南京产业结构的演进历程

第一，南京产业结构的演进历程

解放初期，南京是一个典型的消费城市。建国以后，作为国家重点建设的 156 个城市之一，南京工业迅速崛起，在改革开放以前就实现了由消费型城市向生产型城市的转化，产业结构的重心也从建国初期的以生产消费品为主转为以生产资料为主。改革开放以来，南京经济进入加速发展时期。经济总量以年均12%以上速度快速增长，2000年GDP突破千亿元大关、2004年又突破2000亿元、2007年突破3000亿元（达3275亿元）。在经济总量快速增长的同时，产业结构也实现了逐步优化调整，到2007年，全市非农产业增加值占地区生产总值的比重已达97.4%，第二和第三产业比重基本持平，城市的生产和服务功能进一步完善。

表1　南京市典型年份产业结构变化　　（单位：%）

典型年份	一产比重	二产比重	三产比重	产业结构特点
1952年	40.6	23.4	36.0	城市化水平低，轻工业为主的消费型城市
1978年	12.5	67.5	20.0	计划体制下的迅速工业化，南京成为国家经济布局中的生产型城市，以生产资料工业为主
1983年	14.2	68.5	17.3	改革开放初期，以恢复生产为纲，农村改革率先，工农业比重提高快，服务业比重持续下降
1992年	7.6	53.9	38.5	1984年南京开始经济体制改革综合试点，工业快速发展，人民收入水平提高，带动了吃、住、行、购等传统服务业发展，第三产业比重持续提高
2002年	4.7	44.1	51.2	1992年以来，中央决定加快发展第三产业，服务业进入发展快车道，1999—2003的五年间，南京第三产业发展快，2002年第三产业比重达到峰值
2005年	3.3	49.8	46.9	2003年南京启动"工业第一方略"，第二产业发展提速，第三产业比重开始相对下降，到2004年第二产业比重再次超过第三产业；2005年，第三产业比重降至谷底（占46.9%）
2006年	3.0	49.5	47.5	2006年，服务业迎来了自1994年以来增速最高的一年，第三产业比重回升并比2005年提高0.6个百分点
2007年	2.6	49.0	48.4	2007年，第三产业比重持续回升，比2006年再度提高0.4个百分点

在此期间，南京三次产业从业人员结构也发生显著变化，农业从业人员比重持续稳步下降，特别是近十年来，劳动力大规模地向非农产业特别是第

三产业转移。改革开放以来的 30 年，第二产业从业人数比重总体略有提高，第三产业从业人员比重大幅上升 26.5 个百分点，社会就业主要来自于非农产业。

表2　南京市典型年份三次产业从业人员结构变化

典型年份	一产比重	二产比重	三产比重	从业人员的结构特点
1978 年	42.5	37.8	19.7	工农业从业人数占绝对比重，第三产业发展滞后
1996 年	25.9	41.7	32.4	农业人口开始加速向第二、三产业转移
1998 年	27.2	36.4	36.4	第二、三产业从业人数比重持平
2001 年	25.0	34.1	40.9	第二产业从业人数比重达到近 10 年来的最低水平，农业从业人数比重开始稳步下降，第三产业从业人数比重稳步较快上升。
2006 年	11.4	42.4	46.2	农业人口加速向非农产业转移，第二产业从业人数止跌回升，第三产业从业人数规模持续扩大

第二，南京产业结构调整历程的综合评价

从产业结构和从业人员结构演进的过程来分析，我们发现，改革开放以来，南京产业结构的演进曾出现过三个拐点。

第一个拐点是在改革开放初期的 1983 年，历经十年文革造成的发展停顿之后，以恢复工农业生产为核心振兴城市经济，走的是"先工农业后服务业"的制造业带动型增长模式，在 1978—1992 的十多年间，产业结构中第二产业的比重一度达到 68.5%（1983 年），第二产业的发展提高了人民收入水平，也引发了对服务业的巨大需求。

第二个拐点是在 1992 年前后，面对第二产业相对滞后的突出矛盾，南京积极贯彻中央 1992 年加快发展第二产业的精神，大力发展第三产业，在 1992—2002 的十年间，基本上走的是"先三产后二产"的服务业补偿型增长模式，资源大规模流向发展相对滞后的服务业，补偿性地满足生产、生活等各方面社会需求。到 2002 年，南京第三产业占 GDP 的比重为 51.2%，达到历史上的最高点。

第三个拐点发生在 2003 年间，面对在长三角区域竞争地位下滑的矛盾，南京总结和借鉴苏南、浙东等城镇迅猛发展的经验，抢抓国际制造业转移机遇，启动实施了"工业第一方略"，使得南京制造业的规模和从业人数大幅度扩张，第二产业的比重在历经十多年的小幅下降之后很快得到新的提高，但是到了2005年，第二产业比重的提升受到抑制，第三产业比重呈现了回升的势头，根本原因在于生产型服务业的跟进和补偿式增长。

经济总量上，1995年以来，南京经济始终以高于全省、全国的速度快速发展。特别是"十一五"以来，产业发展速度有所加快。2007年GDP增速快于2006年0.5个百分点。

表3　"九五"以来南京经济总量增速比较 （单位:%）

时期	南京市	江苏省	全国
"九五"平均增幅	12.2	11.2	8.6
"十五"平均增幅	14.2	12.9	9.5
"十一五"第一年（2006年）	15.1	14.9	10.7
"十一五"第二年（2007年）	15.6	14.8	11.4

产业结构上，改革开放以来，南京产业结构的变迁，是以非农产业比重持续上升为基本脉络的，本质上讲，这是南京加速工业化的过程。但在南京产业结构调整史的三个拐点上，我市并没有实质性地突破传统意义上"三次产业相互调整、轻重工业相互转换"的"非此即彼"的调整思路。然而，随着工业化进程的不断深入，现阶段，南京已经基本走出了二、三次产业"或畸快、或畸慢、先异军突起、后补偿跟进"的不平衡发展怪圈，工业化中期、服务业化初期的经济发展轨迹已较为清晰，形成了农业比重持续下降、第二三产业规模同步扩张的较为稳定的新局面。

2. 个案分析:2007年的南京产业结构

第一，第二产业的内部结构

——工业。第二产业增加值1605亿元，其中，全口径工业增加值1405亿元，占第二产业的比重为87.5%，占GDP的比重为42.9%。其中制造业增加值占全市工业比重约为95%。

——支柱产业。全市规模以上工业总产值5791.6亿元，其中，电子、汽车、化工、钢铁四大支柱产业总产值占全市工业总产值约68.8%。产值规模最大的是石化产业，占全市工业总产值的32.1%；其次是电子信息产业，占23.6%，第三是钢铁产业，占9.6%，汽车产业相对较小，占4.9%。

表4   2007年我市四大支柱产业情况

	总产值				增加值			
	总额（亿元）	增幅（%）	占四大支柱产业比重（%）	占全市总产值比重（%）	总额（亿元）	增幅（%）	占四大支柱产业比重（%）	占全市增加值比重（%）
电子	1369.4	23.6	34.4	23.6	216.5	33.7	30.2	18.0
石化	1858.8	18.5	46.7	32.1	340.6	14.2	47.6	28.4
钢铁	558.0	32.0	14.0	9.6	116.1	15.4	16.2	9.7
汽车	198.5	14.0	4.9	3.4	42.1	15.3	7.0	3.4
合计	3983.7			68.7	715.3			59.5

——高新技术产业。2007年，全市规模以上高新技术企业达到412家，比上年增加46家；完成现价工业总产值2393.54亿元，占全市工业总产值的41.3%。高新技术产业实现出口交货值748.75亿元，占全市工业出口总量的64.8%。其中，出口最多的是计算机及办公室设备制造业，占全市高新技术产业出口交货值总量的71.9%；其次是电子及通信设备制造业，占19.1%；第三是新材料行业，占5.1%。

——企业的规模结构。产业集中度高，是南京工业的显著特点。一是大中型企业是南京工业经济的支撑主体。2007年，全市规模以上工业企业共计2094家，其中，大型企业39家，中型企业237家。大型企业的总产值占全市工业的46.5%；中型企业的总产值占全市工业的26.8%。二是大型企业主要属于国有控股或外商投资类型，主要集中在四大支柱产业领域。在全市39家大型企业中，年产值超50亿元的企业有15家，除了LG同创公司为民营企业之外，其余14家均为国有控股公司或者外商投资企业，其中，石化4家、钢铁2家、电子信息7家，汽车1家。

第二，第三产业的内部结构

2007年，第三产业完成增加值1584亿元，增长16.0%，增幅达到1994以来最高水平。增加值规模最大的四个行业依次是批发和零售业、交通运输仓储及邮政业、金融保险业、房地产业，四大服务行业的增加值合计892亿元，占全市第三产业的56.3%。其中，排名第一的批发零售业规模几乎是排名第二、第三两个服务行业的总和，而金融保险、房地产业则增势强劲，始终保持远高于全市第三产业的增速。

表5　2007年南京市第三产业内部结构情况

2007年	增加值（亿元）	增速	占GDP比重（%）
南京第三产业	1584	16.0	48.4
批发零售业	366	12.0	11.2
交通运输、仓储及邮政	190	12.2	5.8
金融保险业	180	28.3	5.5
房地产业	156	19.0	4.7
住宿和餐饮业	67	10.6	2.1
其他服务业	625	16.3	19.1

注：数据由南京市发展与改革委员会提供

第三，产业的空间结构

服务业主城集聚。2006年，南京主城六区的服务业增加值占地区生产总值的比重均已超过60%，主城区基本形成了服务经济的架构，而郊县地区服务业发展则不很充分，除浦口区（41.8%）之外均不足40%。

工业向郊县集聚。主城"退二进三"战略的实施，开发园区的建设，为全市产业发展开辟了广阔空间。郊县和开发区成为工业发展的主战场。按2007年上半年在地统计口径：南京"五郊二县"的工业产值占全市规模以上工业总产值的86.7%。江北地区的工业产值占全市工业的30.8%。就工业增长的速度来说，两县快于五郊区，五郊区快于六城区，越是距离主城遥远的区域，工业增长越快。同期的工业投资情况也反映了这一特点，"五郊二县"的工业投资占全市工业投资的78.0%。四大开发区（高新、新港、江宁、化工园）的工业投资占全市的34.0%，"五郊二县"和四大开发区的工业投资增长速度快于全市工业投资增幅10个百分点以上。

产业呈现以"轴"为脉络，以"圈层"为梯度，以"组团"为载体的"两轴三圈多组团"的特点。"轴"指的是以长江为横轴，以宁高、宁连公路为纵轴，形成的"十"字形南京产业空间布局框架。"两轴"贯穿南京全境，并向南京都市圈其他地区辐射延伸。"圈层"指的是主城、都市发展区（包括主城外围的新市区、新城区）和远郊县三个空间层次，由内向外，产业的附加值和制造业的加工度，总体上渐次递减。"组团"指的是以规模较大的开发园区为核心的十大工业集聚区域。包括江宁、新港、化工园、高新区四大千亿元规模的组团，浦口、六合、溧水、高淳等四大百亿元规模的组团，正在快速成长中的雨花开发区组团，以及以主城区为载体的一批都市型工业组团。

3. 南京与同类城市产业发展的简要比较

第一，南京在长三角区域的地位

根据2002—2007年间长三角地区六个主要城市的产业发展及结构变化情况（参见下表）。总体来说，2002年以来南京产业发展有如下特点：

表6　南京在长三角城市中的三次产业发展情况

城市	GDP（亿元）		增幅（%）	第二产业增加值（亿元）		第二产业增加值比重（%）		第三产业增加值（亿元）		第三产业增加值比重（%）	
	2002年	2007年		2002年	2007年	2002年	2007年	2002年	2007年	2002年	2007年
南京	1385	3275	136.4	610.65	1605	44.10	49.00	708.76	1584	51.2	48.4
南京位次	6	6	3	6	6	6	5	4	4	1	2
上海	5408.76	12001.16	121.9	2564.69	5675.49	47.4	47.3	2755.83	6223.83	51.0	51.9
苏州	2080.37	5700.85	174.0	1211.52	3632.03	58.2	63.7	777.13	1970.03	37.4	34.6
无锡	1580.66	3858.00	144.1	868.04	2256.00	54.9	58.5	655.70	1547.00	41.5	40.1
杭州	1781.83	4103.89	130.3	901.8	2059.15	50.6	50.2	765.4	1877.17	43.0	45.7
宁波	1500.34	3433.08	128.8	828.88	1888.68	55.2	55.0	565.75	1390.76	37.7	40.5

在经济总量上，南京一直处于六个主要城市的最末位，但是，2002年到2007年的五年间，南京经济总量的增幅，高于同期上海、杭州、宁波三市，分别比这三个城市高出15.5、6.3、7.2个百分点，与这三个城市之间的差距也在缩小。但与苏州、无锡相比，差距在进一步扩大，增幅比苏州低了37.6个百分点，比无锡低了7.7个百分点。

2002年以来，长三角六个主要城市的产业发展有一个共同点，就是第二产业占 GDP 中的比重均比较坚挺，特别是南京、苏州、无锡 3 市第二产业占 GDP 的比重还形成了较大幅度的上升，南京上升了 4.9 个百分点，上升幅度仅次于苏州。

从服务业比重来看，2007 年，六个城市中只有上海第三产业比重超过了第二产业，到达 51.9%，位居第一；南京由 2002 年位居第一，退居第二，其第三产业比重与第二产业基本相当，其他 4 个城市仍然是第二产业占主导；6 城市中，南京、苏州、无锡三市由于工业的快速扩张，第三产业占 GDP 的比重有不同程度的下降，三城市分别下降了 2.8、2.8、1.4 个百分点；上海、杭州、宁波则由于第一产业比重的减少，第三产业所占比重有所上升，分别上升了 0.9、2.7、2.8 个百分点。

从 2007 年的数据静态分析，南京三次产业结构的比例关系与上海最为接近，呈现第二、三产业并驾齐驱的发展特征。苏州、无锡、杭州、宁波等四个城市，第二产业比重都超过 50%，特别是苏州第二产业比重高达 63.7%，呈现第二产业主导城市经济发展的格局。

第二，南京在 15 个副省级城市中的地位

近五年来南京位次前移较快。从 2002 年到 2007 年，南京的 GDP 总量由第 10 位升至第 7 位，排名前移了 3 位，分别超越了沈阳、大连和武汉。这得益于制造业与服务业的"双轮驱动"，在这五年间，南京第二产业总量由第 10 位上升到第 6 位，排名前移了 4 位，第三产业总量由第 8 位上升到第 6 位，排名前移了 2 位。

三个重要指标优势明显。这五年来，南京全社会固定资产投资总额排名由第 5 位上升至第 4 位，社会消费品零售总额排名由第 8 位上升至第 4 位，位次分别提升了 1 位和 4 位，城镇居民人均可支配收入的位次保持稳定，2002 年和 2007 年均位居第 6 位。南京三个重要指标在 15 个副省级城市中位居前列，表明南京经济发展的协调性、效益性、普惠性相对较好。

服务业比重较高。2007 年，15 个副省级城市中，第三产业比重高于第二产业的城市共有 7 个，分别是沈阳、哈尔滨、济南、武汉、广州、深圳、西安。但在第三产业增加值占 GDP 比重指标上，南京（48.4%）仅次于广州（57.8%）、西安（51.3%）、武汉（50.1%）、深圳（49.0%）、哈尔滨（48.7%）、济南（48.6%），居于第 7 位。

表7 15个副省级城市主要经济指标比较情况

	GDP（亿元）		第二产业增加值（亿元）		第三产业增加值（亿元）		全社会固定资产投资（亿元）		社会消费品零售总额（亿元）		城市居民人均可支配收入（元）	
年份	2002	2007	2002	2007	2002	2007	2002	2007	2002	2007	2002	2007
南京	1295	3275.00	614	1605	621	1584	603	1867.96	525	1380.46	9157	20317
南京位次	10	7	10	6	8	6	5	4	8	4	6	6
沈阳	1400	3073.93	615	1451.90	701	1455.48	403	2361.87	695	1231.85	7050	14607
大连	1406	3131.00	661	1535.50	626	1346.50	368	1930.80	592	983.30	8200	15109
长春	1150	2089.00	522	1049.30	481	839.70	303	1350.10	402	778.30	6900	12811
哈尔滨	1232	2436.80	433	902.60	599	1186.60	361	1030.60	559	1036.00	7004	12772
杭州	1780	4103.89	902	2059.15	765	1877.17	769	1684.13	524	1296.31	11778	21689
宁波	1500	3433.08	829	1888.68	566	1390.76	601	1597.91	463	1035.46	12970	22307
厦门	648	1375.26	362	735.26	264	622.46	212	927.70	215	362.05	11768	21503
济南	1200	2554.30	509	1163.00	593	1241.00	405	1151.70	447	1103.10	8982	18005
青岛	1518	3786.52	765	1953.55	607	1629.38	478	1635.40	401	1199.20	8721	17856
武汉	1493	3141.50	660	1440.00	743	1572.35	570	1732.79	770	1518.30	7820	14358
广州	3002	7050.78	1227	2816.89	1671	4072.80	1002	1863.34	1371	2595.00	13381	22469
深圳	2239	6765.41	1235	3444.74	1003	3314.44	747	1345.00	690	1915.03	24941	24870
成都	1663	3324.40	759	1504.00	765	1584.90	702	2394.70	710	1357.20	8972	14849
西安	824	1737.10	372	762.51	403	891.42	338	1435.33	409	921.58	7184	12662

（二）南京产业结构发展中存在的主要问题

1. 区域发展不平衡，郊县经济较为薄弱

改革开放以来，与苏南、浙东乡镇经济快速发展相对照，南京郊县经济一直是南京产业发展的一个薄弱环节。2002年，南京"五郊二县"地区生产总值仅占全市的32.6%，经过五年发展，至2007年，在全市地区生产总值3275亿元中，"五郊二县"地区生产总值为1229.3亿元，占全市比重上升近

5 个百分点，为 37.5%，与区域统筹协调发展的要求仍有较大差距。

2. 工业结构偏重，环境资源压力较大

2006 年，重工业总产值比重高达 85%，电子、石化、汽车、钢铁等支柱产业占三分之二。工业结构的重型化导致南京经济发展的能源和环境压力较大。据 2005 年的统计，南京工业能耗占全社会总能耗的 79.17%，二氧化硫排放绝大多数来自工业，其中，约 70% 的能耗、80% 的污染来自于石化、钢铁等重工业企业。整个"十五"期间，南京工业增加值年均增长 15.6%，同时，能源消耗年均增长 12.7%。据有关部门测算，2005 年，南京的服务业能耗仅占全社会总能耗的 14.31%，如果南京的服务业增加值比重提高 1 个百分点，工业增加值比重相应降低 1 个百分点，全市万元 GDP 综合能耗可相应降低约 1.17 个百分点。

3. 工业增加值率较低，产业附加值有待提高

从全省来看，近三年南京市工业增加值率（规模以上工业增加值/规模以上工业总产值×100%）一直居于最后的两三位。2004 年，江苏省平均增加值率为 25.96%，我市为 24.66%；2005 年，江苏省平均为 24.63%，我市为 23.67%。2007 年，全市工业增加值率进一步下降到 20.7%。

从本市来看，"高端产业、低端环节"现象较为突出。2007 年，南京的高新技术产业的总产值占全市工业总产值的 41%，产品出口总量占全市工业出口总量的三分之二，并且增长较快。但作为四大支柱产业和高新技术产业主体的电子信息产业增加值率最低，为 15.8%，而钢铁、汽车产业的增加值率则超过全市平均水平。详见下表：

表8　南京四大支柱产业发展情况

2007 年	规模以上总产值	规模以上增加值	工业增加值率
全市工业	5791.6	1200.9	20.7%
电子	1369.4	216.5	15.8%
石化	1858.8	340.6	18.3%
钢铁	558.0	116.1	20.8%
汽车	198.5	42.1	21.2%
四大产业合计	3983.7	715.3	18.0%
四大产业占全市工业的比重	68.7%	59.5%	

2006 年，作为对外开放的桥头堡和制造业规模集聚的主要载体，全市省级以上开发园区和市级重点工业集中区的工业总产值占全市工业总产值的 90%，其中，高新技术产业集聚规模最大的南京经济技术开发区，2006 年整个开发区实现工业总产值 1188 亿元，工业增加值 120.8 亿元，增加值率仅为 10.2%，远低于同期全市 21.35% 的水平。详见下表：

表9 南京主要开发区发展情况

2006 年	工业总产值	工业增加值	工业增加值率
高新开发区	644.4	90.2	13.99%
新港开发区	1188.3	120.8	10.17%
化学工业园	662.2	110.9	16.75%
江宁开发区	524.2	118.6	22.62%

4. 生产型服务业比重较低

按照国家发改委编制的国家"十一五"规划纲要中提供的口径，生产型服务业主要包括交通运输业、现代物流业、金融服务业、信息服务业和商务服务业等五大类。消费性服务业主要包括商贸服务业、房地产业、旅游业、市政公用事业、社区服务业、体育产业。"十五"期末，南京生产型服务业（以交通运输仓储和邮政业、信息传输计算机服务和软件业、金融业、租赁和商务服务业等四大类现行统计口径汇总）占全市服务业增加值的 33%，而国际城市的生产型服务业比重一般达到 70% 左右。

5. 投入产出率偏低

南京工业增加值占全市生产总值的比重为 43%，而工业能源消耗占全社会能源消耗的比重超过 80%。同时，产业布局不尽合理，不少行业企业规模小，生产集中度低，地区产业结构雷同和重复建设现象还较普遍。

（三）南京产业发展的基础条件和面临的新形势

1. 南京的基本市情

一是地少人多。南京土地面积 6582 平方公里，在副省级城市中列倒数第 3 位；人均占地面积 0.72 亩，在副省级城市中列倒数第 5 位；人均耕地占有量仅为全省、全国平均水平的 66% 和 45%。

二是自然资源不足。南京作为重化工业重镇，石化、钢铁的原料以及煤炭、电力主要依赖境外输入。其中，每年需输入原油约 2000 万吨、铁矿石约

1000 万吨、煤炭约 2100 万吨以及近 40%约 200 万千瓦以上的电力。

三是产业结构偏重。重工业总产值占全市比重高达 85%。石化、钢铁两大支柱产业的增加值占全市 GDP 的比重高达 14%。

四是环境承载能力低。南京市的单位国土面积 COD（化学需氧量）、二氧化硫负荷分别是全省的 2.4 倍和 1.74 倍。

五是科教资源丰富。南京的万人拥有大学生人数位居全国前列，高校数量占全省的一半，建有各类研究与开发机构 550 家，国家和省级重点实验室 42 个，两院院士 75 位，仅次于京沪两市位居全国第三。南京是我国典型的技术输出、人才输出型的中心城市。

2. 南京经济发展的阶段性特点

一是城市化水平较高。2006 年，南京的城市化水平已达 76.4%，在全省城市中位居第一。截至 2007 年底，南京城市建成区面积五年间扩张了一百多平方公里，已达 573 平方公里，在全国城市中，仅次于北京、上海、广州、深圳、天津，位居全国第 6 位，比位居第 7 位的重庆市多 81 平方公里。（参见表 10）

表 10　中国主要城市建成区面积情况　　　（单位：平方公里）

排名	1	2	3	4	5	6	7	8	9	10
城市	北京	上海	广州	深圳	天津	南京	重庆	成都	杭州	沈阳
建成区面积	1282	920	834.99	613	630	573	492	395.5	314.45	310

二是工业化程度较高。第二、三产业增加值占 GDP 的比重，是国际通行的衡量一个区域工业化程度的重要指标。2007 年，南京的农业增加值比重已经下降到 2.6%，第二、三产业比重达到 97.4%，位居全省第一。

三是人口加速膨胀。伴随工业化和城市化的加快，大量外来人口融入南京。2006 年常住人口比上一年净增 30 万。最新统计显示，2007 年年末全市常住人口为 741 万人，比上年净增 22 万，据有关部门测算，到"十一五"期末，南京将步入千万人口的特大城市行列。

四是经济发展进入新平台。2007 年，南京完成地区生产总值 3275 亿元，比上年增长 15.6%。按照常住人口计算，人均 GDP 约为 4.42 万元，按照现行汇率，已超过人均 6000 美元。与此同时，第三产业发展开始提速，其比重已逼近第二产业，服务型经济已初现端倪。

三、南京如何承接国际产业转移的对策和建议

（一）合理定位，避免在承接国际产业转移时与长三角其他城市产业同构

"十一五"期间，南京在承接国际产业转移中，要明确自身定位，通过合理定位，以有利于本地区的产业结构优化升级为目标来承接产业的转移。为此，南京要发挥比较优势，进行分工合作，避免产业同构、重复建设等问题，实现优势互补，实现共赢。在长三角将目标定位为"世界工厂"的同时，作为区域中心城市的南京要为长三角特别是南京都市圈承接国际产业转移提供配套服务，大力发展金融、保险和物流等生产性服务业和总部经济，利用配送、物流、连锁提供的多元化服务，争取把一些跨国公司总部、研发中心、营销环节或其他中介组织吸引过来。

（二）加强自主创新能力，提高承接产业转移的主动性

世界经济发展的经验表明，后发地区可以通过承接发达国家的技术转移，实现跨越式发展。但新兴工业化国家的经验也同时表明，一国经济发展的希望不能完全寄托在发达国家的产业转移上，应该技术引进与创新并重，在提高产业转移的承接能力同时，增强产业升级的主动性。在知识经济时代以知识和技术为中心的分工体系中，拥有创新能力和先进技术的国家才能成为国际分工体系中的领导者，处于价值链和产业链的高端。

在国际产业转移过程中，大量相关、相同性质的企业往往选择同一地区或相邻区域集中，形成"产业群"，以降低信息成本、交易成本，增加区域产业配套能力并形成产业链体系。南京要充分利用这一过程中所产生的"集群效应"及其"溢出"，尤其要进一步把握住新一轮知识服务业、创意产业国际转移的战略机遇，迅速提高"自主创新能力"，形成国家竞争优势的"群体性突破态势"，彻底改变落后和被动的局面。否则，落后和不利的局面将可能成为枷锁，就极有可能成为跨国公司简单的制造业和装备中心。因此，南京必须充分利用人力资本，立足科教优势，加强自主创新，实现由"投资拉动"向"创新驱动"转变。

通过承接产业转移实现技术引进提升。技术引进提升承接措施的关键意义在于防止对外方企业形成依赖和受控，努力提升自有企业和本土产业的素质。在南京产业承接活动中，可以从以下方面借鉴"贸易主导型"承接措施

的原则：一是由于技术升级和换代的节奏加快，"技术引进提升"措施一定要和 FDI 的吸收结合起来。二是制造、服务业有一定基础的地区，应该将"引进来"与"走出去"有机结合起来，努力促使本土企业成长为跨国公司，并通过自主内外互动提升企业经营规模、科技水平和管理素质，乃至带动本土产业素质优化。三是技术引进和提升应该和国内科研、教育院所的扶持和开发相统一、相协调，努力通过本土科学、技术、生产的互动强化本土研发和创新能力。

（三）完善投资环境，改变经济增长方式，吸引产业转移

长三角原先依靠土地成本低、劳动力廉价等优势吸引了大量劳动密集型产业，但现在土地资源趋于饱和，人力资本的价格上涨较大，缺水、缺电的现象频繁，能源供应不上，可见，以上优势正在丧失，这必然导致吸引外资投资的强度减弱。因此，长三角必须改善投资环境，突出其便利的制度安排和贸易机会。如：大力改善知识产权、行政法律等软环境，使之与成本、市场优势更紧密地结合；加快市场化取向的改革，改善体制环境、政策环境、法治环境、知识产权保护环境和公共服务环境，特别是要增强政府服务意识，强化对市场主体的服务；改善企业发展的生态环境，焕发企业的生机与活力。同时，也要改变经济增长方式，向集约型转变，扭转高消耗高污染、低产出、低效率的局面。在承接产业转移时，注重提高产业转移的门槛，以有利于产业结构优化升级和区域竞争力的提高为目标来选择产业。同时，将失去比较优势的产业转移到要素成本更低的国家和地区，为承接国际先进产业腾出发展空间。

（四）大力承接世界服务业转移，吸引外商投资服务业

南京要实现服务业现代化和转型升级，必须积极参与到服务全球化进程中，提高承接服务业跨国转移的水平，将吸引服务业外商投资视为今后一段时期南京对外开放的核心内容。

在知识、技术和全球化力量的推动下，服务业已成为许多国家新的支柱产业，发展服务业也已经成为提升城市产业与功能的新型动力。现代服务业的增长主要是依靠信息、科技、人力资源等可再生资源，这对土地、能源相对匮乏的南京而言，无疑是最适当的经济增长途径。目前，越来越多发达国家的企业通过项目外包、业务离岸化等方式，实现服务业向新兴市场的国际转移。在当今服务业国际转移的背景下，南京服务业发展存在相当大的提升空间。随着南京工业化和专业化分工程度的加深以及经济开放程度的提高，

生产性服务业将有更广阔的发展空间和市场，南京可依托雄厚的制造业基础和地缘优势，吸引国际零售业、金融业、流通业转移。积极承接国际服务业转移，能够创造条件促进以制造业为主的经济向服务经济升级，发展高附加值的服务业。把加速服务业发展与积极吸引外商投资服务业有机结合，有助于扩大服务产业的规模，从而加快我市服务业竞争力的提升。

重点领域如下：

其一，大力吸引国际运输和物流公司等国际提供商。物流和运输是货物贸易重要的增值服务。南京在发展物流业中也有独特的区位优势和港口优势。长江国际航运物流中心也是南京的建设目标之一。目前及今后吸引越来越多的国际大型物流企业投资入驻南京，将促进南京逐步形成区域性的国际采购中心、国际配送中心和国际分销中心。

其二，扩大与货物贸易有关的金融服务（包括贸易结算、外汇交易、保险等）引资。目前，国内的外资企业是技术进口的主体，随着利用外资存量的不断扩大，中外合资、合作企业中专有权利和特许费的支出将持续上升。其他商务服务包括数据处理、专业服务、管理咨询等知识型服务的引资也有利于提高南京制造业的效率，增加吸引外资的增加值。

其三，吸引跨国公司来宁设立研发中心，并提高南京本地企业的技术吸收能力。当今跨国公司控制新兴产业的关键知识和技术，如微电子、生物技术、化学、软件开发等，吸引跨国公司来宁设立研发中心有利于提高南京企业的技术创新能力，增加产品的科技含量。

其四，分销服务和其他营销服务领域的进一步开放。商贸流通业作为引导生产、启动市场经济的先导性行业，综合、专业和连锁等现代经营方式和业态转变，带动了消费性服务市场的极大发展，因此，一直是吸引流通类外商投资的重要途径。此外，文化教育产品、旅游、咨询、工业设计、广告和商贸展览等商务服务的发展将成为吸引外资的新兴行业与潜在市场。

（五）积极承接服务外包，并逐步向服务价值链高端提升，建设"服务外包之都"

服务外包产业，作为现代高端服务业的重要组成部分，是近年来随着跨国公司运营虚拟化而出现的新的需求形式，具有信息技术承载度高、附加值大、资源消耗低、环境污染少、吸纳就业多、国际化水平高等特征，它是国际分工的高端表现，成为全球新一轮产业转移的主要形式，也是我国提升利用外资和生产性服务业的结构和层次，增强经济在全球资源配置中的竞争力，拓展吸收利用外资的新增长点，也是拓展利用外资领域、转变进出口贸易和对外经济增长方式的重要途径。

服务外包是近年来世界服务贸易出现的一个重要趋势，被称为第二次经济全球化。信息和通信技术的发展，使得与信息有关的服务可贸易性增强，为发展中国家通过跨境提供方式参与服务贸易创造了新的机遇。计算机与信息服务、软件等服务外包项目将是外商投资服务业的重要途径。

南京承接服务外包的益处主要体现在：在不用付出环境代价的同时，可以增加一部分就业岗位和 FDI、可能获得技术外溢、促进人力资源教育和开发等。对于南京这样一个电信基础设施状况较好、专业人才比较丰富的城市来说，有着巨大的潜在的承接服务外包的优势。

吸引国际直接投资是中国促进经济增长的重要措施。近年来中国吸引的外资金额居于全球前列，然而，由于世界各国纷纷采取优惠措施吸引国际直接投资，致使中国在吸引外资方面面临日益激烈的竞争。尽管近几年来中国吸收的外资一直以较高速度增长，但今后流入中国的外资增长率必然会下降，因而流入中国的外资金额也有可能下降。因此，中国需要寻找利用外资以外的促进经济增长的渠道。

而推动中国企业承接国际外包业务，不仅能够在将来有效弥补外资流入的不足，而且中国企业在与海外企业合作的过程中，也可以提高企业的管理和技术水平，促进企业进一步国际化，带动中国的产业升级和经济增长。中国在承接制造业和服务业的国际外包业务方面具有比较好的基础，有望在国际外包市场上占有更高的份额。

未来5—8年将是跨国公司调整和优化产业结构，通过外包方式将非核心业务转移到发展中国家的关键时期，南京企业如果能抓住这个机会，南京经济就会迎来新的大发展。

在政府主导下，南京市发挥高新发区（南京软件园）、鼓楼区（南大高校科技园）、玄武区（徐庄软件园）、江宁开发区（江苏软件园）、雨花台区（中兴、华为等核心企业）优势，学习借鉴先进地区发展经验，按照国际标准建设硬件基础设施，打造承接国际服务外包的示范基地，积极创建国家级服务外包示范区。

一是在基础建设上，加快高新区数码平台和江苏省软件及现代服务外包接单中心建设、加快江苏软件园、徐庄软件园创业中心、研发场所等设施建设，依托示范区加快金融、教育等特色服务示范基地建设，在符合条件的专业产业园区或服务业集聚区内建立外包产业基地，充分发挥示范区区域特色产业集聚效应，在各个示范区各有侧重地发展服务外包业务。

二是在发展主体上，依托 5 家示范区整合已经凸显的 148 家从事服务外包业务的企业，且进行 CMM/CMMI 认证；依照接包业务类型分类为软件设计、编写、测试，动漫设计与制作，软件分包，数据加工处理，后台服务，客户交易支持，办公室支持等；各个示范区均落户一批发包方企业，包括富士通、丰田、大宇、SK 电讯等，其服务外包方向主要集中在日本、美国、韩国以及台湾省。由省政府、南京高新区共同发起的江苏省软件及现代服务外包接单中心已经计划在南京软件园创新基地正式运营，3 年内发展到 2.5 亿美元单量；南京药石新药研发中心具备全省现代化药物研发与外包程度最高的实验室，预期今年研发外包收入可达到 200 万美元，两年后可达到 1000 万美元。

三是在工作推进上，南京市依托示范区，已经于 2006 年底获得国家批准进入全国 11 家服务外包基地城市行列；成立了服务外包发展工作领导小组并且明确了职责分工；制定了发展规划和鼓励政策；拟定了人才培训计划；开展了境外服务外包招商工作。目前，14 个从事服务外包发包、接单以及相关业务的知名跨国公司已经在南京开展了业务发展交流与考察洽谈，向本土企业介绍国际服务外包的发展趋势、技术运用和管理经验，并将通过信息咨询、技术入股管理合作，推动南京服务外包产业发展。下一步还将建立服务外包的专业平台、电子化网站、在境内外举办服务外包交易会等形式，鼓励各电信运营商采取多种有效手段，利用服务外包专业平台，以核心企业为中心，加强企业间的业务合作和信息共享，形成具有紧密联系的产业链，为我市服务外包企业走向国际市场提供市场开发和客户服务渠道。

四是在品牌建设上，市政府依托示范区，支持软件企业争创国家级品牌，对获得"中国优秀软件产品"称号的给予 5 万元奖励。对服务外包企业进行CMM/CMMI 认证给予 20—30 万元的奖励。市高新技术风险投资公司设立软件风险种子资金不低于 2000 万元，大力吸引国内外各创业基金、投资公司、上市公司等风险投资机构，共同投资南京软件产业。对软件服务外包企业每年出口新增部分，经海关认定，每 1 美元奖励人民币 5 分钱。对企业"双软"认定及软件著作权登记费用给予补贴。对通过系统集成资质认证企业给予 2 万元的一次性奖励。

五是在人才集聚上，依托示范区通过环境营造、政策导向和校企联合等，充分调动在宁高校、国家级示范软件学院和科研院所的积极性，扩大服务外包专业办学规模，大力发展职业教育，引进国外先进的外包人才培训模式，按照企业的需求进行"订单"培训，促进跨国公司、大企业与学校的结合，建立外语语言培训和应用的环境，形成多层次、多体制的外语语言培训体系，增加计算机和软件类人才的外语语言应用培训。针对英语、日语等专门开设短期培训和定向培训，提高服务外包从业人员的整体外语应用水平。开展多层次、多类型的服务外包专业教育，迅速提升服务外包中、高端人才培养数量。

六是在政策优惠上，根据国家给予的资金支持，市政府依照1∶1比例，每年安排专项资金，对在南京软件园、江苏软件园及市认定的示范区内新建或新购的研发场所自建成或购置之日三年免征房产税，土地出让金减半；经认定的软件服务外包企业自获利年度起所得税"两免三减半"，对研发、设计、创意等科技服务企业可认定为高新技术企业，享受相应优惠政策；对新办服务外包企业，经有关部门批准，在规定期内减征或免征企业所得税；发生的技术开发费按实计入管理费，技术开发费比上年实际增长10%以上的，允许再按实际发生额的50%抵扣当年应纳税所得额；鼓励服务外包企业技术改造，使用国产设备的，经主管税务机关审核后，按规定抵免企业所得税；服务外包企业为完成特定服务项目，凡聘请海外留学人员和国内享受政府特殊津贴的专家，所支付的咨询费、劳务费可直接进入成本；对经有权部门批准的转制科研外包企业，从转制之日起或注册之日起5年内免征企业所得税和科研开发自用土地、房产的城镇土地使用税、房产税；期满经审定后可再延长两年；对承接国际服务外包的生产性外商投资企业，实行企业所得税"两免三减半"；对缴纳增值税的服务贸易出口企业，出口后享受出口退税政策。对直接向外商独资企业提供软件及服务的，可享受软件出口优惠政策。

自南京成为全国服务外包基地城市起，我市将充分发挥示范区综合优势，紧紧抓住国际服务外包市场转移的机遇，加大对服务外包的规划统筹、业务培训、企业认定和项目推进，加快平台建设，构建人才保障体系和健全知识产权保护，努力把南京建成承接服务外包环境优良、企业和人才集聚、国际竞争能力强、发展机遇多的国家服务外包重要集聚区。

（六）积极发展总部经济

1. 南京发展总部经济的必要性

国内外经验表明，一个大公司，特别是一个跨国公司的总部向某一个城市迁移，可能带动几个甚至是十几个在业务上密切关联的较大企业的迁移。这些大企业的积聚形成合力，为城市的发展提供了资源优势、创新优势、市场优势和扩张优势，从而带动地区经济的快速发展。总体来讲，总部经济通过以下六个效应带动地区经济的增长：一是增加税收，包括企业税收贡献和总部高级白领个人所得税贡献，还有新增的产业链企业的税收贡献；二是产业带动，制造业总部的聚集，带动现代服务业的发展，包括信息采集加工、企业咨询、金融保险、会计、审计、评估、法律、教育培训、会议展览、国际商务、现代物流等；三是促进消费，包括总部的商务活动、研发活动所带来的各种配套消费，总部高级白领的个人生活消费；四是扩大就业，包括高知识群体就业和一般性服务业就业；五是提升形象，提高城市的知名度、美誉度，促进城市政府提高服务质量，改善商务环境，完善城市基础设施和人居环境；六是推动创新，带动当地企业的技术进步与创新。

2. 南京发展总部经济的可能性

大量的理论研究和实践证明，企业总部选址主要是基于所选城市的政治环境、基础设施建设、区位条件、政治与制度环境、服务业发展水平、人力资源条件等多方面的考虑。作为江苏省省会，南京市已经具备了发展总部经济所需要的人才、交通和投资环境等条件。相对于上海等大城市来讲，南京市人力、办公等各种成本较低，人文环境相近，选择南京作为其总部是江苏及周边省份民营企业必然的选择。目前，在南京设立的国际知名公司中，除了众所周知的巴斯夫、西门子等公司外，还有美国伊斯曼、摩托罗拉、荷兰壳牌、飞利浦、日本伊藤忠、三井物业、夏普、东芝、瑞典爱立信、韩国锦湖轮胎、意大利菲亚特、中国香港新世界等。投资领域广泛，涉及制造业、加工业、商贸、餐饮娱乐、金融、通信、房地产等各行各业。从空间结构来看，以鼓楼和白下为中心的总部聚集区正在加速形成。据有关部门统计，目前鼓楼区汇集了以西门子、朗讯、松下等为代表的世界500强企业代表处及知名企业分支机构40余家。这些技术含量高、带动作用强、占有资源少、税收量大的企业，逐渐成为了鼓楼区总部经济发展的重要支撑。总部经济作为区域经济的重要组成部分，在推动经济社会发展中的作用逐步显现出来。据有关部门统计，"总部经济"在南京经济发展中正在发挥越来越重要的作用，对GDP贡献每年以10%的幅度上升。总部经济给南京带来税收的同时，也创造了大量的就业岗位。据统计，在南京注册资金为50万元到1000万元的境外和南京阜外企业，平均从业人数达109人，其中吸纳南京就业人数91人，注册资金 1000 万元以上的境外和南京阜外企业，平均从业人数达 624 人，其中吸纳南京就业人数 396 人。

3. 南京承接国际产业转移发展总部经济的战略定位

虽然南京市总部经济已经初具规模，但是与同处长三角的上海、杭州两市相竞争，尤其与上海、北京、广州等中心城市相比，还存在不少的问题，如总部经济发展水平不高、"生产型总部经济"发展缺乏后劲等。同时，从地理位置来讲，尽管是江苏省的省会，但南京不是江苏的地理中心，与安徽的距离短于到达省内大多数地方的距离；且受到经济规模、市场环境的制约及上海经济发展强大的辐射作用，南京发展总部经济处于不利地位。这就要求南京发展总部经济要做好自身的定位，避免与上海的正面交锋，要在产业选择和空间发展方向上做好"互补"。具体来讲，南京市发展总部经济的战略定位为：以发展江苏、安徽等省内和周边地区的大中型企业总部为重点；并积极发展跨国公司分支机构和区域总部；同时，要注重非生产型总部的培育和设立，大力发展"服务型总部经济"。

吸引国外大型企业集团的非生产型企业总部。按照性质的不同，总部可以分生产型企业总部和非生产型机构总部。不同性质的总部对所在城市功能的要求也不同，但大多能给所在城市提升形象、加快经济发展带来好处。南京发展总部经济，有着区域、人才等多方面的优势，但是与北京、上海等国际化大都市相比，城市功能、产业辐射方面的不足较为明显，尤其与同处长三角的上海、杭州相竞争，单纯靠政策倾斜来发展"生产型总部经济"已经明显缺乏后劲，因此，要重视引进非生产型企业总部。实践表明，非生产型企业总部的设立，虽然不会直接促进中心城市 GDP 的增长，但是通过提供产业发展动态等信息，有助于带动和支持相关产业的发展。

吸引跨国公司分支机构和区域总部。作为江苏的省会，同省内其他城市相比，南京无论知名度还是城市功能，都有省内其他城市无可比拟的优势，且南京地理位置较为优越，交通通信发达，距离周边省份较近，因而，是跨国公司分支结构和区域总部的首选地。且从实际情况来看，南京也聚集了大量的跨国公司分支机构和区域总部。

4. 南京发展总部经济的保障措施

转变发展观念，合理引导发展。发展总部经济，不仅要了解其对国家整体性、区域性的产业经济布局等的积极影响，同时还要认识其对区域经济发展的负面效应。众多的研究指出，发展总部经济会加剧发达地区和不发达地区的经济发展差距，也使城市的经济结构比较脆弱。因为企业的总部机构较之工厂车间而言，迁移更容易，速度也更快，这势必使许多依赖于总部经济发展的城市面临较大的经济风险。以瑞士国际化程度最高的城市日内瓦为例，它曾是重要的总部经济发展地，尤其以国际组织总部入驻强力拉动其经济发展而闻名，但近年来一些组织先后将其重要活动移居瑞士境外，给当地经济带来较大冲击。因此，"总部经济"不是目的，而是手段，最主要的是通过"此手段"培育大量的本土企业，特别是民营企业，使其发展壮大，并逐步国际化，这样既有效防止外资企业对我国行业的垄断，也可以防止其再迁移风险。此外，总部经济只是城市经济的一个组成部分，不可能主导一个城市的经济，因此，一个地区经济发展的关键仍然是培育具有比较优势的支柱产业。

加强区域分工协作，错位发展。各地对总部资源的争夺日益激烈，竞相提出吸引企业总部入驻，发展总部经济的战略。这种对总部资源的争夺是市场条件下不同利益主体之间的正常竞争，在一定程度内是有益的，但是，如果对总部经济的发展缺乏统一的空间规划，将导致过分的竞争，不利于形成城市合力，甚至容易造成一定的资源浪费。另外，城市之间过度竞争所导致的过度的税收优惠和极低的土地价格，影响了公平竞争和政府的财政收入，导致国有资产严重流失。因此，加强城市之间的横向联合和对话机制非常必要。基于此，南京要加强上海、杭州等地的合作，以上海为龙头，以"南京、杭州"两地为中心，形成长三角地区范围内的错位发展模式，并由此形成产业集群，实现优势互补，资源整合，促进整个长三角地区的共同发展，避免城市之间的恶性竞争所造成的资源浪费。同时，根据南京市对各县区功能定位及区域资源条件，确定各县市在区域总部经济中的定位，形成"总部——生产基地"的分工模式，进而带动南京地区乃至整个长三角地区的发展。

加强制度建设，优化投资环境。总部经济的主体是市场经济，市场经济的主体应该是企业，但是总部经济作为区域经济的一种形态，它的发展离不开政府的支持。所以，总部经济的发展要处理好企业与政府的关系，要把握好政企分开、政资分开、利税分开三个原则。资本的流动是有客观规律的，政府要保障资本流动的合理性。但是企业选择总部所在地一贯本着节约成本、提高效率的目的完全是以市场为导向。要避免出现政府和企业的博弈。政府要进一步放开要素的流动限制，加强在再分配中的作用。让"想走的舍不得，欲来的迫不及待"。

（七）积极实施"走出去"战略，做好国际产业转移中的"二次转移"

国际产业转移中的"二次转移"是指发生在国家之间的产业转移，即某些产业由某些国家或地区转移到另一些国家或地区的经济现象，是在成本推动下发生的大规模的国际直接投资、国际分工和国际贸易活动，是指由输入国承接引进后再输出的一种产业转移行为。"二次转移"不仅是承接引进国际产业转移（以下简称承接引进）的必然结果，也是经济外向发展的必由之路。

"二次转移"概念的提出。改革开放以来，在承接引进了那些不合适南京目前和今后产业结构优化调整方向的生产链应如何消化？另外，承接引进加速我市产业结构的调整之后，因结构升级而淘汰的那些高能耗高污染低效益的产业又该如何妥善处理呢？出路只有一个——转移出去。于是，"二次转移"的概念呼之即出。

其实，承接引进与"二次转移"是同一问题的两个方面。经济理论认为，任何阶段的经济活动中，生产要素在不同地区的流动是一个自然现象。由于资源供给、产品需求、技术进步以及比较优势的动态变化，都可能引起产业在地区之间的转移。发达国家（或称移出国）的某些产业转移到相对落后的国家（或称移入国）时，形成了新的生产要素。从总体上讲，当移入国引入新的生产要素、促进当地经济发展并形成一定的规模之后，受价值规律驱使，它也会将自己较为落后的部分产业剥离并将其转入另一个国家或地区。在这一过程中发生的产业转移的行为，由于与第一次的承接引进有着一定的区别，为此本项研究将称其为"二次转移"。"产业二次转移"是一个国家或地区外向型经济的重要组成部分，犹如一枚硬币的两面，缺一不可。因为我市的产业结构在不断调整中，那些不合理的、不适应我市经济发展的产业产品在调整中需要剥离和淘汰，而一些先进的、富裕的经济要素则需要寻找出路，两者相加，因此，经济要素的"二次转移"也是必然的。

"国际产业二次转移"与"国际产业转移"的概念既有联系又有区别。其联系方面在于，它与"国际产业转移"都是指随着生产国际化、经济全球化的发展，发生在国家之间的产业转移行为，逻辑上是种属概念，理念上具有整体性。其区别方面在于，首先，发生的时间不同，二次转移一般是发生在承接引进并实行结构调整之后；第二，对象不同，二次转移不是泛指国际产业转出和转入，而是专指产业转移出去的经济行为；第三，作用不同，二次转移强调的是产业结构调整的结果。"二次转移"的理念特性，揭示了国际产业转移的层次性和不同的状态，有助于经济理论的细化和对外向型发展认识的深化。

以上说明，"承接引进"与"二次转移"在经济理论和方针政策层面，都是必不可少的。推行"二次转移"不是简单的"一次转移"的延伸，而是从根本上解决外经贸体制的结构矛盾、解决"走出去"问题、推动我市经济社会协调发展的新思路、新举措，具有重要的现实意义。

长期以来，我们产业转移的方向多是局限于国内的单向的转移，即从中心城市向偏远城市转移、由沿海开放城市向内地的梯度转移。这种单向转移对于一国或一省地区间经济的梯度发展和横向联系固然有好处，但是由于这种产业转移只是在国（省）内进行，由一个城市移向另一个城市，这就有可能形成一种怪圈：产业及产品结构不合理、资源浪费大、能源消耗高、环境污染重的劳动密集型产业，周而复始的堆积在我省有限的经济空间，导致省内部分地区的生产能力和技术水平只能维持在一个低水平的区间。

解决这个问题的出路在于果断实行"二次转移"，从生产效益、区域污染治理和可持续发展的角度出发，把那些资源利用率低、破坏我省生态的产业及时转移出去，腾出空间用以发展那些高效低耗、技术先进、资源利用率高、环境损害小、有利于社会经济持续发展的产业，使物质、能量实现最大限度的循环。

放眼全国，"二次转移"与"走出去"结合，使外经贸形势呈现出实质性的发展，如海尔投资美国设厂生产电冰箱，是新中国企业国际化最具先驱性的创举，曾经轰动中美两地；联想收购 IBM 的 PC 业务，是迄今为止中国纯商业运作的最具想象力和最大胆的国际化实践。作为我国政府重点培育的三大出口名牌之一的夏华电子公司抓住彩电产业向平板电视升级的契机，破天荒地向素来比较封闭的日本大批量出口彩电，2005 年在日本的销售量预计比上年增长 30% 以上，这在一定程度上意味着，以夏华为首的国产彩电"反攻"日本市场首战告捷。夏华公司在日本的成功，引起了国内部分家电品牌积极跟进，抢滩东洋。事实告诉我们，结合"二次转移"多渠道地走出去，应该被视为我们外向型经济发展的战略核心。

需要强调指出的是，本研究提出"二次转移"的观点并非以牺牲承接引进为前提的，结合我国的国情，承接引进应该是"二次转移"的基础，不仅在当前而且在今后较长的一段时间内，都应当给予高度的重视。这里之所以在承接引进中强调"二次转移"，只是认为承接引进和"二次转移"，它们终究只是一种手段而不是外经贸工作的目的，通过引进先进的产业和转移落后的产业，借机对南京产业进行优化，提升南京的经济水平和企业实力，才是外经贸发展的终极目标。因此，我们要妥善处理好两者之间的关系：既不可割裂两者的联系，突出某一个方面；也不可以模糊两者的特点，混淆其实质。在外经贸的具体工作中，我们既要通过承接引进加速我市的产业调整，把企业做大做强，实现外经贸工作的跳跃式发展；又要注重"二次转移"，及时消化妥善处理由承接引进带来的部分产业转移，同时要大踏步走出去，实现经济扩张，立足于世界经济之林，完成中华民族崛起的夙愿。

（八）审慎对待国际产业转移，吸取珠三角的经验教训，在承接产业转移过程中勇于拒绝游移性产业

南京需要审慎对待国际产业转移，既要抓住机会，又要尽量降低不利影响。南京不能采取盲目接受的态度，要有所为有所不为，有选择转移产业中的优质资本，提高转入门槛，以有利于产业结构的优化和产业升级为目标，并加大自主研发的力度，同时在市域内部划分主次二级区域，将现代服务业保留在城区等核心区域，而将先进制造业布置在郊区县等次级区域，实现市域协调减少内耗。

珠三角地区在开放进程中较早的成为了港澳台产业转移地，从珠三角的实践中我们明显看到小资本的逐利性：利用低价的土地租金和廉价的劳动者工资赚取大量的剩余价值。当地价走高、劳动者工资上涨、产业利润下降后跳出珠三角，寻找土地和劳动力价格更便宜的区域。事实上，对一些大型跨国公司来说，他们更看重的是长远利益，如迅速增长的巨大潜在市场等。相反，中小企业尤其是港澳台中小企业，往往比较看重地方政府提供的优惠政策。这些企业一般投资量不大，通常租用标准厂房，生产技术简单的劳动密集型产品，工资成本在生产成本中占有较大的比重。一旦外部环境发生变化或者优惠政策取消，他们马上会考虑前往其他条件更为优厚的地方。在国外，一般把这种产业称之为游移性产业（footloose industry）。很明显，如果这种游移性产业占较大的比重，地区经济将缺乏持续发展的基础。另一方面大资本与分散的小资本的交易费用较高，如果各种资源抢先被小资本占有，这块区域对大资本的吸引力也就下降了，而大资本正是南京选择产业承接的重点。同时对于游移性产业他们既然可以从别的地方转移到南京，就可以从南京轻松地转移到别的地方去。南京在承接产业转移时要吸取珠三角的经验教训，

对于靠榨取剩余价值的游移性的资本要勇于拒绝。

主要参考文献

[1] 李鹏非：《我国承接国际产业转移的特点和趋势》，载《商业时代》2008 年第 21 期。

[2] 王雪：《国际产业转移理论及其研究》，载《山东工商学院学报》2007 年第 2 期。

[3] 李金华：《中国产业结构的演变轨迹、σ—收敛性与空间集聚格局》，载《财贸研究》2006 年第 2 期。

[4] 何永芳：《从发达国家发展方式转变看中国产业结构调整》，载《中国经济问题》2009 年第 5 期。

[5] 来有为：《我国承接国际产业转移的基本发展趋势》，载《对外经贸实务》2007 年第 2 期。

[6] "世界制造业发展现状与发展趋势" 课题组：《世界制造业的发展趋势》，载《中小企业评论》2003 年第 9 期。

南京科技创新的难点及其对策研究

吴海瑾　陈燕　王飞*

一、南京科技创新的问题及难点分析

（一）产业结构与科技成果之间量能不匹配

需求是拉动科技创新的重要力量，任何一种科技创新都是建立在需求的基础之上的。南京目前科技创新中面临的一个突出问题是科技成果转化率较低，这其中固然有科技成果针对性不强，与市场需求相脱离等问题，但是，南京目前的产业结构与科技创新量能之间的不匹配，产业结构对科技创新成果的需求较少，导致产业结构对科技创新成果产生了较强的"挤出效应"，这也是造成科技成果转化率较低的一个重要原因。

科技创新与产业结构之间是相互影响、相互促进的。一方面，科技创新可以推动产业结构的升级与调整，新的科技成果的出现可以形成新的产业，同时可以推动传统产业的技术升级；但另一方面，产业结构也会对技术创新形成一定的影响，这种影响主要表现在不同的产业结构对科技成果的吸收情况也会不同。总体上看，南京目前的产业结构仍以生产加工型产业为主，高新技术产业的规模还较小。2007 年南京高新技术产业产值为 2393.54 亿元，占全省高新技术产业产值的 16.29%，而苏州高新技术产业产值为 5245.91 亿元，占全省高新技术产业产值达 35.71%。而且，即使是属于高新技术产业的企业，所从事的也主要是产业链中的生产加工环节，仍然属于低技术含量

* 吴海瑾：南京市社会科学院经济研究所副研究员；陈燕：南京市社会科学院经济研究所副研究员；王飞：南京市社会科学院经济研究所助理研究员、博士。

产业，高新技术产业的盈利能力也相对较弱。已有的研究结果表明，南京制造业的技术结构仍主要以中低技术密集度的产业为主，距离以资本、技术密集型产业为主的发展还有一定差距。

生产加工型的产业结构对科技创新成果的需求较少，很难对南京当地的科技成果进行有效的吸收，而且主要以一些降低成本和价格的"短平快"成果为主，而对于那些重大的、效益周期较长的成果需求量很小，由此导致科技创新对南京新产品研发、新产业发展等的促进作用较小。在调研过程中，有学者一针见血地指出：南京的科技资源确实很雄厚，但是如果没有相匹配的产业和企业，再多的科技资源、科技成果也不属于南京，而只能是为其他地区作贡献。可见，加快调整南京产业结构，加快发展高新技术产业，推动现有产业向产业链高端发展，可以大大增加对科技创新成果的需求，从源头上促进南京科技创新能力的增强。

（二）科技创新主体不明确

南京科技创新主体不明确主要表现在两个方面：第一，企业没有成为技术创新的主体。科技创新实际上包括了两部分的内容，即科学知识的创新与技术的创新，这两部分的创新主体是不同的。高校、科研院所是科学知识的创新主体，而技术创新的主体则是企业。但是在南京，企业这一技术创新主体的地位尚未确立，其技术创新的作用并没有得到充分的发挥。从南京 2007 年科技成果情况看，大中型工业企业无论是专利申请数，还是拥有发明专利数都明显低于高校，其中专利申请数比高校少 803 件，其中发明专利申请数少 1129 件，仅为高校的 25.8%；拥有发明专利数较高校少 2061 件，仅为高校的 30.2%（具体情况见表 1 所示）。

表 1　2007 年南京科技成果情况表

	专利申请数（件）	拥有发明专利数（件）	发表科技论文（篇）	出版科技著作（部）	发明专利申请数（件）
合计	3574	2207	4440	31201	227
独立研究与开发机构	410	292	599	5507	124
高等院校	1984	1522	2951	25694	103
大中型工业企业	1180	393	890	–	–

注：研究与开发机构的统计数据不包括南京电子器件研究所、南京电子工程研究所和南京电子技术研究所。

资料来源：南京市科技局。

由于高校、科研院所与企业科技创新的目标不同，高校难以像企业那样关注市场的需求与变化，也缺乏促进科技成果转化的动力，这样就会在一定程度上影响科技成果的转化。从科技成果转化的体系上讲，企业是联系市场子系统与科研子系统的中间环节（见图 1 所示），如果缺乏以企业为主体的科技创新，就不可能真正实现产学研经的有效结合，其结果势必导致本地科技资源不能得到充分利用，企业也难以形成核心竞争力。

图 1　科技成果转化体系

第二，科技型中小企业缺乏。实践已经证明，科技型中小企业是科技创新的主力军，在科技创新中具有十分重要的地位。在深圳，60% 以上的科技成果来自于科技型中小企业；在广州，2006 年科技型中小企业的企业专利申请量占全部企业专利申请量的 65% 左右；上海 2004 年 42.7% 的企业申请专利来自科技型中小企业，科技型中小企业获得的专利授权占企业专利授权总量的三分之一（32.7%）。可以说，科技型中小企业既是加快科技成果转化、实现技术创新的有效载体，也是国民经济增长的重要源泉。

南京科技型中小企业虽然在近些年发展较快，但同其他先进城市相比，数量较少，规模较小。以民营科技企业为例（民营科技企业大多属于科技型中小企业），2006 年南京市民营科技企业的个数为 2300 家，仅相当于苏州的 70% 左右。2006 年苏州市 1307 家省级民营科技企业中，967 家规模以上民营科技企业实现的产值和利税就分别达到 1462.51 亿元和 151.47 亿元，而 2006 年南京 1848 家参加统计的民营科技企业实现的产值和利税仅为 823.8 亿元和 40.6 亿元，相当于苏州的 56.3% 和 26.8%。而且南京的很多民营科技企业还面临着资金、人才等方面的困难，科技创新能力也相对较弱，难以发挥科技创新生力军的作用。

表 2　南京民营科技企业概况

	2006 年	2007 年
企业数（个）*	1848	2351
长期职工总数（人）	108422	136757
大专以上文化程度（人）	48790	48909

续表

	2006 年	2007 年
资产总额（亿元）	421.6	819.6
总产值（亿元）	823.8	913
总收入（亿元）	790.7	869.2
技术性收入（亿元）	16.1	146
产品销售收入（亿元）	541.4	574.6
商品销售收入（亿元）	206.2	101.9
其他收入（亿元）	27.0	46.7
利润总额（亿元）	57.2	69.4
上缴税金（亿元）	40.6	40.4
出口创汇（万美元）	242221	731991

* 为实际参加统计的企业数。

资料来源：南京市科技局。

（三）科技创新中介服务体系不健全

近几年，南京市在加快科技中介服务体系建设上做了很多努力，南京市的科技中介服务体系在不断壮大和完善，在科技孵化器、技术市场、技术转化平台、风险投资等的建设上取得了一定的成绩。但是总体来看，南京科技中介机构数量还不够多，规模还不够大，服务能力还没有根本性的提高，还难以满足经济社会日益增长而形成的科技中介服务需求。

随着南京自主创新战略的实施，企业对科技中介服务的要求越来越高、越来越专业。但目前，南京地区大多数科技中介机构（如资产评估、管理咨询、人才市场、法律咨询及会计审计等）提供的是面向各个行业的共性服务，功能单一，很多创业中心、科技园还停留在为企业提供场地、服务人员等"物理空间"的水平，软性的专业化服务特征不明显，对服务对象需要的金融信息服务、法律服务、市场评估、经营服务、财会服务等显得无能为力。很多科技中介机构仅仅承担了传递信息的功能，仅限于牵线搭桥和穿针引线的功能，只着眼于达成转让协议和收取佣金，对深入洽谈、签订合同以及合同实施、项目建设等深层次工作很少参与，更无法帮助企业从沟通、评价、预测、决策、协调、生产、经营等一系列管理环节上进行根本的改进，实现对新技术从选择、实施到生产经营诀窍的配套转移。同时南京地区的骨干科技中介机构大部分是在计划经济向市场经济转化过程中逐步发展起来的，是省市政府为了促进经济发展和科技进步而出资设立的，大部分自身定位模糊，缺乏清晰的业务定位和核心竞争力，专业化水平低，特色不突出。民营科技中介机构大部分也没有明确的服务宗旨和服务对象，甚至有一部分科技中介机构兼营其他业务，反将科技中介放在了从属地位。

在从事技术转移、技术交易等服务活动时，很多中介机构仍然是在采用传统单一型的服务模式，也就是一个技术经纪人或技术经纪机构所要做的工作几乎占了整个科技中介的所有环节，包括寻找科技项目、评估项目前景、撰写项目计划书、寻找项目投资人、促进投资谈判、实现技术交易等，从没有项目到最后转移项目，都要由自己亲历亲为，受个人条件限制，失败的风险比较大。市场发展规律告诉我们，行业分工越细，专业化程度就会越高，生产力程度也会越高，这个规律对于科技中介行业来说同样如此，技术转移业务中的项目寻找和评估、商业计划书撰写、投资机枪寻找、商务谈判促进等如果能细分成多个行业内领域，有专门的机构和人员负责自己所从事的这一环节，那专业化水平势必大大提高，每一个环节的操作者都能把自己所负责的这一块做到最佳，那项目交易成功的可能性也就增大许多，风险自然相应减少。

同时，科技中介信息资源没有实现充分共享。在调研过程中，我们发现信息不通畅是南京科技创新中的一个重要问题，而缺乏科技中介信息资源的共享机制是造成这一问题的主要原因。长期以来，南京市现有的科技信息资源共享问题并没有得到根本的解决，特别是一些中小型科技中介机构之间的信息资源仍然缺乏整合与共享。

南京虽然大学和科研院所密集，但绝大部分是部省属的，其与南京地区企业的科技合作关系不够紧密。长期以来，大学、地方政府与企业实际上是在相互封闭中发展的。目前在南京，科技中介分为高等院校机构，国家部委、中科院在宁机构，南京本地机构，三股力量既存在"条"上的分割，也存在"块"上分割，各块资源的利益主体不同，很难摆脱自身利益的局限性，所以资源的整合度低。科技中介尚未形成统一的宏观管理机制和协同作战能力。一些计划经济体制遗留下来的非官非商的事业单位，有编制，有行政级别，有固定的事业经费，有部分政府行政职能，但又不承担具体行政责任，在法律上也不具备民事主体资格，其行为不是严格意义上的市场行为。而这部分科技中介机构却掌握着大部分科技成果，在没有经济利益驱动的情况下，所产生的后果必然是工作效率低，不仅抑制了民营和股份制科技中介机构的发展，也难以对南京的科技创新起到足够的促进作用。

（四）创新制度建设不完善

科技创新制度最根本的特征在于将分离的、由不同部门制定和实施的各类制度整合起来，形成一个整体，并发挥出整体效益。南京市科技创新的制度环境仍有待进一步优化，在科技创新制度的整体推进、各项制度的相互耦合、适应科技创新的需要适时进行动态调整、落实各项科技创新制度等方面均存在一些薄弱环节。

1. 科技政策缺乏系统性与前瞻性

科技政策创新体系不完善，目前，我们的科技创新政策没有形成一个完整的体系，科技创新政策政出多门，管理不统一，没有形成科技创新的合力。

一些科技政策及配套政策启动缓慢、手续繁琐，不能及时为科技创新活动提供有效的制度保障。比如，就目前情况看，南京市政府对科技成果就地转化的主导作用还没有显现出来，成果就地转化的发展规划和相关政策还有待尽快建立和完善。

南京市科技与城市经济社会协调发展程度不高，原因之一是科技政策与经济政策没有很好衔接。用高新技术引领产业发展，构建新的产业竞争优势，实现科技政策与城市产业结构调整、经济增长方式转变协调发展。同时还要促进科技与金融的有机结合，特别是把风险投资广泛引入科技创新领域。加大这类政策创新的探索，加快出台一系列新政策。

科技创新政策执行不力。在科技创新政策的贯彻实施中，一些部门和企业执行不力，造成政策效应降低。而科技管理部门对科技创新政策执行情况，缺乏明确的检验标准，缺乏专门的评价反馈渠道和强有力的从上到下的监督机制，也缺乏一系列有严格约束力的制度来保障落实，致使有些政策形同虚设。我们在调研中发现，企业技术创新活动需要的不是太多的政策文件，而是扎实的政策效果，许多企业对政策环境提出的希望是"不要太多，有用就行"。

2. 政府对科技创新的资金扶持不强

科技投入是科技进步的必要条件和基本保证，增加科技投入是提高科技创新能力、促进经济社会发展和提升城市综合竞争力的重要手段。2007 年南京市的 R&D 经费为 86.7 亿元，约是 2003 年的 3 倍；R&D 经费占 GDP 的比重上升至 2.71%。但与国内一些先进城市相比，南京的科技投入绝对量还不高、占 GDP 比重也有待提升。

另外，南京市 R&D 经费支出还存在一个结构问题，随着 R&D 经费的不断增长，其中用于应用研究的经费比例反而不断下降，2007 年基础研究占 11.2%，实验研究占 72.5%，而应用研究只占 16.7%。这种现象造成了南京市整体专利、科研成果多而应用率不高，技术扩散不畅。这也从另一角度说明政府的科技投入没有起到引领技术创新的作用，没有吸引社会资金向应用研究领域聚集。

3. 科技创新激励机制不健全

科技领域存在"官本位"心态，使科研带上了行政化的色彩，有些科研人员不愿在第一线搞科研攻关，而总想着去当什么长，或愿意到管理部门去；很多人才拿到博士学位了，就愿意到政府、高校、科研机构找一份稳定的工作；有些单位和部门热衷于对有贡献的科技专家委任以"高官"，把科技专家向"领导者阶层"转化，以表示对科技人才的重视。这些都显示出社会在尊重科研人员、建立有效的激励机制上尚有很多有待改进之处。

对科技创新成果不能进行正确评估并进行奖励。目前仍然没有一个统一完整的统计指标体系，关键的指标信息收集滞后，缺乏有效的评价方法。由于评估不公，造成创新成果的奖励失当，创新利益分配的不合理，严重挫伤了科技创新人员的积极性，没有能发挥出应有的创新激励作用。没有实行向人才倾斜的分配制度，知识产权、创新成果等因素没有灵活参与分配，现在的激励制度还没有让科技创新者真正受到尊重、得到实惠。

税收激励政策效果不理想。现在的促进科技创新的税收政策缺乏系统性设计。现行科技税收政策很多的是各项税收优惠措施的简单罗列，有些政策是临时性需要而仓促出台，缺乏总体上的规划，没有系统性和规范性，部分政策甚至互相冲突，直接削弱了税收优惠政策作用的发挥。另外在符合国家税法的基础上地方的灵活性发挥得不够，税收激励政策不如深圳等城市。

4. 对创新人才的吸引和扶持力度不够

一些关于南京科技人才的实证研究表明：南京是全国闻名的人才培养基地，并一直被认为具有人才优势。但较之竞争性城市，南京在"一线人才"尤其是"创新创业人才"方面总体上并无优势可言。从深圳市的实践看，科技的存量资源并不会必然导致自主创新的发生。南京市在营造创业发展环境、改善创业生活环境、为创新人才创造机会和舞台上力度不如深圳、无锡等城市。无锡推出了"五三零"计划，就是5年出30个科技领军人才，现在又准备推出"后五三零"计划，因为在发展中感觉人才不够，需要集聚人才。自"五三零"计划实施以来的三年中，共吸引海外留学领军型人才归国创办科技创业型企业二百七十六个，建成五百七十万平方米"三创载体"吸纳科技型企业近两千五百家，人才磁场效应已初步显现。而南京目前尚未形成有力的人才集聚效应，人才引进上力度不大，没把对创新人才的吸引当成头等大事来抓。

加强科技创新根本在于人才，特别是大批善于和勇于创新的尖子人才及科学和技术的领军人物。人才资源不仅是第一资源，而且是最具决定性的创新资源。对科技人才的吸纳与留驻能力亟待提高是南京人才培育与队伍建设中存在的最突出问题，南京要成为具有一定高度的人才高地，必须解决好这一问题。另外，南京市域内各类人才的工作"净所得"亟待提高，要将人才的"净所得"管理作为提升人才吸纳与留驻能力的系统工程，在千方百计提高人才收入的同时要想方设法降低人才生活、工作成本，还表现在对人才的关心方面，加强情感上的关心和沟通。

世界金融危机后，大量留学人员聚居长三角地区是必然趋势，要抓住这一机遇，构筑国际人才高地。目前南京在开发海外留学人才资源的力度上还不够大，在吸引由于金融危机归国人才上政策还不够灵活，总之，南京对科技创新的一线人才的吸纳和留驻能力都亟待提升。

5. 以服务为主导的政府管理理念有待提升

与自主创新发展较好的国家和地区相比，南京市政府在推动科技创新方面还有一些不足，还没有真正树立起以服务为主导的管理理念，没有主动走出"条条框框"、放下"官架子"、放下"副省级城市"、"省会城市"的架子，走出政府大门，服务好大中小企业、高校科研院所。另外服务效能也有待提升，杜绝各部门扯皮推诿现象。而国内的很多城市，就是通过主动服务为科技创新营造出了良好的环境。例如深圳，通过尽力营造良好的条件，完善公开公平的规则，提供无微不至的服务，形成呐喊助威的"竞赛环境"，使深圳自主创新的"运动员"进入了最佳的"竞技状态"，充分展现出自己的实力，取得了令人羡慕的业绩。南京市也要充分认识到服务型政府的建设对城市科技创新的极大推动作用，推进管理模式更新。

（五）企业知识产权保护不充分

知识产权是一种重要的产权形式和十分重要的产权制度，其核心是财产所有权。知识产权制度具有重要的市场功能，在以效益作为社会的基本价值取向的市场经济条件下，效率优先、兼顾公平的原则已经获得普遍认同，制度应当以效益作为分配权利和义务的标准也逐渐得到认可。有效益的制度安排能够有效分配社会资源，取得最佳的社会效果。根据科斯定律，在交易成本为零时，无论有怎样的制度规则，有效益的结果将会出现，但如果存在实在的交易成本时，在每一个制度规则下则不一定发生有效益的结果，此时合理的制度规则是使交换代价的影响减少至最低。

知识产权对现代社会经济的发展具有巨大的影响，它表现在科技进步、经济增长、环境保护和生态平衡，企业利润增加、个人积极性的调动等方面具有重大作用。由于技术，特别是高新技术对社会经济的影响越来越大，知识产权的权益资产在全球流动，它对价值增值具有强大的倍增性。

就目前的情况看，南京市知识产权保护的水平还不是很高，究其原因主要是思想理念滞后和体制障碍，导致知识产权保护战略和经济整体发展战略脱节。

1. 知识产权在企业技术创新中远未发挥其应有的制度保障作用

首先，研发项目的选择上缺少知识产权战略谋划。在企业的研究开发目标决策阶段，绝大多数高新技术企业在开发立项上都有一定的盲目性，或只根据市场的短期需求确定开发目标，没有想到或不会利用专利等知识产权文献来全面分析技术、市场和竞争对手的情况，不善于运用知识产权制度进行技术和市场优势的储备，不能主动利用专利文献来为决策服务；其次，在新产品的研究开发阶段，绝大多数高新技术企业不善于利用专利等知识产权文献来提高研究开发工作的起点和效率。往往是在专利文献上已经公开的技术内容，本来可以用来直接参考或不必再去开发的内容，有的企业却投入大量的资金和人力自己从头做起，重复开发，做无用功。南京市建立了知识产权公共服务平台，能够满足南京地区各类企、事业单位对国内外专利数据信息的查询、检索、使用的需要，但现在企业对这个知识产权服务平台利用率还不高。再次，研究成果的专利申请阶段，高新技术企业中也是一个薄弱环节。一些企业研制出新产品、新工艺后，由于没有申请专利，被别人仿制失去了市场，蒙受了巨大的经济损失，更有甚者，被外国企业拿走或廉价买去，申请了外国专利，使该技术的出口反而受到限制。

2. 企业知识产权意识淡薄，知识产权自我保护能力较低

目前相当一部分企业由于长期受计划经济的影响，忽视作为企业无形资产的知识产权，只注重有形资产。在专利方面，企业对自己的重要科技成果不是及时申请专利而是热衷于申报科技成果奖，科技成果商品化低。在商标方面，一些企业在合资、转制过程中，不注重商标价值的评估，自己的商标资产或是不作评估，拱手相送；或是作价过低造成无形资产流失。

随着知识产权作为企业重要无形资产的性质日益被人们所认识，知识产权的基本知识和实践经验也就成为现代企业家所必备的素养。然而，还有一些企业的领导层和管理层对于知识产权的知识还很不完整，认识上存在盲点和误区。一方面企业知识产权自我保护意识不够，另一方面也在不断侵犯他人的知识产权。总体来讲，南京市企业掌握和运用专利制度的能力不强、水平不高。这主要表现在：

第一，目前申请、授权专利的企业数量仍然很少。南京申请专利特点是"三多三少"，企业申请少，高校个人申请多；国有企业少，外资企业多；职务发明少，非职务发明多。2008 年，全市申请专利达 11692 件，其中企业专利申请量 4195 件，仅占 35.9%。

第二，企业对于自身的成果缺乏保护意识。很多企业对于发明或者其他科技成果只有证书、奖金或奖励，创新技术仅仅停留在通过传统的科技成果鉴定，企业很少或没有想到去申请专利或其他形式的知识产权保护权利。很多企业和技术人员到现在仍然是重论文和成果鉴定，轻专利和知识产权保护，南京市企业中很多科技成果以发表论文、成果鉴定、学术讨论的形式公之于众，慷慨地让全世界共享。南京市企业商标保护的意识也较缺乏。南京注册登记的商标、驰名商标的数量不仅在全国都排不上名次，就在江苏省内，其数量也远远落后于苏州、无锡。很多企业没有意识到商标对于企业发展的重要性，这样某种技术或产品一旦通过广告、宣传、展销公布于众，本该属于自己的自主知识产权就成了社会的公有财产，任何人都可以无偿使用。此外，南京市企业运用专利信息的意识差。有一些企业的研发能力本来就比较差，而在研发过程中又不注意运用专利信息资源、不进行专利信息检索，造成大量重复研究，以致于在企业生产、销售时不可避免地侵犯他人的专利权。

第三，企业管理存在缺陷，导致知识产权流失现象比较严重。一方面企业科技人员的流动造成知识产权的流失。科技人员流动是市场经济体制下劳

动择业自由的体现，也是促进人才分流、实现科技人才和技术资源优化配置的一项重要措施。然而，由于企业管理的缺陷，加上科技人员法律意识薄弱，不少科技人员在流动过程中，不遵守国家法律、法规和企业的管理制度，把本企业的关键技术或秘密当做给新企业的见面礼和提高自己"身价"、得到器重的砝码和资本，携其"跳槽"，导致知识产权流失；另一方面企业忽视知识产权价值评估，导致知识产权流失。尽管知识产权价值是企业资产的重要组成部分，但以知识产权为重要内容的无形资产评估却未受到企业应有的重视，相当一部分企业在评估企业资产时，没有包括专利权、商标权等知识产权，有些企业即使对知识产权进行评估，往往也是低评，远远低于知识产权的实际价值，从而造成知识产权的流失。

3. 缺乏专业的知识产权管理机构，知识产权保护流于形式

随着知识产权在经济技术竞争中重要性作用的日益升值，跨国公司和众多外国企业都有一个强大的知识产权管理机构，配备由知识产权专家、律师、资产评估师、市场分析员等专职的管理人员。然而南京市的很多企业在这方面的情况却差强人意。实践中，一些企业的知识产权管理机构是由企业的科技开发部门甚至行政管理部门兼任，这已经是比较进步的了，设置专门机构和配备专职人员的企业几乎没有，更有大多数企业根本就没有设置任何的关于知识产权管理发明的机构。由于企业知识产权涉及复杂的科技、工程、经济、市场和法律的理论和实践，而企业的行政管理人员或科技开发人员往往对有关法律、技术贸易的理解不全面、不透彻甚至不正确，因而最终也起不到有效保护知识产权的作用。

二、南京科技创新问题及难点的成因剖析

（一）科技创新的利益驱动力不强

一切经济活动的核心是经济利益，人们从事各种经济活动，实际上都是企图以最少的耗费，取得最大的经济利益。科技创新的出发点和目的也是取得较大的经济利益。能否正确处理科技创新的利益关系，直接影响着科技创新活动的正常开展。南京市在正确处理科技创新利益关系方面做了一些工作，取得一定成绩，但从总体上看，科技创新的利益关系处理不尽人意。

1. 不能正确处理长远利益与目前利益关系，科技创新动力不足

南京市传统产业仍占有较大比重。一般来说，传统产业的技术比较成熟，

不需要进行大规模的技术创新便能获得较好的经济效益。如果进行大规模的技术创新，需要投入较多高质量的创新要素，支付较大的创新成本。而且技术创新需要一个循序渐进的过程，还要承担较大的风险。这样使得一些企业的技术创新动力不足，考虑长远利益少。只要企业现有技术能维持一定的收益，就不去进行技术创新，或者能够引进较先进的技术，也可以不进行技术创新。如2006年，南京市36个行业中，开展科技活动的只有30个行业，其中，仪器仪表及文化、办公用机械制造业为48.2%，通信设备、计算机及其他电子设备制造业为47.0%，医药制造业为45.9%，而支柱产业化工、钢铁只有16.7%和4.3%。从研发投入强度来看，最高的是仪器仪表及文化、办公用机械制造业，占增加值总量的比例达到3.31%，而石化、钢铁的研发投入占增加值的比重只有1.6%和0.11%。这些只考虑目前利益而忽视长远利益的企业，缺少创新冲动，没有创新动力，永远不会拥有自主创新的核心技术和关键技术，在激烈的竞争中处于被动地位。从社会方面看，投资者从目前利益出发，也不愿意冒风险投资科技创新。愿意将大量资金投放在房地产、旅游、信息咨询、物流、商贸等短期就能获取较大利益的产业。一些GDP崇拜者也希望投资商将大量投资投放在短期产生效益的产业上。可见，在正确处理目前利益与长远利益上还有大量工作要做。高校、科研院所在现有的考核评价体系下，为了自身的利益也不会花很多的精力去考虑科技创新成果转化的问题。

2. 不能正确处理产学研之间的利益关系，科技创新合力不足

产学研结合日益成为技术创新主体的内在需求。南京市企业的技术创新能力还比较薄弱，单靠企业自身的能力难以进行技术创新，必须借助高校和科研院所的力量，建立合作关系，解决企业技术创新的难题。高校和科研院所也迫切希望与企业合作，从企业发展中选择研究方向，并通过企业将研究成果实现产业化。但现实情况是，产学研结合的组织形式还不适应重大技术创新的需要，企业、高校、科研院所还未形成战略合作伙伴。其原因是未能较好地处理产学研之间的利益关系，没有建立起利益保障机制。共同投入、成果分享、风险分担的利益关系不清，机制不健全。因投入不到位而使合作难以为继的情况时有发生；因知识产权、成果转化收益等合作成果的利益分享纠纷时有发生；因对合作过程中存在的技术、市场、管理等风险预先估计不足而难以形成战胜困难、克服风险的合力。

3. 缺乏对科技创新成果和利益的有效保护，企业创新缺乏安全感

当前，我国社会信用体系不完善，人们的履约守约意识淡薄，加之法制不健全，监管不到位，失信成本低，维权成本高，科技创新成果及其带来的利益很难得到有效保护。当前，技术创新投入高、风险大，有的企业花费众多的人力、物力、财力进行技术创新，当创新成果产业化刚带来收益时，其仿冒产品马上充斥市场，技术创新带来的收益被人侵占。而要维护技术创新收益，所花费的成本极大，待讨回公道后，也不能得到相应赔偿，还有可能带来其他副效应。

4. 制度创新力度不够，缺乏对各方利益的有效整合

科技创新涉及政产学研金等多个部门，各部门可能因利益关系处理不当，导致利益差距扩大而引起不协调，当某一方面可能感到自己的利益没有另一方那么多，或者感到自己的利益的增长幅度没有另一方那么大，它就会认为受到损失。在这种情况下，政府作为经济调节和人民利益的代表，除了使各方对于相对利益及差距问题有比较正确的认识外，还应该通过一定的政策措施缓和各方的利益冲突，促进各方利益的协调。2008年5月，为了深入贯彻科学发展观，充分整合和发挥南京科技创新资源优势，市委、市政府下达了《关于建立南京市科技创新政产学研金联席会议制度的通知》。这是一个重要的制度创新，对于推进政产学研金一体化体系建设，协调各方利益，迈出了非常重要的第一步。但这仅仅是第一步，实现"政产学研用"一体化，真正协调好各方利益，还有大量的工作要做。

（二）科技创新的资源凝聚力不高

南京市科教资源丰富，高校云集，科研院所集聚度高，有国有大中型企业和众多小型企业，但是官、产、学、研之间并没有形成有效的联系，资源凝聚力不强，尚未形成官产学合作创新网络，是制约区域科技创新能力提高的原因之一。

1. 官产学三螺旋处于初级阶段，难以发挥"1+1+1>3"的作用

三螺旋理论是由美国纽约州立大学亨利·埃次科瓦茨教授于1996年提出的关于企业、大学和政府在区域经济发展中的互动关系理论，主张大学应当与产业建立良好的合作伙伴关系，而政府应当支持这种关系的形成。三螺旋理论和国家创新系统理论有重要的不同之处：国家创新系统强调以产业为创新主体，而三螺旋理论不强调谁是主体，大学—产业—政府三方都可以是创新的组织者、主体和参与者。无论以哪一方为主，最终都要形成动态三螺旋，

推动各种创新活动的进行。在这个过程中，三方除保持自身特有的作用外，还可以相互作用、协作创新，形成彼此重叠的区域——三螺旋区域。实践表明，在三螺旋区域或空间内，创新活动可以最好地展开，推动区域创新与经济发展。

创业型大学是三螺旋的推进器。三螺旋成立的前提是大学知识生产能力的增长和对外扩散作用的增强，是知识经济形成的基础。具有知识资本化、相互依存化、相对独立性、混合形成性和自我反应性特征的创业型大学通过为企业做咨询和直接创建新企业等形式服务于产业，通过承接政府重大研究项目为政府服务，不仅在知识空间的形成中起作用，也会促成趋同空间和创新空间的形成，成为创新行为的组织者和主体。

在区域层面上，埃次科瓦茨认为支持区域创新系统的制度网络化必须形成一个螺旋状的联系模式，这种缠绕在一起的有三股螺旋：一是由地方或区域政府和他们的机构组成的行政链；二是生产链，包括沿着垂直和水平联系或多或少的组织化的公司；三是由研究和学术制度组成的技术—科学链。

三螺旋创新模型分成三个不同的发展类型：国家主义下的产学研模式、自由放任下的产学研模式和重叠型。

第一类是国家主义下的产学研模式，政府处在主导地位。该类型以国家利益为目标，以行政手段为特征，通过强制的方式和手段使产学研各方结合。政府控制着企业和学校并通过官僚机制对企业和学校进行自上而下的协调，高等学校的主要功能是教学，同时也根据政府的导向进行研究。

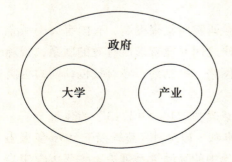

图2　国家主义下产学研模式

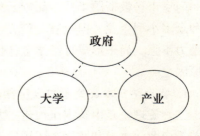

图3　自由放任主义下的产学
　　研模式

第二类是自由放任主义下的产学研模式，它是由分离的制度领域组成，强的边界将政府、产业和大学领域划分开，在领域之间有高度确定的边界关系，螺旋体被定义成包含市场运作、技术创新和交互界面控制的不同信息交互系统。这些不同功能间的交互又会在诸如技术转化或专利立法中产生新的信息交流机制。

第三类最发达的模式是重叠模式。在部分重叠的制度领域意义上说，该模式正产生一个知识的基础结构，每一种承担其他的角色，在界面上出现混合组织，也就是说，大学、政府和产业三种制度领域除了完成他们的传统功能外，还出现了重叠，如大学创建工业组织的雏形或完成作为一个区域或地方创新组织者——准政府角色。这种类型是很多国家和区域正试图获得的模式，是为了实现一个创新的环境，包括：大学衍生公司、在公司之间的战略联盟、政府实验室和学术研究群体，以及三方面都很主动的以知识为基础的经济发展。

三螺旋模型进一步说明了如何推进知识的创造、扩散和利用。第一，在每条螺旋线上都有内点的角色变换。研究型大学在社会中扮演了新的角色，它们不仅教育培养学生并从事科学研究工作，同时也承担知识应用化的重任。新的大学使得学术和产业之间的边界变得模糊，企业间建立起研发的联盟以及政府承担起风险投资的作用也是同时发生变化的。第二，螺旋线相互影响。第三，三条螺旋线上的网络和组织产生新的三边关系，从而刺激了组织的创造性和区域的内聚性。比如，硅谷鼓励三创新主体中的成员之间进行交互和所谓的"头脑风暴"以产生新思想。第四，螺旋体对各螺旋线的创新主体成员乃至更大范围的社会产生递归效应。知识的商品化改变了大学与企业和政府之间的关系。

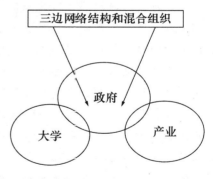

图4　重叠模式

在传统的创新理论中，企业是创新活动的主体，而创新过程的主导则由企业和政府共同完成，大学仅仅提供教育的功能。而在知识经济时代，知识成为创新活动中日益重要的组成部分，大学尤其是研究型大学作为知识的创造和扩散机构，为产业提供所需的人力资源，同时也是新技术企业的温床。创新活动的三个主体以前是各行其道，现在则是被在创新和产业政策制定过程的不同阶段产生的空间联系而越来越紧密地联系在一起。除了三者之间已经产生的联系外，每个创新主体也开始交叉扮演彼此的角色，在知识经济时代，大学、企业和政府在区域创新系统的建设中具有同等重要的地位和作用。

2. 官产学链条断裂，尚未形成合作创新网络

官产学合作创新主体即网络结点包括企业、高等院校、科研院所和政府及金融、中介机构等，它们相互联结组合成一个产学研合作创新网络，产、学、研、官、金、中介等创新主体在创新环境（市场环境和社会环境）的影响下相互作用、相互影响。

在合作创新初期，由于市场环境和高技术竞争产生的外部压力，形成了企业对技术创新的需求。然而由于企业自身创新资源的不足，需要在中介组织或政府的帮助下与高校、研究机构等进行合作，以充分利用其人力、技术、知识、设备等创新资源，从而形成了产学研间的合作行为。南京目前的技术创新网络之间的合作处于初期阶段，由于结点间的联系不够，结网的效果不很明显，结点间处于不断的相互沟通和磨合状态。南京产学研合作创新网络成功的关键，是企业之间以及企业与其他的创新主体之间在发展中要结成网络合作关系，使人员、技术、知识、设备等创新资源以及有价值的思想、信息能在网络中顺畅地流动、扩散、创新与增值，实现创新网络的根植和拓展。

（三）科技创新的执行力度不够

创新是区域经济发展的源泉，执行力是科技创新进行的根本保证。可以将创新和执行力看做区域经济发展前行的两个车轮，在经济发展中缺一不可。切实增强创新能力，提高执行力是确保区域经济持续稳定的关键。

技术创新是一个长期的复杂的工作过程，涉及政府、产业、大学、科研院所、科技中介服务机构、金融机构等部门，要确保创新活动有序地进行下去，尤其要强调执行力。目前南京在科技创新过程中出现了执行不力的迹象，具体表现为：第一，政令不畅。政令不畅主要表现为下级政府在贯彻上级政府政策时有令不行，有禁不止。"上有政策，下有对策"，主要表现在以下几种形式：（1）政策选择性执行。对不符合自己利益的政策，或是从政策执行中得不到利益的政策，下级政府采取消极应付甚至抵制的态度，选择性执行。（2）附加性执行。表现为下级政府在执行国家或上级重大政策时往往给原政策增加一些符合自身利益但原本没有的规定。（3）替换性执行。表现为用"土政策"替换国家政策，表面与既定政策一致，实质却违背了原政策的宗旨。第二，组织管理不当引起的负效应，主要表现为两个方面：一是组织结构设置不合理，不仅使信息流通受阻，而且造成各部门无法有效协作，产生负效应。行政组织内部各部门与外部各部门缺乏信息联系与协作导致效率低

下，资源浪费，决策失误。二是职责与权力分配不合理，造成分工不明、责任不清、互相推诿、低效率导致的负效应。

（四）创新文化建设滞后

文化是城市的血脉和灵魂，是城市的软实力。文化孕育和催生城市精神，提升城市品质、激扬城市创新的热情。随着全球化、信息化、网络化和科学技术的日新月异，文化与经济、政治相互交融的程度不断加深，与科学技术的结合更加紧密，经济的文化含量日益提高，文化的经济功能越来越强，文化已经成为城市核心竞争力的重要因素。创新文化是有利于开展创新活动的一种氛围，是经济社会活动中产生的，与整体价值准则相关的创新精神及其表现形式的总和，主要包括与创新有关的思维习惯、价值观念、社会习俗和行为模式等。创新环境、创新形象及创新制度是创新文化的外在表现形式。创新精神、创新思想、价值导向、伦理道德、共同理想、时代精神等是创新文化的核心内容。

南京是历史文化名城，有灿烂的文化史，丰富的文化遗存。经历过近2500年风雨洗礼的南京，不仅留下了丰富的物质与精神财富，更重要的是孕育出了独特的文化精神。南京文化可以概括为"兼容并包、崇文重教、求稳保守、缺乏创新"。南京文化是北方文化和南方文化、江海文化和内地文化、吴文化和楚文化以及尚武文化和重文文化融会交叉的产物。因此，南京文化表现出兼容并蓄的特点。南京是十朝古都。建城市以来，一直承担着江南文化科学教育中心的使命，南京文化的科教学术特色十分明显。学者多，文人多，是产生重文轻商观念的土壤，形成清高、清淡、清苦的心理和习惯，缺乏创造物质财富的激情和冲动。南京是历史上偏安王朝的首都和统一王朝的政治中心，是政治统治的高压区，重政治思想、官本位意识浓厚。在这里生活居住的人们谨小慎微，造就了求稳求实和保守的文化氛围。求稳怕变，唯上唯官，小富即安，小进即满，安贫乐道，不思进取，缺乏开拓创新精神。据调查，在回答"南京历史文化中哪些传统观念束缚着人们解放思想"时，认为"求稳不求变"观念束缚的占67.7%；认为"重官轻商"观念束缚的占6.6%；认为"小富即安、守土恋家"观念束缚的占51.5%；认为"重文轻商"观念束缚的占32.3%；认为"都城意识"束缚的占27.3%。这是一项多项选择题，其中"求稳不求变"、"重官轻商"、"小富即安、守土恋家"的选择比例超过50%，说明传统历史文化依然在束缚着人们的思想，影响着社会文化和社会心理。面对全球化、信息化、网络化和科学技术的突飞猛进，南京人的发展理念还停留在工业经济形态阶段，偏重用物质要素和货币资本驱动的办法发展经济，缺乏创新意识，不注重以知识、信息等能量非物质驱动经济社会发展的办法。以科教资源丰富而沾沾自喜，没有充分发挥科教优势的重要作用，没有把潜在的比较优势转化为现实的竞争优势。与科技创新需要以知识、信息等非物质能量为基础是不相适应的。总之，求稳保守、排斥创新的文化环境导致精神状态的不思进取，必然产生缺乏活力的体制和机制，从而制约南京发展。

不思进取的精神状态影响科技创新。南京人特别是干部队伍中缺乏机遇意识、危机意识。缺乏勇创一流、敢为天下先的雄心壮志；唯上、唯官、唯文件，官本位意识浓厚，官僚主义严重，工作不深入，忙于应付，忙于应酬，忙于赶场子，重形式，轻实效；满足于纵比的进步而沾沾自喜。在职业选择上，喜欢捧"铁饭碗"、进机关、当公务员、当官；不喜欢自主创业，更不喜欢冒风险，在行为选择上，喜欢低调，不敢冒尖；在用人上求全责备，缺乏对创新失败的宽容。

三、解决科技创新问题及难点的对策和建议

（一）加快制定和实施科技创新"135"行动纲领，实现南京科技创新的目标

尽快制定出包括南京未来5到10年科技创新实际目标、实现途径、实施战略等科技创新行动纲领。我们建议具体应包括3个"135"工程：

第一个"135"工程是，用1年时间收集、筛选、分析和研究，制定未来南京在什么领域可以突破关键技术，也就是南京在什么领域上具有科技创新优势。用3年的时间进行扶持培育，在关键技术上有所突破，也就是可以小批量生产。用5年时间实现大规模生产，也就是完全产业化、市场化，技术在中国处于领先地位。

第二个"135"工程是，用1年时间搭建科技创新平台，包括科技园区孵化器建设，再用3年时间把符合南京科技创新行动纲领的相关领域领军人才引进来，给他们3年优惠扶持时间，包括各种税收、相关费用等等，如果成功孵化就可以进行产业化，用5年时间进行产业化扶持和各种政策优惠，形成行业科技创新龙头企业，如果3年孵化失败，中止相关优惠条件，用退出机制让更多更好孵化项目进入科技创新平台。

第三个"135"工程是，用1年时间选择相关行业的龙头企业进行科技创新扶持，用3年时间形成行业科技创新优势，用5年时间打造成中国科技创新引领的规模化行业。

2009年4月10日，国家科技部已正式批复同意南京市为"国家科技体制综合改革试点城市"，这在全国独此一家。按照实施方案，南京科技体制综合改革有近、中、远期3个目标。其中近期目标是，到2010年，南京全社会研发投入占地区生产总值比重提高到3%以上，部分主城区达到5%以上，高新技术产业产值占全市规模以上工业总产值比重超过45%，科技进步贡献率55%，成为长三角地区科技创新型中心城市。加快制定以"3135"工程为主的科技创新行动纲领，通过刚性指标的设立，激发多方面的积极性，促进科技创新重要环节的发展，这对于实现南京"国家科技体制综合改革试点城市"的发展目标将起到积极的推动作用。

（二）企业为主体多方共同发展，完善市场化的科技创新及成果转化运作模式

企业是技术创新的主体，高校是知识创新的主体，科研机构是应用研究主体，政府是引导科技创新的主体。南京拥有非常丰富的科技资源，尤其是自主创新能力在全国同类城市中居第一方阵。正因为大量高校和科研机构的集聚，掩盖了南京企业科技创新能力相对不足的弱势。同时，我们过去在科技创新方面扶持企业具体做法是把大量的科技成果投入到具体的企业，导致了单个企业科技创新能力决定了整个行业的命运，也造成了单个企业科技投入机会成本太高，导致跟踪国际技术路径单一化，整个行业科技创新风险过于集中，抵御风险能力下降。为此，建议改变过去扶持单个企业的做法。众所周知，现在科技创新都是以行业为载体，通过以大项目为纽带，以大企业为龙头，培育一批科技中小企业，政府通过扶持项目，激励企业增加科技创新投入，建立科技创新研发队伍。

通过关键技术的突破，带动整个行业的科技创新。建议由科技局牵头，认真梳理南京在什么技术上处于全国领先地位。再根据支术领先优势出台相关科技创新扶持政策，制定产业科技创新发展目标及具体实施。通过引进领军人才，占领科技创新高地。无论是企业还是科研院所，它的创新能力、知名程度都是和它具有相关领域的领军人才分不开的。人才的定义很宽泛，南京不缺少一般意义上的人才，南京毕竟是高校和科研机构云集的城市，但我们缺少领军人才，希望政府在这方面多增加投入。而在人才投入上，我们主

张对项目不对人，改变过去把钱花在引进人才上，我们要把钱花在人才所研究的成果上，只要成果符合南京市科技创新行动纲要所列的项目和技术领域，经过相关专家评审后，政府就可以进行前期投入，引导社会资金进入，以此来帮助企业渡过前期启动困难期。当企业经过一定积累，具有自身造血功能后，政府可以退出，让企业自身市场化运作。

（三）官产学研用五位一体，构建一体化的科研创新和成果转化平台

针对南京市应用型科研成果本地转化率不高的现象，必须构筑"官产学研用"一体化体系。在构筑体系的过程中，关键是明确政府、高校及研究单位、企业之间的定位和责任。政府的角色应该是规划师和制度设计者，而不是市场的参与者，高校及科研院所角色定位主要是有商业价值的科研成果的供应者，企业则将高校及科研院所提供的科研成果转化为产品和利润。

1. 发挥政府在科技创新与成果转化过程中的指导协调职能

在"官产学研用"一体化体系中，政府是组织者和协调者，应该发挥的主要作用是加强相关政府部门在南京市科技发展中的规划职能，发挥政府在企业、科研院所以及高校之间的协调、沟通、服务功能。首先，政府要对南京市在未来五到十年内的科技发展提出合理的规划，引导企业、高校及科研院所在政府所规划的科研方向上投入更多的资源；其次，政府在科技成果转化中应充分发挥服务的功能，科技成果产生及转化都是一个创造性的过程，并不存在政府一抓就灵的现象，政府的功能就是通过转化平台的打造、技术交易制度的制定以及相关的政策扶持，来降低市场的交易成本；最后，政府应充分尊重科研成果转化中的客观规律，通过市场机制而不是行政指令来促进科技成果的转化，避免"拉郎配"现象的产生；充分发挥政府在科技成果转化中的作用，关键是各有关政府部门要加强沟通协调，避免政出多头以及各部门颁布的政策法规相互抵消的现象产生；科技成果的转化是一个系统工程，需要多个部门的共同合作，如科技局主管南京市的科技工作、经委则承担了南京市工业企业的技术改造工作等，因此各有关单位和部门应加强沟通，齐心协力抓好南京市的科技成果转化。加强对科技成果转化的管理，关键在于制定合理的考核标准，要把促进科技进步及提高科技成果转化率纳入政府相关部门的考核指标体系之中，使促进科技成果转化成为政府工作的一个重要组成部分。在制定考核指标体系过程中，要注意指标的整体有效性和各分指标的合理性，要针对各个部门的不同职能制定出反映各部门特点的考核指标体系，同时也要避免各指标体系相互冲突的现象产生。要充分发挥好南京

市科技协会的作用，通过行业协会的协调加强企业、科研院所、政府之间的了解和沟通，要充分发挥其协会的特点，成为市场和政府之间有效沟通的桥梁。

2. 设立南京科技创新成果转化奖，引导高校科研成果与本地企业对接

首先，设立奖项的额度一定要高，政府一定要花大成本、花大力气投入，这样才能促使在宁高校和科研机构把他们的科研成果主动对接南京企业，驱动高校和科研机构向本地企业转化的动力。其次，建立南京科技创新成果转化奖评价体系，要公正、公开和科学地评价科研转化成果。转化的科研成果一定要对南京经济发展、行业发展起到引领作用。最后，要对获得奖项的单位进行定期评估，防止享受一些优惠政策而假合作假成果的现象发生。另外，我们所设置的南京科技创新成果转化奖中的成果不仅仅局限于南京，要面向全国、面向世界，充分利用全球科技资源。而唯一门槛要求是科技成果一定要和南京本地企业对接，一定要在南京本地转化，也就是在本地产业化和市场化。

3. 加强企业和科研院所的合作，提高科研成果商业价值

企业和科研院所之间之所以难以合作的一个重要原因是他们之间所处的技术层面不同，导致目标不同。国内的科研院所基本上在跟踪国际最新的理论和技术前沿（基本上在 5 到 10 年之内），并做一些实验对此进行验证，市场和应用并不在科研人员的考虑范围之内。国内绝大部分企业，包括所谓的高科技企业，基本上没有过于高深的技术含量，主要在国外已有产品的基础上进行外围的设计和工业改进，比如国内的手机、家电、软件开发等。对于高校及科研院所研究人员而言，一方面认为企业所需要的技术含量太低，所以往往不屑于做这些技术，另一方面，企业需要的技术，如工业流程的改进等，高校的教师也提供不了。同时，企业也认为科研院所的技术太过于阳春白雪，企业也难以应用。应该说，科研院所和企业之间技术层次的不匹配是造成技术成果难以转化的最主要原因。

要解决目前科研院所和企业之间目标不一致的矛盾，就必须从科研项目的来源入手。首先，必须强调科研课题组成员的完整性，课题组成员中除了科研人员之外，还应包括相关企业成员，一方面弥补科研人员在工业流程方面知识的不足，另一方面促使科研机构与企业从课题成立之初，就相互沟通，为以后项目的顺利转化打下良好的基础；其次，改变目前科研项目的考评机制，对科研项目的理论水平、应用价值以及商业前景应区分考评；最后，应

由不同的专家对不同的指标进行考评，并调整专家组成员的构成，吸纳产业界的人士成为专家组的重要组成部分。

（四）产业、制度、市场、要素四层联动，形成相对完善的技术扩散体系

1. 以高起点的产业规划促进技术扩散

以经济社会发展战略目标为基本导向，在新一轮城市规划制订中强化技术创新的地位、突出技术创新成果扩散体系建设的重要性。高起点规划具有南京特色的重点高新技术产业领域、重点新兴产业链、重点龙头产品和核心技术，以骨干企业为依托，联合高校、科研院所，建立高水平的技术研究开发机构和产业技术创新联盟，集中优势创新资源，通过原始发明、集成创新和引进、吸收再创新，有计划地建立技术转移机构、有目标地推动技术转移和扩散的进程和方向，不断增强区域自主创新能力，使科教优势和潜力不断转化成区域的产业实力，带动产业集群及区域经济的可持续发展。

2. 以区域知识产权战略促进技术扩散

在创新型城市建设中突出知识产权战略的作用，将区域的知识创新能力变成对知识产权的创造能力。未来国家的竞争和城市的竞争根本上是知识产权的竞争，要在法律上形成对知识创造者的利益保护并鼓励知识产权的在本区域的应用，要逐步形成整个城市对知识产权的尊重和保护的意识，形成良性的创新环境和氛围，在打造南京软件名城的进程中尤其重要。知识产权保护与应用环境和氛围的形成，从长远来讲是区域有效吸收技术扩散的关键条件。

3. 以发展技术市场中介促进技术扩散

技术扩散的重要媒介就是技术市场的中介机构，要大力发展以市场为导向、以利益为纽带的社会科技中介机构。支持高校和科研院所设立专门的技术转移机构，促进科技成果在南京本地的转化和扩散。引导科技中介机构延伸服务，除了促成技术供需双方的交易外，更多地介入项目评估、市场调研、技术孵化、投资咨询、管理咨询、法律援助、人才培训、市场推广和技术更新等环节。政府应鼓励和促进科技经济人队伍的建设和扩大。

4. 以技术与资本融合促进技术扩散

技术扩散的催化剂是资本，技术与资本的融合才能使技术的扩散真正地有效。应建立和完善支持创新型企业科研发展的信用担保体系，积极发挥金

融机构对增强技术创新能力的作用。同时应用政策促进风险投资基金和股权投资基金在本地的发展，以直接融资推动产学研相结合的技术创新扩散及其产业化。形成政府资金引导、金融机构、民间资本和风险投资共同参与共赢的多元化技术创新扩散投入模式。

（五）实现南京科技创新文化再造，培植良好的社会文化氛围

1. 观念实现变革，创新从口号呼应推进到实质性实践进程中

在国家提出"创新型发展战略"之后，南京如同国内很多城市一样做出了快速响应，很快将创新二字作为标签贴在城市名称的前面。我们认为地方政府的这种行为方式并没有什么过错，这种行为方式从正面看，是对中央决策的一种正面信息快速反馈机制，但是，我们更不能忽视其负面作用，就是这样做往往迅速地将国家某些中、长期发展战略要求简单化了、短期化了，口号响应一定程度上代替实质性操作，至少大幅度减低了实质性操作所应有的强度。这会使人感觉到，观念或口号的认同，就已经能快速缩小实质性差距，似乎许多实际问题已经在口号响应之中得到解决，甚至是城市的一些管理层常常把这样的口号响应与"政绩"、"口碑"，甚至"升迁"等利益直接联系在一起。所以，我们认为，创新文化再造的首要问题就是从这样的观念变革做起，迫切需要在社会各个层面把科技创新从口号呼应迅速推进到实质性实践进程中。

2. 破除"资源魔咒"，从创新垄断推进到全社会创新行动

一谈起创新，自然而然会想到依靠高校或科研机构，高校或科研机构就自然形成对创新主体的垄断，进而形成对大部分创新权的直接垄断，由于垄断了大部分创新权，就连带控制了大部分创新资金。不仅如此，高校或科研机构还习惯性地垄断了对创新成果认定的权力，这个创新领域至高无上的权威或身份，就在操作层面把高校或科研机构与创新相等同，任何创新行为如果不在这个评估系统之内，则可以通过判定为"非创新"而加以排斥。

正因为有这样一种思想观念的存在，使得南京市一直以来走不出"科技资源丰富"的魔咒，一提起南京市的科技创新能力，几乎所有人都如数家珍，南京市是全国科教基地，高校科研院所等资源十分丰富。

不可否认，高校或科研机构是高层次人才高度集中的主要场所，是知识积累、增长和传承的主要载体，是科研项目密集实施和科研成果持续产生的主要阵营，是科研资金重度投入的主要对象，也就是说是推进创新的关键发

动机。但是，从更广大的区域和整个社会来看，大学或科研机构仅仅拥有社会创新资源的一小部分，仅仅拥有广义创新价值链的一部分环节，如果仅仅因为大学或科研机构的专业化、职能化而将全部创新的重任交付于斯，则无异于将参天大树的种子植于小小的花盆之中。

当今世界，更有效的创新机制是大学、企业、社会以及各种创新元素相互流动、碰撞、交融，在聚变中激发能量。因而，大学和科研机构在区域创新中的基本职能，应当由"唯我至上"理性地回归到发挥科技创新主力军之一、基础知识服务重要主体、源源不断地输送人才的核心基地以及部分高技术领域攻关重点战场等重要功能的正确轨道上来。充分认识到，在目前的发展阶段，创新因子广泛分布于社会各个细部，要着力推进南京市创新能力提升，既要积极运用政府第一推动力和发挥科研机构的重要作用，又要注重破除创新垄断，把科技创新转化为全社会的共同行动。

3. 凝聚南京城市创新精神，培植良好的社会文化氛围

求稳保守、缺乏创新的城市文化制约了南京发展。因此，推进科技创新需要花大力气进行城市创新精神的凝聚，要以创新的文化激励南京人积极投入到科技创新创业的各项活动中去。在新的起点上，要继承和弘扬南京优秀文化传统中创新的价值理念，通过政府倡导、舆论支持和全民努力，培养民众创新意识。通过多途径、多方式对各级领导干部、机关公务员、青少年以及全体市民进行创业创新创优精神教育，培育"敢冒风险、勇于进取、不怕困难、百折不挠"的精神，培育创业创新创优意识，加强创业创新创优能力锻炼。把科技创新、科技创业作为推动科学发展的强大动力，让"特别能创新"、"特别能创业"的精神成为南京提升科技创新能力的重要导向。

4. 优化人才结构，改善人才成长的生态环境

创新的最终动力在于人才的创造力，在于创造性人才的集聚与否，一个现代化大都市，必定而且必须是一个"群星璀璨"的城市，也就是说要有更多的人才，特别是高端的人才汇集到南京来，如软件开发人才，基础研究人才，金融保险人才以及理论社科研究人才等等，参加到南京各项事业的建设中来。因而，南京一方面要加快培育人才，另一方面要海纳百川，吸引更多的人到南京施展才华，使南京成为现代多层次多方面人才云集、艺术巨匠荟萃之地。围绕南京地区重点产业集群和重大技术领域的急需，通过政策引导，并以重大项目为驱动力，鼓励企业与科研院所、高校合作培养研究型人才和复合型人才，带动各类人才的聚集，培养科技领军人才。鼓励高校和企业科

技人员双向流动，鼓励高校和研究所人员带科技成果创业，以人才的流动和创业促进科技创新与技术扩散。

另外一个方面的重要问题，就是科技创新能力的提升，离不开环境的营造。硅谷之所以成功的根本经验主要是拥有各种人才首次创业、多次创业、持续创业的良好生态环境。南京市科技创新能否顺利推进，关键要看整个城市的各个层次是否能够全面彻底地转移到"以人"为本、以创新者为本、以创新业者为本的正确观念上来。要在整个城市中，全面营造思想解放、环境和谐、制度适宜、交流平等、沟通顺畅、舆论宽松、宽容失败的人才成长和创业环境，科技创新及其成果是有思想、不可重复的，因而要鼓励多样性。我们认为，要进一步形成有利于创新的环境和容忍失败、容纳各种风格的氛围。

（六）发挥相关政策法规在科技创新与成果转化中的促进作用

首先，要充分发挥法律法规在科技转化中的作用，要使得科技成果转化的各项优惠政策得以落实。

其次，随着时代的发展和环境的变化，南京市政府要根据实际情况为科技成果转化制定更加配套的政策，如科技成果转化后产生良好效益、对本地经济发展产生巨大影响的或者是符合本市准备重点发展方向的，要加大对科研人员的奖励力度；

再次，要利用法律手段搞活和规范技术交易市场，如加大对知识产权的保护力度等。要对已颁布的法律法规所产生的效果进行跟踪分析，以便于为政策的修订和调整提供可供参考的依据。必须承认的是，有些政策法规的颁布并没有起到预期的效果，因此需要对此进行深入的分析，到底是政策制定存在不合理的地方，还是相关落实没有到位。只有对此有清晰的认识，才能为下一步的工作提出更合理的建议。

论南京建设区域金融中心的
信息腹地战略

王宇伟　范从来*

南京在 20 世纪 90 年代就提出了建设区域金融中心的战略思想，经过十多年的建设，南京区域金融中心的建设有了一定的进展，但在经济金融指标以及金融中心指数等方面成效不是很明显。造成这种状况的原因固然是多方面的，但与过去十多年我国金融市场的供求形态不无关系。在金融资源尤其是资金短缺的背景下，金融中心的作用主要表现为资金的动员，哪个城市拥有国内或国际金融资源，哪个城市往往才有可能成为金融中心，因此，北京、上海之外的城市难以成为真正意义上的金融中心。近年来，我国金融市场发展迅速，居民的储蓄能力强，资金的供求形态已经从短缺转向了过剩，在资源的配置上从过去的项目追逐资金转向了资金追逐项目。在这样的背景下，经济较为发达的区域，强大的经济金融需求会促进区域金融中心的形成。南京建设区域金融中心具有良好的基础，也进入了一个快速发展的机遇期，关键是采取怎样的战略加以切实推动。通过对金融中心发展理论的研究，结合南京都市圈的经济金融特征，我们认为，南京区域金融中心的建设应该实施信息腹地战略。

一、金融中心形成中的信息腹地

根据发挥作用的范围不同，我们可以将金融中心分成不同的级别：既有覆盖全球的国际金融中心，也有服务区域经济发展的区域金融中心。但不管是国际还是区域的金融中心，其形成都会遵循一定的内在逻辑，这也是建设

---

* 王宇伟：南京大学经济学院副教授，博士；范从来：南京大学经济学院院长，教授、博导。

金融中心首先必须厘清的重要问题。

金融中心体现为金融业的高度发展，因此，关于金融中心形成的内在逻辑，可以从金融发展理论谈起。金融发展理论认为，金融发展和经济增长之间存在正相关关系，Patrick（1966）进一步指出，金融发展与经济增长之间的关系可被区分为"供给引导"（Supply—Leading）与"需求跟随"（Demand—Following）两种类型。"需求跟随是指金融体系和金融服务发展源于实体经济部门的需求，它与经济发展相伴随，是一个持续而缓慢的过程。金融体系的形成特点将既取决于客观的经济环境，也受制于主观的个人偏好；……供给引导则表现出两方面的功能，即主动将资源从低效部门转向高效部门，并刺激高效部门的发展"①。因此，"需求跟随"观点认为金融发展只是对来自于实体经济部门的金融服务需求所作出的被动反应，而"供给引导"观点强调金融发展先于实体经济部门的金融服务需求，它对经济增长起着积极的引导作用。

将上述研究应用到金融中心的形成理论中，"需求跟随"理论意味着金融中心的建设重点要关注是否存在经济的内在需要，它强调金融中心形成和发展相对于经济增长的依赖特性，即市场的自动选择过程，因此，经济发展在前，而金融中心的形成在后。"供给引导"理论则意味着金融中心建设需要依赖政府力量的引导，强调金融中心发展对经济增长的先导作用，在这种模式下，政府主导金融体系扩张，重视金融发展对于经济增长的主动性，因此，金融中心形成在前，而经济增长在后。

"供给引导"和"需求跟随"似乎都对金融中心的形成有十分重要的意义，但关键问题是，到底哪方面的因素更为核心。理论界从金融地理学角度开展的研究可以继续回答这一问题。

金融地理学是将金融学和地理学结合起来进行分析，它大致上经历了两个发展阶段，第一个阶段更重视地理因素，例如从区位优势角度出发的研究，典型如 Davis（1988）②，他直接将企业选址理论运用到国际金融中心形成的

---

① Patrick, H. T., Financial Development and Economic Growth in Underdeveloped Countries, Economic Growth and Cultural Change, 1966, Vol. 14, pp. 174 –189.

② Davis, E. P., International Financial Center: An Industrial Analysis, Bank of England, Discussion Paper, 1990, No. 51.

研究中。又例如从城市的地理特征出发所做的研究，典型如 Laulajainen (1998)[①]，他认为三个主要的国际金融中心（纽约、伦敦和东京）是由于全球时差决定的。很显然，这一阶段的研究过度重视地理因素，而忽视了金融中心形成背后的经济因素。因此它很难解释具有类似地理特征的不同城市，为何不能都成为金融中心。第二个阶段的研究改善了这一问题，尤其是加入了信息理论的内容。这一类的研究更重视金融中心形成背后的内在经济逻辑，本文的讨论也更多基于这一阶段的研究展开。

将信息理论引入金融地理学的研究始于 20 世纪 90 年代，Porteous (1995)[②] 的研究具有代表性，他认为尽管存在电信革命，物理距离仍是金融交易的重要影响因素，物理距离近，信息不对称造成的空间效应就小，反则反之。"信息的外溢"、"信息腹地"、"不对称信息"、"国际依附性" 和 "路径依赖" 等因素是塑造和发展金融中心的背后力量。这其中，"信息的外溢" 和 "路径依赖" 强调的是一地现有的金融实力对金融机构进一步集聚的重要性；"国际依附性" 强调了一地的开放程度。上述因素既与一地自身的经济实力有关（需求跟随），也与当地对金融业的扶持态度有关（供给引导）。至于 "不对称信息" 和 "信息腹地"，则强调了信息在金融中心形成中的重要性，信息的质量和流量主导着金融中心的发展。在 Porteous（1995）的研究中，他对 "信息不对称" 问题进行了深入分析，提出大部分信息在传递过程中，都可能因为距离的因素出现失真，他将这类信息称为非标准化信息，这也是 "信息腹地" 在金融中心形成中十分重要的根本原因。根据这一思路，信息被分为标准化信息和非标准化信息两类，标准化信息是指可传播、复制并能被人们如实理解和掌握的资料；非标准化信息指的是不能被如实获知的资料，具有高度的不确定性，这种信息往往意义含糊、难以理解，具有广阔的文化和社会背景。因此，尽管信息科技影响深远、但人们不可能完全摆脱地理因素的约束，信息的不对称性质使金融部门需要更接近信息源。很明显，信息腹地理论强调了需求的重要性，根据这一理论，金融中心周边甚至更广阔的区域要对金融产品和金融服务有需求，这种需求最终形成金融信息，而

---

① Laulajainen R., Financial Geography: A Banker's View, Gothenburg: Gothenburg School of Economics and Commercial Law, Gothenburg University. 1998.

② Porteous D. J., The Geography of Finance: Spatial Dimensions of Intermediary Behavior, Avebury, England, 1995.

金融中心就是要能准确、实时、大量地反映上述信息，成为信息源中心。Porteous（1995）的研究还指出，"信息外溢"和"路径依赖"能够解释为何某城市能够长久地在区内维持优势，而"不对称信息"和"信息腹地"能够解释为什么这种优势可能被削弱。这进一步表明，在所有的因素中，"信息腹地"所反映的经济内在需求在金融中心的形成中是第一位的。因为即使一地由于历史和传统的原因已经形成金融中心，也可能因信息腹地的迁移而被其他中心城市取代。

当然，对"信息腹地"这一需求因素的重视也并非完全否定"供给引导"，一地是否有条件形成金融机构和金融人才的集聚，是否具备很好的金融制度、法律制度、产权制度保障，都会对金融中心的形成产生重要影响。只不过，供给引导应该是基于需求的引导，如果一地政府不顾自身的经济条件盲目开展金融中心建设，很可能无法取得很好的建设效果。目前国内各级地方政府纷纷将金融中心建设作为其城市发展战略就存在这方面的隐忧。而反观"供给引导"的典范新加坡，其不同阶段的发展战略规划，都是基于自身特点和实际经济环境而制定的。例如，独立之初的新加坡就是抓住美国银行业意图在亚太地区设立离岸金融中心的需要，策划开设亚洲美元市场，大力吸引国外银行进入并逐步取消各项金融管制，一举奠定了其国际金融中心地位的基础；而到了20世纪90年代以后，中国经济的迅猛发展使新加坡在外汇交易和投资银行上的竞争力逐渐弱于香港和上海，因此，21世纪以来，结合其人均生产总值排名世界第三的特点，新加坡再次重新定义它的战略定位，提出要成为亚洲的财富管理中心。

综上所述，金融发展理论和金融地理学理论对金融中心形成问题的研究，具有很强的内在联系。金融地理学中强调的"信息腹地"实质上是"需求跟随"理论的深化，它揭示了金融中心形成的内在逻辑。在金融中心的形成过程中，"供给引导"虽然具有不可忽视的推动作用，但"需求跟随"更为关键。任何的供给引导如果脱离实际的金融需求，其效果都会大打折扣。这种"金融需求"作为金融中心形成的内在动力，是最为本质和基础的，它决定了金融中心建设是否存在可能性，以及在长期中发展的可持续性。而信息腹地则是这种"金融需求"的具体表现形式。因此，金融中心的建设应该紧紧围绕信息腹地的特点展开，国际性的金融中心，依靠的是全世界最具影响力和发展最快的经济板块；区域性的金融中心，依靠的则是一国内的经济发展热点区域。国际性的金融中心是一国乃至全世界的金融资产交易中心，往往表现为规范的外汇市场、证券市场以及衍生品交易市场；区域性的金融中心更多倾向于区域内的金融资金交易，其表现形式也更为多样。

二、南京区域金融中心建设中信息腹地的制约

基于上述的金融中心形成理论，我们认为，区域金融中心的建设应该以"信息腹地"为基本的建设出发点。接下来的问题是，这里的"信息腹地"具体应该反馈何种信息？赵晓斌等（2002）[①] 应用这一理论对我国的金融中心形成进行了分析，他们认为，在发展中国家，政策信息是市场上最核心的信息，因此北京而非上海，将成为我国金融中心的最佳选择。在他们的研究中，信息腹地的内涵是政策信息而非商业信息。姑且不论这一观点是否准确[②]，它至少于我们讨论区域金融中心的形成没有太大的借鉴意义。我们认为，区域金融中心的定位，是一个生产性服务的金融中心，它并不反映全国性的金融市场变化，作为区域经济的信息腹地，反馈的是一个区域内市场层面的信息，它与区域经济的发展紧密相关。

众所周知，南京作为江苏省的省会城市，早在20世纪90年代就已提出了建设区域金融中心的战略目标。时至今日，南京的金融业的确取得了很大的发展，但也面临一定的挑战。特别是与周边一些金融业发展较快的城市比较，近几年南京金融中心的建设并未显示出更为明显的发展优势或者发展特色。用信息腹地的理论可以部分地解释其内在的原因。

（一）南京的经济发展总量在长三角区域不具备优势，无法形成信息腹地

信息腹地理论认为，金融中心的建设依赖于强大的"金融需求"，人们很自然会将这里的"金融需求"与地区经济发展的总量水平进行挂钩。图1所示是南京的地区GDP与周边其他城市的比较。南京在长三角发达城市间，经济总量并不占优，仅高于常州，与宁波大致持平，显著地低于杭州、无锡和苏州。与苏州的GDP总量差距还有加大的趋势。简而言之，南京依靠自身，还不足以形成信息腹地。

---

① 赵晓斌、王坦、张晋熹：《信息流和"不对称信息"是金融与服务中心发展的决定因素：中国案例》，载《经济地理》2002年第4期。

② 事实上，对这一观点有不少的批评意见，例如高印朝、姚洪心：《基于"金融地理"观的金融中心形成理论的经济学述评》，载《上海金融》2007年第6期。

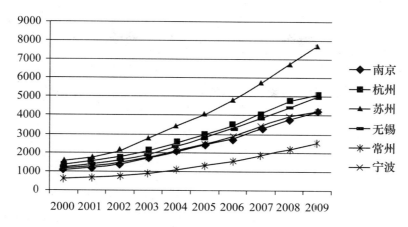

图1　南京与周边地区 GDP 总量比较

数据来源：《江苏省统计年鉴》、《浙江省统计年鉴》各年期。

（二）缺乏信息腹地使南京难以吸引更多的金融资源

作为信息腹地的直接效应，是会吸引更多的金融机构进入，也带来更多的金融资源。这最终也将通过"信息外溢"和"路径依赖"，形成良性循环，使一地的金融业集聚，形成金融中心。但信息腹地的缺乏，使南京过去无论是在金融总量还是金融综合实力上，都缺乏足够的竞争力。

表1所示是南京、杭州、宁波和苏州的金融业增加值以及金融业增加值在 GDP 中所占比重的比较，南京在金融业增加值的绝对量水平上低于杭州和苏州，金融业在 GDP 中的占比则明显低于杭州。

表1　2009 年南京及长三角其他主要城市金融业发展比较

	南京		杭州		宁波		苏州	
	金融业增加值（亿元）	占比（%）	金融业增加值（亿元）	占比（%）	金融业增加值（亿元）	占比（%）	金融业增加值（亿元）	占比（%）
2004	103.84	5.02					109.69	3.18
2005	114.46	4.75	193.24	6.57	137.37	5.61	128.98	3.20
2006	135.00	4.87	247.99	7.21	181.56	6.32	161.03	3.34
2007	208.22	6.34	312.5	7.62	230.42	6.71	225.1	3.95
2008	302.00	8.00	390.43	8.17	283.95	7.16	319.29	4.76
2009	342.06	8.09	444.12	8.71	327.03	7.76	392.08	5.07

注：数据来自各市统计年鉴。

图2所示是南京与长三角主要城市的存贷款余额比较，南京的存贷款总额略高于苏州，但近年来的差距在逐渐缩小；而与杭州相比，南京的存贷款总额低于杭州，且近几年差距还在不断拉大。

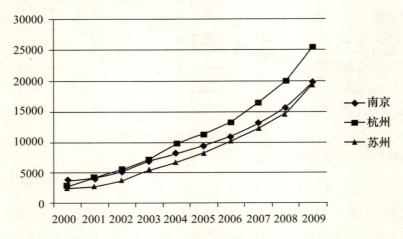

图2　南京与长三角主要城市存贷款余额比较

数据来源：《江苏省统计年鉴》各年期。

从整个金融业的综合发展来看，衡量一个国家或地区经济货币化和金融化程度，可以采用经济金融化综合指数。参考江苏统计局（2007）①所采用的方法，我们选取金融机构存款、贷款、金融业增加值占GDP比重以及保险密度四个指标，通过综合指数法计算各地区的经济金融化指数。在比较时，我们首先以上海为基准，对各指标进行无量纲化处理。公式为：$Yi = Xi/XS$。式中，Xi是各指标值，XS是上海该指标的数值。接着将无量纲化后的各指标进行加权加总，权重的构造采用德尔菲法，存款占GDP比重、贷款占GDP比重、金融业增加值占GDP比重以及保险密度的权重分别为0.1、0.3、0.35和0.25。最后，对各指标合成得到经济金融化综合指数。从中可看出，南京与杭州的差距已经逐渐形成。

---

① 江苏省统计局：苏沪浙鲁粤五省市金融业发展比较，江苏省统计局网站，2007年10月17日。（http://www.jssb.gov.cn/jstj/fxxx/tjfx/200710/t20071030_94240.htm）

表2 五城市 2009 年经济金融化综合指数比较

	上海	南京	杭州	苏州	宁波
经济金融化指数	1.000	0.711	0.787	0.527	0.672
1. 存款占 GDP 比重（%）	1.000	0.758	0.791	0.471	0.653
2. 贷款占 GDP 比重（%）	1.000	0.994	1.059	0.552	0.919
3. 金融业增加值占 GDP 比重（%）	1.000	0.656	0.670	0.416	0.636
4. 保险密度	1.000	0.428	0.623	0.675	0.432

注：数据根据各市 2009 年统计公报计算获得。

当然，上述的指标在反映各城市金融业实力时可能并不全面，指标选取有一定主观性，例如苏州较高的经济总量使其按单位 GDP 核算的各项指标都显著偏低，而且该指标也不能反映证券市场的差异。匮此，我们还可以参考综合开发研究院编制的"中国金融中心指数"。在该指数中，上海、深圳和北京被列为一级金融中心城市，南京被列为二级金融中心城市，不过，南京在二级金融中心城市中得分低于杭州和宁波，在总排名中仅列第 8（苏州未参与评价，二级金融中心城市中高于南京的还有广州和大连）。

综上可见，南京单纯依靠自身作为"信息腹地"，在区域金融中心的建设中并无任何优势。其结果则是在金融的供给层面，南京与周边城市相比，也不具备任何的优势。因此，要想进一步加快金融中心的建设，南京必须寻找新的"信息腹地"。

三、宁镇扬一体化建设区域金融中心

近年来，在毗邻城市推进区域一体化，形成具有内在经济联系并相互促进的经济板块，已经成为提升地方经济发展水平的新趋势。仅 2009 年一年，国家就批复了 7 个国家级的战略区域，批复数量是过去 4 年的总和，这充分体现了国家对区域发展的重视。就南京而言，要寻找新的"信息腹地"，区域经济一体化是一个重要的突破口。

目前，南京所处的长三角地区已经进入国家区域经济发展战略，该战略不仅需要长三角内部经济保持高速增长，更重要的目标是放大对泛长三角区域的辐射。不过，就长三角区域内部而言，其经济的发展也并不均衡：上海作为长三角的核心，其辐射力和影响力在 200 公里外就出现了明显的衰减；

像南京这样的首位城市，则并没有发挥与自身城市地位相符的作用。从地理位置上观察，南京恰好处在长三角发展向西（皖江城市带承接产业转移示范区）和向北（江苏沿海战略）辐射的重要节点。因此，以南京为中心实现宁镇扬区域经济一体化，在上海之外建立一个新的次级核心区的战略规划已呼之欲出。这一规划的顺利实施不仅将把宁镇扬地区建设成长三角的新增长极，也将使得南京建立金融中心的"信息腹地"可以扩展到更大的范围。

（一）宁镇扬地区具有强大的增长后劲，存在巨大的潜在需求

金融中心的形成理论认为，金融中心周边甚至更广阔的区域要对金融产品和金融服务有需求，这种需求来自于经济的增长。在前文我们提到，总量经济的增长水平是一个重要的指标，但从发展的角度来看，经济增长的速度同样十分关键。从目前的数据来看，宁镇扬地区，特别是扬州和镇江，虽然在经济总量方面并不具备优势，但是，其较高的增长速度却说明这一地区具备很强的潜在需求。

图3所示是宁镇扬地区的 GDP 增长速度与杭州、宁波以及苏锡常地区（该地区仅选择了平均增长率最高的苏州为样本）的比较，可以看出，南京的增长率一直处于前列，而镇江和扬州虽然在 2004 年以前较为落后，但在2004 年以后就不断加速，从 2007 年起，已经成为上述各城市中增长最快的城市。

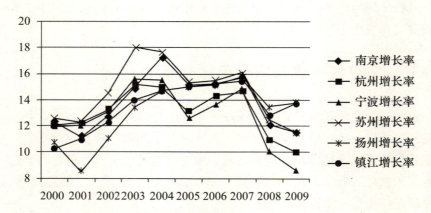

图3　宁镇扬及周边发达城市的 GDP 增长率比较

数据来源：《江苏省统计年鉴》各年期。

此外，我们还不应忽略宁镇扬周边地区的经济发展，安徽在近六年，持

续保持了两位数的增长速度，在 2009 年，该省 GDP 达 10052.9 亿元，全面跨入"万亿俱乐部"。而江西也在 2010 年 2 月实现了本外币存款余额突破 1 万亿元，并有望在明年实现 GDP 突破万亿关口。上述地区都可能成为南京建设区域金融中心的信息腹地。

（二）整合宁镇扬的金融业将提高南京作为金融中心的总量水平

除了需要拥有信息腹地外，金融资源在一定程度上的集聚也是金融中心形成的一个重要条件。从金融总量来看，若将宁镇扬进行整合，其金融总量实力将全面超越苏杭等城市。表 3 是宁镇扬地区与长三角其他城市中金融总量水平最高的杭州之间的比较。数据显示，单纯以南京的金融总量而言，与杭州相比还略显不足，但若能将宁镇扬三地的金融产业加以整合，则能充分弥补这一局限。而且，表中的数据还只是根据目前镇江和扬州的金融水平进行静态的加总，若考虑整合后南京作为金融中心的带动作用，宁镇扬地区金融总量的合力还将进一步得到发挥。例如，若以南京市 88% 的平均存贷比水平为参考，以 2009 年存量水平来看，宁镇扬地区的人民币存贷款余额总量将接近 27500 亿元，从而显著超过杭州的金融总量水平。

表3　宁镇扬地区与杭州的金融总量比较　　（单位：亿元）

	金融业增加值			存贷款余额		
	南京	杭州	宁镇扬	南京	杭州	宁镇扬
2000	94.34	80.86	110.94	3669.88	2854.21	4979.75
2001	110.7	95.02	129.31	4255.29	4300.32	5717.09
2002	121.99	114.00	143.46	5245.23	5611.51	6979.80
2003	136.63	138.53	161.41	6997.89	7281.95	9158.69
2004	103.84		134.26	8296.11	9705.97	10772.30
2005	114.46	193.24	153.49	9535.89	11370.54	12366.38
2006	135.00	247.99	181.58	10900.34	13346.03	14179.08
2007	208.22	312.50	277.36	13043.02	16465.35	16860.24
2008	302.00	390.43	385.30	15564.58	19876.82	20189.53
2009	342.06	444.12	476.35	19840.00	25445.96	26191.81

注：数据来自各市统计年鉴和统计公报，其中，2009 年杭州市存贷款数据尚未公布，表中数据是根据本外币存贷款总额同比 2008 年的增长率估算获得。

另一方面，从南京近期的发展来看，政府对金融中心建设的高度重视，也将从环境和制度上对金融中心的建设起到推动作用。目前，位于南京河西的金融中心商务区已全面进入建设阶段，金融企业、金融人才在南京的集中趋势将进一步加强。因此，在宁镇扬一体化的前提下，进一步强化南京的金融中心地位，在金融资源上进行适当的整合，从金融一体化和同城化入手，逐渐形成金融业在南京的进一步集中，使之成为金融服务的强大后台处理中心，调动整个区域内资金进行合理的再配置，实现 1 + 1 + 1 > 3 的整体效应，并最终实现和巩固南京作为区域金融中心的地位。

（三）以南京为中心建立区域金融中心也是宁镇扬经济一体化的要求

区域金融中心的一个重要职能是通过金融资源配置调整产业结构和区域格局。所有成功的结构调整都意味着金融资源所进行的先期套利性流动，都必然呈现某种形式的金融投入在先而产业化在后的特点。也就是说，金融资源在区域内的集中是区域经济结构自发调整的先决条件。表 4 所示是宁镇扬三地和周边主要城市以及全国的银行存贷比。从银行角度，存贷比高意味着更高的盈利能力和更高的经营风险，而一个地区的存贷比则更多反映了一地金融机构对本地经济发展的支持强度，也可部分地折射出该地区对金融资源的吸纳与辐射能力。在金融资源流动性不断增强的情况下，存贷比高往往与一地较强的融资需求有关，更与其产业发展对金融资源的吸引力有关。存贷比低则既可能是资金资源向外辐射形成的"主动输血"，也可能是资金资源向外扩散追逐更高收益形成的"被动失血"。

表4　2009 年各地及全国的存贷比

	南京	扬州	镇江	杭州	宁波	苏州	苏锡常	全国
存款余额（亿元）	11088.39	2067.13	1785.29	14284.21	8241.4	11450.54	21932.84	612006.35
贷款余额（亿元）	9444.48	1212.75	1286.64	13113.3	7715.9	9032.28	16282.75	425596.6
存贷比	85.2	58.7	69.5	91.8	93.6	78.9	74.2	69.5

注：数据来自国家统计局和各市统计局 2009 年统计公报，其中，由于数据可得性的原因，扬州市、镇江市和苏锡常三地的存贷比是按人民币存贷款余额数据计算得来，其他是按本外币存贷款余额数据计算获得。

从表4中可以清楚地看出，宁镇扬三地中只有南京表现出较强的资金聚集能力，这与南京的工业生产构成也有一定的关系，占工业产值80%以上的重工业对资金的需要量是比较大的。而扬州和镇江较低的存贷比，一方面意味着南京未能向上述两地发挥资源辐射功能，另一方面也意味着扬州和镇江在资金资源上属于"被动失血"。这表明，从宁镇扬板块来看，如果不加强区域金融中心的建设，对自身的产业转型目标实现是相当不利的。

此外，金融业的内在运行逻辑也决定了其能够为宁镇扬一体化下的利益分配提供最佳的分配机制。金融既能够实现风险的配置，也强调收益的分享，而且这种分享是以股债权结构为依据的一种平等分享。金融中心的建设绝不是以牺牲周边城市的发展为代价的，相反，其运行模式中"权责对等"的核心精神保证了受金融中心支持下的其他地区也能共享发展的成果。

当然，要让南京区域金融中心的建设能够在宁镇扬区域一体化的进程中真正地发挥上述作用，十分关键的一个问题是要紧紧围绕"信息腹地"的理论，明确南京金融中心建设的具体定位，这也是我们下一步需要重点思考和研究的问题。

城市转型时期南京老工业区更新改造

王建国*

一、从"机器征服一切"的工业时代到"后工业时代"

工业革命标志着世界历史的一个重大转折，工业革命促进了城市化进程，工业化进程显著加快了城市人口的集聚和增长。

直到 20 世纪下半叶，人们都普遍相信，工业化是经济增长的基础，工业技术的发展以及更进一步的工业哲学知识体系的建立是人类社会进步的先决条件，可以说，当时是一个"机器征服一切"的时代。但 1973 年第一次石油危机爆发，使得这一信念产生动摇；进入 20 世纪 90 年代，更是进入了一个被迅速成长的信息社会、国际交流和全球经济深深影响的"后工业时代"新纪元。

在经济全球化中竞争中，后工业时代的城市不断丧失旧的功能，如制造加工业，并寻找新的功能代替，如信息产业和服务业。所有这些又都与原先城市的产业布局和交通物流中心（如铁路货物站场、港口设施）的重组和重新布局相关联。在这个城市系统中，不同的组织部分相互作用相互制约，迄今还无法建立一个清晰的图景。

---

* 王建国：东南大学建筑学院院长，教授、博导。

二、后工业时代城市结构和空间的变化

（一）城市产业结构调整导致相关地区的结构性衰落

后工业时代城市新兴产业逐渐取代传统的产业门类，制造业、运输业和仓储业持续衰退。金融、贸易、科技、信息与文化等方面的功能日趋成为城市特别是大都市的主要职能。过去在制造业基础上发展起来的城市出现不同程度的结构性衰落。

一些曾经强盛无比的传统工业中心逐渐解体。在经历了一个半世纪制造业作为城市最基础的产业过程之后，制造业开始从城市中分离出来。大量的产业类历史建筑和地段闲置，急切需要注入新的经济活力，以求复兴，如东北老工业基地的一些城市。

（二）城市传统产业区出现功能性的衰退

首先，传统产业区及建筑不能满足新的使用要求：由于生产技术的发展，生产条件或规模要求随之提高，而原先的工业区和建筑设施无法适应；运输方式的改变导致原来老码头、车站的条件和装卸设施无法满足要求，失去原有的区位和投资优势。如伦敦码头区、温哥华的 Granville 岛工业区、上海苏州河滨水工业和仓储码头区等。

其次，城市基础设施条件滞后：随着城市规模的扩展，原来合理的环境容量被突破，从而使城市某些地区超负荷运转，整体机能下降，不能满足功能要求，导致衰落。这种功能性衰退在老城区尤其明显。

（三）经济杠杆作用下的城市产业布局调整需求

在城市发展过程中，由于用地的扩展，导致原先位于城市边缘区的产业类用地被逐渐包围于城市的内部。一方面，由于城市中心与边缘及郊区之间存在区位级差现象，而城市中心地带被区位价值要求较低的产业类用途所占用，造成土地资源的浪费；另一方面，工业生产过程中对环境造成污染，由此产生对城市产业布局调整的需求。

三、中国"长三角地区"城市发展中的产业转型

（一）中国现状分析

20 世纪 90 年代，全国所有大中城市都重新修订了其城市总体规划，开

始进行城市的结构更新，使城市发展与社会经济转型相对应。

北京在《北京城市总体规划》中指出，北京"必须进一步调整产业结构"，要改变工业过分集中在市区的状况，今后"二十年内基本完成市区内污染扰民工厂或车间的改造与外迁"，并要"使第三产业比重由 1990 年 38.8% 提高到 60% 左右"。据当时统计，北京旧城内集中有 1000 多家工业企业，尤以西城、宣武两个城区为甚，工业占地已近一半。2000 年 2 月 18 日，北京对城区内有环境污染的大中型国有企业用地进行公开拍卖，所得款项将用于企业在城外另建新址和更新设备。并预计在此后五年内从城区内陆续迁出 130 余家工业生产企业，并将用地调整更新用于第三产业。

上海自 20 世纪 90 年代初以来，通过产业结构调整、工业疏解，正在逐步完善城市综合功能，进行城市总体结构布局的调整更新。根据 1997 年上海市制定的《上海市土地利用总体规划》，今后相当长时期内城市更新的重点便是做好中心城区 66.2 平方公里的工业用地置换，至 2010 年，中心城区内保留和发展三分之一无污染的城市型工业及高新技术产业，三分之一的工厂就地改为第三产业用地，三分之一的工厂通过置换向近郊或远郊的工业集中点转移。这样，中心城区将可盘活 25—30 平方公里左右的土地，重点用于开发城市休闲绿地、市政公用设施用地以及商业、居住用地、使人均居住面积、商业、工业、绿化、交通用地及人口密度逐步达到合理的比例结构。

（二）长三角产业空间更新整体态势

长三角是我国近现代工业化的重要发源地，计划经济时期也建设了众多工业项目，主要城市均形成了具有一定规模的老工业区。

长三角地区各城市产业结构自 1978 年以来发生了巨大的变化。随着经济的发展，第一产业所占份额在不断下降；第二产业继续增加（上海除外），然后趋于稳定；第三产业份额则不断增加。目前，苏南八市和浙北七市的第二产业占比均超过 55%，第三产业占比均超过了 35%，在全国位于领先地位。

1. 长三角地区产业结构的变迁

过去，长江三角洲地区抓住了历史性机遇，构建了承接国际制造业资本转移的平台，基本建成了世界性制造业中心。

当前，随着全球国际分工的深化、产业转移的升级和信息技术的飞速发展，服务业外包正在成为新一轮国际产业转移的热点。强大的制造业为长三角优先发展服务外包提供了基础。

为应对将要到来的后工业时代和"非物质产品"需求的逐渐增加，长三角地区已逐步将创意产业作为城市多元经济中新兴发展的"一元"。

2. 长三角地区产业空间的变迁

1）在开发区形成之前，主城区内已经存在着大量的工业空间，它们为开发区的形成与发展提供了一定基础。

2）城市自身的规模也随着产业与人口的壮大而不断扩大。

3）长三角工业城市开始了老城更新改造的"运动"。大量的城市旧区地段面临更新改造，而其中产业用地往往是更新改造的主要对象。

4）大量的工业用地开始从主城搬迁至郊区的开发区内，带来郊区产业空间的不断壮大与集聚。

5）郊区在"工业化"带动"城市化"的过程中，自身发展规模不断壮大，城市功能也逐渐得到完善，并开始出现"反哺"主城的现象。这种主城与开发区之间的互动最终促成了两者之间在产业空间与产业功能上的互动。

四、城市转型时期南京老工业区更新改造

（一）南京简况

南京地处长江下游富庶地区，北纬31度14分，东经118度22分，全市总面积6582平方公里，总人口632万，其中城镇人口443万。行政区划下辖11个区和二个县。南京是中国重要的综合性工业生产基地。南京的电子、化工在全国城市中排名第一，车辆、机械制造等在全国名列前茅。南京是中国四大科研教育中心城市之一（其他三大城市为北京、上海、武汉），是拥有高等院校和科研机构最多、研究水准最高的城市之一。南京拥有2470年的建城史和450年的建都史。历史上出现过四次城市建设高潮：六朝、南唐、明代和民国时期。

（二）南京城市近现代化转型的基本轨迹

洪秀全建立太平天国，定都南京，内城的建设并没有改变城市的格局。1864年太平天国失败，明以前古建筑几乎全被烧毁。1865年，金陵制造局在南京成立，南京开始走向近代城市。
1912年孙中山就任中华民国临时大总统，定都江甯，1927年国民政府复定都南京“办理国都设计事宜”。
1929年12月《首都计划》完成，1928年中山大道破土动工，南京城市道路有了较大改观，但始终未能突破明代的都城城郭。
城市主要扩张的内容为机关、大专院校和工业用地，成为国家化工、冶金机械、建材等重工业的重点投资区，跨江向北发展。“文革”期间处于极度无序状态。
城市建设的重点开始转向重点解决市民居住问题，加大了住宅建设的投入，且主要集中在老城区内的填平补齐，传统文化保护与现代化建设之间的矛盾不断加剧。
老城区内工业“退二进三”速度加快，开始向河西、宁南等老城以外地区发展，但城市建设的中心仍然在老城。老城成为人口与建筑高度密集的地区，老城人口与功能的增长有减缓的趋势，住区和基础设施仍面临更新的压力，历史文化资源保护和展现的任务艰巨……
1865年
1912年
1927年
1949年
1978年
1990年
近代化
现代化起步期
现代化全面推进期

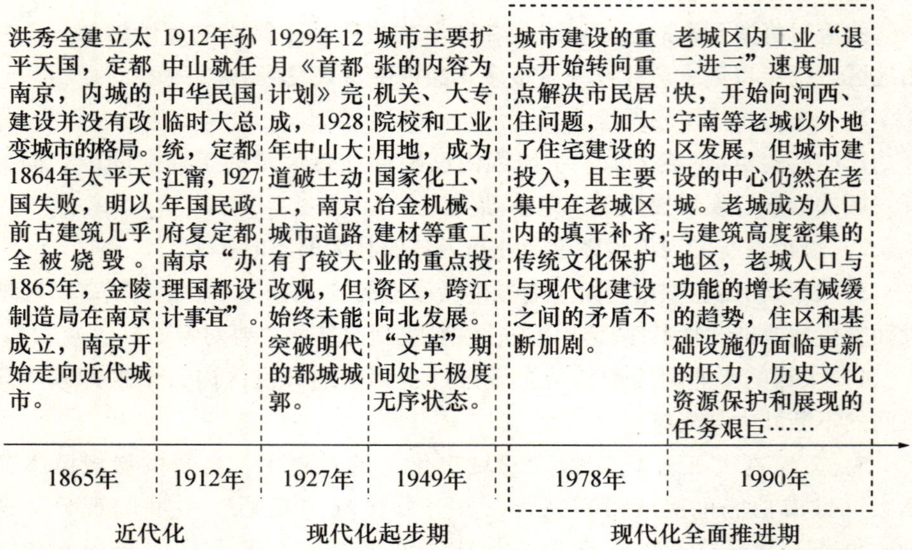

图1　南京城市近现代化转型的基本轨迹

（三）南京老工业区的形成过程

1865
工业化萌芽
金陵制造局诞生，标志南京近代工业开端。只有几家“洋务运动”的军工企业和民族资本家的企业。
1949
工业发展缓慢
创办军工企业开始向创办民用企业和新式交通运输业转变；首都计划的提出，为南京工业建设发展提供了机遇与条件。
1978
以建设重大项目为主
根据国家积极推进的重工业化战略，南京陆续建设了一批钢铁、化工、机械等重大项目，规划的工业城镇铁北、尧化门、栖霞和板桥地区也得到相应的发展。
1990
轻重工业并举发展过渡
南京工业建设仍然以国家投资的项目为主，同时也有部分轻工业项目建设，规划九大门外，主要包括中央门、中华门外、江北大厂等，板桥地区得到发展。

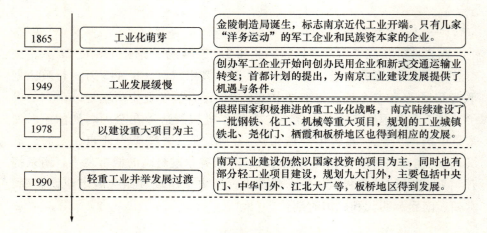

图2　南京老工业区形成过程

（四）南京城市老工业区的格局特征

经过一个多世纪的发展，南京工业经济拥有了雄厚的发展基础，已成为国民经济的重要支撑。但是随着工业规模的不断扩大，其与主城之间的各种矛盾开始逐渐增大。因此，南京市委、市政府开始出台各项政策对城区内的污染工业企业进行搬迁，南京拉开了工业企业搬迁、基地更新改造、工业园区全面建设的序幕。

到20世纪90年代，南京主要形成了以下四个工业区：

1）以马群、石门坎为主的东部电子工业区；

2）以铁心桥、丁墙为主的南部机械轻工业区；

3）以沙洲为主的西部轻型加工工业区；

4）中央门外的电汽化工业区；

此外，城市内部存留有部分工业街坊。

（五）新型工业化背景下南京城市老工业区更新进程

在新型工业化的背景下，南京市政府出台了《南京市污染企业（项目）搬迁治理规定》等相关政策，提出"主城内一般不再新增工业用地，保留的工业以内涵发展为主。工业用地的调整以搬迁、转化和改造为主。"对南京城市老工业基地的更新改造逐渐开始。

随着中国市场化改革步伐加快和对外开放程度的加深，外资成为城市发展工业的重要支撑。南京规划采取集中建设成片工业园区的政策，相继规划建设了浦口外向型高新技术开发区、南京经济技术开发区、南京化学工业园区和江宁经济技术开发区四个国家级开发区和高淳、溧水、六合等六个省级以上经济技术开发区。

2000年，南京开始推行经营性用地，实行招拍挂公开出让制。

2001年，南京市委、市政府提出"主城内现有污染工业企业和规划搬迁转移的工业企业要逐步进行'退二进三'"。

2002年，实行招标拍卖挂牌方式出让土地使用权。

2006年，"一疏散、三集中"、"退二进三"以及"退二优二"等政策的颁布，大量的工业企业搬迁至郊区开发区或工业园区，城市内的老工业基地改造更新，发展为都市产业园。

2008年初，南京主城区内已有都市产业园达22处。

（六）南京工业发展的基本轨迹

1. 老工业区更新进程/政府政策的颁布（1990年以后）

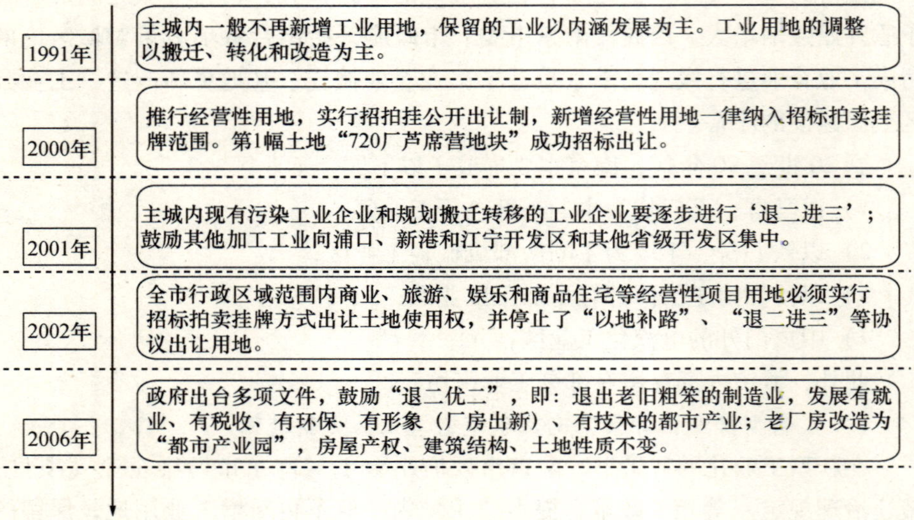

1991年	主城内一般不再新增工业用地，保留的工业以内涵发展为主。工业用地的调整以搬迁、转化和改造为主。
2000年	推行经营性用地，实行招拍挂公开出让制，新增经营性用地一律纳入招标拍卖挂牌范围。第1幅土地"720厂芦席营地块"成功招标出让。
2001年	主城内现有污染工业企业和规划搬迁转移的工业企业要逐步进行'退二进三'；鼓励其他加工工业向浦口、新港和江宁开发区和其他省级开发区集中。
2002年	全市行政区域范围内商业、旅游、娱乐和商品住宅等经营性项目用地必须实行招标拍卖挂牌方式出让土地使用权，并停止了"以地补路"、"退二进三"等协议出让用地。
2006年	政府出台多项文件，鼓励"退二优二"，即：退出老旧粗笨的制造业，发展有就业、有税收、有环保、有形象（厂房出新）、有技术的都市产业；老厂房改造为"都市产业园"，房屋产权、建筑结构、土地性质不变。

图3　老工业区更新进程/政府政策的颁布情况

2. 南京城市发展中老工业区更新改造的机制与策略

表1　南京更新改造的相关政策及其影响

政策	正面影响	负面影响
《南京市污染企业（项目）搬迁治理规定》、《市政府关于加快推进主城区工业布局调整工作的意见》、《关于落实科学发展观加快工业产业发展的指导意见》	有效推动了南京主城区内污染企业的搬迁，为主城区土地效益的提高、就业密度的增加、环境的改善以及城市形象的提升具有积极的作用。	
"以地补路"政策	1）加快了南京城市基础设施的建设，缓解了基础设施建设滞后于城市发展的矛盾； 2）在一定程度上加快了城市空间的开发速度，促进了社会经济的发展。	1）过多的土地投放影响了后来南京房地产市场的发展。 2）补地规模较大，造成土地出让以协议出让为主，无法体现市场价值。

续表

政策	正面影响	负面影响
"一疏散、三集中"政策	1）空间集聚、功能优化；2）土地优化利用；3）提高空间效益。	就业岗位大量外迁至郊区，导致职工职住分离愈加明显。
国有工业企业"三联动"改革	1）对市属国企用地进行收储，强化了政府对土地市场的调控，有利于土地市场价值的显现以及政府利用土地杠杆对城市空间发展的有效控制； 2）使国企存量土地资产得到盘活，促进企业自身的发展； 3）一定程度上优化了老城的物质空间，提升了老城的功能。	1）很多三联动企业最后并没有"退二进三"而进行了商品房开发，导致老城人口进一步集聚，加剧交通拥堵问题，不利于老城产业升级优化； 2）"三联动"企业其开发强度多数都突破原有的规划目标，从而在一定程度上破坏了老城的传统空间格局。

3. 不同企业改造的主体和土地流转方式：

1）土地整体被储备中心收储，然后通过市场挂牌出让开发。此类企业大多为国有企业，如：晨光集团、北方机电信息集团；

2）企业自行开发。此类企业可分为两类，其中将原址全部进行自行开发的大多为民营企业，如微分电子厂；将原址的一部分进行自行开发的大多为国有企业，如三乐集团、南汽集团等；

3）企业出租后由租用方开发，如金城集团将用地出租给月星家居，让其自行开发。

表2　南京市旧城区主要用地占总用地的比例结构变化比较表

年份	1984	1994	2000
居住用地	40	40.5	41
公共设施用地	17	24	24
工业用地	17.4	10	9
道路、市政及绿地	11.5	16.3	17.5

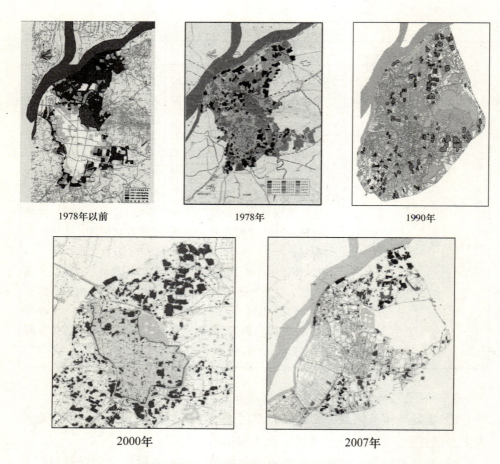

1978年以前   1978年   1990年

2000年   2007年

图4　南京各阶段主城及工业用地的发展演化

4. 南京产业发展与布局的结构性调整

1978年，南京的产业结构比例为13∶67∶20，工业在国民经济中占有绝对的地位。

2002年，南京市的三次产业比例调整为5∶47∶48。第三产业比例首次超过工业。

从1978至2002年间，第一产业产值变化平缓，略有增长；工业产值在1990年以前增长缓慢，进入90年代，产值迅速上升，2000年后增长速度仍有不断上升的趋势。

第三产业在2002年之前虽不断增长，但一直未能超过工业。因此，至2002年南京仍然是以工业为主的城市。

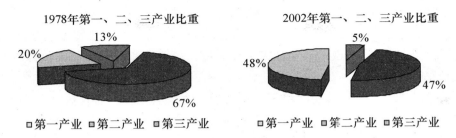

1978年第一、二、三产业比重　　　　　2002年第一、二、三产业比重

□第一产业　■第二产业　■第三产业　　　　□第一产业　■第二产业　■第三产业

图5 1978 年与 2002 年三次产比重比较

5. 南京城市转型中老工业区更新改造中的关键问题

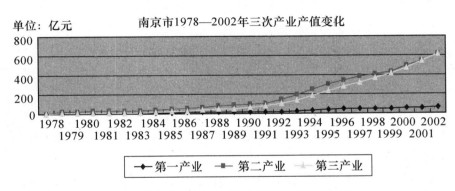

单位：亿元　　　　　　南京市1978—2002年三次产业产值变化

—◆—第一产业　—■—第二产业　——第三产业

图6 南京市 1978—2002 年三次产业产值变化

1）功能置换：将原工业性质用地转换为其他功能的用地，如"退二进三"、"退二进二"、"退工改居"分别将工业用地置换为服务业类用地、低污染性工业用地以及居住性质用地。

2）环境整治：主城区内原有工业企业大多为重污染型企业。对主城区内老工业进行搬迁整治，对原有用地进行更新改造，营造更好的环境。

3）活力营造：将原工业企业进行置换搬迁，一改往日死气沉沉的工厂面貌，打造具有时代气息的新型都市工业园、现代化的社区，对于地区活力的营造、人气的集聚以及经济的发展都具有十分重要的意义。

4）就业保障：将原先粗放式的用地更加集约化利用，提高单位面积的就业密度，能够为南京本地市民及外来人员提供更加多的就业机会。

5）品质提升：将大量污染性工业企业外迁至开发区集中管理经营，将城区内原有用地进行置换更新，提升地区品质。

6）老工业区功能优化的基本模式及典型案例

退二进三：主城内现有污染工业企业和规划搬迁转移的工业企业要逐步进行"退二进三"；鼓励其他加工工业向浦口、新港和江宁开发区和其他省级开发区集中。

退二优二：即退出老旧粗笨的制造业，发展有就业、有税收、有环保、有形象（厂房出新）、有技术的都市产业；老厂房改造为"都市产业园"，房屋产权、建筑结构、土地性质不变。

退工改居：将原来的工业性质的用地置换为居住性质用地，用于商品房开发或企业职工宿舍建造，原有工业厂房基本拆除，不作保留。

6. 南京未来工业分布格局预期及其工业区更新建议

（1）未来南京工业分布格局

内圈层——城墙以内，工业用地的更新改造原则上不再用于住宅开发，更多地采取"退二优二"、"退二优三"、增加居住配套和城市绿地的模式，吸引更多的就业，创造新的经济增长点和宜人的居住环境。

中圈层——城墙以外的主城范围，一直是南京大型重要企业的集聚地，在未来的更新改造时，除采用内圈层的更新模式外，也可以适量地安排住宅项目的开发。

外圈层——主城以外，随着新区功能的不断完善，原有的一些工业用地也存在改造问题，可以在集约土地、增强品质的前提下采用多种更新模式。

（2）更新模式

从保护历史文化名城的高度，基于保护和传承昔日工业文明的视角，构建都市产业、居住配套、住宅开发三种不同的更新模式，并且要尽可能地与工业历史建筑保护及文化旅游相结合。

（3）南京工业区更新的相关政策

1）适时优化规划：转变对工业项目的传统观念，工业用地的分类不应仅局限于以污染度作为指标的一、二、三类，可以存在新型的工业用地分类。原先的城市规划中老城区基本不再保留工业用地，建议进行适度的优化，适量增加都市工业用地。

2）设立建设平台：成立政府的投资公司，对需要更新改造的工业用地统一收购、储备，统筹考虑更新模式，安排资金运作，制定策划方案，安排建设时序。

3）设立服务平台：政府部门就是服务的平台，为工业用地更新项目提供一站式的服务。

4）提供优惠政策：在符合规划原则的前提下，尽可能地提高地块建设强度指标，对为城市提供开放空间的企业进行容积率奖励。也可以采用用地或项目捆绑的方式。鼓励社区、企业共同参与改造，实现共存双赢的局面。

5）提供经济扶持：包括贷款贴息、项目补贴、政府重点采购、后期赎买和奖励等方式，对符合政府支持的业态和项目予以扶持；支持都市产业区和城市老小区的环境整治、基础设施和公共服务平台建设等。

五、结论

总之，无论是从南京本土看，还是从长三角乃至世界的发展趋势看，城市中老工业用地的整治和改造再生为城市空间重构和功能重组提供了一个绝好机遇。

城市发展战略和城市空间结构的调整、城市功能布局和用地重组都可以借此为载体而获得实施的机会、环境污染的整治也有望从污染源头上得以彻底展开，城市从而可以真正通过产业发展策略上的改变和城市发展转型，获得未来的可持续发展。

策划编辑:柯尊全
特约编辑:李春林
装帧设计:徐　晖
责任校对:余　倩

图书在版编目(CIP)数据

中国城市发展:转型与创新/叶南客　李程骅　主编.
　—北京:人民出版社,2011.11
ISBN 978－7－01－010374－7

Ⅰ.①中…　Ⅱ.①叶…②李…　Ⅲ.①城市发展战略-研究-中国
　Ⅳ.①F299.21

中国版本图书馆 CIP 数据核字(2011)第 222062 号

中国城市发展

ZHONGGUO CHENGSHI FAZHAN

转型与创新

叶南客　李程骅　主编

人民出版社 出版发行
(100706　北京朝阳门内大街166号)

北京市文林印务有限公司印刷　新华书店经销

2011年11月第1版　2011年11月北京第1次印刷
开本:710毫米×1000毫米 1/16　印张:38
字数:608千字　印数:0,001-1,200册

ISBN 978－7－01－010374－7　定价:98.00元

邮购地址 100706　北京朝阳门内大街166号
人民东方图书销售中心　电话 (010)65250042　65289539